管士光文存

第一卷

* 文史散论　名作品评

* 散叶集锦　出版浅论

人民出版社

责任编辑:孙兴民
装帧设计:管　斌
责任校对:李　俊

图书在版编目(CIP)数据

管士光文存/管士光 著. —北京:人民出版社,2016.12
ISBN 978－7－01－017164－7

Ⅰ.①管…　Ⅱ.①管…　Ⅲ.①管士光-文集 ②社会科学-文集
Ⅳ.①C53

中国版本图书馆 CIP 数据核字(2016)第 298399 号

管士光文存
GUANSHIGUANG WENCUN

管士光　著

人民出版社 出版发行
(100706　北京市东城区隆福寺街 99 号)

北京天正元印务有限公司印刷　新华书店经销

2017 年 1 月第 1 版　2017 年 1 月北京第 1 次印刷
开本:710 毫米×1000 毫米 1/16　印张:216
字数:3450 千字

ISBN 978－7－01－017164－7　定价:588.00 元(全六卷)

邮购地址 100706　北京市东城区隆福寺街 99 号
人民东方图书销售中心　电话 (010)65250042　65289539

得失塞翁马
襟怀孺子牛

作者近照

第五章

梁宋之游与东组

一 李白与杜甫

开元二十七年送别高式颜以后，高适仍然客居梁宋，并在这一带漫游。他曾同当地的地方长官如李少康等人往来唱酬，写下了《酬鸿胪裴主薄雎阳北楼见赠之作》，又另一篇《奉酬睢阳李太守》。特别值得一提的是在这个期间，任灵昌郡（滑台）太守的名士李邕托人带给高适《鹘赋》一篇，高适虽自言"才无取为"，但"尚怀知音"，便写作了《奉和鹘赋》赠李邕。高适与李邕的交结大约就是在此期建之的，由李邕赠赋可以想见，当时高适正经是颇有文名了。

天宝三载（公元七四四）秋天，李白和杜甫先后东到了梁宋并与高适相逢，开始了三位诗人同游梁宋的快意生活。

李白（701——762）字太白，唐代伟大的浪漫主义诗人。他的祖籍是陇西成纪（今甘肃秦安），隋末他祖先流亡至西域的碎叶，直到唐中宗神龙元年（705），李白的父亲李客才携带家族重返内地，定居于西蜀绵州的昌隆（今四川江油）。李白后来说自己出蜀远游时曾："不逾一年，散金三十余万"（《上安州裴长史书》），又在《秋于敬亭送从侄耑游庐山序》

《高适评传》手稿

自　序

　　时间过得实在是快，近来我常常想起庄子《知北游》中的话："人生天地之间，若白驹过隙，忽然而已。"诚哉斯言。记得2010年初秋，我编定了《管士光作品集》以后写了篇《编后记》，算来已经是六年以前的事了，但那时的感慨现在还是依旧，我在那篇《编后记》里说：

　　　　编定这个集子，突然想到梁启超的一段话："老年人常思既往，少年人常思将来。唯思既往也，故生留恋心；唯思将来也，故生希望心。"想想自己此时的心情，似乎介于"老年人"与"少年人"之间——编定集子，把以往清点一过，对既往难免生留恋之情；将过去打包放下，对未来又自然生希望之念，其中的欣然与惆怅，如人饮水，冷暖自知。

　　现在在这套"文存"即将出版的时候，我忽然想到了杨绛先生"打扫战场"的说法，当然，无论从哪一方面说我都不能与杨绛先生相比，但那种心境依稀有几分相似，说到"把以往清点一过"，这次做得无疑更加彻底。我记得我的文章第一次印成铅字，还是在部队当兵的时候，那是一篇杜撰的习作，写一个知识青年在农村"广阔天地"里大有作为的故事，文章的题目很时髦，叫《高粱红似火》，这篇文章发表以后，当然没有稿费，报社寄来一本革命故事汇编，都是些杜撰的故事和人物，现在记得的只有报社的那颗红色的印章了。奇怪的是，这方印章在我的梦中还出现过几次，可见当时印象之深了。从那以后又发表过几篇文章和所谓的"诗作"，现在看来，实在是幼稚。在部队当兵的时候，有一阶段我对诗歌着了迷，除了唐诗以外，特别喜欢贺敬之、李瑛的诗作，他们的许多作品如贺敬之的《雷锋之歌》《西去列车的窗口》《回延安》和李瑛的《枣林村集》《红花满山》等，我当时都能背诵下来，渐渐开始模仿着写了起来，我从总角之年就相知相交的朋友宋丹和我在一个团当兵，他在上中学时就鼓励和支持我学习写作，这时便请他所在连队的文书帮我刻印出来，名之曰《兵之歌》，至今我还保存了一本，它已经成为我那一段生活的珍贵记忆……除了这些"少作"以外，我发表的第一篇貌似学术的文章是在1984年《文史知识》刊载的《安禄山其人》，从那以后至今的三十多年里，我在从事编辑工作之余，从来没有停止自己的学术研究和写作。三十多年过去了，竟也有了一些积累，出版的各种著述、注释、译作以及参与主编的各种辞书大大小小也有了三十多种，其中有的自以为还有些分量，有的也只能是充数而已，但回头静观，却无一不令我心生感慨，有一种莫名的激动，因为那一页页印满文字的纸上明明飘浮着属于我的岁月浮云……近半年以来，我集中精力收拾这一片片浮云，也确实下了一点儿功夫。"文章千古事，得失寸心知。"为了编选这个"文存"，我在工作之余，把以往发表和出版过的文字收在一起，也找出了一小部分过去没有机会与读者见面的旧作，经过认真思考，精选出一些内容，编为六卷，踌躇再三，还是取了一个有几分张扬的书名，知我罪我，对已耳顺的我来说，只能一笑了之了。不知为什么，在编这套"文存"的时候，我常常想起我尊敬的前辈、人民文学出版社第三任社长严文井先生一则逸事：有人提出应该出版《严文井全集》，文井先生对人说：地球也许在某一天会毁灭，人类会提前搬到其他星球上去，搬家的时候会带走《李白全集》《杜甫全集》《红楼梦》等等，那都是经典之作，值得带走，我的书没有这个资格，既然如此，何必现在花费力气出版全集呢？我有时带着一种有趣的心态想:假如严文井老社长问我为什么要花力气编一套"文存"，我也许会顾左右而言他吧!

"文存"分为六卷，大体情况如下:第一卷是我对古代文学、文化、历史及出版工作的研究论文和文章，也有为一些辞书撰写的辞条。这些辞条有的还有学术价值，过去散见于各种辞书，此次收在一起，至少还有保存资料的价值吧。第二卷是六个小册子，前三个小册子分别论述了异域文化在唐代的传播与影响、中国古代哲学史、中国古代史学史，后三个小册子是中国文史人物故事中的三种，分别介绍了苏武与李陵、唐玄宗与杨贵妃和唐代诗人岑参。第三卷收入三部著作，分别论述了唐代边塞诗派代表人物高适和岑参的生平与创作，其中《高适评传》是我曾经提到在最后一刻失去面世机会的旧作，此次做了一点充实加工，算是"起死回生"了。我曾对盛唐的边塞诗派和山水田园诗派做过集中的探讨，翻看旧稿，感到研究的深度还明显不够，因此此次未收入"文存"，只能留待以后继续深入研讨了。第四、五两卷是关于李白的专题研究，第四卷由李白研究和对其名篇的赏析构成，第五卷是对李白诗全集的注释、解读，对李白作品系年、作品思想指向及艺术特点的探讨体现在对其作品的注释之中。我读研究生的方向是唐代文学，而我的研究重点又是李白及其作品，所以这部分收入的内容是我比较看重的，需要说明的是其中也收入了刘忆萱老师的几篇文章，因为作为《李白新论》应该整体收入，也算是对刘忆萱老师的一种纪念吧。第六卷是关于唐诗宋词的注释与品读，也反映了我对唐诗宋词中一些学术问题的探讨与思考。也许是从事编辑工作的原因吧，我过去所作中国古代作家作品的注释有十余种，此次只选了学术性较强的《李白诗集新注》和唐诗宋词的注释，算作一类著述的代表吧。

回望来时路，心中难免生出无限感慨。十年以前，我的另一本论文集《浅草集》编定后，我写下一篇《自序》，其中概述了我走过的学术道路，不妨抄在这里:

收在这个集子里的主要是我过去写的有关古典文学，特别是唐宋文学的一些论述文字，偶尔也涉及历史和哲学史的内容，所谓"文史哲不分家"是也。这些文字大多都曾在不同的刊物上发表过，这次未作大的修改，以存其真。这些文字的学术价值高低姑且不论，但却是我留在人生道路上的一个个足印，他人视之平常，我则难免有敝帚自珍之感，因此，不揣浅陋，将其收拾在一起，希望不是毫无价值的"自恋"行为。

我对古典文学产生兴趣是由唐诗开始的。我印象中最早听到唐人诗句并不是在课堂上，而纯粹出于偶然。当时我还很小，大约也就八九岁的样子，父亲在一所部队院校工作，我去院里的一栋宿舍楼找小朋友玩，在楼道里遇到一位戴眼镜的解放军军官随口朗诵道"天生我材必有用"，后边还有一些句子，我记不住了，但这句诗我听懂了，也记住了，以后才知道这是唐代大诗人李白《将进酒》中的名句，而《将进酒》也就成了我最喜爱的唐诗名篇之一。随着年龄的增长，我对文学的兴趣像野草一样滋生，似乎也没有什么特别的道理，有朋友开玩笑地帮我分析，认为这与我祖父是乡村教书先生有关，我也只能一笑而已。在那个时代，我同许多大院的孩子一样少不了参与打架和胡闹，甚至也曾参与剪掉女老师长辫子的"革命行动"，虽然因为年纪还小，只能跟在大孩子后边乱跑，但也不是一无所获，比如，我记得有一次我与几个最要好的小伙伴翻窗跳入我所上的"六一小学"的图书室，随手偷出了一些被定为"封资修"货色的书，印象最深的是其中有一本《复活》，我读了这本书，似懂非懂，但印象相当深刻，后来我来到人民文学出版社工作，才意识到这部名著是人民文学出版社出版的，心中不由隐隐地有一种莫名的亲切感。

有一位名人说过大意这样的话：所有评论家都是失败的诗人。我不是评论家，但却可能是一个失败的诗人，在那精神匮乏的时代，我写过不少自以为是诗和散文的东西，偶尔也发表几篇，在激动和兴奋之后,对唐诗的兴趣却又日益炽烈起来,在部队当兵的三年里,一部《唐诗三百首》几乎时刻陪伴着我,在冬天早晨出操时,在夏日深夜站岗时,我都会在心中默默地背诵那些常读常新的名篇,在那紧张而单调的士兵生活中,先贤的诗句使我的精神得到了难得的滋润。

当1978年恢复高考后,我非常自然地要求参加高考,并报考了中文系,到大三时,对古典文学的兴趣更浓厚了。因为视野开阔了,读的书也多了,于是有了专门研究古典文学的想法,大四毕业论文我便选了探讨李白诗歌特色的题目。之所以选定古典文学作为自己的研究方向,除了我的兴趣外,主要是当时对世事纷争心灰意冷,希望"躲进小楼成一统",在读书求学中寻找生活的乐趣。论文题目确定以后,系里指定的指导老师是刘忆萱先生,经过刘先生的认真指导,我的毕业论文经几次修改后获得发表。不久,我又顺利成为刘忆萱先生的研究生。在跟随刘先生学习的三年里,我不仅学到了专业知识,也更加懂得了如何做人;不仅完成了毕业论文,还与刘先生一起撰写了一些文章,后来作为《李白新论》得以出版,使我逐渐走上了学术研究的道路。另一位老师冯其庸先生对我的指导和教诲也令我终生受用。因为刘先生年事已高,身体不太好,冯先生便对我随时加以指导,1984年我与李岚、徐匋、谭青等几位同学一起随冯先生作研究生毕业实习,一个多月的时间里,我们先山东,后江南,又沿长江经武汉、宜昌、万县等地而远赴蜀中,从蜀中归京途中又去了汉中、西安等地,一路上不仅结合所学专业作了实地考查,体会到"纸上得来终觉浅"的道理,更拜访了许多名家大师,使我获益极大;而冯先生不畏艰苦、一心向学的精神更令我深受感动,至今回忆起当年的情景,仍使我不敢过于懈怠。特别应该提起的是,我在读书期间撰写了《高适评传》一稿,正不知如何处理,一次,在校园里遇见冯先生,我冒昧地请冯先生为我向出版社推荐,冯先生立即应允,书稿交到出版社后,编辑认为质量尚好,作了加工,准备出版,后因出版社内部人事变动,

——写在新版本《红楼梦》第三版出版之时 ·············· 505

社庆三题 ··· 507

与哈利·波特邂逅

  ——在香港文化产业国际研讨会上的演讲（2003 年 12 月 19 日）······

  ··· 511

"哈迷"，请耐心等待

  ——一个出版者的话 ··· 525

感谢与思索

  ——茅盾文学奖揭晓后的感想 ······························· 527

勇于竞争　坚决维权 ··· 532

编书人的"幸福时光"

  ——漫说"作家学术随笔丛书"和"漫说丛书" ·············· 534

和谐的"四重奏"

  ——介绍四套古典文学丛书 ··································· 536

传统美育与当代人格 ··· 539

新的角度　新的概括

  ——评《中国古代文体丛书》 ·································· 541

我难以忘怀的一本书

  ——答人民日报记者问 ··· 544

印象深刻的四个细节

  ——读《我仍在苦苦跋涉——牛汉自述》 ··················· 545

唐诗研究的新收获 ··· 552

《浅草集》自序 ··· 554

《管士光作品集》编后记 ·· 557

附　录

棋逢对手 ··· 561

亦师亦友忆志刘 ·· 565

这本书终于没有出来，但我将其改写为《高适·岑参》在若干年后在杨爱群兄主持下得以出版。这件事在冯先生看来，可能只是小事一桩，事后我也再未提起，其实心中一直不敢忘记。其他老师对我也多有帮助，借这个机会多说几句，以表达我对给予我人生推力的刘忆萱、冯其庸以及朱靖华等各位老师的衷心谢意！

我学习和研究的主要方向是唐代文学，但我的兴趣比较杂，比如，我在学习古典文学的同时，也曾打算写作历史小说，因此读了一些正史和野史，对一些历史事件和历史人物颇有兴趣，收在集子里的《安禄山其人》便是此类习作，值得一说的是这篇文章在1984年发表在中华书局主办的《文史知识》上，对我以后的读书与研究还是起到了相当大的鼓励作用的。

与在科研单位从事专业研究或高等院校从事教学工作的学者相比，我的学术道路比较简单，研究的成果也十分有限。前人总说当好一个编辑，首先要成为"杂家"，最好同时也是一位专家。每当听到这样的话，我总是会有些气馁，暗自叹气：且不说个人的能力和水平，就是工作的环境和所面对的现实，做一个"杂家"尚且极为不易，遑论"专家"呢！不过，在我们编辑这一行里，也确实出现了一些令人肃然起敬的一流学者。比如2016年年初去世的傅璇琮先生，他的《唐代诗人丛考》《唐代科举与文学》等，已经成为唐代文学研究的经典之作。近日读了李岩和刘石两位老朋友怀念傅先生的文章，使我十分感动，更生敬佩之情。与出版行业出现的一流学者相比，我自然有一种惭愧之感，所以在"文存"出版的时候，自认为没有必要展开叙述，只是把一篇旧序抄在这里就可以了，希望得到师友和读者的理解与谅解。当然，有些细节还可以补充，比如，近日，父亲住院检查，我有时陪侍左右，闲谈中说到，我在大学时要做学年论文，父亲和我聊天，问我准备选哪方面的内容，问我有什么打算，我说今后想从事文学创作，父亲沉吟良久，说从实际情况看，写文章比较危险，弄不好要吃大苦头,于是劝我还是研究古典文学吧。当时是八十年代初,文革结束不久,人们难免心有余悸,我认为父亲的建议很有道理,也与我个人的性格暗合,觉得将来能做一个学者也很有意义,因此便选了古典文学的题目,大学毕业以后又继续读了古典文学方面的研究生。现在想来,我一点儿也不为自己的选择后悔,就我的才智来看,选择这条研究之路,多少还会有些成果,如果选择了文学创作之路,估计早就改行了吧! 从这个细节来看,我的成长也没有离开父母的目光,看到父母满头的白发,心中自然又生出无限感慨!

编辑,常常被称作"杂家",能否成"家"自有公论,但一般都有"杂"的特点。说到我的兴趣比较杂这一点,从这套"文存"中就可以看出来,这也许正符合编辑工作的需要,我的研究和写作对我的工作也的确很有帮助,但涉及的内容相对比较广泛,论述得往往不够深入,也反映了我作为编辑的一个特点,"实在说来,有些课题是我感兴趣的,也下了些工夫;有些内容,则仅仅是因为工作需要,难免浅尝辄止,尚未深入。总之,还有许多问题值得继续研究和探讨,学无止境,真乃人生之至乐也!"(《管士光作品集·编后记》)这段说于六年前的话,今天再说一遍仍然很切合我的实际情况和心境,我也的确设想了几个有意思的题目,想在今后相对悠闲的生活中用以打发光阴,庶几使自己以后的生活不至过于无聊……

这次我的旧作能够集中编成"文存"出版,得益于全国宣传文化系统"四个一批"人才工程项目的资助,得益于人民出版社社长黄书元兄、常务副社长任超兄的鼓励和支持,得益于老朋友孙兴民兄的具体帮助,心中虽有许多感慨,说出口却只有两个字:谢谢!

管士光

2016 年 9 月 27 日初稿于京东静思斋

2016 年 11 月 10 日改定于朝内大街 166 号

人民文学出版社 209 室

本卷说明

　　本卷内容主要来自《浅草集》(中国书店出版社,2007年出版)和《管士光作品集》(中华书局,2011年出版),文章顺序作了调整,也增加了一些当时未收入集子中的文章。《散叶集锦》是新补入的内容,主要来自我为一些辞书撰写的条目,敝帚自珍,不舍得丢弃,希望读者理解。

目　　录

文史散论

唐宋诗歌发展概述 ……………………………………… 3

唐代的哲理诗 ……………………………………… 14

唐代的咏物诗 ……………………………………… 21

盛唐边塞诗派 ……………………………… 27

浅论盛唐边塞诗派的艺术风格 ……………………… 32

漫说盛唐山水田园诗派产生的条件 ………………… 39

从孟浩然的诗看山水诗和田园诗的合流 …………… 45

浅论李白李贺浪漫主义特色之异同 ………………… 52

论李贺的诗 ……………………………………… 64

一塌糊涂的泥塘里的光彩和锋芒
　　——晚唐小品文作家作品简论 …………………… 78

王安石的生平与散文创作 …………………………… 87

说说中国古代寓言 ………………………………… 94

论咏物诗 …………………………………………… 96

中国古代文学史上的诗与词 ……………………… 104

什么是绝句 ………………………………………… 117

说词牌《摸鱼儿》和《临江仙》 ………………… 124

《咏物诗选》前言 ………………………………… 127

《咏物词品珍》前言 ……………………………… 129

《千家诗评注》前言 ……………………………… 131

《唐诗三百首新编》前言 ⋯⋯⋯⋯⋯⋯⋯⋯⋯⋯⋯⋯ 133

《唐人绝句一千首》前言 ⋯⋯⋯⋯⋯⋯⋯⋯⋯⋯⋯⋯ 134

古诗与名花 ⋯⋯⋯⋯⋯⋯⋯⋯⋯⋯⋯⋯⋯⋯⋯⋯⋯ 138

　一朵忽先变,百花皆后香

　　——古诗与梅花 ⋯⋯⋯⋯⋯⋯⋯⋯⋯⋯⋯⋯⋯ 138

　惟有此花开不厌　一年长占四时春

　　——古诗与月季 ⋯⋯⋯⋯⋯⋯⋯⋯⋯⋯⋯⋯⋯ 145

　竞夸天下无双艳　独立人间第一香

　　——古诗与牡丹 ⋯⋯⋯⋯⋯⋯⋯⋯⋯⋯⋯⋯⋯ 148

　接天莲叶无穷碧,映日荷花别样红

　　——古诗与荷花 ⋯⋯⋯⋯⋯⋯⋯⋯⋯⋯⋯⋯⋯ 155

　不是花中偏爱菊,此花开尽更无花

　　——古诗与菊花 ⋯⋯⋯⋯⋯⋯⋯⋯⋯⋯⋯⋯⋯ 161

唐玄宗其人 ⋯⋯⋯⋯⋯⋯⋯⋯⋯⋯⋯⋯⋯⋯⋯⋯⋯ 166

安禄山其人 ⋯⋯⋯⋯⋯⋯⋯⋯⋯⋯⋯⋯⋯⋯⋯⋯⋯ 179

孔子是否杀了少正卯 ⋯⋯⋯⋯⋯⋯⋯⋯⋯⋯⋯⋯⋯ 185

名作品评

读储光羲的《钓鱼湾》 ⋯⋯⋯⋯⋯⋯⋯⋯⋯⋯⋯⋯ 189

千古绝唱《燕歌行》 ⋯⋯⋯⋯⋯⋯⋯⋯⋯⋯⋯⋯⋯ 191

高适的《古大梁行》 ⋯⋯⋯⋯⋯⋯⋯⋯⋯⋯⋯⋯⋯ 198

刘禹锡诗二首赏析 ⋯⋯⋯⋯⋯⋯⋯⋯⋯⋯⋯⋯⋯⋯ 201

读施肩吾的《望夫词》 ⋯⋯⋯⋯⋯⋯⋯⋯⋯⋯⋯⋯ 204

读李贺的《宫娃歌》 ⋯⋯⋯⋯⋯⋯⋯⋯⋯⋯⋯⋯⋯ 206

于濆《里中女》赏读 ⋯⋯⋯⋯⋯⋯⋯⋯⋯⋯⋯⋯⋯ 210

罗隐诗三首赏析 ⋯⋯⋯⋯⋯⋯⋯⋯⋯⋯⋯⋯⋯⋯⋯ 212

读《英雄之言》 ⋯⋯⋯⋯⋯⋯⋯⋯⋯⋯⋯⋯⋯⋯⋯ 215

读陆龟蒙的《别离》 ⋯⋯⋯⋯⋯⋯⋯⋯⋯⋯⋯⋯⋯ 217

《野庙碑》赏析 ⋯⋯⋯⋯⋯⋯⋯⋯⋯⋯⋯⋯⋯⋯⋯ 219

司空图《退居漫题七首(其三)》赏析 ⋯⋯⋯⋯⋯⋯ 223

来鹄的《云》 ⋯⋯⋯⋯⋯⋯⋯⋯⋯⋯⋯⋯⋯⋯⋯⋯ 224

花蕊夫人徐氏的《述国亡诗》 ·············· 226

清人诗词三首赏析 ·············· 227

散叶集锦

中国辞学大辞典·诗风流派(49 则) ·············· 235

古代散文百科大辞典·国内研究(114 则) ·············· 254

中外小说大辞典·外国小说(114 则) ·············· 326

禁书详解(21 则) ·············· 394

历代狐仙传奇全书(7 则) ·············· 417

出版浅论

守正出新:资源整合与选题创新 ·············· 443

从人文社的经营理念谈出版社的核心竞争力 ·············· 458

发挥优势　繁荣出版
　　——关于在市场经济条件下做好文学出版工作的思考 ·············· 464

认真落实"三个代表"重要思想进一步做好出版工作 ·············· 470

关于"混合所有制"经济的初步思考
　　——以人民文学出版社为例 ·············· 474

出版事业单位人事制度改革中遇到的六个难点 ·············· 479

关于软实力的一些思考
　　——从人民文学出版社的实践谈起 ·············· 484

坚持走出版创新之路
　　——在"三个一百"上的发言 ·············· 489

阅读·精品
　　——出版社的责任 ·············· 491

关于禁书现象的思索 ·············· 494

温故知新　登高望远
　　——人文社古籍图书出版硕果累累 ·············· 496

仍在路上
　　——关于人民文学出版社版权贸易的片段记忆 ·············· 499

精益求精为读者

文史散论

唐宋诗歌发展概述①

从唐朝立国(618年)到南宋亡于蒙元(1279年)的约六个半世纪是中国历史上的唐宋时期。这期间,唐代疆域广大,曾经创造了古代无与伦比的盛世;然而唐以后,经过五代(907—960年)的更迭,北、南宋不仅始终未能完全统一中国,反而先后亡于来自北方的金、元。当唐代盛时,即布衣之士,"仰天大笑出门去",不难想到立功绝域,置身卿相;而到了宋朝,士大夫们的浪漫至多不过"梦从大驾亲征,尽复汉唐故地"(陆游语)。因此,这期间历史的变化,不止于表面上的"强唐弱宋",还在于精神气格、文化风习及心理的迥然不同。这种差异在诗歌方面的表现,就是严羽《沧浪诗话》所谓"尚意兴"之唐音与"尚理"之宋调。

唐风与宋调的差异,在诗歌史上是一个突出的存在。在一般读者来说,唐诗独尊,无可争议;但自南宋以来,诗学上就有唐、宋诗优劣之争。可见宋诗纵不如唐诗,也还有与唐诗一争高低的资格,所谓"唐宋皆伟人,各成一代诗"(蒋士铨《辩诗》),唐、宋诗确有可以并称的理由。而且"唐诗、宋诗,非仅朝代之别,乃体格性分之殊。天下有两种人,斯分两种诗","自宋以来,历元、明、清,人才辈出,而所作不能出唐宋之范围,皆可分唐宋之轸域"(钱钟书《谈艺录·诗分唐宋》),所以唐宋诗之异同,不仅关系唐诗、宋诗本身的理解,同时是了解中国古代诗史一大门径。现在,我们将这两代诗歌、包括五代与辽、金之什,作一总的概述,以期略述其兴衰流变之迹,使一般读者见春兰秋菊,各擅其胜,也试为学者斟酌唐宋诗之成就特点和研究中国诗歌史的参考。

---

① 此文与杜贵晨同志合作撰写。

3

在所谓"文章道弊五百年"(陈子昂《与东方左史虬修竹篇序》)之后，唐诗的繁荣不是偶然的。唐朝的建立者目睹了隋朝的覆亡，取得了重要的经验教训，采取了一些比较开明的措施，促进了生产的恢复和发展，形成了中国历史上著名的"贞观之治"。太宗以后，宫中虽几易其主，但太宗的一些政策措施基本上延续下来。经过近一个世纪的长期积累，至开元年间，唐朝历史进入了另一个高峰，即"开元之治"。这一时期长达十余年，史书常将开元与天宝并称，誉为"盛唐"。唐朝中期，虽然经过了"安史之乱"的破坏，但唐朝经济在某些地区仍然获得相对稳定的发展，尤其是未遭战乱的南方，经济发展更为明显。经济的发展与繁荣，促进了交通业、手工业和商业的发达，不仅为诗人们的生活和写作提供了必要的物质条件，而且丰富了诗人们的生活，丰富了诗歌的题材内容，也使唐诗的传播变得较为容易。另外，唐承隋制，仍以科举取士，而科举考试的项目之一即是诗赋。于是苦攻诗赋，便成为唐代一般文人进入仕途的重要手段，从而形成了重视诗赋的社会风气。同时，各门艺术的发展，对诗歌的兴盛也起了重要作用，如音乐、舞蹈的发展使唐诗扩大了题材范围，并获得了新的节奏感。李唐王朝对思想文化方面采取了比较明智的政策，对儒道释兼收并蓄，这又大大活跃了思想界，促进了文学、艺术各个流派的形成，也促进了中外文化以及唐朝各民族文化的互相交流与影响。这一切为唐诗的发展、兴盛准备了充分的条件。加之，唐代诗人认真总结了前代诗人的创作经验，并经过自己艰苦的创作实践，终于使诗歌这一文体形式获得了空前的发展，迎来了自己的黄金时代。

为了论述的方便，人们一般把唐诗的发展过程分为四个时期，即初唐(618—712年)、盛唐(713—762年)、中唐(763—826年)、晚唐(827—906年)。

唐太宗统一全国后，文物典章基本上继承陈、隋旧制，一些隋朝遗老也被收罗进宫，他们的文风自然不会因为朝代的更替而有所改变，因此初唐诗坛上仍然弥漫着陈、隋宫体诗的余风，其中最有代表性的诗人是虞世南和上官仪。他们的诗喜堆砌辞藻，讲究柔婉的媚态，思想感情都苍白无力。值得一提的是，上官仪对诗歌体制有独到的研究，提出了"六对"、"八对"之说，将六朝时已具雏形的对法系统化、程式化，对唐代律诗的形成，具有一定作用。武后时代出现了号称"文章四友"的宫廷诗人李峤、苏味道、崔融和杜审言。杜审言创作了一些较为自然清新的律诗,在四人中成就最高,他还写作了一些长篇的排律,对后人如杜甫、白居易都很有影响。武后时还出现了沈佺期、宋之问,他们对诗歌发展的主要贡献是总结了齐梁以来格律诗创作的经验,并亲自实践,创作了许多完整的五、七言律诗,促成了律诗的最后定型,这对唐朝诗歌的繁荣有重要意义。沈、宋之人品虽为后人所诟病,但其于诗歌之发展则功不可没。

在初唐诗坛上,也出现了一股力图突破宫体诗影响的潮流,其突出代表是王绩和"四杰"。王绩着意向陶渊明学习,他的诗比较清新自然,洗去了宫体诗的脂粉气息;"四杰"指高宗与武后初年"以文章齐名天下"的王勃、杨炯、卢照邻、骆宾王。他们才华横溢,但在仕途上却屡受挫折,因此能较广泛地接触社会现实。他们借诗歌来表现胸中的郁愤之气,这便决定了他们不愿受齐梁文风的束缚。他们的诗歌题材广泛,文风也比较活泼刚健。他们反对宫体诗的过分雕琢,却并不排斥律诗,反而写作了许多律诗名篇。"四杰"的七言歌行也很有特色,对李白、岑参等人的歌行乐府有直接影响。"四杰"之后,出现了更加坚决反对齐梁诗风的文学家陈子昂。陈子昂树立起文学革新的旗帜,在理论与实践上都表现出鲜明的创新精神。他的诗一洗齐梁余习,语言雄浑有力,感情自然真实,是初唐与盛唐之间的一座桥梁。

盛唐诗坛天才云集,是唐诗发展的高峰。后人从题材与风格方面着眼,将李白、杜甫之外的盛唐诗人分为"山水田园诗派"和"边塞诗派"。前者的主要代表是王维、孟浩然,后者的主要代表是高适、岑参、王昌龄。当然诗人作品的题材往往是多方面的,风格也会有所变化和发展,所以所谓流派的划分,只是相对而言的,不能作绝对化的理解。高适擅长歌行和古诗,边塞诗题材广泛,风格慷慨豪迈,具有自然朴素的艺术特点。岑参诗格调高昂,色彩瑰丽,尤善描写边塞风光和边塞生活;各体兼工,尤以七言歌行最为擅长。王昌龄被后人称为"七绝圣手",在七绝这一诗体的发展上有特殊贡献。其诗内容丰富,尤长于描写边塞军旅、宫怨闺情,意境浑厚含蓄,语言圆润流畅。王维诗尤以山水田园之作最为著名,各体诗中尤以五、七言诗造诣最高。孟浩然的诗作自然浑成,意境高远,语言凝炼,长于五古和五律,追求艺术的完整和精美,在当时颇有影响。盛唐诗人中,王翰、王之涣、常建、祖咏、裴迪等人也有佳篇传世,他们的作品在盛唐诗坛放出了奇光异彩。

当然,在盛唐诗坛最为著名的诗人还是李白与杜甫,他们犹如两颗灿烂的巨星,闪烁在中国诗歌的长空中。李白是伟大的浪漫主义诗人,他的诗内容十分丰富,感情极为强烈,形象雄伟阔大,语言清新自然,多用比兴、夸张的艺术手法,形成了豪放纵逸的艺术风格。在各种体裁中,李白均有佳作,尤以七言古诗、乐府歌行和绝句成就最为突出,名篇亦最多。杜甫诗题材特别广泛,反映了他所生活的那个时代的真实面貌,形成了"沉郁顿挫"的风格,被后人誉为"诗史"。杜甫在诗歌艺术上,承继前贤,勤于探索,刻意求工,无体不精,尤其是七言律诗,更达到了炉火纯青的境界。李白、杜甫的光辉成就对中国古代文学的发展产生了巨大的影响。

从大历初到大中初的八十余年,称为中唐。此期前十余年,由于安史之乱,社会生活受到很大破坏,人们的精神也受到很大刺激。这个时期的诗人往往采取与社会拉开距离的人生态度,较多地描写自然景色和个人的日常生活,而悯乱伤时的情绪亦贯穿其中。大历诗坛的主要诗人有钱起、郎士元、李端、韦应物、司空曙、李益等,而以韦应物和李益成就最高。韦应物诗多写田园风光,具有清雅幽深、含蓄简远的特点,后世与柳宗元并称。李益诗以边塞之作最为人们所赞赏,这一类诗往往表现出气势雄健、境界开阔的艺术风格。在艺术形式上,尤以七绝见长,被后人评为"中唐第一"。

德宗到穆宗的四十余年间,中唐诗坛一度复兴,尤以宪宗元和时期(806—820年)最为兴盛,形成两个诗派。一派以白居易为首,重要作者有元稹、张籍、王建等人,这一派诗人高举"新乐府"的旗帜,步杜甫的后尘,大胆反映社会现实,在诗歌风格上追求通俗流畅,"务言人所共欲言"。白居易是唐代杰出的诗人,其诗境界开阔,能以社会生活中的重大问题为题材,尤其是《新乐府》《秦中吟》均为指陈时弊、反映民生疾苦的优秀之作。其他如《长恨歌》《琵琶行》等长篇歌行,亦有很高的成就。元稹与白居易诗风相近,世称"元白"。张籍和王建最擅长的是乐府诗,世称"张王乐府",突出特点是语言凝炼,通俗自然而又平易流畅。另一派以韩愈为首,主要成员有孟郊、贾岛、卢仝、李贺等。他们向杜甫学习,在艺术上刻意求新,富有创造性精神,形成了追求奇异、刻苦推敲的诗风。韩愈的诗力求新奇,长篇歌行"以文字为诗",表现出雄豪奇崛的特点,不仅在一定程度上纠正了当时卑弱诗风,而且对后代许多诗人产生了重要影响。孟郊诗多感伤自己的遭遇,苦思力锤,形成一种硬语盘空、拗折险僻的特色。贾岛诗喜写荒凉孤寂之境,以穷愁苦吟著称,其诗具有清峭幽僻的艺术风格。卢仝诗自成一体,以怪涩粗豪著称。李贺一生以全力为诗,其诗多感时伤逝之作,在艺术上务为新奇,想像丰富,词采瑰丽,极富浪漫主义气息。在这一诗派中,李贺诗的意境与语言最具特色。

在韩、白两派之外,柳宗元和刘禹锡也是这一时期重要诗人。柳宗元诗明净简峭,清峻沉郁,以山水诗见长;刘禹锡诗简练沉着,怀古之作最有韵致。尤工绝句,后人认为可追王昌龄和李白。特别是他受到民歌的影响,写作了《竹枝词》等清新朗润、韵致悠扬的佳作,创造出一种新体裁,后人虽多有仿作,但均不能"掩出其上"。

从大中到唐末的五十多年,称为晚唐。此期社会政治腐败,藩镇割据,宦官专权,唐帝国已不可避免地走向灭亡之路。晚唐前期最杰出的诗人是世称"小李杜"的杜牧和李商隐。他们二人都向往唐代盛世,有"欲回天地"的志向,诗中多感慨时事、抒发怀抱之作,艺术上亦各有特色。杜牧诗感情充沛,俊爽圆纯,在晚唐浮浅轻靡的诗风之外自具面目;长于律绝和五古,尤以绝句最有特色。其绝句情致俊爽,风调流利,意境深远,堪称晚唐一大家。李商隐以爱情和咏史诗见长,各体均有佳作,尤其是七律最为著名。他在杜甫之后,又在七律这一诗体中开拓出新的境界。他的律诗意境朦胧,构思细密,讲究典故与辞藻,具有独特的风貌。与李商隐齐名的温庭筠,其诗辞藻华丽,色彩明艳,给人以绮错婉媚之感。晚唐后期也出现了不少诗人,但是成就不高。有一些诗人学习杜甫、白居易,以清新自然、通俗流畅的语言反映社会矛盾,描绘战乱景象,表达对人民的同情,代表诗人有皮日休、陆龟蒙、杜荀鹤、罗隐、于濆等;另有一些诗人多写艳诗,伤悼离乱,情致缠绵,风格柔婉,代表诗人有司空图、韩偓、韦庄等,其中韩偓七律受李商隐影响很大,大多哀婉动人,绝句托兴深远,色彩新鲜,有一些清新可诵之作。

唐亡之后,是五代十国的乱世。当时中原"置君犹易吏,变国若传舍"(《新五代史·序》),"五十三年之间,易五姓十三君,而亡国被弑者八"(《欧阳文忠全集》卷五九《本论》),"礼崩乐坏……先王之制度文章,扫地而尽于是矣"(《新五代史》卷十七《晋家人传论》)。这个旧来传统遭受巨大破坏的时期,给了晚唐以来文人就已染指的词的兴起以绝好的机会,从而文人较少措意于诗歌,即有作者也不过在晚唐风习的笼罩下徘徊,成就略无可称述。正如五代的乱世被有人看作是赵宋王朝的统一的历史的序幕,这一时期诗坛的萧条也是在等待新的历史条件的出现,为其提供发展和变革的动力。

公元960年宋朝的建立为中国古代诗歌的新变和又一次的繁荣创造了条件。这不仅指它结束了五代分裂混乱的局面,基本实现了国家的统一和社会安定,人民生产生活又能较为正常地进行,从而为文学包括诗歌的发展提供了物质的保证,而且是说宋朝的政治和社会状况比唐代也有了重大的变化。首先,宋太祖以兵变得国,又惩于唐末藩镇割据之害,政治上忌防武人而注重文治,比较倚重和优待文人,从而推动了文化的普及和提高,使有宋一代诗人辈出。据有关统计,宋代有诗人一万一千多人,存诗二十余万首(郭预衡《中国文学史长编》)。这个数字高出唐诗四五倍。同时作家也是高产的,"少者千言,多者万首"(刘克庄《竹溪诗序》),亦前代之所无。其次,宋朝外患严重,积贫积弱,在加重人民负担激起反抗的同时,也引发统治集团内部党争不已。当时诗人,特别是许多高官兼政治家的诗人,置身局内,往往比前代作家更具社会的责任心和政治的敏感,而集中表现为强烈的忧患意识。范仲淹所谓"进亦忧,退亦忧……先天下之忧而忧"(《岳阳楼记》),是有宋一代作家思想的主流。这决定了宋代的诗歌多时事诗、政治诗,能及时而尖锐地表现政治斗争,广泛而深入地反映社会矛盾与民生疾苦,特别南渡以后突出了爱国主题,形成爱国主义诗歌的潮流。第三,宋代又是学术高度发达的时代,特别是儒学复兴、礼教重整并最终导致新儒学——理学出现,加以科举考试改重经义策论的刺激,也引导和助长了诗歌向学者化与议事、议政甚至说理方向发展,从而形成"以议论为诗"、"以文字为诗"、"以才学为诗"的倾向,这成为宋诗评价中一个有争议的特点。第四,宋朝国土比较汉唐缩小了许多,又内忧外患严重,更加以"文字之祸亦他代之所无"(王士禛《居易录》),压迫文人少了许多外在的自由,在某种程度上成为重体验、重内省的深思的一代,养成量情体物的缜密深细的态度。故宋诗一面几乎无事不可入诗,无意不可入诗,又每能曲折新异,刻抉入理,求细、求透、求活、求精,形成内敛深沉的特点,人称"宋调"。第五,唐诗的榜样,特别是杜甫、韩愈、白居易及贾岛、姚合等人的诗,启发了"宋代作者在诗歌的'小结裹'方面有了很多发明和成功的尝试……"(钱钟书《宋诗选注·序》)。总之,宋人当唐诗高峰之后,穷则思变,刻意为诗,虽未能后来居上,但是一代诗人的努力,仍然留下了光辉的业绩,做出了独特的贡献。

宋诗的发展有北、南宋两大阶段,具体可分为六个时期,即北宋初期(960—1021年)、北宋中期(1022—1062年)、北宋后期(1063—1100年)、北南之际(1101—1162年)、南宋中期(1163—1207年)、南宋后期(1208—1279年)。

北宋初期的六十年间,诗坛尚沿袭唐风,相继出现的主要有白体、晚唐体和西昆体。白体诗人宗白居易,主要作者有李方、徐铉、王禹偁等。他们作诗务求平易浅俗,其佳作流丽清新、平淡自然,但多半"流易有余而深警不足"。李、徐都是由五代入宋的高官和著名文人,因其地位,使白体在当时影响很大。但白体诗人中最有成就的是王禹偁。其诗有白体之浅切明畅,又自格高意远,清而不俗,论者称其"独开有宋风气之先,而后欧公得以承流而接响"(吴之振《宋诗钞》)。稍后于白体流行的是晚唐体,主要作者有林逋、魏野、寇准及所谓"九僧"等。他们除寇准是高官外,大多为隐士和僧人。其诗欲矫白体之俗,乃以贾岛、姚合为宗,作风清苦,刻意锻炼,务求幽峭出奇,时有精巧的构思和清雅超俗的意境,但往往小巧破碎、单调乏味。西昆体以杨亿所编《西昆酬唱集》而得名,主要作者有杨亿、刘筠、钱惟演等。这些人都是馆阁重臣和饱学之士,作诗专学李商隐,但是缺乏李商隐的情怀气格,偏于以才学为诗,好用典故,喜尚辞采,组织富丽精工,其咏史、交游赠别之类题材作品有一些较好的诗篇,而风格却是太贵族化了,并且大都意义浅薄,晦涩难懂。不过,西昆体的出现对救正白体及晚唐体之弊有一定作用,"五代以来芜鄙之气,由兹尽去"(田况《儒林公议》卷上)。

北宋中期的四十余年即仁宗朝,是整个宋代的全盛时期,无论政治、经济、学术文化都在这一时期达到繁荣或变革出新。当时伴随儒学复兴而来的文学复古运动,有力地冲击着诗坛机械模拟唐人的风气,并孕育形成了宋诗独特的风貌。在所谓"宋调"形成过程中,起到重要作用的作者有欧阳修、梅尧臣、苏舜钦、石延年等。其中欧阳修是集诗人、学者、重臣为一身的人物,他不仅以自己的诗歌和诗论影响一代,而且团结支持了梅、苏等,为创建"宋调"的实际的领袖;同时他还提携了王安石、曾巩、三苏等,为下一阶段宋诗的高峰作了人才的准备。这一时期诗歌创作成就最高者当推梅尧臣。他的诗多能反映重大现实问题,关心民生疾苦,对于宋初诗歌从偏重辞藻和形式的西昆体中解放出来起了积极作用。梅尧臣诗歌注重题材的开拓,最喜以别人未写过的题材入诗,在描写琐碎平常的生活题材中寄含哲理。又为诗精苦,学韩愈,诗风有古硬雄健的一面;而更为自觉地追求古朴平淡,由此形成他突出的个人特色。当时苏舜钦与梅尧臣并称"梅苏",梅诗以"古淡"名世,苏诗以"豪放"著称,意新语奇,热情奔放,气象开阔,但有时失之于率意。石延年是比欧阳修和梅、苏更早而较有成就的一位诗人,其诗气横意举,为欧阳及梅、苏等所激赏,可惜作品存世甚少。应当指出的是,这一时期的几位重要诗人已经共同地显露了以议论为诗、以文为诗的倾向,这当然有唐诗影响的因素,但在整体上乃是宋诗不同于唐诗的新异而颇受争议的特点。理学诗派的形成也是这一时期诗坛引人注目的现象,邵雍堪称这一派诗人的代表;此外,范仲淹、韩琦、司马光等一批名臣也都有优秀的诗作,成为欧阳修等人诗歌复古运动的重要辅翼和补充。

北宋后期,从仁宗朝就已积聚起来的政治和社会危机日益严重地表现出来。社会的动荡、王安石变法的失败及由此而起的党争,严重地动摇了北宋王朝的统治,使之急剧衰败下来,但这一时期的诗歌却达到了有宋一代极盛的高峰,不仅大家继出,名家云集,而且各种个人的风格也都得到了充分的发展。王安石、苏轼、黄庭坚、陈师道四家是这一高峰期杰出的代表,并且是决定了宋诗整体面貌和宋诗发展主要过程的关键人物。四家中王安石、苏轼都由欧阳修亲自赏拔脱颖而出,他们代表了这一高峰期与北宋中期诗歌复古运动的密切联系;而黄、陈皆出苏门,黄诗的巨大影响辅以陈师道之力而形成的江西诗派,成为此后宋诗的主潮,余波及于元明以至清末。所以,以四家为代表的北宋后期诗歌有承前启后、继往开来的意义。王安石是中国近古伟大的政治改革家,他早期作有大量政治诗,表现了忧国忧民的情怀和锐意改革的精神,往往直陈其事,质朴无华,议论风发,气格硬健,而未能涵蓄。其咏古诗常于古人未到处立论,或作翻案语。晚年罢相后倾心杜甫,咏怀写景,刻意为诗,风格一变为精深简淡。尤工绝句,有千锤百炼而浑然如天成之妙,世称"王荆公体"。苏轼几乎为文艺的全才,其诗几无境不至,无意不精,而最重自我。无论述事抒怀、写景状物,每隐约曲折,有必达之隐,无难显之情,而更加发展了欧阳修以来以文为诗、以议论为诗、以才学为诗的倾向。其诗诸体皆工,富于联想,尤长于比喻,代表了宋诗最高成就,而给黄庭坚等苏门诗人以重大影响。黄庭坚与苏轼并称"苏黄",他在东坡之后,刻意学韩(愈)、学杜(甫),最重独创,又最讲法度,惯师古人意,用古人语,谓之"夺胎换骨"、"点铁成金",把以才学为诗发展到极致。其诗造语生新,气象森严,格韵高绝,当时学者甚众,遂开江西一派诗风。陈师道为苏门六君子之一,为诗初无师法,后学黄庭坚,后又学杜,"闭门觅句",苦心孤诣,其诗瘦硬劲峭,自成一家。当时与黄庭坚并称"黄陈",后来被尊为江西诗派三宗之一。四家之外,北宋后期诗坛尚有苏辙、孔平仲、程颢、秦观、郭祥正、道潜、晁补之、张耒等,名家荟萃,群星灿烂。

北宋灭亡至南宋高宗末的半个多世纪,是宋代历史也是当时汉民族命运的一大转折。但是,与历史沧桑、社会动荡不同的是,这一时期的诗坛近乎平静。诗人很多,却没有大家,甚至也较少有才气的名家,值得提到的诗人有惠洪、韩驹、江端友、吕本中、曾几、陈与义等。他们大都是江西诗派中人,尤其吕、曾、陈三人更是江西诗派进一步发展的关键人物。吕本中论诗推重杜甫与黄庭坚,又提倡"活法",以轻快圆转的诗风救正江西派末流生涩之弊。与之同调呼应的曾几进一步变化出清新活泼的风格,稍后的陈与义则是吕、曾二人的发展。陈诗意境宏深,晚作写南渡乱离之苦,有苍凉悲壮之致,人称"陈简斋体",为江西诗派范围内一座艺术的高峰。吕、曾、陈等人的努力几乎使江西派占领了整个诗坛,但他们在时代感召下所写出的为数不少的爱国诗,又超出了江西派的范围,遥启下一阶段宋诗的中兴。此外,宗泽、李纲、岳飞等一些名臣及李清照等词人也有诗作,给此期的诗坛添了靓丽。

孝宗朝至宁宗开禧的几十年间,南宋与金国虽时有战和,但总的说来是南宋朝廷忍辱得以偷安的时期。此间经济得以发展,国力有所恢复,以至于韩侂胄能兴兵北伐,可见形势的好转与兵民爱国热情的高涨。随着这一形势而来的是宋诗的中兴,其代表人物是尤(袤)、杨(万里)、范(成大)、陆(游),或以萧德藻易杨万里而称中兴四大诗人。其实尤、萧都远不如杨、范、陆三家,其中又以陆游成就最高。三家诗均出江西诗派,又都能越其藩篱,自成一家,推动宋诗进入新的发展阶段。杨万里诗师法自然,专写性灵,把吕本中所提倡的"活法"付诸创作的实践并取得很大成就。其诗长于描写山川风光、自然景色及日常刹那的感受,体物精巧,立意新奇,深婉细腻,曲折多变,常于幽默风趣中寓以哲理,人称"杨诚斋体"。范成大则发展了陶渊明、王维以来田园诗的传统,把对田园风光的描绘与反映民生疾苦结合起来,为田园诗注入了新的生命力,同时他也写了很多很好的爱国诗。其诗师法广泛,兼众长而成一家,风神秀丽,奔逸隽伟,而又自然精工。陆游长寿而多产,其诗数量繁富,内容广博,亦几乎无境不到,爱国诗、农村诗及爱情诗最为精工。其为爱国诗持之以恒,数量之丰,品格之高,为中国文学史上所仅见。又各体皆工,最长于七言律绝;风格多样,多激昂慷慨、豪迈悲壮之什,亦不乏俊逸清新、闲雅优美之作;想像奇瑰,气象壮伟,有强烈的抒情性,且使事必切,属对必工。当时陆游与苏轼并称"苏陆",他实在可以说是中国古代最后一位伟大的诗人。此外,这时期理学诗也有发展,朱熹治学之余,工为诗歌,善于以清丽之笔,写自然之景,"寓物说理而不腐"(陈衍《宋诗精华录》),诚理学家中一位大诗人。

嘉定元年(1208年)以后,南宋的形势江河日下,苟延残喘几十年,终于亡于蒙古。按说这国破家亡的时候,应当能听到诗人的呐喊,但统治者腐化与无能和各种诗祸的影响使诗人麻木和心寒,诗歌对国事的危急表现了出奇的冷漠。诗人仍然很多,当时著名的有徐照、徐玑、翁卷、赵师秀,合称"永嘉四灵"。四灵学晚唐体,苦吟为诗,风致小巧而气格寒窘。又有江湖诗派,主要作者有戴复古、刘克庄、方岳等。他们的作品较多关怀国事民生,表现平民的意识与趣味,风格也较为多样。但在南宋末,足为宋诗增辉的还是文天祥等爱国志士的诗歌,其同时及稍后的汪元量、谢翱等遗民诗人也表现了伤时悯乱、思念故国的情怀。他们的诗除了强烈的爱国精神之外,都有显著的纪实特点,堪称诗史。

先后与北、南宋对峙的辽、金都是北方少数民族建立的政权。辽代诗人不多,值得一提的仅赵延寿、萧观音数人而已。相对说来金诗就繁荣多了。金初的诗人大多为赵宋入金的文人,其诗固然写在金的生活,而风格完全是宋调。此后百年化育,乃有金诗自己的风格,那就是比较宋诗更为自然拙朴,真率任情,有清劲刚方之美。宇文虚中、刘迎、党怀英、王庭筠等十余人,大致可以代表金诗各个时期的成就,其中最重要的作家应推元好问。元好问是金源最重要的诗人,在诗歌的理论与创作上都有很高成就。他的《论诗三十首》有许多真知灼见,同时发展了论诗绝句的形式。他的诗继承了唐宋,特别是杜甫、苏轼的传统,反映现实,关爱人生,内涵丰腴,情韵深长;有关丧乱之作,尤能慷慨悲歌,感人至深,论者以为有老杜风格。其诗各体皆工,七古、七律成就尤为突出,代表了金代诗歌最高成就。他的诗可以说是唐宋诗的继承和发展,又深刻影响了元代诗歌的进程,在中国诗歌史上有承前启后的作用。

从唐音乍起,到宋调衰为余波,将近七个世纪的诗路花雨,山阴道上,万紫千红,真可以说目不暇接,美不胜收;又可谓是花开花落,通变无穷。简略的叙述,又岂能道尽这一段诗史的曲折与辉煌?

原载《唐宋诗选》,太白文艺出版社 2004 年 5 月版

唐代的哲理诗

　　说到唐诗，我们往往想到那些抒发情怀、描写山水的佳作，其实，唐代的哲理诗也很值得一读。

　　哲理，是人们社会实际和生活经验的总结，好的哲理诗，是诗人勤于思索的火花，它显示出作者才思的机智和敏捷。本来是生活中人们都熟悉的现象，善于思索的诗人将其提炼成诗句，把这些现象和事物中所蕴藏的深意挖掘出来，这些诗作便具有了哲理的色彩。当然，有些诗，在作者创作时，并没有明确地当作哲理诗来写，但它所描写的形象具有广泛的意义，它的主题又确实带有相当深刻的内涵，从而使这些诗实际上具有了哲理诗的性质。

　　诗歌的主要特征之一是抒情性，因而要用它来说明哲理确实比较困难，事实上，在唐以前和以后都有不成功的例子，如晋代的玄言诗，便将公理生硬地加在诗行之间，钟嵘《诗品》批评它"理过其辞，淡乎寡味"，是十分恰当的。再如宋代理学家邵雍的诗，完全是押韵的道学教条，没有美学价值，读之味同嚼蜡。但是，这些不成功的例子，并不能说明诗不能说理，只是说明了诗中说理也许比诗中抒情更为困难。

　　唐代诗人很重视形象思维，即使说理，他们往往也能结合生活中具体可感的形象和真切的情景，不仅表现出诗人对事物的新颖见解、说明某种道理，而且还写得十分生动有趣，达到了所谓"理趣"的境界。我们先读读不太著名的唐诗人罗邺的《赏春》：

　　　　芳草和烟暖更青，闲门要路一时生。
　　　　年年点检人间事，唯有春风不世情。

这里写出了诗人赏春时所见到的景象和自己独特的感受,发而为诗,便说出了一个十分浅显而又值得思索的道理:光阴是最无情的,它不懂得世态炎凉,对每一个人它都是绝对平等的,不管你是身居要路的高官,还是安身闲门的百姓。在这首诗里,作者所要阐述的道理,完全融化在对春日景色的具体描绘之中,虽未言理,而理自在其中。读了此诗,读者不仅能想象出"芳草和烟暖更青"的春景,获得美的享受,更能由"唯有春风不世情",引发深长的思绪。

杜甫《绝句漫兴》里的一首也很有特点,诗云:

> 隔户垂杨弱袅袅,恰似十五女儿腰。
> 唯谓朝来不作意,狂风挽断最长条。

诗人并没有发任何议论,他只是描写了风折柳枝这样一个很小的细节,但是诗人难道没有告诉我们某些值得思索的道理吗? 读了这首诗,我们一定会联想到生活中"枪打出头鸟"的谚语;事实上,一些出众的人物,往往要受到更为苛刻的指责。杜甫用生动形象的语言,从我们习以为常的现象里,挖掘出深刻的内涵。

李白的《古风·桃李开东园》也很值得一读:

> 桃李开东园,含笑夸白日。
> 偶蒙春风荣,生此艳阳质。
> 岂无佳人色,但恐花不实。
> 宛转龙火飞,零落早相失。
> 讵知南山松,独立自萧瑟?

这首诗用桃花和松树来比喻两种品格的人:一种人依附他人,虽能得意于一时,但一遇挫折,便会"零落早相失";另一种人性格坚强,不怕各种打击,具有完全独立的人格。李白通过对这两种形象的描写,实际阐明了自己以为正确的一种人生哲理:做人要像南山之松那样不畏严寒,傲然挺立,而不要像桃花那样爱慕虚荣和娇脆软弱。在这里,哲理的阐发,完全融于对形象的描绘之中,从而使读者产生丰富的联想,收到了很好的艺术效果。

再如,有感于世态炎凉,诗人武瓘写下了《感事》:

> 花开蝶满枝,花谢蝶还稀。
> 唯有旧巢燕,主人贫亦归。

诗人借写蝶与燕,讽刺了趋炎附势的世俗之态,赞扬了不忘故旧的品格,表现出作者对生活冷静观察以后思索到的某种人生哲理。郑谷的《感兴》亦是言简意深之作:

> 禾黍不艳阳,竟栽桃李春。
> 翻令力耕者,半作卖花人。

这首诗虽然短小,却形象地指出了生活中的一种现象:世俗之人往往盲目地追求一些浮华而无实用的事物,而真正为人类生存所不可缺少的东西却得不到应有的重视。诗人对这种现象并未加任何评论,也未在诗行里明确表明自己的态度,但读者无疑会从诗的具体描写之中获得哲理的启发。虞世南的《蝉》也是同一类型的作品:

> 垂緌饮清露,流响入疏桐。
> 居高声自远,非是藉秋风。

古人认为蝉栖息在高树上,餐风饮露,故用其形容清高纯洁的品格。"居高声自远",是说蝉,又不仅仅是说蝉,它实际说出了生活中一个看似平常而实际却相当深刻的哲理:如果谁真的像蝉那样清高纯洁,那么,不用任何凭藉,他的声名会传得很远,得到人们的赞扬和效仿。在这首诗里,作者似乎句句写蝉,并未言理,但理确实自在诗中。这样的诗,既阐明了某些道理,又写得形象丰满、风趣有味,读之自然感到含蓄隽永,耐人回味。

当然,既然是哲理诗,便不可能完全排斥以理语入诗,为了把道理说得清楚,一些议论也还是必要的。但是,这种"理语"要与全诗的艺术形象和谐一致,而不能游离于形象之外,成为空洞和抽象的概念。"理语"不应是全诗可有可无的内容,而应是整个形象描绘中一个自然的和有机的部分。我们不妨来读读罗隐的《泾溪》:

> 泾溪石险人兢惧,终岁不闻倾覆人。
> 却是平流无石处,时时闻说有沉沦。

诗人来到泾溪,看到这里水急溪险,使人望而却步,但因为水路难行,舟人们都百倍警惕,故而年复一年几乎没有人在这里翻船,于是想到那"平流无石处",却因为人们麻痹大意,常常出现"倾覆"的事故。我们在生活中有这样的体验:许多事故发生在不该发生事故的地方,这是因为人们自以为很安全而放松警惕的缘故。诗人当然也有这样的经验,因此他来到泾溪,所见所闻使他的这种经验更加明晰,发而为诗,便使其具有了哲理色彩,在字里行间闪现出作者思考的火花。在这首诗里,当然并不是没有说理的成分,但这种说理的成分,不是凭空产生的,也不是脱离开具体形象表达出来的,因此,它既说明了深刻的道理,又有很强的艺术感染力。

再如刘禹锡的两首《竹枝词》,也是优秀的诗作:

一

> 城西门前滟滪堆,年年波浪不能摧。
> 懊恼人心不如石,少时东去复西来。

二

> 瞿塘嘈嘈十二滩,人言道路古来难。
> 长恨人心不如水,等闲平地起波澜。

这两首诗也是借助具体的景物和形象来阐发诗人独特的生活感受,揭示出一定的哲理:前一首感叹一些人喜欢随风赶浪,而不能坚持一贯的追求,后一首提出要警惕那些惯会兴风作浪的小人,这些人往往喜欢无事生非。如果离开了对滟滪堆和瞿塘十二滩的描写,那么这两首诗中的议论和说理就会显得苍白和牵强。刘禹锡的《浪淘沙》略有不同,这首诗是先发议论而后用形象的描绘来作结论,同样发人深省:

> 莫言谗言如浪深,莫言迁客似沙沉。
> 千淘万漉虽辛苦,吹尽狂沙始到金。

这首诗用淘金者经过千辛万苦,总会在江沙里淘出金子这样一个生活中存在的情况,说明了一个人生的道理:一个真正纯洁的人,虽然因小人的毁谤,可能受误解于一时,但是随着时间的推移,他的品德和性格终会被其他人所了解。这样一个深刻的道理,诗人却只用二十八个字便表达得明明白白,而且还那样含蓄委婉,耐人寻味。我们不能不承认诗人确有深刻的思想和高超的艺术才能。在这个意义上,王之涣的《登鹳雀楼》也是不可多得的佳作:

> 白日依山尽,黄河入海流。
> 欲穷千里目,更上一层楼。

这首诗前两句写景,是全诗的基础,后两句写登临者的心理,是全诗的升华,从而使这首诗成为带有深刻哲理性的诗篇,它说明了一个道理,要想看得远,必须站得高;要想开辟新境界,就必须努力向上攀登。而这种哲理的阐发,若是离开了对北国壮丽山河的描绘,就会失去基础,从而显得不自然和没有着落。由此可见,只有情景交融、景理相惬的诗篇才能产生美感,从而使诗中的说理显得自然有趣。因而《文镜秘府论》说:"诗不可一向把理,皆须入景,语始清味。"又说:"其景与理不相惬,理通无味。"这些话是很有道理的。

议论和说理是宋诗的一个特点,因此明代李梦阳说"宋人主理"(《缶音集序》)。宋代确有不少诗人喜欢在诗中说理、论理,其中有一些诗议论深刻、形象生动,是相当优秀的,如苏轼的《题西林壁》:"横看成岭侧成峰,远近高低各不同。不识庐山真面目,只缘身在此山中。"但宋代理学家的诗却往往大量用理语入诗,使其诗作成为干巴巴的理学说教,违背了诗歌的艺术规律,坠入了"理障"与"理臼"之中。其实,在唐诗中即有用较多理语入诗的作品,如杜甫、白居易、韩愈的许多诗,便往往力图直接说明某种道理。他们这一类诗之所以仍为读者所喜爱,就是因为它们虽然也阐述某种哲理,却又没有离开形象的描绘,如韩愈《题木居士》二首:

一

火透波穿不计春,根如头面干如身。
偶然题作木居士,便有无穷求福人。

二

为神讵比沟中断,遇赏还同爨下余。
朽蠹不胜刀锯力,匠人虽巧欲何如?

这两首诗是有感于这样一个事实而写的:湖南省耒阳县北鳌口寺中有一株根如人首、干如人身的朽木,被人题为木居士(居士,信佛又不出家的人),尊以为神。诗人描写这株木头,早已朽烂,巧匠对它亦无能为力,可是它却被人供在寺庙里,享受着人们的跪拜。在这里,诗人阐明了一个深刻的道理:神是人自己造出来的。在说理中,诗人对木居士作了具体而形象的描绘,从而使全诗充满了"理趣"。郑谷的《闲题》也值得一读:

举世何人肯自如,须逢精鉴定妍媸。
若教嫫母临明镜,也道不劳红粉施。

这首诗也是以议论为主的,但仍然没有离开形象的描绘,它以嫫母(古代丑女)照镜子也会自认美丽来说明"人具有自知之明是很不容易的"这样一个道理,收到了极好的效果。

白居易的有些诗,议论较多,如《放言五首》里的两首:

一

朝真暮伪何人辨,古往今来底事无?
但爱臧生能诈圣,可知甯子解佯愚。

草萤有耀终非火，荷露虽团岂是珠。

不取燔柴兼照乘，可怜光彩亦何殊。

二

赠君一法决狐疑，不用钻龟与祝蓍。

试玉要烧三日满，辨材须待七年期。

周公恐惧流言日，王莽谦恭未篡时。

向使当初身便死，一生真伪复谁知？

在这里，诗人运用大量生动的比喻和形象的描绘来阐明他所理解了的生活哲理。第一首是说：真伪虽然难以辨别，要仔细辨认，最终仍然是真的假不了，假的真不了。第二首是说：人的品质是优是劣，不是一朝一夕就能辨别清楚的，只有经过长期的考验才能下结论。在这两首诗里，诗人用了臧生、甯子、周公、王莽的典故，用了草萤和火、荷露和珠以及烧玉、辨材的比喻，从而使诗中的哲理阐述得既充分透彻又生动形象，使人吟咏再三，感叹不已。

总之，唐代的哲理诗数量虽然不是很多，但它内容广泛，在艺术上也很有特色。读一读这类诗，我们既能获得美的享受，又能得到思想的启迪。

原载《浅草集》，中国书店出版社2007年1月版

唐代的咏物诗

所谓"咏物诗",是指那种以客观的"物"为描写对象,借以抒怀兴感的诗作。没有生活中的万物,便不会有咏物诗;而优秀的咏物诗,又给物以美和生命。将"物"与"诗"有机地结合起来的,是诗人们创造性的劳动。

关于"咏物诗"的源流,清人俞琰在其《咏物诗·自序》中说:"故咏物一体,三百导其源,六朝备其制,唐人擅其美,两宋、元明沿其传。"

纵观中国诗史,在汉代以后,各朝各代都有许多诗人写作咏物诗,但一比较便会发现,其中唐代诗人的作品最有特色,佳作也最多,说"唐人擅其美"确实不是虚夸之辞。

作为咏物诗,便需对所咏之物作一定的描绘,求其逼真。这种描绘,或曰"刻划",是为了曲尽物体之妙,从而给人一种十分具体而清晰的感受。怎样才能刻划出物之形态呢?基本的要求是要有细致的观察,发现所咏之物的特点,唐代的一些优秀的咏物诗,便是作者对所咏之物细致观察的结果,如皮日休的《题蔷薇》,其诗云:

> 浓似猩猩初染素,轻如燕燕欲凌空。
> 可怜细丽难胜日,照得深红作浅红。

此诗前两句总写蔷薇花的色彩和它在轻风中飘动的形态;后两句通过太阳光下花色的变化,描绘出蔷薇花的娇嫩和鲜艳,非常形象。来鹄《游鱼》也值得一读:

弄萍隈荇思夷犹,掉尾扬鬐逐慢流。

应怕碧岩岩下水,浮藤如线月如钩。

此诗全从游鱼着笔,写出了它的游姿与形态,十分细致而有意味。骆宾王的《咏鹅》也是同类作品:

鹅,鹅,鹅,曲项向天歌。

白毛浮绿水,红掌拨清波。

全诗色彩鲜明,语言生动,颇富童趣。因为作者对所咏之物观察细致,因此描绘出来便十分逼真,犹如画中的工笔,因其委婉准确,而使事物的声色状貌完全表现出来了。

咏物之作,对事物作不同程度的刻划是十分必要的,但是又不能过分追求形似和逼真。苏轼在《书鄢陵王主簿所画折技》诗中说:"论画以形似,见与儿童邻。赋诗必如此,定知非诗人。"清代田同之《西圃诗说》也指出:"咏物贵似,然不可刻意太似。取形不如取神。"咏物诗还应该在形似的基础上再进一步,写出物的神韵,即所谓"以貌取神"。唐代咏物诗中"以貌取神"之作不少,如杜甫《房兵曹胡马》便是其中之一:

胡马大宛名,锋棱瘦骨成。

竹批双耳峻,风入四蹄轻。

所向无空阔,真堪托死生。

骁腾有如此,万里可横行。

此诗笔力劲健,层次分明,既写出了"胡马"的形象,又描绘出了它的气骨和精神。另外李贺的《马诗》二十三首,也可以说是形神并备之作,如:

大漠沙如雪,燕山月似钩。

何当金络脑,快走踏清秋。

我们读唐代的咏物诗,会发现这样一种情况:有时为了写出所咏之物的内在气质和精神,诗人宁可舍去细致的描绘,这便是所谓"遗貌取神"的写法。如陆龟蒙的《白莲》:

> 素花多蒙别艳欺,此花真合在瑶池。
> 无情有恨何人觉?月晓风清欲堕时。

这首诗舍去了外在形貌的描绘,却写出了白莲的神韵和风姿,因而成为咏物诗中的上乘之作。清王士禛将这首诗与宋代林逋《梅花》并提曰:"疏影横斜,月白风清等作,为诗人咏物极致。"(《花草蒙拾》)

在唐人咏物诗中,还有许多以貌取神或遗貌取神的佳作,如李白写白鹰:"孤飞一片雪,百里见秋毫"(《观放白鹰》);岑参咏马:"草头一点疾如飞,却使苍鹰翻向后"(《卫节度赤骠马歌》);杜牧写鹭鸶:"惊飞远映碧山去,一树梨花落晚风"(《鹭鸶》)……这些咏物诗有一个共同的特点,那就是:不单纯追求形似,而是力图神似;虽咏物,但不呆滞于物,力求有空灵之感,而不是太实,因为"太实则近腐"。

"诗言志"是我国文学传统思想之一,诗人们在创作时,总有某些感情要抒发,即使是咏物也希望能表达出自己的理想和志向,或者表达出自己对某些事物的看法,这便是寄托。咏物诗可以有寄托,有寓意,这是比较一致的看法,如元杨载《诗法家数》说:"咏物之作,要托物以伸意。"薛雪《一瓢诗话》也说:"咏物以托物寄兴为上。"在那些优秀的咏物诗里,我们往往可以看到诗人在对具体的"物"的描绘之中,融入自己的愿望和感情,读之往往能发人深省,如杜甫《古柏行》,在对"霜皮溜雨四十围,黛色参天二千尺"的老柏的描绘中,抒发了"古来材大难为用"的感慨;韩愈《枯树》,在对"犹堪持改火,未肯但空心"的老树的描写里,寄托了自己希望能为世用的心情。薛涛《柳絮咏》云:"他家本是无情物,一向南飞又北飞",在咏柳絮里,暗寓着诗人飘零无依的忧伤和感叹。李商隐的《柳絮》也值得一读:

> 曾逐东风拂舞筵,乐游春苑断肠天。
> 如何肯到清秋日,已带斜阳又带蝉。

此诗描写了柳由春至秋的荣悴变化,抒写了诗人深长的人生感慨,令人回味无穷。再如白居易的《洞中蝙蝠》也是一首佳作:

千年鼠化白蝙蝠,黑洞深深藏避网罗。
远害全身诚得计,一生幽暗又如何?

通过描写白蝙蝠,表达了诗人积极进取的人生信念:对社会黑暗不闻不问,虽然是保护自己的好方法,但那样过一辈子又有什么意义呢? 其他如杜甫咏鸭:"羽毛知独立,黑白太分明"(《花鸭》),暗喻自己才能出众而且善恶分明;柳宗元咏鹰:"但愿清商复为假,拔去万累云间翔"(《笼鹰词》),表达了作者政治上积极进取的态度和虽遭挫折却绝不气绥的精神;张九龄咏橘:"江南有丹橘,经冬犹绿林。岂伊地气暖,自有岁寒心"(《江南有丹橘》),感叹自己虽有高洁的品格,却不为君主所用,感情十分沉痛;岑参咏藤:"何处堪托身,为君长万丈"(《石上藤》),感叹怀才不遇的人士,未遇有力者的援引,不能人尽其才……这些诗作将所咏之物与所寓之意有机地结合起来,达到了物我合一的境界,因此,它们既有寄托和寓意,又不显得太直、太露,做到了"言有尽而意无穷",颇耐人回味。

除了寄托以外,诗人们还往往借咏物说明某一种生活哲理,所谓"咏物自有理趣在",说的就是这种情况。我们不妨先来读一读崔道融的《鸡》:

买得晨鸡共鸡语,常时不用等闲鸣。
深山月黑风雨夜,欲近晓天啼一声。

此诗写作者对鸡说的一番话,其含意是较为深刻的,说明了一种为人之道。卢纶《裴给事宅白牡丹》通过刻划白牡丹的风姿和神韵以及它不被人们所赏的现象总结出生活中一些带规律性的倾向:人们总是为世俗的荣华富贵所吸引,而往往忽略了那些本质高洁更有价值的东西。白居易《云居寺孤桐》,在对孤桐的描写和礼赞中,表明了这样一种人生道理:人的品质的高洁,是一点一点磨炼而成的,只有内心具有美德的人,才能耿介而正直。又如杜荀鹤的《小松》，颇耐人寻味：

> 自小刺头深草里，而今渐觉出蓬蒿。
> 时人不识凌云木，直待凌云始道高。

此诗不仅表达了诗人对初生的美好事物的殷切期望，而且总结出一种生活的哲理，其他如来鹄的《云》，唐彦谦的《春草》等均是咏物而说理的佳作。

唐人之所以在咏物诗中能独擅其美，除了富有健康情调以外，在艺术上也有一些独特的地方。首先，唐代的咏物诗，很注意形象，即使是"抒怀"、"兴寄"之作，也往往在"形似"的基础上加以发挥，而不是脱离开具体的形象空发议论，比如韩愈的《李花赠张十一署》，前半部分便生动地描绘了李花的形象，作者的感慨是借助于李花的形象来抒发的，所以显得具体而且自然。其次，唐人的咏物诗往往构思巧妙，同时善用比喻、拟人和夸张，比如贺知章《咏柳》："碧玉妆成一树高，万条垂下绿丝绦。不知细叶谁裁出？二月春风似剪刀。"前两句形象鲜明，使人赞叹；后两句构思奇特，出人意料，想象是多么巧妙，难怪受到后人的激赏了。再如李白的《白胡桃》："红罗袖中分明见，白玉盘中看却无。疑是老僧休念诵，腕前推下水精珠。"前两句巧妙地写出了白胡桃之白：因其色白，所以在红罗袖中能"分明见"，而在白玉盘中则"看却无"。后两句设想出奇，把白胡桃比为老僧的水精珠，不仅十分形象、贴切，而且进一步突出了胡桃的洁白和晶莹。钱翊的《未展芭蕉》也是同类作品：

> 冷烛无烟绿蜡干，芳心犹卷怯春寒。
> 一缄书札藏何事，会被东风暗拆看。

此诗角度新颖，选择春寒时尚未展开的芭蕉作为描写对象，写得形象生动，富有韵味。前两句用"冷烛"、"绿蜡"为比，形象地表现出芭蕉未抽叶时茎干直立的形态；后两句更把未展开的芭蕉比为一卷书信，作者风趣地说：东风一来，芭蕉心就会悄悄地舒展开来，正像暗暗拆开书札一样，什么秘密都藏不住了。一首小小的咏物诗，经过诗人巧思，写得多么有情趣,有意境!

唐人咏物诗常常还善于运用夸张,夸张的运用,使作者描写的对象更加鲜明、生动,如韩愈极写李花的繁盛与洁白:"君知此处花何似?白花倒烛天夜明,群鸡惊鸣官吏起。"这里的夸张违反了生活的真实,但却达到了艺术的高度真实。杜甫写古柏的高大:"霜皮溜雨四十围,黛色参天二千尺"(《古柏行》)也使用了夸张之辞,从而突出了高大伟岸、苍老挺拔的古柏的形象。反过来说,如果没有这种夸张的描写,也就不能形象地写出古柏的高大和挺拔。

最后,唐代咏物诗在语言上的特点是自然清新,不呆于用典。咏物诗同其他题材的诗一样,可以用典,因为典故概括性强,将其用在诗里,可以使全诗内容更加丰富,形象更加生动,起到很好的艺术效果。但是不能为了用典而用典,否则必然"失之堆积",痕迹明显,淹没了生动的形象,使人望而生厌。唐人咏物诗大多不用典故就是这个道理,即使偶一用典,也能恰到在处,如杜牧写蔷薇:"石家锦障依然在,闲倚狂风夜不收"(《蔷薇花》),即为用典的佳例。《世说新语·侈汰》载,石崇为人极奢,曾做五十余里长的锦缎屏幕以遮避风尘,这里用"石家锦障"来夸张地形容蔷薇花盛开的景象,由于用典,使所咏之物更为生动形象了。

原载《浅草集》,中国书店出版社 2007 年 1 月版

盛唐边塞诗派

　　盛唐的边塞诗派,尽管没有共同的组织、共同的旗帜,甚至没有统一的、明确的创作主张和理论,但是读者和研究者把他们的作品放在一起加以比较和研究,就会发现它们具有某些共同的内容和艺术特色。因此,人们用"边塞诗派"的名称来概括它们的特点。被认为是"边塞诗派"主要成员的有高适、岑参、王昌龄、王之涣、崔颢、王翰、崔国辅等。

　　盛唐,是我国古典诗歌的黄金时代,也是边塞诗的黄金时代,丰富多彩的边塞诗像是奇花异葩盛开在盛唐的诗苑里。盛唐的边塞诗之所以大量产生,以至形成"边塞诗派",不是偶然的现象。

　　诗歌作为一种艺术形式,它是社会的现实生活在人们头脑中的反映,若是没有持续不断的边塞战争和各族之间频繁的交往,也就不会有丰富多形的边塞诗歌。

　　频繁的战争、火热的生活,吸引了许多诗人的注意力。文士们经常看到浩浩荡荡开赴边塞的大军,不时地获悉边地传来的胜利捷报,他们怎么能不受到鼓舞和吸引? 有的亲入边塞,亲身经历了战争场面,接触了边塞风土人情。由于卫边、开边战争的发生,使唐代的文士们扩大了视野。过去人们认为是荒凉的不毛之地,这时也具有了丰富的色彩。边塞的生活是那样新鲜奇异,那里的战争场面,那里的风俗人情,甚至那里的季节变化、山水状态也与内地大不相同。于是,有的文人投笔从戎,还有的千方百计通过亲友来了解边塞。这样,描写边塞战争、边塞风光、边塞风俗的诗歌就大量产生了。

　　当然,许多文士向往边塞,还有一个重要的原因:他们希望立功于边塞:"万里不惜死,一朝得成功,画图麒麟阁,入朝明光宫"(高适),"功名只应马上取,真是英雄一丈夫"(岑参)。由于唐朝在科举考试中把"军谋宏远、堪任将帅"一科与选拔政治人才的科举并列,这样便使一般知识分子更加注意边塞的现实问题。唐朝开国以来,就有不少出将入相的人才,他们立功边塞的业绩,十分具有吸引力,许多文人想效法他们,纷纷奔向边塞,在火热的边塞生活中产生了诗情,写作了许多边塞诗。

还有一点值得提及,盛唐有不少边塞将帅能文能武,有一定的文化教养,边塞诗人可以向他们呈献诗作,共同吟唱;这些将帅常常在自己身边收留一些文人学士,他们互相切磋,共同提高,这无疑会促进边塞诗的发展。

盛唐的边塞诗之所以出现兴盛的局面,也是文学本身发展的结果。《渔洋诗话》说:"盛唐诸公……边塞之作,则出鲍照、吴均也。"鲍照《代出自蓟北门行》、吴均《入关》都写出了壮士从军卫国的志向和气魄,描绘了北方边塞的风物,慷慨悲壮,格调高昂,一洗丽靡的脂粉气息。隋代的杨素、卢思道等人也写作了许多边塞诗,如卢思道《从军行》、杨素《出塞》都具有真情实感,对边塞风光的描绘也较有新意,可以说是唐代边塞诗的先声。初唐时期,亦有许多诗人写作了优秀的边塞诗,如虞世南、杨炯的《从军行》、卢照邻的《陇头水》、骆宾王的《送郑少府》、《军中行路难》、沈佺期的《杂诗》、《古意》、崔融的《关山月》、陈子昂的《感遇·苍苍丁零塞》……这些诗作内容比较广泛,既有对士兵精忠报国精神的赞扬,又写出了征夫思妇刻骨的相思;既写出了边塞战争的激烈和残酷,又描写了边塞的奇异风光……这些诗人的作品为后来产生的流派提供了创作的榜样和经验,为流派的形成作了各种准备。随着社会生活和文学事业的发展,到了盛唐时代,许多优秀诗人对边塞题材有新的开拓和发展,在艺术风格上也有新的追求,并且创作出许多具有代表性的作品,从而形成了盛唐的边塞诗派。

盛唐边塞诗之所以至今仍能打动读者的心灵,引起人们的吟咏和赞叹,首先是因为在这些作品里,表现出盛唐时代知识分子的思想状态和雄心抱负,如岑参诗说:"万里奉王事,一身无所求,也知边塞苦,岂为妻子谋?""小来思报国,不是爱封侯"。高适诗说:"长策须当用,男儿不顾身"、"谁知此行迈,不是为封侯"。在盛唐时代,由于国力强大,整个社会充满一种蓬勃向上的朝气,人们精神振奋,对未来充满了希望。生活在这个时代的人们,必然对国家的强大感到骄傲和自豪,对民族和国家的安危具有突出的责任感,同时,他们希望通过各种渠道来实现自己的理想。我们通过边塞诗派的作品,正可以感受到那个特定时代的"盛唐气象",理解那些优秀诗人特定的精神和心理状态。

其次,边塞诗派的作品比较充分地表现出了爱国主义精神,表现出了唐朝士兵英勇战斗的风姿和气概,如"长驱救东北,战解城亦全。报国行赴难,古来皆共然"(崔颢)、"闻道羽书急,单于寇井陉。气高轻赴难,谁顾燕山铭"(王昌龄)。字里行间,表现出诗人对卫国将士爱国精神和英雄风姿的赞颂。边塞的战斗不仅频繁而且常常是异常激烈的,崔国辅的《从军行》描绘了鏖战时的紧张气氛:"塞北胡霜下,营州索兵救。……传闻贼满山,已共前锋斗。"岑参的《走马川行》虽然没有正面写战争场面,却写了行军的艰苦,预示着一场大战在夜幕中即将展开:"匈奴草黄马正肥,金山西见烟尘飞,汉家大将西出师。将军金甲夜不脱,半夜军行戈相拨,风头如刀面如割。"诗人们赞颂边塞士兵在这种严峻的时刻所表现出来的大无畏精神:"杀气三时作阵云,寒声一夜传刁斗。相看白刃血纷纷,死节从来岂顾勋?"(高适)"胡骑虽凭陵,汉兵不顾身。"(高适)"黄河百战穿金甲,不破楼兰终不还。"(王昌龄)边塞诗人还有一些作品表现了胜利后的欢乐和喜悦,如岑参《灭胡曲》说:"都护新灭胡,士马气亦粗。萧条虏尘净,突兀天山孤。"肃清了战争的尘雾,天山也似乎显得更崔巍,战斗的胜利,使唐朝将士斗志更旺盛。这首诗充满了快乐、健康的情绪。

当然,战争本身是残酷的,多少战士一旦从军,境遇好些的是长期不能与家人团聚,更惨的则是葬身边塞。边塞诗人们大多在边塞生活过,他们了解边塞战争的残酷性,知道士兵们的痛苦,因而边塞诗中有些作品对他们寄予深切的同情。这也是边塞诗中一个重要内容。王昌龄写道:"黄尘足千古,白骨乱蓬蒿"、"纷纷几万人,去者无全生";他又在《代扶风主人答》里写了一位老兵的自述:"去时三十万,独自还长安。不信沙场苦,君看刀箭瘢。"高适写道:"边兵若刍狗,战骨成尘埃。"岑参写道:"地上多髑髅,皆是古战场!"这些诗反映了边塞战争给士兵和边地人民带来了深重的灾难。从戎的士兵,因久戍边塞,自然萌发了思乡的情绪,家乡的亲人也自然十分怀念远戍的征人,边塞诗人往往准确地将这种情绪表现出来。高适写道:"羌胡无尽日,征战几时归?"王昌龄诗说:"唯闻汉使还,独向刀环泣""更吹羌笛关山月，无那金闺万里愁"。

应该看到，在封建军队里也必然存在着种种矛盾和弊病，所以，边塞诗人揭露军队内部黑暗的诗歌也是边塞诗的内容。他们写道："汉家能用武，开拓穷异域"（高适），"汉家天子今神武，不肯和亲归去来"（王之涣），"闻道玉门犹被遮，应将性命逐轻车。年年战骨埋荒外，空见蒲桃入汉家"（李颀）。这些诗写得多么沉痛！边塞诗人还揭示了军队中的阶级压迫，表现了他们的激愤之情，如高适写道："战士军前半死生，美人帐下犹歌舞！"这是多么强烈的对比，的确是对黑暗现实的高度概括。在军营里过着骄纵生活的边将怎么能保卫国家呢？难怪边塞诗人常常想起汉代将军李广，因为只有李广那样能与士兵同甘共苦的将军，才能带兵打胜仗，所以王昌龄说："但使龙城飞将在，不教胡马度阴山"；高适说："君不见沙场征战苦，至今犹忆李将军！"在对古代良将的怀念中，自然流露了诗人们对当时边将的谴责和不满。

最后，我们应该看到，边塞诗人对异域的风物感到十分新鲜、有趣，并在诗作里对其加以描绘和表现，从而丰富了盛唐诗歌的题材。虽然边塞常常发生战争，但汉族与少数民族的融合仍然是历史的主流。不仅各族人民在边塞地区经常互市、来往，就是那些从戎的将军们也常常一起饮酒，一起赌博，真是别有一番风味。岑参写道："军中置酒夜挝鼓，锦筵红烛月未午。花门将军善胡歌，叶河蕃王能汉语"，"将军纵博场场胜，赌得单于貂鼠袍"。边塞诗人也了解了少数民族的一些习俗，如高适《营州歌》说："营州少年厌原野，皮裘蒙茸猎城下，虏酒千钟不醉人，胡儿十岁能骑马。"这些诗写得生动活泼，很有趣味。边塞诗人们对少数民族的音乐也很感兴趣，反复在诗歌里加以描绘，岑参咏胡笳说："君不闻胡笳声最悲，紫髯绿眼胡人吹。吹之一曲犹未了，愁煞楼兰征戍儿。"王昌龄《胡笳曲》更以大胆的想象，极写胡笳的威力，甚至能敌上一支大军，顺利解开合围。岑参还描写了胡人善于弹奏琵琶，以及琵琶的感人力量："凉州七里十万家，胡人半解弹琵琶。琵琶一曲堪肠断，风萧萧兮夜漫漫。"高适写胡笛之声："胡人吹笛戍楼间，楼上萧条海月闲，借问落梅凡几曲，从风一夜满关山。"岑参还对胡人歌舞表示了高度的赞叹，他的《田使君美人舞如莲花北旋歌》，从各个方面表现了舞女装饰的鲜艳、舞姿的美妙和音乐的动人，最后赞叹道："世人学舞只是舞，姿态岂能得如此！"

因为边塞诗人有热爱祖国边疆的深厚感情,有亲身的生活经历,在他们的彩笔下,边地的风光景物被异常生动地描绘出来,正如王之涣所说:"江南花柳从君咏,塞北烟尘我独知。"在这方面,岑参是一位杰出的代表,他的边塞诗有很大一部分就是描绘祖国边塞的自然风光的。岑参描写边地雪景:"北风卷地白草折,胡天八月即飞雪。忽如一夜春风来,千树万树梨花开";他描写边地的风:"轮台九月风夜吼,一川碎石大如斗,随风满地石乱走";他描写瀚海沙漠:"沙上见日出,沙上见日没"、"今夜不知何处宿,平沙万里绝人烟";他写边地的严寒:"马毛带雪汗气蒸,五花连钱旋作冰,幕中草檄砚水凝"。特别吸引人的是岑参笔下的热海和火山,诗人运用丰富的想象和夸张,用鲜明的色彩加以渲染和描绘,写出了热海和火山的奇妙景象:"侧闻阴山胡儿语,西头热海水如煮。海上众鸟不敢飞,中有鲤鱼长且肥。岸旁青草常不歇,空中白雪遥旋灭,蒸沙砾石燃虏云,沸浪炎波煎汉月";"火山突兀赤亭口,火山五月火云厚,火云满山凝未开,飞鸟千里不敢来。"这些诗倾注了诗人乐观主义的精神,表现了诗人对祖国边地山水的热爱。

以上表现内容的共同性,是构成盛唐边塞诗派的思想基础。

人们不难看出,边塞诗派的作品呈现出一种特殊的风格基调:豪放悲壮。故《沧浪诗话》说:"高岑之诗悲壮,读之使人感慨。"《唐才子传》说:"(岑参)诗调尤高,唐兴罕见此作……与高适风骨颇同,读之令人慷慨怀感。"又说崔颢:"晚节忽变常体,风骨凛然,一窥塞垣,状极戎旅,奇造往往并驱江鲍。"《诗薮》说:"高适、岑参、王昌龄、李颀……本子昂之古雅,而加以气骨者也。"这里虽然只提到边塞诗派的几位代表诗人,但确能说明整个边塞诗派的共同风格。所谓"悲壮"、"诗调尤高"、"风骨凛然"、"气骨",实际就是指他们作品风格的豪放悲壮、遒劲有力。这种基本的风格特征,完全可以由边塞诗人的作品得到验证。当然,即使同归"边塞诗派",诗人们的风格也难免会有差异,但人们之所以把他们归为一个流派,还是注意到他们的诗作有差异又有共同基调,所以,不论提到哪一位诗人,他们的作品给人们的感受总有相同之处,这正是边塞诗派得到承认的内在原因。

原载《古典文学知识》1998 年第 1 期

浅论盛唐边塞诗派的艺术风格

在盛唐时代,由于整个社会呈现出一种蓬勃向上的气氛,又恰逢边塞战争频繁发生,许多文人自然萌发了立功边塞的雄心壮志。他们或者驱马扬鞭,从戎边塞;或者身处内地,关心边事。于是,产生了许多歌咏边塞生活和战争主题的诗歌,一时形成一股潮流,这就是盛唐的边塞诗派。

对于流派的划分,不仅要考虑这些诗人所描写的是相似或相近的题材,所抒发的是相似或相近的感情,而且还应该特别注意这些诗人在艺术风格上的共同之点。正是因为题材和风格的相似和相近,人们才把高适、岑参、李颀、王昌龄等人视为一个流派。当然,任何事物都不是绝对的,何况像"边塞诗派"这样没有明确含义和范围的概念,更是存在着矛盾。边塞诗人们虽然写下了许多关于边塞战争和边塞生活的诗歌,但是由于生活经历、个性以及擅长的体裁不尽相同,因而他们在诗歌的艺术风格上也存在着一定程度的差异。需要指出的是:这种不同,是在总的色调相同基础之上的不同。正像几幅各有特色的国画,虽然具体用笔可能有所差别,但却可以清晰地看出它们共同具有的气骨和精神。

边塞诗人在思想倾向上有共同的特点:他们在人生态度上是积极的进取的,而不是消极的退却的。当然,在佛道盛行的时代,在奸佞当权的时代,他们在坎坷仕途中遭受了种种打击,也难免产生归隐从禅的念头。如岑参说:"久欲谢微禄,誓将归大乘","浮名何足道,海上堪乘桴"。高适说:"且向世情远,吾今聊自然。"王昌龄诗曰:"早知行路难,悔不理章句。"但是,他们的基本方面毕竟是积极入世的,并没有走向隐逸山林的道路,边塞诗人们不仅有建功立业的急切心情,而且还具有不同程度的乐观情绪和英雄气概以及一定的民族意识和爱国热情。他们在诗中唱道"万里奉王事,一身无所求。也知边塞苦,岂为妻子谋"(岑参《初过陇山途中呈宇文判官》)、"万里不惜死,一朝得成功。画图麒麟阁,入朝明光宫"(高适《塞下曲》)、"气高轻赴难,谁顾燕山铭"(王昌龄《少年行》),字里行间充满了积极乐观的气息和立功边塞的愿望。

边塞诗派的诗人们有亲身的边塞生活的体验,无论是高适、岑参,还是王昌龄、崔颢都到过边塞,有的还长期生活在那里,如岑参,他自己说:"终日见征战,连年闻鼓鼙。"(《早发焉耆怀终南别业》)因此,他们一定亲眼看见过将士们不畏艰险英勇杀敌的英姿,更清楚地认识到军队里的种种不平,更容易理解不义战争带给人民的痛苦和灾难。基于这样的思想基础和客观条件,他们怎么能够写出像王维《竹里馆》那样静寂风格的作品呢? 文学作品的风格与作品所反映的生活往往是一致的,因此反映火热的边塞生活的边塞诗在风格上就往往是豪放悲壮的,这就是边塞诗派艺术风格的基调,这是前人早就予以注意的。严羽在《沧浪诗话》中说:"高岑之诗悲壮,读之使人感慨。"辛文房在《唐才子传》里说:"(岑参)诗调尤高,唐兴罕见此作……与高适风骨颇同,读之令人慷慨感怀。"《河岳英灵集》说:"(高适)诗多胸臆语,兼有气骨。"《唐才子传》还说到崔颢"晚节忽变常体,风骨凛然,一窥塞垣,状极戎旅,奇造往往并驱江鲍"。胡应麟《诗薮》说:"高适、岑参、王昌龄、李颀……本子昂之古雅,而加以气骨者也。"这里虽然只提到边塞诗派的几位代表诗人,却足以代表整个边塞诗派的共同风格。所谓"诗调尤高",所谓"风骨凛然",所谓"气骨",实际就是指风格的豪放悲壮,遒劲有力。这种风格的形成是和他们的政治理想和生活经历分不开的。看看崔颢的例子,我们就能明白火热的边塞生活会给诗人们在思想和风格上带来多么大的影响。他"少年为诗,意浮艳,多陷轻薄",写了不少"十五嫁王昌"之类的艳诗,只是后来"一窥塞垣",才写出了像《古游侠呈军中诸将》那样的佳作。可见,不能离开诗人的生活实践来评论他们作品的艺术风格。

但是,我们说边塞诗人在艺术风格上有共同的基调,这并不排除他们仍然存在着一定程度的差异。当我们比较认真地研究了边塞诗人的主要作品以后,对这种差异的认识也就会比较清晰。

高适边塞诗的风格自然是豪放悲壮的,所以能使人"慷慨感怀"。但是由于他的生活经历以及思想状态所决定,他更多地关心边塞的安全,同情士兵们的疾苦,批评统治者的守边措施。因而,他的边塞诗就写得更加深沉和深刻,在豪放悲壮中更倾向于悲壮。他的诗在气象上似乎比不上岑参的诗奔放,然而更富于苍凉的情怀。先读他的《蓟中作》:

> 策马自沙漠,长驱登塞垣。
> 边城何萧条,白日黄云昏。
> 一到征战处,每愁胡虏翻。
> 岂无安边书,诸将已承恩。
> 惆怅孙吴事,归来独闭门。

由于策马边塞,他产生了一些安边的计策,可是"诸将已承恩",于是他只能"归来独闭门",全诗有一种悲凉的色彩,使人感到诗人的一腔爱国热情正受着痛苦的压抑。而真正能称得上是他代表作的则是《燕歌行》,这首诗大气磅礴,笔力劲拔,风格雄伟而悲壮。诗人用浓墨重笔描绘了战争场面的激烈、紧张,写出了敌人来势的凶猛和唐将士的昂扬斗志;深入地刻画了战士们细致的心理状态,表现了他们在战斗之余思念家乡而不得归的痛苦以及思妇的怀念之情。并且用有力的笔触,揭示了士兵和将军两种迥然不同的战地生活,充分显示了他观察的敏锐和思想的深刻。读完《燕歌行》,我们明显感到,它写得激昂而又深沉,虽然涉笔于种种矛盾,但整首诗的情绪却仍然是积极的豪壮的。有人把它列为盛唐边塞诗的压卷之作,这是很恰当的。

李颀边塞诗的风格略近于高适,在豪迈激昂之中不时流露出悲愤之气。且不说他的《古从军行》是这样,就是《塞下曲》也不例外:

> 少年学骑射,勇冠并州儿。
> 直爱出身早,边功沙漠陲。
> 戎鞭腰下插,羌笛雪中吹。
> 膂力今应尽,将军犹未知。

诗中的少年,英勇善战,屡立边功,给人一种豪放的感觉,使人羡慕;但是,在他力量已尽之时,仍然不为将军所知,更谈不上加以褒奖和受到重用了。由于写得深刻,因而使人得到了悲凉的印象。

有些边塞诗,在豪放悲壮中甚至有些颓放,我们可以很自然地想到王瀚《凉州词二首》之一,这首诗写得颇有特色:

> 葡萄美酒夜光杯,欲饮琵琶马上催。
> 醉卧沙场君莫笑,古来征战几人回?

这首诗在豪放的情绪中夹杂着无可奈何的感叹,内容丰富。沈德潜说:"故作豪饮之词,然悲戚已极。"(《唐诗别裁集》)确是这样,诗中表现的感情看起来很豪放,但若仔细品味,就会体会出其中的苦涩。将士们的一腔怨恨和愁苦却只能借着放怀豪饮求得短暂的消解。在字里行间,我们不是正可以看到战争的残酷以及将士们对战争的厌恶吗?再如王之涣的《凉州词》:"黄河远上白云间,一片孤城万仞山。羌笛何须怨杨柳,春风不度玉门关。"全诗描写的景色荒寒壮阔,表现了士兵久戍不得归来的哀怨和不满,同时流露了一种无可奈何的情绪,给人留下了深刻的印象。

岑参则更富于浪漫主义色彩,他的边塞诗充满了乐观的情绪。他也到过边塞严寒地带,却写出了这样奇丽的诗句:

> 北风卷地白草折,胡天八月即飞雪。
> 忽如一夜春风来,千树万树梨花开。
> ——《白雪歌送武判官归京》

他善于撷取边地特有的景致和事物,极力捕捉它们的动态,大笔勾勒,描绘了别有天地的图景。他不像高适那样夹叙夹议,直抒胸臆,而是擅长于描写,寓豪情于景物的描绘之中。因而他边塞诗的风格就更偏重于豪放俊逸和奇壮峭拔。在岑参的七十余首关于边塞的诗歌中,除了几首正面描写战争之外,它们大都以写景为主,在写景中抒情——在祖国奇丽壮阔的山川旷野的天地里,抒发了他的要求建功立业以及边地思家的情怀。由于他具有乐观精神和浪漫气质,因而在他笔下的边塞大自然,虽然也有恼人的严寒和酷暑,也有卷走沙石的狂风和终年不化的大雪,也有突兀的大山、无垠的沙漠和旷野,但却并不使人感到恐怖和萧索,而是充满了神奇、浪漫的色彩。即使那些直接描写战争的诗歌,也散发着浓重的豪放乐观之气,使人读罢有一种跃跃欲试的激越之情。请读《走马川行奉送封大夫出师西征》:

> 君不见走马川行雪海边,平沙莽莽黄入天。
> 轮台九月风夜吼,一川碎石大如斗,随风满地石乱走。
> 匈奴草黄马正肥,金山西见烟尘飞,汉家大将西出师。
> 将军金甲夜不脱,半夜行军戈相拨,风头如刀面如割。
> 马毛带雪汗气蒸,五花连钱旋作冰,幕中草檄砚水凝。
> 虏骑闻之应胆慑,料知短兵不敢接,车师西门伫献捷。

在诗里,诗人抓住边塞景物与气候的特色,运用自己的生活实践和感受,作了动人的渲染和描绘,写得是那样奇丽,语奇意亦奇。通过对奇异的风雪和严寒的描写,有力地烘托出爱国将士奔赴战场的雄姿。突出战斗环境的艰苦,是为了表达一种必胜的信心,给人一种乐观的情绪感染,呈现出雄壮的特色。诗里充满了急骤的动态的描绘,大胆地运用了想象和夸张。在形式上富有极强的音乐性,使全诗的思想表达得更加完美。为了说明他的奇壮的风格特征,我们可以再看他的《使交河郡》,诗里写道:

> 铁关控天涯,万里何辽哉!
> 烟尘不敢飞,白草空皑皑。

写得真是雄浑壮阔,语奇意新。

王昌龄的边塞诗作,不乏豪放悲壮之音,如他的五绝《从军行》、《出塞》等等,但有些诗却写得含蓄而有韵味,在豪迈之外别有一番情致。他很善于在感情表达与环境描写上,选取最有代表性的事物,使得短小的诗歌有极强的表现力,可以举他《从军行七首》里的两首为例:

> 琵琶起舞换新声,总是关山旧别情。
> 撩乱边愁听不尽,高高秋月照长城。
>
> ——之二

关城榆叶早疏黄,日暮云沙古战场。
　　表请回军掩尘骨,莫教兵士哭龙荒。
　　　　　　　　　　　　　——之三

　　前一首诗含蓄有致,表达了边塞士兵思归不得,在洒满月光的长城上坐听琵琶时的思想情绪;后一首更是含蓄而深刻地描写了战争的残酷以及希望朝廷妥善处理阵亡士兵后事的愿望。这两首诗写得是完全不同的两个方面,但却有一个共同之点,那就是诗有尽而意无穷,很能引人深思。

　　当然,在总的风格相同基础之上的风格差异和区别,在边塞诗人中也是相对的,不能绝对看待。而且,他们诗歌的风格也是同所要表现的主题有密切关系,故而在写到战斗时往往豪迈悲壮;写到士兵思家而不得归时往往悲哀而颓放;写到征夫边愁、思妇闺怨之时,又是含蓄有致,耐人寻味。

　　最后,还要提一下边塞诗派诗歌的体裁,因为这与他们诗作的艺术风格是密切相关的。比起五言来,七言更便于表达较为复杂的内容和情感,因而边塞诗人常常运用而且很擅长七言诗。但是,又有所不同:高适、岑参、李颀等长于七古和乐府歌行,王昌龄等则长于七绝。宋育仁说:"高适其源出于左太冲,才力纵横,意态雄杰……七言与岑一骨,苍放音多,排奡骋妍,自然沉郁,骈语之中独能顿宕,启后人无限法门,当为七言不祧之祖。"(《三唐诗品》)胡应麟也认为岑参的诗最近古诗。我们读一读岑参的《白雪歌》、《轮台歌》,高适的《燕歌行》等,就自然会明白前人的评价是恰当的。高适和岑参的诗比较为人们所熟悉,我们不妨看一下李颀的《古从军行》,这首诗也是很有代表性的:

　　白日登山望烽火,黄昏饮马傍交河。
　　行人刁斗风沙暗,公主琵琶幽怨多。
　　野云万里无城郭,雨雪纷纷连大漠。
　　胡雁哀鸣夜夜飞,胡儿眼泪双双落。
　　闻道玉门犹被遮,应将性命逐轻车。
　　年年战骨埋荒外,空见蒲桃入汉家。

这首诗内容复杂,感情真挚,慷慨悲凉,真称得上是盛唐边塞诗中七古的一篇力作。

王昌龄最擅长七绝体。陆时雍说:"王龙标七言绝句自是唐人骚语。深情苦恨,襞积重重,使人测之无端,玩之无尽……"(《诗镜总论》)王世贞更说:"七言绝句少伯(昌龄)与太白争胜毫厘,俱是神品。"(《艺苑卮言》)叶燮在《原诗》里把王昌龄和李白七绝的风格进行了区分:"七言绝句,古今惟推李白、王昌龄。李俊爽,王含蓄。两人辞调意俱不同,各有至处。"如他的《出塞》等名作都可以看出他诗歌的特点和优长。王昌龄常常择取边塞生活的一个场面,一个片断,加以概括和集中,深入挖掘,写出了不少格调高昂、情韵深长的佳作,从而赢得了"七绝圣手"的雅称。

总之,作为一个流派,边塞诗派的诗人们有共同的风格基调;作为一个个成就卓越的诗人,他们又有彼此不同的风格特点,这两个方面都是不应忽视的。我以为,只有既认识到边塞诗派的风格基调,又了解了每一位边塞诗人的风格特点,才能使我们对边塞诗派的认识,不仅能更全面,而且能更深入。

原载《浅草集》,中国书店出版社 2007 年 1 月版

漫说盛唐山水田园诗派产生的条件

我国的田园诗和山水诗在魏晋南北朝时期就已经出现,其代表作家是陶渊明和谢灵运。但是,山水诗和田园诗真正合流在盛唐,并形成了以王维、孟浩然为代表的山水田园诗派。为什么在盛唐时期形成了与边塞诗派并驾齐驱的山水田园诗派呢?这是一个有待于深入探讨的问题。

我们知道:盛唐是我国封建社会发展的一个高峰,从"贞观之治"以来的一百年间,由于社会生产力的发展、商业经济的发达、政治的相对稳定,造成了开元、天宝年间"全盛"的局面,这必然为盛唐的诗人们提供了较为丰足的物质基础和较好的写作环境,这是不言而喻的。但是,我以为:社会生产力的进步和阶级斗争的发展,促进了唐代庄园制的兴盛以及社会局势的稳定、物质财富的不断积累所造成的交通业的发达,这才是山水田园诗派产生的现实、直接的条件和基础。另外,上层建筑中的各个因素也相互影响、相互作用,特别是在盛唐时代盛行的隐逸风气,对山水田园诗派的产生无疑也是有重要意义的。

隋末的农民起义严重地打击了魏晋以来的士族地主的利益,到了太宗之时,他不仅命令重修了《姓氏录》,贬低山东士族大姓的地位,而且还通过科举制度,努力吸取寒门地主中的有用之才参与政权。庶族地主随着政治势力的日益上升,也同门阀士族一起加倍掠夺农民,兼并土地,严重地损害了唐初实行的均田制。由于农业经济的发展,这种土地兼并确能带来很大的物质利益。在兼并土地的行列里,当然有皇亲国戚、朝廷命官以及大宦官和大僧侣,在他们后边也有众多的中小地主。太宗时泽州

(山西晋城)刺史"张长贵、赵士达,占郭中腴田数十顷"①。武则天的女儿太平公主"田园遍于近甸膏腴"②。在开元、天宝之际,兼并之风有增无减,宇文融曾在玄宗面前告大臣卢从愿的状,说他"盛殖产,占良田数百顷",因而玄宗"自此薄之,目为多田翁"③。《旧唐书·李林甫传》记载道:

　　林甫京城邸第,田园水硙,利尽上腴。城东有薛王别墅,林亭幽邃,甲于都邑,特以赐之……

不仅大官僚如此,一般的地主豪绅也广占良田。史书记载:开元时河南屈突仲任"家僮数十人,资数百万,庄第甚众"。天宝时相州王昚"庄宅尤广,客二百户"。天宝十一载(752年)玄宗下诏说:"王公百官及富豪之家,比置庄田,恣行吞并,莫惧章程……"可见兼并风气之盛,中小地主也包括其中。因此《通典》说:

　　……开元之季,天宝以来,法令弛坏,兼并之弊,有逾汉成、哀之间。④

由此可见,均田制在开元天宝时期已经被破坏了,代之而起的是地主庄园的大量出现。唐代庄园经济的形成与发展,有一个缓慢的过程。早在南北朝时期就出现了庄园经济形态,盛唐以前也一直存在着,只是到了唐代均田制遭到破坏的前后,它才迅速发展起来。

"庄园",在中国史书上或称"庄"、"别墅"、"庄田",在唐诗中则多称"别业"。除了皇庄、官庄、寺院庄园以外,唐代普遍存在着的是官僚地主的庄园。盛唐山水田园诗派的诗人们大都属于中小地主阶层,个别的像王维还是属于大地主官僚阶层的人物。一般地说,他们都有自己的庄园。当然,他们的庄园不能和李林甫、卢从愿等大官僚的庄园相比,但毕竟是相对独立的自给自足的经济单位。如孟浩然在襄阳有自己的庄园,他说:

---

① 《新唐书》卷一○五《长孙顺德传》。
② 《旧唐书》卷一八二《武嗣传》附《太平公主传》。
③ 《新唐书》卷一二九《卢从愿传》。
④ 《通典》卷二《食货典》。

"余亦忘机者,田园在汉阴。"① "弊庐在郭外,素产惟田园"②;储光羲的地主庄园在终南山,《田家杂兴》八首就是他隐居终南山庄园时所作,他有《终南幽居》诗说:"抗策还南山,水木自相亲。深林开一道,青嶂成四邻";綦毋潜也常年生活在自己的庄园里,《唐才子传》说他"后见兵乱,官况日恶,挂冠归隐江东别业……,"李颀有一首《题綦毋校书别业》诗说:"万物我何有,白云空自幽",祖咏在汝坟(今河南叶县北)有庄园,他自己说:"失路农为业,移家到汝坟"③,看来也是由于仕途不得意而归隐的。更为著名的当然要数王维的辋口庄。唐代的许多庄园不仅占地面积很大,其中有农田、果园和菜园等等,而且庄园里还有华丽的住宅。亭台楼阁,清泉怪石,点缀其中。庄园地主在这种环境中过着悠闲的生活。王维在《辋川集序》里说他的辋口庄:"余别业在辋口山谷,其游止有孟城坳、华子冈、文杏馆、斤竹岭、鹿柴……"他在《辋川别业》诗里描写道:"雨中草色绿堪染,水上桃花红欲燃",可见庄园景致之美。在庄园里,王维"浮舟往来,弹琴赋诗,啸咏终日……"④。这种别业生活,一方面使诗人们获得了一种恬静、淡然的心境,可以使他们静下心来,认真地观察和描摹眼前的景致和极有兴趣地描写自己的庄园和庄园生活;另一方面,他们虽然并不像陶渊明那样躬耕田野,但却也可以在庄园里浮光掠影地看到农民的春种秋收,增加一点儿作诗的雅兴。有的人即使自己没有庄园,但由于庄园普遍存在,很容易在别人的庄园里得到这种享受和满足,如裴迪等人就经常出入王维的辋口山庄,他们一同出游,共同唱和。由此可见:由于社会经济的发展和阶级斗争的发展而导致了盛唐时期地主庄园的大量出现,这对山水田园诗派的产生确实是有较大影响的。

初唐到盛唐时期,由于经济发展,政治局势相对稳定促成了国家长期统一和交通业的发达。全国的统一,给诗人们周游全国的名山大川提供了政治上的保障,而交通业的发展,又给诗人们周游四方准备了具体的物质条件。史书上关于这方面的记载颇多,《贞观政要》上说:

---

① 《都下送辛大之鄂》。
② 《涧南园即事贻皎上人》。
③ 《汝坟别业》。
④ 《新唐书》卷一百九十下《王维传》。

行旅自京师至于岭表,自山东至于沧海,皆不赍粮,取给于路,入山东村落,行客经过者,必厚加供待,或发时有赠遗……①

《新唐书》说玄宗开元时:

道路列肆,具酒食以待行人。店有驿驴,行千里不持尺兵。②

因而杜甫在《忆昔》诗里感慨道:"九州道路无豺虎,远行不劳吉日出。"当时唐代交通如《历代盛衰户口》和《通典》的记载是:以京城长安为中心,东至宋汴,以达山东半岛;西至凤翔,以入西川;西北至凉州,以通西域;北至太原、范阳;南至荆、襄,直到广州;沿路都有店肆,接待过往行旅之人。而且还有以运河为主的水路,也十分便利。《新唐书·地理志》记载有七条对外交通要道,分别通向高丽、天竺等方向。可见唐代的交通是相当发达的。

这种有利的交通条件,使诗人们走出了自己长期生活的故乡,去祖国各地游历,不管这种出游是为了寻找仕进的机会,还是为了求仙访道,抑或纯粹是为了欣赏大自然的美。总之,祖国的壮丽河山的确给了诗人们许多灵感和激情,使他们写出了动人的篇章。如伟大的浪漫主义诗人李白自称"五岳寻仙不辞远,一生好入名山游"(《庐山谣》),他在二十五岁时就"仗剑去国,辞亲远游",他的足迹遍及祖国的四面八方,即使像孟浩然这样一向称为"襄阳诗人"的人也曾入京赴举和远游吴越,并且还到过四川。他说自己"为多山水乐,频作泛舟行"(《经七里滩》)。在游山览水的过程中,他们写下了大量描绘祖国秀丽山水的美好诗篇。王维还曾远行边塞,写下了描写边塞风光的佳作,如"大漠孤烟直,长河落日圆"(《使至塞上》)等,都是非眼见不能道出的。

正是唐代国家的统一和交通业的发达,才使得大批中小地主阶级中的人物能四处游历。壮丽的山河陶冶了他们的性灵,激发了他们的诗兴,政治和仕途的失意,使他们把情感和兴趣倾注在山水景物之中。因此,大

---

① 《贞观政要》卷一《论政体》。
② 《新唐书》卷五一《食货志》。

量地描绘山川河流的诗篇就应运而生了。如果没有这样方便的交通,诗人们就不能自由地远游便访,也就不能把祖国的山水之美尽收诗中,这是很显然的。同时,由于遍览了祖国壮丽、雄伟的山河,培养了诗人们一种对山水自然的热爱之情,即使描写自己庄园里的景物时也往往起着潜移默化的作用。这是因为:诗人们在周游祖国名山大川的时候,不仅经历了思想的变化,而且也经历了审美意识的变化,他们更加注意把山光水色作为自己描写的主要对象,更能体会和揣摹自然山水中的妙趣。这种审美意识的变化,也影响了诗人们其他题材诗歌的写作。这是因为诗人的审美和创作是一个统一的整体,不是彼此无关的。这就是为什么孟浩然远游吴越以后重归襄阳,写的小诗甚至更为传神的原因。

社会为诗人们提供了可以过安然的田园生活和行旅生活的条件,但是从主观方面讲,诗人们为什么能安心于田园生活和山水之乐呢? 这就必然要探究其社会思想的影响了。由于"终南捷径"的吸引,政治斗争的激烈以及统治阶级大力提倡佛老思想,使整个唐代社会弥漫着浓厚的隐逸风气。生活在这种环境里的诗人们当然不能超脱其外,再加上阶级的和个性的原因,就出现了主要倾向是出世而不是入世的诗人群。我们只要检阅一下山水田园诗派诗人们的作品以及有关他们的各种记载,就会发觉:这些诗人在思想上都比较消极而喜欢隐居。如王维虽然没有失去官位,但却长期隐居辋口,他说:"晚年唯好静,万事不关心"(《酬张长府》),又说:"一生几许伤心事,不向空门何处销?"(《叹白发》)干脆归入佛门去了;孟浩然隐居鹿门山,他的《夜归鹿门歌》说:"岩扉松径长寂寥,惟有幽人自来去",在《秋登万山寄张五》诗里说:"北山白云里,隐者自怡悦",在入京考试失利以后,他表示:"拂衣从此去,高步蹑华嵩"(《京还留别新丰诸友》),更由于"风尘厌洛京",而"山水寻吴越"了[①];其他诗人如储光羲隐居终南山(有《终南幽居》诗);綦毋潜"归隐江东";祖咏隐于汝坟……在政治上,一般地说:这些诗人不像边塞诗人那样积极入世、乐观待物,而往往程度不同地沾染了消极避世,洁身自好的思想,有的还相当严重。这样就使他们或者远寻山水之乐,把自己的闲情寄托于自然景物之中,或者安于田园隐居,终日远离人世纷争。但并不是说山水田园诗派

---

① 《自洛之越》。

的诗人们是绝然忘情世事的,他们的思想在前后期也并不完全一样。如王维前期有较强的仕进之心,而安史之乱后才归入佛门;孟浩然在游山玩水中仍唱道"未能忘魏阙,空此滞秦稽",即使在隐居过程中,他们也不是对世事全然不关心的。王维在《与卢员外象过崔处士兴宗林亭》里说:"科头箕踞长松下,白眼看他世上人。"孟浩然说自己和"二三子""俱怀鸿鹄志,共有鹡鸰心",并对社会表示了不满,他说:"世途皆自媚,流俗寡相知",希望社会做到:"去作人无陷,除邪吏息奸",其他山水田园诗人也有相近似的情绪。但这毕竟不是他们思想中的主要倾向和主要方面。许多诗人的出外周游和隐居田园在精神上其实是一致的。他们有的官成身退,于是乎悠哉游哉;有的虽然心存魏阙,却身在江湖。虽然各人的具体情况有所不同,但是他们相近的生活环境和思想情趣,却决定了他们作品的内容和风格在总的方面是接近和相似的。他们生活在安静的田园里和美妙的山水中,每日所见无非是田园生活的闲适,是皎洁的月亮,是幽静的竹林,是奇异的花草,或者是肃穆的远山,如练的长河;每日所闻也常常是溪水的汩汩,是春鸟的欢鸣,是田园的犬吠,是孤独的琴声……在这样的环境里,诗人们的感情很容易是平静和缓的,有时甚至是淡漠的。文学是现实的反映。诗人们要表现自己的生活和情趣,要描摹自然的山水风光,那么就必然要产生以山水田园生活为主要内容,以恬淡闲适的笔调为主要风格的山水田园诗歌,而同时有许多诗人一起来写这样的作品,形成了一时的文学潮流,山水田园诗派就产生了

原载《文学论集》第七辑,中国人民大学出版社 1984 年 4 月版

从孟浩然的诗看山水诗和田园诗的合流

我国山水诗和田园诗的写作,是从东晋的陶渊明和南朝的谢灵运正式开始的。但是,仔细分析起来,陶谢二人的诗作,不仅在艺术风格上存在着差异,而且在题材上也是大不相同的,因而人们习惯上称陶诗为"田园诗",而称谢诗为"山水诗"。当然,在陶渊明的诗歌中也有山水之作,但在他留下的一百二十多首诗中,田园诗毕竟是最富独创性和代表性的奇葩;谢灵运也有田园篇什,但他毕竟是我国第一个大量创作山水诗的诗人,他的诗对浙东一带的许多名胜佳景作了细致的描绘和热情的赞颂。田园诗与山水诗不仅在陶谢的时代没有合流,甚至到了初唐仍然像两股溪水,并肩流淌。

初唐的王绩是直接继承陶渊明的,他曾经躬耕于东皋,他的生活在某些方面颇似渊明,如他时与舟人渔子并钓,春秋酿酒,歌饮为欢。他的《野望》诗写得朴实自然,确有陶潜之风。在初唐那种华丽的诗风里,王绩确实可以称得上是一位独树一帜的田园诗人。

在王绩写作田园诗的前后,有一些诗人继续发展谢灵运式的山水诗,如杨炯的《巫峡》、王勃的《早春野望》、张说的《岳阳早霁南楼》等。

张说一度被迁谪到岳阳,在谪居期间,写下了不少山水佳篇,诸如《送梁六自洞庭山作》《岳州晚景》等,正如沈德潜所说,他"晚谪岳阳,诗益凄婉,人谓得江山之助"。对盛唐王维、孟浩然等山水诗人有直接影响的当首推张九龄,他的风景小诗写得十分优美而动人。张九龄沿着前人的道路,把情与景很好地结合起来,做到了情景交融,诗语则平朴自然,如他的《湖口望庐山瀑布水》诗:

万丈红泉落，迢迢半紫氛。

奔流下杂树，洒落出重云。

日照红霞似，天晴风雨闻。

灵山多秀色，空水共氤氲。

沈德潜对此诗评价甚高，他说："任华爱太白瀑布诗，系'海风吹不断，江月照还空'，此诗正足匹敌。"张九龄的诗对王、孟的影响，早有人指了出来，胡应麟《诗薮·内编》卷二曰："唐初承袭梁隋，张子寿首创清澹一派，盛唐继起，孟浩然、王维、储光羲、常建、韦应物本曲江（九龄）之清澹而益以风神者也。"

这一段话把张九龄对盛唐山水田园诗人的影响说得颇为简洁明晰，值得参考。很明显，在盛唐诗人中，真正继承陶渊明的传统，着力写作田园与隐逸的题材，并把它与谢灵运所开创的山水题材有机结合起来的，正是上文提到的孟、王、储、常诸人，其中的代表诗人是孟浩然和王维。孟浩然的成就不如王维，但他比王维年长十余岁，因此完全可以说：山水诗与田园诗是在孟浩然的作品里正式合流的。

孟浩然生活的年代，正是封建社会表面迅速发展而骨子里却充满了矛盾和斗争的时代，这种矛盾和斗争的一个重要标志就是唐初实行的均田制遭到破坏，代之而起的是土地兼并的剧烈和庄园制的兴盛。兼并之风，在初唐就已兴起，太宗时泽州（今山西晋城）刺史"张长贵、赵士达，占郭中腴田数十顷"（《新唐书·长孙顺德传》）。武则天的女儿太平公主"田园遍于近甸膏腴"（《旧唐书·武嗣传》附《太平公主传》）。开元、天宝之际，兼并之风有增无减，因而《通典·食货典》说："……开元之季，天宝以来，法令弛坏，兼并之弊，有逾汉成、哀之间。"

均田制遭到破坏的必然结果，就是早已存在的庄园经济在盛唐时代得到迅速发展。"庄园"，在我国史书上或称"庄"、"别墅"、"庄田"，在唐代多称为"别业"。除了皇庄、官庄和寺院庄园以外，唐代普遍存在的是官僚地主的私家庄园。像孟浩然这样的中小地主自然也有自己的庄园，这种庄园虽然不能同李林甫、卢从愿的大庄园相比，但毕竟是一个相对独立的自给自足的经济单位。孟浩然的庄园在襄阳，他自己说："弊庐在郭外，素业惟田园。左右林野旷，不闻城市喧"（《涧南园即事贻皎上人》）；

又说:"予亦忘机者,田园在汉阴。"(《都下送辛大之鄂》)

有了自己的庄园,生活有了保障,出入有了归所,这对孟浩然诗歌创作的意义是重大的。庄园使诗人获得了一种相对来说比较恬静、淡然的心境,可以安下心来极有兴致地描写自己的庄园和庄园生活;另一方面,孟浩然在其庄园里还能够参加一些农业劳动,而且能够看到农民春种秋收,增加一点儿作诗的雅兴,这与陶渊明的生活方式自然有其相似之处,他自己说:"予意在耕凿,因君问土宜"(《东陂遇雨率尔贻谢南池》)、"桑野就耕父,荷锄随牧童"(《田家元日》)。可见,孟浩然确实参加过一些农业劳动。

由于远离社会,孟浩然对政治缺乏陶渊明那样深刻的认识,思想境界自然不能与陶渊明相比,但他与陶渊明的情趣却毕竟有相似之处,请看孟浩然的《夜归鹿门》:

> 山寺鸣钟昼已昏,鱼梁渡头争渡喧。
> 人随沙岸向江村,余亦乘舟归鹿门。
> 鹿门月照开烟树,忽到庞公栖隐处。
> 岩扉松径长寂寥,惟有幽人自来去。

读这首诗很容易使我们想到陶渊明的诗句,如"采菊东篱下,悠然见南山",它们在情趣上确实十分相似,只是孟浩然的诗更有隐士气味罢了。再如人们所传诵的名篇《过故人庄》:

> 故人具鸡黍,邀我至田家。
> 绿树村边合,青山郭外斜。
> 开轩面场圃,把酒话桑麻。
> 待到重阳日,还来就菊花。

诗的语言质朴自然,表现了田园生活的乐趣,自然使人想起陶渊明的名作:"春秋多佳日,登高赋新诗。过门更相呼,有酒斟酌之。农务各自归,闲暇辄相思。相思则披衣,言笑无厌时。"在诗歌的题材与风格上,陶、孟二人是十分相似的,因此说孟浩然在许多方面继承了陶潜田园诗的特点,是并不过分的。只是由于时代与个人经历的不同,孟浩然的归隐不像陶渊明那样更多地带有对社会反抗的因素,因而他的思想境界并不能与陶渊明相提并论。但是,孟浩然对陶潜的人品和诗品是极为钦佩的,他在《仲夏归南园寄京邑旧游》里写道:"尝读《高士传》,最嘉陶征君。日耽田园趣,自谓羲皇人。"因此,他的诗歌直追陶渊明就是很自然的了。我们不妨再读他的一首有陶潜诗风的小诗《游精思观回王白云在后》:

> 出谷未停午,到家日已曛。
> 回瞻下山路,但见牛羊群。
> 樵子暗相失,草虫寒不闻。
> 衡门犹未掩,伫立待夫君。

乡村黄昏的景色,描写得多么真实,而语言风格又是多么平朴自然。

孟浩然不同于谢灵运,谢灵运主要活动在浙东一带,而孟浩然则不仅领略了家乡襄阳一带的优美风光、名胜古迹,而且他游历的范围远到吴越、四川,他大部分优秀的山水诗都是在四十岁以后周游各地时写下的。

谢灵运生活的时代,国家没有统一,交通业也并不发达,而孟浩然生活的唐代却大不相同,《新唐书》说玄宗开元时:"道路列肆,具酒食以待行人。店有驿驴,行千里不持尺兵。"诗人杜甫在《忆昔》诗里也感慨道:"九州道路无豺虎,远行不劳吉日出。"根据记载:唐代的交通,以京城长安为中心,东至宋汴,以达山东半岛;西至凤翔,以入西川;西北至凉州,以通西域;北至范阳、南至荆襄,直到广州。还有以运河为主的水路也十分便利,孟浩然"山水寻吴越"所走的就是水路。孟浩然去吴越,是专门游山玩水的,他说"为多山水乐,频作泛舟行"(《经七里滩》)。这一点既不同于陶渊明又不同于谢灵运,陶渊明固然没有这样的条件和机会,即使是谢灵运,他周游的范围不仅十分有限而且他的心境也不那么超脱,他往往借山水之景来抒发自己不得志的心怀。孟浩然虽然因入京不仕打击了积极性,但他毕竟没有十分在意,故云:"饮马非吾事,狎鸥实我心"(《秦中苦雨思归赠袁右丞贺侍郎》)。总的说,孟浩然出游时的心情是比较愉快的,加之他的隐士风度,就使他的山水诗写得既继承了谢灵运山水诗的优良又具有自己的特点,如:

东旭早光芒,渚禽已惊聒。

卧闻渔浦口,桡声暗相发。

日出气象分,始知江湖阔。

美人常晏起,照影弄流沫。

饮水畏惊猿,祭鱼时见獭。

舟行自无闷,况值晴景豁。

——《早发渔浦潭》

百里闻雷震,鸣弦暂辍弹。

府中连骑出,江上待潮观。

照日秋云迥,浮云渤澥宽。

惊涛来似雪,一坐凛生寒。

——《与颜钱塘登障楼望潮作》

挂席几千里,名山都未逢。

泊舟浔阳郭,始见香炉峰。

常读远公传,永怀尘外踪。

东林精舍近,日暮空闻钟。

——《晚泊浔阳望香炉峰》

这些诗写得确实清新自然,浸透了诗人对祖国山水的热爱,自然的山光水色在诗人的笔下,真是摇曳多姿、幽美动人。比起谢灵运来,无论是对自然的感情,还是描写的形象生动,都有着明显的进步。为了说明问题,我们不妨读一读谢灵运的代表之作《石壁精舍还湖中作》,其诗云:

昏旦变气候,山水含清辉。

清辉能娱人,游子憺忘归。

山谷日尚早,入舟阳已微。

林壑敛暝色,云霞收夕霏。

芰荷迭映蔚,蒲稗相因依。

披拂趋南径,愉悦掩东扉。

虑澹物自轻,意惬理无违。

寄言摄生客,试用此道推。

　　且不说谢诗在结尾往往以玄理之论作结,就是他对山水自然的描绘本身,也使人感到只像是一位工笔画家的作品,他用笔是那么细致,真是一丝不苟,但却不能从整体上给读者一种美的享受,这恐怕是受了他那个时代的文风的影响,又与他的"从者数百人"的贵族式邀游有关。

　　从比较中我们不难看出,孟浩然不仅继承而且发展了谢灵运的山水诗。究其原因,我觉得唐代初盛时期社会稳定、交通业发达是一个十分重要的条件。正是由此,使得像孟浩然这样"襄阳味"极浓的地方诗人走出了家乡,泛舟选游,周游途中所见到的美丽景物自然要激发诗人的诗情,美好的大自然自然要熏陶诗人的性灵。试想,如果孟浩然终身囿于襄阳,他能写出那么动人的山水佳作吗? 当然,还有文学本身发展、变化的原因,这里就暂不论述了。

　　孟浩然在题材上继承了陶渊明和谢灵运的传统,既写田园诗,又写山水诗。在田园生活中养成的悠闲静穆的心情,有利于诗人对自然山水细微之处的把握,有利于诗人对山光水色进行细致的观察,而对名山大川的游历和描绘又会促进诗人审美意识的变化,使他的田园诗充满生动的趣味。在孟浩然的作品里,我们看到田园与山水两种题材是互相影响的,在他的一些田园诗里对山水景物时有细致传神的描绘,而在他寻山访水的诗篇里,又时时表现出田园隐士的情趣。在孟浩然的诗里,我们可以看出,他努力把陶渊明和谢灵运诗歌的艺术特点结合起来,取长去短,以形成自己的艺术特色,从而体现出田园诗与山水诗的初步合流。

　　陶渊明田园诗的最明显的特点是平淡而又有深味,没有矫揉造作的痕迹,即所谓"外若枯槁,中实敷腴"(曾纮语)。他在诗的描写上追求朴实无华,极重神似,因而总是能给人一种浑成自然的感觉。谢灵运的山水诗则不同,他极重形似,因而描写过于工丽细腻,故而常有佳句而少佳篇,如他的《登池上楼》,其中"池塘生春草,园柳变鸣禽",确是优秀的诗句,宋人吴可赞道:"春草池塘一句子,惊天动地至今传"(《学诗诗》);金人元好问也赞之曰:"池塘春草谢家春,万古千秋五字新"(《论诗三十首》)。

可见这两句诗确不寻常。但从整体来看,《登池上楼》并不是优秀的作品。另外,由于当时玄理诗残余的影响和谢灵运思想的矛盾,使得他在山水诗里往往生硬地拉扯上玄言哲理,给人一种情景相隔的感觉。孟浩然的山水田园之作,一方面继承了陶诗的平淡朴实、浑成自然的传统,注意整首诗的浑然一体,同时又学习了谢诗描写细致、用笔工丽的表现手法,许多诗达到了形神兼备、情景交融的境界,如他的《宿建德江》:

> 移舟泊烟渚,日暮客愁新。
> 野旷天低树,江清月近人。

又如《早寒江上有怀》:

> 木落雁南渡,北风江上寒。
> 我家襄水曲,遥隔楚云端。
> 乡泪客中尽,孤帆天际看。
> 迷津欲有问,平海夕漫漫。

这些诗确实既浑成又工细,达到了极高的艺术境界,历来为人们所传诵。正因为孟浩然把陶谢的艺术特点加以融合,故而形成了自己的艺术特色,即如殷璠在《河岳英灵集》里所作的评论:"浩然诗,文彩丰茸,经纬绵密,半遵雅调,全削凡体。"所以,他的田园山水诗便有了自己的面目,而这种"新面目",便是田园诗与山水诗初步合流的标志。严格地说:盛唐山水田园诗派的真正形成并在诗坛上占有重要地位,还有赖于王维等人的大量创作,孟浩然的功绩就在于:指出了山水诗、田园诗的发展方向,并使山水诗与田园诗在他的创作里初步完成了合流。

原载《中国人民警官大学学报》1988 年第 1 期

浅论李白李贺浪漫主义特色之异同

李白与李贺在中国文学史上的地位和影响是不一样的,当然不能简单地相提并论,但是,作为浪漫主义代表诗人,他们又有许多相通或相似的地方。因此,就他们的某些方面进行比较和分析,也许有利于加深对这两位诗人的认识及探索诗歌创作上的一些共同规律。

一

李白和李贺虽然都生活在唐代,但他们所处的具体历史时代是不同的。李白生活在盛唐,由于国家的统一,生产的发展,整个社会出现了一种蓬勃向上的气象,生活在这个社会的人们,必然对国家的强大感到骄傲和自豪,对民族的前途充满了信心。李白《长歌行》生动地表现了那个时代所赋予人们的进取精神:"桃李得开日,荣华照当年。东风动百物,草木尽欲言。枯枝无丑叶,涸水吐清泉。大力运天地,羲和无停鞭。功名不早著,竹帛将何宣。"在这个时代的知识分子,可以通过科举获得功名,施展自己的抱负,许多人正是这样做的。李白对自己的才能有高度的自负,自诩"怀经济之才,抗巢由之节,文可以变风俗,学可以究天人"①。因此他"慷慨自负,不拘常调"②,不愿通过通常的进士考试,按部就班地登上仕途,他要自布衣而一举取得卿相之位,以实现自己的政治理想,即:"申管晏之谈,谋帝王之术,奋其智能,愿为辅弼,使寰区大定,海县清一……"③。

---

① 《为宋中丞自荐表》。
② 范传正《李公新墓碑》。
③ 李白《代寿山答孟少府移文书》。

其理想是何等的高远,基于此,李白对阻碍他实现理想的腐朽势力进行了愤怒的揭露和抨击。在他的诗篇里,充满了不可驯服的叛逆精神,充满了蔑视封建秩序的高傲狂态,充满了敢于和一切权贵显宦斗争的无畏气魄,所谓"黄金白璧买歌笑,一醉累月轻王侯"、"乍向草中耿介死,不求黄金笼下生",都典型地表现了他的气质和精神。他儒、道、侠熔于一身,为自己选了一条"功成身退"的道路:"功成谢人间,从此一投钓"、"愿一佐明主,功成还旧林"。在他的心目中,"功成"其实是更重要的。这样,他的诗歌就为我们塑造了一位力图在政治上有所建树,力图兼济天下的进取者的形象。即使在"赐金还山"以后,他的豪迈乐观的精神仍始终没有消失,他说:"长风破浪会有时,直挂云帆济沧海"、"俱怀逸兴壮思飞,欲上青天览明月"!可见他始终对自己的才能有高度的自信,对未来充满着希望与信心,他以炽热的感情和语言、幻想的方式和大胆的夸张来表现自己对于幸福和理想生活的渴慕和追求,这一切就形成了李白诗歌中那充满热情的浪漫主义特色。王国维认为李白纯以气象胜,是有一定的道理的。这种"气象"就是盛唐所独有的积极向上的精神,它的基调乐观、健康而且明朗。从这里,我们就可以清晰地看到李白的浪漫主义与盛唐时代精神的密切关系。

李贺却生活在一个多灾多难的时代,"安史之乱"是唐帝国发展过程的转折点:之前,唐代社会政治、经济的总趋势是向上发展的;之后,就走上了下坡路。随之,知识分子的出路也更加渺茫。这时的读书人已经没有了那种"但用东山谢安石,为君谈笑净胡沙"的气概,也失去了那种一匡天下、拯救乾坤的雄心,在他们的歌赋里,更多地表现了对自己命运的悲叹和哀诉,表现了他们自己的愁怨和苦闷。在这种倾向的诗人中间,李贺无疑是有特色又有代表性的一个。当然,李贺有一些作品是有一定的现实意义的,表现了诗人的进步理想,有一些也确含有"哀幽孤愤之思",但他的大部分作品却主要是忧己身之不遇、感叹生不逢时。请看他的《开愁歌》:

秋风吹地百草干,华容碧影生晚寒。
我当二十不得意,一心愁谢如枯兰。
衣如飞鹑马如狗,临岐击剑生铜吼。

旗亭下马解秋衣,请贳宜阳一壶酒。

壶中唤天云不开,白昼万里闲凄迷。

主人劝我养心骨,莫受俗物相填豗。

无论是诗中所表达的抱负,还是全诗所呈现的气势,都明显地不同于李白的诗,使我们很清楚地看到盛唐和中唐不同的"气象",这种时代的影响是不以人的意志为转移的。当然,造成两位诗人差异的原因是复杂的、多方面。诗人,首先是社会一分子,不同的生活经历、不同的人生遭际,必然影响诗人个性而通过作品表现出来,从而形成诗人之间的差别。姚文燮说:"白与贺俱不遇,而一时英贤蔚起,泥者出其中,爱者出其中,卒至废弃寝灭,以贺视白,则白之处天宝也,不较愈于贺之处元和哉?白于至尊之前,尚能睥睨骄横,微指隐击,一时宫禁钦仰,亦足倾倒一世,其挤之也不过一阉人妇子耳。乃贺以年少,一出即撄尘网,姓字不容人间,其挤之也,则皆当世人家焉,贺之孤愤,恨不即焚笔砚,何心更事雕缋以自喜乎?"①这话虽然有些偏激和片面,但还是说明了李白与李贺的不同际遇:李白的雄心大志最终虽然没有得到施展,在离开人世时他不禁感慨万端地唱道:"大鹏飞兮振八裔,中天摧兮力不济。"但是,李白毕竟有一段挤身宫廷的经历,"此地曾经为近臣",而且他入宫之初还颇受玄宗的宠遇,以至"降辇步迎,如见绮皓,以七宝床赐食,御手调羹以饭之"②,"遂直翰林,专掌密命,将赴司言之任,多陪侍从之游。③他自己也说:"早怀经济策,特受龙颜顾"、"谬挥紫泥诏,献纳青云际"、"布衣侍丹墀,密勿草丝纶"。同时,他的"飘然不群"的诗歌才能也使他名播海内,为世人所钦羡,贺知章读了他的诗就惊呼他是"谪仙人",杜甫说他"笔落惊风雨,诗成泣鬼神"。用他自己的话说即是:"剑非万人敌,文窃四海声"。他被召入宫廷,就有因他诗名很大的原因。李贺的遭遇却更不幸,他有一定的理想和抱负,有言曰:"有眼何时开,古剑庸一吼!""少年心事当拏云,谁念幽寒坐呜呃。"但他又因才遭忌,以至有人出来毁谤他,说他父名晋肃,考进士就犯父讳,他只得放弃了进士的考试。于是,他这个早已丧失了贵族

① 《昌谷诗集注序》。
② 李阳冰《草堂集序》。
③ 范传正《李公新墓碑》。

特权的王孙,作为士子,在当时唯一有可能获得官爵的政治道路就这样平白地给堵塞了,这怎么能不使他感到悲愤和苦闷呢?这样两种基本不同的生活经历和个人遭际必然影响到李白与李贺的诗歌创作,从而使他们的作品具有了不同的特色。

二

我们知道,浪漫主义的一个基本特征是重在主观感情的抒发,法国文学史家朗松说得好:"浪漫主义是一种以抒情为主导的文学"①。但是,不同的作家,由于生活的时代、个人的经历以及作家个性的不同,这种主观感情的抒发在程度和方式上都会存在着差异。如果说李白诗给人的印象是"黄河之水天上来"、"咆哮万里触龙门"那样激情澎湃、热烈奔放的话,那么李贺诗给人的印象则是"雾锁寒江愁点点",充满了忧思孤愤、感情深沉。作为浪漫主义诗人,他们往往采取以此物比彼物,寓物于情,寓景于情,让自己的感情或直抒而泻或借物得以尽情的抒发,但由于我们所早已提到的两位诗人在许多方面的差异,造成了这种感情抒发的不同。

先读李白的《答王十二寒夜独酌有怀》中的诗句:

> 吟诗作赋北窗里,万言不值一杯水。
> 世人闻此皆掉头,有如东风射马耳。
> 鱼目亦笑我,谓与明月同。
> 骅骝拳跼不能食,蹇驴得志鸣春风。……

再看李贺《马诗》其十一:

> 内马赐宫人,银鞯刺麒麟。
> 午时盐坂上,蹭蹬溢风尘。

这两首诗都尖锐地抨击了统治者不能任用贤才,至使鱼目混珠、小人

---

① 《法国文学史》。

得势,有志气、有才能的人们受到摧残,不受重用,从而揭露了那个社会的黑暗。这两首诗同样抒发了怀才不遇的思想感情,但不同的是:前者怒不可遏,激情澎湃,像骤发的山洪挟着奔腾之势冲出山谷,一泻千里;后者则给人一种激愤而又压抑的感觉,他的感情像一股强烈的潜流,在平静的海面下奔突。在李白诗里,处处都可以明晰地感受到他那炽热的感情、强烈的个性;他的诗里处处留下了自我表现的主观色彩:"大道如青天,我独不得出"、"仰天大笑出门去,我辈岂是蓬蒿人"!这简直是狂呼怒吼,激愤热烈之情毫不掩饰。李贺也有抱负,也有不平,但他却说:"男儿何不带吴钩,收取关山五十州。请君暂上凌烟阁,若个书生万户侯?"又说:"不见年年辽海上,文章何处哭秋风?"真是怨愤的低泣,愤慨的哀鸣,含蓄而又沉郁。

李白的《行路难》写道:"行路难,行路难,多歧路,今安在?长风破浪会有时,直挂云帆济沧海!"而李贺的《浩歌》却感喟:"不须浪饮丁都护,世上英雄本无主。买丝绣作平原君,有酒唯浇赵州土。漏催水咽玉蟾蜍,卫娘发薄不胜梳。羞见秋眉换新绿,二十男儿那刺促。"很明显,前者感情热烈,兴奋而激越;后者感情冷静,悲愤而压抑。前者飘逸,后者沉郁;前者是愤怒中有豪放不羁之气,后者则是哀怨里透抑郁不乐之情。李白形容自己:"大鹏一日同风起,抟摇直上九万里。假令风歇时下来,犹能簸却沧溟水。"即使在安史之乱时,还写出了这样有气魄的壮语:"抚剑夜啸吟,雄心日千里。誓欲斩鲸鲵,澄清洛阳水。"李贺写自己却是:"一心愁谢如枯烂"、"衣如飞鹑马如狗",又曰:"长安有男儿,二十心已朽。"可见,两位诗人的对比多么强烈。如果我们考虑到李白、李贺在时代、遭遇、个性上的差异,就能理解二人作品中所反映的这种区别。这区别不仅反映在两位诗人直接抒发个人感情的诗篇里,即使在反映现实生活的作品中也同样可以看出这种感情表达的显与隐的区别。李白在《丁都护歌》里满怀深情地叙述了船夫们的痛苦:"吴牛喘月时,拖船一何苦。水浊不可饮,壶浆半成土。"进而诗人站了出来,发出了"一唱都护歌,心摧泪如雨"的低沉的叹喟和"君看石芒砀,掩泪悲千古"的无奈的感慨。在字里行间,我们不是可以清晰地感受到诗人的同情和关切吗?李贺的《老夫采玉歌》则着重加强气氛的渲染,特别是最后四句:绳子系在悬崖泉水发源的地方,绳索下挂着采玉的老人,在深山绝涧中,只看到一点点青色。被统治者所驱遣的奴隶,就是这样冒着生命危险,从事一种非人的劳役啊!只是想到还没有长成的娇儿,才使他产生了活下去的勇气。诗人巧妙地把感情寓于具体的形象和描写之中,而他对"老夫"和周围环境的描写又不像现实主义诗人那样注意和追求细节、人物的客观和真实,而是借助浪漫主义的想象和夸张,创造那样一种气氛,用以感染读者。他的激愤之情是曲折和隐蔽的,如:"夜雨冈头食蓁子,杜鹃口血老夫泪。蓝溪之水厌生人,身死千年恨溪水。"王琦注道:"杜鹃口血老夫泪者……谓老夫之泪如杜鹃口中之血耳;厌生人者,因采玉而溺死者甚众,故溪水亦若厌之;身死千年恨溪水,谓身死之后,虽千祀之久,其怨魄犹抱恨不释,夫不恨官吏,而恨溪水,微词也"[①]。诗人这种深沉而又隐于字里行间的感情,千百年来打动过多少读者的心!李贺自称其诗,"无情有恨",这是并不确当的,作为对生活有理想和追求的浪漫主义诗人,怎么会是无情者呢? 只是他的"情"表现得较为压抑,较为隐蔽,不像李白那样豪情奔放、一泻千里罢了。

三

积极浪漫主义同现实主义一样,它的基础是真实地反映社会生活。浪漫主义诗人,总是借助特殊的方式,真实地反映人们的愿望、感情和理想,从而真实地反映他那个时代的生活,不仅具有较高的审美价值,而且还具有较高的认识价值。当我们读了李白和李贺的作品以后,不能不惊叹他们在某些问题上认识的深刻性和对时代脉搏把握的准确性,如李白《古风》四十六对唐代社会的观察和李贺《官街鼓》对帝王求仙的讽刺都是很深刻的。二李的大量诗作都是受现实生活的感发,对社会生活进行了一定的概括才产生的,且不说那些直接反映现实的作品,就是那些抒发自己怀才不遇情绪的诗歌,同样是那个时代真实的反映,正是"梧桐巢燕雀,枳棘栖鸳鸾"的残酷现实才使得二人有志难展。他们这一类作品相当集中地概括了封建社会大多数知识分子不幸的遭遇和复杂的内心世界,有着很高的典型意义。他们的这些作品今天读来仍不失其感染力,原因就在于它们暴露了当时社会里的重大矛盾,能激起我们对不合理的政治制度的憎恨以及对那些遭受摧残和压抑的英才异士的同情。

---

① 《李长吉歌诗王琦汇解序》。

当然，由于种种原因，李白与李贺在反映生活的深度和广度上仍存在着明显的差异。我们知道，李白出川以后，足迹遍布大江南北，作过隐士，上过宫廷，晚年又因从璘而遭到流放，他的生活经历是复杂的，这就使他能较为深入地观察社会，因而他的眼光就更为敏锐，视域就更为开阔：他揭露了统治阶级终年累月沉迷女色的图画（《阳春歌》）；他把玄宗比作殷纣王、楚怀王，抨击他深信奸人、远离忠直（《古风·五十一》）；他对权贵和奸邪之徒表示了最大的愤怒，揭露了他们对正直有才之士的排挤和打击（《古风·五十四》）；他还对统治阶级的穷兵黩武进行了指斥，提出了"如何舞干戚，一使有苗平"地和平解决民族争端的主张（《古风·三十四》）；他还表现了对人民的同情和关怀（《宿五松山下》）……当时社会现实中的一系列重大事件都在李白的诗篇里得到了深刻的反映，有些还是相当大胆和深刻的。李贺也写下了一些反映现实的诗篇，其中不仅有直接描写人民疾苦的《老夫采玉歌》、《感讽·一》等，而且还有讽刺边防官军的《黄家洞》，抨击帝王求仙企望长生的《官街鼓》、《苦昼短》，特别值得一提的是他的《宫娃歌》，它超出了一般描写宫怨诗歌的水平，已经不仅仅是要求君主体谅"妾"的脉脉此情而眷恋之，而是要"骑鱼撇波"，冲出深宫，获得人身和精神的自由。但若是细细品评，不能不承认李贺诗歌的思想范围比较狭窄，他的诗绝不是没有思想，只是这种思想的基础比较薄弱，它还没有经过充分理性的磨炼和熔铸，以通过诗的艺术来表达一种明彻的社会识见与坚守一种生活真理，因而他如上所引的优秀诗篇是较少的。当然我们不应忽略一个基本的事实，即：李白生活了六十二岁，给后人留下了近千首诗作；而李贺则仅仅度过了二十七个春秋，留下的作品仅二百四十余首，这种年龄和作品数量对比的悬殊，也必然使他们的作品在反映生活的深度与广度上形成差异。有人把李贺的诗看作"骚之苗裔"，它的想象和文采以及有些诗篇所表现的呼天抢地、危苦悲愤之情，确和《离骚》有相似之处，若认真从内容性质比较，李贺无论如何都不能和屈原相比，尽管有人为之辩解，如姚文燮说李贺的时代政治黑暗，因而他的诗"寓今托古，比物徵事，无一不为世道人心虑……其命辞命意命题，皆深刺当世之弊，切中当世之隐"①。这就对李贺诗歌思想内容作了不适当的

---

① 《昌谷诗集注序》。

抬高,是不符合事实的。张戒认为李贺是"以词为主",虽然有片面性,却也不无道理。

我以为李白与李贺在反映生活的广度和深度上存在着很大差异,除了其他原因,很重要的因素就在于他们对生活有着不尽相同的态度。李白是一位对生活充满热情,对理想执著追求的诗人,他总是不能忘怀那虽然丑恶却又有着美好成分的现实社会。虽然他也曾热衷过求仙访道,但他最终也没有离世高蹈,即使到了花甲之年,他抱病仍要参加李光弼的军队,希求为国能有一割之用,这说明他的爱国之心、济世之志至老不衰。虽然对生活的追求和热爱是李贺思想的主要方面,但由于他处于动乱不宁的社会,加以体质清羸多病,又有才华过人的优越感和政治上的不得意,因而他生活情调忧郁感伤,性格冷僻孤独,对空虚和幻灭感觉特别敏锐,表现在诗歌里确有一股阴森森的气息,王思任说李贺"喜用'鬼'字、'泣'字、'死'字、'血'字,如此之类,幽冷谿刻……"①。当然,李白诗里也有消极思想情绪,如《将进酒》就表现了要及时行乐的思想,但由于对生活的热爱,诗人感情发生了很大的跳跃,唱出了"天生我材必有用"这样有志于世的豪言;而在李贺的许多诗篇里,我们却看到了比较浓厚的沮丧颓唐的情绪和对生活的冷淡,如"黄尘清水三山下,更变千年如走马"、"东指羲和能走马,海尘新生石山下"。每当读李贺这一类诗歌,常使人想起《古诗十九首》,如"生年不满百,常怀千岁忧",也常想起李商隐"夕阳无限好,只是近黄昏"的名句。可见汉末和安史乱后的唐朝有不少相似的时代特征,因此李贺写出这一类思想情绪的诗篇就不足为奇了。

浪漫主义诗人同现实主义诗人的区别之一即:他们不是为了表现对现实的不满而对社会作细致、真实的描写,从而揭示出这个社会的不合理。浪漫主义作家对社会的抨击,不仅要通过自我感情的抒发直接地、大胆地表现出来,而且当平常的语言不足以表达其激情时就用大胆的夸张;当现实生活中的事物不足以形容、比喻、象征其思想愿望时就借助非现实的神话和幻想。这样,他们借助想象的力量,用夸张和虚构的方法,把理想和现实熔在一起,把神话和历史熔在一起。有时又借助梦境来创造一个理想世界与丑恶现实相对照,一方面表现自己美好的愿望,一方面对社

---

① 《昌谷诗解序》。

会现实进行批判。李白与李贺都有这样的作品,只要细心一些,我们就可以看出在描写梦境的题材上,两位诗人对待生活和现实的态度仍然有差别。李白的《梦游天姥吟留别》和李贺的《梦天》都表现了诗人对理想的追求和对现实的抨击,他们上天入地,在梦境里似乎得到了真正的解放。前者描绘了诗人"全心渴望的国度",诗人展开理想的翅膀,在这个国度里自由翱翔;后者不同于一般虚无缥缈的游仙诗,它俨然如真地描写了月宫情景:"老兔寒蟾泣天色,云楼半开壁斜白。玉轮轧露湿团光,鸾佩相逢桂香陌。"李贺的《天上谣》也大力描写了琼花瑶草、老兔寒蟾,在这美好的境界里,有青春的良辰美景,有秋夜的冷露寒光,这一切光明与美好的象征,都是生活在愁苦动乱社会里的人们所深切向往而又无法得到的东西。但是比之《梦天》《天上谣》,《梦游天姥吟留别》对生活表现了更大的热情,对现实表现了更为大胆的批判:"安能摧眉折腰事权贵,使我不得开心颜"!而《梦天》等则仅给人们描绘了一幅幅仙境图画,似乎没有充分地、更强烈地表现诗人对现实生活的眷恋和挂牵。李白不仅在幻境里表现他的理想,而且还在幻境里反映他与统治集团的冲突,这就好像把现实生活放在放大镜下加以显示一样,更加清晰、明朗而富有典型意义,如《梁甫吟》说:"我欲攀龙见明主,雷公砰訇震天鼓,帝旁投壶多玉女。三时大笑开电光,倏烁晦冥起风雨。阊阖九门不可通,以额叩关阍者怒。"这完全是幻化的现实生活。李白的《古风·十九》也是很有代表性的作品:在一个月白风清的夜晚,诗人驾浮雾云,得着仙女的导引,登上了云台仙境,谒见了仙人卫叔卿。诗人似乎已超脱风尘,逃避到现实世界之外去了,但是诗人对人世毕竟充满了强烈的热爱,他怎么会忘怀现实和人民呢?因此当他远引之时又深情地回视人世,不禁沉痛地吟道:"俯视洛阳川,茫茫走胡兵。流血涂野草,豺狼尽冠缨。"由此可以看出李白对祖国,对人民,对生活的深情。正是这种感情,使李白成为伟大的诗人,使他的诗篇放射出夺目的异彩。

四

艺术是生活的反映,但是诗人在反映生活本质时,却往往借助于超现实的手法,如夸张、想象。这些方法的运用,不仅能真实地反映社会生活,而且在某种意义上能更准确地把握生活,这是浪漫主义的一个重要特征。李白和李贺的诗作里都大量使用了比喻、想象和夸张,如:"峨眉高出西极天,罗浮直与南溟连"(白);"筠竹千年老不死,长伴秦娥盖湘水"(贺);"黄河捧土尚可塞,北风雨雪恨难裁!"(白);"愿君光明如大阳,放妾骑鱼撇波去"(贺)……。他们有时较单纯地使用想象或夸张,更多的时候却是把二者结合起来,在夸张中充满了浪漫主义的想象,先看李白《秋浦歌·十五》:

> 白发三千丈,缘愁似个长。
> 不知明镜里,何处得秋霜?

在这里,无形的"愁"通过有形的"发"表现得更为夸张,更为鲜明,深长的忧愁从抽象的感情变成了具有色彩和形体的东西。再来读李贺的名作《李凭箜篌引》:

> 吴丝蜀桐张高秋,空山凝云颓不流。
> 江娥啼竹素女愁,李凭中国弹箜篌。
> 昆山玉碎凤凰叫,芙蓉泣露香兰笑。
> 十二门前融冷光,二十三丝动紫皇。
> 女娲炼石补天处,石破天惊逗秋雨。
> 梦入神山教神妪,老鱼跳波瘦蛟舞。
> 吴质不眠倚桂树,露脚斜飞湿寒兔。

这里的描写多么令人神往:李凭的技艺多么高妙,白云也听得呆住,水也为之不流,水神和霜神都被感动了。箜篌的声音十分动听:清脆如昆仑玉碎,嘹亮如凤鸣九天,凄切如芙蓉泣露,欢悦如香兰含笑。这声音传到水里,"老鱼跳波瘦蛟舞";传到天上,吴刚听得入了迷,懂音乐的神仙夫人表示要向李凭学习,连玉皇都被感动,天穹也被震破,补天的碎石化成了纷纷秋雨……这是多么大胆的夸张,又是多么优美、丰富的想象呵!

但是,作为有种种差异的两位浪漫主义诗人,他们即使使用的手法基本一致,也难免在某些方面略有不同。李白在使用想象和夸张时,着重于自然、平凡的事物，他往往用人们常见或常说的事物来作比喻和夸张，在此基础上驰骋想象；李贺则着重于奇崛、难见的事物，他往往用生活中根本不存在或很少出现的事物作比喻和夸张，在此基础上让想象飞腾。王琦注意了李白与李贺这方面的不同："长吉下笔，务为奇拔，不屑作经人道过语，然其源出自《离骚》，步趋于汉魏古乐府。朱子论诗，谓长吉较怪得些子，不如太白自在。夫太白之诗，世以为飘逸；长吉之诗，世以为奇险……"①。我想"飘逸"和"奇险"风格的形成与二人使用想象、夸张手法不同有很大关系。正是李白这样的诗人才能写出这样自然、流畅的诗句："黄河之水天上来，奔流到海不复回"、"抽刀断水水更流，举杯消愁愁更愁"、"狂风吹我心，西挂咸阳树"；也只有李贺这样的诗人才能写出："衰兰送客咸阳道，天若有情天亦老"、"昆山玉碎凤凰叫，芙蓉泣露香兰笑"、"向前敲瘦骨，犹自带铜声"，这真是奇险、突兀，想象和比喻飘忽不定，来去无踪，出入意表，想落天外，不愧是令人叹服的丽句。同样是写愁，李白用"白发三千丈"来夸张，平易而形象；李贺则用"忆君清泪如铅水"来写金铜仙人的愁思，把根本没有生命的铜人，写得有情有义，成为能感伤落泪的精灵，这里的比喻和夸张比之李白无疑更奇特，更突兀。正是借助这样奇特的想象，浓重的色彩和富于象征性的语言，李贺形成一种奇崛幽峭、秾丽凄清的浪漫主义风格。李白追求自然清新，故而他的想象和夸张虽然有时也很大胆，但一般都比较自然、贴切，有如信笔而书，却又恰到好处，清赵翼说他"不屑屑于雕章琢句，亦不劳劳于镂心刻骨"②，是中肯的评语；而李贺却追求奇崛惊人，故而他的想象和夸张便难免有较明显的雕凿痕迹。李商隐记李贺出游时"背一古破锦囊，遇有所得，即书投囊中"③，回家后才连缀成篇。这便造成一些佳句与全篇有游离的情状，形成了他的一些作品过分追求"奇"而忽略了全篇思想内容的统一和表达，即使一些名作，如《金铜仙人辞汉歌》也有这种缺陷。《怀麓堂诗话》云："李长吉诗，字字句句欲传世，故过于戏铻，无天真自然之趣，通篇读之，有山节藻棁，无梁栋，知非大厦也"。这个评价基本上还是合适的。李杜之后，诗歌已发展到一个高峰，要想超过他们，就必须另辟蹊径。为此，李贺

---

① 《李长吉新诗王琦汇解序》。
② 《瓯北诗话》。
③ 《李长吉小传》。

作了很大努力,但由于时代、环境的种种限制以及他短暂的生命,都使他不能让自己的这种追求日益走上成熟,这实在是一件憾事。但并不能说李贺对诗歌艺术毫无贡献,比之李白,李贺更注意了形象思维,他的诗,一般说绝少议论,如《老夫采玉歌》等可以为证。另外李贺比李白更注意了通感的运用,如"杨花扑帐春云热,龟甲屏风醉眼缬"、"天河夜转漂回星,银浦流云学水声",都是很典型的例句①。"昆山玉碎凤凰叫,芙蓉泣露香兰笑",也不是简单地以一种声音比喻另一种声音,而是以诗的意境描绘美妙的音乐意境,诗人巧妙地用想象中美丽的视觉感受来表现听觉感受。这种通感手法的运用,使形象更加鲜明、生动,诗篇的想象和夸张更为丰富和奇特,运用得好,可以大大加强诗歌的浪漫主义色彩,给人留下深刻的印象。李白与李贺还有许多差异,如语言的平易、清新和色彩斑斓,意境的壮大开阔和奇崛幽峭等等,限于篇幅,这里就不赘述了。

原载《国际政治学院学报》1985 年第 3 期

---

① 参阅钱钟书《通感》。

论李贺的诗

李贺是我国中唐时期的一位重要诗人。《唐摭言》说:"李贺年七岁,名动京师,韩退之、皇甫湜览其文曰:若是古人,吾曾不知;若是今人,岂有不知之理? 二公因诣其门,贺总角荷衣而出,二公命面试一篇,目为《高轩过》。"当然,《高轩过》并非李贺七岁时的作品,但仅此就可见李贺早有才名,在唐诗中别创一格,对后世的诗人有着重要影响,晚唐诗人李商隐、杜牧就是受了他的影响而形成自己的风格的。

一

李贺的诗共有二百四十多首,纵观全集,我们很清楚地看到,在李贺作品中有很大部分是典型地表观封建代社会里有才能有理想、正直的知识分子的悲惨命运。李贺系出郑王李亮之后,作为一个没落贵族,没有享受到任何特权。唐朝读书人最普遍的出路是通过科举,特别是进士科的考试去做官,施展抱负,实现自己的政治理想。李贺是很想有所作为,为国家做出贡献的,在《致酒行》里,他说:"少年心事当拿云,谁念幽寒坐鸣呃!"他参加了多次考试,但是当时有司是"南宫古帘暗,湿景传鉴筹"(《崇义里滞雨》)他只落得个:"维尔之昆二十余,年来持镜颇有须。辞家三载今如此,索米王门一事无"。(《勉爱行送小季之庐山》)不但由于有司的不明而几番落选,而且由于他"名动京师",那些和他争名争利的小人或者恶语伤人,或者指责他不避父讳(韩愈专门为此而作《讳辨》,也没起什么大作用),这样,他就彻底堵塞了仕进的这一条可以抒展抱负的路途。可以想见李贺的心情是多么的忧郁伤感。同时,他对朝廷可能使用自己还抱着希望。在《马诗》中,有很大一部分都借马的形象抒发自己的感慨。在这些诗中他有时用良马不遇伯乐那样的有识之士,而比喻人材不被朝廷使用。有时又用良马一被使用则"快走踏青秋",比喻俊异之材一定要遇到明主才能有所作为。或者用良马比喻人材一失知已,则无所寄托;或者用劣马和良马的不同遭遇批评当政者重女色而不注重人材等等。总之,"《马诗》二十三首,俱是借题抒意,或美、或讥、或悲、或惜……"(王琦注)通过这一类诗,我们看到李贺的一颗要求积极进取、为当世者用的年轻的心。他是多么殷切地盼望有识者,赏识他的才能,进而用之,使他有番作为呵!就是买丝他也要绣广收人材的平原君的画像,有酒也要洒在平原君生活过的赵国的土地上,这种心情是多么急切。(《浩歌》:"买织绣作平原君,有酒唯浇赵州土")在他到长安后被剥夺了考试资格,发了一通牢骚之后还吟出了"忧恨枕剑匣,客帐梦封侯"(《崇义里滞雨》)这样的诗句。这和他在《南园十三首》中表达的感情是一致的。试读:"男儿何不带吴钩,收取关山五十洲。请君暂时上凌烟阁,若个书生万户侯"(之五)"寻章摘句老雕虫,晓月当帘挂玉弓。不见年年辽海上,文章何处哭秋风。"(之六)所谓"五十洲",《通鉴》记载元和六年,李绛曰:"今法令所不能制者河南北五十余洲"。可见李贺要弃文从武建功立业,完全是根据当时的实际情况发出的感概。但是诗人的遭遇却并不因为写下了诸如此类的诗句而见好转,虽然有韩愈、皇甫湜的极力推荐,但李贺也只做了个太常寺掌管祭礼仪的奉礼郎,他记叙自己当时的生活是:"扫断马蹄痕,衙回自闭门!"(《始为奉礼忆昌谷山居》)"臣妾气态间,唯欲承箕帚"(《赠陈商》)这怎么能使诗人舒展自己的抱负,为国家做出大的贡献呢?怎么能不使热血的李贺感到"我生二十不得意,一心愁谢如枯兰"呢(《开愁歌》)?这样,我们就比较容易理解他写的(《题赵生壁》)等一类诗了。王琦注:"赵生盖隐居自乐者也。"李贺描写赵生闲适的生活实质就是羡慕和向往着像赵生那样隐居自乐。而"曝背卧东亭,桃花满肌骨"(《题赵生壁》)。在一首长诗《昌岩诗》里,诗人先写了一番秋天的景色,然后写道:"刺促成纪人,好学鸱夷子"。也同样流露出诗人对隐居生活的企望。同时,仕进的失意,也滋长了他的及时行乐的思想。既然不能为国立功,功名"两心事"都不能了却,而人生又如此短暂,因此李贺头脑中的消极因素发展起来。虽然有《苦昼短》中那样积极的浪漫主义精神,他要对为羲和驾日车的六龙斩足嚼肉，"使之朝不得回，夜不得伏。自然老者不死，少者不哭。"然而，更多的却是无力的哀鸣。他的心情是苦闷的，对现状是不满的，而对理想他又是追求的。这样就产生了《梦天》《天上谣》等浪漫主义精神的诗篇。在这些诗里，诗人用了幻想和想象的形式，描绘了仙境、天上的光明和美好，这一切都是和当时的现状成对比而存在的，是人们深切向往而又不能得到的东西，但他还是发出了"黄尘消水三山下，更变千年如走马"这样消极的、无可奈何地感叹沧海桑田、人命短促的诗句。因而他："客饮杯中酒，驼悲千万春。生世莫徒劳，风吹盘上烛。"(《铜驼悲》)"人生得意且如此，何用强知元化心"(《相劝酒》)当然像李贺这样的文人，他的思想总是十分复杂的。失望和希望交织在一起，即使在他很悲观的时候，内心这是有一把希望的火在点燃，并不像他自己所说："长安有男儿，二十心已朽。"(《赠陈商》)请读《野歌》："男儿屈穷心不穷，枯荣不等嗔天公。寒风又变为春柳，条条看即烟蒙蒙。"诗句里充满了进取向上的精神，向往着光明的前途，劝自己不要空叹，等待"寒风又变"的季节。但是，李贺一生都是在忧郁、悲叹中度过的，只活了短短的二十七岁，这是封建社会有才能有理想的知识分子的共同遭遇。

二

对于李贺诗的研究，千百年来有多种说法和评价，近代一些文学史家和论者认为李贺是一位唯美主义的诗人。如果就他诗中某一些诗而言，这个说法似乎也能成立。但是，当我们了解了李贺与他所生活的时代以及他的诗歌的总的倾向以后，这个论断就显然是不公平的和不可靠的。

李贺生活在一个动乱的时代。安史之乱以后，唐朝的封建王权一天天衰落。在边疆，有吐蕃等少数民族的军事威胁；在国内，蕃镇长期割剧和中央对抗。这一系列的社会矛盾互为作用，直接加深了广大人民的痛苦。据《新唐书》记载：李贺"每旦日出，骑弱马。从小奚奴，背古锦囊，遇所得书投囊中。未始先立题然后为诗，如他人牵合程课者"。可见，他不是那种远离生活、闭门造车的诗人。社会上的矛盾、人民的生活，在他的诗中得到反映，这是非常自然的。同时，由于他自己的生活贫困，他就更容易时人民产生同情，对压迫人民的统治者发出愤慨。他的生活状况，在很多诗里都有反映。在《仁和里杂叙皇甫湜》中说："大人乞马癯乃寒，宗人贷宅荒厥垣。横庭鼠经空土涩，出篱大枣垂珠残。"这种生活是十分可怜的：向大人去借马，他却得到一匹又瘦又弱的；向本家的人去借屋，却借到连院墙都没有的屋子。院子里老鼠在小径纵横，破篱上稀疏地剩着几颗残枣。他："渴饮壶中酒，饥拔陇头粟。"（《长歌续短歌》）在送朋友归故乡时，却"无钱酒以劳"（《送沉亚之歌·序》）甚至，"旗亭下马解秋衣，请贳宣阳一壶酒"。（《开愁歌》）在《送韦仁实兄弟入关》里他说："我在山上舍，一亩蒿硗田（瘠薄多石的地）。夜雨叫租吏，春声暗交关。"可见他的生活贫困和潦倒。正是在这样的基础上，他才能拿出被人们频频称道的具有现实主义精神的著名诗篇——

采玉采玉须水碧，琢作步摇徒好色。老夫饥寒龙为愁，蓝溪水气无清白。夜雨冈头食蓁子，杜鹃口血老夫泪。篮溪之水厌生人，身死千年恨溪水。斜山柏雨风如啸，泉脚挂绳青袅袅。村寒白屋念娇婴，古台石磴悬肠草。——《老夫采玉歌》

我们似乎看到那采玉的老夫，忍着饥饿不停地采着碧玉，而这碧玉不过是为了费贵人好色作钗钸罢了，采玉的人不断地死在水里，这样的怨恨虽过千年也不能消失。山坡下边，风雨穿过柏树如鸣啸一般。在这样凄风苦雨里，工人们还得腰系长绳走向水底去凿玉。当他们偶然看到了古台石级上的思子草，不禁想着寒村茅屋里的儿女，思恃着：如果自己生命发生危险，儿女也就不能生存。这是何等凄惨呵！又如《感讽五首·之一》：

合浦无明珠，龙州无木奴，是知造化力，不给使君须。越妇未织作，吴蚕始蠕蠕。县官骑马来，狞色虬紫须。怀中一方板，板上数行书。"不因使君怒，焉得消尔庐？"越妇拜县官："桑牙今尚小，会待春日晏，丝车方掷掉。"越妇通言语，小姑具黄粱。县官踏餐去，簿吏复登堂。

这是多么逼真的现实主义描写！我们似乎看到了那骄横的县官，和那可怜的越妇，读着这些诗，使我们很自然地想起了白居易的《卖炭翁》等著名诗篇，两位诗人虽然写得不是一样的题材，写作方法上也不尽相同，但对人民的同情，对残酷的官吏的谴责都是一样的。

李贺还写了许多关于宫女的诗。在这些诗篇里，他替宫女们叙说着幽闭深宫的痛苦，抒发着她们的感叹和希望。在《宫娃歌》中，他写了宫女夜捣红守宫，虽然香炉里燃着香，地毯垫得很温暖，可是孤眠寂处，长夜不寐，北斗横斜在城头时，只能听到夜半的更声。于是"梦入家门上沙渚，天河落处长洲路。"（《宫娃歌》）思归的情思是多么凄苦，但是路途又是多么遥远。最后宫女们发出了求救的呼喊："愿君光明如太阳，放妾骑鱼撇波去"。这一句王琦注道："思归家不得，惟有梦魂一往，所愿君如太阳，无不偏照，知宫人幽怨而放出之。如骑鱼撇波而去幸矣。不曰乘舟，而曰骑鱼，盖欲归之至，舟行稍缓，不似鱼游之速耳。"当诗人辞去奉礼郎归家途中，路过行宫，见宫中沟水旁的水茭新蒿，嫩红柔绿，像女郎新妆的红颊翠眉，因而想到宫女长日深锁宫禁，几番春秋如此度过，不禁产生了同情之感："垂帘几度青春老，堪锁千年百日长！"（《三月过行宫》）在《追赋画江潭苑四首之二》里，也表现了对宫女的同情。正是由于对人民的同情，李贺才能在《屏风曲》里，在极力形容了新婚贵妇的豪华、娇纵之后，想到屏外月下风寒露冷，城上乌啼，巢女冷清清地独枕孤眠。屏内外两相对照，苦乐判若天地。全诗冷冷作收，非常鲜明地表达了他的感情。另外，在对劳动人民的赞扬，如："端州石工巧如神，踏天磨刀割紫云。"（《杨生青花紫石砚歌》）等诗句里，我们可以看出：尽管李贺的生活面相当狭窄，又是没落贵族的后裔，有一定的阶级局限，不可能像今天诗人们一样去深入群众、体验生活，而只是凭偶然的所见所闻，加上自己的生活经历，还是比较深刻地反映了那个时代人民的痛苦生活，表达了他对人民的同情和关心。这是唯美主义诗人所做不到的。

三

姚文燮《昌谷诗注序》说："且元和之朝，外则藩镇悖逆，戎寇交讧。

内则八关十六子之徒,肆志流毒,为祸不测。上则有英武之君,而又惑于神仙。有志之士,即身膺朱紫,亦且郁郁忧愤。……贺不敢言,又不能无言。于是寓今托古,比物征事,无一不为世道人心虑。其孤忠沉郁之志,又恨不神纸疾书。……故贺之为诗,其命辞、命题、命意,皆深刺当世之弊,切中当世之隐。"虽然姚文燮说得有点绝对化了,因为李贺还有许多不能赞扬的"艳诗",但他诗集中有大量的"刺当世之弊,切中当世之隐"的作品,却是事实。

宪宗李适即帝位以后,很想振作一番,但是他却信方士,好神仙。据《通鉴》记载,元如十三年的时候,李适诏天下方士,有人推荐了山人柳泌,说他能合长生之药。李适叫他去做台州刺史,以便求天台灵草,制作灵药,当大臣们纷纷进谏言的时候,宪宗竟说:"烦一州之力,而能为人主致长生,臣子亦何爱焉?"可见他的昏庸腐朽。讽刺宪宗的这种作为,是李贺诗的重要内容。李贺深切地感受到信神仙、好方士的祸害,作为一个热情的诗人,正如姚文燮所说:"贺不敢言,又不能无言。"于是"寓今托古,比物征事。"

　　　　白景归西山,碧华上迢迢。今古何处尽?千岁随风飘。海沙变成石,鱼沫吹秦桥。空光远流浪,铜柱从年消。(《古悠悠行》)
　　　　昆仑使者无消息,茂陵烟树生愁色。金盘玉露自淋漓。元气茫茫收不得。麒麟背上石纹裂,虬龙鳞下红腰折。何处偏伤万园心?中天夜久高明月。(《昆仑使者》)

这两首诗都是借秦始皇、汉武帝这两个求长生、重方士的帝王的故事,讽刺和教训宪宗。说明日月循环,古今无尽。经历多年,秦皇所筑的坚固的石桥,转眼便不存在了,汉代所立的铜柱,原是为长生之计,年远代更,铜柱亦消灭不存。"夫以武帝的雄才大略,欲求长生于世间尚不可得,况他人乎?"汉武帝一心开通绝域,广求珍异,但派往昆仑的使者还没回来,汉武帝就已经死了。可见求长生是多么荒谬!

如《苦昼短》《官街鼓》等,则是"比物征事",完全是借咏叹时间的短暂和咏物为题,以发其意,"则言仙道渺茫,求之无意而已"。如:

晓声隆隆催转日,暮声隆隆催月出。汉城黄柳映新帘,柏棱飞燕埋香骨。锤断千年日长白,孝武秦皇听不得。从君翠发芦花色,独共南山守中国?几回天上葬神仙,漏声相将无断绝。(《官街鼓》)

这就借官街的鼓声尖锐地讽刺了宪宗的荒诞行为:鼓声早晚隆隆地响着,响了上千年,然而求长生的孝武秦皇早已不能闻此鼓声了。天上的神仙且要归葬,而人由少到老是自然规律,能有不死吗?!像这漏声一天天地计时而不断绝是不可能的。

自从安史乱后,唐王朝政权日益衰弱,藩镇力量越来越大,飞扬跋扈。李贺是郑王后裔,一方面,他从宗族观念出发,还是要维护李唐王朝的统治;另外一方面,由于藩镇的割剧,使得社会矛盾普遍激化,人民生活更加痛苦。这就是他反对叛藩作乱的原因。在《雁门太守行》里他塑造了平灭叛镇的"提携玉龙为君死"的将士的形象,在《猛虎行》和《公无出门》等诗里,都讽刺、揭露了藩镇统治的黑暗,抨击了朝廷的无能。再来读一首诗:

长戈莫舂强弩莫择。乳孙哺子,教得生狞。举头为城,掉尾为旌。东海黄公,愁见夜行。道逢驺虞,牛哀不平。何用尺刀,壁上雷鸣。泰山之下,妇人哭声。官家有程,吏不敢听。(《猛虎行》)

这首诗深刻地揭露了藩镇割据一方,子孙相承,肆为凶恶,而中央却一味姑息,不能任用贤才,加以征讨。对于平叛藩镇和打击外族侵略李贺都是非常积极的,希望有良将出马,一举而胜。但是自从唐玄宗创立了宦官监军的恶例以来,各个皇帝都担心良将功劳过高,因而也都重用宦官,唐宪宗当然也不例外。对这一点李贺是十分不满的。据史书记载,元和四年(公元804)成德节度使王士真死,其子王承宗擅自继任父职,宪宗委派宦官吐突承璀做全军统帅,结果由于他的无能而告兵败。因此,李贺写了《吕将军歌》:"北方逆气污青天,剑龙夜叫将军闲。……槛槛银龟摇白马,傅粉女郎火旗下。恒山铁骑请金枪,遥闻箙中花箭香"。在《感讽六首·之三》里又说:"妇人携汉卒,箭箙囊巾帼。不惭宝印重,踉跄腰鞬力。……走马遣书勋,谁能与粉墨。"这就深刻地讽刺了李适信用宦官的不明,以及宦官们的无耻和无能。如前所说,李贺看到了战争给人民带来的灾难,因此,他讽刺、揭露藩镇以及希望朝廷任用贤才平灭叛藩等都不仅仅是为了唐王朝政权的巩固和统一,而且还希望人民能过着安定的生活,从事正常的生产。因此,在《上之回》中他歌颂了平定叛乱、人民安定:"天高庆云齐堕地,地无惊烟海千里。"在《长平箭头歌》中,诗人漫步在古战场上,由于偶然拾得古代遗留的箭头,发出了深沉的感慨,最后说出了自己的心愿:"南陌东城马上儿,劝我将金换簝竹"(簝:宗庙里盛肉的竹器)。这难道仅仅是"马上儿"所劝吗? 不,这正是广大人民也是李贺的"化干戈为玉帛"的愿望啊!

李贺还有一些尖锐讽刺和描绘当时军阀们的残暴和专横的诗作。《黄家洞》和《平城下》就是这方面的作品。《资治通鉴》载:"元和十一年十一月壬戌朔,容管奏黄家洞蛮为寇。"以后黄家洞又几次侵扰唐王朝边境。元和十一年"桂管观察使裴行立轻其军弱,首请发兵,尽诛叛者,徼幸有功。宪宗许之,行立兵出击,连经二岁,妄奏斩获二万,以欺罔朝廷。自是邕、容两道杀伤疾病死者,十八以上。"《黄家洞》正是反映了入侵者的蛮横强悍,而边将却无能地妄报军功、残杀人民。当我们读到"闲驱竹马缓归家,官军自杀容州槎"时,我们怎么能不为诗人的大胆和尖锐所震动?我们似手看到:那勇悍的少数民族入侵者,恣意地抢掠了边界的人民财产,杀戮了大批的汉族人民,却悠闲地骑在竹马上,洋洋自得地走回自己的部落,自来自往,好像进入了无人之境一般。而边将率领的官军,却不敢与"蛮人"交锋,因此不能得到"真蛮",而只能杀容管一带的土著人民(槎:土著之称)用以谎报军情,徼幸邀功。而《平城下》则是见到边将有虐待士卒的行为,所以借士卒的口吻作这篇诗加以指责,读起来使人感到心情悲凄,然而全篇却"不做一怨尤语,洵为高妙","唯愁裹尸归,不惜倒戈死"。十分准确地表达了士卒们的心愿:为了保卫国家,我们在战争中死去,倒还没有什么可惜,这样毫无意义地饿、冻、虐待而死却令人不能甘心!

另外,李贺还有不少讽刺和抨击统治阶级骄奢淫逸放纵享乐的诗。德宗在位时,曾想平定叛乱的藩镇,但是几次战争都失败了。因此他又力图苟安,利用文人才子粉饰太平。宪宗继位以后,开始确有"中兴之气",并且取得了平蜀、平蔡的胜利,因而便骄纵起来。一些贵族、权要便又承

袭了安史之乱以前的那种腐朽的生活,醉生梦死,对于国家的危机、人民的困苦,全然不闻不问。《新唐书·马璘传》说:

> 璘在京师治第舍,尤为宏侈。天宝中,贵威勋家,已务奢靡,而垣屋犹存制度……及安史大乱之后,法度隳驰内臣戎帅,竟务奢豪……

可以想见当时权贵骄侈的情形了。李贺怎么可能对这些现象默默无言呢?当然,在他的一些诗歌中,批判和揭露并不是十分深刻的。而他的动机又在于使这些贵族幡然醒悟。但是,就那个时代的诗人来说,他的诗还是很有力量的,如《难忘曲》《梁公子》《秦宫诗》《牡丹种曲》等都反映得比较鲜明、深刻。有代表性的,我以为是《荣华乐》,它借汉朝的贵戚梁冀为题,来讽刺、劝勉当时的贵戚和权贵。《荣华乐》非常形象、详细地描写了梁冀少年豪纵,依仗姐姐为皇后而出入宫禁,肆无忌惮。并且柔声悦色,谄媚皇帝,以至爬上高位,掌握权柄,甚至:"九卿六官皆望履"。他竟具有"将回日月先反掌,欲作江河惟画地"的威力。可见他的不可一世了。但是,在汉桓帝时被迫自杀,身死家破,一切化为乌有。诗人的主题在末尾画龙点睛而出:"当时飞去逐彩云,化作今日京华春。"这正是说:当年梁冀,如此扬威尚且逃不脱可悲的下场,今天的贵威们比他如何,恐怕将来的下场也一样吧?!这是多么深刻的讽刺和批判。正所谓"立片言而居要,其戒之也深也。"从这里,我们更清楚地看出,李贺的确不是一个脱离了实际生活的诗人,他的作品都是"藏哀愤孤激之思于片章短什"。我们完全可以把他的这类作品和元、白、张、王的作品并读,因为,对于现实的关心是他们共同的特点,因此,写出来的诗在感情上也就是相通的。

四

李贺之所以能够在我国唐代诗坛上占有一席位置,成为那人才辈出的黄金时代的一位杰出诗人,除了他的诗在具体内容和主要倾向上有积极的因素,能够起到讽刺和批判当时的统治阶级、揭露当时的丑恶现实以激发人民对美好生活的追求的作用以外,他的突出贡献是在诗歌艺术的建树上。读他的诗,可以很清楚地看到,他吸收并发展了"楚辞"、古乐府和齐梁诗歌的优点,加上他自己的丰富想象和字句上的苦心经营,在唐代诗人中的确是异军突起、别创一格。他的艺术风格对当时和后世的许多诗人都有影响。

李贺是很推崇"楚辞"的,有人说他的诗"盖骚之苗裔"。并以此而称他为"鬼才"。的确,可以看出:他在努力地从艺术上学习"楚辞"。他说:"楚辞系肘后"(《赠陈商》)。"咽咽学楚吟"(《伤心行》)。在《南园十五首》里干脆把自己的诗说成"楚辞":"斫取青光写楚辞!"在他的诗歌实践中也确有不少极似"楚辞"的作品。如《帝子歌》《湘妃》等,而且他对古乐府和齐梁诗歌的优点也尽力吸收,写出了很好的作品。我们很少看到唐代还有像他这样苦心刻意地学习"楚辞"、古乐府和齐梁诗体,借此来比较准确地表达自己的思想。但他又不是仅仅学习和模仿,而是进行了创造和开发。因为他知道,只是模仿是不会创造出独特的风格的。李贺十分反对形式的束缚,对骈体文,他说:"学为尧舜文,时人责衰偶"(《赠陈商》)。他的诗,大部分都是形式为内容服务的。为了表达的准确,他灵活地安排章法、句子,并不讲究对仗。如《河南府试十二月乐府词·四月》就是前四句一韵,后三句一韵,随感情表达的需要而使篇章发生变化。《苦昼短》的句法也是非常灵活的。这样的例子很多。在李贺的二百四十多首诗作中,即有用字浓艳而传神的《唐儿歌》,又有平淡而意深的《走马行》;即有缠绵悱恻、清新含蓄的《红楼曲》,又有悲壮雄劲、慷慨豪放的《雁门太守行》。可见,他的风格是多方面的。这就是他即认真、刻苦地学习"楚辞"、古乐府,而又大胆地有所创造的结果。

李贺诗的最大特点就是想象奇绝。他能够上天入地,周游八极,肆意地让自己的想象插上翅膀飞翔。很多想象化成诗句令人叹为观止,击节叫绝。如:《梦天》:

> 老兔寒蟾泣天色,云楼半开壁斜白。玉轮轧露湿团光,鸾珮相逢桂香陌。黄尘消水三山下,更变千年如走马。遥望齐洲九点烟,一泓海水杯中泻。

这种奇诗的想象还反映在《浩歌》《天上谣》等大量诗歌中。只有这样的诗人才能写出:"敲日玻璃声"和"银浦流云学水声"这样的诗句。而李贺的奇特的想象又往往是借助神话、传说,化腐朽为神奇而产生的。比如原来神话中有"女娲炼五色石,以补苍天"(《淮南子》)的说法。诗人就对这则神话进行了改造和加工,写出了"女娲炼石补天处,石破天惊逗秋雨",以形容高手弹箜篌的无比魅力,成为千古绝唱。

王琦说:"长吉下笔,务为劲拔,不屑作经人道过语。"在词语的选用和意境的设立上,潜心创造也是李贺诗的一个特色。余光评他的《河南府试十二月乐词》时说:"二月送别,不言折柳,八月不赋明月,九月不咏登高,皆避俗。"这就说明了他的独创的精神。因此在写到宫女幽禁深宫急切盼望着能早日归乡时,"用骑鱼撇波"四个字使极其悲痛和同情的心情跃然纸上。为了形容琴声的凄切、高卓,竟用了"芙蓉叶落秋鸾高,越王夜起游天姥"(《听颖师弹琴歌》)这样的诗句,把无形的音乐声,写得有形有色、真切感人。因此有人说他的诗"如镂玉雕琼,无一字不经百炼,真呕心而出者也"。这是有道理的。

最后,李贺诗还有一个突出的特点,那就是在写一篇诗中都充满了形象。他往往是借助于形象来寄托自己的感情,用一幅幅生动形象的画面组成一首首好诗。使人读来具体、形象而且还含蓄。《秦宫诗》里,在写到秦宫骄奢淫逸、花钱如土时说:"卷起黄河自身泻",这是多么惊人的诗句,形象而深刻地刻画了秦宫小人得志、挥霍无度的丑恶面目。另外,只要把同一题材的两首诗加以比较就可以很清楚地看出李贺诗的这一个特点。针对着官府催逼着人民采碧玉这件事,唐朝诗人韦应物也写过一首与《老夫采玉歌》意境完全一样,思想极为相近的诗《采玉行》:"官府征白丁,言采蓝溪玉。绝岭夜无人,深榛雨中宿。独妇饷粮还,哀哀舍南哭。"这首诗显然不如《老夫采玉歌》感人,正是因为它是采用白描写法,而形象性较差,不含蓄,令人一览无余。这也许就是人们推崇《老夫采玉歌》而不是《采玉行》的原因吧?

五

李贺毕竟是生活在九世纪的封建社会的文人,历史的和阶级的局限给他和他的诗都带来影响,使得在他的诗集中鱼龙混杂、精华和糟粕并存。所以,我们在研究和评价李贺的诗歌时,心须坚持"吸取其精华,剔除其糟粕"的正确方针,运用马克思主义的文艺理论,客观地、具体地区分李贺诗集中哪些是积极的、对我们了解、研究封建社会的政治经济状况有帮助的内容,哪些是消极的、粉饰封建社会的内容;哪些是具创造性、值得总结和借鉴的创作经验;哪些是不好的、不值得学习和继承的创作方法。

李贺虽然是一个没落贵族的后裔,如前所说,他一生中没有享受什么特权,甚至封建知识分子都向往并经营的仕进这一条路也障碍重重。但是,李贺还是念念不忘自己的宗族,常常想到自己是李氏的宗孙,并因此而感到自豪和骄傲,至少以此来安慰自己,他说:"欲雕小说干天官,宗孙不调为谁怜"(《仁和里杂叙皇甫湜》)。"蛾鬟醉眼拜诸宗,为谒皇孙请曹植"(《许公子郑姬歌》)。因此,他所讽刺和抨击的一切,很大成分是为了李氏王朝的巩固和统一,只是希望当政者能听从自己的劝说,猛然醒悟,而使这个政权统治得更长久。这就不得不使他的诗减少了战斗力,甚至有些诗本意是想讽刺结果却成了颂歌。

据史书的记载,我们知道:李贺的生活面是相当窄小的,再加上他仅仅二十七年的短暂生命,这样就使他观察生活、认识生活受到极大制约。因此,他虽然写出了如前所阐述的那些具有现实主义精神和积极浪漫主义精神的诗篇外,还写下了大量的宫体艳诗以及一些无聊的诗篇,如《花游曲》、《美人梳头歌》、《夜饮朝眠曲》等,在这些诗篇里,流露和表达了李贺对那种骄奢放纵的贵族生活的欣赏,甚至羡慕。由于李贺一生坎坷,产生了大量的咏叹光阴荏苒,人生短暂,因而歌颂及时行乐的诗篇。这虽然不是他诗歌的主流,但却是不能忽视的部分。这类诗很容易给人一种消极的甚至出世的影响。试读他仕进失意后写下的一首诗:

南山何其悲?鬼雨洒空草。长安夜半秋,风前几人老。低迷黄昏经,袅袅青栎道。月午树立影,一山惟白晓。漆炬迎新人,幽圹萤扰扰。(《感讽五首·之三》)

因为仕进失意,不能实现自己的理想,因此逢到秋雨秋风的时候,便触景伤情,感到忧能伤人,忧能使人衰老。如果仅仅是这些,倒也没有什么,但是诗人继续由人的衰老推进一层想到人的死亡。全诗意境幽冷、悲伧,充分表现了李贺的消极处世的一面。就连古人也指出这是"长吉短处"。正是由于他处世过于消极,因而在诗里往往喜欢用泣、鬼、死等字,常常在诗篇里造成一种阴郁的气氛,甚至使人毛骨悚然,而不能给人更多地积极进取的向上的力量。

在学习"楚辞"时,李贺追求写作方法上的模拟,风格、情趣上的相类。但是,由于李贺和屈原的生活遭遇不同,李贺没有形成较高的政治理想以及没有强烈的政治抱负,而仅仅是仕进上的失意,不满现状,嫉愤当世,因而就难免像杜牧在《原序》中指出的那样"理不胜辞"了。鲁迅先生曾经说过:"李贺的诗做到别人看不懂"(《门外文谈》)。当然,鲁迅并不是指的李贺全部诗而言,却的确指出了李贺诗的一大缺陷。由于李贺过分追求词语的新奇,"绝不道别人经过语"。这就使他的诗中不时出现生僻的、不明确的词语和典故。如《浩歌》中的"不须浪饮丁都护"虽然语言可以理解,但诗人所要表达的意思却不明白。似乎是在用典故,仔细研究又不太像。在《神弦》里,他说:"玉炉炭火香鼕鼕"。本来"鼕鼕"是形容击鼓的声音的,而用在这里形容炉火的香味,实在叫人不好理解。这样的地方很多,以至后来的研究者提出了不必每个字都弄懂,而要从诗人的整首诗去理解。这就从侧面说明了他这种毛病的严重性,当然,不能说,这不是个聪明的方法。但是,如果连李贺诗的字句且不能作出准确的解释,又怎么可能准确地掌握作者所要表达的思想感情呢? 可见,李贺在这方面的缺陷,严重影响了他诗中积极因素发挥作用,实在使人感到遗憾。

另外《新唐书》记载:李贺"每旦日出与诸公游……背一古破锦囊。遇有所得,即书投囊中,及暮归,太夫人使婢受囊出之,见所书多,辄曰:是儿要当呕出心乃已尔。上灯,与食,长吉从婢取书研墨,叠纸足成之,投他囊中,非大醉及吊丧日,率如此,过亦不复省"。这样的写作过程,就使得李贺的一些诗在布局上不妥帖,不适当,使人读来杂乱。如《恼公》《昌谷诗》等比较长的诗均有这种不足。这也降低了李贺诗的艺术性。

以前的论者,对于李贺诗的优点和缺点研究的不够客观和准确,因而对李贺和他的诗的评价就发生了以个人的偏爱代替公允的结论的情况,说李贺的诗是"白璧无瑕"。另外,有的论者又说它是"唯美主义作品"。这样用它存在的问题而全盘否定他的诗的价值。这都是离开了一定的历史的客观的条件而作出的不正确的主观判断,对批判地继承这份祖国文化的珍贵财富是十分不利的。但是怎样才算正确的评价李贺的诗，我愿意再下功夫进行深入的探索。

1980 年 3 月 20 日

一塌糊涂的泥塘里的光彩和锋芒

——晚唐小品文作家作品简论

晚唐时期，散文出现了两种突出现象：一是骈文又重新兴起，逐渐成为文坛上一种强大的潮流；一是出现了以皮日休、陆龟蒙、罗隐为代表的小品文创作高潮。后者继承并发展了韩愈、柳宗元领导的古文运动的传统，不讲求对偶、排比、典故，而是用明快、质朴、自然的文笔，或说理，或讥讽，或抨击，总是面对着黑暗的现实，具有丰厚、充实的内容，成为揭露社会黑暗、批判封建统治者的锐利武器。

政治小品文之所以能在晚唐这个特定的历史时期得到迅速发展，以至形成一个引人注意的流派，首先应从当时的历史背景去寻找原因。自唐穆宗起进入的晚唐时代是一个黑暗、动荡的时代。安史之乱使唐王朝元气大伤，各种矛盾日益尖锐，统治阶级对人民的剥削与压迫愈来愈重，各地民变兵变时有发生。至僖宗乾符元年(874 年)，终于爆发了王仙芝、黄巢等人为首的大起义。许多有正义感和社会责任感的文人，看到了朝廷政治的腐败、官府的暴政以及下层人民日益增长的离心情绪和反抗意识，纷纷拿起笔来，创作出政治倾向鲜明、密切联系现实、笔调冷峻、思想深刻的小品文，抨击时弊，暴露腐败。

积极关心社会、怀有济世之志，是晚唐小品文作家共同的思想特点。他们坚持了从《诗经》直到杜甫、白居易的现实主义传统，认为文学作品应该干预和反映现实生活，对时政要有认识和警戒作用。皮日休在《正乐府序》里说："诗之美也，闻之足以观乎功；诗之刺也，闻之足以戒乎政。"在《文薮序》里说他自己的作品，"皆上剥远非，下补近失，非空言也"。反映了晚唐小品文作家基本的政治倾向和文学观点。小品文作家大都出身于社会的中下层,有相近的政治遭遇。他们虽然有很高的政治理想,但因为吏治腐败、社会黑暗,统治者根本不可能广泛收揽人才,他们的政治理想根本无法实现。皮日休出身寒门,曾自言:"至于吾唐,汩汩于民间……或农竟陵,或隐鹿门,皆不抱冠冕,以至皮子。"(《皮子世录》)他的《文薮》便是在"射策不上第,退归州东别墅"后编纂而成的。陆龟蒙亦"举进士一不中",只得隐居避世。陈黯"举进士,计偕十八上而不第"。来鹄也多次应举,皆不第,自称"乡校小臣",隐居山泽。罗隐二十岁开始应试,前后十次均为"有司用公道落去"(《谗书·重序》)。黑暗的政治现实,一次次击破了晚唐小品文作家的理想之梦,使他们积极乐观的热望一次又一次地成为泡影,因而对社会阴暗充满了痛恨与愤怒。《唐才子传》说罗隐"自以当得大用,而一第落落,传食诸侯,因人成事,深怨唐室"。罗隐在《谗书·自序》里激愤地说:"取其所为书诋之曰:他人用是以为荣,而予用是以辱;他人用是以富贵,而予用是以困穷;苟如是,予之书乃自谗耳,且曰《谗书》。"方回在《谗书》跋语中说:"所为谗书,乃愤闷不平之言,不遇于当世而无所以泄其怒之所作。"黄真《罗昭谏〈谗书〉题辞》亦说罗隐之作是"忿势嫉邪,舒泄胸中不平之道"。这两段话,指出了《谗书》的主要精神,将其移来评论晚唐其他作家的优秀小品文,也十分恰当。

晚唐小品文作家虽然有关心现实的热情,也不乏治国的"长策",但由于晚唐"国势日衰,干戈扰攘之际,士既不得从容于学,而偷生避难,仅存于锋镝之间"(陈柱《中国散文史》),作家们不可能具有盛唐李白,甚至中唐韩愈那样宏大的理想和强烈的信心,反映在文章里,便没有了盛唐、中唐时期文人们的那种磅礴的气势、浑厚的气象、豪迈的精神;也不可能从容不迫地写作鸿篇巨制,来阐发自己的观点与愿望,而只能将其心血凝成一篇篇短小精悍、内容充实、文风泼辣的政治小品文。这些小品文,正是晚唐文坛上最有思想深度的代表性作品。鲁迅曾对它作了极高的评价:"唐末诗风衰落,而小品放了光辉。但罗隐的《谗书》,几乎全部是抗争和激愤之谈;皮日休和陆龟蒙自以为隐士,别人也称之为隐士,而看他们在《皮子文薮》和《笠泽丛书》中的小品文,并没有忘记天下,正是一塌糊涂的泥塘里的光彩和锋芒。"(《小品文的危机》)这段话,正确地概括和论述了晚唐小品文的价值和它们在文学史上的地位。

晚唐小品文作家继承了现实主义的传统和精神,在他们的笔下,黑暗的现实、腐败的世风、人民的疾苦,得到了深刻、突出的表现。正如罗隐《江亭别裴饶》所云:"乾坤垫裂三分在,井邑摧残一半空。"陆龟蒙的《禽暴》以小见大,写出了天灾人祸、战乱频仍给百姓带来的痛苦。作者由小禽肆暴,商不得行,想到"古圣人"为民除害,而唐朝统治者却不能使百姓免于"死乎盗,死乎饥"的遭遇,从而对"驭者"提出怀疑与指责:既然不能使天下安定、百姓乐业,就失去了统治人民的权力。晚唐赋税苛重,名目繁多,陆龟蒙在《送小鸡山樵人序》里,借老樵夫的话揭露了唐王朝连年用兵,国库空虚,"赋数倍于前"的现实。袁皓的《齐处士言》,借历史故事阐述了薄税以利民的主张。皮日休的《请行周典》,反映了晚唐时期,农村土地高度集中,农民无地耕种,土地日益集中到大地主手中的现实。随着封建朝廷权力和威望的削弱和降低,晚唐出现了纲常不存、法纪混乱的局面,统治者肆意用酷刑来镇压人民,企图维持它的统治。皮日休在《鹿门隐书》中指出:"古之决狱,得民情也哀。今之决狱,得民情也喜。哀之者,哀其化之不成;喜之者,喜其赏之必至。"沈颜的《象刑解》针对晚唐酷刑泛滥的现实,借古说今,通过对传说的舜、禹"象刑"作出新解,对统治者的酷刑政策给予抨击。晚唐小品文还揭露了统治者和封建官吏肆意屠杀人民的罪行。皮日休的《斥胡建》,借胡建"擅行诛杀"而"辱国威",影射晚唐生灵涂炭的社会现实。李甘的《审利说》更直斥道:"前有将官兵以诛恒蔡叛者,不十余战而能杀万人则师喜,不能杀万人则师耻。"皮日休对这种擅行诛杀的现实,一针见血地指出:"古之杀人也,怒;今之杀人也,笑。"简短的一句话,却使人震惊,令人深思。对晚唐浇薄的世风,小品文作家也作了抨击与揭露,从而使我们对那个时代有了更为具体、深刻的认识。罗隐揭露晚唐乌烟瘴气的官场:"今之世风俗偷薄,禄位相尚,朝为一旅人,暮为九品官,而骨肉亲戚已有差等矣,况故人乎?"(《刻严陵钓台》)皮日休亦激愤地说:"吾观于今之世,诣颜偷笑,辱身卑己,汲汲于进,如竖貂者几希!"(《原己》)陈黯的《辩谋》赞扬古代"圣人"能为天下谋,"而不利于身",然后指出近世之人专为己谋衣食禄位。在《鹿门隐书》里,皮日休指出:"古之奢也僭,今之奢也滥;古之俭也性,今之俭也名。""古之隐也,志在其中;今之隐也,爵在其中。"对日益浇薄、颓败的世风的抨击确实做到了一针见血。

引人注意的是,晚唐小品文作家的思想境界远远超出了他们的前辈,他们勇敢地把嘲讽和批判的锋芒指向最高统治者——皇帝,这种大无畏的精神是历史上少见的。皮日休的《原谤》便充满了大胆的叛逆精神。这篇短文由怨天说到怨君主,一宾一主,以宾衬主,认为"王天下有不为尧舜之行者",理应受到讨伐和逐杀,这确是前人所极少敢说的。皮日休还在《六箴序》里反问道:"帝身且不德,能帝天下乎?能主家国乎?"在他看来,皇帝胡作非为,丧失了天下,是咎由自取。这种大胆的思想,正是唐末阶级斗争激化的反映。沈颜的《时辩》亦指出,时代的变化有在君、在臣、在民的区别:"君德日勤,时在于君;君德不申,时在于民。"也就是说:统治者如不主动变革朝政,就会引起人民的起义和反抗。皮日休在《读司马法》里,用古今比对的方法,进一步指出:封建王朝的统治,是建立在对人民的屠杀和掠夺的基础之上的,是"不仁"的。作者猛烈抨击了封建统治者不惜牺牲人民的生命来实现其争权夺利的政治野心,在战乱频仍、军阀割据的晚唐,无疑有一定的现实意义。罗隐的《英雄之言》通过刘邦、项羽的两句所谓"英雄之言",指出那些自命为救国救民的"英雄们",虽然常常打出"安天下"、"救黎庶"的旗号,其实他们真正的目的,只不过是为了个人的私欲。《汉武山呼》指出:封建帝王本质上是贪图豪奢逸游生活的,他们之所以日益昏乱、刚愎自用,是由左右谀佞者的"万岁"之声促成的,而真正受其害的则是无辜的百姓。沈颜《谗国》指出,封建君主"宠一佞而百佞进,黜一忠而百忠退……知佞之谗谗忠,不知佞之谗谗国,悲夫"!这也是针对晚唐现实所发的议论。

晚唐时期,吏治极端腐败。一方面,封建统治者需要那些峻刻之臣为其搜刮钱财,正如皮日休所指出的:"古之置吏也,将以逐盗;今之置吏也,将以为盗。"(《鹿门隐书》)另一方面,朝纲紊乱,皇帝无所作为,官吏们为所欲为。陈黯的《御暴说》便指责封建统治者不自振作、无能为力:"权倖如之何能御也?曰:刑法……田鄙者由能执弓矢以弥其暴耳,有国者反不能施刑法而御其暴?岂有国者重其民,不若田鄙者重其生哉!"因为统治者软弱无力,刑法松弛,"绳其小而不绳其大"(罗隐《秘虫赋》),使得那些贪官污吏无所畏惧,为非作歹。因此,晚唐小品文作家自然也把批判与抨击的锋芒指向了这些祸国害民的"囊虫"。皮日休在《鹿门隐书》里简明而深刻地指出:"古之官人也,以天下为己累,故己忧之;今之官人也,以己为天下累,故人忧之。"陆龟蒙的《野庙碑》,前半篇批判了民间的迷信风俗,后半篇借题发挥,用辛辣的笔触讽刺了晚唐时期的贪官污吏,指出和虚妄的鬼神相比,现实中的官吏给人民带来的灾难更为深重。来鹄《猫虎说》的笔法与《野庙碑》有些相似,它把贪吏写得比虎还厉害,这种辛辣深刻的讽刺,耐人寻味。罗隐的《越妇言》是一篇很有特色的短文,它运用朱买臣出妻的历史故事,翻出新意,讽刺了那些富贵骄人的封建官吏的丑恶灵魂,从而揭穿了热衷功名利禄的封建士大夫,在不得志之时所标榜的"匡国致君"、"安民济物"的远大抱负,其实只不过是自欺欺人罢了。皮日休的《旌王宇》,赞扬王宇在君王大权旁落之时,能挺身而出,大义灭亲,实际上就是指责唐末封建官吏一个个"莫不回忠作佞,变直为邪",几乎没有王宇那样可钦可敬的人物。

晚唐小品文作家虽然对唐末的农民起义,大都带着固有的阶级偏见,称之为"盗"、为"草寇",但因为他们长期生活在社会的中下层,所以对社会的黑暗和人民的实际情况比较了解,从而对农民揭竿而起的原因也有所认识,如罗隐《与招讨宋将军书》,不仅指责镇压农民起义的"将军之行,酷于君长、仙芝之行",而且指出"所不幸者,江南水,钟陵火,缘淮饥,汴、滑以东蝗。故无赖辈一食之不饱,一衣之不覆,则磨寸铁、挺白棒,以望朝廷姑息"。在这里,罗隐虽然把农民铤而走险的根本原因仅仅归咎于水、火、饥、蝗,但这毕竟说明了一个事实:百姓是在无法生存的情况下揭竿而起的。陆龟蒙的《记稻鼠》就从更深的层次上揭示了"官逼民反"的道理,它写到吴兴地区在四个多月大旱的同时,又遇鼠患,官吏们不急着救助百姓,以抗旱灾鼠灾,反而逼着百姓上交死鼠,还不分年龄乱打乱抓人,使当时人民的境况更为凄惨、困难。由此,陆龟蒙想到《诗经》里"以硕鼠刺重敛,硕鼠斥其君"的《魏风·硕鼠》,不由地感叹道:"上掊其财而下啖其食,率一民而当二鼠,不流浪转徙,聚而为盗,何哉!"指出百姓造反、"为盗"的根本原因是统治阶级的残酷剥削和压迫。这种认识,在当时是相当大胆和进步的。

读晚唐小品文,我们还常常为它所表现的反传统思想而惊叹。同时,可以看出,小品文作家还很善于从具体的事物、平凡的生活中发掘深刻的"理",其中既有治国之道,亦有生活的哲理,至今读来,仍能发人深省。罗隐的《辩害》可以说是此类作品的代表。这篇文章经过反复论证,指出凡事应该从大局着眼,不能拘泥于一般的道德名分,而不敢采取应当采取的行动,确是很有见解的议论。结合当时的历史现实,罗隐似乎在探讨扭转时局的办法。一反传统说法,罗隐认为"扣马而谏"只是"计菽粟而顾钓网者也",这也是很新颖的。皮日休亦对伯夷提出批评:"故伯夷之道过乎高,吾去高而取介者也。"罗隐的《荆巫》也是一篇言而有理的短文,它通过寓言故事,说明了这样一个道理:为己就不可能为人。作者通过荆巫为人祈祷时,前后截然不同的表现和结果,说明"牵于心",必然"不暇及人"。为了更鲜明地揭示出全篇主旨,他在篇末又发人深省地补充了一句:"以一巫之用心尚尔,况异于是者乎!"这句话画龙点睛,收到了以小喻大的效果,使人想到封建统治者,在未当政前,尚能打着"安天下"的旗号,但一旦获得政权,便只知个人的享受,根本不顾百姓的疾苦,因此社会动荡不定,百姓遭遇灾难,都是由于统治者因私害公的结果。如果说《荆巫》以迷信活动来说明一定的道理,那么陆龟蒙的《野庙碑》则用辛辣的语言来批判民间的迷信风俗,透发着无神论的精神。作者在文中有理有据地揭示出社会上迷信巫鬼的愚妄和无知,指出所谓鬼神只是百姓自己创造的幻影,它反过来却又受到百姓的顶礼膜拜,这种认识是很深刻的。罗隐的《解武丁梦》也是主题近似的作品,它借商王武丁"用假梦徵象,以活商命"故事,批判了统治者神道设教的虚妄,说明神道设教,并不能使统治者化凶为吉,正如他在《惟岳降神解》中指出的:"是必以国之兴也听于人,亡也听于神。"罗隐作了不少翻案文章,常常对传统观念表现出蔑视和抨击,如在《伊尹有言》里,他认为伊尹立、放太甲,是不合法的;在《三人碑》里怀疑周公有谋篡之心等等。其他小品文作家亦表现了相同的思想倾向,如皮日休的《请立孟子为学科书》、陆龟蒙的《象耕鸟耘辨》、陈黯的《禹诰》、程晏的《祀黄熊评》等等,也是具有反迷信迁怪思想倾向的作品。这些议论,大都是发前人所未发,并非无的放矢,而是针对当时的社会现实而说的,因此便有高人一筹之处。

在晚唐小品文里,还经常出现一些言简意深,可作格言的句子,如罗隐的《谗书》:"勇可持虎,虎不至则不如怯;力能扛鼎,鼎不见则不如赢。"(《君子之位》)"善不能自善,人善之然后为善;恶不能自恶,人恶之然后为恶。善恶之成,盖视其所适而已。"(《善恶须人》)皮日休《鹿门隐书》亦有许多名句,言虽简,而含意极深,如:"毁人者,自毁之。誉人者,自誉之。夫毁人者,人亦毁之,不曰自毁乎? 誉人者,人亦誉之,不曰自誉乎?""学而废者,不若不学而废者。学而废者,恃学而有骄,骄必辱。不学而废者,愧己而自卑,卑则全。""不思而立言,不知而定交,吾其惮也。""惮势而交人,势劣而交道息;希利而友人,利薄而友道退。"这些只言片语之所以能使人时有所得,其原因就是它们来自现实生活,是对生活现象和规律的高度概括。

晚唐小品文不仅思想深刻、内容丰富,而且在艺术上也很有特点。虽然不同的作家艺术上有所区别,如皮日休议论精警,言少意多,妙语惊人;陆龟蒙为文委婉含蓄;罗隐集皮、陆之所长,题材全面,写法灵活,且多新鲜深刻之论。但这种区别只是相对的,作为一个流派,他们的共同点当然是主要的,也是特别应该引起注意的。

晚唐小品文最突出的特点是旗帜鲜明,逻辑性强,能在短小的篇幅里,把道理说透,从而获得很强的说服力,如皮日休《鹿门隐书》里有一段话讽劝统治者不要爱珠玉,而应爱人才:"金贝珠玑,非能言而利物者也。至夫有国者,宝之甚乎贤,惜之过乎圣。如失道而有乱,国且输人,况乎金贝珠玑哉!"这不是长篇大论,但却很有逻辑性,有三个层次:其一,给金贝珠玑定性,说它们是"非能言而利物者也";其二,虽然金贝珠玑对国家没有什么用处,但"有国者"却爱惜它,胜过爱惜人才;其三,若是没有贤才辅佐,国家就可能灭亡,生命且难保,更何况金贝珠玑? 作者层层深入地加以剖析,把道理说得很透彻。晚唐小品文总是在最要害的地方揭示出事物的本质,虽然有时只是三言两语,但却揭示得颇为充分。如罗隐的《英雄之言》、《越妇言》,都是善于透过现象揭示本质的优秀之作。皮日休、陆龟蒙和其他作家也往往能一针见血,击中要害。生活中常常出现矛盾的现象,小品文作家总是能较为敏锐地将其捕捉住,加以点染,使这种矛盾格外引人注意,从而揭示出事物的本质,如来鹄的《俭不至说》、罗隐的《辩害》、陈黯的《御暴说》、皮日休的《读司马法》等都是这一类的作品。

晚唐小品文往往能将幽默辛辣的讽刺与对黑暗现象的无情揭露结合起来。一方面,词语辛辣,锋芒毕露,表现了小品文作家对那个时代的愤恨与不平;另一方面,丑恶事物的本质,往往在这种嬉笑怒骂之中,特别突出地显现出来。晚唐小品文作家很熟练地掌握和运用了讽刺这一技艺。辛文房《唐才子传》评罗隐云:"诗文凡以讥刺为主,虽荒祠木偶,莫能免者。"这个评论基本上是正确的,看他的《说天鸡》、《三闾大夫意》、《叙二狂生》、《梅先生碑》等确是嬉笑怒骂,涉笔成趣,显示出他对黑暗现实的愤怒和杰出的讽刺艺术。其实,讽刺这一技艺,几乎所有的晚唐小品文作者都经常使用,如陆龟蒙的《治家子言》、《蚕赋》、《野庙碑》,袁皓的《吴相客记》,来鹄的《猫虎说》,李甘的《审利说》等都是用了"精练的或者简直有些夸张的笔墨",写出了当时社会的"或一群人的或一面的真实来"(鲁迅《什么是"讽刺"》)。

晚唐小品文多是议论说理之作,但大都写得不呆板,这是因为作者往往借助具体的具有概括性的形象使说理文显得活泼、有趣,从而成为有一定艺术性的散文小品。如罗隐《说天鸡》中的狙氏之子、《越妇言》中的朱买臣等都是如此。为了把道理说得亲切、清楚,晚唐小品文还往往采用比喻、夸张等形象化手法,如陈黯的《御暴说》用虎狼来比喻权倖,把权倖的危害生动而又准确地表述出来。罗隐的《辩害》用为除虎豹而焚山、为除蛟蜃而绝流来比喻全大而失小,使本来很抽象的道理,显得十分具体形象。李甘的《审利说》以"人顾而遭蝼蚁则迂足而活之,过而伤蝼蚁则失声而痛之;顾而见麋鹿则援弓而逐之,幸而由麋鹿则失声而喜之"来说明为了私利,人们往往小不忍而大忍,从而得出了"利滋博者忍滋多"的结论。这个结论是从具体的形象中引申出来,因而显得自然贴切,耐人品味。

晚唐小品文还善于用历史故事来托古讽今,或用寓言故事来阐明道理。他们往往能就历史故事翻出新意,如罗隐的《越妇言》便是一个很好的例子。《汉书·朱买臣传》原意主要是不满于买臣妻不能安于贫困,故对买臣的富贵多所渲染。《越妇言》巧用买臣妻自杀一节,独出新意,经过想象、夸张,塑造了朱买臣这个封建官吏的形象,收到了以小见大、托古讽今的效果,使这篇短文成为揭露与批判封建官吏丑恶灵魂的佳作。程晏的《设毛延寿自解语》利用画师毛延寿为王昭君画像的历史材料而加以生发,一反传统说法,让毛延寿自我解释道:"臣以为宫中美者,可以乱人之国。臣欲宫中之美者,迁于胡庭,是臣使乱国之物,不逞于汉而移于胡也。"反映的虽然仍是传统的"女祸"思想,但作者真正的用意是讽劝皇帝去女宠。看似游戏之笔,实则极有深意。其他像罗隐的《英雄之言》、《汉武山呼》、《三叔碑》,沈颜的《象刑解》,袁皓的《齐处士言》,皮日休的《赵女传》、《斥胡建》等都是运用历史事件、历史故事,或讽刺、或抨击、或说理,都很能引人深思。

运用寓言故事,也是晚唐小品文作家常用的手法,其中不乏优秀之作,如陆龟蒙的《蠹化》,此文把统治者比为害人害物的虫豸丑类——橘蠹。作者的寓意是:统治者常喜用虚伪的仁义道德来美化自己,正像"秀其外"的橘蠹,他们的结局也会同橘蠹一样,受到应得的惩处。陆龟蒙的《招野龙对》,根据《左传》记载的古代传说生发开去,把对统治阶级忠心耿耿的士人比为被豢养的龙,借野龙对它的答对,给予嘲讽,表现了作者对世俗的蔑视;同时,从侧面揭穿了统治阶级笼络手段的不可靠,在政治斗争中,随时都可能成为殉葬品。罗隐的《说天鸡》反映了对晚唐统治者以貌取人、有才难以施展的政治现实的强烈不满,在作者看来,那些自命不凡的达官贵人,只是一些"峨冠高步,饮啄而已"的碌碌之辈。在这一类小品文中,因为作者的政治观点和喜怒哀乐,总是通过特定的形象、特定的故事表现出来,因此,它们的文学色彩特别强,在风格上也常常表现得较为委婉含蓄。

晚唐小品文另一个突出特点是中心突出,文字简约,一般都比较短小,但仍有一个结构安排的问题,其中有些作品颇为注意运用衬托、对比等表现手法,使得文章一波三折,收到极好的艺术效果,如陆龟蒙的《野庙碑》便是文思曲折之作,它先描写瓯闽一带淫祀的陋俗,指出"无名之土木,不当与御灾捍患者比",文章若是到此为止,也可称得上是一篇议论大胆、思想深刻的作品了,但作者却把这以前的文字作为伏笔,后文又起了一个大的波折:土木偶像固然凶恶,但是现实中的贪官污吏比之却有过之而无不及。因此,"又何责其真土木耶"?这样便使作者的本意得到了突出、鲜明、深刻的表现,把文章的思想推到了更高的境界。来鹄的《猫虎说》也是采用这种方法,层层深入,最后得出了"贪吏酷于一切禽兽"的结论。再如皮日休的《原谤》,先由天之利民与民之怨天相映衬,然后指出,古代圣贤亦难免受到毁谤,这样便造成了回旋的余地,使全文最后的主旨显得特别鲜明、突出。

晚唐小品文的语言受内容的制约,显得十分犀利、明快、泼辣、简约。同时,晚唐小品文作家还运用了夸张、联想、象征等多种艺术手法。这一切,使晚唐小品文达到了思想内容与艺术形式较为完美的统一,从而成为我国散文史上的奇葩。

原载《齐鲁学刊》1990 年第 3 期

王安石的生平与散文创作

一

王安石(1021—1086 年),字介甫,抚州临川(今江西临川)人,晚年住在半山园(今南京紫金山附近),故号半山老人。元丰三年(1080 年)受封荆国公,故称王荆公,死后追封舒王,谥文,故又称王文公。

王安石出身于中下层小官吏家庭,其父王益,祥符八年(1015 年)进士,后宦游建安、临江、庐陵等地,后迁韶州知州、江宁通判。王安石在十九岁前,随其父宦游南北各地,对社会现实有所了解。王益于宝元二年(1039 年)在江宁通判任上病逝,王安石一家遂定居江宁(今南京)。宋仁宗庆历二年(1042 年),王安石考中进士,名列第四名,自此进入仕途。其后,他连任地方官近二十年,显示出不凡的政治才干。如在鄞县任知县时,他除刻苦读书外,还"起堤堰,决陂塘,为水陆之利;贷谷于民,立息以偿,俾新陈相易,兴学校,严保伍,邑人便之"(《邵氏闻见录》)。在饶州任提点江东狱时,他建议"罢榷茶之法,而使民得自贩",朝廷采纳了他的意见,用百姓运销、官府收税的方法,取代了专卖制。嘉祐三年(1058 年)十月,王安石被召入京,为度支判官。在京任职期间,他曾奉敕伴送辽使回国,行至涿州而还。三年后迁知制诰。嘉祐八年(1063 年),护丧归葬江宁,其后一直辞官不出,在江宁家中收徒讲学。熙宁元年(1068 年),王安石应诏回京,越次入对,奏进了《本朝百年无事札子》,次年迁为参知政事(副宰相),后又升为同中书门下平章事(宰相),从此被推入政治漩涡的中心,在朝廷里主持了六、七年的变法改革,推行了诸如均输法、农田水利法、青苗法、市易法等一系列新法,这就是历史上著名的"王安石变法"。

因为受到反对派的攻击，王安石于熙宁七年（1074 年）罢相，出知江宁府，次年又复相，但此时他处境更加艰难，故于熙宁九年（1076 年）再次辞去相位，退居江宁。他虽然过着半隐居的生活，日常生活多是读书、诵诗、谈禅、游览，但对世事并没有忘怀，元丰八年（1085 年），神宗病死，旧派当权，全面废弃新法，王安石异常苦闷，次年便在忧愤中病逝，终年六十六岁。王安石是中国历史上一个难得的政治家，列宁誉之为"中国十一世纪改革家"，一点儿也不过分。他既有果敢进取、坚毅不挠的政治素质，也有自信太过、操之过急的缺点，这一切便造成了他的悲剧人生。作为二十世纪末期处于改革大潮中的今人，回头来打量几个世纪前的这位政治人物，自然会生出几许同情和无限感慨。

二

　　王安石不仅是中国历史上著名的政治家，同时又是一位杰出的文学家，对他所推行的一系列新法，尽管毁誉参半，但对他的文学成就，即使是他的政敌，也几乎是众口一词地加以赞扬，故而魏了翁说："元祐诸贤，号与公异论者，至其为文，则未尝不推许之。"（《大德本序言》）作为一位政治家，王安石仍受宋初文学"经世致用"思潮的影响，他希望文学能为其变法改革的主张服务，因而他更强调文学经世致用的实用价值，如在《与祖择之书》中说："治教政令，圣人之所以文也。书之策，引而被之天下之民一也。圣人之于道也，盖心得之，作而为治教政令也。"在《上人书》中又说："且所谓为文者，务为有补于世而已，所谓辞者，犹器之有刻镂绘画也。诚使巧且华，不必适用；诚使适用，而不必巧且华。"王安石的文学主张，较多地留意于文章的社会效果和现实功能，对文学自身的规律和特性却有所忽略。在这种文学思想指导下，王安石的散文便自然具有了现实性强、说理透彻而又简洁平实的特点。

　　王安石的散文中既有长篇大论的奏章，如《上仁宗皇帝言事书》、《本朝百年无事札子》；又有言简意深的短文，如《读孟尝君传》、《知人》。从文体来看，既有政论文、书札序跋文，又有记叙文和杂文，可谓品种多样，题材广泛，后人将其列入"唐宋八大家"之列，是完全符合王安石创作实际的。

王安石的散文具有内容丰富、题材广泛、现实性强的特点,他的散文创作很符合其政治家的身分,政治生活中的方方面面都可以成为他写作的题材,在这方面,其政论文无疑是最有代表性的,如《上仁宗皇帝言事书》、《本朝百年无事札子》、《时政疏》等都是政治生活的产物。《上仁宗皇帝言事书》是王安石政论文中的杰作,作于仁宗嘉祐三年(1058年)。这年十月,王安石在提点江东刑狱任上被召回京,在离任赴京期间,他经过认真思考,写下了这篇呈给皇帝的万言书,表达了他积极要求变法图强的政治主张。文中全面分析了当时的政治形势,指出北宋王朝之所以内外交困的原因,强调应该选拔人才以更变法度。在此基础上,王安石特别分析了教育改革的问题,提出了一系列颇有见地的主张。全文以人才问题为主线而逐次展开,重点论述了改革法度、培养人才等内容,论述的范围十分广泛,实际上是王安石要求变法革新的具有纲领性质的政治论文。不仅政论文内容丰富、现实性强,王安石其他各种类别的散文也程度不同地带有这些特点,其中较为突出的是书札文,他往往在书札文中表现自己的改革主张及对一些社会现象的看法,如《答司马谏议书》、《答吕吉甫书》、《答曾公立书》等,都是此类书信,其中尤以《答司马谏议书》最为突出。熙宁三年(1070年)二月,当变法进行了一年之际,司马光先后三次给王安石写信,给新法加上种种罪名,要求废止新法。王安石在收到他的第二封信后便写了此文,对司马光的诘难一一给以答辩,逐条批驳了对方提出的四大罪状,即所谓"侵官"、"生事"、"征利"、"拒谏"。作者指出:

> 某则以谓受命于人主,议法度而修之于朝廷,以授之于有司,不为侵官;举先王之政,以兴利除弊,不为生事;为天下理财,不为征利;辟邪说,难壬人,不为拒谏。

真是针锋相对,理足气壮。继而作者又深入分析了"天下怨谤"的根本原因:

> 人习于苟且非一日,士大夫多以不恤国事、同俗自媚于众为善。上乃欲变化,而某不量敌之众寡,欲出力助上以抗之,则众何为而不汹汹然?

作者的分析颇为精当、准确，其态度显得果毅不挠，因而结论便给人以正大堂皇、不容置疑的感觉。此文观点鲜明，结构严密，语言犀利，表现了简劲悍厉、峭直雄健的风格，故清代吴汝纶评曰："固由兀傲性成，亦理足气盛，故劲悍廉厉无枝叶如此。"（《唐宋文举要》引）再如《答吕吉甫书》亦是此类文章，很值得一读。

王安石的散文受到北宋文风的明显影响，故与唐代散文大家有显著的不同，他的散文记事简洁，偏于议论，长于说理，即使那些一般人看来应该着重于记叙的文字亦是如此。如《游褒禅山记》是一篇游记，但却不以游览观赏为重点，而是结合记游华山，阐述了治学之道，得出了避险就夷、浅尝辄止就不会获得真知的结论。全文写得脉络分明，从记叙到议论的转折十分自然，用笔简洁，说理透辟。由于阐述道理是与记游山水紧密结合在一起的，所以便更为形象而耐人寻味。再如《伤仲永》借神童变为庸材的典型例子，强调了后天教育和努力的重要性，在已经把道理说得颇为透彻之后，作者更进一步，在此文的最后几句里，把道理说得更深一层：天生之奇才，不努力学习尚难免成为庸人，没有天赋的普通人，如果再不通过后天的努力便无法自立于世了！作者的议论和说理，十分透辟，表达得也很灵动，可谓一波三折，层层深入，因而便没有一般议论文难以避免的枯燥呆板的毛病。

再如《芝阁记》写灵芝在真宗和仁宗时由上下搜求到无人问津的变化，借以感叹人才进退的机缘常常出于偶然，从而抒发了自己深长的人生感慨，隐晦地表达了对朝廷用人政策的不满。全文虽然借题发挥，但叙事生动，颇有情韵，沈德潜说此文："峭而折，用意多在题外。"（《唐宋八家文读本》）。在这一类文章里，作者总是不把叙事放在中心位置，而往往熔叙事与言论于一炉，借题发挥，从而说明更深一层的道理，文章的主题由此得到了深化。至于一些警策精练的短文，则更具有长于说理的特色。如《读孟尝君传》，一反"孟尝君能得士"的传统观点，借史实说明孟尝君所得之士，不过是鸡鸣狗盗之徒而已，如果他真能得士，那么齐国也就不会灭于秦国了。文章至此，道理已经说得很清楚了，但作者却翻进一层，继续深化主题，一针见血地指出了孟尝君不能得士的原因：因为他网罗了那些徒有虚名的所谓的"士"，才使那些有雄才大略的真正的士再也不会投到他的门下了。此文虽仅有九十字，但持之有故，言之成理，是一篇难得的翻案佳作。全文驳斥世俗看法，提出个人主张，几经转折，文势跌宕，既神完气足，又韵味悠长，沈德潜评云："语语转，笔笔紧，千秋绝调。"（《唐宋八家文读本》）

又如《知人》剪裁王莽、杨广、郑注的历史故事，来说明"贪人廉，淫人洁，佞人直，非终然也，规有济焉尔"的观点，从而论证了知人的重要性。《兴贤》通过列举商、周、两汉历代兴衰的史实，说明"治安之世"和"昏乱之世"都有众多的贤能之士，贤才是否能得到任用，关系到国家的兴亡盛衰，君主只有知人用贤，才能"跨两汉轶三代，然后践五帝三皇之途"。为了阐明道理，王安石的散文常能就历史事实加以发挥，他不仅能借古喻今，更能在传统说法的基础上翻案出新，得出新的结论，为自己的观点服务，从而使他的说理文章显得理直气壮，具有很强的说服力。

除针对现实、申论变法的内容外，王安石还有不少探究学术、讨论学术观点的文章，如《答韩求仁书》、《答陈柅书》、《庄周》、《荀卿》等，这些文章往往能从新的角度进行探求，从而得出新的结论，因为这些结论是建立在细致的分析、简明的阐述的基础上的，因而往往很新颖，而且有很强的说服力。另外，还有一些叙旧写怀之作，往往言近旨远、含而不露，如《与王禹玉书》、《回苏子瞻简》等都很能表现王安石性格的某一侧面。由此，不能不提到王安石散文中所表现出来的耿介性格，如《答钱公辅学士书》即是一篇代表作。王安石应邀为友人之母撰写了一篇墓志铭，友人认为对其家庭情况介绍过于简略，要求王安石加以修改，王安石为此写了一封回信，即《答钱公辅学士书》。信中明确表示："鄙文自有意义，不可改也。"继而表明了自己对当时一些墓志铭撰写方法的不同意见，态度明确，可否判然，决不含混调和，王安石果断刚正的性格在这里得到生动而准确的表现。这一类散文颇多，如《答孙少述书》、《答段缝书》都是不可不读的佳作。

总的说来，王安石的散文长于说理而其感情色彩一般不是很浓，他的文章大都意淡言简，较少淋漓醋畅的感情渲染，但这不能一概而论，如果说他大部分作品善于议论的话，那么他的哀祭类文字则往往倾注了浓厚的感情，其名篇有《祭欧阳文忠公文》、《祭王回深甫文》等，而尤以前者最为人们所称道。王安石与欧阳修有非常深厚的友谊，很早的时候，他们就建立了诗文之交,后来欧阳修多次推荐王安石;王安石对欧阳修也非常崇敬,尽管二人以后在政见上有所不同,但其友谊却并未受到影响。此文首先指出欧阳修平生一无缺憾,不必悲哀:"公生有闻于当时,死有传于后世,苟能如此足矣,而抑又何悲?"继而分别从文章、才德两个方面对欧阳修作了赞扬:

> 如公器质之深厚,智识之高远,而辅学术之精微,故充于文章,见于议论,豪健俊伟,怪巧瑰琦。其积于中者,浩如江河之停蓄;其发于外者,烂如日星之光辉。其清音幽韵,凄如飘风急雨之骤至;其雄辞闳辩,快如轻车骏马之奔驰。世之学者,无问乎识与不识,而读其文,则其人可知。

最后,通过描写天下之士对欧阳修的悼念,更深刻地抒发了自己的哀伤之情,"念公之不可复见,而其谁与归",真是一字一泪!此文感情真挚,不事雕琢,用笔"一气奔驰,不可控抑"(沈德潜《唐宋八家文读本》),在当时多篇纪念欧阳修的祭奠文中,这是深受人们称赏的一篇,故清人蔡上翔评曰:"于是欧公之其人其文,其立朝大节,其坎坷困顿,与夫平生知己之感,死后临风想望之情,无不具见于其中。"(《王荆公年谱考略》)王安石的祭文在文学史上是很著名的,清人姚永朴在《文学研究法》中说:"哀祭类自《诗》之《颂》、《楚辞》之《九歌》、《招魂》外,莫如韩公……此种宋惟介甫与之近,欧、苏、曾皆不能为。"王安石此类文章之所以能取得这样的成就,原因当然是多方面的,但情深意厚、真挚感人是十分突出的特点。

王安石认为文章当明彻事理,讲究实用,因此他的文章不注重物象辞采,显得较为平实,从而形成了他散文辞高气古、文风谨严的特色,如《张刑部诗序》、《灵谷诗序》、《周礼义序》、《诗义序》、《书义序》等,几乎篇篇有新见而文字又十分质朴,没有枝辞赘语,表现出王安石散文的特殊风格。清人方苞评其《三经义序》曰:"指意虽未能尽应于义理,而辞气芳洁,风味邈然,于欧、曾、苏氏诸家外,别开户牖。"(《唐宋文举要》引)这三篇序文句式整齐,篇法完密,用词多采之于儒家经典,因而显得典雅高古,历来受到人们的称赞。又如《上杜学士言开河书》,因为作者对现状与历史都作了充分的了解,故而在不长的篇幅中提出了切实可行的措施。全文虽然平铺直叙,但却质朴简洁,不枝不蔓,体现出严谨的文风。后人十分欣赏王安石散文简洁周详、文风严谨的特点,如刘熙载在《艺概》里评王安石散文"瘦硬通神","只下一二语便可扫却他人数大段,是何等简贵"。刘氏评语,可谓的论。

原载《中国古代十大散文家精品全集·王安石》,
大连出版社1998年3月版

说说中国古代寓言

寓言,实际上是一种用作比喻的简短故事,但又不同于一般的故事,它的重点不是叙述事件发展的过程和波折、主人公的命运和遭遇,而是要借那些浅显简单的故事,来阐明某种深奥的道理、寄寓作者对生活,对社会,对人生的认识与体验,以达到以浅喻深、以小喻大、以此喻彼的效果。寓言的主人公可以是人,也可以是有生物或无生物,因此,它有相当的形象性,这是寓言与神话、童话以及志怪小说等文学样式相似的一面;但它又不仅需要具备形象性,而且更应含有寓意、具有双关和托讽的特点,这又是寓言与神话等文学样式不同的方面。简言之:寓言是带有劝喻、讽刺和哲理的简短故事,是比喻的高级形式。

世界寓言文学有三大发祥地,中国是其中之一(其他二者是希腊和印度)。我国寓言产生于春秋末年,形成于战国初期,在先秦时代,就已经臻于成熟,在先秦著名的典籍,如《墨子》、《列子》、《孟子》、《庄子》、《韩非子》、《吕氏春秋》、《战国策》中都可以读到大量优秀的寓言作品。其后,寓言的发展历久不衰,历代都有许多优秀之作,譬如汉魏六朝时期的《韩诗外传》、《淮南子》、《说苑》、《新序》等著作里,就有不少很好的寓言。唐宋时期,一些文人学者,如王绩、元结、韩愈、柳宗元、皮日休、陆龟蒙、欧阳修、司马光、苏轼等都有意识地写作寓言,其中尤其以柳、苏成绩最为突出,他们的《三戒》、《日喻》等都是发人深思和脍炙人口的寓言名篇。另外,宋代笔记小说盛行,在沈括的《梦溪笔谈》、岳珂的《桯史》、林昉的《田间书》等书里,也有一些精彩的寓言故事。元明清时期出现了多种寓言体散文集和笑话寓言集,比较著名的有刘基的《郁离子》、宋濂的《燕书》、刘元卿的《贤弈集》、陆灼的《艾子后语》、江盈科的《雪涛小说》等,在《笑赞》（赵南星）、《笑倒》（李卓吾）、《笑府》、《广笑府》、《古今谭概》（冯梦龙）、《聊斋志异》（蒲松龄）、《笑得好》（石成金）等书里，也有不少很好的寓言。由此可见，中国古代寓言确实源远流长，作品甚多，它不仅大大地丰富了我国古代文学的宝库，而且充分表现出中华民族积极进取的民族精神和机智、幽默、乐观的民族性格，从而成为我们整个民族的艺术瑰宝。

中国古代寓言题材广泛、内容丰富、风格多样，有的言简意赅，寥寥数语，便阐明了一个深刻的道理（如《矛盾》、《鹬蚌相争》、《屠龙术》、《墨鱼自蔽》）；有的洋洋洒洒，情节曲折，通过一个完整的故事，形象地说明了某种人生态度和哲理（如《中山狼传》、《劳山道士》）；有的风趣、活泼、机智，使人在捧腹大笑中，获得有益的教育（如《如尾惧诛》、《万字》、《高帽子》、《争雁》），有的语言冷隽、一针见血，对生活中那些愚蠢、丑恶的现象和人物作了辛辣、无情的讽刺与嘲弄（如《宣王好射》、《任事》、《驼医》）……中国古代寓言还具有形象鲜明、寓意深刻、意味隽永的特点，因此它超越了时间、空间的限制而获得旺盛的生命力，至今仍活跃在我们的口头和书面上，如人们常用"守株待兔"来批评那种泥古不化、只凭老经验办事的人；用"刻舟求剑"、"郑人买履"来讥笑那些墨守成规的教条主义者；用"丑女效颦"来讽刺机械盲目地模仿他人的行为；用"揠苗助长"来说明违反客观规律、主观蛮干的荒唐可笑……当人们想说明"学然后知不足"的道理时，常会想到"望洋兴叹"、"坎井之蛙"；当人们想阐明"团结就是力量"的道理时，常常要提到"折箭"的故事；当人们想到正确的学习方法和学习态度时，又会想起"学弈"、"薛谭学讴"、"纪昌学射"、"熟能生巧"等优秀的寓言。其他如"愚公移山"、"叶公好龙"、"庖丁解牛"、"蜀鄙二僧"等，都是人们十分熟悉和喜爱的寓言，它们有的已经变成了成语；有的被赋予新的意义，被更广泛地使用着……

我国古代寓言，一般说来，大都是故事简单、语言浅明、篇幅短小之作，因此很便于阅读。读一则寓意深刻、文笔生动的寓言，不仅是一种极好的艺术享受，更能获得思想的启迪。毫不夸张地说：好的寓言，可以使你变得更聪明、更机智、更幽默。

原载《中国古代寓言精华》，人民文学出版社 1992 年 3 月版

论咏物诗

在我国第一部诗歌总集《诗经》里,我们可以看到不少咏物的诗句,刘勰《文心雕龙·物色》说《诗经》里"'灼灼'状桃花之鲜,'依依'尽杨柳之貌,'杲杲'为出日之容,'漉漉'拟雨雪之状,'嘤嘤'逐黄鸟之声,'喓喓'学草虫之韵"。苏轼说:"诗人(指《诗经》作者)有写物之工,'桑之未落,其叶沃若',他物不可当此。"(《野客丛书》引)但是,在《诗经》里,"物"并不是诗人描写的主要对象,而只是诗人用为"比兴"的媒介,如"关关雎鸠,在河之洲"(《关雎》),诗人并不是在咏雎鸠,而仅仅是以之起兴而已。

在楚辞里,也有相同的一面,如《离骚》里,诗人写了秋菊、薜荔、菌桂,但诗人并未将其看作主要描写对象,而只是用它们来比喻自己的高洁。清钱璚说:"诗能体物,每以物而兴怀;物可引诗,亦因诗而睹态。周存篇首,托兴雎鸠,楚客词中,寄情兰茝……"(《咏物诗选序》)不同的是,屈原有一篇《橘颂》,可以看作是我国文学史上最早的一首咏物诗。在这首诗里,诗人描绘了桔的形象和品格,寄寓了诗人的感情和理想,表明了诗人所追求的一种高洁的人格。在《橘颂》里体现了咏物诗的基本特征:至少从字面上,是以"物"为主要描写对象。但是,《橘颂》在后半部分正面抒发了诗人的感情,物我界限还很明显,诗人之"我"并未完全溶入对物的描绘之中,因此《橘颂》还不能称为纯粹的咏物诗。

汉代以后,大赋专事体物,以文辞繁富、刻画细致为特色,《文心雕龙·通变》说"夸张声貌,则汉初已极",并批评它"模山范水,字必鱼贯……辞大丽淫而繁句也"。也许是受了"写物图貌,蔚似雕画"的赋的影响,这时出现了一些咏物诗,如汉武帝的《天马歌》、《西极天马歌》;汉昭帝的

《黄鹄歌》。乐府古辞有《蜻蛚歌》、《鸡鸣歌》。但是,这些咏物诗不仅数量极少,而且质量也不高,只能将其视作咏物诗发展过程中一个必要的环节。

咏物诗的大量涌现,是在魏晋南北朝时期,王夫之《姜斋诗话》说:"咏物诗,齐、梁始多之。"俞琰认为,咏物诗"至六朝而始,以一物命题,唐人继之……"(《咏物诗选·自序》)。这个时期咏物诗的数量大增,作品相当多,如魏曹植有《斗鸡诗》、《鰕䱇篇》,繁钦有《槐树诗》,晋傅玄有《芙蕖》、《莲歌》,陆机有《园葵》,许珣有《竹扇》,袁山松有《菊》。到了南朝,写咏物诗更成为一种风气,如梁简文帝有《咏风》、《赋草》、《咏橘》、《早蝉》、《蛱蝶》、《栀子花》、《蔷薇》,刘孝绰有《咏素蝶》,吴均有《梅花落》,谢朓有《咏蔷薇》,庾信有《杏花》……之所以在这个时期出现了大量的咏物诗,除了赋的影响和其他原因以外,我以为这与我国文学至魏晋南北朝进入了自觉阶段有关。

我国汉代以前,诗歌作为一种艺术,没有摆脱开儒家经学的轨道而按自身的艺术规律独立发展,"诗言志"成为占主导地位的文学思想,而忽略了诗歌的基本特征——抒情性。到魏晋六朝时期,缘情说建立起来,陆机说:"诗缘情而绮靡"(《文赋》),刘勰说:"人禀七情,应物斯感"(《文心雕龙》)。也就是说,诗不一定非要"言志",也可以用之抒情,也可以描写那些触发自己感情的事物,即所谓"情以物迁,辞以情发"(《文心雕龙·物色》)。清人俞琰《咏物诗选·自序》有一段话颇为精当,他说:"凡诗之作,所以言志也。志之动由于物也。感于物而动,故形于言;言不足,故发为诗。诗也者,发于志而实感于物者也。诗感于物而其体物者,不可以不工;状物者,不可以不切。于是,有咏物一体,以穷物之情,尽物之志……"这里对咏物诗产生原因的分析还是有一定道理的。同时,五言诗的兴起,为诗人们描写外物、抒发感情提供了很好的形式,所以梁钟嵘在《诗品》里说:"五言居文词之要……岂不以指事造形、穷情写物,最为详切者耶?"

咏物诗大量产生以后,经历了一个借物比兴、借物言志到较重形似的过程,宋张戒《岁寒堂诗话》认为"建安、陶、阮以前诗,专以言志;潘、陆以后诗,专以咏物。"所谓"专以咏物",便是指在咏物时过分追求"形似"的状况。当时的文风颇重形似,或曰"巧似",如《诗品》评张协:"巧构形似之言";评谢灵运:"故尚巧似,而逸荡过之,颇以繁富为累";评颜延之:"尚巧似"。《颜氏家训》云:"何逊诗实为清巧,多形似之言。"对这种文风,刘勰有一段话说得比较明白,他说:"自近代以来,文贵形似。窥情风景之上,钻貌草木之中。吟咏所发,志惟深远;体物为妙,功在密附。故巧言切状,如印之印泥,不加雕削,而曲写毫芥。"(《文心雕龙·物色》)在这种文风影响下,咏物诗的数量虽然不少,但质量还不甚高,诗人们咏物往往滞于物,很少留意于写出物的神韵,这种风气一直到唐初亦未根本改变,如初唐诗人李峤写了一百二十余首诗,遍咏群物,但却没有一首可称为优秀之作,其原因便是太追求"图形写貌",而没有写出物的精神和韵致。

初唐以后,诗坛上也出现了大量优秀诗人,他们总结了前人的经验和教训,努力创作,写出了许多优秀的作品,其中包括咏物之作。唐以后的咏物诗,虽然在题材上有所开拓,但总的讲,无疑是沿着唐代诗人开辟的道路走了下来,所以清人俞琰在其《咏物诗选·自序》里说:"故咏物一体,三百导其源,六朝备其制,唐人擅其美,两宋、元明沿其传。"这个分析还是符合咏物诗的发展历程的。

咏物虽被视为"小道"、"小题",可是自唐以后,几乎每一位有成就的诗人都有几首咏物诗。在文学史上确也有因咏物而得名的诗人,如谢逸写了三百余首《蝴蝶》,被称为"谢蝴蝶"。袁凯因其《白燕》诗写得出众,被人称作"袁白燕"。其实,要写出好的咏物诗是很不容易的,宋代张炎认为"诗难于咏物"(《词源》)。明代屠隆说:"抒心而妙者,十常八九;体物后工者,十不二三,盖古今难之矣。"(《咏物诗选》)又说:"诗到咏物,虽唐人犹难之。大家哲匠,篇章寥寥,岂非以写情境者易妙,体物理者难工也。"(《观灯百咏序》)清代吴衡照认为"咏物虽小题,然极难作"(《莲子居词话》)。咏物诗之所以难写,那是因为它不以抒情言志为主,作者的抒情受到他所描绘的物的制约,必须通过"体物"来写出自己的感情。况周颐在其《蕙风诗话》里指出:要写出好的咏物诗,就不能呆板,具体地说要戒"三呆":"一呆典故,二呆寄托,三呆刻划。"这个见解十分精当,很能说明问题。戒"三呆",是写好咏物诗的必要条件;三不"呆",是好的咏物诗必备的特点。下面我们以这"三戒"为线索,来谈一谈好的咏物诗的特点:

一戒呆典故。咏物诗同其他题材的诗一样,可以用典,因为典故概括性强,将其用在诗里,可以使全诗内容显得丰富,形象更加生动,起到很好的艺术效果。如明高启《秋柳》诗云:"欲挽长条已不堪,都门无复旧毵毵。此时愁杀桓司马,暮雨秋风满汉南。"《世说新语·言语》载,东晋桓温在率兵北伐的路上,看到自己年轻时栽种的柳苗已经长大成树,深感年华易逝而功业未成,不禁叹道:"木犹如此,人何以堪!"说完折下一枝柳条而凄然流泪。《秋柳》借用这个典故,表达了诗人希望能及早有所作为的愿望。因为用典,全诗的感情更为深沉,主题也得到了深化。又如清王丹林《白桃花》云:"相逢不信武陵村,合是孤峰旧托根",又说白桃花"开当玉洞谁知路"。这里用了陶渊明《桃花源记》的典故,写活了白桃花的形象与神韵。杜牧《蔷薇花》:"石家锦障依然在,闲倚狂风夜不收。"《世说新语·侈汰》载,石崇为人极奢,曾做五十余里长的锦缎屏幕以遮避风尘,这里用"石家锦障"来夸张地形容蔷薇花盛开的景象,由于用典,使所咏之物更为形象生动。但是,咏物诗虽然可以用典,但要戒"呆",即是说不能死板地用典,不能为用典而用典。王骥德《曲律》认为戏的曲白要善于用典,所谓"善于"就是引得确切,用得恰好。"用在句中,令人不觉,如禅家所谓撮盐水中,饮水乃知咸味,才是妙手"。这样用典,看起来像是顺手拈出,一点也不勉强生硬。若是不善用典,则必然"失之堆积",痕迹明显,从而使人望而生厌。王骥德的看法很有道理,看来"呆典故"是诗、词、曲白创作都应避免的。

二戒呆刻划。咏物诗的描写对象是"物",既然是咏物诗,便需对所咏之物作一定的描绘,求其逼真,或曰"刻划"。这种刻划是为了曲尽物体之妙,达到形似的目的,正如画中的工笔,因其纤密委婉,可使事物的声色状貌毫发皆见,从而给人以十分具体而清晰的感受。但是若"呆"于此,为了形似,单纯追求刻板和琐屑的描写,也不是好的咏物诗。苏轼《书鄢陵王主簿所画折枝》诗中说:"论画以形似,见与儿童邻。赋诗必如此,定知非诗人。"咏物诗还应该在形似的基础上再进一步,写出"物"的神韵,即所谓"以貌取神"。清田同之《西圃诗说》认为"咏物贵似,然不可刻意太似。取形不如取神"。《直方诗话》有一段记载,很有意思:"王居卿在扬州,同孙巨源、苏子瞻适相会。居卿置酒曰:'疏影横斜水清浅,暗香浮动月黄昏。此林和靖《梅花》,然而为咏杏花与桃花皆可。'东坡曰:'可

99

则可,但恐桃李花不敢承当。'一座大笑。"苏轼的见解是很高明的,因为林逋的《梅花》诗,描绘出梅花孤傲雅清的神态和风韵,尤其是"疏影"一联写刚盛开的梅花,最为传神,而"杏桃李者,影能疏乎? 香能暗乎? 繁秾之花又与月黄昏、水清浅有何交涉,且'横斜浮动'四字,牢不可移"(方回《瀛奎律髓》)。如果林逋仅仅着眼于梅花的色彩、形状,尽管可能写得更为细致、逼真,却会失去梅花的神韵,不会成为千古传诵的佳作,如宋代石曼卿的《红梅》诗这样写梅花:"认桃无绿叶,辨杏有青枝",便比林逋《梅花》逊色多了。苏轼不满于石曼卿的咏梅,认为它没有写出红梅不同流俗的品格,也写了一首《红梅》诗,其中说"诗老(指石曼卿)不知梅格在,更看绿叶与青枝"。而他却这样来写红梅:"怕愁贪睡独开迟,自恐冰容不入时。故作小红桃李色,尚余孤瘦雪霜姿。寒心未肯随春态,酒晕无端上玉肌。"这就在对红梅形象描绘的基础上,写出了它的风采与品格。

虽然"刻划"对咏物诗来说是重要的,但不能"呆"于刻划,有时为了写出所咏之物的内在气质和精神,宁可舍去细致的描绘,这便是所谓"遗貌取神"的写法。如陆龟蒙的《白莲》:"素花多蒙别艳欺,此花真合在瑶池。无情有恨何人觉? 月晓风清欲堕时。"这首诗舍去了外在形貌的描绘,却写出白莲的神韵和风姿,于是成为咏物诗中的上乘之作。清王士禛将这首诗与林逋《梅花》并题曰:"疏影横斜,月白风清等作,为诗人咏物极致。"(《花草蒙拾》)有人认为,《白莲》诗可以移作咏白牡丹,更感亲切,张宗柟《〈带经堂诗话〉卷十二附识》认为这种看法:"似不深究诗人写物之意……而牡丹开时正风和日暖,又安得有月冷风清之气象耶?"这话是很有道理的。

在咏物诗里,我们可以读到许多以貌取神或遗貌取神的佳作,如李白写白鹰:"孤飞一片雪,百里见秋毫"(《观放白鹰》);杜甫咏马:"所向无空阔,真堪托死生"(《房兵曹胡马诗》);岑参咏马:"草头一点疾如飞,欲使苍鹰翻向后"(《卫节度赤骠马歌》);李贺咏马:"向前敲瘦骨,犹自带铜声"(《马诗》);杜牧写鹭鸶:"惊飞远映碧山去,一树梨花落晓风"(《鹭鸶》);王安石咏梅:"遥知不是雪,为有暗香来"(《梅花》);袁凯咏白燕:"月明汉水初无影,雪满梁园尚未归"(《白燕》)……这些咏物诗之所以写得好,有一个共同的特点,那就是不仅仅追求形似,而是力图神似,在刻划中求神似;虽咏物,但不呆滞于物,力求有空灵之感,而不是太实,因为"太实则近腐"。将这些概括为一句话,即是"不呆于刻划"。呆于刻划,则会使咏物诗不免陷于纤碎小巧,而失之于境界不高、意境不美。前人早已指出:"咏物诗最难工,太切题则粘皮带骨,不切题则捕风捉影,须在不即不离之间。"(清钱泳《履园谭诗》)刘熙载《艺概》也用"不即不离"来要求咏物诗。不即不离,其实就是"不呆于刻划"。

三戒呆寄托。"诗言志"是我国文学传统思想之一,诗人们在创作时,总有某些感情要抒发,即使是咏物,也希望能表达出自己的理想和志向,或者表达自己对某些事物的看法,这便是寄托。咏物诗可以有寄托,有寓意,这也是比较一致的看法,如元杨载《诗法家数》:"咏物之诗,要托物以伸意。"薛雪《一瓢诗话》:"咏物以托物寄兴为上。"这些说法都强调咏物诗应有寄托,虽然可以明显地看出传统文学思想的影响,但确实有合理之处,在优秀的咏物诗里,我们往往可以看到诗人在对具体"物"的描绘中融进了自己的愿望和感情,读之往往能发人深省。如杜甫《古柏行》,在对"霜皮溜雨四十围,黛色参天二千尺"的老柏的描绘中,抒发了"古来材大难为用"的感慨;韩愈在对"犹堪持改火,未肯但空心"(《枯树》)的老树的描写里,寄托了自己希望能为世用的心情。薛涛《柳絮咏》:"他家本是无情物,一向南飞又北飞。"在咏柳絮里,暗寓着诗人飘零无依的忧伤和感叹。李商隐《柳》:"曾逐东风拂舞筵,乐游春苑断肠天。如何肯到清秋日,已带斜阳又带蝉。"诗中描写了柳由春至秋的荣悴变化,抒发了诗人深长的人生感慨。宋李纲《病牛》:"耕犁千亩实千箱,力尽筋疲谁复伤?但得众生皆得饱,不辞羸病卧残阳。"诗中借"病牛"的形象,表现了作者为百姓温饱、国家安定,不计个人荣辱得失的高尚情操。于谦《石灰吟》:"千锤万击出深山,烈火焚烧若等闲。粉骨碎身全不怕,要留清白在人间。"抒发了诗人愿为国家献出生命的情怀。郑板桥《竹石》:"咬定青山不放松,立根原在破岩中。千磨万击还坚劲,任尔东西南北风。"表现出作者所追求的一种坚定、顽强的品格。王冕《白梅》:"冰雪林中著此身,不同桃李混芳尘;忽然一夜清香发,散作乾坤万里春。"寄托了诗人兼济天下的志愿。再如卢仝《白鹭鸶》:"刻成片玉白鹭鸶,欲提纤鳞心自急。翅足沙头不得时,傍人不知谓闲立。"讽刺了生活中那种内慕名利而外示高洁的人。来鹄《云》:"千形万象竟还空,映水藏山片复重。无限旱苗枯欲尽,悠悠闲处作奇峰。"讽刺了社会上那种空有其表、徒有其名

101

的人物。其他如王安石咏杏花："纵被春风吹作雪，绝胜南陌碾成尘"（《北陂杏花》），朱淑真咏菊花："宁可抱香枝上老，不随黄叶舞秋风"（《黄花》），元好问咏未开海棠："爱惜芳心莫轻吐，且教桃李闹春风"（《同儿辈赋未开海棠》）……以上我们所举出的这些诗作，在咏物中都有所寄托，有所寓意，因为诗人将所咏之"物"与所寓之"意"有机地结合起来，达到了物我合一的境界，若是脱离开对物的描绘，一味地表达自己的理想和感情，便会使咏物诗显得太直、太露，没有回味的余地，做不到"言有尽而意无穷"。那些成功的有寄托的咏物诗，之所以为人们所喜爱，原因之一就是它们不呆于寄托，做到了物我合一。

但是，是不是咏物诗只有有了寄托才是好诗呢？那也不一定。如贺知章的《咏柳》："碧玉妆成一树高，万条垂下绿丝绦。不知细叶谁裁出？二月春风似剪刀。"这首诗构思新巧，用鲜明的色彩和形象的比喻，把春柳描绘得生气勃勃，充满了诗意。张谓《早梅》："一树寒梅白玉条，迥临村路傍溪桥。不知近水花先发，疑是经冬雪未销。"这诗虽无深意，但写得风趣活泼，将早梅的形象和神态描绘了出来。钱起《衔鱼翠鸟》："有意莲叶间，瞥然下高树。擘波得潜鱼，一点翠光去。"这四句诗写出了翠鸟捕鱼时的四个动作：侦察鱼的动态、忽然飞下高树、分波捕得游鱼、衔鱼迅速飞去。写得有声有色，十分生动。再如薛涛的《金灯花》："阑边不见襄襄叶，砌下惟翻艳艳丛。细观欲将何物比？晓霞初叠赤城宫。"这首诗想象奇特，生动地描写出金灯花的形象和神韵。皮日休《题蔷薇》："浓似猩猩初染素，轻如燕燕欲凌空。可怜细丽难胜日，照得深红作浅红。"诗人观察得十分细致，把日光下蔷薇颜色的变化写得生动传神。范成大《樱桃花》："借暖冲寒不用媒，匀朱匀粉最先来；玉梅一见怜痴小，教向傍边自在开。"作者通过梅花来写樱桃花，既生动形象，又风趣活泼……这一类诗，表现出诗人对生活的热爱，它们以其生动的形象描绘和强烈的美感打动读者，引起人们丰富的联想，满足人们某一方面的审美要求，自然也是咏物诗中的上乘之作。因此，说咏物诗一定要有寄托才为"上"，是片面的。施补华更认为"咏物诗必须有寄托"（《岘佣说诗》），则是太绝对化了。事实上，在大量的咏物诗中，真正有寄托、有寓意的并不是多数，有许多很好的、为人们广泛传诵的名作，也并不一定有寄托。要求"咏物诗必须有寄托"，就会"呆于寄托"，这对咏物诗写作的要求是不现实的，因为人的感情是多方面的,诗人观察事物也是多角度的,"呆于寄托",只能使咏物诗中的寄托显得勉强、生硬,从而使咏物诗失去诗意,寄托也便显得苍白而毫无意义了。

在我国文学史上,自从咏物诗兴盛起来以后,便没有衰竭,各朝各代的诗人都有大量的制作,因为它的数量是相当多的,它的内容也是相当广泛的,难免鱼龙混杂,这自然给我们的欣赏与评价带来一定的困难。以上我们从戒呆典故、戒呆刻划、戒呆寄托三个方面说明了好的咏物诗必然具备的三个特点,以之为线索,也许有助于我们对古代咏物诗的欣赏与评价。

原载《上海教育学院学报》1987 年第 3 期

中国古代文学史上的诗与词^①

最古老的歌诗,早在文字出现之前便已在先民中口耳相传了,只是由于年代久远,绝少流传下来。可视为汉语诗歌雏型的,是以双音为基本句式的二言诗。如传为黄帝时代的《弹歌》:

> 断竹,续竹。
> 飞土,逐宍(古"肉"字)。

这首比较原始的狩猎之歌,描述了原始人制造工具、追捕野兽的劳动过程。二言诗的文学意义在于,确定了中国诗歌的双音诗节。尽管时代完成了从古歌二言诗到《诗经》四言诗、汉代五言诗及其后七言诗、长短句的过渡,但双音诗节一直是诗句的基本单元,因此诗词格律中才有了双平双仄相间相对相粘的规律。

反映西周初年到春秋中叶约五百年间社会生活的《诗经》,是我国最早的一部诗歌总集,收诗三百零五篇,以四言为基本句式,因此又被称为四言诗。四言诗往往是二言诗的拼合与拓展,如丨关关/雎鸠丨、丨之子/于归丨;"有夏歌辞,实启风骚"(《吕氏春秋》)。到战国时代,南方楚国的诗歌,绍承《南风歌》而兴起的"楚辞"体,则是汲取散文而又影响辞赋与骈文的长句;到汉乐府的杂言,文人诗的五言,中国诗歌终于找到了以双音诗节为基础,以三字尾或三字顿调节诗句长短律的最佳句式,这便是东汉后期出现的五言古诗。

---

① 此文与宋红同志合作撰写。

五言古诗是全篇由五字句构成的诗,是中国古典诗歌的重要形式之一,也是孕育唐代格律诗(五绝、五律、七绝、七律及排律)的直接母体。五言诗虽只较四言诗增加一字,但却打破了千年一贯制的双音诗节,一个游离的单音使原来单一的双音停顿变化出多种停顿节奏:

　　　红罗　　复　斗帐(212)

　　　动摇　　微风　发(221)

　　　儿　今日　　冥冥(122)

　　　黄泉下　　相见(32)

　　　日出　　东南隅(23)

　　其中上二下三即2 + (2 + 1)的句式最为普遍,这种句式连贯起来,使诗歌在节奏上形成颇具跃动感的长短律。所以梁钟嵘在《诗品序》中说:"五言居文词之要,是众作之有滋味者。"七言句则是在五言句结构中再加入一个双音诗节,即2 + 2 + (2 + 1)。七言以上可依此类推,都是双音诗节的延展。

　　五言诗形式一直延续了数百年,其间经过四声二元化(平仄)的调节。至唐代又进一步完善成格律诗。所谓格律诗便是对诗的语言结构作出某种规范和律定,大致可归纳为以下四条:

　　　1.隔句用韵(首句可韵可不韵),韵字通常为平声;

　　　2.句内双平双仄相间;

　　　3.一联内平仄相反;两联间平仄相粘;

　　　4.句尾不可出现三连平或三连仄。

根据这四条原则,一首平声起的五言绝句可表示为:

$$\text{—　—　丨　丨　—}$$
$$\text{丨　丨　丨　—　\underset{\cdot}{—}}$$
（加点为用韵处。下同）
$$\text{丨　丨　—　—　丨}$$
$$\text{—　—　丨　丨　\underset{\cdot}{—}}$$

　　第二句需押韵,故末之仄声字改为平声,又根据第四条原则,将第三字改为仄声,以避"三连平"。那么一首仄起的五言绝句便可表示为:

```
｜ ｜ ｜ — —
              ·
— — ｜ ｜ —
              ·
— — ｜ ｜ ｜
              ·
｜ ｜ ｜ — —
              ·
```

七言绝是在五绝句前根据第二条原则再加双平或双仄;律诗则是绝句格式的重复或可说是叠加,只是中间两联要求对仗,而且往往在对仗中用典;排律则是律诗形式的扩张。

在此基础上,对每句第一、三、五字的平仄要求可适当放宽,即所谓"一三五不论,二四六分明"。当然"不论"不是不管,而是可以在该位置上平仄互救,句内第一字该平而仄,则第三字该仄而变平,或一联内上句该平而仄,下句相对应处该仄而平,诸如此类,不一而足。

格律诗(包括绝句、排律、组律)出现以后,古诗、乐府、歌行等已有的诗歌样式与之并行不悖,使诗坛呈现出百花齐放的局面。其后虽有词、曲等新体出现,并流行于宋元,即所谓宋词元曲,而就诗而言,则宋元明清各代,都沿用固有的各种样式,至今仍风流未末。

语言演进,决定着诗歌形式的变化;社会发展,则促成了诗歌内容的丰赡。

从"饥者歌其食,劳者歌其事"的风雅之诗,到"寓情草木,托意男女"以香草美人为寄托的楚辞,再到"感于哀乐,缘事而发"的汉乐府和"志深笔长,梗概多气"的曹魏诗歌,风骚精神和汉魏风骨成为中国传统诗歌伏脉千年的主调。至两晋南北朝时期,阮籍之"咏怀",左思之"咏史",潘岳之"悼亡",郭璞之"游仙",以及陶渊明归隐躬耕的田园之歌,谢灵运、谢朓登览行游的山水之唱,乃至伤于轻靡的梁陈"宫体",无不以各自的独特诗心和视角在文坛据一席位,并为后代的诗词创作做出铺垫。至于齐永明年间沈约等人所倡导的将汉语声律与诗歌中对偶形式相结合的"永明体"新体诗,以及融合南北诗风,用永明体创作了大量五言诗的庾信,更对唐代诗歌产生了直接的影响。

唐代是诗歌发展的高峰,不仅风骚精神和汉魏风骨更为彰显,六朝诗歌所吟咏的各种题材均被光大,而且出现了异彩纷呈的不同创作主潮和灿若星河的庞大作家群体。其中有继承陶(渊明)谢(灵运、朓)传统,开创出山水田园诗派的王维、孟浩然,以及中唐的刘长卿、韦应物、柳宗元;

有好奇尚勇、被推为盛唐边塞诗派代表的高适、岑参，以及其后的李益、卢纶；有以乐府诗见长，人称"张王乐府"的张籍、王建；又有以开创"即事名篇"之"新乐府"称名的白居易、元稹。更有祖祧楚骚、承于乐府、亲于鲍（照）谢（灵运、朓）、好尚游侠、倾心道家浪漫精神的李白和远绍风雅、心折汉魏、推尊庾信、"转益多师"、崇尚儒家入世精神的杜甫。被推为"诗仙"的李白和被推为"诗圣"的杜甫，是唐代诗坛上光彩夺目的双子星座。而在唐王朝走过它的"开元全盛日"之后，李贺、李商隐的诗歌又为唐代诗坛涂上了一抹凄迷艳丽的落日霞彩。

启功先生有言："唐以前诗是长出来的，唐人诗是嚷出来的，宋人诗是想出来的，宋以后诗是仿出来的。嚷者，理直气壮，出以无心；想者，熟虑深思，行以有意耳。"（见《启功韵语》所收墨迹）。"长"、"嚷"、"想"、"仿"，各赋一字，便已鲜明概括出各时各代诗之特色。比较唐诗与宋诗，我们确可看到唐诗"出以无心"而近于自然，宋诗则"行以有意"而入于法度，正如曾季狸在《艇斋诗话》中所概括的：

> 后山（陈师道）论诗说"换骨"，东湖（徐俯）论诗说"中的"，东莱（吕本中）论诗说"活法"，子苍（韩驹）论诗说"饱参"，入处虽不同，然其实皆一关捩，要知非悟入不可。

黄庭坚也说："诗非苦思不可为，余及第后方知此。"由于宋人的"苦思"和求法，宋诗中少了唐诗的风流和自然，却多了令人玩味的理趣和智识。如果可以用李白《早发白帝城》中诗句来概括唐人之诗的话，就是：

> 两岸猿声啼不住，轻舟已过万重山。

那我们也可以用苏轼《戏书李伯时画御马好头赤》的两句诗来概括宋诗的风格特色，则是：

> 蹄间三丈是徐行，不信天山有坑谷。

宋诗明显拉大了诗句间的逻辑跨度，黄庭坚答友人赠水仙花，结联竟断以"坐对真成被花恼,出门一笑大江横";苏轼题绿筠轩,能扯上"若对此君仍大嚼,世间那有扬州鹤";而汲江煎茶,竟成了"大瓢贮月归春瓮,小杓分江入夜瓶"。拉大诗之间架结构的结果,不仅使诗增加跃动感,而且使诗增加了信息量,黄庭坚"青山好去坐无钱"(《次韵裴仲谋同年》)、"明珠论斗煮鸡头"(《次韵王定国扬州见寄》)属前者;苏轼"三过门间老病死,一弹指顷去来今"(《过永乐文长老已卒》)属后者。"青山"句活用晋支遁"买山而隐"典,言青山绿水是好去处,然自己却无钱购买以归隐。"明珠论斗",将是何等豪奢,却继之以"煮鸡头",原来所谓"明珠"不过是与之相似的鸡头米,如此一波三折,律动跳跃,往往令人拍案解颐。苏轼三过门本是实录,一过时文已老,二过时文已病,三过时文已卒,此时自然会因其奉佛而生出"一弹指顷"已俱历去世、今世、来世之感叹。极概括、极简约的纪实之笔,却能富含禅机,增加人生信息量,所以此联最为后人所称道。"出新意于法度之外,寄妙理于豪放之中"(苏轼语),这便是宋诗不同于唐诗之处。

宋以后诗确是"仿"出来的,或尊唐,或宗宋,或效李白,或仿杜甫,但也并非一无可取。首先,宋以后的诗坛上出现了数量可观而自具风格的歌行作品,如金代元好问的《范宽秦川图》、《赤壁图》,元代萨都剌的《中秋月夜泛舟于金陵石头城》、黄溍的《苕溪风雨中章德茂同泛》、郭钰的《郭恒惠牙刷得雪字》,明代高启的《登金陵雨花台望大江》、张简的《醉樵歌》、唐寅的《把酒对月歌》、李梦阳的《林良画两角鹰图》,以及清代吴伟业《圆圆曲》等,这些诗除保持了歌行体铺排描写,流转如弹丸的特色外,还体现出不同于唐宋作品的新特点,即大量用典和谐谑幽默。唐寅《把酒对月歌》从诗题到内容全化用李白诗歌及事典,但能够见出自家之性情,是"仿"得比较好的一例;郭钰的《郭恒惠牙刷得雪字》以"但当置我近清流,莫遣孙郎空漱石"作结,巧用晋人孙丞"枕流漱石"之典,言因有牙刷,故不需漱石砺齿,谐谑而巧妙。

用典更为精致,是宋以后诗的另一可取之处。元代黄庚写"棋声",以"烂柯人去收残局,寂寂空亭石几寒"作结,很是恰切。使用王质观棋烂柯的典故,历来多取其沧桑变化之意,而句中用作观棋本事,将典事落到实处,使全篇神采飞动。又萨都剌之《鹤骨笛》,通篇不见"鹤"字、"笛"字,但句句不离鹤,句句不离笛,巧用鹤、笛典事,道出鹤虽声断楚天,但其魂魄却寄寓骨笛曲中。用典变化出奇,微妙贴切。

宋代以后,文人的社会地位大大下滑,在元代竟出现了"九儒十丐"的社会排行,王朝易代之际,文人"间于齐楚"的尴尬与心灵创痛更十倍于体肤之饥寒,所以表现困顿处境和易代之思的作品往往生动感人。金代李俊民对困顿的解释是:

> 未必书生气尽寒,食常不足为居闲。
> ——《代乐仲和张温甫处督米》

元代吕思诚对清贫的态度是:

> 瓶中有醋堪浇菜,囊里无钱莫买鱼。
> ——《典衣戏作》

与对自身苦难的调侃不同,诗人对时代的苦难则留下了深深的思考。请看元赵孟頫的《牧废苑》:

> 一片中原地,纷纷几战争。
> 至今将不去,留与后人耕。

一片江山,无论哪个王霸之君都不曾带走,而后代的百姓却在那土地上耕作生息。正所谓"霸业回头一笑空,山河千古送英雄"(元代元淮《石头城》)。纷繁变乱的历史在诗人笔下竟是如此简单,又是如此深刻,以至于令人震惊,令人警醒,又令人叹息。此外,元代虞集《挽文丞相》之"不须更上新亭望,大不如前洒泪时",言文天祥遇害时,南宋王朝已经覆灭,连东晋诸君可以对泣之半壁山河也不复存在,用典透辟,出语沉痛。由明入清之钱谦益在《后秋兴》中叹道:

> 海角崖山一线斜,从今也不属中华。
> 更无鱼腹捐躯地,况有龙涎泛海槎。

诗以南宋之亡喻南明之亡。南宋的最后一片领地便是崖山,元兵至,陆秀夫负帝昺沉海,南宋遂亡。诗人慨叹:如今天下尽属清朝,欲投水殉国亦捐躯无地了。同时人吴伟业在《过淮阴有感》中写道:

> 浮生所欠只一死,尘世无由识九还。
> 我本淮王旧鸡犬,不随仙去落人间。

诗中充满了对未能追随明帝殉难而屈身改仕异族的叹恨与自责。此类作品,非历其事则不可出焉。

研究中国近代思想史的人曾把龚自珍比作"中国的但丁",说他是旧时代的最后一人和新时代的第一人。以思想之敏锐论,他的确该当此誉。例如他提出《西域置行省议》,建议加强边疆建设,防止外国入侵,并在《己亥杂诗》中说"五十年中言定验",出此言后四十五年,即光绪十年(1884年),新疆果设为行省。早在鸦片战争前七年,他已对英帝国主义的侵略面貌有所觉察,提出:"近惟英夷,实乃巨诈。拒之则叩关,狎之则蠢国。"出此言后一年,即道光十四年(1834年)九月,英吉利兵船闯入广东内河,炮击虎门炮台后退至澳门。这一年,英国输入中国的鸦片增至二万一千七百八十五箱。直至死前二年,龚自珍在畏祸南归的途中,仍一路作诗,对水患、土地兼并、选官制度、国防建设等问题提出意见和建议,最著名的一首便是:

> 九州生气恃风雷,万马齐瘖究可哀。
> 我劝天公重抖擞,不拘一格降人材。

然而"天公"并没有"重抖擞",第二年,即1840年,鸦片战争爆发,1841年初,英军侵占香港,二月,攻陷虎门,1842年,清政府与外国侵略者签订了近代史上第一个不平等条约,包括赔银、五口通商、割让香港等款项。香港从此落入英人之手,不堪一击的清王朝由此走上半封建半殖民地的道路。

以思想识见之先觉论,龚自珍的确称得上是"中国的但丁",但以传统诗歌之创作论,此誉则当让位给较龚自珍晚出的黄遵宪。

黄遵宪存诗千首,二十年的外交生涯使他"走遍寰球西复东",也使他"吟到中华以外天"。东洋的"径尺玻璃纸片鱼",南洋白人"涂身百花露,影过壁留香"的种种风情,以及美国总统竞选中的种种龌龊,无不尽入诗囊。康梁变法失败后,他以"箧藏名士诛连籍,壁挂群雄豆剖图"的警人诗句,描绘出当时人人噤若寒蝉,国土为帝国主义列强瓜分殆尽的惨痛局面。他能"熔新理想以入旧风格",将现代科学文化知识与传统典事相融合,以"倘使乘桴更东去,地球早辟二千年"写徐市入海;以"移桃接李尽成春……白人换尽旧红人"写美洲开发,无不出入意表,精采纷呈。他以"旧瓶装新酒"的诗歌创作成为传统诗歌的殿军和"诗界革命"的先锋。传统的诗歌形式在黄遵宪手中可以说画上了完满的句号,但同时也开出了新的生面。

　　诗,从本质上讲就是歌。诗之初起,都是为了歌唱或可以歌唱的。我们从清人所刻《诗经乐谱》中仍可看到用工尺谱所记以钟、鼓、琴、瑟等演奏乐章的各式分谱。而"旗亭画壁"的故事,更留下唐代伶人歌唱诗人作品的生动记录。乐曲演进,语音变迁,歌词形式也随着更新,便出现兴于唐而盛于宋的"词"。

　　词是一种可以配乐歌唱的新体抒情诗。在文学史上,词以其特有的抑扬顿挫的音乐美、错综复杂的韵律、长短参差的句法及其所抒发的真情实感,成为一种深受人们喜爱的文学样式。词最初产生于民间,开始在民间流行,大约到了中唐,文人们才特别地注意到这一文体,并开始采用这一形式写作,经过五代和宋代,词成为最受人们喜爱的文体之一,同时产生了许多杰出的词人和优秀的作品,从而在文学史上产生了"唐诗宋词"的说法。宋以后,词这一体裁仍有新的发展,尤其是清代,词人之众,作品之多,呈现出一种繁盛景象,至于流派继出,各树旗帜,更是前代所未有。

　　词与诗最明显的区别就在于它与音乐有着更密切的联系,就其根本特性来说,词是一种倚乐而歌的诗体,是音乐语言与文学语言高度结合的产物。最初,词是配合"燕乐"而兴起的。所谓"燕乐",即隋唐之际伴随"胡部新声"大量涌进而盛行起来的新型民族音乐,它的特点是数目繁多、节奏灵活,当时的人们,根据燕乐的繁复变化,从择腔分调到句式变化、字声以及用韵都加以精心的安排,创制出数以千计的词调和体式,然后依据这种固定的格式来填词,这就是所谓"依声填词"。由于合乐的关系,词这种文体便有了它独自具有的特点,大体说来,有以下几点:

一、每首词都有表示音乐性的调名,如《浣溪沙》、《水调歌头》、《清平乐》,每一词调的句式、字数、平仄与押韵的位置,都与乐调相配合而有定规,即所谓"调有定句,句有定字,字有定声"。需要指出的是:每一个调名本来意味着一种词的格式,但也有两种特殊的情形,即"同调异名"——同一个词调有几种不同的名称,如《长相思》又名《双红豆》、《山渐青》,《蝶恋花》又名《一梦金》、《鹊踏枝》。另外,还有两调不同但其别名却相同的情况,如《相见欢》和《锦堂春》的别名均为《乌夜啼》,《浪淘沙》与《谢池春》别名俱为《卖花声》,如仅闻名而不加辨认,往往就会发生误会;"同调异体"——同一词调有几种不同的体式。前人编《词谱》,往往以出现最早或影响最大的体式为"正体",而将其他与此词调相同而体式不同的列为"别体",称作"又一体"。其实,"别体"和"又一体"是相对"正体"而言的,意思是在字数、句式、用韵等方面二者存在着差别,但这种差别一般说来并不大。同时还应指出,词调是指写词时所依据的乐谱、乐调,它并不是词题。词在发展之初,调名和词的内容常常是一致的,因此调名也就是词名,就是词的题目。后来,随着词的发展,词调与词题越来越不一致,作者往往只按着原乐曲的曲调填写与原调本事不同的词,为了点明词旨,说明所写词的内容,便需要另有一个题目,如陆游的《卜算子·咏梅》、辛弃疾《永遇乐·京口北固亭怀古》。

二、一首词大多分为数片,分片也就是分段的意思,词每分一段就称"一片"。词的分片是由乐曲的分段而来的,音乐奏一遍为一段落,两段为一曲时,词就分两片。少数长调慢曲有三段、四段的,词也就有三片四片的。初期的词一般只有一段,所以不分片,后来才有了二、三甚至四片的词,而以两片最为常见。通常习惯上,把只有一片的词称为"单调",两片的称为"双调",三片、四片的称为"三叠"、"四叠"。双调词一般说来上下两片的字数、押韵的位置和平仄格式相同或基本相同,但也有稍有出入或差别很大的。三叠、四叠的词较少见,都属于长调(慢词)词一类。

三、词的句式以长短参差不齐为主要特色,这一点与诗很不同。近体诗以整齐的五七言为特色,乐府诗、古体诗虽然间有杂言,但一般也以大致整齐的句式为主,唯独词在句式上别开生面,从一字句到十一字句都有,这其中的原因还是要归结为词要配合燕乐演唱这一根本特点上来,也就是说,词体的长短句式是适应乐曲的需要而产生的。另外,词还有一种特殊句式,那就是领字句。所谓"领字句",就是以一个字、两个字或三个字领起全句,这种句式是与诗句的用法、句式完全不同的。如以一字领单句的:"对——长亭晚";又如三字领二句的:"不如向——帘儿底下,听人笑语。"领字句在词句中起着调节语气、节奏以配合乐曲歌唱的作用,同时又限定着词意的表达,其作用是不应低估的。

四、较之近体诗,词的声韵格律更加严密和复杂,这是因为词与音乐有密切的联系,每个词调都是以一种固定的格式来适应乐曲的节拍的,同时,词的句式是参差不齐的,词的韵位因此也就富有变化,而且词中所用的字除像诗一样遵守平仄、对仗的规律外,有些还要分四声和五音。这些严格的声韵格律的要求,使词比诗更具有音乐性和节奏感。当然,在有些方面,词又表现出相当的灵活性,如词的押韵与诗比较起来,可以通押、换韵甚至可以多次换韵,但是,规定押甲韵的地方,无论同一词调的词有多少首,也不能改为乙韵。由此可见,词之"灵活",是在极其严格的束缚之下显示出的灵活,它看似无法,实则有法,表现出词与诗之不同及其优越性。

词也与其他一些文体一样,有许多"别名",这些名称从不同的方面表现出词的文体特点,如,因为词与音乐有特殊关系,它又被称作"曲子词"、"乐府"、"乐章"、"歌曲";因为词的句式参差不齐,它又有"长短句"之称;因为词是近体诗之后产生的一种新体抒情诗,更有人认为它是由近体诗变化而形成的,所以它还有"诗余"的称谓,当然,这种名称也反映出看不起词体的倾向,认为词是诗的"下降",是诗的"余绪剩义"。这些不同的名称反映出词不同方面的特点,把它们综合起来,便可以对词的文体特点得出较为全面的认识。

早期词的代表是敦煌曲子词,从这些作品可以大体了解词在民间流传初期的形态,虽然与唐宋文人词比较,敦煌曲子词还显得不够完美和谐,语言也过于浅露,带有浓重的民间味道,但它在词的发展史上,仍具有重要的地位和意义。词的兴起引起了文人的注意,他们介入词的创作,使词体的面貌焕然一新。在唐、五代和北宋初期,文人们写作的体式多为小令,这是因为小令形式短小、句式参差,便于表现作者某一种情绪和感受。但因其篇幅狭小,不适合表现较为阔大的题材和复杂的情怀,故至晏殊、欧阳修发展到一定程度以后,便出现了以大力填制长调而著称的张先和柳永,特别是柳永,他或将唐五代旧调旧曲敷衍加工为长调,或将唐代教坊曲中前人不曾用为曲调的乐曲度为新的词调,从而把词的发展带入一个新的阶段。其后,秦观、贺铸,特别是周邦彦等人为长调的格律化作出了重要贡献,使长调的体式与小令具有了平分秋色的地位。

词作为一种新体诗,在一般文人的观念中与传统意义上的诗是有区别的,即所谓"诗庄词媚"、"词别是一家"。因此,离愁别绪、男欢女爱便成了词的主要题材,温婉柔美也就成为词的突出风格,后人把这些词人的作品概括为"婉约"二字,称其为"婉约派"。另有一些词人打破了传统观念,他们扩大了词的题材范围,抒发了更复杂的感情,同时,对严格的音律限制有所突破,后人称这一派词人为"豪放派",因为其代表人物是苏轼和辛弃疾,人们又称之为"苏辛词派"。在苏、辛的同时或以后,确有一些词人以写作"豪放词"而著称,但更多的作者却仍然走着传统的老路,金元明清词坛可谓久盛不衰,但似乎"婉约"一派的影响更为明显。这种状况的形成,或许正说明了"婉约"的题材,"婉约"的艺术手法,与词这一文体的本质要求更接近;或许是因为"豪放词"的写作,需要具有如苏、辛那样的超世才华才能驾驭,而一般文人岂敢轻易尝试? 这是文学史上一个颇为有趣的现象,很值得研究。

词,作为中国古代的一种重要的文体,它的生命力是很旺盛的。至今,古代的优秀词作仍为人们所喜闻乐见。为了更好地欣赏前人的优秀词作,有一些关于词体的基本概念还是需要了解的。这里只能择其要者而介绍之——

令、引、近、慢。这是词的四种体式。令,又称小令、令曲,其名称来源于唐代的酒令。因唐代人往往于宴会上即席填词,利用时调小曲当作酒令,遂有令曲、小令的名称。从音乐节奏上看,令曲每片四拍;从篇幅上看,令曲一般比较短小,如《十六字令》。引,本来是古代乐曲的一种名称,"引"是"引歌"的意思,原是指唐代大曲的先头部分。宋人取唐五代小令,曼衍其声,别成新腔,称之为"引"。从音乐角度看,引每片六拍;从字数上看,引少则二十余字,多则上百字,大约属于"中调"的范围。近,又称"近拍"，每片六拍，字数在七十与百字之间，同"引"一样，是介于"令"和"慢"之间的体式。慢，是慢曲子的简称，与急曲子相对而得名，它每片八拍，从篇幅上看，它一般调长字多，节奏较为舒缓。令、引、近、慢的名称，其着眼点是音乐的节奏而不是篇幅的长短，虽然节奏与篇幅有着一定的联系，但二者并不是一回事，比如，慢曲一般都字多调长，但并不能反过来说凡长调都是慢曲。

长调、中调、小令。这是词调的三种体格，其出发点是词的字数多寡。长调，即长词，一般以一百字以上者为长调，如《念奴娇》、《六州歌头》等均是，最长的长调是《莺啼序》，共二百四十字。中调一般在五十至一百字之间，如《定风波》、《鹧鸪天》等均是。小令，即词之短小者，一般认为五十字以下者为小令，如《忆江南》、《清平乐》便是。长调、中调、小令与令、引、近、慢有重合之处，也有不同之处，其原因在于，前者是从篇幅长短而后者是从音乐节奏的快慢着眼的，它们之间的区别是不能忽视的。

换头、过片。这是两个词学名词。词最初是单片的小令，后来发展为分上下两片的令词。开始，上下两片句式完全相同，如《采桑子》、《卜算子》、《蝶恋花》等均是。以后，在下片开始的地方稍稍改变音乐的节奏，歌词的句式也相应的有所改变。凡是下片开始之处的句式与上片开始之处不相同的，称作"换头"。换头，又称作"过"、"过片"、"过变"、"过拍"。名称虽异，但意思相同，指的都是下片的起句。顺便说一句，词以一句为一拍，拍字可以代句字用，所以称换头为过拍，也就称上片的结句为"歇拍"，这也是一个读词作赏析文章经常遇到的词学名词。

减字偷声和摊破、添字。这是词的变格异体，也是词人们为了增损变化词调，使之更为丰富的方法。一首词的曲调本来是有定格的，但是为了更加动听，词人们往往对本调在音乐上缩短乐句或简化节奏，歌词也相应减少，从而成为一种新调。这称作"减字偷声"。相反，在本调的基础上，摊破一二声，增字衍声，另外成为一个新的曲调，但仍用原来调名，而加上"摊破"二字以为区别。"摊破"是从文字和音乐兼顾的角度而言，若仅从文字方面而言，则"摊破"就是"添字"。如《浣溪沙》词原为上、下片各三句，每句七言，而《摊破浣溪沙》则在上、下片末各增一个三言句。又有将原调每片第三句改为四言、五言各一句，成为七七四五句式的，这也是一种新调。

词学名词还有很多,如"促拍"、"转调"、"犯"、"遍"、"序"、"歌头"、"曲破"、"中腔"等等,在阅读和欣赏古代词作时,应该对它们的含义有较为明确的了解,从而提高我们的鉴赏水平。因为篇幅所限,这里就不对这些名词一一加以介绍了。

原载《中国古代诗词名篇》,人民文学出版社2000年3月版

什么是绝句

绝句是我国古典诗歌中最精粹的诗体,形式短小,节奏却很明快,因而流传十分广泛。诗人们都很喜欢这一体裁,翻开文学史,几乎每一位诗人都有几首、几十首甚至上百首绝句诗。明胡应麟《诗薮》说,绝句"句格稳顺,语半于近体,而意味深长过之;节促于歌行,而咏叹悠永信之,遂为百代不易之体"。

一

四句两韵的小诗,在汉魏时即已存在,但它只是古诗的一种,并没有"绝句"的称谓。绝句的名称始于南北朝,它是由联句而来的。联句,是每人各作诗一至数句,几个人所作的诗联缀为一篇,如汉武帝与其臣下每人作七言诗一句,合成一篇古诗《柏梁台诗》(有人认为此诗是后人伪托之作)。晋代贾充和他的妻子各作五言二句合为一诗。到了东晋末年,陶渊明与愔之、循之的联句,已经发展到每人各作五言诗四句,并逐渐成为一种定式,许多诗人如鲍照、何逊等都曾与人一起联句。这时联句,已定为每人四句两韵,也即是一首五言绝句。众人你作我续,最后成为一篇完整的古诗,便被称为"联句"。若是由于种种原因,或是有人先作而无人续作,或是有人续作而未成,这样,原先某人所作的四句便被称为"绝句"或"断句"了。因此,梁江革有《赠何记室联句不成诗》,何逊有《答江革联句不成诗》,全是五言四句的绝句。由此看来,绝句的"绝",就是"断绝"或"截取'的意思。《南史·宋文帝诸子列传》说晋熙王刘昶,夜奔魏国,"在道慷慨为断句曰:'白云满鄣来,黄尘半天起。南山四面绝,故乡几千里'。"因为他这首诗无人续作,所以称为"断句"。在南北朝时期,绝句,实际上已经成为一种诗体,所以《南史·文学传》载宋明帝见吴迈远所作时说:"此人连(联)、绝之外,无所复有。"《南史·梁元帝纪》载梁元帝在幽逼中,"求酒饮之,制诗四绝"。通过这些记载,我们可以知道,绝句或断句这一名称在南北朝时期已经确立,因此胡应麟《诗薮·杂编》云:

> 宋刘昶入魏,作断句诗云。按此即今绝句也,绝句之名当始此。以仓卒信口而成,止于四句,而篇足意完,取断绝之义,因相沿为绝句耳。

赵翼《陔余丛考·绝句》云:

> 今按《南史》:宋晋熙王昶奔魏,在道慷慨为断句诗曰……。梁元帝在幽逼时制诗四绝……。曰断句,曰绝句,则宋梁时已称绝句也。

可见,绝句最初是因为联句未成而得名,后来渐渐发展为一种诗体:五言或七言四句两韵的小诗。这种小诗,在南北朝时期便大量出现,因为五言诗在这个时候已经发展得相当成熟,所以这时的绝句诗较多的是五言,如乐府民歌《子夜四时歌》以及谢朓的《玉阶怨》、范云的《别诗》、陶宏景的《诏问山中何所有赋诗以答》等。七言绝句这时也有一些作品,如北齐魏收《挟瑟歌》、梁简文帝的《夜望单飞雁》、北周庾信的《代人伤往》等。这些绝句已经同后来常见的绝句基本一样了。到了隋代,绝句这一诗体又有了新的发展,出现了律化的绝句,如薛道衡《人日思归》:"入春才七日,离家已二年。人归落雁后,思发在花前。"七绝如无名氏的《别诗》:"杨柳青青著地垂,杨花漫漫搅天飞;柳条折尽花飞尽,借问行人归不归?"此时,绝句虽然已有了律化的倾向,但大多数作品并不完全合律,只能仍称其为古绝(绝句又可分为古绝与律绝,它们的特点将在下文详述)。

我们知道,我国诗歌经过长期发展,至初唐时期,律诗正式形成了。律诗的形成,对绝句的发展产生了深刻的影响,这以后,绝句才完成了律化过程,进入了它的鼎盛时期。绝句在唐代的发展有一个过程,产生了不少绝句高手,如李白、王昌龄、白居易、元稹、杜牧、李商隐……有趣的是,不仅文人骚客常作绝句,就是一般的人也颇精于此道。唐以后,各朝各代仍有大量的绝句创作,出现了许多以绝句名世的诗人,正是在这个意义上,胡应麟感叹绝句是"百代不易之体"。历代诗人之所以特别喜欢绝句这一诗歌形式,其中一个重要的原因是:绝句(主要指律绝)虽然与律诗一样讲究格律,但毕竟比律诗少一些束缚,它不讲对仗,篇幅也更短小,所以显得不那么呆板,也较容易掌握;同时,比之一般的古体诗,绝句又多一些格律上的要求,因而在声调韵律上不仅更多变化,而且更为优美。

二

绝句又可分为律绝和古绝。从产生的先后来说,是古绝在前而律绝在后。一般地说,在律诗正式形成以前,绝句谈不上合乎格律,这时的绝句是古绝;律诗产生以后,绝句逐渐律化,对格律的要求也很严格,这叫律绝。律绝和律诗一样,在格律上有一定的固定格式,在平仄、押韵、粘对诸方面,都有严格的要求,所以唐人编集时把绝句归入律诗,如李汉编《昌黎集》,便将绝句编入律诗之中。唐人又称绝句为"小律诗",如白居易有一首诗题为《江上吟元八绝句》,其中说:"大江深处月明时,一夜吟君小律诗。"由题目中的"绝句"而至诗中的"小律诗",可见绝句与律诗的关系。因此,有人认为律绝是截取律诗里的四句而成的,如元人傅汝砺的《诗法源流》说:"绝句,截句也。如后二句对者是截律诗前半首,前两句对者是截律诗后半首,四句皆对者是截中四句,四句皆不对者,是截前后四句也。"若是用这种看法说明绝句的产生,那自然是不对的,因为在律诗产生之前,即有绝句之名;但是若用这个看法来说明律绝与律诗的关系,还是有一定道理的。

我们知道,律诗的格律很严,在许多方面都有讲究,主要有如下几个特点:

1. "约句准篇",每首限定八句,五律四十字,七律五十六字;

2. 每句的平仄都有一定的格式和规定,讲究粘对,"虚实平仄不得任情";

3. 必须押平声韵;一韵到底,不能转韵;

4. 每篇必须有对仗;对仗的位置也有规定。

律绝与律诗比较,除了第四点以外,其他三点完全一样。律绝在字数上有严格的规定:五绝四句二十字,七绝四句二十八字,不能增减;律绝也要求押平声韵,不能用仄声韵,若用了仄声韵,便被认为是古绝而不是律绝了。律绝的平仄也有一定的规矩,一般情况下不能破坏。

绝句在格律上有以下几种形式:

一、五言绝句

1. 仄起仄收式　　　　　白居易《问刘十九》

仄仄平平仄　　　　　绿蚁新醅酒,

平平仄仄平　　　　　红泥小火炉。

平平平仄仄　　　　　晚来天欲雪,

仄仄仄平平　　　　　能饮一杯无?

2. 仄起平收式:这一式是上一式的变式,只将首句"仄仄平平仄"改为"仄仄仄平平",其余各句均同,不同的是这一式首句即用韵,如王安石《梅花》:"墙角数枝梅,凌寒独自开,遥知不是雪,为有暗香来。"

3. 平起仄收式　　　　　李端《听筝》

平平平仄仄　　　　　鸣筝金粟柱,

仄仄仄平平　　　　　素手玉房前。

仄仄平平仄　　　　　欲得周郎顾,

平平仄仄平　　　　　时时误拂弦。

4. 平起平收式:这一式是上一式的变式,只将首句"平平平仄仄"改为"平平仄仄平",其余各句不变。此式亦是首句即用韵,如李嘉祐《白鹭》:"江南绿水多,顾影逗轻波。落罢秦云里,山高奈若何。"

二、七言绝句

1. 平起平收式　　　　　李白:《春夜洛城闻笛》

平平仄仄仄平平　　　　谁家玉笛暗飞声,

仄仄平平仄仄平　　　　散入春风满洛城。

仄仄平平平仄仄　　　　此夜曲中闻《折柳》,

平平仄仄仄平平　　　　何人不起故园情。

2. 平起仄收式:只将上一式首句改为"平平仄仄平平仄",其余各句不变。上一式首句一般用韵,此式首句不用韵,如杜牧《沈下贤》:"斯人清唱何人和?草径苔芜不可寻。一夕小敷山下梦,水如环珮月如襟。"

3. 仄起平收式　　　　刘禹锡《乌衣巷》

仄仄平平仄仄平　　　　朱雀桥边野草花,

平平仄仄仄平平　　　　乌衣巷口夕阳斜。

平平仄仄平平仄　　　　旧时王谢堂前燕,

仄仄平平仄仄平　　　　飞入寻常百姓家。

4. 仄起仄收式:只将上一式首句改为"仄仄平平平仄仄",其余各句均同。上一式首句一般用韵,此式首句不用韵,如李益《夜上受降城闻笛》:"回乐峰前沙似雪,受降城外月如霜。不如何处吹芦管,一夜征人尽望乡。"

在以上的各式中,五绝一、三式较常见,二、四式较少见,以首句不用韵为常式,首句用韵为变式;七绝一、三式较常见,二、四两式较少见;以首句用韵为常式,首句不用韵为变式。

从上面列出的格式中,我们可以看出律绝格律要求很严格,平仄、粘对都很讲究。当然在具体创作中还有一些变格,如"孤平拗救"之类,这里不详说。至于对仗,律诗的要求是很严格的,绝句没有这种要求,但是诗人们在创作时,往往喜欢使用对仗,这样可以使修辞优美,给人以强烈的美感,如前两句对仗的:"蓝桥春雪君归日,秦岭秋风我去时。每到驿亭先下马,循墙绕格觅君诗。"(白居易《蓝桥驿见元九诗》)后两句对仗的:"不是爱花即欲死,只恐花尽老相催。繁枝容易纷纷落,嫩蕊商量细细开。"(杜甫:《江畔独步寻花》)全篇皆对仗的:"白日依山尽,黄河入海流。欲穷千里目,更上一层楼"(王之涣《登鹳鹊楼》)……从这里,我们可以看出,绝句前两句对仗的确是律诗的后半首;后两句对仗的又是律诗的前半首;而全篇皆对的,则是律诗的中间两联,正是在这个意义上,我们承认《诗法源流》所言有其合理之处。

下面来谈谈古绝,古绝实际是古体诗的一种,它不讲平仄、不讲粘对,不讲声病。律绝要求押平声韵,但古绝没有这种限制,如范仲淹《江上渔者》"江上往来人,但爱鲈鱼美。君看一叶舟,出没风波里",便押仄韵。李绅《悯农二首》亦用仄韵,且其中"春种一粒粟"连用了三个仄声,"谁知盘中餐"一句连用了五个平声。再如杜甫《三绝句》之一:"二十一家同入蜀,惟残一人出骆谷。自说二女啮臂时,回头却向秦云哭。"其中"自说"一句连用六个仄声。由此可见,古绝就是绝句律化以前的那种写法,绝句律化以后,仍有一些诗人有意或无意地不严守平仄格律,这样写出来的绝句,仍称为古绝。

因此,我们既不能简单地将绝句归入律诗一类,又不能简单地将其归入古体诗一类。如果以格律为尺度,绝句可以一分为二:律绝自然可以视作是律诗的一种,而古绝却只能被认为是古体诗的一类了。

需要补充说明的是,我们以上介绍的是五、七言绝句,其实,在文学史上还出现过六言绝句,如王维《田家乐》:"桃红复含夜雨,柳绿更带春烟。花落家童未扫,莺啼山客犹眠。"但是,这类作品数量不多,影响也不大,这里就不专门介绍了。

三

绝句,作为一种广泛流行的诗体,在艺术上自有其特点,这是我们阅读和欣赏古代绝句诗所应该了解的。

通过上面的介绍,我们知道,绝句的篇幅十分短小。怎样在这样短小的篇幅里,充分地表达出诗人的思想和感情,确实不是一件容易的事。它不能像歌行或排律那样从容写来,而必须珍惜每一个字,以一当十,以形似求神似。清人屈绍隆《粤游杂咏序》说:

> 诗以神行,使人得其意于言之外,若远若近,若无若有。云之于天,月之于水,心得而会之,口不得而言之,斯诗之神者也。而五、七言绝句,尤贵以此道行之。

这一段话,说明了绝句的一个主要特点:含蓄隽永。事实上,在文学史上有一定影响的诗人,他们的绝句往往被认为是能以少总多的含蓄之作。

绝句的另一个特点是节奏短促,虽难有腾挪之势,却更显得俊爽明快。清钱木庵《唐音审体》说:"四韵(指律诗)气局舒展,以整严为先,绝句气局单促,以警拔为上。"正因为具有这个特点,绝句成为唐代最流行的

乐府歌辞,王士禛《唐人万首绝句选序》中说:

> 考之开元、天宝以来,宫掖所传,梨园弟子所歌,旗亭所唱,边将
> 所进,率当时名士所为绝句尔。故王之涣"黄河远上"、王昌龄"昭阳
> 日影"之句,至今艳称之。而右丞"渭城朝雨",流传尤众,好事者至
> 谱为《阳关三叠》。他如刘禹锡、张祜诸篇,尤难指数。由是言之,唐
> 三百年以绝句擅场,即唐三百年之乐府也。

这一段话,不仅说明了绝句在唐代广泛流行的情形,也说明了绝句节
奏短促、明快,便于演唱的特点。因此,唐以后虽然产生了词、曲,但绝句
仍然不衰,成为人们最爱吟颂的诗歌形式之一。

原载《古典文学知识》1987 年第 4 期

说词牌《摸鱼儿》和《临江仙》

　　《摸鱼儿》原为唐教坊曲,后用为词牌,又称作《摸鱼子》、《迈陂塘》、《山鬼谣》、《陂塘柳》、《安庆摸》。双调,上、下片不同调。上片十句,第一句一般分为上三下四,第六句分为上三下七。下片十一句,第七句一般分为上三下七。共一百一十六字。此词牌属仄韵格,上片第一、二、四、五、六、七、十句和下片二、三、五、六、七、八、十一句押仄声韵。

　　我们知道,词在体式上可以分成四种,即令、引、近、慢,而词调有三种体格,即长调、中调、小令。《摸鱼儿》是长调,属于慢曲。长调,即长词,一般以一百字以上者为长调。因为是长调,用的字数较多,又因为是慢曲,具有拍缓调长的特点,所以《摸鱼儿》这个词牌可以表现相当复杂的感情和十分重大的题材,其容量是很大的。说到《摸鱼儿》,我们自然会想起辛弃疾的杰作,"惜春长怕花开早,何况落红无数",令人生出多少感慨?这首词当然不仅仅是抒发惜春之情,"休去倚危栏,斜阳正在、烟柳断肠处",正表现出词人对国家前途的担忧,可谓哀怨沉痛之至,因而梁启超评此词"回肠荡气,至于此极,前无古人,后无来者"。元好问的"问世间、情是何物"一词也是《摸鱼儿》中的名篇,此词运用拟人化手法,紧紧围绕一个"情"字,塑造了一个忠于爱情的大雁的形象,"问世间、情是何物,直教生死相许",确为千古名句。其他名作还有很多,有的抒写了作者隐居时的所思所感,有的表达了亡国之痛,有的借古抒怀,抒发了人生沧桑之感,更多的则表现了词人们惜春伤时、人生苦短、伤别相思的情怀……在这里,不妨引录一首宋代辛弃疾的名作加以体会和感悟:

　　　　更能消、几番风雨?匆匆春又归去。惜春长怕花开早,何况落红无数。春且住。见说道、天涯芳草无归路。怨春不语。算只有殷勤，画檐蛛网，尽日惹飞絮。

　　长门事，准拟佳期又误。蛾眉曾有人妒。千金纵买相如赋，脉脉此情谁诉？君莫舞，君不见、玉环飞燕皆尘土！闲愁最苦。休去倚危栏，斜阳正在、烟柳断肠处。

　　总之，《摸鱼儿》这个词牌里有许多优秀的作品，它们以内容丰富、感情真挚、艺术特色明显而受到后人的喜爱和赞赏。

　　《临江仙》原来是唐教坊曲名，后来用为词牌。原曲多用来咏水仙，故名。又称作《谢新恩》、《庭院深深》、《雁后归》、《鸳鸯梦》、《画屏春》。在词调中，《临江仙》属于中调，分上下两片，各五句，上下片同调，逢二、三、五句押平声韵。

　　常见的临江仙的体式有三种，一是六十字，如苏轼的《临江仙》（夜饮东坡醒复醉）即是。这一体式，上下片均为三十字，具体句式是七、六、七、五、五；二是五十八字，如李煜的《临江仙》（樱桃落尽春归去）便是。这一体式的上下片均为二十九字，与第一种不同之处在于上下片的第四句为四字；三是也五十八字，如晏几道的《临江仙》（梦后楼台高锁）就是，较之第一种，这种体式的上下片的起句为六字，其他没有什么不同。有些词人有意突破常规，在后片换韵，但并不常见。宋代柳永敷衍此调为慢词，双调九十三字，称作《临江仙引》、《临江仙慢》，这可以视作是别格。

　　《临江仙》这个词牌颇受人们的青睐，几乎每一位著名的词人都有几首《临江仙》。究其原因，是因为这个词牌较之长调显得不那么繁复，便于驾驭，而与小令相比，它又有一定的容量，足以表达复杂和丰富的感情，因而它所涉及的题材是很广泛的，其中既有"此身如传舍，何处是吾乡"（苏轼）的人生感慨，又有"流水便随春远，行云终与谁同"（晏几道）的怀人情思；既有"江豚吹浪立，沙鸟得鱼闲"（薛时雨）的长江风光；又有"洞庭波浪飐晴天，君山一点凝烟"（牛希济）的湖山景色；既有"笑解金龟同买醉，故人雅集今宵"（姜实节）的文人雅致，又有"高咏楚词醉午日，天涯节序匆匆"（陈与义）的对屈原的怀念；既有"起来花影下，扇子扑飞萤"（李石）对佳人的描绘，又有"烟月不知人事改，夜阑还照深宫"（鹿虔扆）

对亡国之痛的抒发……此处不妨选读一首宋代晏几道抒写怀念歌女小蘋的愁苦迷惘心情的佳作：

> 梦后楼台高锁，酒醒帘幕低垂。去年春恨却来时。落花人独立，微雨燕双飞。　记得小蘋初见，两重心字罗衣。琵琶弦上说相思。当时明月在，曾照彩云归。

前人的《临江仙》词很多，其中佳作亦多，如果有可能，可以集中阅读和欣赏这个词牌的优秀作品，通过阅读和欣赏这些作品，可以大体了解《临江仙》这一词牌的发展脉络及其艺术特点，若是细心的读者，还可以将抒写不同情怀的词作加以比较，从而去休会词人们是怎样用同一词牌去写不同的题材而又各臻其妙的。无疑，经过这样的比较，你对古典诗词的欣赏水平一定会得到明显的提高。

原载《分调绝妙好词·临江仙》、《分调绝妙好词·摸鱼儿》，

东方出版社 2001 年 1 月版

《咏物诗选》前言①

　　所谓"咏物诗",是指那种以客观的"物"为描写对象,或细致地刻划它的色彩与形态,或借以抒怀兴感的诗作。世间的花草松竹,鸟兽虫鱼,都有着自己生长、生活的规律。但是那些多愁善感的诗人们,却往往能由自然界里的万物,生发出无限的感慨,这便产生了咏物诗。"物"引发了诗,而诗又通过对"物"作形象的描绘,赋予"物"以美感,诗人还能"因物而兴怀"。因此,没有生活中的万物,便不会有咏物诗;而优秀的咏物诗,又给物以美感和生命。将"物"与"诗"有机地结合起来的,是诗人们创造性的劳动。

　　在我国第一部诗歌总集《诗经》里,就有不少咏物的佳句,但还没有独立成篇的咏物诗。至今最早的一首咏物涛,可能是屈原的《桔颂》,自屈原以后,特别是在南北朝时期,出现了大量的咏物诗。咏物,逐渐成为诗歌创作中一个重要的题材。自唐以后,几乎每一位有成就的诗人都有几首咏物之作。在文学史上,确也有因咏物而得名的诗人,如唐郑谷因写鹧鸪诗,被称为"郑鹧鸪",宋谢逸因写蝴蝶诗,被称为"谢蝴蝶",明袁凯因写白燕诗,被称作"袁白燕"。

　　咏物诗的描写对象是"物",难免要对所咏之物作一定的描绘和刻划,求其逼真,这种刻划是为了曲尽物之体态,达到形似的目的。但好的咏物诗总是不停留于形似,而是力求在形似的基础上,再进一步,写出"物"的神韵。所以古人有"取形不如取神"之言。《直方诗话》有一段记载很有意思:宋人王居卿认为林逋《梅花》诗中"疏影横斜水清浅,暗香浮动月黄昏"二句"咏杏花与桃花皆可"。苏轼表示了相反的意见:"可则

---

　　① 《咏物诗选》,人民文学出版社 1989 年 4 月出版。

可,但恐李花不敢承当。"苏轼的见解是很高明的,因为林逋的诗句,描绘出梅花孤傲雅洁的神态和风韵,而"杏桃李者,影能疏乎?香能暗乎?繁秾之花又与月黄昏、水清浅有何交涉,且'横斜'浮动'四字,牢不可移"(方回《瀛奎律髓》)。如果林逋仅仅着眼于梅花的色彩、形状,可能写得更细致、更逼真,却会失去梅花的神韵,如宋代石曼卿这样写梅花:"认桃无绿叶,辨杏有青枝",便比林逋的诗逊色多了,难怪苏轼批评他不知"梅格"(梅花的品格和神韵)所在! 总之,好的咏物诗要有"不即不离"的特点,不仅要追求形似,更要力求神似,在刻划中求神似;虽咏物,但不呆滞于物,方有空灵之感,否则必然境界不高、意境不美。

诗人咏物,常常希望能借物表达出自己的理想和志向,或者表明自己对某些事物的看法,这便是寄托。在那些优秀的咏物诗里,我们往往可以看到:诗人们在对具体的"物"的描绘中,融入了自己的愿望和感情,读之往往能发人深省,如杜甫《古柏行》,在对老柏的描绘中,抒发了"古来材大难为用"的感慨;宋代李纲《病牛》借"病牛"的形象,表达了自己为百姓温饱、国家安定,不计个人荣辱得失的高尚情操。但是,咏物诗中的寄托,一定要与所咏之物相切合,若是完全脱离开对物的描绘,一味地表达自己的理想和感情,便会使咏物诗显得太直、太露,做不到"言有尽而意无穷",好的咏物诗,诗中所咏之物和借物所抒之情,总是很融洽地结合在一起的,这是咏物诗的又一个特点。然而,是不是只有有了寄托才是好的咏物诗呢?那也不一定。如唐代贺知章《咏柳》诗构思新巧,用鲜明的色彩和形象的比喻,把春柳描绘得生气勃勃,充满了诗意。张渭《早梅》诗,虽无深意,但写得风趣活泼,描绘出了早梅的形象与神态。这一类诗,表现出诗人对生活的热爱,它们以其生动的形象和强烈的美感打动读者,能够引起人们丰富的联想,满足人们某一方面的审美要求,自然也是咏物诗中的上乘之作。

在我国文学史上,自从咏物诗兴盛起来以后,便没有衰竭,各朝各代都有大量的作品,因此它的数量是相当多的,这本小书仅仅选了一百余篇,充其量,也只能使读者对咏物诗有一个大概的了解。当你有暇吟咏这些诗作时,希望它能给你美的享受和思想的启迪——这便是我的一点心愿。

1998 年 3 月 21 日

《咏物词品珍》前言①

　　所谓"咏物词",是指那种以客观的"物"为描写对象,或细致地刻划它的色彩与形态,或借以抒怀兴感的词作。世间的松竹花草、鸟兽虫鱼,都有自己的生长、生活规律。但是那些多愁善感的文人们,却往往能由自然界里的万物,生发出无限的感慨,这便产生了咏物之作。词这一文学体裁一经形成,便有了以"物"为描写、吟咏对象的作品,到了宋代,更兴盛起来。但是北宋与南宋的咏物词在总的倾向上又有所不同:北宋的咏物词有较明显的抒情成分,对"物"的刻划还不够工细;而南宋的咏物词咏物的成分明显增多,词风上渐趋冷静以至隐晦。宋以后各朝各代,均有大量的咏物词作,在风格及艺术手法上亦各有千秋。

　　咏物词的描写对象是"物",这就要求它要对所咏之物作一定的描绘和刻划,求其逼真,这种刻划是为了曲尽物之体态,达到形似的目的。但好的咏物词总是不停留于形似,而是力求在形似的基础上,再进一步,写出"物"的神韵。所以古人有"取形不如取神"的说法。苏轼很明白这个道理,所以他认为当时诗人石曼卿描写梅花"认桃无绿叶,辩杏有青枝",是不知"梅格"(梅花的品格和神韵)所在,因而写作了《红梅》诗,后又由诗敷化成《定风波·红梅》词。这首词不仅描绘出红梅的形象,更写出了它的神韵,堪称咏物佳作。总之,好的咏物词不仅要追求形式,更要在刻划中力求神似;虽咏物,但不能呆滞于物,方有空灵之感,否则必然境界不高、意境不美。

　　词人咏物,常常希望能借物来表达自己的理想和志向,或者表明自己

---

①　《咏物词品珍》,东方出版社 1995 年 8 月出版。

对某些事物的看法，这便是寄托。沈祥龙《论词随笔》中说："咏物之作，在借物以寓性情，凡身世之感，君国之忧，隐然蕴于其内。斯寄托遥深，非沾沾焉咏一物矣。"在咏物词中，确实有一些优秀之作，可谓"寄托遥深"，如宋·贺铸《踏莎行》，借咏莲花而抒写作者怀才不遇的感慨；王沂孙《庆春宫》，通过对水仙的描写，寄托了词人的亡国之恨；明·高启《沁园春》，在大雁的形象中，融入了自己高蹈远引、急流勇退的志趣；清·陈维崧《醉落魄》，借鹰抒怀，表达了作者希望有所作为的愿望。其他如宋·刘辰翁《踏莎行·雨中观海棠》、王沂孙《齐天乐·蝉》、清·张睿《罗敷媚·菊会》等均是此类作品。但是，咏物词中的寄托，一定要与所咏之物相切合，若是脱离开对物的描绘，一味地表达作者的理想和感情，便会使咏物词显得太直、太露，达不到"言有尽而意无穷"的意境。然而，是不是只有有了寄托，才是好的咏物词呢？当然不是。如宋代词人姜夔与张镃曾在一次饮宴席间，同时写作了咏蟋蟀的《齐天乐》和《满庭芳》词，姜作有寄托，张作无寄托，却各擅胜场，未易轩轾，故而郑文焯校《白石道人歌曲》指出："功父（张镃字）《满庭芳》词咏蟋蟀儿，清隽幽美，实擅词家能事，有观止之叹。白石别构一格，下阕寄托遥深，亦足千古矣。"又如宋·欧阳修《望江南》咏蝶、史达祖《双双燕》咏燕、清·朱彝尊《花犯》咏鸳鸯等，虽然都没有寄托，但是作者用形象的比喻和生动的描写，把所咏之物描绘得生动传神，因而也受到人们的赞赏。这一类词作，表现出作者对生活的热爱，它们以其生动的形象和强烈的美感打动读者，能够引起人们丰富的联想，满足人们某一方面的审美需求，当然也是咏物词中的上乘之作。

如前所述，自从词产生以来，各朝各代均有大量的咏物之作，这本小书只选了其中很小一部分，如果读者在工作之余，能从这些咏物佳作中获得一定的美的享受和思想的启迪，我便感到十分欣慰了。

1994 年 7 月

《千家诗评注》前言①

　　《千家诗》是明清两代最流行的蒙学读本之一,故历来就有"三"(《三字经》)、"百"(《百家姓》)、"千"(《千字文》)、"千"(《千家诗》)的说法,由此可见,它在传播传统文化方面曾经起过不可忽视的作用。

　　追溯《千家诗》的源流,最早的传本当为署作刘克庄编选的《分门纂类唐宋时贤千家诗选》。刘克庄(1187—1269),字潜夫,号后村居士,故此书又名《后村千家诗》。这个选本共二十二卷,分时令、节候、气候、昼夜、百花、竹林、天文、地理、宫室、器用、音乐、禽兽、昆虫、人品十四门,每一门中又分子目,分别选录唐五代及宋人的律诗与绝句,尤以宋诗为多,所选多脍炙人口之作,但或许因为这个选本分类过于细琐、卷帙较繁,加之此书往往擅自删削,如王维、杜甫等人的七律往往截去一半,成为绝句,因此它流传并不广泛。在清代前期流行的是在此基础上增删修订而成的《增修重订千家诗》,此书分上下两集,上集七言绝句,下集七言律诗,署谢枋得选、王相注。谢枋得为南宋人,而此书收有明人作品,故一般认为题作谢枋得选是伪托。王相,字晋升,明清间江西临川人,编有《女四书》、《尺牍嘤鸣集》。与此书先后出现的还有一种署为王相编选注释的《新镌五言千家诗》。这两种书一选七言,一选五言,书坊为了便于村塾学童的学习,将二者合刊在一起,署为谢枋得编、王相注,这便是今天流行的《千家诗》。

　　《千家诗》所收作品,都是五、七言绝句和律诗,且绝大多数是唐宋诗人的名篇,这些诗作题材丰富,篇幅短小,文字浅显。易于记诵,在编排上

---

　　①　《千家诗评注》,人民文学出版社 1999 年 3 月出版。

亦很有特点,因而历来为人们所喜爱,得以长期流传而不衰,至今仍有其生命力。但王相的注释颇为浮浅,时有谬说,故后来的重注本颇多。此次整理,据通行本加以校勘,注释力求简明,着重解决字词难点,有时也作些串讲;简评或介绍写作背景,或分析思想内涵,或鉴赏艺术特色,有话则长,无话则短,希望对读者全面了解每首作品能有所助益;作者简介按时代先后排列,集中附于书后,以便于读者查阅。由于水平有限,注释评析中难免有不当之处,欢迎读者批评指正。

1998 年 10 月 12 日

《唐诗三百首新编》前言①

　　唐代诗坛群星灿烂、百花齐放,呈现出空前繁荣的景象,无论是内容的丰富、题材的多样,还是体制的完备、技巧的成熟,唐诗都超越前代而成为中国古典诗歌史上一座举世闻名的丰碑。唐诗不仅是祖国文化遗产中的珍品,同时也是世界文学宝库中独具异彩的瑰宝,千百年来,它以巨大的艺术魅力,吸引着一代又一代读者,至今仍能给人们以美的享受、思想的启迪和艺术的借鉴。

　　唐代是诗歌创作的极盛时期,仅清代康熙年间编纂的《全唐诗》,便收录了二千二百余位诗人的作品近五万首。因为数量太多,不易普及,所以唐诗选本在唐代即已开始出现,唐以后更有多种选本流行,而其中篇幅较为适中、选诗较为精当、在旧选本中传播最广的是清代孙洙(别号蘅塘退士)编选的《唐诗三百首》,因为这个选本入选的大多为脍炙人口的名篇,故有"风行海内,几至家置一编"的美誉。

　　《唐诗三百首》成书以后,一向有多种注释本流行,这些注本各有特色,对读者阅读和欣赏唐诗均极有帮助。但是,《唐诗三百首》毕竟是清人编选的,思想和时代的局限必然要反映在具体选目上。为了满足今天读者新的需要,我们从今天的审美角度出发,编选了这一部《唐诗三百首新编》,在篇目选择上力图把唐诗中最有代表性的精华推荐给广大读者,对字词典故加以必要的注释,对每一首诗作出尽可能精当的赏析介绍,帮助读者更好地理解作品,希望有此一册在手,能给读者带来欣赏唐诗的新的乐趣和启迪。

2006 年 4 月 18 日

---

　　① 《唐诗三百首新编》,百家出版社 2007 年 1 月出版。

《精选唐人绝句一千首》前言①

　　绝句是我国古典诗歌中最精萃的一种诗体,它形式短小,语言精炼,节奏明快,所以很受古代诗人们的喜爱。明人胡应麟在《诗薮》中说绝句"句格稳顺,语半于近体,而意味深长过之;节促于歌行,而咏叹悠永倍之,遂为百代不易之体"。

　　四句两韵的小诗,在汉魏时即已存在,但它只是古诗的一种,并没有"绝句"的称谓。绝句的名称始于南北朝,它是由联句而来的。联句,是每人各作一至数句,几个人所作的诗联缀为一篇,如汉武帝与其臣下每人作七言诗一句,合成一篇古诗《柏梁台诗》,晋代贾充和他的妻子各作五言二句合为一诗。到了东晋末年,陶渊明与愔之、循之的联句,已经发展到每人各作五言诗四句,并逐渐成为一种定式,许多诗人如鲍照、何逊等都曾与人一起联句。这时联句,已定为每人四句两韵,也即是一首绝句。众人你作我续,最后成为一篇完整的古诗,便被称为"联句",若是由于种种原因,或是有人先作而无人续作,或是有人续作而未成,这样,原先某人所作的四句便被称为"绝句"或"断句"了。由此看来,绝句的"绝",就是"断绝"或"截取"的意思。在南北朝时期,绝句实际上已经成为一种诗体,所以《南史·文学传》载宋明帝见吴迈远所作时说:"此人连(联)、绝之外,无所复有。"由此我们可以知道,绝句或断句这一名称在南北朝时期已经确立,因此胡应麟《诗薮·杂编》云:

　　　　宋刘昶入魏,作断句诗云。按此即今绝句也,绝句之名当始此。

---

　　① 《精选唐人绝句一千首》,辽宁教育出版社1997年7月出版。

> 以仓卒信口而成,止于四句,而篇足意完,取断绝之义,因相沿为绝
> 句耳。

可见,绝句最初是因为联句未成而得名,后来渐渐发展为一种诗体:五言
或七言四句两韵的小诗。这种小诗,在南北朝时期便大量出现,因为五言
诗在这个时候已经发展得相当成熟,所以这时的绝句诗较多的是五言,如
乐府民歌《子夜四时歌》,以及谢朓的《玉阶怨》、范云的《别诗》、陶宏景的
《诏问山中何所有赋诗以答》等。七言绝句这时也有一些作品,如北齐魏
收的《挟瑟歌》、梁简文帝的《夜望单飞雁》、北周庾信的《代人伤往》等。
这些绝句已经同后来常见的绝句基本没有什么区别了。到了隋代,绝句
这一诗体又有了新的发展,出现了律化的绝句,如薛道衡《人日思归》、无
名氏《别诗》都是有代表性的作品。此时的绝句虽然已有了律化的倾向,
但大多数作品并不完全合律,仍是古绝。

我们知道,我国古典诗歌经过长期发展,至初唐时期,律诗正式形成
了。律诗的形成,对绝句的发展产生了深刻的影响,这以后,绝句才完成
了律化过程,进入了它的鼎盛时期。绝句(唐代绝句大多为律绝)虽然与
律诗一样讲究格律,但它毕竟比律诗少一些束缚。较之律诗,绝句不讲对
仗,篇幅也更短小,所以显得不那么呆板,也较容易掌握;同时,比之一般
的古体诗,绝句又多一些格律上的要求,在声调韵律上不仅富于变化而且
更为优美,饶有唱叹之妙,所以绝句这种诗体在唐代最为流行,产生了大量
的绝句作家和杰出作品。可以说绝句是唐诗中最有代表性的一种体裁,唐
诗中如果没有绝句作品,那该是多大的遗憾! 明代杨慎说得很明白:

> 欲求《风》、《雅》之仿佛者,莫如绝句。唐人之所偏长独至,而后
> 人力追莫嗣者也。(《升庵全集》卷二)

王士祯在《唐人万首绝句选序》中讲得也很有道理:

> 考之开元、天宝已来,宫掖所传,梨园弟子所歌,旗亭所唱,连将
> 所进,率当时名士所为绝句尔。故王之涣"黄河远上"、王昌龄"昭阳
> 日影"之句,至今艳称之。而右丞"渭城朝雨",流传尤众,好事者至
> 谱为《阳关三叠》。他如刘禹锡、张祜诸篇,尤难指数。由是言之,唐

> 三百年以绝句擅场,即唐三百年之乐府也。

总的说,绝句完善定型于唐代,而又是唐诗中最有代表性的一种诗体。但在唐代的不同阶段,它又呈现出不尽相同的特点,产生了能够代表那个时期诗歌最高成就的诗人。限于篇幅,这里只能勾勒绝句在不同时期发展的大概轮廓和主要特点。

初唐时期,五绝已经定型,艺术上也趋于成熟,出现了王勃、骆宾王、宋之问、张说等诗人,他们的作品格律较为工整,颇为含蓄;七绝此期还不多见,艺术上尚未成熟,只有贺知章等少数诗人的作品有较高的成就,实际上开了盛唐七绝的先声。盛唐时期各种诗体均有很大发展,五七言绝句也出现了空前繁荣的景象。五绝出现了李白、王维、孟浩然、崔国辅、储光羲、裴迪、崔颢、岑参、杜甫等杰出诗人,其中特别是李白与王维,被后人评为五绝圣手,崔国辅、孟浩然也受到后人的高度评价。七绝出现了李白、王之涣、王昌龄、王维、高适、岑参等诗人,其中以李白与王昌龄成就最高。盛唐诗人的绝句佳作,或语言凝炼,意境幽美;或气体高妙,神韵天然;或精炼简洁,言近旨远;或形象鲜明,气势雄浑,犹如春日的百花园,群芳争艳,春意浓郁。中唐时期,绝句的代表作家有刘长卿、韦应物、皇甫冉、钱起、戴叔伦、李益、李端、孟郊、刘禹锡、白居易、韩愈、柳宗元、王建、张籍等,可谓人才济济。他们的作品较之盛唐诗人,确实有"有意求新而气体渐薄"的弱点,但此期诗人较留心于另辟蹊径,表现出不同的风貌,如李益、刘禹锡的绝句以声情并茂、刚健有力著称,白居易、元稹的绝句以浅显通俗见长,韦应物的绝句以闲远冲淡为突出特色,韩愈的绝句以清新浅近而与他追求险怪的古诗表现出明显的不同……其他诗人也各有所长,呈现出不同的特色。晚唐时期,随着社会的剧烈变动,文风也有了很大的变化,绝句大多平易浅近,气格较弱,但也出现了一大批独具特色的诗人和大量的作品,此期有代表性的诗人有李贺、杜牧、李商隐、许浑、赵嘏、李群玉、温庭筠、郑谷、韦庄等,他们的绝句佳作,"其妙处至欲胜盛唐"(王世懋《艺圃撷馀》),是不应被忽视的。因为晚唐诗人生活在社会矛盾极为尖锐的时代,所以他们的作品有不少反映现实之作,另外,这些诗人往往希望以史为鉴,所以咏史之作极多,这些都是值得注意的现象。总之,同其他诗体一样,唐代的绝句大体也经历了初、盛、中、晚四个时期,各个时期都呈现出不同的特色和风貌,产生了最有代表性的诗人,犹如夏夜的晴空,群星灿烂,令人赞叹!

唐代绝句是一份珍贵的文学遗产,千百年来传诵不衰,它的生命力并不因为年代久远而有一丝一毫的减弱,相反,它如陈年老酿,时代的久远却使它显得更加醇香。较之其他诗体,绝句形式短小,语言浅显;较少用典,易于阅读;节奏明快,便于吟诵。对于生活在今天的读者来说,在忙碌了一天以后,静下心来,欣赏一首言浅意深、含蓄隽永的唐人绝句,无疑是一种难得的精神享受,正是为了满足广大读者的需要,我们选编了这部《精选唐人绝句一千首》。

此书选收了唐代二百四十二位诗人的作品近一千一百首,无名氏的作品十八首,后附六言绝句二十四首。所选作品既有大家、名家的佳作,又有名不见经传的一般诗人的名篇,同时,鉴于以往一些选本重视七绝而忽视五绝的倾向,此书对五、七言绝句一视同仁,不论是五言还是七言,凡是佳作均尽量选入。注释力求简洁明了,着重解决疑难字、词及典故的问题,努力为读者扫除阅读障碍。注释之后的简评,采取有话则长,无话则短的方法,力求融鉴赏与评论于一体,特别注意每首诗的艺术特色,有时也评论、分析其思想意义,帮助读者全面理解原作,除此之外,有时还引证一些原始材料、交代写作背景,也许对读者有所裨益。"集评"是从历代笔记、诗话、文集中采摘的前人对某一首诗的评论,之所以设这一项内容,目的在于为那些有兴趣深入研究某一首诗的读者提供参考,当然,如果无暇或无兴趣阅读"集评",对理解全诗并不会有太大的影响。需要说明的是,因为翻检的材料有限,加之编者认为前人的有些评语意义不大,所以"集评"所收集评语并不齐全,但大体上,我们对这一部分材料还是尽力搜集了,相信对读者会有一定的帮助。

最后,还有一点需要说明:在此书的编选过程中,我们不仅翻阅了前人的一些全集、别集和注本,而且还参考了今人的一些著作、论文和选本,恕不一一标出,谨在此表示衷心的谢意!由于我们水平有限,书中一定还有不少错误疏漏之外,希望得到广大读者的批评指正!

1993 年 4 月 1 日于北京

古诗与名花

一朵忽先变，百花皆后香
——古诗与梅花

梅花是我国的传统名花之一，至今已有三千多年的栽培历史。早在周代的典籍中就有许多关于梅的记载，但那时，人们只是将梅子作为调味品和食品。梅用于园林中观赏栽培，大约始于西汉，《西京杂记》中说："汉初修上林苑，远方各献名果异树，有朱梅、胭脂梅。"至南北朝、隋唐之际，艺梅、赏梅之风日盛，宋代更是历史上艺梅、赏梅的兴盛时期，不仅出现了大量吟咏梅花的作品，还出现了许多关于梅花的专著和名篇，如范成大的《梅谱》，周叙的《洛阳花木记》、张功甫的《梅品》以及宋伯仁的《梅花喜神谱》，都是很有代表性的。明清时，梅花的品种更加增多，王象晋的《群芳谱》，记梅花品种近二十个，清陈淏子《花镜》，描述了二十一个梅花品种。解放后，赏梅的胜地极多，如武汉磨山、苏州光福，无锡梅园、南京梅花山、杭州孤山等，在梅开时节，都是人们赏梅的好去处。

梅为蔷薇科李属落叶小乔木，高可达十米，树冠圆形，它枝干挺秀，花色雅丽，香味清幽。梅花的最大特点是，它有雪魄冰魂，在冰霜飞雪中傲然绽开；它是百花之首，为人间带来春的信息，因此与松、竹一道，被人们称为"岁寒三友"，作为纯洁、坚韧性格的象征，作为春天的象征，受到我国人民的喜爱。南宋诗人范成大《梅谱前序》中说："梅，天下尤物，无问智愚贤不肖，莫敢有异议。学圃之士，必先种梅，且不厌多，他花无多少皆不系轻重。"可以说，梅花是最为文人赞赏和喜爱的花卉之一。早在南北朝，陆凯就曾通过使者捎梅花给友人范晔，并附诗说："江南无所有，聊赠一枝春。"唐代王维的友人从家乡来,他最急于打听的便是寒梅是否开花:"来日绮窗前,寒梅著花未?"(绮窗,用丝织物装饰的窗子。著,开放。)宋代林逋住在杭州孤山上,日以赏梅养鹤为乐,人称他以梅为妻,以鹤为子。陆游爱梅也到了着迷的程度,他这样表达自己的喜梅之情:"何方可化身千亿,一树梅花一放翁。"(何方,有什么办法。放翁,陆游号放翁)清代周篔《梅花诗》更表现了作者对梅花的钟情:"为爱梅花欲断魂,酒杯难遣是黄昏。"人们对梅花十分喜爱,便出现了大量的咏梅之作。

梅花最引人注意的,是它不怕严寒,卓然独放的品格,所谓"梅花香自苦寒来"、"一树独先天下春",就是这种品格的生动写照。在古代诗词中,对梅花这种品格赞赏的名作和名句极多,如陆游就有许多传诵千古的佳句:"雪虐风饕愈凛然,花中气节最高坚"(雪虐风饕,形容风雪凶猛。凛然,临危不惧)、"向来冰雪凝严地,力斡春回竟是谁"(凝严,冻结。力斡,用力挽回。竟,究竟)、"高标逸韵君知否? 正是层冰积雪时"(高标,高尚的情操。逸韵,特殊的风韵)。其他诗人亦有不少同类作品,如唐齐己《早梅》诗说:"万木冻欲折,孤根暖独回。前村深雪里,昨夜一枝开。"宋代陈亮这样赞美梅花的性格和精神:"一朵忽先变,百花皆后香。欲传春信息,不怕雪埋藏。"这些诗句,从不同侧面写出了梅花苦斗严霜、报告春信的特点。

梅花开放在"层冰积雪"之时,而白梅又花开似雪,因此,古人往往将梅与雪相互映衬,借写雪来写梅,南宋卢梅坡甚至有"有梅无雪不精神,有雪无诗俗了人"的诗句。范成大词中说:"脉脉花疏云淡,云来去,数枝雪。"这里径用"雪"来代指白梅,写出了它超脱凡俗的洁白之色。辛弃疾词中说:"一枝先破玉溪春。更无花态度,全是雪精神。"明于谦咏梅有"玉为肌骨雪为神"之句,都是极赞梅花高洁和傲寒的本性。苏轼《梅花》云:"一夜东风破石裂,半随飞雪度关山",更写出在石头都被冻得裂开的寒天,梅花随着春雪在空中飘舞,共度关山的英姿。王安石诗说:"婵娟一种如冰雪,依旧春风笑野棠"(婵娟,形容梅花娇美的神态)、律然诗:"林下积来全似雪,岭头飞去半为云",都是值得一读的佳句。诗人有时还借错觉,来写似雪的梅花,如左纬诗云:"试摇枝上雪,恐有夜来花";苏子卿诗云:"只言花似雪,不悟有香来",这种对错觉的描写,使全诗增添了趣味。在与此相似的作品里,特别值得注意的是唐代张渭的《早梅》:

一树寒梅白玉条,迥临村路傍溪桥。

应缘近水花先发,疑是经冬雪未销。

"白玉条",形容梅花洁白如玉。"迥",远。"销",融。这首诗写得颇有情致,诗人不仅描绘了溪桥边寒梅盛开的景况,而且写出了作者之"疑",因不知近水梅花先开,故以为梅花为一树残雪,这里的"疑",合情合理,引人联想。有的诗人为了突出梅的洁白,用了抑扬之法,如宋张道洽诗云:"绝知南雪羞相并,欲嫁东风耻自媒。"唐代韩愈比较通达,其诗云:"梅将雪共春,彩艳不相因。"梅与雪确实各有特色。卢梅坡《雪梅》诗,写得十分有趣:

梅雪争春未肯降,骚人阁笔费评章。

梅须逊雪三分白,雪却输梅一段香。

"未肯降",不肯认输。"骚人",诗人。"阁笔",放下笔。"评章"评判。诗人想象梅与雪互相争春,不肯相让,自己只得放下手中的笔来充当裁判。他的结论既符合实际,又有一定的哲理:梅不如雪那么洁白,而雪却没有梅那样的清香。的确,世上的一切事物,都各有特点,正所谓"尺有所短,寸有所长"。

陆佃《埤雅》说:"梅花优以香。"梅花不仅傲寒冲霜,而且香味清雅,难怪"雪却输梅一段香"呢! 王安石《梅花》诗不仅写了梅之色,更写出了梅之香:

墙角数枝梅,凌寒独自开。

遥知不是雪,为有暗香来。

这也是从梅有暗香的角度来写梅胜雪的方面,诗人借雪的形象,突出了梅花之香。历代诗人都注意到了梅花的幽香,如杨炯咏梅云:"影随朝日远,香逐便风来"(便风,顺风);柳宗元诗说:"朔风飘夜香,繁霜滋晓白。"梅又与风儿为伴,梅之香借风之力飘向远方。其他还有许多名句,如

"梅花竹里无人见，一夜吹香过石桥"（宋代姜夔）、"只闻风送暗香来，不识梅花在何处"（明代于谦）、"应是东风知客到，暗香先送过溪桥"（清代程梦星）。梅花的香味十分浓郁，杨万里用夸张的笔法写道："忽疑黄昏花欲睡，不知被花薰得醉。"诗人们不仅绘梅之色，而且写梅之香，都很形象而传神。

咏梅诗，同其他咏物诗一样，都不仅要求形似，而且更要求神似，即所谓"以貌取神"。清人田同之《西圃诗说》云："咏物贵似，然不可刻意太似。取形不如取神。"在写出梅之神韵的诗作中，林逋的《山园小梅》是很值得一读的佳作：

> 众芳摇落独暄妍，占尽风情向小园。
> 疏影横斜水清浅，暗香浮动月黄昏。
> 霜禽欲下先偷眼，粉蝶如知合断魂。
> 幸有微吟可相狎，不须檀板共金尊。

"摇落"，凋谢。"暄妍"，形容梅花艳丽多姿。"风情"，美丽的风光。"疏影"，稀疏的花影。"暗香"，幽香。"月黄昏"，月色朦胧。"霜禽"，冬天里的鸟。"偷眼"，偷看。"断魂"，形容极为喜爱。"相狎"，亲近。"檀板"，奏乐时打拍子用的拍板。"金尊"，酒杯。此诗先写梅花盛开在"众芳摇落"之时，可谓别具风骨而占尽风流；再用清浅的水和黄昏时的月色来作陪衬；五、六二句通过鸟与蝶的无缘亲近来突出梅的高洁素雅；最后两句结归诗人自己，说梅花幸有自己为伴，而那些沉迷于花天酒地的人不必前来凑热闹，不仅表露了对梅的喜爱之情，更写出诗人孤傲高洁的品性。此诗形象生动，意境浑成，尤以"疏影"一联最为著名，这两句是由唐代江为"竹影横斜水清浅，桂香浮动月黄昏"点化而来的，颇有点铁成金之妙。林逋《梅花三首》中还有这样的诗句："雪后园林才半树，水边篱落忽横枝。人怜红艳多应俗，天与清香似有私。"这几句以雪后园林的凋谢，来表现梅花坚定的性格，以水边的横枝，来写梅花潇洒的风神，确也是传神之笔。因此有人认为这几句是林逋咏梅诗里最成功的佳句。不过，"疏影"一联，似乎为更多的人所喜爱，有不少诗人自觉不自觉地化用其句，如"但梦想，一枝潇洒，黄昏斜照水"（宋代周邦彦）、"黄昏照影临清浅，写出林逋一句诗"(元代冯子振)、"空庭一树影横斜,玉瘦香寒领岁华"(明代王世贞)。这些诗句明显地受到林逋咏梅诗的影响,也都是很能传神的佳作。据《王直方诗话》,为林逋这两句诗还曾有过一次有趣的争论:"王居卿在扬州,同孙巨源、苏子瞻适相会。居卿置酒曰:'疏影横斜水清浅,暗香浮动月黄昏。此林和靖《梅花》,然而为咏杏花与桃花皆可。'东坡曰:'可则可,但恐桃李花不敢承当。'一座大笑。"苏轼的见解是很高明的,因为林逋咏梅,描绘出梅花孤傲雅洁的神态和风韵,尤其是"疏影"一联写刚盛开的梅花,最为传神,而"杏桃李者,影能疏乎?香能暗乎?繁秾之花又与月黄昏,水清浅有何交涉,且'横斜'、'浮动'四字,牢不可移"(方回《瀛奎律髓》)。如果林逋只是着眼于梅花的色彩、形状,尽管可能写得更为细致、逼真,但却会失去梅花的神韵,如宋代石曼卿这样描写红梅:"认桃无绿叶,辨杏有青枝",便比林逋所作逊色多了。苏轼认为石曼卿没有写出红梅不同流俗的品格,也写了《红梅》诗,最后二句说:"诗老(指石曼卿)不知梅格在,更看绿叶与青枝。"苏轼这样来描绘红梅:

> 怕愁贪睡独开迟,自恐冰容不入时。
> 故作小红桃杏色,尚余孤瘦雪霜姿。
> 寒心未肯随春态,酒晕无端上玉肌。

此诗与林逋所作,一咏红梅,一咏白梅,各有特点,却都是咏梅的绝唱。苏轼将红梅人格化了,说它因为担心冰霜满脸,不合时宜,所以才开得较迟。它虽然带有桃花、杏花样的浅红色,但却仍保留了梅花孤高清瘦的神韵。宋人方惟深《和周楚望红梅用韵》写法与苏作相似:"清香皓质世称奇,试作轻红更相宜。紫府与丹来换骨,春风吹酒上凝枝。"这几句是说:红梅清白的本质世间称奇,而着上浅红之色,就更为合适;红梅像是服了仙丹,换成了仙骨,花呈红色,好像美女醉酒后脸上泛出的红晕。明李东阳《红梅为力斋题》也有苏作影响的痕迹,如"雪霜消尽春风改,只有丹心似旧时",便是由"寒心未肯随春态"化出的,同样是表现出红梅精神的诗句。

为了写出梅花的形象和神韵,诗人们除了运用一般的艺术手法之外,特别常用的是拟人、比喻和抑扬之法。

所谓拟人手法,就是把梅当作有生命、有感情的人去描写,比如宋代江朝宗的《梅花》:

> 小小人家短短篱,冷香湿雪两三枝。
> 寂寥竹外无穷思,正倚江天日暮时。

梅花多么像一个有生命的人,它正独立竹外,若有所思,其形象是很生动的。诗人们还很喜欢把梅花比拟为着妆的美女,如"香脸半开娇旖旎,当庭际,玉人浴出新枝洗"(李清照)。在词人笔下,梅花如美人涂满脂粉的脸,姿容娇弱动人;它在庭中婷婷玉立,又像刚出浴的美女。又如"一种冰魂物已尤,朱唇点注更风流。岁寒未许东风管,淡抹浓妆得自由"(金代麻九畴)。作者把红梅比为天真烂漫的少女,枝上朵朵红花,正似美人的红唇。在司春之神尚不知何在的严冬时节,它们却自由地梳妆打扮,尽情地嬉游玩耍。诗人赋予梅花以感情,梅花便具有了生命和灵性。

诗人们还常在与其他花卉的比较之中,来突出地描写梅花高洁的品格,写其品节独尊,这就是所谓抑扬之法。如张渭诗:"风光先占得,桃李莫相轻";苏轼诗:"天教桃李作舆台,故遣寒梅第一开"。"舆台",奴隶,代指地位低微的人或物。范成大《红梅》这样写道:

> 酒力欺雪寒,潮红上妆面。
> 桃李漫同时,输了春风半。

前二句说,雪中红梅,有如少女红晕的醉脸;后二句说,桃李虽然开得鲜艳,但因梅花"风光先占",所以它与梅相比,先在品格上低了一截。正是在与其他花卉的对比中,作者赞扬了梅花报春而不占春的精神和耐严寒而"寒心未肯随春态"的品性。

诗人在创作时,总有某种感情要抒发,即使是咏物,也希望能表达出自己的理想和志向,或者是自己对某些事物的看法,咏梅也是一样。我们读林逋的《山园小梅》,认识的是一个同梅一样孤傲高洁的诗人;而陆游的大量咏梅诗作,又寄寓了他对一种理想人格的追求;再如清人张问陶有

《梅花八首》，其中大多寄寓了他自己的感情，如："自是不开开便好，清高从未合时宜"、"得天气足春无用，出世情多鬓未花。老死空山人不见，也应强似洛阳花"、"闲中立品无人觉，淡处逢时自古难"。这些诗句表现了作者淡于名利、不追求时俗的清高怀抱，明是咏梅，实是自抒胸臆。咏梅而又有寄托的佳作极多，比较著名的是陆游的词《卜算子·咏梅》：

　　　　驿外断桥边，寂寞开无主。已是黄昏独自愁，更著风和雨。
　　　　无意苦争春，一任群芳妒。零落成泥辗作尘，只有香如故。

　　作者赋予梅花以崇高的品格，写出了一个爱国者的孤高劲节，寄寓了他虽然政治上不得志，但绝不灰心丧气的品性和追求。再如王冕《白梅》也是咏物寓志的佳作：

　　　　冰雪林中著此身，不同桃李混芳尘。
　　　　忽然一夜清秀发，散作乾坤万里春。

　　这首诗借白梅的形象，表达了作者的处世态度："不同桃李混芳尘"——保持高洁的操守，不与世俗之人相友；抒发了作者的志向："散作乾坤万里春"——兼济天下，成就一番大事业。作者的主观思想的表达，完全借助于白梅的形象，这便是所谓"不粘不脱"。有的诗人，借咏梅表达对事理的一种思索，也很值得一读，如苏轼《再和杨公济梅花十绝·其九》云："长恨漫天柳絮轻，只将飞舞占清明。寒梅似与春相避，未解无私造物情。"这首诗会引起我们丰富的联想。又如元代梅花尼的诗——

　　　　终日寻春不见春，芒鞋踏破岭头云。
　　　　归来笑捻梅花嗅，春在枝头已十分。

　　作者踏破草鞋，四处寻觅春光，但却茫然无所得；当她回到自己的居处，忽见梅花已开，原来春就在自己的身边！此诗借梅的形象，说明了多么深刻的道理：春天就在你身边，幸福就在你自己的手里！

惟有此花开不厌　一年长占四时春

——古诗与月季

　　若干年前,北京的市民们曾经着实热闹过一番,他们利用各种工具——如报纸、电视,积极踊跃地表达对于"市花"的意见,经过认真的讨论,那随处可见、四季常开的月季花受到了特别的青睐,登上了北京市"市花"的宝座。其他一些城市,如天津、常州等十五六个城市,同北京一样,也是以月季来做"市花"的。由此可见,我国人民对月季花是十分喜爱的。

　　月季原产我国云南、湖北、江苏、山东、河北等省,其栽培历史十分悠久,相传在神农时代就有了家栽的野月季。到汉代,宫廷花园里已开始大量地栽种月季,至唐代则更为普遍,古人赞之曰:"天下风流月季花。"宋代以后,月季仍是人们特别喜爱的花卉,明代李时珍的《本草纲目》记载当时月季花"处处人家多插之";明清以来,天津子牙河和南运河一带,更以"月季之乡"而驰名世界。

　　月季花属蔷薇科,为常绿小灌木,植株一米左右,有刺,叶为羽状复叶,小叶三或五片,叶面平滑,有光泽。花色丰富,有红、蓝、白、黄、橙等;也有黄花红镶边、白花红镶边、金背大红、面红背白、白花红边;也有红花串白条或黄条,在我国,还有开绿花的月季品种,被称为"绿绣球",这是举世罕见的珍品。十八世纪后期,红色、绯红色和黄色四个品种的中国月季经印度传入欧洲,经过与当地品种的杂交、选种、培育,成为新型品种,被人称为"现代月季"。经过几千年的演变和发展,目前月季的品种已达二万多,已经成为世界上最受欢迎、栽培最为广泛的花卉之一,从而赢得了"花中皇后"的美誉,许多国家的人民,都用月季花来象征美丽、幸福和友情,英国更奉月季为"国花"。

　　在我国,月季花的别名很多,这些别名反映了它的特点和人们对它的喜爱,古代园艺家这样写道:"月季一名长春花,一名月月红,一名斗雪红,一名胜春。"月季花艳丽多姿,花香袭人,这已十分难能可贵;它最突出的特点是花期很长,在北方,它能从五月开到十一月,在江南,它可以四季常开,月月花红,所谓"花亘四时,月披一秀"即概括出了月季花的特点,这在百花中几乎是绝无仅有的。这个特点十分引人注意,所以古代诗人往往由此来吟咏和赞美月季。

我们先看宋代诗人徐积的《长春花》,这首诗用形象的比喻和生动的语言,写出了月季花的神韵和生长特点:

> 谁言造物无偏处,独遣春光住此中。
> 叶里深藏云外碧,枝头常借日边红。
> 曾陪桃李开时雨,仍伴梧桐落后风。
> 费尽主人歌与酒,不教闲却卖花翁。

首联极力推崇月季是大自然的宠儿。造物,即大自然;偏处,偏爱。其他诗人的"一从春色入花来,便把春阳不放回",也是这个意思。颔联具体而准确地描绘月季叶绿花红的形象,诗人借"云外碧"、"日边红",使月季的形象不仅显得生动,而且更有一种超凡脱俗的气质,令人赞叹。颈联突出描写月季生长的特点:它四季常开,春日伴着桃李,秋天伴着梧桐。尾联两句说,因为月季花一年常开,所以人们总是不断地为它饮酒赋诗,卖花的老翁也总是不能得到安闲,需要常常折它去卖。这里"费尽"、"不教闲却",从字面上看,似有怨恨之意,其实却正表现出作者对月季的喜爱和赞美。杨万里的《月季花》与此诗有异曲同工之妙:

> 只道花无十日红,此花无日不春风。
> 一尖已剥胭脂笔,四破犹包翡翠茸。
> 别有香超桃李外,更同梅斗雪霜中。
> 折来喜作新年看,忘却今晨是季冬。

诗一开篇,便径直点明了月季的特点,十分简洁明了,杨万里另一首咏紫薇花的诗,也有与此相似的诗句:"谁道花无百日红,紫薇常放半年花"也很明快,但似乎不如此诗首联含蓄和优美。其他诗人有"花开花落不间断,春来春去不相关"的诗句,正可以互相比较、参看。三、四两句描绘月季的形象:一尖,指月季花蕾;胭脂笔,红色的毛笔头,这里比喻月季花的花苞。四破,四面。翡翠茸,形容碧绿色的萼叶。这两句所描绘的,是月季花初绽时的形状,比喻生动、贴切,可以引发读者丰富的联想。五、六两句描写月季花的特点,但似比徐积诗中"曾陪"两句含意更为丰富,更为深刻,上句不仅说月季春日开放,与桃李为友,而且更突出其清幽别致的花香;下句不仅说月季寒时开花,与梅花为伴,而且突出其品格:同梅花一样,敢于傲霜斗雪。最后两句大意是说:作者折了一枝月季,以为新年来了,百花渐渐地开放了,却忘了此时却正是冬末!言外之意是说:在冬末百花凋零的时候,只有月季还陪伴着诗人,为他增添生活的乐趣。这两句诗进一步突出了月季的可贵,表达了作者对它的喜爱之情。明代诗人张新的《月季花》也很值得一读,这首诗全用议论,在咏花诗中亦别具一格,其诗云:

> 一番花信一番新,半属东风半属尘。
> 惟有此花开不厌,一年常占四时春。

花信,即花信风,指应花期而来的风。这首诗说,百花在花期虽然都能呈现新姿和异彩,但是因受节候的制约,总是开不长久,只有月季花月月不败,一如春季。这首诗言简意深,颇耐人寻味。

在对月季的描绘之中,诗人们也常使用所谓抑扬之法,他们往往在与其他花卉的比较之中,来突出月季花的特点,比如宋代韩琦的《东厅月季》:

> 牡丹殊绝萎春风,露菊萧疏怨晚丛。
> 何似此花荣艳足,四时长放浅深红。

牡丹本是"花中之王",有"国色天香"之誉,但它却也只能有一时之盛,当春风归去的时候,它便无可奈何的凋落了;菊花确有凌寒开放、不畏严霜的品性,但它拼尽全力,仍难免在严酷的风霜中,带着忧怨的情绪而枯萎。诗人认为:牡丹和菊花虽然是花中有盛名者,但它们却比不上月季,因为月季能够月月吐艳、四时流芳,用它那深浅浓淡的各色鲜花,给人间带来美和春的信息,从而获得了人们由衷的赞扬。在这里,诗人正是以牡丹易于凋谢和菊花亦渐渐稀落,反衬出月季四季常开、月月春风的特点

和风采。宋代女诗人朱淑真的《长春花》也用牡丹来反衬月季,语言明快,耐人思索,其诗如下:

> 一枝才谢一支妍,自是春工不与闲。
> 纵使牡丹称绝艳,到头荣悴片时间。

春工,指大自然。前两句说,月季一枝刚刚凋落,另一枝又绽花了,正好像是大自然有意不让它得到安闲。后两句借牡丹来衬托月季,说牡丹虽然可以称得上是花中极艳丽的,但它开花时间短暂,花开花落只在"片时间",哪比得上月季四时开花,总是那么鲜艳!牡丹的鲜丽从来就受到人们的赞扬,而作者却用它的花时短暂来反衬月季花的可贵,既合情合理,又使人感到对比强烈,使人感叹。同时,如果仔细品味,还可以体会出,诗人借牡丹和月季的形象,表达了对人生的某种思索,从而获得思想上的启迪。

竞夸天下无双艳　独立人间第一香

——古诗与牡丹

牡丹是我国名贵特产花卉,陆游有"吾国名花天下知"的诗句。牡丹被称为"花中之王",有"国色天香"之誉。它开得并不早,每年四、五月间是它的花期,但它一开放便呈压倒春芳之势,古人诗云:"落尽春红始著花,花时比屋事豪奢"(唐代罗邺),"晚出遂超群品上,才开便足十分春"(清代尤秉元)。牡丹开花时,姿韵妍冶,朵大娇媚,绚丽多彩,有红、白、黄、绿、蓝、粉紫等色,唐朝舒元舆的《牡丹赋》里这样描绘牡丹盛开的景象:

> 脱落群类,独当春日。
> 其大盈尺,其香满室。
> 叶如玉翠,拥抱栉比。
> 蕊如金屑,妆饰淑质。

牡丹同其他许多花卉一样,也有许多别名。因为宋代洛阳牡丹栽培极盛,梅尧臣诗说:"洛阳牡丹名品多,自谓天下莫能过。"所以牡丹又被称为"洛阳花";因为牡丹在谷雨前后开花,故它又被称为"谷雨花";因为牡丹花朵雍容华贵,被我国人民当作富丽繁荣的象征,所以它又有"富贵花"、"百两金"的别名。

牡丹原产我国西北部,秦岭和陕北山地多野生,至今牡丹栽培的历史,已有一千五百多年了,谢灵运《谢康乐集》有"永嘉(今浙江永嘉)水际竹间多牡丹"的记载。但牡丹以其花姿和气质引起人们广泛的兴趣和爱好,却是在唐代。每当春暖花开的时候,长安城里人马喧喧,"共道牡丹时,相随买花去",白居易曾有诗写唐人对牡丹着迷的情况:"花开花落二十日,一城之人皆若狂。"在唐人看来,牡丹是百花之王,故有"万万花中第一流"和"天下更无花胜此"的诗句。到了宋代,洛阳又成为栽培牡丹的中心,当时有"洛阳牡丹甲天下"的说法,欧阳修诗中说:"洛阳地脉花最宜,牡丹尤为天下奇。洛人争夸立名字,买种不复论家资。比新较旧难优劣,争先擅价各一时。"李格非《洛阳名园记》中说:"凡园皆植牡丹,盖无它,池亭独有牡丹数十万本。"宋人不仅赏花成风,而且也在增加花色品种上下了大力气,名贵的品种姚黄魏紫,都是宋人培育的成果,因而徐意诗云:"姚魏从来洛下夸,千金不惜买繁华。"明朝,安徽亳州栽培牡丹成为一时之盛,每当开花时节,"锦幄如云,银灯不夜"。曹州(今山东菏泽)在明代嘉靖初年也开始大量栽培牡丹,至清代,曹州牡丹最为著名,有记载说那里"园户种花如种黍粟,动以顷计"。道光年间,赵玉田著《桑篱园牡丹谱》,其中说:"山左十郡二州,语牡丹曹州独也;曹州十邑一州,语牡丹则菏泽独也。"至有"曹州牡丹甲于海内"的说法,曹州也获得了"牡丹之乡"的美誉。现在,牡丹仍以洛阳和菏泽最为著名,每逢四、五月间牡丹盛开,各地游人都以能来这里赏花为一大乐事。我国牡丹品种现有四六二种,其中尤以"姚黄"、"魏紫"、"二乔"、"春红争艳"、"仙鹤卧雪"、"迎日红"等最为珍贵。

因为牡丹特别为历代的人们所喜爱,所以为它留下的诗篇也就特别多。

在众多的咏牡丹诗中,有许多作品用生动的语言,描绘了牡丹的花姿、花貌和神采风韵,十分形象传神,如白居易《牡丹芳》里便有这样一段

诗句:

> 牡丹芳,牡丹芳,黄金蕊绽红玉房。
>
> 千片赤英霞烂烂,百枝绛点灯煌煌。
>
> 照地初开锦绣段,当风不结兰麝囊。
>
> 仙人琪树白无色,王母桃花小不香。
>
> 宿露轻盈泛紫艳,朝阳照耀生红光。
>
> 红紫二色间深浅,向背万态随低昂。
>
> 映叶多情隐羞面,卧丛无力含醉妆。
>
> 低娇笑容疑掩口,凝思怨人如断肠。
>
> 秋姿贵彩信奇绝,杂卉乱花无比方。
>
> 石竹金钱何细碎,芙蓉芍药苦寻常。

在诗人的笔下,牡丹呈现出多么动人的风采:千片红色花瓣如朝霞般灿烂,花枝上的红花,有如明亮的灯放着光彩;牡丹齐开,犹如华丽的锦绣,虽无装兰麝等香料的香袋,却香味浓郁。与牡丹相比,仙人的玉树显得苍白无色,西王母的桃花也显得花小而无香。夜露轻盈地在枝叶上滚动,被牡丹花映得泛着紫色的光,在朝阳的照耀下,红牡丹十分鲜艳、美丽。无论从正面,还是从背面看,牡丹都呈现出了万种姿态,惹人爱怜。诗人不仅正面描绘了牡丹的花色、形状,还进一步用拟人手法来写牡丹:牡丹犹如一个美女,多情地映着花叶,将含羞的面庞隐藏起来;它无力地卧在花丛中,好像喝醉了酒似的脸上泛着红晕。牡丹像娇羞的少女,总是掩口低娇,使人爱怜;又如怀怨的少女,总是作出断肠凝思的样子,使人同情。诗人最后用其他花卉作比,用抑扬之法,极写牡丹的超群出众。

白居易诗中因为使用了拟人手法,所以牡丹的形象特别生动传神,其他诗人亦多用此法,如唐人李山甫诗云:"晓露精神妖欲动,暮烟情态恨成堆。知君也解相轻薄,斜倚阑干首重回。"诗写牡丹神韵,早上它妖冶欲动,傍晚却面带怨恨之色,正如一位多情的女子。罗隐诗云:"日晚更将何所似,太真无力凭栏杆。"太真,即唐玄宗的妃子杨贵妃,作者将牡丹比为美丽娇弱的杨贵妃,用无力凭栏的媚态,来写牡丹的神情,十分生动。我们上面引用的白居易诗的最后几句,运用了抑扬之法,其目的还是为了突

出牡丹的神采与形象,其他诗人亦多用此法,有的还相当出色,如刘禹锡《赏牡丹》云:

> 庭前芍药妖无格,池上芙蕖净少情。
> 唯有牡丹真国色,花开时节动京城。

无独有偶,罗隐诗亦用芍药、荷花与牡丹作比:"芍药与君为近侍,芙蓉何处避芳尘?"牡丹是毛茛科芍药属的植物,它与芍药是芍药属中的两姊妹,面貌很相似,而且一直是人们喜欢的花卉,但因为社会风俗的变化,芍药的地位下降了,出现了"牡丹为花王,芍药为花相"的说法,因为刘禹锡和罗隐认为芍药虽然妖冶,但格调不高,只能为牡丹之近侍,唐人徐凝也有句云:"虚生芍药徒劳妒,羞杀玫瑰不敢开。"可以参看。荷花,即芙蕖、芙蓉,有出污泥而不染的本性,被人誉为花中君子,但刘禹锡认为它纯洁而寡情,罗隐认为它香味不够浓郁。与芍药和荷花相比,只有牡丹可以真正称得上是"国色"。国色,原指一国中最美的女子,这里用以指牡丹,诗人又加上"真"、"惟有"来强调,便写出了牡丹超群的绝色。而罗隐《牡丹》诗的前二联,也是形神兼备的佳句:

> 似共东风别有因,绛罗高卷不胜春。
> 若教解语应倾国,任是无情亦动人。

似共,好像和;绛罗,绛色丝绸;绛罗高卷,形容牡丹花开时好似是红色丝绸卷制而成的;若教,若能让;解语,会说话;倾国,绝色佳人,此处借喻牡丹花。这四句描绘牡丹形象和神采,相当成功。罗隐另一首咏牡丹诗中的两句也十分著名:

> 当庭始觉春风贵,带雨方知国色寒。

不管是正面描写,还是侧面烘托,在诗人们的笔下,牡丹花总是那么美丽大方、超群出众,使人赞叹。

牡丹花色丰富,而尤以红色和白色最为艳丽,因此诗人们咏红、白牡

丹的诗作甚多,如咏红牡丹的,当首推李白的杰作:

> 一枝红艳露凝香,云雨巫山枉断肠。
> 借问汉宫谁得似?可怜飞燕倚红妆。

唐天宝年间,唐玄宗与杨贵妃在沉香亭赏牡丹,命李白作新诗,李白写了《清平调词》三章,这是其中第二首。牡丹为国色天香,贵妃为绝代佳人,李白在此诗里使花与人交相辉映,既写了花又写了人。诗人描写一枝红牡丹,带着露珠,显得十分鲜艳,其(指牡丹亦指贵妃)绝世风神更在巫山神女之上,它的美貌,只有打扮入时的西汉成帝的皇后赵飞燕才能相比。可怜,即可爱。诗人借赵飞燕盛妆的形象,来比喻牡丹花的美丽,与牡丹"国色天香"、"富贵花"的美誉十分吻合。唐代诗人唐彦谦这样来描绘红牡丹:"开日绮霞应失色,落时青帝合伤神。"青帝,春神。牡丹开时,霞光竟为之失色;牡丹落时,春神亦为之感伤。在高度的夸张之中,红牡丹的形象被生动地表现出来了。元代李孝光用这样的句子来写红牡丹:"画阑绣帷围红玉,云锦霞裳蜷翠茵。"作者将红牡丹比为红玉,不仅写出了它的鲜艳,更写出了它的珍贵;写红牡丹以云锦彩霞为衣,以翠草为褥子,又突出了它超凡脱俗的风神。明代冯琢庵《牡丹》则用生动的比喻,来描绘红牡丹的形象:

> 数朵红云静不飞,含香含态醉春晖。
> 东皇雨露知多少,昨夜风前已赐绯。

将盛开的牡丹比为"静不飞"的"红云",颇为别致传神。东皇,司春之神。绯,红色。后两句用了拟人手法,使形象显得十分生动。

古人描绘白牡丹的诗作也不少,其中唐人韦庄的《白牡丹》极受人们的赞赏:

> 闺中莫妒新妆妇,陌上须惭傅粉郎。
> 昨夜月明浑似水,入门唯觉一庭香。

前两句说,闺中粉腮、街上白面郎都不如牡丹色白,比喻形象生动,别有一番情趣。傅粉郎,搽粉的美男子。后两句将白牡丹、明月与花香融为一体,交相辉映,意境十分优美。唐徐夤《追和白舍人咏白牡丹》也借月光来写牡丹,其诗句云"剪破嫦娥夜月光",嫦娥代指月宫,诗人说,牡丹的洁白之色来自皎洁的月光,这里的想象也是很新奇的。宋代欧阳修的《白牡丹》也可一看:

> 蟾精雪魄朵云葰,春入香腴一夜开。
> 宿露枝头藏玉块,暖风庭面倒银杯。

蟾精,月光,因传说月中有蟾蜍,故古人常以蟾来代指月亮。雪魄,雪的魂魄。朵云葰,云的本质。香腴,指白牡丹枝叶丰满。这两句说,白牡丹一夜间绽开了它的花朵,其色洁白,定是得了月之精华、雪之魂魄、云之本质。诗人用月光、白雪、白云来比喻白牡丹之白,十分形象。后两句说,经过夜露的洗礼,牡丹花开如白色的美玉;暖风轻轻吹过,牡丹花又似倒放的银色酒杯。这里用"玉块"和"银杯"来具体描绘白牡丹的色彩和形状,虽很形象,但稍嫌诗味不足,确是一个遗憾。另外,还有不少描写紫牡丹的诗句,如杨万里《咏重台九心淡紫牡丹》:"紫玉盘盛紫玉绡,碎绡拥出九娇娆。"绡,生丝。娇娆,美女,形容牡丹花。两句写紫牡丹的色与形,十分生动。金代元好问《紫牡丹》诗中"金粉轻粘蝶翅匀,丹砂浓抹鹤翎新",也是十分传神的诗句。

古代诗人还常常借牡丹的形象以抒怀寄慨,这一类作品往往形象生动,立意较深,很耐人寻味,如李商隐诗云:"浪笑榴花不及春,先期零落更愁人。"正寄托了他自己政治上不得意的情怀。又如白居易的《白牡丹》:"白花冷淡无人爱,亦占芳名道牡丹。应似东宫白赞善,被人还唤作朝官。"东宫白赞善,作者自指,其时作者任太子左赞善大夫。抒发了诗人深沉的人生感叹。宋代陈与义的《牡丹》立意更高,诗人在咏牡丹中,融注了强烈的爱国感情:

> 一自胡尘入汉关,十年伊洛路漫漫。
> 青墩溪畔龙钟客,独立东风看牡丹。

一自,自从。伊洛,今河南境内的伊水、洛水。青墩溪,在浙江桐乡北。龙钟客,作者自指。金人攻破汴京至今已经十年了,作者却只能侨居青墩溪,一年年显得年老体弱,他是多么怀念即以牡丹闻名、又是自己家乡的北宋西京洛阳呀!因此,当他在东风中独自伫立在牡丹面前的时候,乡愁国恨便自然涌上心头。诗人借咏牡丹,抒发了多么深沉的国破家亡、客居他乡的感慨,字里行间溢出一股忧愤沉郁的感情,十分含蓄、深沉。明人俞大猷的《咏牡丹》也很有特点:

> 闲花眼底千千种,此种人间最擅奇。
> 国色天香人咏尽,丹心独抱更谁知?

此诗设想奇特,耐人寻味,诗人正是借牡丹独怀红心却不为人欣赏,来抒发自己怀抱济世报国的忠心,而却不被理解的苦闷。

古代诗词中,大多是用赞美的口吻来写牡丹,但也有对牡丹颇不敬者,如唐代司空图有一首《红茶花》,为了表达对茶花的热爱,他竟这样写道:"牡丹枉用三春力,开得方知不是花。"诗人对牡丹实在太薄情了!唐人王睿咏牡丹说:

> 牡丹妖艳乱人心,一国如狂不惜金。
> 曷若东园桃与李,果成无语自成阴?

此诗前两句从另一个侧面表现出唐代人们对牡丹的极度喜爱;后两句在与桃和李的对比中,贬低了牡丹,大意是说:牡丹不知东园的桃李,因为桃李虽然不如牡丹美丽,但却默默无语的结出果实、形成树阴,为人类服务。当然,这不是一般意义上的咏花诗,在诗里,诗人表达了对社会上崇尚浮华而不重实的倾向的反感。宋代的王文康有诗说:"枣花虽小能成实,桑叶虽柔解吐丝。堪笑牡丹如斗大,不成一事只空枝。"也有同样的思想倾向。对牡丹有所贬意的诗,顺便做了些介绍,读一读,也很有意味,我想这些诗不会打击您欣赏牡丹的热情吧?

接天莲叶无穷碧，映日荷花别样红

——古诗与荷花

荷花即莲花，又叫芙蓉、芙蕖、菡萏，原产我国南方、印度和印度支那，是我国人民喜爱的传统名花之一。

近年来，在我国浙江和河南原始社会遗址的发掘中，多次发现五千至七千年前的古代莲子，说明我国确是荷花的发源地之一。在我国，栽培荷花的历史，至少已有三千多年了。它的形象，很早便进入了文学领域，《诗经》里有"山有扶苏，隰有荷华"、"彼泽之陂，有蒲与荷"这样的诗句。《离骚》里也有"制芰荷以为衣兮，集芙蓉以为裳"的名句。古代，我国南方的人民以农历六月二十四日为莲花的生日，届时，人们在湖畔塘边尽情地观赏盛开的荷花，故这一天被称为"观莲节"。由此可见，我国人民对荷花是多么喜爱。

荷花，是多年生的睡莲科水生花卉，其品种纷繁，有一梗一花的普通莲花，有一梗二花的并蒂莲，有一梗三花的品字莲，有一梗四花的四面莲，还有花中开花的重台莲，白花上吐出绿叶的碧台莲，花托千叶，蕊三色的衣钵莲。莲花色泽清丽，荷叶是圆形的，好似绿色的小伞。每当盛夏时节，当你走过荷塘莲湖岸边时，一定会看到在碧叶丛中，一枝枝荷花从水中挺出，像含羞的少女在向你致意；那一阵阵袭人的清香，一定会使你陶醉。这时，你也许会想起古人的"粉光花色叶中开，荷花衣香水中来"的诗句，或者又会想起"风吹荷花十里香"的诗句。宋代许顗这样来评论荷花："世间花卉，无逾莲花者，盖诸花皆借暄风暖日，独莲花得意于水月，其香清凉，虽荷叶无花时，亦自香也。"

荷花，本性高洁，气质高雅，入夏始开，不和群芳争艳；退居池水，不同百花争春；它亭亭玉立，有一种超凡脱俗的风韵。古人特别赞美它"出淤泥而不染，濯清涟而不妖"的品格，并因此称它为"花之君子者"。荷花的种种美质，为历代文人所赞叹、仰慕；它的花姿花容，为赏花者们所推崇、欣赏。因此，古代的咏荷佳作极多，读一读这些诗作，确实别有一番情致。

许多古诗，运用不同的方法，写出了莲花的神态与风韵，十分传神，如唐温庭筠诗云："绿塘摇滟接星津，轧轧兰桡入白蘋。应为洛神波上袜，至今莲蕊有香尘。"星津,银河。轧轧,摇桨所发出的声音。兰桡,桨的美称。洛神,洛水女神。这首诗未对莲花作具体描写,却用浪漫主义的想象,把莲花比喻为女神留在水中的袜子,正写出了莲花洁白的色彩和清幽的芳香。宋邵雍同样用美丽的想象来描绘莲花,其诗云:

> 汉室婵娟双姊妹,天台缥缈两神仙。
> 当时尽有风流过,谪向人间作瑞莲。

据《幽明录》记载,汉永平年间,剡县刘晨、阮肇同入天台山,在山中遇到两个姿质妙绝的仙女。这首诗借用这个神话故事,说两位仙女因为爱上了人间的凡人,所以被贬到人间,她们化成了这枝并蒂莲。此诗亦未具体描绘莲花的形象和色彩,但却为它披上了一层迷人的色彩,给人们提供了想象的空间。与此可以参看的是郑谷的《合欢莲花》,此诗也是用神话传说来写莲花:"虞舜南巡去不归,二妃相誓死江湄。空留万古香魂在,结作双葩合一枝。"据《述异记》,舜南巡,死于苍梧,他的两个妃子娥皇、女英闻讯投江自尽。这里说并蒂莲是由二妃化成的,想象也十分奇特和动人。

除了用神话传说外,有的诗人还从正面来描绘莲花的形象,摄取莲花的神韵,如元人郑允端《咏莲》云:

> 本无尘土气,自在水云乡。
> 楚楚净如栻,亭亭生妙香。

诗用白描手法,写出莲花的形象与精神:莲花生在水云之乡,所以没有一点尘世的俗气;它们像栻(古代占卜时用的器具,后代称之为"星盘")一样洁净,亭亭玉立,散发着清香。诗中"楚楚"一句化用了杜甫"荷叶荷花净如栻"的诗句。佛家用"净如栻"来比喻人性的清净,杜甫和郑允端受其启发,所以用这个比喻来形容莲花的高洁清净。元人完颜畴的《池莲》也很值得一读:

> 轻轻姿质淡娟娟,点缀园池亦可怜。

数点飞来荷叶雨,暮香分得小江天。

姿质,荷花的质态。娟娟,秀丽的样子。可怜,可爱。这首诗写出了莲花轻盈的形象和淡雅素净的色彩。后两句说:在雨中,荷花更显得神彩动人;暮色里,荷花的清香一直飘到小江边上。仔细读这首诗,似乎可以看到那雨中翻动的荷叶,嗅到那淡淡的花香,使人感到心旷神怡。

荷花花色丰富,尤以红、白两色最为人们所注意,描写红莲的诗作不少,其中佳篇尤多,如范成大咏红荷有这样几句:

凌波仙子静中芳,也带酣红学醉妆。
有意十分开晓露,无情一饷敛斜阳。

诗人用拟人手法来写红莲,说它如凌波仙子一样静静地散着芳香,有如美丽的少女饮了酒,脸上泛着红晕;在晓露中,它带着无限情意开放了,而在夕阳中,它的花瓣收拢起来,又似一位无情的美女,这里的描写多么生动形象!清代郑绍曾的《红莲》也很生动,尤以其中"绿云千叶媚,明镜一溪红"最为人们所称道,因为这两句诗把绿叶、红莲之美如画般地展现了出来。杨万里的《晚出净慈寺送林子方》常常被人们提起,其诗云:

毕竟西湖六月中,风光不与四时同。
接天莲叶无穷碧,映日荷花别样红。

诗人生动地描绘出莲花盛开时的壮观场面:莲叶连着远天,一片碧绿;红莲映着日光,别有一番风韵,这就是西湖六月的美丽景致!所谓"诗中有画",此诗恐怕当之无愧吧?

白莲亦常常引发诗人的诗兴,为之赋诗者也不在少数,其中佳作同样很多,如宋代杨亿有《白莲》诗:

昨夜三更里,嫦娥堕玉簪。
冯夷不敢受,捧出碧波心。

这诗仍用浪漫主义的神话传说来写白莲,说它犹如嫦娥的玉簪从天上掉入水中,而水神不敢据为己有,所以把它捧出碧波之上,这不仅写出了白莲的洁白纯净,更写出它亭亭立于水面上的轻盈形象。写白莲而又深有寓意的,当首推唐人陆龟蒙的《白莲》:

> 素花多蒙别艳欺,此花端合在瑶池。
> 还应有恨无人觉,月晓风清欲堕时。

素花,白莲花。别艳,此指红莲。端合,正该。瑶池,神话传说中昆仑山上的池名,为神仙所居。诗人遗貌取神,写出了白莲的风韵与精神,在诗人看来,白莲素质天然、脱尽脂粉之气,恰似瑶池仙子下凡人间,极为淡雅动人,只有在那"月晓风清"之时,它才为自己不为世人所知,生出淡淡的幽伤之情,使人同情和感慨。此诗在咏物中,做到了"不即不离",抒发了诗人处于唐末动乱社会中,虽退隐山林、洁身自好,却又关心天下兴亡的情怀,因此历来特别受到人们的赞赏。

古人还有许多诗作是让红莲、白莲相互辉映,放入一幅图画中加以描绘的,这一些诗作也很有情致,我们先读一读杨万里的《红白莲》:

> 红白莲花开共塘,两般颜色一般香。
> 恰如汉殿三千女,半是浓妆半淡妆。

诗人突发奇想,把一池盛开的莲花,比拟为汉代宫中三千名美丽的宫女,她们一半浓妆艳抹,一半淡扫峨眉,各呈其美,真是"浓妆淡抹总相宜"!这里的比喻多么贴切,而形象又是多么生动、活泼,语言又是那么通俗、传神,确是一首咏莲佳作。杨万里还有一首《瓶中红白莲》的诗,其中"红白莲花共玉瓶,红莲韵绝白莲清"两句尤为著名,因为这两句诗简洁而准确地写出了红莲、白莲的风韵和品格。范成大的《立秋后二日泛舟越来溪》也颇值得一读:

> 西风初入小溪帆,旋织波纹绉浅蓝。
> 行到闹红无水面,红莲沉醉白莲酣。

诗人在小溪中泛舟,风儿吹动着船帆,溪水清澈,呈着浅蓝之色;小船缓缓荡进荷花盛开的水面,只见红莲像是醉酒的美女,白莲恰似酣睡的少妇,它们是多么娇媚动人!作者用拟人手法,写出红白荷花的静态美,十分传神,确实别有一番韵味。

莲花固然鲜艳而美丽,莲叶也很值得观赏,每当盛夏,荷叶像一把把绿伞,悠然地托浮于水面,宋代周邦彦词云:"叶上初阳干宿雨,水面清圆,一一风荷举。"写出荷叶亭亭出水、迎风摆动的景象,被后人赞为"真能得荷之神理"。荷叶上的水珠,在阳光下闪闪发光,像是一粒粒晶莹的珍珠,宋代杜衍诗云:"一阵风来碧浪翻,真珠零落难收拾。"颇为传神。唐代郑谷有《莲叶》诗:

> 移舟水溅差差绿,倚槛风摇柄柄香。
> 多谢浣溪人未折,雨中留得盖鸳鸯。

差差绿,指荷叶参差不齐的样子。柄,荷茎。浣溪,地名。此诗对荷叶的描绘也很形象生动。明代高启这样来写荷叶:"如盖复如钿,初生雨后天。叶低浮水上,茎弱袅风前。"钿,花朵形的首饰,这里指荷茎。这四句写出了荷叶浮于水上、立于风前的形象。李商隐《赠荷花》由花与叶交相辉映落笔,颇耐人寻味:

> 世间花叶不相伦,花入金盆叶作尘。
> 惟有绿荷红菡萏,卷舒开合任天真。
> 此花此叶长相映,翠减红衰愁杀人。

不相伦,不为伴侣。菡萏,即荷花。卷舒,指叶;开合,指花。天真,自然。翠,指荷叶;红,指荷花。此诗说荷花与叶相伴,盛时一起盛,衰时一道衰,总是"长相映"的。诗人将荷花与荷叶人格化了,其中寄托了他对理想爱情的向往。说到爱情,因为荷花纯洁、美丽,加之,荷花中有一种一梗二花的并蒂莲,因此,人们也喜欢借写莲花来写男女之间的恋情,如明代沈野《采莲曲》:

解道芙蓉胜妾容,故来江上采芙蓉。

檀郎何事偏无赖,不看芙蓉却看侬!

檀郎,古指美男子。侬,我。诗以女主人公娇嗔、玩笑的口吻,写出了少男少女的爱恋之情,十分清新、有趣。

盛夏,荷花开时,红红火火,好不热闹;到了秋后,它却凋零了,湖塘水面,一片萧瑟景象,这不能不使诗人们感慨万端,因此,他们常常借写荷花夏盛秋衰来抒发自己深长的人生感叹,如卢照邻的《曲池荷》:

浮香绕曲岸,圆影覆华池。

常恐秋风早,飘零君不知。

浮香,飘动的花香。曲岸,指湖泊岸势弯曲。圆影,指荷叶的影子。华池,华美的水塘。此诗前两句写荷花盛开的景象,颇为生动,但全诗的重点是后两句:正因为夏日的极盛,诗人才担忧季节的转换,怕秋天来得太早,一池荷花将会凋零,那么"君"(指赏荷者)则来不及欣赏了。这里,看似咏荷,实为自叹,诗人生命的最后十几年,常常处于飘泊无依的处境之中,因此零落之感常常表现出来,这首咏荷诗便是一个例子。唐代崔橹的《残莲花》也别有情味:

倚风无力减香时,涵露如啼卧翠池。

金谷楼前马嵬下,世间殊色一般悲。

前两句写残荷的形象:香减叶凋,摇摇欲坠,好似一个哀伤的人一副悲容,含啼欲泣。后两句,作者用两个美女悲惨结局的故事,来比拟莲花的残败。金谷楼,指晋代石崇的爱姬绿珠因反抗强权霸占跳楼自尽的典故。马嵬下,指杨贵妃死于马嵬坡的故事。诗人写莲花的颓败凋零,同样用美人作比,但那效果却与用美女比喻盛开的莲花全然不同。"世间殊色一般悲",多么沉痛,诗人在对残荷的吟咏中,抒发了极为复杂而丰富的感慨。

不是花中偏爱菊，此花开尽更无花

——古诗与菊花

菊花是我国栽培最悠久的传统名花之一，在二千五百多年前的《礼记·月令篇》里，就有"季秋之月，鞠（菊）有黄华（花）"的记载；伟大诗人屈原《离骚》里也有"朝饮木兰之坠露兮，夕餐秋菊之落英"的诗句。经过东晋陶渊明的品题以后，菊花便日益成为人们喜爱的观赏花卉，陶渊明诗说："采菊东篱下，悠然见南山"、"秋菊有佳色，裛露掇其英"，都是常为人们所吟诵的名句。唐宋时，艺菊赏菊更蔚然成风，重阳节赏菊已成为一种社会风俗，这时期还出现了许多记载菊花品种的专著，如宋刘蒙的《刘氏菊谱》、史正志的《老圃集谱》、范成大的《石湖菊谱》、史铸的《百菊集谱》。明清时，菊花品种又不断增加，艺菊技术也进一步得到提高，王象晋《群芳谱》记载菊花品种共二百七十余种。清代陈淏子的《花镜》、刘灏的《广群芳谱》等专书，对菊花品种都作了详细的记载。目前，经过多年的改良与培育，我国菊花品种已不下三千余种，的确是个庞大的家族！

菊花品种十分复杂，根据自然开花期，可分为早菊（九、十月）、秋菊（十一月）、晚菊（十二月），还有五月菊、七月菊等，我们一般所说的菊花，指的是秋菊。菊的花色也是五光十色、十分丰富的，在古代诗词中，对各种色彩的菊花几乎都有描写，如唐骆宾王诗："分黄俱笑日，含翠共摇风"，写的是黄菊；李商隐诗："暗暗淡淡紫，融融冶冶黄"，写的是紫色和黄色菊花；刘禹锡诗："家家菊尽黄，梁园独如霜"、宋魏野诗："浓露繁霜著似无"，写的是白菊；元谢宗可诗："晚香带冷凝丹粒，秋色封寒点绛蕤"，写的是红菊……

菊花不仅有观赏价值，自古以来，我国人民就认识到菊花还有药用价值，因此在很早的《本草经》中便有"菊服之轻身耐老"的记载，从汉代开始，人们便将菊花采下，"杂黍米酿之，至来年九月九日始熟"，称为"菊花酒"，因为它有药物作用，时人又称它为"长寿酒"。东晋葛洪在《抱朴子》里说：南阳郦县山谷中有甜泉，此泉所以味甜，是因为山谷左右生满了菊花，而谷中居民终日饮此泉水，无不长寿，最长寿的可达一百二三十岁，一般的也在一百岁左右，七十岁的就算夭折了。据研究，菊花中不仅含有菊甙、腺嘌呤、胆碱等因素,而且还含有挥发油,它不仅有杀菌作用,还对中枢神经有镇静作用。宋代欧阳修诗云:"共坐栏边日欲斜,更将金蕊泛流霞。欲知却老延龄药,百草摧时始见花。"流霞,酒。此诗先说与友人在日暮时共坐栏边,品尝着用菊花浸泡的酒;后两句直截了当地指出:百草凋谢时才绽开的菊花,正可以用作"却老延龄药"。

菊花之所以特别受到历代人们的喜爱,主要还是因为它在百花之后开放,具有耐寒傲霜、不与群芳争艳的品性,因而一直被人们用来象征一种恬然自处、傲然不屈的气质和品格,许多咏菊诗即由此下笔,写出菊花的形象和精神,如元稹的《菊花》说:

> 秋丛绕舍似陶家,遍绕篱边日渐斜。
> 不是花中偏爱菊,此花开尽更无花。

陶家,传说陶渊明爱菊,常于房舍周围植菊。此诗后两句说出了菊花生长的特点,十分自然准确。其他如王安石:"千花万卉凋零尽,始见闲人把一枝。"韩琦:"虽渐老圃秋容淡,且看寒花晚节香。"陆游:"开迟愈见凌霜操,堪笑儿童道过时。"唐琬:"身寄东篱心傲霜,不与群紫竟春芳。"李梦阳:"不随群草出,能后百花荣。气为凌秋健,香缘饮露清",都是赞美菊花不与群芳争艳、独自傲霜挺立的品格的佳句。清代黄体元的《菊花》写得也十分生动形象,诗的后四句是:

> 生成傲骨秋方劲,嫁得西风晚更奇。
> 寄语群芳休侧目,何曾争汝艳阳时。

诗人说:菊花天生即有傲骨,它冒着秋霜开放,生命力极强;西风中,百卉凋零,菊花始荣,真是神采出众。请百花不要对菊花嫉妒不满吧,因为它并没有同你们在艳阳之时争春呀!全诗比喻生动,描写活泼有趣。其中说菊花"嫁得西风"的设想十分出奇,不过这不是黄体元的创造,古代诗人往往将花"嫁"给风,如宋代贺铸咏荷:"当年不肯嫁春风,无端却被秋风误";邵雍写二色桃花:"疑是蕊宫双姊妹,一时携手嫁东风";张先词云:"沉恨细思,不如桃杏,犹解嫁东风。"黄体元借用了前人这个生动

的想象,写出了菊花在西风中傲然开放、潇洒多姿的形象。陆游也用比喻的手法来写菊,其《晚菊》前四句说:

> 蒲柳如懦夫,望秋已凋黄。
> 菊花如志士,过时有余香,

作者将蒲柳(即水杨)比为懦夫,将菊花比为志士,颇为自然生动,在与蒲柳的比较中,突出了寒菊的坚强性格。

古代诗人咏菊,多有寄托。在这一类咏菊诗中,诗人借咏菊表现了自己的情怀和志向,很值得一读,如唐陈叔达《咏菊》说:

> 霜间开紫蒂,露下发金英。
> 但令逢采摘,宁辞独晚荣。

此诗说菊花只要有人赏识,不怕开花晚,其中表达了作者希望最终能为世用的志向,这与李白"当荣君不采,飘落欲何依"立意相同。杨万里的《野菊》也颇有深意:

> 未为骚人当粮粮,况随流俗作重阳。
> 政缘在野有幽色,肯为无人减妙香。
> 已晚相逢半山碧,便忙也折一枝黄。
> 花应冷笑东篱族,犹向陶翁觅宠光。

骚人,指屈原。粮粮,干粮。重阳,古代有重阳赏菊的习俗。政,即正。幽色,幽闲的姿态。肯,不肯。东篱族,指居舍前后植的菊花。此诗将野菊与庭菊相对比,说野菊未曾给屈原当过食物,也不曾成为们重阳赏花的对象,但是,正因为它生长在荒野,便更显得姿态安闲;它始终如一,不肯因为无人欣赏就减少芳香。作者见到盛开的野菊,正是傍晚时分,按理他应该加快脚步,早些找一家旅馆歇脚,可是野菊的姿态与芳香,使诗人不忍空手而去,他还是在匆忙中折了一枝野菊花来仔细观赏。诗人想象野菊一定会冷笑那篱边的菊花,因为它们只知向陶渊明那样的诗人邀

163

宠。在对野菊的吟咏中,诗人赞扬了那种"地远亦自芳"的品性。野菊和庭菊的形象,都能使人产生许多联想。清代丘逢甲也有《野菊》诗,其中"淡极名心宜在野,生成傲骨不依人",也是咏菊的名句,无疑也是作者人格的自我写照。

说到咏菊而有寄托,就不能不提到唐末农民起义领袖黄巢的咏菊之作,我们先看《不第后赋菊》:

> 待到秋来九月八,我花开后百花杀。
> 冲天香阵透长安,满城尽带黄金甲。

我花,指菊花。黄金甲,黄菊花。"冲天"两句说:到花开时节,菊花芳香冲天,弥漫着整个长安城;金黄色的菊花,也会开遍长安城。其中寄托了作者改希望推翻唐王朝,建立新政权的理想,气概豪迈,使人赞叹。他的另一首《题菊花》也是一篇佳作:

> 飒飒西风满院栽,蕊寒香冷蝶难来。
> 他年我若为青帝,报与桃花一处开。

飒飒,风声。青帝,司春之神。这首诗感叹菊花开不逢时,有心改变它的处境,寄托了作者改变现实、改变社会的理想,气概同上首诗一样慷慨豪迈,足以动人。朱元璋有一首咏菊诗,明显地是效法黄巢的诗篇,但诗味却差多了,其诗说:"百花发时我不发,我若发时都吓杀。要与西风战一场,遍身穿就黄金甲。"诗虽算不上好诗,但却颇能表现朱元璋的性格。

诗人们还常借咏菊,来表现自己所追求的一种理想人格,如宋代郑思肖《寒菊》云:

> 花开不并百花丛,独立疏篱趣未穷。
> 宁可枝头抱香死,何曾吹落北风中。

菊花不屑与群芳争春,只是在秋季挺立于疏篱之间,却还其乐无穷;它宁可枯死枝头,也不随北风吹落到地面。郑思肖是南宋逸民,宋亡后,

他隐居苏州,终身不仕,这首诗正表现了诗人拒不事元的民族气节。宋代朱淑真的《黄花》可以参看:

> 土花能白又能红,晚节犹能爱此工。
> 宁可抱香技上老,不随黄叶舞秋风。

土花,即野菊花。可以看出,郑思肖诗的后两句正是由此诗后两句化出的,但却各有其妙。此诗借咏晚菊,表达了人到晚年应该保持高洁情操的愿望,读之确实发人深思。

有的诗人还借写菊,表现出一定的生活哲理,如唐人郑谷的《十日菊》便是这类作品,其诗云:

> 节去蜂愁蝶不知,晓庭还绕折残枝。
> 自缘今日人心别,未必秋香一夜衰。

节去,指重阳节过去了。自缘,只因为。秋香,指菊。诗中说:重阳节过后的第一个早晨,蜜蜂蝴蝶同往常一样在庭菊间飞绕,这时菊枝已残,一片冷落景象,没有人前来赏菊,这倒不是因为一夜之间菊花就花谢香消了,而是今天人们的心绪与昨天重阳节时大不一样了。在这里,作者写出了这样一个道理:生活中有许多东西,其实本身并没有变化,但人的心境不同了,对它们的看法也就会有变化。作者用诗的语言表现了一个深刻的哲理,确实生动形象,耐人寻味。

原载《古典文学知识》1989 年第 2、第 3、第 4、第 5、第 6 期

唐玄宗其人

唐玄宗,本名李隆基,是睿宗李旦第三子,垂拱元年(685年)生于东都,史书说他:"性英断多艺,尤知音律,善八分书。仪范伟丽,有非常之表。"他在位长达四十余年,既有功于历史,亦有罪于历史,他到底是怎样一个人呢?

公元705年,武则天病死,结束了她长达二十余年的统治,宰相张柬之等人拥戴中宗李显复位。中宗为人庸弱无能,只知优游享乐,武则天之侄武三思与韦皇后私通,干挠政事。太子李重俊见状,矫发羽林军杀死武三思及其死党十几人,在韦后和女儿安乐公主督促下,中宗不得不杀死了太子,自己也终为妻女所害,韦氏便"临朝称制"。中宗被毒死后,其弟李旦的儿子临淄郡王李隆基,暗与他姑母太平公主联合,准备诛杀韦党众人,这时有人请隆基先报告李旦,隆基说:"请而从,是王与危事;不从,则吾计失矣。"便趁夜"率万骑军入北军讨乱,诛韦氏"及韦后从兄韦温和他们的党羽,睿宗李旦立为帝,隆基被立为太子。先天元年(712年)秋天,睿宗听信相士之言,决定传位隆基,太平公主等人力谏不可,睿宗自己却已下决心,他对隆基说:"社稷所从再安,吾之所以得天下,皆汝力也。"隆基虽然固辞,但终从父命。睿宗虽然作了太上皇,但犹"自总大政",隆基只能处理一些较小的公务。李隆基虽然贵为小皇帝,但太平公主的权力极大,她"依上皇之势,擅权用事……宰相七人,五出其门,文武之臣,太半附之"(《资治通鉴》唐纪二十六)。于是隆基与太平姑侄间的矛盾日益发展和尖锐化,最后,李隆基终于动用了武力杀死太平公主门下的宰相窦怀贞等,太平公主逃入山寺,三日乃出,终赐死于府中,又杀太平公主党羽数十人。至此，睿宗才把帝位正式传给了李隆基，隆基即位即改元"开元"，"群臣上尊号曰'开元神武皇帝'"。中国历史上的唐玄宗、唐明皇就这样登上了历史的舞台。

李隆基做太子时常自称阿瞒，他是十分羡慕曹操的政治才能的。在长期的政治与权力之争中，他逐渐具有了一定的社会经验，他懂得皇位的得来不易、保之颇难，因此开元初他所任用的大臣都比较适当，如姚崇、宋璟等都是很有才干的人物。姚崇曾与玄宗"序次郎吏"，玄宗顾左右而不答言，便又说了几遍，见玄宗还不表态，心里有些害怕地退下去了。高力士问玄宗为什么要这样对待姚崇，玄宗说："我任崇以政，大事吾当与决，至用郎吏，崇顾不能而复烦我邪?"姚崇听了这话才放心，"由是进贤退不肖而天下治"，知道这件事的人都认为玄宗有知人之明。姚崇曾向玄宗上奏十事，如行法必自亲近的人开始，废除苛捐杂税，不倖边功，宦竖不与政，停道、佛营造，用人为贤，刑赏得当等，这些都是对国家安定发展有重要意义的措施和建议，玄宗表示"朕能行之"。玄宗也确实想按姚崇所奏去做，如开元二年(714 年)姚崇向玄宗进谏，不必沿中宗以来恶习，任凭贵戚"争营佛寺，度人为僧"，玄宗听了他的话，即命有司沙汰天下僧尼万余人归农。同年薛王李业的舅舅王仙童，侵暴百姓，御史弹奏，薛王为其求情，姚崇、卢怀慎等奏仙童犯法，不可纵舍，玄宗听从了，治了仙童的罪，"由是贵戚束手"。宋璟也精于吏治，守法不阿，却谀尚实，不事虚文，敢于犯颜直谏，"上甚敬惮之，虽不合意，亦曲从之"。《开元天宝遗事》有一个小故事很有意思，说在一次宴会上，玄宗赏给宋璟一支金筷子并说："非赐汝金，盖赐卿之箸，表卿之直也。"由此可见唐玄宗开元初年的政治还是比较开明的。这样，一方面是唐朝自建立以来实行了一些较为进步的措施，促进了社会生产的发展，积累了相当的社会财富;一方面是唐玄宗即位以后任用了较有远见、敢于直言的宰相，君臣协心，励精图治，便形成了唐代在"贞观之治"以后的另一个兴盛时期:"开元之治"。正如李白诗中所赞叹的:"一百四十年，国容何赫然!"

"开元盛世"的景象是怎样的呢? 时人沈既济曾说当时是"家给户足，人无苦窳，四夷来同，海内晏然"。《新唐书·食货志》说得比较具体，"是时，海内富实，米斗之价钱十三，青、齐间斗才三钱。绢一匹，钱二百。道路列肆，具酒食以待行人。店有驿驴，行千里不持尺兵。天下岁入之物,租钱二百余万缗,粟千九百八十余万斛,庸调绢七百四十万匹,绵百八十余万屯,布千三十万余端"。诗人杜甫也在其《忆昔》里深情地回忆了当时国家大盛的局面:"忆昔开元全盛日,小邑犹藏万家室。稻米流脂粟米白,公私仓廪俱丰实。九州道路无豺虎,远行不劳吉日出。齐纨鲁缟车班班,男耕女桑不相失。"那种"全盛"的往昔,怎能不使安史乱后流寓成都的杜甫感慨系之呢!当然,开元时的繁荣,正是唐朝一百多年来劳动人民辛勤劳动的结果,这些财富又被唐朝统治者剥削去了,供自己占有和享用;同时,这种"全盛"又是被封建史官有意夸大了的。但是,相对来说,这一时期社会比较安定,生产比较发展,人民的生活也比较好过一些,却也是无疑的。在这"全盛"局面的形成和发展中,作为皇帝的李隆基自有其功绩,这是应该给以充分估价的。

玄宗其人生性爱骄奢,喜好享乐游宴,当太平公主还时刻危胁着他的皇位时,他就曾大酺天下,大合伎乐,并陪同太上皇登门楼观看,夜以继日,狂欢竟达三个多月。玄宗虽然学问不大,还是个白字先生,曾将《尚书》"无颇"错改为"元陂",但是他却有自己的专长,那就是"洞晓音律,丝管皆造其妙"(《唐语林》),他击鼓的技术也是当时第一流的。开元二年,玄宗奢侈之心大动,迫不及待地要成立"皇家乐队":"旧制,雅俗之乐,皆隶太常。上精晓音律,以太常礼乐之司,不应典倡优杂伎;乃更置左右教坊以教俗乐,命右骁卫将军范及为之使。又选乐工数百人,自教法曲于梨园,谓之'皇帝梨园弟子'。又教宫中使习之。又选伎女,置宜春院,给赐其家"(《资治通鉴》卷二一二)。玄宗将雅俗乐分开虽有堂皇的借口,其实却只是为了自己更好地欣赏所谓俗乐,他不仅亲自指挥、培养宫中女乐,还让她们演奏自己的作品,有时甚至还亲自参加演出。除此之外,玄宗还特别喜欢打球、拔河以及歌舞、百戏之类。这对即位不久、年轻有为的皇帝是很不适合的,故而不断有人上疏谏阻,认为他正当春秋鼎盛之时,应该戒郑声、尚朴素、近贤人,以国家大事为怀。玄宗表面上也"嘉赏"了这些进谏之人,自己呢,却依然如故,并不改变。其实,此时的玄宗心里颇有矛盾,一方面自己本性骄奢,又当了皇帝,何况国家安定、生产发展,很想痛痛快快地享乐一番;另一方面他身边又有那么多敢谏之士,自己也想励精图治,使皇位更加巩固。因此,他有时确实放纵自己,如宠女

168

乐之类;有时又想抑止自己的骄奢之心,表明自己是"尚朴素"的,如开元二年夏秋之际,他接连下了两道命令,一道是给宫廷的《禁珠玉锦绣敕》:"乘舆服御、金银器玩,宜令有司销毁,以供军国之用;其珠玉、锦绣,焚于殿前;后妃以下,皆毋得服珠玉锦绣。"一道是对百官的《禁奢侈服用敕》:"百官所服带及酒器、马衔、镫,三品以上,听饰以玉,四品以金,五品以银,自余皆禁之;妇人服饰从其夫、子。其旧成锦绣,听染为皂。自今天下更毋得采珠玉、织锦绣等物,违者杖一百,工人减一等。"接着解散了长安和洛阳的织锦坊。玄宗这次像是下了大决心,七月,下了两道诏书禁珠玉锦绣,同月"内出珠玉锦绣等服玩,又令于正殿前焚之"(《旧唐书·玄宗本纪》),八月,禁女乐,真可以说是雷厉风行了。虽然玄宗奢心时萌,但他还能抑止,如开元四年(716年)有胡人说海南多产珠翠奇宝,可往营致,因言市舶之利;玄宗又想派人去师子国,"求灵药及善医之妪,置之宫掖",便命监察御史杨范臣与胡人偕往求之,范臣进言曰:"陛下前年焚珠玉、锦绣,示不复用。今所求者何以异于所焚者乎!"玄宗马上表示同意,遂罢此事。当然,封建统治者的抑奢政策从来都是不彻底的,但一再下诏表示抑奢,其间还有实际行动,至少说明玄宗初年较用心于政治,生活还比较收敛,不敢过于放纵。随着社会安定局面的持续发展,社会财富的大量积累,以玄宗为代表的整个统治阶级为空前的升平景象所陶醉,日渐腐化,玄宗抑奢的决心与行动都是虎头蛇尾,不了了之。宪宗说他是:"开元初锐意求理,至十六年已后,稍似懈倦,开元末又不及中年"(《旧唐书·宪宗本纪》)。岂到开元十六年,开元十三年玄宗东封泰山,居然就带着三百头由"神鸡童"贾昌饲养的斗鸡随驾。贾昌的父亲死了,贾昌护送灵柩归葬长安,葬器等都由官府承办,难怪时人讽刺道:"生儿不用识文字,斗鸡走马胜读书!"到了开元中期以后,玄宗似乎已经忘记了过去的诏令,带头奢侈起来,如开元十八年(730年)春,他命令侍臣和百官每个假日找一处风景优美的地方举行游宴,还广为赐钱,住宿饮食皆由公家出资提供,"丁卯,侍臣已下宴于春明门外宁王宪之园池,上御花萼楼邀其回骑,便令坐饮,递起为舞,颁赐有差"(《旧唐书·玄宗本纪》)。开元二十年(732年)四月乙亥,"宴百僚于上阳东州,醉者赐以床褥,肩舆而归,相属于路"(同上)。到了天宝年间,玄宗以为国家殷富无比,更有了放纵的基础,他常"召公卿百僚观左藏库,喜其货币山积"(《旧唐书·杨国忠传》)。

因此,玄宗更加纵情声色,尽兴挥霍,变成一个十足的昏君,当时他在西都与东都"大率宫女四万人",这与十几年前他"令有司具车牛于崇明门,自选后宫无用者载还其家"时已经大不相同了。他不仅把自己儿子的妃子杨玉环立为贵妃,而且对她宠遇极甚,"宫中供贵妃织锦刺绣之工,凡七百人,其雕刻镕造,又数百人。扬、益、岭表刺史,必求良工造作奇器异服,以奉贵妃献贺,因致擢居显位"(《旧唐书·杨贵妃传》)。贵妃的三个姐姐都得到玄宗的恩宠,称之为姨,出入宫掖,势倾天下,韩、虢、秦三夫人每人每年给钱千贯作为脂粉费。杨氏兄妹五家,甲第洞开,敢与宫廷建筑媲美;车马仆御十分奢侈华丽,照耀京邑。他们几家竟相摆阔,递相夸尚,若是看到别人的建筑胜过自己的,便马上拆了重盖,"每构一堂,费逾千万计"。由玄宗对杨氏外戚的殊宠,就可以想见玄宗已经荒淫和昏庸到什么程度! 玄宗在开元末和天宝年间挥霍无度,对外戚、宦官、权臣,动辄赏赐巨万,单是对杨氏兄妹的靡费就是相当惊人的。这么多钱从哪里来呢?《新唐书·食货志》云:"天子(玄宗)骄于侈乐而用不知节,大抵用物无数,常过其所入。于是钱谷之臣,始事胲刻。太府卿杨崇礼句剥分铢,有欠折渍损者,州县督选,历年不止。其子慎矜专知太府,次子慎名知京仓,亦以苛刻结主恩。王鉷为户口色役使,岁进钱百亿万缗,非租庸正额者,积百宝大盈库,以供天子燕私"。玄宗的荒淫和贪婪自然培养了像杨崇礼、杨慎矜、王鉷一类人物,这样便加重了对人民的剥削和压迫,使所谓开元盛世的阶级矛盾更加尖锐。玄宗对这类能压榨人民的奸吏是很欣赏的:"以为鉷富国之术,利于王用,益厚待之"(《旧唐书·王鉷传》)。玄宗对这些奸臣的重用,使开元和天宝年间的政治一步步走向了黑暗。司马光在《资治通鉴》里说:"明皇之始欲为治,能自刻厉节俭如此,晚节犹以奢败;甚哉奢靡之易以溺人也!《诗》云:'靡不有初,鲜克有终。'可不慎哉?!"这段话说得还是很中肯的。

封建专制时代,皇帝想有所作为,不一定真能成事,但若是他一心想追求声色享乐,不专心于国家事务,那么坏人就会乘机而入,窃取政权,伏下王朝覆灭的危机。

玄宗即位之初,深知自己的权力来之不易,故而大权独揽,"收还权纲,锐于决事,群臣畏伏"(《新唐书·吴兢传》),甚至连太守的任用也亲自选择。但当他想用更多的时间享乐时,便把一部分权力交给了曾在铲除太平公主及其党羽的斗争中立过功的太监高力士,"每四方进奏文表,必先呈力士,然后进御,小事便决之"(《旧唐书·高力士传》)。高力士毕竟仅是一个太监,并不能为玄宗分多少心,为了专心享乐,玄宗想找一个更好的人代替,但时相张九龄"遇事无细大皆力争",很不得玄宗宠信,因为他此时所需要的是佞臣而不是直臣。李林甫巧伺玄宗之意,"日夜短九龄于上,上浸疏之"。开元二十四年(736 年)李林甫终于排挤了张九龄而登上相位,因为林甫巧诈会讨玄宗喜欢,玄宗便决定把权政委于他。玄宗曾问过高力士曰:"朕不出长安近十年,天下无事,朕欲高居无为,悉以政事委林甫,何如?"高力士还不糊涂,听玄宗此言忙说:"天下大柄,不可假人;彼威势既成,谁敢复议之者。"玄宗听了很不高兴,从此高力士也"不敢深言天下事矣"。玄宗还是把国家大权给了李林甫,中唐陈鸿《长恨歌传》曰:"玄宗在位岁久,倦于旰食宵衣,政无大小,始委于右丞相(李林甫),稍深居游宴,以声色自娱。"《旧唐书·李林甫传》也说:"上在位多载,倦于万机……自得林甫,一以委成。"李林甫是一个口蜜腹剑的大奸臣,因其狡滑多诈,善迎玄宗意,故受到玄宗的高度信任,"林甫久典枢衡,天下威权,并归于己"。他的上台和受到玄宗的重用,给唐朝带来了重大的灾难,《资治通鉴》小结道:"上晚年自恃承平,以为天下无复可忧,遂深居禁中,专以声色自娱,悉委政事于李林甫。林甫媚事左右,迎合上意,以固其宠;杜绝言路,掩蔽聪明,以成其奸;妒贤疾能,排抑胜己,以保其位;屡起大狱,诛逐贵臣,以张其势。自皇太子以下,畏之侧足。凡在相位十九年,养成天下大乱,而上不之寤也。"这一节话言简意赅,把李林甫当权后所犯的罪行大体说清了,从中看出玄宗已经是多么昏庸!

李林甫死了以后,玄宗又任用了奸臣杨国忠,国忠是杨贵妃的从祖兄,他的上台,同玄宗宠爱贵妃直接有关。国忠也很善于迎合玄宗之意,他竭力聚敛钱财,讨玄宗的欢喜,故而在天宝七载(748 年)就领十五余使。天宝十一载(752 年)林甫病死,国忠即为右相,兼文部尚书。国忠权力甚大,仍领四十余使,大到军国大事,小到替皇宫采办木炭、料理"宫市",都由他一手包办。《旧唐书·杨国忠传》载:"国忠本性疏躁,强力有口辩。既以便佞得宰相,剖决几务,居之不疑。立朝之际,或攘袂扼腕,自公卿已下,皆颐指气使,无不奢惮。"杨国忠在宰相之位,大肆排除异己,安插亲信;耀武杨威,挥霍无度;对国家大事常常待如儿戏,如朝廷选官本是一件严肃的公务,但他却草率从事,聊以取笑自乐。特别可恶的是他发动了对云南少数民族的"南诏之战",为了征兵"杨国忠遣御史分道捕人,连枷送诣军所"(《资治通鉴》)致使"举二十万众弃之死地,只轮不返,人衔冤毒,无敢言者"(《旧唐书·杨国忠传》)。这给人民带来了多么深重的灾难。

李林甫专权时,"志欲杜出将入相之源,尝奏曰:文士为将,怯当矢石,不如用寒族蕃人,蕃人善战有勇,寒族无党援。……自是,高仙芝、哥舒翰皆专任大将,林甫利其不识文字,无入相由。"安禄山为人很阴险,"外若痴直,内实狡黠",很快就取得了玄宗的信任,不久就控制了东北三大重镇——平卢(治营州,今辽宁朝阳)、河东(治太原,今山西太原)、范阳(治蓟州,今北京大兴),成为一个极有兵权的专任大将。到天宝十二载,"禄山精兵",已到了"天下莫及"的程度。天宝末有许多人已看出禄山有反叛之心,但昏庸的唐玄宗对其却绝对信任,最后竟愚蠢到"自是有言禄山反者,上皆缚送",因而人人知禄山将反,但无人敢言。

当时有许多人对奸臣当道、玄宗受蔽的局面是不满的,李林甫和杨国忠相继为相,他们心怀鬼胎,因此特别用心于杜绝言路,凡是对他们所做所为表示不满的人,皆在排挤之列。李林甫一当宰相,"欲蔽塞人主视听,自专大权,明召诸谏官谓曰:今明主在上,群臣将顺之不暇,乌用多言!诸君不见立仗马乎?食三品料,一鸣辄斥去,悔之何及!"后来有人上书言事,果然就受到了贬谪。天宝六载(747 年),玄宗下令制举考试,李林甫怕应试之人上言不利于自己,便想办法让这些人统统落选,还上言说"野无遗贤"。杨国忠也是想尽办法要"蔽塞人主视听",使玄宗成了傀儡皇帝,如对南诏的战争,本来是"千去不一回,投躯岂全生"(李白《古风》三十四),但杨国忠却对玄宗说打了胜仗,玄宗一直被蒙在鼓里。再如天宝十二载,因水旱相继,关中大饥,玄宗担心久雨伤稼,杨国忠选了一些长得好的庄稼献上说"雨虽多,不害稼也",以粉饰他当宰相的功绩。扶风太守说了他那里的灾情,国忠便"使御史推之"。因此第二年虽仍有灾,但"天下无敢言灾者"。就在李林甫和杨国忠的欺骗下,唐玄宗一直以为天下太平,岂不知此时因为政治黑暗、权力下移,危机就要爆发了,他其实正坐在火山顶上过着"春宵苦短日高起,从此君王不早朝"的荒淫生活。

对于君权削弱可能造成的后果,许多有识之士是不放心的,李白就有诗表达了这种忧虑,他在《远别离》里描写当时的局势是:"日惨惨兮云冥冥,猩猩啼烟兮鬼啸雨。"他十分担心玄宗失权遇到危险,故而警告说:"君失臣兮龙为鱼,权归臣兮鼠变虎"。在李白看来,这种可悲的情况很可能出现,在《古风》五十三里,他更借古警今,说得十分明白:"奸臣欲窃位,树党自相群。果然田成子,一旦杀齐君。"李白既担心玄宗失权可能造成悲剧,更担心在奸臣弄权下,将造成国家混乱、人民遭殃的结局,但却是"我欲言之将何补?"玄宗此时不仅听不到,而且根本听不进去那些有关国家兴亡的进言了!许多有识之士同李白一样,虽然感到忧虑,但却也无可奈何。

玄宗晚年最昏聩的一件事就是听信李林甫之言而优宠安禄山,使安禄山的势力越来越大,最后酿成了"安史之乱"。

安禄山受到玄宗信用后经常上朝,看到李林甫、杨国忠相继擅权,朝纲紊乱,遂生乱唐之心。李林甫在时,禄山还有所顾忌,不敢鲁莽起事,待杨国忠做了宰相,禄山便不把他放在眼里,因此两人矛盾甚深。杨国忠知道禄山将反,数次向玄宗上言,无奈玄宗实在昏庸,连杨国忠的话也听不进去。到安禄山叛乱前几个月,玄宗还对杨国忠说:"禄山,朕推心待之,必无异志。东北二虏,藉其镇遏。朕自保之,卿等勿忧也!"杨国忠见玄宗不听自己的,便命令京兆尹围住了安禄山在长安的府第,逮捕并杀了禄山门客李超等人,以刺激禄山,使他快些造反,从而取信于玄宗。禄山早已为叛乱作了准备:一方面他大力提拔手下将领,以买人心,并养"子弟兵"八千人作为骨干队伍;另一方面在范阳城储备粮草,修筑战堡,赶制军械。现在受杨国忠这么一激,怕动手晚了吃大亏,便在天宝十四载(755年)十一月甲子日,发所部兵十五万,以讨杨国忠为号召,反于范阳。

真是:"渔阳鼙鼓动地来,惊破霓裳羽衣曲"。安禄山反时,玄宗正在华清宫寻欢作乐,开始,他以为是忌恨禄山的人谎报军情,根本不信;不久,听到安禄山真地反了,赶忙召集宰相商量对策,决定下诏痛责安禄山,允许其归顺,谁知安禄山毫无悔意,答书极其轻慢。玄宗这才感到形势实在严重,便在十二月辛丑日,制太子监国,打算"御驾亲征"。当时玄宗已届迟暮之年,加之长期的荒淫生活,使他的身体衰朽多病,亲征确实不太容易，但他毕竟是当今皇帝，有一定的号召力，若是以国家为重，扶力一行，可能鼓舞士气，争取时间，使官军阻止或削弱叛军"烟尘千里，鼓噪震地"的气势。可是杨国忠听玄宗说要亲征就慌了神儿，他退朝后对韩、虢、秦三位夫人说："太子素恶吾家专横久矣，若一旦得天下，吾与姊妹并命在旦暮矣！"然后几个人抱头痛哭，好不凄凉！三姊妹又向贵妃哭诉，贵妃衔土请求玄宗收回成命，玄宗发发虚火也乐得不去"亲征"了。在唐玄宗、杨国忠等人看来，国家社稷岂有他们的性命重要！

　　安禄山叛军来势十分凶猛，天宝十五载六月潼关失守，京城一片慌乱。在杨国忠的建议下，玄宗决定逃往西南，看一看他们逃跑的情状，只有"仓皇"二字聊以形容："（甲午）上移仗北内。既夕，命龙武大将军陈玄礼整比六军，厚赐钱帛，选闲厩马九百余匹，外人皆莫知之。乙未，黎明，上独与贵妃姊妹、皇子、妃、主、皇孙、杨国忠、韦见素、魏方进、陈玄礼及亲近宦官、宫人出延秋门，妃、主、皇孙之在外者，皆委之而去"（《资治通鉴》唐纪三十三）。这一行人匆匆忙忙向京城外逃去，天亮时过了一座便桥，杨国忠怕叛军追及想断桥，幸亏玄宗阻止才没有马上断掉。辰时，他们来到咸阳望贤驿打尖休息，因为出逃仓促，官吏骇散，无复储供。玄宗在一棵树下小憩，到亭午尚未进食，幸有附近百姓看在旧君的面子上相继献食，才没有饿着这当今天子，众军士则到附近各村寻粮求食。晚上，他们逃至金城县，县官早已溜走，虽去人招诱也无人回来，只得靠智藏寺僧所献食物充饥，住得也很随便："驿中无灯，人相枕藉而寝，贵贱无以复辨。"第二天丙申时队伍到达了京兆兴平县马嵬驿，将士们又饥又疲，都很愤怒，他们认为杨国忠误国召乱，罪该万死，要求"护驾"将军陈玄礼将其杀掉。陈玄礼进奏曰："逆胡指阙，以诛国忠为名，然中外群情，不无嫌怨。今国步艰阻，乘舆震荡，陛下宜徇群情，为社稷大计，国忠之徒，可置之于法"（《旧唐书·玄宗本纪》）。正这时兵士们看到吐蕃使者二十余人拦住国忠说话，兵士们大声叫道："国忠与胡虏谋反！"把杨国忠抓住杀掉肢解了，还有人用枪戳着他的头放在驿门外示众，接着兵士们又杀了国忠之子杨暄和韩、秦二夫人，军士们包围了马嵬驿。玄宗听到喧哗声，问知兵士们杀了杨国忠，便拄着杖子走出驿门，好言劝慰，让士兵们解散归队，军士不应。玄宗令高力士去问原因何在，陈玄礼答道："国忠谋反，贵妃也不应再在左右，请陛下割恩，一同正法。"贵妃是玄宗的心头肉，如何舍得？可是兵士不散,恐有大乱。正在犹豫,京兆司录韦谔叩头流血,进言说:"今众怒难犯,安危在晷刻,愿陛下速决!"玄宗还为贵妃开脱道:"贵妃常居深宫,安知国忠反谋?"高力士又进谏说:"贵妃诚无罪,然将士已杀国忠,而贵妃在陛下左右,岂敢自安!愿陛下审思之,将士安则陛下安矣。"高力士这番话很有分量,玄宗更看重的恐怕是"陛下安",只好叫高力士牵贵妃到佛堂,用白练缢死了,然后将贵妃尸体放在驿庭,让陈玄礼等进来验看,陈玄礼等人都免胄释甲,顿首请罪。玄宗慰劳了他们,众人高呼万岁,再拜而出,将此事晓谕随行兵士,队伍又准备出发了。这就是有名的"马嵬兵变",有许多诗人对这次事件给以高度赞扬,高适有诗云:"乙未将星变,贼臣候天灾。胡骑犯龙山,乘舆经马嵬。千官无倚着,百姓徒悲哀。诛吕鬼神助,安刘天地开"(《酬裴员外以诗代书》)。杜甫也写道:"忆昨狼狈初,事与古先别。奸臣竟菹醢,同恶随荡析。不闻夏殷衰,中自诛褒妲。周汉获再兴,宣光果明哲。桓桓陈将军,仗钺奋忠烈"(《北征》)。白居易的描写则很细致:"翠华摇摇行复止,西出都门百余里,六军不发无奈何,宛转蛾眉马前死!"(《长恨歌》)"马嵬之变"确实是一次不凡的壮举,杨国忠等人受到了应有的惩罚,只是便宜了引起"安史之乱"的更大的罪魁李隆基。

待要从马嵬驿出发了,玄宗等人还没决定往哪儿逃跑,将士们有的说向河、陇,有的说向灵武,有的说向太原,还有的说以还京为好,玄宗想入蜀,怕违众心,所以只能不说话。最后还是采纳了韦谔的意见,先去扶风,然后再考虑要去的地方。刚要动身,当地父老拦路请玄宗留下,领导平定"安史之乱",玄宗按辔良久,还是想跑,众人便乞留皇太子,"愿勠力破贼,收复京城"。太子李亨遂留下没有同行入蜀。

乙亥,玄宗诸人到达扶风郡,军士各怀去志,口出怨言,陈玄礼也控制不住。正巧成都贡来春彩十余万匹,玄宗命置之于庭,召集众将士说:"朕比来衰耄,托任失人,致逆胡乱常,须远避其锋。知卿等皆苍猝从朕,不得别父母妻子,远涉至此,劳苦至矣,朕甚愧之。蜀路阻长,郡县褊小,人马众多,或不能供,今听卿等各还家;朕独与子、孙、中官前行入蜀,亦足自达。今日与卿等诀别,可共分此彩以备资粮"(《资治通鉴》唐纪三十三)。说完泣下沾襟,看来真动了感情,众人闻言都哭道:"臣等死生从陛下,不敢有贰!"人心这才稍稍安定。这支逃亡队伍又经过长途跋涉,经陈仓、散关到了河池郡，又经益昌县至普安郡，在这里，房琯等人由京城追来。房琯劝玄宗实行分制，玄宗便下了制文，分封了太子李亨、永王李璘、盛王李琦等人，希望他们同心协力以平叛乱。开始人们还不知道玄宗踪迹，待看了这篇制文，才知道他快逃到四川去了。七月庚辰（二十八日），玄宗与随从兵士经巴西郡到了成都，"扈从官吏军士到者一千三百人，宫女二十四人而已"（《旧唐书·玄宗本纪》）。不久前，笔者曾沿玄宗逃跑路线凭吊古迹，由今日此路之难行完全可以想见当年奔蜀之艰辛，不知玄宗人马是怎样到达成都的，这位"太平天子"一定吃了不少苦头。不过，这也是咎由自取，任谁他也埋怨不得！不知这位骄奢惯了的皇帝，见仅有一千余人跟从自己又该作何感想？

玄宗到成都不久，灵武所派使者至，这才知道皇太子李亨已在凤翔即了帝位，玄宗无奈，便派韦见素、房琯等奉宝册至顺化禅位，玄宗做了太上皇。

第二年（至德二载，757年）九月，元帅广平王李俶、副元帅郭子仪将朔方等军及回纥、西域之众十五万，发凤翔，取长安，激战于长安西，叛军大溃，向东逃去。官军收复西京长安，然后又进军洛阳，安庆绪败走河北，官军又收复东京洛阳。十月肃宗李亨返长安，在谋臣李泌督促下，他上表玄宗请其回京，并表示要归政玄宗，自己重还东宫修臣子之职。十二月丁未（初四），玄宗由蜀返长安，行到咸阳，看到李亨释黄着紫、痛哭流涕地来迎驾，便说："天数、人心皆归于汝，使朕得保养余齿，汝之孝也！"至长安后，"文武百僚、京城士庶夹道欢呼，靡不流涕"。几日后，玄宗又到暂为太庙的大内长安殿，向老祖宗请罪，然后即住进自己当皇帝以前居住的兴庆宫。

玄宗与肃宗回到长安以后，二人都小心翼翼地拿父慈子孝的封建伦理道德维系着父子关系。乾元元年（758年）正月，玄宗御宣政殿授册，加给肃宗以"光天文武大圣孝感皇帝"的尊号；肃宗也投桃报李，马上回赠其父一个"太上至道圣皇天帝"的尊号，真像是一场双簧戏。若是想到其时战乱尚未平息，便可以知道这一对父子用心何其良苦。

但是有些事情是不以个人的意志为转移的，父慈子孝的面纱到底遮挡不住政治斗争的刀光剑影。玄宗很喜欢兴庆宫，自蜀归后就住在这里，左龙武大将军陈玄礼、内侍监高力士都在玄宗身边侍卫;肃宗又命玉真公主、内侍王承恩、魏悦陪伴玄宗,还派数十名梨园弟子常在玄宗身边排练、演出,以供解闷。兴庆宫里有座长庆楼,南临大道,玄宗爱去那里徘徊观览,从大道上路过的父老和官吏往往瞻仰跪拜,山呼万岁,玄宗常在楼下置酒食赏赐他们,还曾召呼将军郭英乂等上楼来欢宴。一次,从剑南来的奏事官过楼下拜舞,玄宗命玉真公主为之做主人。且不说作为逊位君主的玄宗,是不是真想复辟,只是私下接近民众、交接官吏,却绝不是在位君主所愿意的。李辅国当时专权用事,但他出身却很微贱,玄宗左右的人都很看不起他,辅国便怀恨在心,为了报复,也是想立奇功以固其宠,就对肃宗上言说:"上皇居兴庆宫,日与外人交通,陈玄礼、高力士谋不利于陛下。今六军将士尽灵武勋臣,皆反仄不安,臣晓谕不能解,不敢不以闻。"肃宗哭道:"圣皇慈仁,岂容有此!"李辅国答曰:"上皇固无此意,其如群小何!陛下为天下主,当为社稷大计,消乱于未萌,岂得徇匹夫之孝!且兴庆宫与阎闾相参,垣墉浅露,非至尊所宜居。大内深严,奉迎居久,与彼何殊,又得杜绝小人荧惑圣听。"(《资治通鉴》唐纪三十七)肃宗没有答应。兴庆宫原来有三百匹马,李辅国假传肃宗的话,仅留下了十匹。玄宗伤心地对高力士说:"吾儿为辅国所惑,不得终孝矣。"李辅国又令六军将士,号哭叩头,请求迎玄宗居太极宫(即"西内"),肃宗只是流泪却不表态。不久,肃宗病了,李辅国便假传圣旨,迎接玄宗到西内游玩,待走到睿武门,辅国带领五百兵士,拔刀露刃,拦路进奏说:"皇帝以兴庆宫湫隘,迎上皇迁居大内。"玄宗大惊,差点儿摔下马来。高力士厉声说:"李辅国何得无礼!"叱令其下马,高力士就势宣布玄宗的命令,叫众兵士不得动武,将士们都纳刀入鞘,拜呼万岁,高力士又叱令李辅国和自己一起执玄宗马鞚,侍卫着到了西内,玄宗住在了甘露殿。李辅国只准留下数十个老弱兵士,陈玄礼、高力士及旧宫人皆不得留在玄宗身边。辅国之所以如此大胆,是得到肃宗的默许的。不久高力士被流放到巫州,王承恩被流放到播州,陈玄礼被勒令致仕。肃宗又另外挑选后宫百余人,名为备洒扫实是做密探,玄宗事实上已经被软禁起来,完全失去了自由,虽然贵为太上皇,玄宗的处境其实是很凄凉的。在太极宫里,这位白发老翁常常想起自己武震天下的往昔,有时又怀念与自己共度春宵的杨贵妃,这一切都成了过眼烟云。此刻,自己身边竟没有一个亲信、心腹,虽有满肚子的话,也不知向谁去说,心情自然很不愉快,因此他竟"不茹荤,辟谷",久而久之便成了重病,到宝应元年(762年)一病不起,卒年七十八岁。

唐玄宗李隆基始以英雄人物的形象登上了历史舞台,却终以悲剧角色的形象了结了一生,也许这个问题不难回答:这出悲剧是谁导演的呢?

作于 1984 年 8 月 28 日

安禄山其人

提起唐代的历史，人们自然会想到安禄山，因为安禄山与史思明发动的长达八年之久的"安史之乱"，是唐王朝由盛而衰的转折点。

安禄山是一个少数民族的将领，何以有如此大的破坏力？他是怎样发迹、怎样受到唐玄宗的宠信，又是怎样起兵叛乱的？他的下场又是如何呢？

安禄山（705？—757年）的父亲是西域胡人，本姓康，母亲是突厥巫师，以卜为业。安禄山本名轧荦山，据说是因为生他之前，其母向营州少数民族人所谓之战斗神"轧荦山"祈祷而有孕，故以此名之。禄山生父死后，其母再嫁胡将安延偃，故冒姓安氏，更名禄山。及长，通六蕃语，为唐互市牙郎，这是专管南北物价及贸易的小吏，那时他即以骁勇为幽州节度张守珪所知。守珪提拔他为捉生将，专门干骚扰邻近少数民族人民的勾当。安禄山每与数骑出，都能擒捉契丹人数十个，而且为人狡猾，善揣度人情，博得了张守珪的宠爱，收为养子。禄山本人肥胖，为了讨守珪的喜欢，每顿饭只敢吃个半饱，平时也小心谨慎，希望进一步得到提携。

开元二十四年（736年）安禄山已经做到了平卢讨击使、左骁卫将军的官职。一次，张守珪令他率军讨伐奚、契丹之叛离者，禄山恃勇轻进，为敌所败。这年四月，守珪上奏朝廷，请求斩掉安禄山，禄山在临刑时大叫道："大夫不欲灭奚、契丹邪？奈何杀禄山！"张守珪为之心动，惜其骁勇，便把他绑送京师，请朝廷裁决。当时宰相张九龄认为若行军令，当斩禄山，但玄宗闻禄山颇有武功，只免了他官职，就放他回去了。其实，所谓免官只是象征性的惩罚，不久，禄山又做了平卢兵马都使，因为他善于心计，曲意事人,故而人们对他交口称赞。从京师来到平卢的官吏,禄山皆厚赂之,这些人回到长安,自然要在玄宗面前为禄山吹嘘美言。开元二十九年(741年)七月,御史中丞张利贞为河北采访使,至平卢,安禄山阿谀奉迎,同时贿赂了利贞左右官吏,利贞入朝后盛称禄山之美。八月,禄山即升任营州都督,充平卢军使、两蕃、勃海、黑水四府经略使。天宝三载(744年)三月又以安禄山兼范阳节度使,当时礼部尚书席建侯为河北黜陟使,受禄山之赂,故称禄山公直,李林甫等皆顺旨称其美,因此玄宗宠信禄山之心更固。

安禄山狡诈而且大胆,正逢玄宗在位四十余年,怠于朝政,日渐昏庸,故而禄山敢于当面扯谎,欺骗玄宗。如天宝二年(743年)安禄山入朝,竟上奏说:"去年营州虫食苗,臣焚香视天云:'臣若操心不正,事君不忠,愿使虫食臣心;若不负神祇,愿使虫散。'即有群鸟从北来,食虫立尽。"(《资治通鉴》唐纪三十一)这纯粹是一派胡言乱语,借以吹嘘自己操心国事,忠心事君。玄宗竟然丝毫不疑,还按照禄山的请求,把这派胡言载入了史书。天宝四载(745年)十月,禄山又上奏说:"臣讨契丹至北平郡,梦先朝名将李靖、李勣从臣求食。"玄宗下令立庙,禄山不久又上奏:"荐奠之日,庙梁产芝。"由此可见禄山之欺罔、玄宗之昏蔽了。

禄山其位愈显,上朝机会增多,便时时在玄宗面前装忠卖乖,以求恩宠,"外若痴直,内实狡黠"。这时他已不必为讨谁的喜欢而节食,因此身体肥胖,腹垂过膝,尝自称腹重三百斤,需要左右抬挽其身,方能移步,但是在玄宗前作《胡旋舞》却疾快如风。一次玄宗戏指其腹说:"此胡腹中何所有,其大乃尔!"禄山答道:"更无余物,正有赤心耳!"玄宗听罢大悦。又有一次,禄山见到太子而不拜,左右之人催促他快拜,他装傻问:"臣胡人,不习朝仪,不知太子何官?"玄宗笑答:"此储君也,朕千秋万岁后,代朕君汝者也。"禄山又说:"臣愚,向者惟知有陛下一人,不知乃更有储君。"不得已才下拜。玄宗以为他直爽诚实,更加宠信他。有时在勤政楼设宴,百官列坐楼下,玄宗还独为禄山在御座东边设金鸡障,置榻使坐其前,仍命卷帘以示荣宠,并命杨铦、贵妃、三夫人等与禄山叙为兄弟。禄山为了固宠,自请作贵妃养子。当玄宗与贵妃共坐时,禄山总是先拜贵妃而后拜玄宗,玄宗问其故,禄山答道:"胡人先母而后父。"玄宗其时已昏愦得可以了,听到这话居然"大悦"。

为了得到玄宗的宠信,安禄山千方百计侵掠东北边境的少数民族。如天宝四载(745年)九月,禄山数次侵掠奚、契丹,奚、契丹皆杀公主以叛;天宝九载(750年)十月,禄山屡诱奚、契丹,为其设宴,饮以莨菪酒,醉而坑之,动数千人,函其酋长之首以献,前后数四。不久,又献俘八千人。这一切当然得到了已有"吞四夷之志"的玄宗的赏识。

禄山以其狡诈佯忠蒙骗了玄宗,也因其"岁献俘虏、杂畜、奇禽、异兽、珍玩之物"而使玄宗的宠信与日俱增。天宝六载(747年),进御史大夫,封其妻段氏为国夫人;七载(748年)六月,赐铁券;九载(750年)五月,赐爵东平郡王,开唐代将帅封王之始;并允许禄山于上谷起五炉铸钱。十载(751年)五月,玄宗命有司为禄山在亲仁坊筑第,并敕令但穷壮丽,不限财力。自然此第修建得华丽壮观,室内陈设,应有尽有,"虽禁中服御之物,殆不及也"(《资治通鉴》唐纪三十三)。玄宗还不断地叮嘱:"胡眼大,勿令笑我。"禄山入居新第以后,玄宗吃到什么美食或在后苑猎得什么鲜禽,都要派人给禄山送去一些,以至于"络绎于路"(《资治通鉴》唐纪三十二)。在禄山生日那天,玄宗与贵妃赐衣服、宝器、酒馔甚厚,过了三天,又召禄山入禁中,贵妃以锦绣为大襁褓,裹禄山,使宫人以彩舆舁之。玄宗听到后宫欢笑声时起,问其故,左右答曰:贵妃三日洗禄山儿。玄宗前往观之,还赏贵妃洗儿金银钱,复厚赐禄山,尽欢而罢。从此禄山出入宫掖不禁,或与贵妃对食,或通宵不出,颇有丑闻,但玄宗始终不疑。

由于受到玄宗的宠信,禄山颇为自傲,满朝百官皆不在他的眼里,见了李林甫也很傲慢。林甫为了暗示和警告他,便假借他事召与禄山俱为大夫的王鉷,王鉷见了林甫趋拜恭敬,禄山见状大惊,从此对李林甫也就恭顺多了。林甫与禄山谈话,总是先揣摸到他的心思,先说出来,禄山以为神,惊叹折服,以至禄山独怕林甫,盛冬时相见,也常常汗流浃背。然后,林甫就引禄山坐于中书厅,和言悦色,并解下自己的披袍送给禄山,禄山很感激林甫,称他为十郎。既归范阳,坐探由京师回来,必问:"十郎何言?"听到好话则喜,若语:"大夫须好检校!"就反手据床曰:"噫嘻,我死矣!"实际上,林甫却帮了禄山大忙。李林甫"志欲杜出将入相之源,尝奏曰:文士为将,怯当矢石,不如用寒族蕃人,蕃人善战有勇,寒族无党援。……自是,高仙芝、哥舒翰皆专任大将,林甫利其不识文字,无入相由。然而禄山竟为乱阶,由专得大将之任故也”(《旧唐书·李林甫传》)。禄山之所以得到玄宗的宠信,正是李林甫这个建议的结果。从这个意义上来说,李林甫与安禄山恰是乱唐的一丘之貉!

安禄山升迁极快,不久就控制了东北三大重镇——平卢(治营州,今辽宁朝阳)、范阳(治蓟州,今北京大兴)、河东(治太原,今山西太原),成为一个极有兵权的专任大将。禄山既兼领三镇,赏罚己出,日益骄恣,加之眼见朝纲紊乱、武备堕弛,故萌发了叛逆之心。天宝六载(747年)他即令其将刘骆谷留驻京师,观察朝廷动静,负责递送情报,并且假托御敌,筑雄武城,大贮兵器,当时军事家王忠嗣已觉察禄山有反心,数次上言却无人理会。禄山上朝,每当经过朝堂龙尾道时,总要左右端详,停留好大一会儿才离去。几年以后,禄山更招兵买马,精心准备。他养同罗、奚、契丹降者八千余人,谓之“曳落河”(胡语“壮士”之意),及家僮百余人,皆骁勇善战,一可当百,又畜战马数万匹,多聚兵杖,分遣商胡诣诸道去做生意,岁输珍货数百万,还私做百万件绯紫袍、鱼袋(皆朝官所服)。为了神化自己,每逢盛大庙会,禄山便高坐榻上,前面燃着香,周围摆着奇珍异宝,旁边侍立胡人数百,然后接见来往商贾;有时更让女巫在前面敲鼓跳舞,故意制造一种特殊的气氛。待天宝十二载(753年),阿布思为回纥所破,安禄山诱其部落而降之,“由是禄山精兵,天下莫及”(《资治通鉴》唐纪三十二)。

虽然安禄山早有叛志,且有精心准备,但是由于畏服狡猾逾己的李林甫,所以不敢轻举妄动,待杨国忠为相,“禄山视之蔑如也”(《资治通鉴》唐纪三十三),便有些肆无忌惮了。杨国忠屡言禄山将反,玄宗皆不信。天宝十三载(754年)正月,杨国忠向玄宗重申己意,并说:“陛下试召之,必不来。”玄宗使人召之,禄山闻命即至,在华清宫哭见玄宗说:“臣本胡人,陛下宠擢至此,为国忠所疾,臣死无日矣!”玄宗听信了禄山之言,很可怜他,也更信任他。三月,禄山辞归范阳,玄宗解御衣赐之,禄山受宠若惊,又怕杨国忠上奏留之,便慌慌忙忙奔出潼关,乘船而下,令船夫执绳板立于岸侧,十五里一换,昼夜兼行,过郡县不下船,反叛之心已经十分明显了。但玄宗却妄想用恩宠加以笼络,甚至到了十分可笑的地步:“自是有言禄山反者,上皆缚送”,从此人人知禄山将反,但无人敢言。正像杜甫

《后出塞》中描写的一样:"主将位益崇,气骄凌上都。边人不敢议,议者死路衢。"

禄山加紧了叛乱的准备,他不仅请求兼领闲厩、群牧、总监等职,而且密遣亲信选健马堪战者数千匹,特别饲养之。为了收买众心,他为其部将请功求赏,任命将军五百多人,中郎将二千多人。并从天宝十四载(755年)开始在范阳城北储备粮草,修筑战堡,赶制军械。此时,安禄山反迹已显,对朝廷也开始有分庭抗礼之势。朝廷每遣使者至,皆称疾不出迎,安排武备,然后见之。朝官裴士淹至范阳,二十余日乃得见,无复人臣礼。玄宗以子成婚,手诏禄山观礼,他也辞疾不至。过了一个月,禄山上表要献马三千匹,每匹马有控夫二人,遣蕃将二十二人部送,阴有袭京师之心。河南尹达奚珣疑有变,上奏玄宗,提出冬日才宜献马,且不必由禄山派人护送。玄宗这才如梦初醒,对安禄山产生了怀疑,遣中使冯神威宣旨,诏禄山于十月至华清宫。禄山踞床微起,亦不拜,只问了几句话,就置神威于馆舍,不复见,数日遣还,亦无上表。神威还,见玄宗哭泣道:"臣几不得见大家!"(《资治通鉴》唐纪三十三)

杨国忠自从当上宰相以后,便与禄山不和。他看出了禄山迟早要反,数言于玄宗,但玄宗昏庸不察,因此国忠便日夜求禄山反状,使京兆尹围其京师之第,捕禄山客李超等,治罪杀之。本来,安禄山潜怀异志由来已久,但一方面李林甫在世时他不敢轻举妄动,另一方面觉得玄宗待他很好,想等玄宗死了以后再动手,可是杨国忠屡次上奏安禄山欲反,且数以事激之,想叫他快点反以取信于玄宗,于是安禄山决定叛乱。

禄山独与孔目官、太仆丞严庄,掌书记、屯田员外郎高尚,将军阿史那承庆密谋,其他将佐一概不知。十月,恰巧有奏事官自京师还,禄山诈称得到诏书,便召诸将示之曰:"有密旨,令禄山将兵入朝讨杨国忠,诸君宜即从军",众将虽然愕然,但不敢异言。十一月甲子日,禄山发所部兵及同罗、奚、契丹、室韦凡十五万众,号称二十万,反于范阳。

禄山乘铁舆(音豫,是一种轿子),步骑精锐,烟尘千里,鼓噪震地。唐朝社会承平日久,政治腐败,军备废弛,故当叛军打来之时,"州县发官铠杖,皆穿朽钝折不可用,持挺斗弗能亢。吏皆弃城匿,或自杀,不则就禽"(《新唐书·安禄山传》)。中央禁军也与地方武备一样,兵不能战,朝廷在匆忙中急速募兵,令高仙芝、封常清东讨,但叛军之势难挡。十二月禄山渡河至陈留郡(汴州,今河南开封),在城门上,安庆绪看见了朝廷诛杀安庆宗的布告,泣告禄山。禄山狂而怒,将陈留降者近万人交相砍杀,刹时血流遍地,哭声入云。不久,叛军又攻陷东京洛阳,至德元年(756年)正月安禄山自称大燕皇帝,建号圣武,达奚珣以下置为丞相。这正是李白神游莲花山时所见的景象:"俯视洛阳川,茫茫走胡兵,流血涂野草,豺狼尽冠缨。"(《古风》十九)

东京失陷,潼关告急,朝廷又命哥舒翰扶病前守潼关,但为禄山部将攻破,哥舒翰为部下缚而献敌,终于投降了安禄山。玄宗等仓皇西逃,奔向四川。叛军又攻占了长安,禄山使其将杀霍国长公主及王妃、驸马于崇仁坊,刳其心,以祭安庆宗;凡杨国忠、高力士之党及禄山素所憎恶者皆杀之,凡八十三人。不久,又杀皇孙及郡、县主二十余人。禄山听说昔日百姓乘乱多盗库物,攻进长安,便命士卒大索三日,连百姓私财也统统抢掠一空,搞得人心惶惶,给人民带来了沉重的灾难。

安禄山自从叛乱以来,由于日夜操劳,目力渐昏,至元二年(757年)正月就已看不见东西了。加之重病在身,脾气日益暴躁,左右官吏稍不如意即遭其箠挞,甚至杀害。自从在洛阳称帝以后,将领们很难见他一面,只是通过严庄了解情况,下达命令,因此像严庄这样的"重臣"也免不了常常挨打;侍奉禄山的阉臣李猪儿因为天天和他打交道,虽受宠爱,但挨打最多。其他官吏见此情况,谁不为自身难保而担心,加之,禄山嬖妾段氏,生子庆恩,欲以代庆绪为后,庆绪常常害怕,不知怎么办好。严庄对庆绪说:"事有不得已者,时不可失。"庆绪说:"兄有所见,敢不敬从!"严庄又对李猪儿说:"汝前后受挞,宁有数乎! 不行大事,死无日矣!"猪儿亦许诺。一天夜里,严庄与庆绪手持武器立于帐外,猪儿执刀直入帐中,举刀向禄山腹部砍去。禄山眼无所见,床头常挂一刀,此时摸刀不着,便摇撼帐竿大叫:"必家贼也!"肠子流出数斗而死。这离他发动叛乱仅仅十三个月。可恨的是,这场叛乱却在六年以后才被平定。

原载《文史知识》1984 年第 6 期

孔子是否杀了少正卯

孔子杀少正卯的记载,最早见于《荀子·宥坐》,其文云:

> 孔子为鲁摄相,朝七日而诛少正卯。门人进问曰:"夫少正卯,鲁之闻人也,夫子为政而始诛之,得无失乎?"孔子曰:"居,吾语女其故。人有恶者五,而盗窃不与焉。一曰心达而险,二曰行辟而坚,三曰言伪而辩,四曰记丑而博,五曰顺非而泽。此五者,有一于人,则不得免于君子之诛,而少正卯兼有之。故居处足以聚徒成群,言谈足以饰邪营众,强足以反是独立,此小人之桀雄也,不可不诛也。"

《荀子》的记载可谓有声有色,颇为生动,且是关于此事最早的材料,故司马迁作《史记·孔子世家》便沿用此说,只是时间说得更为具体:

> 定公十四年,孔子年五十六,由大司寇行摄相事……于是诛鲁大夫乱政者少正卯。

荀子与司马迁的说法,似乎言之凿凿,故而有一定的影响,至今一些有关孔子的著作仍采此说。但是对此有疑问者,也不为少,归纳起来,无非是这样几个方面:

其一,怀疑论者认为孔子是主张"仁"的,"樊迟问仁。子曰:'爱人'"(《论语·颜渊》)。因此"季康子问政于孔子曰:'如杀无道,以就有道,何如?'孔子对曰:'子为政,焉用杀?'"(《论语·颜渊》)可见孔子是反对为政杀人的,怎么会掌权仅七天就开杀戒呢?

其二,怀疑论者认为如果孔子真的杀了少正卯,这无论如何都是孔子一生中的一件大事情,但是为什么"少正卯之事,《论语》所不载,子思孟子所不言"呢? 人们知道,《论语》是孔子门人及其再传弟子集成的一部专门辑录孔子及门人言行的书,对孔子的这件大事为什么只字不提? 而子思是孔子之孙,孟子又是受业于子思的弟子,他们距孔子自然比荀子近,但是他们的著作《中庸》、《孟子》却都没有涉及此事,反而是距孔子少说也有二百五十年的荀子首次披露了孔子诛少正卯的整个事件,荀子的根据又是什么?

其三,怀疑论者认为,据记载,鲁定公十年(前500年),齐侯与鲁侯会于夹谷(今山东莱芜市境),当使上卿相礼,其时孔子正作司寇,鲁公因其知礼,故使他越次而使之,"谓之摄相"。这里的"相","即傧相之相。《周礼》所谓接宾曰傧,诏礼曰相者,凡盟会坛坫,必有一诏礼之官,而孔子为之"(清毛奇龄《经问》)。因为战国以前无"宰相"、"相国"之称,故这里的"相",绝非今言宰相之"相"。清江永《乡党图考》也云:"摄相乃是相礼",而"相礼者,但襄一时之礼,与国政无涉也。……《史记》误以相为相国之相。"(清崔述《洙泗考信录》卷二)既然孔子仅仅是曾经做过两国交往的礼相,而他的职位虽为司寇,却在季孙氏诸人之下,根本没有诛杀大夫之权,怎么可能杀掉"鲁之闻人"少正卯呢?

其四,怀疑论者认为《史记》的记载存在着矛盾:《史记·卫康叔世家》记卫灵公"三十八年,孔子来,禄如鲁"。可见此时孔子已去鲁至卫,但俸禄却同在鲁时一样。卫灵公三十八年就是鲁定公十三年(前497年),定公十三年孔子已经离开了鲁国,怎么会在第二年又去诛杀乱政的少正卯呢?

此四疑,给肯定论者出了难题,但怀疑论者往往感到缺乏过硬的文献资料作为佐证,故仅仅是提出疑问或推测,也自有不能服人处。

孔子是否杀了少正卯? 这不是一个毫无意义的问题,后来的许多学者往往因为对这件事的不同看法而影响到对孔子其人及其思想的评价。

原载《中国文化之谜》,第二辑

名作品评

读储光羲的《钓鱼湾》

储光羲是唐代著名的田园山水诗人,他的诗从题材上看,多写农村生活和田园风光;从风格上看,大都质朴淡雅,殷璠在《河岳英灵集》中评论他的诗作说:"格高调逸,趣远情深,削尽常言,挟风雅之迹,浩然之气。"

《钓鱼湾》便是储光羲的代表诗作之一。这首诗正体现了"诗中有画"的特点,全诗犹如一幅别致有趣的山水风景画:

> 垂钓绿湾春,春深杏花乱。
> 潭清疑水浅,荷动知鱼散。
> 日暮待情人,维舟绿杨岸。

"垂钓绿湾春,春深杏花乱",是一组远镜头,仿佛是一个优秀的画家,站在较远的地方,画出了钓鱼湾的全景。两句诗出现了两个"春"字,正是为了强调和渲染这绿色的春天。一个"乱"字,生动地描绘出杏花纷纷飘落的情状,其目的还是为了突出春天的气氛。在这样的环境中"垂钓",该是多么适意呀!这两句意象鲜明,境界开阔,很能见出作者写景状物的功力。

"潭清疑水浅,荷动知鱼散",是一个特写镜头,写的是钓鱼湾中的景致。作者在这里用了一个"疑"字,一个"知"字,颇能写出生活的情趣,潭水其实很深,但因其清澈澄碧,可以见底,故使人顿生潭水清浅之疑;潭水为荷花覆盖,水中鱼儿极多,只有当荷叶猛地一阵摇动时,垂钓者才能知道是鱼儿游散开去了。如果说这首诗的前两句主要写的是一个"景"字的话,这两句主要写得却是一个"趣"字,它写出了作者垂钓时的惬意和

189

情趣,十分细致而传神。

"日暮待情人,维舟绿杨岸",两句所写主要是一个"情"字,这两句从垂钓者对钓鱼湾景色的迷恋,写出了湾景的秀丽和友情。情人,指故人,旧友。维舟,用绳子系住小船儿。天色已近黄昏,诗人却并无归去之意,他的船儿还系在岸边杨柳上,原来,他在这里耐心地等待着老朋友,他希望能与老友一道在这里分享大自然的美景。这里不仅写出了诗人对旧友的一片真情,也写出作者迷恋于湾中美景,乐不思归的感情。

千古绝唱《燕歌行》

我们只要一提起高适,便会想到他的《燕歌行》;或者一提起《燕歌行》就会想到高适。《燕歌行》是乐府古题,古来作者很多,但只有高适的这首诗作最为杰出,无论其思想的深刻性还是艺术的独创性都属难得的佳作。它不仅是高适首屈一指的作品,而且被历来诗论者定为盛唐边塞诗歌的压卷之作。这就使高适与《燕歌行》有了特殊的联系。

《燕歌行》作于高适客居宋州之时,时间是开元二十六年(738 年)。写作此诗的时间和缘起,高适在诗序里说得十分清楚:

> 开元二十六年,客有从元戎出塞而还者,作《燕歌行》以示适,感征戍之事,因而和焉。

有的研究者认为这里的"客"即是《睢阳酬别畅大判官》诗里的畅大,也有人认为是高适的族侄高式颜,这都是猜测之辞,并没有足够的证据,存疑可也。"元戎"指的是边将张守珪,《旧唐书·张守珪传》曰:"开元二十三年春,守珪诣东都献捷……遂拜守珪为辅国大将军、右羽林大将军,兼御史大夫。"其他的唐诗本子,如《全唐诗》、《文苑英华》里"元戎"都写作"御史大夫张公"。通过这篇序文我们知道:张守珪的一个幕僚,从边塞来到梁宋一带,先写了一首《燕歌行》给高适,这首诗的描绘和叙述很细致、真切,触动了高适出塞时的感受,因而挥笔"和焉",写下千古绝唱《燕歌行》。

《燕歌行》讽刺的是谁? 因为这首诗及序文都没有明确说明,因而自然引起了后人的分析和猜测,意见不大一致。一般的意见认为此诗是讽刺元戎张守珪的,至少是与他有关的。清人陈沆在其《诗比兴笺》里说:"张守珪为瓜州刺史,完修故城,版筑方立,虏奄至,众失色,守珪置酒城上,会饮作乐,虏疑有备,引去,守珪因纵兵击败之,故有'战士军前半死生,美人帐下犹歌舞'之句,然其时守珪尚未建节。此诗作于开元二十六年(738年)建节之时,或追咏其事,抑或刺其末年富贵骄逸,不恤士卒之词,均未可定。要之观其题序,断非无病之呻也。"陈氏这段话前半说此诗是赞守珪足智多谋,纯属臆说,他自己也并不相信。此说不仅与开元二十六年之史实不合,且与《燕歌行》所表达之情绪完全不同。值得注意的却是陈氏又认为此诗或者是刺守珪"末年富贵骄逸,不恤士卒",特别是他敏感地意识到此诗"断非无病之呻也",确是精当的见解,对后人有不小的启发。岑仲勉先生在《读全唐诗札记》里引申陈说,进一步发挥道:"此刺张守珪也……二十六年,击奚,韦败为胜,诗所由云:'孤城落日斗兵稀,身当恩遇常轻敌,力尽关山未解围'也。"此说颇有道理,可从。但近人蔡义江又立异说认为此诗是讽刺安禄山的①。要言之,他的论据主要有三:其一,根据史书记载,"开元二十六年,守珪裨将赵堪、白真陀罗等假以守珪之命,逼平卢军使乌知义令率骑邀叛奚烬于潢水之北,将践其禾稼。知义初犹固辞,真陀罗又诈称诏命以迫之,知义不得已而行。及逢贼,初胜后败,守珪隐其败状而妄奏克获之功。事颇泄,上令谒者牛仙童往按之,守珪厚赂仙童,遂附会其事,但归罪于白真陀逻,逼令自缢而死。二十七年,仙童事露伏法。"蔡先生认为守珪隐败虽在开元二十六年(738年),但事泄却在第二年,事泄之前高适不会知道底细,因而也不会讽刺张守珪。但却忘记了这位"客"是来自"元戎"幕府,当然会详知守珪劣迹,作为高适的好友,想来他会把内部情况悄悄告诉高适,高适有感而和《燕歌行》,这是完全可能的。蔡文理由之二是高适写作了这首《燕歌行》的第二年,在送族侄式颜时赋《宋中送侄式颜》,其中对张守珪极力赞扬,怎么可能前一年讽刺第二年又盛赞呢?岂不知高式颜乃由守珪所引荐、所提拔,高适怎么好当着式颜的面再刺守珪?何况此时也许更了解了情况,觉得守珪隐败在一定程度上出于不得已,又受了宦官的谗言,所以产生了同情心。蔡文的第三条理由是引用了许多安禄山所为的记录,以证明高适是

---

① 《高适〈燕歌行〉非刺张守珪辨》,见《文史哲》1980年第2期。

讽刺禄山。其实张守珪与安禄山在本质上是一致的，他们的具体行为可能不同，但总不会相差太远，因而适用于张的情况安也不见得没有，所以这条理由也并不有力。综上所述，我仍认为《燕歌行》为刺张之说。当然又必须指出，作为一个完整的艺术整体，这首诗既不是单纯地讽刺张守珪，更不是单纯讽刺安禄山，它讽刺抨击的对象是安禄山们、张守珪们，如果认为它仅仅是讽刺某一个人，那就限制和缩小了它的意义。

《燕歌行》内容异常丰富复杂，涉及了边塞生活的许多方面。为了使读者对这首诗有一个总体的认识，我们还是先读一下原诗：

> 汉家烟尘在东北，汉将辞家破残贼。
> 男儿本自重横行，天子非常赐颜色。
> 摐金伐鼓下榆关，旌旆逶迤碣石间。
> 校尉羽书飞瀚海，单于猎火照狼山。
> 山川萧条极边土，胡骑凭陵杂风雨。
> 战士军前半死生，美人帐下犹歌舞！
> 大漠穷秋塞草腓，孤城落日斗兵稀。
> 身当恩遇常轻敌，力尽关山未解围。
> 铁衣远戍辛勤久，玉箸应啼别离后。
> 少妇城南欲断肠，征人蓟北空回首。
> 边庭飘摇那可度，绝域苍茫无所有。
> 杀气三时作阵云，寒声一夜传刁斗。
> 相看白刃血纷纷，死节从来岂顾勋？
> 君不见沙场征战苦，至今犹忆李将军！

如前所说，此诗内容极为复杂，所表达的思想也颇为深刻，在艺术风格上也自有特色。我们不妨分几层来读：

《燕歌行》首先描写了战斗的激烈、残酷，不仅写出了将士出征的气势，也写出了敌人来势的凶猛。在这当中，作者还描写了士兵的勇武和主将的骄逸，这是多么尖锐、多么深刻，写得又是多么扣人心弦："汉家烟尘在东北，汉将辞家破残贼。男儿本自重横行，天子非常赐颜色。摐金伐鼓下榆关，旌旆逶迤碣石间。校尉羽书飞瀚海，单于猎火照狼山。山川萧条极边土,胡骑凭陵杂风雨。战士军前半死生,美人帐下犹歌舞!""烟尘",指边疆的寇警,表示着战争的发生;"横行",指纵横驰骋,汉将樊哙曾说:"臣愿得十万众横行匈奴中。"(《史记·季布列传》)"天子非常赐颜色",是说皇帝对这些出征的将军非常重视,非常信任。"摐金伐鼓",是说鸣锣击鼓以壮行色。"摐",敲,撞;"伐",击打。"逶迤",大军浩浩荡荡的样子;"羽书",带着羽毛的信件,表示紧急的文书;"瀚海",指沙漠,因其无边无际,故以"海"称之。"凭陵",侵陵压迫之意;"杂风雨",像裹带着风雨一样,这是形容敌军来势之凶猛。这一层首先渲染边地的战斗气氛:在东北方扬起了报警的尘烟,将军们受皇帝之命,威严地出征,想横行于敌军之中;再写大军鸣锣击鼓,浩浩荡荡,旗旆一直延伸到碣石那样遥远的地方,校尉的急件已飞入大沙漠,而这时"单于"打猎的篝火映照着狼山。两军相遇,必然有一场恶战,战火便在那萧条的边地燃起:一方面是敌人的攻势,有如挟风带雨,好不猛烈!一方面是唐军的表现,战士自然是保家卫国的主力,他们不怕牺牲,虽然死伤过半,仍然浴血奋战;可是那些平时挑衅外族引起边患的将军们却躲在军幕里观赏美女的歌舞,这是多么严酷的对立呀!唐汝询云:"……言烟尘在东北,原非犯我内地,汉将所破余寇耳。盖此辈本重横行,天子乃厚加礼貌,能不生边衅乎?于是鸣金鼓,建旌旆,以临瀚海,适值单于之猎,凭陵我军,我军死者过半,主将方且拥美姬歌舞帐下,其不惜士卒乃尔。"这个解说基本是正确的,"不惜士卒"四字下得也颇为精当。在唐代诗人中,有不少人在自己的作品里描写了战斗的激烈和残酷,却很少有人把战士与将军放在这样一个特定的环境里加以对比,从而突出封建军队里的不合理,这是高适思想深刻的地方。描写战争的诗,不妨举崔国辅《从军行》为例,崔诗曰:"塞北胡霜下,营州索兵救,夜里偷道行,将军马亦瘦。刀光照塞月,阵色明如昼,传闻贼满山,已共前锋斗。"诗里描写了塞月与刀光交相辉映,战阵像白昼一般,给人一种真切的战斗激烈之感,但不仅气势上比高诗略差,而且也仅停留在对战争的描绘上,自然不如高适《燕歌行》来得警策、深刻。

诗人接着具体描写战斗的艰难和战士复杂的心理。由于主将轻敌,唐军被困于孤城之中,力战而不能解围。在这激战的时候,久戍的士兵怎能不思念家乡和亲人,亲人们又怎么能不思念他们呢?但这种思念只能是徒劳的,请读:"大漠穷秋塞草腓,孤城落日斗兵稀。身当恩遇常轻敌,力尽关山未解围。铁衣远戍辛勤久，玉箸应啼别离后。少妇城南欲断肠，征人蓟北空回首。""铁衣"，指出征的战士；"玉箸"，状思妇的眼泪。唐汝询在《唐诗归》卷十二里解释道："是以防秋之际，斗兵日稀，然主将不以为意者，以其恃恩而轻敌也。何为使士卒力尽关山未得罢归乎？戍既久，室家相望之情极矣。"在这一层里，高适典型地表现了唐代边塞战争频繁、主将轻敌所带来的一个恶果：士卒与家人长期分离，苦苦相思而不得相见。这种主题，其他边塞诗人如王昌龄、岑参都曾涉及过，但高诗又有不同，《燕歌行》把这种相离放在特定的环境中加以表现，使这种离情表现得更为典型和生动：因为边将恃恩轻敌，不能力战，敌围总是不能打开，因而才造成了士卒的"力尽关山未得罢归"的恶果。可见，高适并不是一概地反对戍守边土，也不是单纯地去表现征夫思妇刻骨的相思，而是把这种感情放在特定环境里加以渲染，使其表现得更为深刻、细致。从艺术上讲，加上这样的描写也使全诗显得活泼，因而赵熙旁批道："此段事外远致。"其实这种描写似乎游离了主题，实际上却更衬托出了诗人所要表现的主题，使主题更加丰富和深刻。

最后，诗人继续描绘战斗气氛的浓烈，表现了在这种战争氛围里唐朝士兵的大无畏精神，然后笔锋一转，写出了士兵们心中的愿望："边庭飘摇那可度，绝域苍茫无所有。杀气三时作阵云，寒声一夜传刁斗。相看白刃血纷纷，死节从来岂顾勋？君不见沙场征战苦，至今犹忆李将军。"前四句是对边塞战斗气氛更细致的描绘：在那遥远的边庭，只有战斗的云烟在春夏秋三季燃个不息；夜里，寒风伴着刁斗的敲击在怒吼，这是多么紧张，多么艰苦的战斗生活呀！后四句写出了在这种环境中战士的志向与希望：虽然眼看着闪光的刀锋上血珠滚落，但战士们却毫不畏惧，为了精忠报国，还顾什么能否立功？边塞的征战艰苦、持久，士卒们唯一的希望就是能有一位像汉代李广那样的人作主帅，因为只有李广那样的将军才能与士兵同甘共苦，富于谋略，才能率领士兵们取得战斗的胜利。"李将军"，即指李广。沈德潜《唐诗别裁》卷五曰："李广爱惜士卒，故云。"可见"至今犹忆李将军"正是针对"战士军前半死生，美人帐下犹歌舞"而来。李广确是十分体恤士卒的，《史记·李将军列传》记载："广之将兵，乏绝之处，见水，士卒不尽饮，广不近水；士卒不尽食，广不尝食。宽缓不苛，士卒以此乐为其用。"这和那些在战斗激烈之时犹拥姬歌舞的将军们是多么不同！难怪战士们要深深地怀念李广了。但是沈德潜的话还并不全面，士卒们怀念李广，固然因为他能体恤士卒，但还因为他能征善战，比那些"身当恩遇常轻敌，力尽关山未解围"的将军们英武能战百倍。在《史记·李将军列传》里还有这样的记载："广居右北平，匈奴闻之，号曰汉之飞将军，避之。"匈奴见了李广竟要退避三舍，跟着这样的将军作战能不常胜？在这种对汉代李广的追怀之中也就自然流露了兵士们对当时边将们谴责的情绪，这种情绪在其他边塞诗人的作品中也时有表现，如王昌龄的名篇《出塞》就是其中的代表作品，诗曰："秦时明月汉时关，万里长征人未还。但使龙城飞将在，不教胡马度阴山。"全篇立意正与高适结句同，真是同一主旨，各有千秋。顺便说一下：有人把这里的"李将军"解作古将李牧，似乎也有道理。沈德潜说："或云李牧亦可。"唐汝询说："……则又述士卒之意曰：吾岂欲树勋于白刃间耶？既苦征战，则思古之李牧为将，守备为本，亦庶几哉！"李牧与李广的行事颇有相似之处，《史记·李牧列传》说李牧"常居代雁门，以便宜置吏，市租皆输入幕府，为士卒费，日击数牛飨士，习射骑，谨烽火，多间谍，厚遇战士……匈奴数岁无所得，终以为怯。边士日得赏赐而不用，皆愿一战，于是乃具选车得千三百乘，选骑得万三千匹，百金之士五万人，彀者十万人……大破杀匈奴十余万骑，灭襜褴，破东胡，单于奔走。其后十余岁，匈奴不敢近赵边城。"细读《燕歌行》我以为高适诗中之"李将军"更可能指李广，这样才能与全诗开头的"汉家"、"汉将"相一致。其实这位李将军或指李广，或指李牧，区别并不很大，他们都是体恤士卒、善于筹画卫边的将才。

殷璠在《河岳英灵集》里评高适诗说："适诗多胸臆语，兼有气骨，故朝野通常其文。至如《燕歌行》等篇，甚有奇句。"《唐才子传》说高诗"读之令人慷慨感怀"。我们只要看了《燕歌行》便也会同意前人诸如此类的意见。《燕歌行》大气磅礴，笔力劲拔，风格雄伟而悲壮。诗人用浓墨重笔具体地描绘了战争的激烈场面，写出了敌人来势的凶猛和唐军将士的昂扬斗志；也深入地刻划了战士们细致入微的心理状态，表现了他们在战斗间隙思念家乡而不得归的痛苦以及思妇的怀念之情。诗人还用有力的笔触，揭示了士兵与将军两种迥然不同的战地生活，充分地显示了他观察的敏锐和思想的深刻。高诗虽然涉笔于种种矛盾，但整首诗的情绪却仍然是积极的豪壮的。《燕歌行》颇多偶句，功力尤深，具有极强的音乐性，声调与诗的内容以及全诗情绪十分协调,读来如金戈铁马交相鸣击,黄培芳说:"句中含只单字,此七古造句之要诀,盖如此则顿跌多姿,而不伤于虚弱……"(《唐贤三昧集笺注》),这是有道理的。在语言上,《燕歌行》充分体现了高诗朴素、自然,不加雕饰的特色,不愧为其诗歌的代表作。

高适的《古大梁行》

大梁是战国时魏国的首都,《史记·魏世家》云:"惠王三十一年,徙徙大梁。"《河南通志》也记载:"梁王城在府城西北二里,即梁惠王故城。"即是今河南省开封市。高适的《古大梁行》作于何年已不可知,因为他长期生活在梁宋一带,诗中所抒发的感触想来时有迸发,但也可能写作于与李白、杜甫相携游梁宋之时。《古大梁行》气势雄浑,是高适诗歌中的代表作之一,还是先读原诗吧——

古城莽苍饶荆榛,驱马荒城愁杀人。
魏王宫观尽禾黍,信陵宾客随灰尘。
忆昨雄都旧朝市,轩车照耀歌钟起。
军容带甲三十万,国步连营一千里。
全盛须臾那可论,高台曲池无复存。
遗墟但见狐狸迹,古地空馀草木根。
暮天摇落伤怀抱,抚剑悲歌对秋草。
侠客犹传朱亥名,行人尚识夷门道。
白璧黄金万户侯,宝刀骏马填山丘。
年代凄凉不可问,往来唯见水东流。

高适驱马于古大梁城旧址之上,眼见昔日繁华的都城如今只留下遗迹荒土,昔日不可一世的人物俱已化成尘灰,不禁百感交集;只有当年生活在这里的侠客,英名犹在,使后人无限向往。《古大梁行》表达的思想比较复杂,既有江山改易之叹,又有时光如水之悲,更有对古代侠客的仰

慕,寄寓了高适希望建功立业的思想。日人近藤元粹评此诗:"开后人故迹凭吊诗之法门。"(《笺注唐贤诗集》卷下)

前四句开笔总写,首先渲染出一种悲凉的气氛:大梁,这座历史上有名的古城,旧址上已长满了野草荆榛,驱马来到这里怎不使人愁思绵绵,几近愁杀?当年这里的主宰者——魏王的宫殿已经变成良田,信陵君的数千宾客也早已化为灰烬。信陵君是战国四公子之一,善养士,《史记·魏公子列传》称:"信陵君食客三千人。"虽在当时养士如云,可现在一切都化为乌有了,这多么使人伤悲!读至此,我们自然想起李白《梁园吟》里的诗句:"昔人豪贵信陵君,今人耕种信陵坟。荒城虚照碧山月,古木尽入苍梧云。"虽然高适、李白不必同时所作,但所表达的情绪却是一致的。"忆昨"四句,针对前四句灰暗的色彩,诗人加上一点儿亮色,他用满含感情的诗笔描绘了当年大梁的繁华兴盛:昔日这里曾是天下的雄都和朝市,华美的轩车在街上浩浩驰过,歌舞铜钟之音不绝于耳。那时魏国是多么强大,带甲的士兵有三十余万,营寨相连逶迤竟有千里之遥。诗人典型地写出了魏都当年之"雄",从全诗来看,可以算一个波澜。"全盛"以下四句又是一转,与第一个层次遥相呼应,上面四句虽然写了魏都当年之雄,但诗人的目的不是要渲染那昔日之盛,而是要借此更写出江山易改的感叹。因而这里又回到了全诗的基调——暗淡:时光呀,真是冷酷无情!只是在须臾之间,那全盛的局面就已不可再见;高台曲池一类华丽的建筑也被时光的流水冲去、淹没,不复存在。在这旧墟之上,只能看到狐狸的踪迹和杂草荒树。"暮天"以下四句又起一个波澜,前面几层写出了随着时光的流逝,古代的大梁城成为一片废墟,当年全盛之象,在历史的长河中仅仅是"须臾"一瞬而已。那么,难道什么都是不确定的、终将失去的吗?不,千古流传的是侠客的声名、侠客的事迹。这里表达了诗人对古代侠客的崇敬,表现了高适希望像古代侠客那样建立非常之功的愿望。草木摇落的秋日傍晚,面对着荒废的古城旧址,诗人抚剑放歌,心里无限感伤,但也暗自庆幸:当年侠客朱亥的名声仍然布在人口;侯嬴所管辖的大梁东门前的旧道,仍有行人认得。朱亥,魏国的一个屠夫;侯嬴,魏国的一个隐者:"年七十,家贫,为大梁夷门监者"。(《史记·信陵君列传》)他们是魏公子收养的两位侠士。公元前二五七年,秦军围攻赵国都城邯郸(今河北邯郸市),赵向魏求救。魏王派晋鄙带兵前去救助,但迫于秦的威吓,又令晋鄙按兵不动。信陵君多次相劝,但魏王拒不用兵。后来侯嬴为信陵君出计,窃得魏王的兵符前去接替晋鄙的统帅职务,晋鄙并不相信信陵君所持兵符,朱亥便抡起铁椎打死了他,信陵君领兵攻秦解救了邯郸。朱亥与侯嬴的所作所为,颇受后代封建知识分子的激赏,李白有《侠客行》就是通过对这两位侠士的赞扬,表现出李白对行侠生活的向往,诗里对侯、朱的事迹叙述得较为详细:"闲过信陵饮,脱剑膝前横。将炙啖朱亥,持觞劝侯嬴。三杯吐然诺,五岳倒为轻。眼花耳热后,意气素霓生。救赵挥金槌,邯郸先震惊。千秋二壮士,烜赫大梁城。"这正可与高适《古大梁行》参读。《古大梁行》在最后作了一个小结,更深地表达了自己驱马古都旧址的感慨:那些拥有白璧黄金无数的万户侯哪里去了? 他们的宝刀、骏马只能成为废物填入山沟,时光的无情真是不可思议! 只有那汩汩流水如旧,日夜东去,这"往来唯见水东流"写的是实在的水,也是时光之水,含义是相当深刻的,正有孔子"逝者如斯"的意味。

《古大梁行》在艺术上也颇具特色,层次分明,层层深入。方东树在《昭昧詹言续录》卷二里说此诗:"起二句伉爽,魏王二句衍,忆昨四句推开,全盛句折入,暮天句入己,以下重复感叹,自有浅深,而气益厚,韵益长,反复吟咏,久之自见。"这里的分析还是细致的。《古大梁行》全诗气热雄浑,"壁垒森严"(黄培芳《唐贤三昧集笺注》)。邢昉批曰:"按节安歌,步武严整,无一往奔轶之习"(《唐风定》卷九),这都是不错的。在总的风格上,高适的《古大梁行》正可与其《燕歌行》、《邯郸少年行》相较上下。

刘禹锡诗二首赏析

刘禹锡曾贬官江湘之间的朗州,其《潇湘神》便抒写了他当时的心情。《潇湘神》共两首,这是第二首:

> 斑竹枝,斑竹枝,泪痕点点寄相思。
> 楚客欲听瑶瑟怨,潇湘深夜月明时。

湘水之神即舜妃,相传舜南巡时死于苍梧之野(今湖南宁远东南),他的两个妃子在湘水边望苍梧而泣,泪下沾竹,竹尽泪斑。

“斑竹枝,斑竹枝,泪痕点点寄相思”三句,用简洁的语汇,高度概括了“湘妃斑竹”的古代神话。斑竹,又称湘竹,如白居易诗云:“杜鹃声似哭,湘竹斑如血”;还称为湘娥竹,如辛弃疾词云:“湘娥竹上泪痕浓。”刘禹锡词里形象地写出了舜的两个妃子对舜的刻骨相思,一个“寄”字十分生动传神。

前三句作者意在交待环境,后两句才转入自身,借斑竹的相思之痕,抒发了自己怨愤的心情。楚客,最初的意思指的是楚国的屈原,后来借指放逐或贬官的人,因为作者也是被贬到朗州为官的,因此“楚客”也就包括了他自己。瑶瑟怨,相传舜妃溺水而死,成为湘水之神,经常鼓瑟来抒发自己的哀怨之情。《楚辞·远游》里即有“使湘灵鼓瑟兮”的句子。潇湘,因为潇水在今湖南零陵西与湘水会合,故称潇湘。“楚客欲听瑶瑟怨,潇湘深夜月明时”二句,字面的意思是说:在潇湘夜深月明之时,楚客很想听到湘灵鼓瑟的哀怨之声。其实,作者言外之意是说:自己与湘灵一样有诉不尽的哀怨,正可以借听那瑶瑟之声而得到抒发。其心情是很沉重的,这就使全诗显得较为沉郁，但又并不显得悲伤，所以我们读来不仅能对作者产生深切的同情，而且还能由那斑竹、湘灵的美好传说中，从作者淡淡的愁怨里，得到一种美的享受。

《杨柳枝词》是刘禹锡写的乐府小章，一共有九首，其第一首云：

> 塞北梅花羌笛吹，淮南桂树小山词。
> 请君莫奏前朝曲，听唱新翻《杨柳枝》。

这首诗是整个组诗的序曲，体现了诗人向民歌学习、自制新词的创新精神。

塞北，指长城以北地区。梅花，指汉乐府中的《梅花落》曲。羌笛，我国古代居住在西北方一个少数民族所吹奏的笛子。《梅花落》曲一般用笛子吹奏，其曲流传很广，许多诗人如鲍照、徐陵、卢照邻、沈佺期等都有《梅花落》歌词，内容一般与梅花有关。"塞北梅花羌笛吹"一句意为：起源于长城以北地区的《梅花落》曲，是由羌笛来吹奏的。

"淮南桂树小山词"，淮南，汉初王国名。桂树，淮南王刘安的门客小山所作《招隐士》篇首句即为"桂树丛生兮山之幽"。这里用"桂树"代指《招隐士》篇。《招隐士》是对屈原表示哀悼的作品，它篇幅虽然短小，但情深辞美，所以特受后人的赞赏。

以上两句分别写了两支"前朝曲"，即过去时代所创作的乐曲和歌辞，同时因为"梅花落"曲辞是以梅花为对象，而《招隐士》又多处写到桂树，从以树木为描写对象这一点上看，有共通的地方，所以刘禹锡写《杨柳枝词》也容易由此产生联想。

因为《梅花落》和《招隐士》在后代流传甚广，文人们常常模仿这两个作品进行创作，从意境和用词上都难免留下痕迹。刘禹锡固然也很赞赏这两个作品，但他认为文学不能仅仅停留在模仿上，而是应该立足于创新，因此他写道："请君莫奏前朝曲，听唱新翻《杨柳枝》。"前朝曲，即指以《梅花落》和《招隐士》为代表的过去时代的作品。他在这里指出：北方羌笛吹奏的《梅花落》横吹曲，南方淮南小山所作的《招隐士》词，都已经过时了，奉劝你不要再奏了，现在还是听我改旧翻新的《杨柳枝词》吧！《杨柳枝词》起于汉乐府《折杨柳》曲，又名《柳枝词》，隋唐时为教坊曲名，至刘禹锡、白居易翻旧曲作新歌，有了很大突破，已不止限于歌咏杨柳本意了。

后两句是全诗的警句，而前两句却只是一般的铺垫；前两句如一江流水，缓缓淌来，后两句又如异峰突起，令人赞叹。这两句不仅可以理解为是诗人文学创新的主张，而且那些在各个领域不墨守成规、希望创新的人，都可以借这两句诗来表达自己的心怀和志愿，因此它便含有特别丰富的意蕴，带有了哲理的意味，因而特别为人们所赞赏。

读施肩吾的《望夫词》

自古盼夫、望夫之词极多，施肩吾所作只是其中的一篇而已；由于作者构思角度新颖，使这首诗十分耐人寻味。诗云：

> 手爇寒灯向影频，回文机上暗生尘。
> 自家夫婿无消息，却恨桥头卖卜人。

"手爇寒灯向影频"，描写这位女子因为思夫而长夜不眠的情景。爇，即燃。向影频，是说孤寂一人，没有伴侣。

夜晚独处，白日思念，因此平时用的织机上也布满了灰尘，故曰"回文机上暗生尘"。回文机，用的是一个典故，据《晋书·列女传》记载，前秦苻坚时秦州刺史窦滔被役远地，其妻苏蕙对他十分思念，便织出回文旋图诗，共八百四十字，读法宛转循环，诗意凄婉动人。作者用这个典故，来写此女子望夫之心切。本来是说她因念夫而无心织布，这里却将其织布机称为"回文机"，便将她的感情与苏蕙的感情联系在一起了，从而使此诗有了较为丰厚的内容。

如果前两句还是常人皆可道之语，那么，最后两句却有些出人意表：自己的丈夫久久未归没有消息，不去责怪；反怪那桥头卖卜的先生，算得实在不准。读这两句，可以想到，思妇一定曾去向卖卜的先生求卜，而卖卜的人又投其所好，说她的丈夫快回来了。这自然使她高兴，因此才不再有心思织布而是日夜等待着丈夫归来。可是，左等右等，多少日子过去了，却总不见丈夫的影子。这使思妇多么地失望！难怪要"恨桥头卖卜人"呢！这一个"恨"字十分传神，把思妇的热望和无可奈何的心情形象地传达出来了。其实,她真正应该"恨"的是自己的丈夫,可是思妇时时盼望着他的归来,怎么"恨"得起来呢？这看似明白如话的短短的两句诗里,内涵的感情是很复杂的。正是这样,思妇的形象才特别突出,而她的思夫之情也才特别感人,很自然地便引发了读者的同情。

读李贺的《宫娃歌》

有人评价李贺的诗是"理不胜辞",在一定程度上,这个评价有某些道理。但是,不可否认:浪漫主义诗人李贺在短暂的二十七年的生涯中,能够为唐代诗歌另开蹊径,不可能仅仅靠他的"奇辞丽句",纵观他的诗作,虽然说成都怀有"哀怨孤愤之思"似为过誉,但也须承认他的不少诗作是有所为而为的,如《黄家洞》、《老夫采玉歌》等等,特别是《宫娃歌》,我以为,过去一直对此诗重视不够,其实,这首诗的思想性和艺术性都是比较强的,表现了这位郁郁不得志的王孙,对下层人民(主要是妇女)的同情和对统治者的鞭挞。

宫娃,也就是"宫中美女"的意思。《宫娃歌》就是写的幽居深宫的宫女的生活和愿望,"盖为宫女怨旷之词"。为了满足封建帝王的淫奢生活,在那黑暗的社会里,有多少年轻妇女把自己美好青春虚掷在墓穴一样的深宫里。在宫女们幽闭的生涯里,如果说白昼对她们来讲还略为好过、勉强可以打发的话,那么,夜晚,当她们隔窗望月,拥衾独处,又该是多么痛苦!李贺的《宫娃歌》就抓住了这个典型的时刻,从夜晚写起:

> 蜡光高悬照纱空,花房夜捣红守宫。
> 象口吹香毾㲪暖,七星楼城闻漏板。

窗外群星满天,室内蜡烛高悬;花房里有人正在连夜制作无稽的"守宫"红药;涂金的狻猊、麒麟的口里喷出了袅袅的香烟;毛织的地毯给人一种淡淡的暖意。正是在这样的佳夕良夜里,宫娃却寂寞无聊,孤身独处。虽然夜已经深了,北斗已经横斜得像是悬挂在城墙上,但她仍然不能入睡,只是不断地静听着作为"每更深浅之节"的"漏板"(以铜为之,随更鼓而击)的声音,在这样寂静的深夜里,漏板的声音该是多么清晰、多么冷酷!

接着诗人进一步细致入微地描写宫娃所处环境的孤寂和冷漠:

> 寒入罘罳殿影昏,彩鸾帘额著霜痕。
> 啼蛄吊月钩阑下,屈膝铜铺锁阿甄。

"罘罳",指的是内室的屏风;"帘额",就是用棉帛做成的帘帷之类;"屈膝",是门与柱相交处的拳钉,"其形折曲若人膝之屈者然";"铜铺",是门上的兽面环纽,是锁门用的,这里和"屈膝"一起代指深宫。我们看到:深夜的寒气甚至侵入了内室的屏风,殿堂里的灯影也似乎昏暗起来,夜霜在绣画彩鸾的帘帷上留下了印痕,蝼蛄在栏杆下向着月亮凄凉地啼鸣,深宫里幽闭着像失宠的魏文帝的甄夫人一样不幸的宫娃。一个"寒"字,一个"锁"字,就异常形象地突出了宫娃心境的凄楚,以及深宫高墙的残酷,使人很自然地联想起白居易《上阳人》里的名句:"宿空房,秋夜长,夜长无寐天不明。耿耿残灯背壁影,萧萧暗雨打窗声……"

如果说以上是通过"蜡光高悬"、"象口吹香"、"寒入罘罳"和"啼蛄吊月"等等细节,勾勒了宫娃生活的凄凉的环境,渲染了宫娃内心的痛苦,寄托了作者深沉的同情,那么,下边则是在此基础上用直叙的口吻,表达了宫娃的理想和愿望:她——

> 梦入家门上沙渚,天河落处长洲路。

在现实生活中,宫娃被幽锁深宫,虚度着自己美好的青春,痛苦啮食着她的心灵。我们完全可以想象:白天,她是多么无聊地打发自己的时光,而到了夜晚,她独自守着烛光,嗅着烟香,听着漏板的击打和蝼蛄的悲鸣,是多么难以入睡!而一旦进入了梦乡,那就是她最为幸福的时刻,因为在梦中,她可以回到自己遥远的、可爱的家乡,见到自己久别的亲人。也只有在这美好的梦境里,她是自由的、幸福的,正所谓"思归家之不能,惟有梦魂一往",这更反衬出了宫娃怀家思归的愿望是多么强烈,她自心所受的痛苦又是多么深重!

但是,梦境毕竟只是梦境,梦醒了,诗人让宫娃发出了这样奇异而使人震惊的呼喊:

> 愿君光明如太阳,放妾骑鱼撇波去。

那种深闭幽宫、摧残青春的生活是常人所难以忍受的,因此,宫娃大胆地提出了"放妾归"的愿望。王琦注这两句诗说:"所愿君之明如太阳,无不遍照,知宫人幽怨而放出之,如骑鱼撇波而去幸矣。"在这里,诗人又表现了他想象丰富、奇特的优长,"不曰乘舟,而曰骑鱼",这是为什么呢?原来是"盖欲归之至,舟行稍缓,不似鱼游之速耳",这就把宫娃那种不堪忍受深宫冷漠、急于归家(其实也就是急于获得人身自由)的心情淋漓尽致地表达出来了,给人留下了深刻的印象。有人认为"骑鱼"说得甚怪,这是不错的。可是,不能不说,这里"怪"得好,正是用了这个有几分"怪"的想象,才把宫娃的理想和愿望表现得如此强烈,使读者对宫娃的幽闭生活更加同情。

我们知道,历代描写宫女生活的诗作举不胜举,仅是唐代就有许多具有一定思想性和艺术性的名篇。这些诗,或者细腻入微地摹写了宫女深刻的内心痛苦,或者深表同情地表述了宫女对幸福的憧憬,或者愤恨不平地鞭挞了封建帝王对宫女的迫害摧残。总之,它们都各以自己的特色为人们所传诵。《宫娃歌》当然也有自己的特色:它用似乎是客观者的眼光,冷静描写宫娃的生活和苦闷,细细读来,却有明显的倾向性。在它那对宫女生活环境的精雕细刻里,我们可以清晰地感受到诗人同情之心在沉重的跳动。因此,最后诗人让宫女提出强烈的"放归"的愿望,不仅不使人感到突兀,反而使人觉得是水到渠成、恰到好处。

在唐代有关宫女的诗里,一般地说,突出的是一个"怨"字。如王昌龄的《西宫秋怨》:

> 芙蓉不及美人妆,水殿风来珠翠香。
> 谁分含啼掩秋扇,空悬明月待君王。

王尧衢解释说:"美人之望幸虽深,却恨含情难叶,空对著过时之秋扇,只得掩抑而自伤恩情之中绝,怨甚矣。"再看李白的《玉阶怨》:

> 玉阶生白露,夜久侵罗袜。
> 却下水精帘,玲珑望秋月。

虽然全诗没有正面写"怨",细细品味,却能体会出字里行间隐含着一种强烈的幽怨之情。当然,提到此类题材的作品,不能不提到白居易的名篇《上阳人》,诗里说:

> 莺归燕去长悄然,春往秋来不记年。
> 唯向深宫望明月,东西四五百回圆。

怨望之情一目了然。在这些诗歌里,宫女们有"怨",但还是有"所盼",一般还是在忧怨中希望君王能够幸临,如上所举的《西宫秋怨》,前人说此诗"然犹有待者,心不能忘情于君王,不敢绝望也",这是很有代表性的。即使有所不满,也只是徒自垂泪:

> 故国三千里,深宫二十年。
> 一声何满子,双泪落君前。
> ——张祜《宫词》

《宫娃歌》则不大一样,当然,它也有怨旷之情,可是,它又不仅仅有怨旷之情。李贺描写的宫娃似乎已经对君主绝望了,在"怨"之外,甚至有了"恨"。她已经不是盼望君主能够临幸而"空悬明月待君王"了,她已经不仅仅是要求君主体谅"妾"的脉脉此情而眷恋之了,而是要"骑鱼撇波去",要求冲出深宫,获得人身和精神的自由。比较唐代同类题材的作品,更可以看出李贺在《宫娃歌》里表现的思想的深刻性和进步性,这就是我们之所以应该特别重视《宫娃歌》的原因。

于濆《里中女》赏读

于濆是晚唐的一位现实主义诗人,曾写过不少刚健朴质,反映社会现实的作品,《里中女》即是其中有代表性的一篇。诗曰:

> 吾闻池中鱼,不识海水深。
> 吾闻桑下女,不识华堂阴。
> 贫窗苦机杼,富家鸣杵砧。
> 天与双明眸,只教识蒿簪。
> 徒惜越娃貌,亦蕴韩娥音。
> 珠玉不到眼,遂无奢侈心。
> 岂知赵飞燕,满髻钗黄金。

"里中女",指乡下的女子。"里",乡间。

开始四句,作者用池鱼不识海水来兴起贫家女子不理解富贵生活,十分自然贴切,富于民歌的比兴色彩。

五、六两句用对比的方法,形象地写出了富贵人家与桑下女截然不同的生活状况:桑下女把从机杼上辛勤得来的绢帛,裁作了富人的衣裳,自己却无法享受。机杼,织布工具。杵砧,捣衣的工具。诗句中一个"苦"字,写尽了桑下女的辛劳和无可奈何的心情;一个"鸣"字,又把富贵人家华衣满库的情况形象地写了出来。

下面六句进一步用形象化的语言,来写桑下女的贫困:贫女的眼睛长得很美,但因为生活贫困,平生只见过用野蒿制成的簪子,未曾见过精致的束发工具。里中女虽有越女那样的美貌和韩娥那样的歌喉,但却得不到别人的赏识,也没有相应的首饰和衣装,因此作者说"徒惜",即徒然可爱的意思。因为里中女子未见过珠玉的装饰品,所以就没有奢侈之心。明眸,明亮的眼睛。教,让许之意。蕴,含有。这六句一方面是正面叙述里中女贫困的生活状况,显得十分形象、生动,其中也有对比:里女的美貌和与美貌不相称的"蒿簪"形成鲜明的对比,使人不由地发出感叹之声。另一方面,这六句又是一个铺垫,它是最后两句的伏笔,有了这六句,最后两句才显得强烈有力。需要补充解释一下的是,越女泛指越地一带的美女,也可以理解为是指西施。韩娥,古代传说中一个善于歌唱的人。作者用越女、韩娥的典故,是为了突出里中女美丽的相貌和动听的歌喉。

里中女那么贫困,那么富豪之家又是怎样的呢?"岂知赵飞燕,满髻钗黄金",多么沉痛而充满了愤恨之情,正表现了作者真实的思想感情。赵飞燕,汉成帝的皇后,这里泛指贵妇人。钗,这里用作动词,是说赵飞燕的头上戴满了用黄金制成的装饰品。这些装饰品从哪里来?还不是由里中女辛勤的汗水中来的吗?作者在这里只作了形象的描写,而并没有发什么议论,但是作者的倾向,却由这冷静的描写中透露出来了。

作者正是在里中女与"赵飞燕"之类贵妇人的对比描写中,形象地揭示出了贫富悬殊的社会现实,批判了那个黑暗的社会。这是《里中女》的特点,也是它的优点。

罗隐诗三首赏析

　　罗隐是晚唐的一位现实主义作家,他的小品文充满了对黑暗社会的愤恨;同样,他的诗作也带有强烈的现实主义特点。但是,罗隐所处的时代,已经完全不同于李白所处的盛唐,因此他也唱不出"天生我材必有用,千金散尽还复来"的高歌。他的诗,必然要带上他那个时代的特点。如《自遣》:

>　　得即高歌失即休,多愁多恨亦悠悠。
>　　今朝有酒今朝醉,明日愁来明日愁。

　　自遣,即自我抒怀。这首诗是作者自我表白他的生活态度的作品。

　　从字面上看,我们读罢此诗,会为作者得过且过、苟且偷生的人生态度所震惊:在作者看来,得与失,皆不必太为介意,多愁多恨亦是枉然。生活在这个时代,还是有酒则醉,不必计较明日的忧愁。

　　这是一种世纪末的情绪。

　　这首诗其实正表现了作者对唐末社会黑暗、民不聊生、动乱将来的忧郁与恐惧。我们知道,唐朝末年,统治者更加重了对人民的剥削,藩镇割剧势力日益猖狂,人民身上的负担日益沉重,整个社会已处于"山雨欲来风满楼"的形势之下。作为一个封建知识分子,罗隐看不到社会的希望,看不到社会的光明前途,因此才借《自遣》这样的诗来表达自己的忧伤之情。作者劝自己"今朝有酒今朝醉,明日愁来明日愁",正说明他恨不能"今朝醉",根本不能忘记深长的忧世之愁。

　　因此,这首诗既是社会大动乱前夕封建知识分子特定心态的真实写照;又是一个封建时代行将结束前,一个封建士大夫的悲鸣。我们既要用批判的眼光来对待这种苟且的生活态度,又要把作品放在一定的历史条件下去理解、去感受、去评价。

鲁迅说过,同一样自然景物,由于地位不同,人们的态度迥然有异。例如,对于秋天,"骚人墨客,会觉得什么'悲哉秋之为气也',风雨阴晴,都给他一种刺戟,一方面也就是一种'清福',但在老农,却知道每年此际,就要割稻而已"。罗隐的短诗《雪》,摄取雪后人们的不同反应,无情地揭示了当时社会的黑暗面,寓含着深刻的哲理。诗云:

> 尽道丰年瑞,丰年事若何?
> 长安有贫者,为瑞不宜多。

"尽道丰年瑞",这是说长安的富户们在朱门深室内,围炉饮酒,吟诗赏雪,交口称赞瑞雪兆丰年。看上去关心民生疾苦,但实际上却是酒足饭饱后的"清福","丰年事若何"这一问如当头棒喝,使诗的境界陡转。是呵,在唐末官府苛捐杂税多如牛毛,农民苦不堪言的情况下,丰年获利最大的不就是那些寄生阶层吗?农民依然是食不果腹,衣不蔽体。况且,大雪带来的严寒冰冷,对长安街头的贫者,又是一场可怕的摧杀。诗的末联写到:"长安有贫者,为瑞不宜多。"正当富户们在深室大院里赏雪吟哦时,长安街头出现了多少"冻死骨"!而这一切,那些达官显贵、富商大贾们是丝毫不会关心的。诗中用强烈的对比反差,愤怒揭发与嘲讽了"朱门酒肉臭,路有冻死骨"的黑暗世道。全诗从小处着眼,来反映深刻的社会主题。诗人的感情寓藏于冷静的分析与说理之中,从而收到了很好的效果。

罗隐的《蜂》是一首借咏物来抒发愤慨的短诗。诗的语言与风格明白流畅,清新易晓,体现了罗隐诗风的特点:

> 不论平地与山尖,无限风光尽被占。
> 采得百花成蜜后,为谁辛苦为谁甜?

全诗由叙物与议论两部分联合而成。起首一联采用矜夸的语句,极言蜜蜂的富有:你看"不论平地与山尖",尽在它的摄取俯瞰之下,遍地的花丛任其吸吮采撷。诗中用"不论""无限""尽"等副词突出蜜蜂采蜜的广博。但"溥天之下,莫非王土,率土之滨,莫非王臣"。蜜蜂的富有只是辛勤劳作的范围,而辛勤所得,却是被人占有。所以诗的末联又急转直下,精譬地点明:"采得百花成蜜后,为谁辛苦为谁甜?"这是比喻劳动者辛苦一生,收获所得,却是为他人作嫁衣裳,诗中饱含着对不劳而获的剥削者的鞭笞。末两句用反诘的语气,通过反复吟咏更增强了诗的意境。

　　这首诗继承《诗经》的创作传统,用"比兴"的手法,寓含着批判的锋芒,表现了作者对世道的愤慨,对劳动者的同情。

读《英雄之言》

罗隐是唐末著名作家,他本来希望能够为国为民有所建树,自信终有一日会"执大柄而定是非",达到"佐国是而惠残黎"的目的,但是当时社会现实极端黑暗,一般知识分子根本没有出路,罗隐也不例外,他"十上不中第",一生穷愁潦倒。正因为这样,罗隐对当时黑暗的社会现实有比较清醒的认识,写出了许多旨在"警当世而戒将来"的诗文,鲁迅指出:"罗隐的《谗书》,几乎全部是抗争和愤激之谈。"(《南腔北调集·小品文的危机》)而《英雄之言》便是其中有代表性的一篇短文,它嬉笑怒骂,涉笔成趣,对现实表现出强烈的不满和批判精神,其文如下:

> 物之所以有韬晦者,防乎盗也。故人亦然。
>
> 夫盗亦人也,冠履焉,衣服焉;其所以异者,退逊之心、正廉之节,不常其性耳。视玉帛而取之者,则曰牵于寒饿;视家国而取之者,则曰救彼涂炭。牵于寒饿者,无得而言矣;救彼涂炭者,则宜以百姓心为心。而西刘则曰:"居宜如是!"楚籍则曰:"可取而代!"意彼未必无退逊之心、正廉之节,盖以视其靡曼骄崇,然后生其谋耳。
>
> 为英雄者犹若是,况常人乎? 是以峻宇、逸游,不为人之所窥者,鲜矣。

《英雄之言》篇幅虽然短小,但笔锋凌厉,它借史喻今,具有很强的战斗性。罗隐对最高统治者的批判与揭露,不是仅仅停留在揭露统治阶级荒淫误国、骄奢放纵的水平上,而是更进一步,锋芒直指统治者的阶级本质。自古以来,封建帝王都是打着"救黎庶"、"安天下"的旗号来欺骗天下百姓,以达到自己的目的的。作者对此有深刻的认识,因此,他推衍《庄子·胠箧》"窃钩者诛,窃国者为诸侯"的道理,揭露了那些窃国的"英雄"们在"救彼涂炭"的招牌下所犯的残害百姓的罪行。

作者充分表现出他的讽刺艺术的才华,在字里行间,这种辛辣的讽刺意味几乎无处不在。他以刘邦、项羽为例,指出那些历来被人们尊为"英雄"的人物,因为不能始终保持"退逊之心、正廉之节",所以当他们看到"靡曼骄崇"的皇家气派以后,便十分羡慕,不由地喊出"居宜如此"、"可取而代"的心里话。他们知道这种想法不够堂皇,不能欺骗百姓为他卖命,于是便打出"救彼涂炭"的幌子,本质上他们却是窃国的大盗!

这篇短文之所以写得深刻,具有强烈的讽刺力量,其基础是作者对社会现实有深刻的认识。对社会现实的深刻认识,又帮助他深入地反观历史,从而得出不同于前人的新结论,如《说天鸡》、《越妇言》及其他许多诗文,都反映出罗隐对现实和历史有相当清醒的认识。晚唐时代,军阀割据,却纷纷打出"安天下"的旗号,其实无非是要满足自己的私欲,哪里是为了拯救百姓! 面对这种社会现实,作者似乎是随手拈来刘、项为例子,借题发挥,层层揭示,便把矫言饰性的统治者的丑恶本质,淋漓尽致地揭露了出来。

《唐才子传》说罗隐"诗文凡以讥刺为主,虽荒祠木偶,莫能免者"。这段话正确地指出了罗隐诗文具有突出的讽刺艺术的特点。如果仔细分析,我们还可以看出,作者的讽刺常常是不留痕迹而让读者自己去意会的,比如在这篇短文里,作者并没有明确地说刘、项就是"盗",但却指出盗与人的不同,仅仅在于"退逊之心、正廉之节,不常其性耳",而刘、项虽然原来具有"退逊之心、正廉之节",但"视其靡曼骄崇,然后生其谋耳",其性不长,自然应该归入"盗"中去了,哪里是什么英雄!

另外,《英雄之言》中心突出,文字简约,如将刘邦、项羽见秦王威仪而生出反心的心理活动,概括为八个字,即"居宜如此"、"可取而代",既符合历史记载,又集中简洁,很有表现力。语言明快犀利,既能一针见血,又能发人深省,也是这篇短文的一个特点。因为具有这些艺术特色,加强了这篇短文的讽刺力量,使它的主旨得到了深刻的表现。

读陆龟蒙的《别离》

一般的送别、离别诗，总难免有一种依依不舍的感情，"劝君更尽一杯酒，西出阳关无故人"，几乎是人人皆知的名句。陆龟蒙的《别离》却很不一般，它虽叙别情但却毫无儿女之态，全诗格调高昂，气概不凡，读之，使人顿生丈夫之气，顿增豪杰之情：

> 丈夫非无泪，不洒离别间。
> 杖剑对尊酒，耻为游子颜。
> 蝮蛇一螫手，壮士即解腕。
> 所志在功名，离别何足叹。

全诗可分两部分。前四句是别离之时的所见所感。"丈夫非无泪，不洒离别间"，全诗一起就显得刚健有力，气势高昂。"杖剑对尊酒，耻为游子颜"，由上两句直贯而下，给人一个完整的印象：大丈夫仗剑远游，绝无儿女之态，却充满了一腔豪迈之情。一般游子在告别亲人时，难免悲悲戚戚，舍不得分别，可是此诗的主人公却以之为"耻"。他为什么能够这样呢？诗的后一部分回答了这个问题。

诗人之所以能够仗剑壮别，充满豪情，那是因为他胸中有着远大的理想，虽然这种理想我们今天看来还有可以指责的方面，但在当时的历史环境中确无疑是可取的。"蝮蛇一螫手，壮士即解腕"，原意是说：毒蛇咬了手，为了保住性命，壮士便会果断地截掉手腕。作者用这个比喻来说明：诗人不是不重离别，但是为了远大的理想却只能控制自己的感情，必要时，也只能舍去这种感情。同时，也形象地说明了壮士此去，为了实现理想,而不畏任何困难的决心。因此,最后两句"所志在功名,离别何足叹"才显得顺理成章,同时,这两句又是全诗的总结,由此出发,我们回头再看全诗,便会更加明白,诗人为何有泪"不洒离别间",为何"耻为游子颜",因为他胸中有着比离别之情更为珍贵的对功名理想的追求。

这首诗由离别而生发出精彩的议论,而议论又不离生动的形象,尤以"蝮蛇"一联最为生动。全诗充满了豪迈刚健之气,给人以壮美的享受!

《野庙碑》赏析

晚唐时代,政治混乱,民生凋敝,阶级矛盾日益尖锐,导致了全国规模的农民起义;民族矛盾和统治阶级内部的矛盾日益尖锐,使朝廷与藩镇、宦官与朝官、朋党之间的争斗无休无止,激烈残酷。这种现实,使一部分封建知识分子颓废消极起来,形式华丽、内容空洞的骈文又受到他们的重视,从而使韩愈、柳宗元领导的古文运动,渐渐衰竭;另一方面,还有一些知识分子对社会现实保持了比较清醒的认识,他们继承了古文运动的现实主义精神,陆龟蒙便是其中的一个代表人物,他著有《甫里先生文集》和《笠泽丛书》,其中有许多借物寓讽或托古讽今的小品文,《野庙碑》即是其中有代表性的一篇:

> 碑者,悲也。古者悬而窆,用木,后人书之,以表其功德,因留之不忍去,碑之名由是而得。自秦汉以降,生而有功德政事者,亦碑之;而又易之以石,失其称矣。余之碑野庙也,非有政事功德可纪,直悲夫盰竭其力,以奉无名之土木而已矣。
>
> 瓯越间好事鬼,山椒水滨多淫祀。其庙貌有雄而毅、黝而硕者,则曰将军;有温而愿、皙而少者,则曰某郎;有媪而尊严者,则曰姥;有妇而容艳者,则曰姑。其居处,则敞之以庭堂,峻之以陛级,左右老木,攒植森拱;萝茑翳于上,枭鸱室其间。车马徒隶,丛杂怪状。盰作之,盰怖之,走畏恐后。大者椎牛,次者击豕,小不下犬鸡。鱼菽之荐,牲酒之奠,缺于家可也,缺于神不可也。一朝懈怠,祸亦随作,聾孺畜牧慄慄然。疾病死丧,盰不曰适丁其时邪,而自惑其生,悉归之于神。

虽然,若以古言之,则戾;以今言之,则庶乎神之不足过也。何者?岂不以生能御大灾、捍大患,其死也则血食于生人。无名之土木,不当与御灾捍患者为比,是戾于古也明矣。今之雄毅而硕者有之,温愿而少者有之;升阶级,坐堂筵,耳弦匏,口粱肉,载车马,拥徒隶者,皆是也。解民之悬,清民之暍,未尝贮于胸中。民之当奉者,一日懈怠,则发悍事,肆淫刑,驱之以就事,较神之祸福,孰为轻重哉?平居无事,指为贤良,一旦有大夫之忧,当报国之日,则徊挠脆怯,颠踬窜踣,乞为囚虏之不暇。此乃缨弁言语之土木,又何责其真土木耶?故曰:以今言之,则庶乎神之不足过也。

既而为诗,以乱其末:

土木其形,窃吾民之酒牲,固无以名;土木其智,窃吾君之禄位,如何可仪!禄位颀颀,酒牲甚微,神之飨也,孰云其非?视吾之碑,知斯文之孔悲!

《野庙碑》总的看可以分为两大段,最后用"诗"的形式为全文作了总结。

第一段,由"碑"字说起,引出"悲"字,作为全篇的线索。作者先介绍了碑的来历和古人立碑的用意,进而阐明了为野庙立碑的因由:不是有什么功德可纪,而是有悲于百姓们愚昧无知,"以奉无名之土木",才写作了这篇《野庙碑》。这是这一段的第一个层次。第二个层次,作者具体描写了野庙的环境与供奉的各种偶像,给人以肃穆、阴森之感。最后,详细地描述了瓯越间老百姓敬神祀鬼的种种荒唐可笑的行为:他们在春秋时节,对神举行大祭,一旦有祸事降临,便以为是对神的供奉不周到,如果患病或死亡,他们不知道这是自然规律,反而全归之于鬼神。这是多么的荒唐、愚昧,而又是多么的可笑、可怜!如果作者在此停笔,此文仍旧不失为一篇反对敬神祀鬼、嘲讽瓯越间百姓愚昧迷信的优秀作品。但是作者的本意并不在此,这一段只是他深化主题的必要的铺垫。

第二段,作者由神写到人,他采取映衬类比的方法,对当时的社会现实作了辛辣的嘲讽和大胆的批判。紧接上文,作者笔锋一转,提出了一个看似突兀的论点:如果"以古言之",庙中的偶像享受人们的祀奉自然不合道理;而如果"以今言之",则庙中的偶像也没有什么大错。为什么呢?

作者进一步解释道:真正应该享受人们祀奉的,是那些生而"能御大灾、捍大患"的人,可是庙中偶像,不过是"无名之土木",它们也享受人们的奉祀当然是不合理的;可是,今天的一些官僚,他们平时强迫人民缴赋税、服劳役,好像人民天生就该奉养他们;而一旦遇到危难,需要他们挺身而出的时候,他们却惊慌失措,畏畏缩缩。他们要人民付出的血汗更多,他们对人民的危害更大,连土木偶像都不如!至此,文章的主旨显豁地表达出来了,它不是一般的反对迷信的文章,而是批判现实的檄文!这种主旨,在"诗"中得到了集中的概括和说明。

《野庙碑》所表达的思想和主题是相当深刻的,在艺术上也有自己的特点。

首先,这篇短文观点鲜明,论述有叙。作者对当时欺压人民、叛国投敌的官吏是十分痛恨的,他的观点毫不含糊,十分鲜明,而在表达自己的观点时,作者能巧妙安排,从而使自己的观点有条不紊地得到阐明,就全文看是这样,就一段看也是如此。比如第二段,作者先提出论点,然后分别论述,得出"官僚无非是会说话的土木偶像而已"的结论,既使人觉得这个结论是逻辑推理的必然结果,又使全文的主旨得到了进一步的深化。

其次,冷静深刻、含而不露是此文的另一个特点。作者的感情是相当强烈的,但表现出来往往十分冷静,惟其冷静,才使人受到更强烈的震动。比如,作者说百姓们十分迷信鬼神,"鱼菽之荐,牲酒之奠,缺于家可也,缺于神不可也"。我们知道,作者生活的时代,人民的生活极端穷困,即使如此,他们宁可自己不吃不喝,也要用"鱼菽"、"牲酒"来祀奉鬼神,其心之诚由此可见,而这种虔诚却正是愚昧的表现。正是在这冷静的话语里,表现出作者"哀其不幸,怒其不争"的强烈感情。

第三,这篇短文语言简练,一针见血。因为篇幅短小,所以特别需要作者精选那些最有特色、最有表现力的词语,来准确地表达自己的思想。陆龟蒙在介绍了人们对鬼神的恭敬和恐惧之后,仅用六个字便提出了一种普遍的社会现象:"呫作之,呫怖之。"这六个字看似简单,其实却准确地说明了一个唯物主义的观点:神是人造出来的,而它又反过来欺骗和恐吓人。又如作者在叙述了官僚们的恶劣行径以后,仅用一句话"此乃缨弁言语之土木,又何责其真土木耶?"便点出了主旨:与土木偶像相比,那些鱼肉人民的官僚更可恨,更可恶!在这些地方,作者很善于运用简洁明白的语言,从而增强了文章的战斗力。当然,追求语言简洁并不排除有些地方使用浓笔,比如作者对偶像们的"居处"的描写便颇为详细,其目的是渲染一种恐怖的气氛,为后来主题的深入作铺垫,因此也是十分必要的。

最后,从结构上看,这篇短文的另一个特点是层次分明,首尾照应。总的看,全文分为两大段,前一段为铺垫,后一段为深入,从总体上可以看出作者谋篇布局的功夫。而每一段又可以分为几个层次,有条不紊,一步步推出要得到的结论,也表现出作者的苦心。再如,全文从"碑"字说起,引出"悲"字,作为全篇的线索,最后"诗"中,又以"悲"字作结,使全文首尾照应,显得紧凑,有力度,具有整体感。又如,在第二段中,作者描写当时的官僚说:"今之雄毅而硕者有之,温而少者有之",正与上文对庙中偶像的描写相似,作者正是有意借这种重复或近似的描写,使人们将官僚与土木偶像联系起来,进而从本质上认识二者的共同点。因此,当作者得出"此乃缨弁言语之土木"的结论时,读者感到十分自然,并无突兀之感。另外,文末以"诗"的形式,进一步点明主旨,也是本文的一个特点。

司空图《退居漫题七首(其三)》赏析

司空图的这首诗写的是春暮之感。这一类题材,很容易写得消沉而呈灰色,这首诗却别有怀抱,因此并不使人感到消沉。诗云:

> 燕语曾来客,花催欲别人。
> 莫愁春已过,看着又新春。

前两句从字面上是正对,对得十分工整;在意思上是"过去"与"现在"对,对得也很巧妙。春燕带来了春天,可花儿又要向人告别而携春归去了。这里的"曾"字用得极好,仅仅一个字,便写出了诗人对春燕的留恋之情。而"催"字也很传神,把诗人惜春的心情细致地表现出来了。

第三句和第四句使全诗又起了一层波澜,"莫愁春已过,看着又新春",正表现了诗人积极乐观的情怀。如果只有前两句,那还是极一般的惜春之作,全诗色彩也显得暗了一些,而有了后两句,则大大增强了此诗的亮度,洗净颓萎消沉之气,提高了全诗的格调,使人读来受到鼓舞,而又寄希望于未来。

这首诗固然可以被视作是惜春之作,但它绝不仅仅是惜春之作,如果仔细品味,我们无疑可以从诗中寻找到带有某种哲理性的东西,怀着"莫愁春已过,看着又新春"的信念,一定会对新的春天充满信心,积极乐观地行进在人生道路上。

来鹄的《云》

夏日里,万里长空,云忽聚忽散,变幻无常,甚是好看。但晚唐诗人来鹄的《云》对夏云却不是抱一种欣赏的态度,而是对它的悠闲作态表现出极大的反感:

> 千形万象竟还空,映水藏山片复重。
> 无限旱苗枯欲尽,悠悠闲处作奇峰。

前两句主要描写夏云的形态,作者先用"千形万象"四字作概括的描述,紧接着用"竟还空"三字,写出了作者的失望。本来,作者盼望久旱之中,天能降下甘霖,以救正生长着的庄稼。可是,夏云在作出了各种姿态以后,并未化成雨水,所以便毫无意义了。因此"竟还空",便带有很强的感情色彩。次句描写"竟还空"后出现的情况:盼望下雨的人,似在寻觅云彩的踪迹,云呢,也好似有意与人为难。它一会儿倒映在水中,一会儿又藏在山后;一会是薄薄的云层,一会儿又重迭在一起。这里对云彩的悠闲自得作了生动的描写,实际上正衬托出了切盼甘霖者的焦急心情。一悠闲,一焦急,对比明显,效果极好。

第三句作者宕开一笔,回头写出全诗的背景,夏云"映水藏山片复重"之时,正是"无限旱苗枯欲尽"之时,在这鲜明的对比中,作者对夏云的厌恶已跃然纸上。第三句作者写得感情强烈,透着一种沉重;但第四句却又似漫不经心的一笔,显得很冷静,"悠悠闲处作奇峰",写出了夏云悠然自得、自我陶醉的情态。沉重与冷静也是一种感情上的对比,在这种对比之中,作者的好恶鲜明地表现了出来。

224

关于这首诗的主旨,有人认为是通过旱云,反映出诗人为庄稼盼雨的急切心情。这当然是不错的。但仔细玩味全诗,这种说法的似乎又不够深入和准确。作者在这里确实表现了盼雨的急切心情,但是,它并不是只有这一层意思。作者实际上是借盼雨表达对社会观察的一种结果:有些人,正像那变幻不定的夏云,他们作出一付可以助人救难的样子,可是只作作表面文章,便悠然而去了。生活中这种言行不一的人,不正可以从这首诗中看见自己的影子吗?

花蕊夫人徐氏的《述国亡诗》

徐氏,得幸于后蜀主孟昶,拜贵妃,别号花蕊夫人。孟蜀亡后,她被掳入宋,宋太祖召她赋诗,徐氏当场诵了这首"述亡国之由"的诗,受到宋太祖的赞赏:

> 君王城上竖降旗,妾在深宫那得知?
> 十四万人齐解甲,更无一个是男儿。

"君王城上竖降旗",此诗一开笔就述亡国之事。据史书记载,后蜀君臣在宋军压境时,并无抵抗而屈辱投降。"竖降旗"三字说得多么沉痛!

次句说"妾在深宫那得知",颇耐人寻味,那潜在意思似说:我哪知道君王要降呢? 如果可能,我是会劝他抵抗宋军的! 正是有了这样的潜台词,徐氏诗的最后一句才显得特别有力。

最后两句用语沉痛,感情激愤,"十四万人齐解甲,更无一个是男儿",写得确实使人警醒、赞叹。当时攻打后蜀的宋军仅有数万人,而后蜀却有十四万之众,如果奋起抗击,也许还能坚持一个时期,但是,十四万大军却在一声令下,解甲投降,竟没有一个为国而死的志士,没有一个热血男儿! 诗里用"齐解甲"与首句相照应,带出诗人亡国的沉痛心情;又用"更无一人"与"十四万人"相对比,来夸张后蜀将士的无能和误国,首当其冲者,自然是孟蜀的君主! 尤其是"更无一人是男儿"出于深宫中一个女子之口,其分量便显得特别沉重。

这首诗用语自然,没有雕饰;风格泼辣豪爽,而又不失委婉,因此,不仅当时就受到宋太祖的赞誉,而且为后人所激赏。

226

清人诗词三首赏析

先读朱彝尊的《鸳鸯湖棹歌(其二)》:

> 秋水寻常没钓矶,秋林随意敞柴扉。
> 八月田中黄雀啄,九月田中黄雀肥。

这首诗用淡笔,画出了一幅美好的鸳鸯湖秋景图。

首句用"寻常"二字,生动地写出了秋水涨满,一望无际的景象。那原本是人们凭借来钓鱼的石滩被秋水淹没了,而且这对南湖来说,是十分平常的事情。"秋水寻常没钓矶"一句写来十分自然,但又十分传神。矶,水中或水边的石块。下一句又离开南湖,而着笔于湖边秋林中一处敞开的柴扉。"秋林随意敞柴扉",写得似乎很不用力,但却相当生动,因为这里引入了自然景物的观赏者,读者不禁要问:那敞开的柴扉里,生活着谁呢? 他们可真有福气,终日与南湖为伴,这美丽的景色似乎是专门为他们设置似的。在这里,作者宕开一笔,由另一侧面写出了南湖之美,是颇有匠心的。

最后两句明白如话,写出了嘉兴一带的风物特点,确实是"天然去雕饰"的名句,从这两句诗,我们可以联想到陶渊明的许多诗句。"八月田中黄雀啄,九月田中黄雀肥",看似平淡无奇,其实,正是这两句诗才使作者要描写的南湖一带的秋景图,显得完整和统一,黄雀的形象,更给那秋景图中增添了生命的亮点,从而使全诗显得十分生动、自然。

由这首小诗,我们可以看出朱彝尊是很注意用诗句来描绘完整的画面的,四句诗,不仅写了涨满南湖的秋水,写了在秋林中敞开的柴扉,还写了在秋野里活跃的生命——黄雀。同时，作者用笔还很含蓄，他并未描写秋天果实累累的景象，但我们却可以由田野中黄雀的变化得到丰富的信息。作者描写黄雀仅用了"啄"和"肥"两个字，却无疑可以引发读者丰富的联想。这正是作者构思巧妙，用笔经济之处。

再读厉鹗的《北仙吕·后庭花·冬日同江声登吴山》：

> 仙山回磴重，酒楼空翠中。霜落千门树，风清十庙钟。夕阳东，越王安在？鸦翻江上峰。

这首小令如一幅素描，作者用寥寥几笔，就勾画出吴山一带的冬日图景。

吴山，在浙江杭州西南，春秋时此地为吴国南界，故称。山上有伍子胥祠，所以此山又名胥山。此山地理位置极佳，左带钱塘，右临西湖。

前四句犹如一首五言绝句，纯然写景，言语简洁，而绘景生动。山高，须盘旋而上，故有"仙山"之称；酒楼在山顶，已如在空中一般。山上的树上，落满了霜花；登临者，静立而听，风儿送来了远近大小庙宇的钟声……这是怎样的一幅吴山冬日图呵！所谓"诗中有画"，大约指的就是这一类作品。

如果说上面四句，纯然绘景，那么下面三个短句却融入了作者的感情，而这种感情，又是在景色的描绘中暗寓着的。作者登上吴山，极目远望，不由地想起当年在这一带与吴对立的越王，自然地发出了"越王安在"的疑问。一切历史已成为陈迹，当年的豪杰霸主，也已不知烟消何处！这要写起来，该有多少感慨可以抒发？但是作者却惜墨如金，他仅仅发了一问，却并不继续写下去，而又以一个意味深长的景物描绘来作答："鸦翻江上峰"。读到这里，我们自会发出物是人非的感叹。是呵，人的生命是短暂的，即使是越王那样的历史人物，也只能占有历史的一瞬！

这首小令用语简洁，意味隽永，确实是"言有尽而意无穷"的作品，颇耐人思索。

最后，读赵翼的《树海歌》：

洪流距今几万载，人间尚有草昧在。
我行远到交趾边，放眼忽惊看树海。
山深谷邃无田畴，人烟断绝林木稠。
离刑益焚所不到，剩作丛菁森邃陬。
托根石罅瘠且钝，十年犹难长一寸。
径皆盈丈高百寻，此功岂可岁月论？
始知生自盘古初，汉柏秦松犹觉嫩。
支离夭矫非一形，尔雅笺疏无其名。
肩排枝不得旁出，株株挤作长身撑。
大都瘦硬干如铁，斧劈不入其声铿。
苍髯蜎磔烈霜杀，老鳞虬蜕雄雷轰。
五层之楼七层塔，但得半截堪为楹。
惜哉路险运难出，仅与社栎同全生。
亦有年深自枯死，白骨僵立将成精。
文梓为牛风变叟，空山白昼百怪惊。
绿阴连天密无缝，那辨乔峰与深洞。
但见高低千百层，并作一片碧云冻。
有时风撼万叶翻，恍惚诸山爪甲动。
冥濛一气茫无边，森深终古不见天。
赤日当空烈于火，下乃窈黑霏寒烟。
积阴所生靡不有，猛兽牙角虺蛇涎。
呼群猿鹤叫悽慄，啸俦魑魅行翩跹。
虫远禽薮冈两窟，胎孙卵子不纪年。
我行万里半天下，中原尺土皆耕稼。
到此奇观行未曾，榆塞邓林岂足亚。
邓尉香雪黄山云，犹以海名巧相借。
况兹荟翳径千里，何啻澎湃重溟泻。
怒籁吼作崩涛鸣，浓翠涌成碧浪驾。
忽移渤澥到山颠，此事直教髡衍诧。
乘蓝便抵泛舟行，支筇略比刺篙射。

归田他日得雄夸,说与吴侬望洋怕。

此诗前有序,序文说:"自下雷州至云南开化府,凡是交趾连界处八百里皆大箐,望之如海,爱作歌纪之。"交趾,即古交州之地,在今广西境内。箐,竹名。由诗序可知,这首七言古诗是作者在旅途中,见茫茫树海,颇有感慨,遂作此诗以写其景,寄其情。

全诗一起就很突兀,写出了大树海的气势,"洪荒距今几万载"一起,就把这树海放在一个亘长的历史背景下,从时间的概念上,去写树海的气势,因为,树木生长得越久,便会越高大,这是自然规律。同时,作者轻提一笔自己对树海的观感:"放眼忽惊看树海",看似随便,但其中"忽惊"二字,突出地写出了作者面对树海的惊奇之态。

接着,作者具体描绘树海的广阔和气势:在这深山里,没有人烟,但林木却很茂盛,作者用一个"稠"字,写出了林木茂盛的景象。作者描写这片树海因为远在深山,所以受不到人类的焚毁,因而长得十分茂盛。他又从时间上,来写这片树海的古老;树木生长很慢,"十年犹难长一寸",而这里的树木,却"径皆盈丈高百寻,此功岂可岁月论?"因此,作者推测,这些大树一定是人类盘古开辟之初就栽种的,和它相比,汉代的古柏、秦代的古松显得就稚嫩得多了。它的名字,古老的甚至《尔雅》中都根本没有记载,其形状也千奇百怪,使人赞叹。"肩排枝不得旁出,株株挤作长身撑。大都瘦硬干如铁,斧劈不入其声铿。"这四句不仅写出了大树枝干整齐、直冲青天的气势;而且写出大树枝干的劲硬和坚韧,这就不仅写了它们的形状,更写出了它们的精神。而"苍髯蝟磔烈霜杀,老鳞虬蜕雄雷轰",更是传神之笔。这些大树是很高大的,作者这样来写它们的高大:"五层之楼七层塔,但得半截堪为楹。"这两句诗使我们很自然地想到杜甫《古柏行》中的诗句:"霜皮溜雨四十围,黛色参天二千尺。"诗人们都运用了夸张的手法,虽然程度不同,却有异曲同工之妙。

这样茂密的树海,这么多高大的树木,本是最好的栋梁之材,但是因为"路险运难出",它们不能为社会所用,有的便"年深自枯死"。这里暗寓着作者的感叹,杜甫《古柏行》说:"古来材大难为用",这里似乎借用了这个意思。

下面,作者又从总的气势上去描写树海,因为树木茂密,所以"绿阴连天密无缝"。人站在林中,甚至连天都看不见,更别说远处的山峰和山中的深洞了。人们远远望去,只能见一片碧绿,在风中滚动,呈现出千百层绿波,又如"诸山爪甲动",颇使人心惊。"冥濛一气茫无边,森深终古不见天。赤日当空烈于火,下乃窈黑霏寒烟。"这四句又一进步用对比的方法写出树海的茂盛:树枝把天地分成了两个世界:树上烈日如火,树下窈黑如夜,由此可见树木的茂密程度了,在这里,作者并没有过多的描绘,但他要描写的景象,却生动形象地得到了表现。在这样的环境里,一定会有不少动物生活着,正所谓"积阴所生麇不有"。作者这里用岩开一笔的写法,似乎离开了对树海的描写,其实只要仔细品味,读者就会明白:作者写林中动物"胎孙卵子不记年",正是为了写这树海历史的悠久,其目的还是为了进一步展开对树海的描绘。

最后,《树海歌》写到作者自己,"我行万里半天下,中原尺土皆耕稼"。看到这么广阔的树海,作者自然想到了中原的局促,言外之意,是为这树海不能为人类造福而感叹。作者说自己从未看过这样浩淼无边的树海奇景,与之相比,"榆塞邓林",简直不值一提,其他地方尚借"海"为名,那么这片树林,广阔如海,称之为"树海",更是当之无愧了。这些意思,作者虽然并没有明白写出,但读者却可从字里行间体会出来。最后,作者对"树海"又作了概括的描写,十分形象传神:"况兹荟翳径千里,何啻澎湃重溟泻。怒籁吼作崩涛鸣,浓翠涌成碧浪驾。"这是写大海?不,这是作者对树海的描绘。仅仅四句,树海的广阔,树海的气势,就全收在作者笔下了。而"忽移渤澥到山颠"一句,更突出了树海的气势。一生中曾见识过这样的奇观,确是值得骄傲的,难怪诗人有"归田他日得雄夸,说与吴侬望洋怕"之句呢!

这首诗是作者七言古诗中的一篇佳作。它气势豪迈,描绘形象、生动,使人读之如闻深山众木摇荡,如见树海之广阔无垠。有人认为此诗可入唐人七古之列,也不是毫无道理的。

散叶集锦

中国诗学大辞典·诗风流派（49 则）

【闽诗派】 明初福建的一个诗歌流派。主要成员有号为"闽中十才子"的林鸿、高棅、王恭、王偁、陈亮、郑定、王褒、唐泰、周玄、黄玄和号为"崇安二蓝"的蓝仁和蓝智。明胡应麟《诗薮·续编》卷一："国初……闽诗派昉林子羽"。该派论诗主张学习盛唐，认为只有极力摹拟唐诗声韵格调，才能纠正元末以来的纤细诗风。《明史·文苑传》说他们的论诗主张是"汉魏骨气虽雄，而菁华不足。晋祖玄虚，宋尚条畅，齐梁以下，但务春华少秋实，愉唐作者可谓大成。然贞观尚习故陋，神龙渐复常调，开元、天宝间，声律大备，学者当以是为楷模"。此派只重视格律、技巧，而忽视内容，因此他们的诗题材很狭窄，多写个人生活琐事和酬谢赠答之作。其文学主张和创作实践，可以视作是明前后七子复古运动的先驱，对前后七子产生很大影响。"闽派"的领袖人物是林鸿，在当时诗坛颇负盛名。

【锡山四友】 明无锡诗人华察、施渐、王懋明、姚咨的并称。"四友"在嘉靖年间以诗著名于时。清钱谦益《列朝诗集小传·王山人懋明》条云："同时有姚咨者，字舜咨，隐居锡山，教授乡里，与仅约（王懋明字仅约）初俱客于学士，日相倡和。时以子潜（华察字子潜）、舜咨及施子羽（施渐字子羽）为锡山四友。""四友"诗多酬谢赠答之作，内容比较贫乏，但风格却清新雅丽，其中华察以五言为工，施渐以七言见长，成就较高亦较有影响。

【公安派】 明万历年间的诗文流派。以袁宗道、袁宏道、袁中道三兄弟为代表人物。因"三袁"的籍贯是湖广公安（今属湖北），故称。该派成员还有江盈科、陶望龄、黄辉、雷思霈等人。明代自弘治以来，文坛即为前后七子所把持，"公安派"可谓异军突起。此派成员的文学思想受到李赀的影响,反对前后七子的拟古风气,对当时文坛"剽窃成风,众口一响"的现象提出了尖锐的批评。他们的文学主张主要表现在如下几个方面:其一,认为文学应随时代的变化而变化,时代发展,文学也应随之发展,"代有升降,而法不相沿,各极其变,各穷其趣"(袁宏道《叙小修诗》),"世道改变,文亦因之;今之不必摹古者,亦势也"(袁宏道《与江进之》)。他们反对摹拟古人,提出"盛唐而学汉魏,岂复有盛唐之诗"(袁宏道《叙小修诗》),因此,"古何必高?今何必卑?"(袁中道《花雪赋引》)基于这样的认识,公安派致力于解除对文学的各种束缚,求得文体的解放,至有"一扫王、李云雾"(《公安县志·袁中郎传》)的评价。其二,主张诗文要"独抒性灵,不拘格套",即要求文学作品要抒发作家的真实感情,表现作家的个性。他们认为"出自性灵者为真诗",而"性之所安,殆不可强,率性所行,是谓真人"(袁宏道《识张幼于箴铭后》)。针对儒家传统的温柔敦厚的诗教,他们提出"真者精诚之至,不精不诚,不能动人",所以应该"言人之所欲言,言人之所不能言,言人之所不敢言"(雷思霈《潇碧堂集序》)。总之,公安派主张创作要有个性,要表现真情实感,只有"抒性灵"的作品、"从自己胸臆流出"的作品,才可能"令人夺魂"(袁宏道《小修集序》)。其三,公安派认为:文学要有一定的内容,只注意形式而不注意内容,则会空泛,故而他们认为"物之传者必以质"(袁宏道《行素园存稿引》)。其四,与公安派的文学发展观和创新论相联系,他们十分重视小说、戏曲创作,提倡通俗文学。他们重视从民间文学中汲取营养,认为《西厢记》、《水浒传》,"皆古今至文",如袁宏道不仅以民歌为诗,而且还赞扬《水浒传》比《史记》更为奇变,相形之下便觉得"六经非至文,马迁失组练"(《听朱生说水浒传》)。公安派的文学理论和主张,十分新颖和大胆,在当时很有影响,但也遭到传统派文人的批评与攻击,正如鲁迅所说:"明末公安、竟陵两派的作品也大受排斥,其实这两派作者,当时在文学上影响是很大的。"在文学创作方面,公安派作家较长于散文,他们的游记、尺牍、小品或秀丽清雅,或风趣活泼,很有特色。还有一些作品抨击时政,表现出对道学的不满。但总的看,他们的作品大都缺乏深刻的社会内容,局限于抒写"文人雅士"的闲情逸致、身边琐事或自然景物,这与他们消极避世的态度有密切联系。他们的诗歌题材十分狭窄,内容贫乏,而诗风又较为轻佻,仿效者则"冲口而出,不复检点","为俚语,为纤巧,为莽荡",

以至"狂瞽交扇,鄙俚大行"(清钱谦益《列朝诗集小传》),产生了消极的影响。《四库全书总目提要》评论云:"三袁诗人变板重为轻巧,变粉饰为本色,致天下耳目于一新,又复靡然从之。然七子犹根于学问,三袁则惟恃聪明。学七子者不过赝古,学三袁者乃至矜其小慧,破而坏度,名为救七子之弊,而弊又甚焉。"这段话虽然不无偏颇,但也有一定的道理。"公安派"的风格对清代郑燮的散文、袁枚的诗和诗论都有影响。

【公安体】 明末公安派作家的一种诗文体制风格。其特点是:个性鲜明,语言流畅,文风清新活泼,但又难免有轻佻、纤巧之弊。《明史·袁宏道传》云:"先是,王、李之学盛行,袁氏兄弟独心非之。宗道在馆中,与同馆黄辉力排其说,于唐好白乐天,于宋好苏轼,名其斋曰'白苏'。至宏道益矫以清新轻俊,学者多舍王、李而从之,目为'公安体'。"参见"公安派"、"三袁"。

【三袁】 明后期文学家袁宗道、袁宏道、袁中道兄弟三人的并称。《明史·袁宏道传》云:"袁宏道,字中郎,公安人,与兄宗道、弟中道,并有才名,时称'三袁'。""三袁"是"公安派"的代表作家,其中袁宗道是发起者,即所谓"公安一派实自伯修发之"(清钱谦益《列朝诗集小传·袁庶子宗道》);袁宏道是主将,为该派的理论代表和创作成就最高、影响最著者;袁中道则进一步发展了该派的影响。参见"公安派"、"公安体"。

【竟陵派】 明后期以钟惺、谭元春为代表的一个文学流派,因钟、谭二人均为湖广竟陵(今湖北天门)人,故名。又称"竟陵体"或"钟谭体"。《明史·袁宏道传》云:"自宏道矫王(世贞)、李(攀龙)诗之弊,倡以清真,惺复矫其弊,变而为幽深孤峭,与同里谭元春评选唐人之诗,为《唐诗归》。又评选隋以前诗,为《古诗归》。钟、谭之名满天下,谓之竟陵体。"此派在文学上的主张与公安派有共同的方面,他们也反对拟古,提出"法不前定,以笔所至为法"、"词不准古,以情所迫为词",认为摹拟古人词句,只能"得其滞者、熟者、木者、陋者"(谭元春《诗归序》)。他们主张文学要抒写性灵,而"性灵"只有从古人诗文中才能得到,所编《古诗归》、《唐诗归》即为"引古人之精神以接后人之心目,使其心目有所止焉"(钟惺《诗归序》)。他们的主张虽与公安派有相同之处,但他们认为公安派作品俚俗、浮浅,因而倡导一种"幽深孤峭"的风格加以匡救,故而他们追求"幽情单绪"、"孤行静寄"的意境,其诗多写孤僻冷漠的情怀和观赏山水风光时的自得情绪,从而形成了竟陵派创作的特点:刻意雕琢字句,求新求奇,且常用怪字、押险韵、冷僻苦涩,佶屈聱牙,导致其作品艰涩费解,脱离现实,致使后人有字哑句谜、几无完篇之评,只有少数作品可取。此派的追随者有蔡复一、张泽、华淑等,受此派文风影响而较有成就的是刘侗。

【竟陵体】 明后期以钟惺、谭元春为代表的竟陵派诗人的诗歌体制风格。参见"竟陵派"。

【钟谭】 明后期文学家钟惺、谭元春的并称。二人均为湖广竟陵(今湖北天门)人,是"竟陵派"的代表作家,二人同选《古诗归》、《唐诗归》,倡导一种"幽深孤峭"的诗风,一时名声甚赫,世称"钟谭"。参见"竟陵派"。

【晋安二徐】 明诗人徐𤊿、徐𤊿兄弟二人的并称,因是福建晋安人,故名。清陈田《明诗纪事》云:"余博览篇章,精核艺薮(万历一朝),着区海相之清音亮节,归季思之淡思远韵……晋安二徐抑其次也。""二徐"所作效法唐人,其诗多写个人生活,内容较为贫乏,风格及艺术特色亦不突出,但在竟陵派盛行之时,他们能坚持己见,颇难能可贵。"二徐"曾刻意吟咏并选闽中先辈所作为《晋安风雅》集,对闽中诗坛很有影响。因为徐𤊿字兴公,所以亦有人称"二徐"为"兴公诗派"。

【苕溪五隐】 明武宗正德间诗人孙一元、刘麟、龙霓、陆昆、吴琉的并称。因五人均是隐逸诗人,结成诗社名"苕溪社",故名"苕溪五隐"。《明史·孙一元传》云:"时刘麟以知府罢归,龙霓以佥事谢政,并客湖州,与郡人故御史陆昆善。而长兴吴琉隐居好客,三人者并主于其家。琉因招一元入社,称'苕溪五隐'。""五隐"在复古风气浓郁之时能自持己见,其诗多写山水风光,以寄托自己恬淡闲雅的心境,风格清新高雅、自然流畅。其中以孙一元、刘麟二人成就最高,他们的佳作均有独特的艺术风格,其他三人所作则较为逊色。

【复社】 明末的一个文社组织。崇祯二年(1629)成立于吴江(今属江苏),系由云间幾社、江北南社、江西则社、历亭席社、昆阳社、云簪社、吴门羽朋社、吴门匡社、武林读书社、山左朋大社、中州端社、莱阳邑社、浙东超社、浙西庄社、江南应社及黄州质社等许多小社集合而成,规模之大,联系群众之广,为历史上所少见。据史料记载,该社春社集会时,衣冠盈路,一城出观,有极大的社会影响。"复社"的主要领导人是有"娄东二张"之称的张溥、张采,主要成员有黄宗羲、陈贞慧、吴应箕、陈子龙、孙临、杨廷枢等人。此社的宗旨是"期与四方文士,共兴复古学,将使异日者务为有用,因名曰'复社'"(明眉史氏《复社纪略》)。表面看,"复社"只是一个文化团体,其主要任务是揣摩八股,切磋学问,砥砺品行,但实际上这个文社带有很强的政治色彩。该社的出现是东林党同阉党斗争的继续,其成员多具有强烈的爱国精神和民族气节。"复社"成员在文学方面受前后七子的影响,主张复古,但他们身处阶级矛盾和民族矛盾特别尖锐的时代,又大都积极参加了实际的政治斗争,所以他们所主张的"复古",实际是要求古为今用,古学要为现实服务。他们的一些作品,能较注意反映社会生活,感情真挚,具有很强的现实主义倾向。因此,复社成员的"复古"实与前后七子的拟古有很大区别,又与公安派、竟陵派的空疏文风有明显的不同。复社里产生了一批有影响的文学家,在诗歌方面有较高成就的是吴伟业、陈子龙等人,他们的作品慷慨激昂,有强烈的爱国主义色彩,艺术上凝炼深沉,别具一格;散文方面有较高成就的是张溥、黄淳耀、侯方域等,均各具特色。复社成员与魏忠贤馀党马士英等人以及清统治者进行过长期斗争,或者被害身亡,或者抗清赴难,一直到清顺治九年(1652),复社才被迫解散。

【幾社】 明末的一个文社组织。崇祯初年创立于江苏松江,倡导人为所谓"幾社六子",即夏允彝、杜麐徵、周立勋、徐孚远、彭宾、陈子龙,另外还有王光承、何刚等人。杜登春《社事始末》云:"先君子与彝仲有幾社六子会义之刻。幾者,绝学有再兴之幾,而得知幾其神之义也。"幾社曾经并入复社,但其成员不卷入政治派别之争。每逢三、六、九则雅集赋诗,最兴盛的时候,社友多至百馀人。幾社成员的文学观点与复社相同,受前后七子影响很深,以复兴古学相号召,企图挽救明王朝的危机。反对公安、竟陵两派的抒写性灵之说,讲究文章气节,崇尚《文选》,冒仿《文选》体,将会友文章汇刻为《幾社壬申文选》及《幾社会义》。所作诗文,对时政混浊、民生疾苦有所揭露,有较强的现实主义色彩。风格大多雄浑、悲壮。其代表作家有陈子龙、夏完淳等。入清以后,幾社分成若干小社,还有人逃亡国外,组织"海外幾社",因统治者严禁结社,幾社于康熙初年被迫终结。

【娄东二张】　明末文学家张溥、张采的并称。二张为江苏太仓人，太仓有娄江东流过境，故名"娄东"。《明史·张溥传》云："（张溥）与同里张采共学齐名，号'娄东二张'。"二人是复社的创始人和领袖，在文学理论上拥护前后七子的主张，力主文学复古，后来观点又有所改变，与前后七子的拟古主义渐有不同。张溥虽有不少诗作，但散文成就更高，风格尢爽质朴，代表作有《五人墓碑记》等；张采诗作较突出，题材多样，风格沉郁典雅。

【娄东三凤】　明江苏诗人张泰、陆钗、陆容的并称。《明史·张泰传》云："张泰，字亨父，太仓人；陆钗，字鼎仪，昆山人；陆容，字文量，亦太仓人。三人少齐名，号'娄东三凤'。""三凤"的文学主张受李东阳影响很大，其中张泰成就较高，他的诗风格恬淡，较少"台阁体"气息，其次是陆钗，其诗以清淡闲适见长；陆容的诗极为平常，没有什么突出的特点，在"三凤"中影响最小。

【云间诗派】　明末清初的一个诗歌流派。倡导者是陈子龙和李雯，成员有夏完淳、黄淳耀、宋徵舆等人。因参加者均为云间（即今上海松江）人，故名。此派诗人接受前后七子的复古理论，论诗主张摹拟前人，追求形似。他们的作品大都内容较为狭窄，但随着社会的发展和历史的巨变，他们的思想也受到震动而有所转化。其中如陈子龙、夏完淳等都先后参加了复社和幾社，投身于抗清斗争，其作品往往直抒胸臆，不事雕琢，取得了很高的艺术成就。如夏完淳的《军中有作》、《细林野哭》、《易水歌》、《江城》等都是直面人生、正视现实之作，表现出朴直爽朗、慷慨悲壮的艺术风格。该派其他诗人也写作了一些反映现实的篇章，风格各有不同，其成就远不如陈子龙和夏完淳。参见"云间三子"。

【云间三子】　明末清初诗人陈子龙、宋徵舆、李雯的并称。因为他们均是"云间派"诗人，故名。清吴伟业《梅村诗话》云："陈子龙，字卧子，云间华亭人……初与夏考功瑗公、周文学勒卣、徐孝廉暗公同起，而李舒章（李雯字舒章）持以诗故雁行，号陈、李诗；继得辕文（宋徵舆字辕文），又号三子诗，然皆不及。""三子"受前七子影响，宗法盛唐，主张复古，曾合编《明诗选》以宣扬他们的文学主张。其诗作题材较为广泛，不乏反映明末民生疾苦之作。明亡后亦多有怀念故国的诗篇，风格较为沉郁悲凉。"三子"中尤以陈子龙成就最高，他虽然也接受了明代前后七子的复古理论,但却不主张盲目拟古,诗除少部分摹拟痕迹明显外,绝大多数都能面对现实,有感而发,其中既有对明王朝腐败现实的不满和抨击,明亡后,又有对故国的怀念,感情真挚而炽烈,如《秋日杂感》等均是感人至深的作品。其诗长于状物,妙于托意,尤其擅长七古和七律。明胡应麟《诗薮》评其诗为"格高气逸,韵远思深。"宋、李二人入清后均中举、入仕,受到时人的指责,但他们的诗作还是很有特色的。

【四公子】 明末文学家侯方域、方以智、陈贞慧、冒襄的并称,因为他们成名时均为青年,又出身于官宦家庭,故名。《清史稿·冒襄传》云:"襄十岁能诗……与桐城方以智、宜兴陈贞慧、商丘侯方域,并称'四公子'。"四人于明崇祯十二年(1639)在南京应试,成为好友,一起参加了复社。明亡后,他们采取了不同的生活道路,或应试,或为僧,或隐居。作品以诗和散文为主,题材较为广泛,风格亦多种多样。其中以侯方域的成就最高,他早年即以诗文名扬天下,明亡后又致力于写作散文,取得了极高的成就。侯方域的文富有气势,诗亦多感慨时事。其他三人的诗文作品也多有佳作。另外,时人亦称侯方域、吴应箕、陈贞慧、冒襄为"四公子"。

【惊隐诗社】 清初的一个爱国诗社。又名"逃社",意思是暂时逃避以谋再举。创始人是抗清义军领袖吴振远、吴宗潜、叶恒奏,于清顺治七年(1650)在江苏吴江成立。诗社的成员先后有五十馀人,顾炎武等人亦曾参加过诗社的活动。有些重要成员,如潘柽章、吴炎等人均被清统治者杀害。诗社被迫于康熙三年(1664)解散。成员的作品大都抒写故国之思,即使是描写山水风光和隐逸生活的诗作,亦有浓厚的眷念故国的情绪。风格以明快激昂为主。此社诗人佳作颇多,在当时很有影响。

【梅村体】 清初诗人吴伟业的诗歌体制风格。因吴伟业号梅村,故名。吴伟业久负诗坛盛名,早期诗以绮丽风华见长,反映生活不够深刻;明亡后,身经丧乱,诗多寓身世之感,诗风颇为沉郁苍凉。《四库全书总目提要》评云:"其少作大抵才华艳发,吐纳风流,有藻思绮合、清丽芊绵之致。及乎遭逢丧乱,阅历兴亡,激楚苍凉,风骨弥为遒上。"诗以七言著称,尤长于七言歌行,取法盛唐诸大家及中唐之元稹、白居易,而又善于创新。所作大多文词清丽,情韵悠然,既含蓄委婉又明快爽洁,形成了独特的艺术风格。代表作有讽刺吴三桂降清的《圆圆曲》,写艺人飘零沦落的《楚两生行》,颂扬抗清将领的《临江参军行》,具体描写清兵入关以后广大人民困苦情状的《捉船行》。其他如《松山哀》、《永和宫词》、《听女道士卞玉京弹琴》、以及《鸳湖曲》等均是体现吴伟业诗歌风格特色的优秀作品。

【易堂九子】 清初文学家魏禧、魏际瑞、魏礼、彭士望、林时益、李腾蛟、邱维屏、彭任和曾灿的合称。清李元度《国朝先生事略·魏叔子先生事略》条云："易堂九子,自三魏及躬庵、确斋外,曰李腾蛟咸斋、邱维屏邦士、彭任中叔、曾灿青藜。"魏禧之父魏兆凤在明亡后,削发隐居于江西宁都翠微峰,其室名为"易堂"。魏禧等九人亦不求仕进,隐于山中,聚居于此,故名。清人《游翠微峰记》云："自宁都西郭外,北望群山,有虎而居者,二峰若相负,北峰为翠微峰,易堂九子讲学之所。""九子"提倡古文实学,影响很大,其中犹以魏禧成就最高,其馀诸人造诣不同,各有特色,亦有不少佳作名篇。道光年间,彭玉雯编有《易堂九子文钞》。"九子"中亦有以诗著称者,如魏际瑞、魏礼、彭士望、曾灿等皆是。

【北田五子】 清初广东诗人陈恭尹、陶窳、梁无技、何衡、何绛的并称。《清史稿·陈恭尹传》云："(陈恭尹)久之归,主何衡家,与陶窳、梁无技及衡弟绛相砥砺,世称'北田五子'。""五子"中陈恭尹诗名最盛,他在文学上主张创新,反对拟古,擅长七古、七律,诗风既豪迈雄奇,又蕴藉含蓄,为"岭南三大家"之一。其他诸人诗歌的内容与风格各异,其成就均平平,不能与陈恭尹相比。

【岭南三大家】 清初广东诗人屈大均、陈恭尹、梁佩兰的并称。由清康熙三十一年(1692)王隼所编《岭南三大家集》而得名。近人邓之诚《清诗纪事初编》云："王隼尝选佩兰及屈大均、陈恭尹之诗,为《岭南三大家诗选》,隐以抗'江左三家'(钱谦益、吴伟业、龚鼎孳)。"三人居里邻近,时相过从,在创作上互相推重,在当时岭南一带享有盛名,但他们的生活道路、生活情趣以及作品的艺术风格有很大的区别。屈大均曾参加反清活动,以后过着半隐居的生活,靠务农、卖文为生,其诗学盛唐,尤长于五言,有不少不满清朝统治、反映民生疾苦的作品。陈恭尹也曾积极参加反清斗争,后拒与清统治者合作,在文学上主张创新,反对拟古,长于七言,七律成就尤高,诗作题材与屈大均相近。梁佩兰曾多次应试,后出仕清廷,其诗受前后七子影响较深,尤长于七言古体诗,早期模拟汉魏及唐诗,多为奉酬赠答之作,后虽有改进,但模仿痕迹仍很明显,故其成就逊于屈、陈二人。三人艺术风格之不同,王煐《岭南三大家诗选序》认为梁佩兰的诗"温厚和平,置之清庙明堂,自是瑚琏圭璧";屈大均的诗"如万壑奔涛,一泻千里,放而不息,流而不竭,其中多藏蛟龙神怪,非若平湖浅水,止有鱼虾蟹鳖";陈恭尹的诗"如哲匠当前,众材就正,运斤成风,既无枉挠,亦无废弃,梁栋榱题,各适其用,准程规矩,不得不推为工师"。所评甚确。

【宣城体】 清初施闰章、高咏的诗歌体制风格。二人为宣城人,故名。《清史稿·施闰章传》云:"闰章与同邑高咏友善,皆工诗,主东南坛坫数十年,时号'宣城体'。"施、高尊唐抑宋,主张作诗要有学力,言之有物。他们的作品中有不少揭露时弊、反映现实生活之作,大都朴实自然,风格清新明快。二人相较,高咏的成就不如施闰章,尤其是他后来作了官,诗的题材更加狭窄,诗风也有很大变化。

【辽东三老】 清初辽东诗人陈景元、戴亨、长海的并称。《清史稿·李锴传》云:"陈景元,字石闾,汉军镶红旗人,诗拟孟郊、贾岛,有《石闾集》。与戴亨、长海为'辽东三老。'""三老"虽然均为满族世家,却都喜欢隐居生活,不求仕进,其诗多描写山水田园风光,风格恬淡闲雅。"三老"中陈景元诗最工,风格清奇;戴亨之作有较浓厚的生活气息和独特的艺术特色;长海的作品较之陈、戴则较为逊色。

【陆陈盛江四君子】 明末清初诗人陈瑚、陆世仪、江士韶、盛敬的合称。四人均为太仓(今属江苏)人。近人邓之诚《清诗纪事·陈瑚》条云:"(陈瑚)少与陆世仪定交……同里共学者,尚有盛敬字圣传,江士韶虞九,人称'陆陈盛江四君子'。"明亡后,"四君子"不求仕进,隐居乡间著书立说,写作了大量的诗文作品,在当时很有影响。其中尤以陈、陆成就最高。陈瑚诗多抒兴亡之感,风格沉郁;陆世仪诗描绘细致,感情充沛,风格雄浑。

【西泠十子】 清初杭州诗人陆圻、丁澎、柴绍炳、毛先舒、孙治、张丹、吴百朋、沈谦、虞黄昊、陈廷会的并称。西泠是杭州西湖桥名,陆圻等结诗社于湖上,时人因以名之。《清史稿·陆圻传》云:"先是陈子龙为登楼社,圻、澎及同里柴绍炳、毛先舒、孙治、张丹、吴百朋、沈谦、虞黄昊等并起,世号'西泠十子'。""十子"论诗受明前后七子影响,诗作有拟古倾向,工于七言律诗。清王士禛《渔洋诗话》卷上云:"陆圻字丽京,号讲山。武林耆宿,为西泠十子之冠。"陆圻早有诗名,其诗内容较广泛,有不少不满现实之作。陆圻之外,柴绍炳、毛先舒、丁澎、张丹的诗亦各有特色。其他诸人所作平平,没有什么影响。柴绍炳与毛先舒曾自订《十子诗选》。

【三丁】 清初诗人丁澎、丁景鸿、丁溁兄弟三人的并称。《清史稿·陆圻传》云:"丁澎,字飞涛,仁和人,有隽才……弟景鸿、溁并能文,时有'三丁'之目。""三丁"中间,丁澎诗学晚唐,擅长七律,诗名较大,是"西泠十子"的重要成员,丁景鸿、丁溁诗名不显,作品亦无突出的特色。

【神韵派】 清康熙、雍正年间的诗歌流派。王士禛为其领袖,他的"神韵说"为其论诗主张,故名。王士禛在《池北偶谈》中说:"'神韵'二字,予向论诗,首为学人拈出。"王掞说他论诗"独标神韵"(《刑部尚书王公神道碑铭》);《清史稿》也说王士禛"独以神韵为宗"。据清人翁方纲说,王士禛提倡"神韵说,目的在"于李、何一辈冒袭伪体之后,欲以清淡矫之,此亦势不得不然"。神韵说的产生有其历史渊源,"神韵"一词最早见于南齐谢赫《古画品录》,唐张彦远《历代名画记》、宋苏轼《书鄢陵王主簿所画竹》诗中均涉及此词。王士禛在前人基础上,赋予"神韵"二字以新的更深刻的内涵,与前人的主要区别在于,王士禛把神韵作为诗歌创作的根本要求提出,因此他的"神韵说"与南朝梁钟嵘的"滋味说"、唐司空图的"韵味说"、宋严羽的"兴趣说"既有联系又有区别。王士禛论诗强调"兴会神到",追求"得意忘言"和镜花水月、不着形迹的意境,认为"不着一字,尽得风流"、"羚羊挂角,无迹可求"为诗之最高境界,对严羽"以禅喻诗"和借禅喻诗深表赞许,进一步提倡诗要入禅,达到"色相俱空"的境界。他早年编过《神韵集》,有意识地提倡神韵说,后又选《唐贤三昧集》,排斥李、杜,专选王维、孟浩然山水田园诗派中"冲和淡远"之作。神韵说对纠正当时专学盛唐的肤廓、晚唐的缛丽和宋人以议论为诗、以学问为诗的倾向有积极作用,因此风靡一时,影响很大,在清前期统治几达百年,追随者不乏其人。从根本上说,此派以远离现实为旨归,他们没有注意社会生活是文学创作的源泉,故而他们的作品多表现个人的闲情逸致,追求冲淡、超逸和含蓄、蕴藉的艺术风格,描写自然景物很工致,富有诗情画意,但却较少涉及社会生活中的重大题材,有脱离现实的明显缺陷。该派诗论及其作品曾遭到当时和后人较多的批评与讥议,甚至同样标榜神韵的翁方纲也批评王士禛"犹未免滞迹"(《复初斋文集·坳堂诗集序》),他认为"神韵者,彻上彻下,无所不该",王士禛却仅以空寂言神韵,"徒自敝而已矣"(《神韵论》)。这个评语较为公允。

【渔洋体】 清代诗人王士禛的诗歌体制风格。因王士禛别号渔洋山人,故名。王士禛是清诗一大家,在钱谦益、吴伟业之后,主持文坛达数十年之久,清宋荦云:"五十馀年,海内学者仰如泰山北斗。"王士禛论诗标举"神韵说",以清淡闲远为尚,追求空寂超逸的境界,在当时很有影响。《四库全书总目提要》云:"当我朝开国之初,人皆厌明代王、李之肤廓,钟、谭之纤仄,于是谈诗者竞尚宋元。既而宋元质直,流为有韵之语录;元诗缛艳,流为对句之小词。于是王士禛等以清新俊逸之才,范水模山,批风抹月,倡天下以'不着一字,尽得风流'之说,天下遂翕然应之。""渔洋体"的诗作,从内容上看,主要描写山水田园风光和抒发个人情怀;从风格上看,大都清新淡雅,追求幽远含蓄的意境。最能体现王士禛风格的是五七言近体诗,尤以七言绝句最能表现"神韵"特色,其中如《秦淮杂诗》、《江上》、《雨中度故关》、《藤花山下》、《真州绝句》、《露筋祠》、《灞桥寄内》、《夹江道中》等均是渔洋体的代表作品。参见"神韵派"。

【四布衣】 指清初四位诗人,因他们均以布衣召试博学鸿词科,故名。清王士禛《池北偶谈·四布衣》条云:"上尝问内阁及内直诸臣以布衣四人名,即富平李因笃、慈溪姜宸英、无锡严绳孙、秀水朱彝尊也。"四人均善诗,文学成就各不相同;李因笃较长于五言排律,其诗崇尚朴厚,不堆砌词藻,风格慷慨悲凉。姜宸英诗多抒怀兴感,较为沉郁浓烈。严绳孙诗多咏山水风光,风格清新自然。朱彝尊的成就最高,诗、词、文均有名篇佳作,而以词为主,是浙派词人的领袖。姜、严、朱三人又有"海内三布衣"之称。

【浙派】 清代的一个诗派,形成于清中叶,因其发起人朱彝尊是浙西人,故名。该派主要成员有查慎行、杭世骏、厉鹗、符曾、汪沆等人。他们推崇宋诗,注重学问,追求"幽新"的艺术境界。作品内容狭窄,除歌功颂德外便是个人生活和酬答赠谢之作,在艺术上喜欢堆砌词藻,爱用孤僻的典故,故有晦涩难懂的弱点,其代表诗人是厉鹗;也有少数作品感情真挚,风格清新,在一定程度上反映了社会生活,如查慎行的部分诗作。

【查初白体】 清代诗人查慎行的诗歌体制风格。因查慎行号他山,又号初白,故名。查慎行论诗宗宋,受陆游、苏轼影响较大,主张重意不重辞,以空灵创新为尚。他认为"诗之厚,在意不在辞;诗之雄,在气不在直;诗之灵,在空不在巧;诗之淡,在脱不在易"(查为仁《莲坡词话》)。其诗多纪行旅,善用白描,刻画工细,意境浑成。袁枚《论诗绝句》将其拟之为北宋画家李公麟:"一味白描神活现,画中谁似李龙眠。"代表作有《麻阳运船行》、《白杨堤晚泊》、《金陵杂咏二十首》、《荆州杂诗六首》、《桂江舟行口号十首》等。清初诗人大多学唐,而查慎行崇宋,形成独特的艺术风格,对当时的诗坛有很大影响。清赵翼云:自吴伟业以后,"欲举一家列唐宋诸公之后者,实难其人。惟查初白才气开展,工力纯熟,鄙意欲以继诸贤之后","要其功力之深,则香山、放翁后一人而已"(《瓯北诗话》卷一〇)。

【蕉园诗社】 清康熙年间钱塘(今浙江杭州)的一个女子诗社。闺中少女林以宁与其姑顾玉蕊均工诗文,故邀请当地善作诗文的女子组成诗社,定时雅集,唱和赋诗,名为"蕉园诗社"。主要参加者是五人,又号称"蕉园五子",即林以宁、徐灿、柴静仪、朱柔则、钱云仪。后林以宁重建"蕉园七子社",由林以宁、柴静仪、钱云仪、张槎云、毛安芳、冯又会、顾启姬组成。她们的诗多写闺中情思和山水风景,风格较为清新细腻。数名才女结社联吟,一时在西子湖畔传为佳话。

【格调派】 清乾隆年间以沈德潜为代表的诗歌流派。因该派标举"格调说",故名。"格调说"强调格调在诗歌创作中的重要作用,这种文学主张最早由前后七子提出,沈德潜对此加以继承和发展。他通过编选《古诗源》、《唐诗别裁集》、《明诗别裁集》和《清诗别裁集》等几部诗选,或加上评语,或通过序和凡例,更加系统地宣扬格调说。他的所谓"格",是"不能竟越三唐之格"(《说诗晬语》卷上),"诗至有唐,菁华极盛,体制大备",而"宋元流于卑靡"(《唐诗别裁集·凡例》),实质上与前后七子一样主张扬唐而抑宋,认为汉魏及唐以后,诗的格调下降了。不止如此,他还主张学习《诗三百》,在《说诗晬语》里,他批评"学诗但知尊唐,而不知上穷其源",即是此意。所谓"调",即强调音律的重要性,他在《说诗晬语》里说:"诗以声为用者也,其微妙在抑扬抗坠之间。读者静气按节,密咏恬吟,觉前人声中难写、响外别传之妙,一齐俱出。"又说:"乐府之妙,全在繁音促节,其来于于,其去徐徐,往往于回翔屈折处感人,是即依依和声之遗音。"沈德潜主张"格调",强调作者应该"学古"和"论法",并根据"去淫滥、以归雅正"的宗旨,制定了许多规则,从诗歌的体、格、声、调诸方面提出要求,要求作者遵守,不免偏于琐碎的章法声律,如《说诗晬语》

中要求长篇诗歌于铺叙中有峰峦起伏,短诗则于收敛中能含蓄无穷,"伦次整齐,起结完备,方为合格"。与此相联系,他提出了诗歌为封建政治服务的主张,《说诗晬语》中说:"诗之为道,可以理性情,善伦物,感鬼神,设教邦国,应对诸侯,用如此其重也。"因此,他认为"忠孝"和"温柔敦厚"是格调的最终依据和"极则",只要"格调"雅正的作品,那么它的内容便一定会符合"忠孝"和"温柔敦厚"的原则。他还讲求比兴蕴蓄,不能发露。沈德潜的诗多为歌功颂德之作,有些虽然有一定的现实内容,但往往缺乏鲜明生动的气息,而说教成分较浓。因为他的诗歌主张与作品符合统治阶级的需要,所以沈德潜受到乾隆皇帝的赏识,经常出入禁苑,与乾隆唱和并论及历代诗的源流与发展。这种地位,使沈德潜的诗论及诗风,风靡一时,影响很大,有许多人接受了他的论诗主张,并按他的榜样写作诗歌,故形成一个诗歌流派。

【秀水诗派】 清代浙江的一个诗歌流派。因该派诗人钱载、王又曾等皆为秀水(今浙江嘉兴)人,故称。《清史稿·钱载传》云:"(金德英)论诗宗黄庭坚,谓当辞必己出,不主故常。载初与定交,晚登第,乃为门下门生,诗亦宗庭坚,险入横出,崭然成一家。同县王又曾、万光泰辈相与唱酬,号'秀水派'。"该派诗人还有汪孟鋗、仲沛、朱沛然、陈向中、祝维浩等人。他们推崇宋代江西诗派,以黄庭坚为宗,但又能取汉魏唐宋名家之长,颇有创新意识。题材较为狭窄,多为个人生活和往来唱和之作,也有少量的作品写得自然清丽,艺术上有一定的成就。

【性灵派】 清乾隆、嘉庆年间以袁枚为代表的诗歌流派。该派以"性灵说"为其文学主张,故名。袁枚在明代以公安派为代表的"独抒性灵,不拘格套"诗歌理论的基础上,大力倡导"性灵说"。性灵说的核心是强调诗歌创作要直接抒发诗人的心灵,表现诗人的真情实感,不仅要以性情为创作之本,而且还以此作为衡量诗歌高下的标准。他反复强调:"诗难其真也,有性情而后真"(《随园诗话》卷七),"诗者,心之声也,性情所流露者也"(《随园尺牍·答何水部》),"惟我诗人,众妙扶智,但见性情,不着文字"(《续诗品·神悟》)。从"性灵"出发,袁枚反对沈德潜的"格调说",以为会流于贵古贱今、尊唐抑宋的覆辙;还反对沈德潜将"温柔敦厚"的"诗教"绝对化,认为"《礼记》一书,汉人所述,未必皆圣人之言。即如温柔敦厚四字,亦不过诗教之一端,不必篇篇如是"。他认为写诗过分讲究温柔敦厚,必然要妨碍真情实感的表达。由主张性灵出发,他还大胆肯定了男女之间的爱情诗,认为"阴阳夫妇,艳诗之祖也"(《再与沈大宗伯书》),并强调"情所最先,莫如男女"(《答蕺园论诗书》)。他也反对翁方纲主张"堆垛学问"的"肌理说",嘲讽"肌理说"是"填书塞典,满纸死气,自矜淹博"(《随园诗话补遗》卷三),以为毫无价值。指出"从《三百篇》至今日,诗之传者,都是性灵,不关堆垛"(《随园诗话》卷六)。认为"诗者,由情生者也。有必不可解之情,而后有必不可朽之诗"(《答蕺园论诗书》),并非记载历史和说教的手段。性灵说从要求表达真情实感出发,在艺术风格上提倡自然清新,平易流畅,反对堆垛学问、滥用典故、过分雕琢、人云亦云的文风。因此该派诗人的作品,力求表现个人生活遭际中的真实感情,往往能冲破传统观念的束缚;在艺术上追求创新,风格真率自然、清新灵巧。但因为把"性情"抽象化了,此派诗人的作品题材较为狭窄,无非是抒写个人"性情遭际",咏叹生活琐事,歌唱风花雪月,有些作品格调不高,流于浅滑,因而有人批评袁枚的诗"误以鄙俚浅滑为自然,尖酸佻巧为聪明,谐谑游戏为风趣,粗恶颓放为雄豪"(朱庭珍《筱园诗话》)。所言不无道理。

【江右三大家】　清乾隆时诗人袁枚、蒋士铨、赵翼的并称。蒋士铨是江西人,旧时地理上以东为左,以西为右。故称。因三人均是乾隆时进士,他们的文学活动也在这个时期,故又称为"乾隆三大家"。又因袁、赵是浙江、江苏人,故亦称为"江左三大家"。《清史稿·赵翼传》云:"同时袁枚、蒋士铨与翼齐名。""三大家"中,袁枚主张抒写"性灵",诗作晓畅工整,喜用白描手法,擅长七律,多闲情逸致之作。蒋士铨亦推崇"性灵说",主张"戒蹈袭",同时颇受黄庭坚的影响,讲究骨力,其诗题材广泛,擅长七古,在艺术上颇有特色;袁枚序其诗说:"摇笔措意,横出锐入,凡境为之一空。"王昶《蒲褐山房诗话》评云:"苍苍莽莽,不主故常。"赵翼主张"独创"和推陈出新,反对摹拟,诗风清晰明畅,长于说理,善为谐谑之词,只是议论过甚,有沉重板滞之病。

【乾隆三大家】　清乾隆时诗人袁枚、蒋士铨、赵翼的并称。参见"江右三大家"。

【高密诗派】　清乾隆年间的一个诗歌流派。因该派的代表诗人"三李"即李石桐、李叔白、李少鹤为山东高密人,故名。同派诗人尚有王新亭、王颖叔、王蜀、王希江、王子和即所谓"王氏五子"和李五星、王熙甫、王丹柱、单子固等所谓"后四灵",以及刘崧岚、孙顾崔等。高密诗派不满王士祺"神韵说"和虞山派诗风,推崇中晚唐诗,尤为推崇张籍、贾岛,并选《重订中晚唐人诗主客图》一书以作写诗的榜样。李石桐、李少鹤又将学《主客图》所作的诗编成《二客吟》。这两本书一出,为许多诗人所遵奉,遂形成一派诗风,后传至广西、江西、江苏等地,盛行数十年,至晚清仍有一定影响。此派诗人的创作追求瘦冷的境界,有些诗写得不落俗套,风格清新流畅,但总的看,此派诗人的作品内容狭窄,多为个人生活琐事和酬谢赠答之作,又因他们力图独辟蹊径而往往表现为过分雕琢,因此此派虽然影响很大,但其文学成就却并不高。

【吴中七子】 清代诗人曹仁虎、王鸣盛、王昶、钱大昕、赵文哲、吴泰来、黄文莲的合称。他们皆为苏州、上海一带的"吴中"之人,沈德潜编有《吴中七子诗》,故名。"七子"推崇唐诗,作品的内容较狭窄,无非是抒写个人生活及酬谢赠答,风格较平易流畅。沈德潜认为钱大昕可列"七子"之首,实则王昶影响最大。曹仁虎、王鸣盛等人也不乏佳作,其他诸人则较为逊色,影响很小。

【肌理派】 清嘉庆年间以翁方纲为代表的诗歌流派。该派以"肌理说"为其论诗主张,故名。清自康熙之后,士人读经考据形成风气,肌理说便是这种风气影响的结果。所谓"肌理",本指肌肉的纹理,翁方纲用之来指学问义理和文理,在《志言集序》中说:"义理之理,即文理之理,即肌理之理也。"又说:"士生今日,经籍之光,盈溢于宇宙,为学必以考证为准,为诗必以肌理为准。"他主张诗人写诗要将思想意义与组织结构、学问材料统一起来,首先要求写诗必须以学问为根底,要熟读六经,即所谓"根极于六经"(《杜诗"熟精〈文选〉理"理字说》)。翁方纲虽然不反对王士祺的"神韵说",但又觉得这种主张流于空寂,故提出以肌理来求神韵:"今人误执神韵,似涉空言,是以鄙人之见,欲以肌理之说实之,其实肌理亦即神韵也。"(《神韵论上》)他又认为袁枚"性灵说"失之片面,故需"由性情而合之学问"(《徐昌谷诗论》)。翁方纲提出"肌理说",目的在于弥补"神韵说"、"性灵"以及"格调说"的不足,提倡讲究学问,讲究经术,讲究方法,力求做到内容质实而形式雅丽。在"诗法"上,翁方纲主张求儒复古,他的"复古",不是崇唐而是崇宋,特别推崇"江西诗派"的黄庭坚,认为"宋诗妙境在实处"(《石洲诗话》),片面强调诗歌的考证作用和史学价值。其论诗主张得到了郑珍、莫友芝、何绍基等人的支持,在嘉庆年间风行一时,成为一个诗歌流派,又称作"学问诗派"或"学士诗派"。此派诗人所作诗多为把经史、金石的考据勘研写进诗中的"学问诗",也有一些纪述作者生活行踪和描写山水景物的作品。由于大多违背诗歌创作的艺术规律,大量堆垛学问,往往写得佶屈聱牙,缺乏生活气息和真情实感,成为毫无诗味的韵文,令人生厌,所以袁枚在《随园诗话》卷五中嘲笑他们"误把抄书当作诗"。

【宣南诗社】 清中叶的一个诗社。因活动地点多在北京宣武门南,故名。成立于嘉庆九年(1804),十年后一度大盛,道光初年仍有活动。是当时北京士大夫和一般官僚吟诗唱和的文学团体,初因举于冬季,故又称"消寒诗社"。每隔十日一集,集必有诗。后期林则徐、龚自珍、魏源等人曾参加活动。该诗社成员的作品,除上述诸人外,大都内容狭窄,题材不出个人生活和酬赠答谢的范围,偶尔也有怀才不遇的感叹,艺术上很讲究格律与用典,多为平庸之作。

【同光体】 指清末和辛亥革命后一段时期以陈三立、陈衍、沈曾植、郑孝胥为代表的一个诗歌流派。因为陈衍在《石遗室诗话》中称同治、光绪以来"诗人不专尊盛唐者"为"同光体",后来便以此称这一流派。此派主张不应墨守盛唐,也要学习宋诗,即打破唐宋界限,宗主三元:开元年间取杜甫、元和年间取韩愈、元祐年间取黄庭坚而兼及苏轼。同光体诗,又分闽派、赣派、浙派三大支,三派主张相同,但宗尚有所不同。其作品虽然也有一些要求变法图强、反对外国侵略的较好的内容,但更多的则只写个人身世、山水景物,清亡后较多地表现出对民主革命不满的情绪和复辟思想。在创作方法上,此派极力把诗歌创作引入艰涩隐晦的"荒寒之路",热衷于模仿江西诗派,好用僻词拗句,力求生涩、枯淡、迂缓,因而毫无生气。早在陈衍标榜同光体的光绪年代,就有人提出批评和非议,如陈衍的同乡林纾在《旅行述异·文家生活》识语中指出:"至于今日,则又昌言宋诗;搜取枯瘠无华者,用以矜其识力,张其坛坫,……揭麾举纛,令人望景而趋,是身为齐人,屈天下均齐语,身为楚产,屈天下皆楚语,此势之必不至也。"民国初年,"同光体"诗风又侵入革命文学团体"南社",掀起了一场反对者与赞成者的斗争。后来不断有人对"同光体"诗风进行抨击,但直到1937年陈衍、陈三立先后病死,这个诗派才告终结。

【宋诗派】 清代诗歌流派。以推崇宋诗为主要特征。此派诗人主要不满于明代前后七子的拟古主张,认为作诗不必讲究格调宗法,而应随意抒写,还可径发议论。他们的作品效法江西诗派,忌熟避俗,往往流于隐晦艰涩。属于此派的诗人较多,作品的风格也多有不同。清初以钱谦益为代表,以后又有查慎行、宋荦、厉鹗等人。清末的"同光体"亦是"宋诗派"中的一个重要分支。一说,宋诗派即指"同光体",参见该条。

【晚唐诗派】 近代诗歌流派。标榜晚唐诗,故名。此派以樊增祥、易顺鼎为代表,主要成员有三多、李希圣、曹元忠等人。他们着重学习晚唐诗人李商隐、温庭筠、韩偓,从韩偓"香奁体"入手,好作艳体诗。一味讲究对仗工巧,玩弄艳词丽句。诗作题材较为狭窄,多写个人生活和山水风景,内容相当贫乏。因该派诗人又宗中唐诗人白居易等人,亦称"中晚唐诗派"。

【中晚唐诗派】 近代诗歌流派。标榜中晚唐诗,提倡学习白居易、李商隐、温庭筠、韩偓等人诗作,故称。代表人物为樊增祥、易顺鼎。又称"晚唐诗派",详见该条。

【汉魏六朝诗派】 近代诗歌流派。因其标榜汉魏六朝诗,故称。又称"拟古诗派"和"湖湘派"。主要代表人物为王闿运、邓辅纶,成员有陈锐、程颂万、高心夔等。该派论诗注重"家数",提倡"摹拟",他们的诗专精致力之处,则在追摹汉魏六朝,形成了复古摹拟的形式主义风气,近代陈衍《近代诗钞》评云:"盖其墨守古法,不随时代风气为转移,虽明之前后七子无以过之。"此派诗人也有一些佳作名篇,如王闿运的《圆明园词》、邓辅纶的《鸿雁篇》皆是。

【湖湘派】 近代诗歌流派。该派代表诗人王闿运、邓辅纶及其他成员皆为湖南人,故名。他们标榜汉魏六朝诗,又称"汉魏六朝诗派",详见该条。

【诗界革命】 近代诗歌改良运动。发端于著名诗人黄遵宪。他在清同治七年(1868)作《杂感》诗,批判沉溺于故纸堆的创作态度,提出"我手写我口"的主张。光绪十七年(1891),又在《人境庐诗草序》中提出推陈出新的一套理论,赋予诗歌创作以积极的现实主义精神和强烈的爱国主义内容,成为近代进步诗歌潮流的一面旗帜。光绪二十二年至二十三年之间,夏曾佑、谭嗣同、梁启超开始试作"新诗",力图开辟语言的新源泉,表现资产阶级的新思想。为了适应社会对新文化、新思想的需要,他们明确提出"诗界革命"的主张。戊戌维新运动失败以后,梁启超逃亡到日本,以主要精力从事文化宣传,推进文学改良,除了写作《饮冰室诗话》,阐发"诗界革命"的理论观点、表扬新派诗人以外,还在许多报刊上开辟专栏,发表谭嗣同、康有为、黄遵宪、丘逢甲等人的作品,使诗界革命形成了一定的规模和声势。诗界革命要求诗人面对现实,追求创新,不能一味摹拟古人,从而冲击了长期统治诗坛的拟古主义、形式主义倾向。在诗界革命的潮流中产生的许多诗作冲破了传统格律的束缚,用通俗自然的语言反映社会现实,对中国新诗的发展,产生了有益的影响。

【南社】 辛亥革命前后的一个进步文学团体。发起人为陈去病、高旭和柳亚子。初于1907年8月在上海酝酿,1909年11月成立于苏州,仍以上海为活动中心。成立初期有社员十七人,辛亥革命前发展到二百馀人,辛亥革命后增至一千馀人,1923年解体,前后延续了十多年。该社取名"南社",寓有"操南音不忘其旧"之意,要进行反清革命。鲁迅《三闲集·现今新文学的概观》云:"即如清末南社,便是鼓吹革命的文学团体。"早期南社成员多为同盟会会员,具有明确的民主民族革命的立场,对鼓吹资产阶级民主革命,反对清政府的专制统治,起过积极作用。辛亥革命后社员大增,成分十分复杂,部分成员参加了反对袁世凯的斗争,少数人后又参加了新民主主义革命,也有的成员投靠了北洋军阀和其他反动政治派系。南社作家重视文学的社会作用,要求通过文学创作,激发群众的"爱国保种"之念,反对封建专制统治,但在具体文学主张上却不尽相同。如柳亚子等提倡"唐音",推崇辛弃疾和陈子龙、夏完淳、顾炎武等人,反对"同光体"、"常州词派"、"桐城派"。而马君武主张"唐宋元明都不管,自成模范铸诗才"(《寄南社同人》)。高旭主张"漫追魏晋隋唐体,自抱文周屈宋思"(《钝根未与元夕南社雅集,以诗见寄,步其韵以答之》)。南社还有些成员是同光体、常州词派和桐城派的追随者和崇拜者。南社成员的创作以诗歌为主,多以旧形式写新内容,鼓吹革命,富有爱国激情。辛亥革命前以批判清朝统治、呼唤民主为主题;辛亥革命后,主题转为批判辛亥革命的不彻底,此时亦有较多理想破灭的悲哀,风格由慷慨激昂转为愤郁低沉。南社著名作家有苏曼殊、马君武、周实、宁调元等,其中以柳亚子成就最高,影响最大。

《中国诗学大辞典》,浙江教育出版社 1999 年 12 月出版

古代散文百科大辞典·国内研究(114 则)

陈中凡(1888—1982)　原名钟凡,字觉元。江苏建湖人。1917 年由北京大学毕业,后曾任教于女高师国文部、东南大学国文系、金陵大学、东吴大学、中山大学、金陵女子文理学院。解放后曾任金陵大学文学院院长兼教授,1952 年院系调整,合并入南京大学,任中文系教授。陈中凡先生治学有两个明显的特点:一、植基深厚,涉猎广博;二、弃旧谋新,绝不冬烘。其主要著作有《老子学说略》、《庄子学说略》、《古书校读法》、《诸子书目》、《经学通论》、《诸子通谊》、《中国文学批评史》、《中国韵文通论》、《周秦文学》、《汉魏六朝文学》、《两宋思想述评》。还有近百篇论文,散见于各报刊杂志。1956 年由古典文学出版社出版的《汉魏六朝散文选》是解放以后这一时期散文的第一个选本,因为这个选本选目合适,注释精当,所以它一直影响很大,为广大读者和研究者所珍视。在此书的《前言》里,作者系统地阐述了自己的学术观点,他首先指出"汉、魏、六朝虽无'散文'之名,已备列'散文'的各种体制。大抵'韵文'多用于纯文学,'散文'则用于杂文或应用文者居多"。作者认为汉魏六朝时期的散文,随着社会的发展而出现了变化,所以分为三个时期概述了这一阶段的散文发展:"西汉的散文",突出论述了贾谊的政论文和司马迁的《史记》,"东汉的散文",主要论述了班固、蔡邕等人的作品,指出蔡邕的散文趋于形式主义,而内容陈陈相因,毫无创见;"魏晋南北朝的散文",作者指出这一时期的散文向多方面发展,大体说来有如下几派:"名法家的散文",以徐幹的《中论》为代表;"名理派的散文",以王弼、阮籍等人的作品为代表;"小说家的散文",以陶渊明《桃花源记》为代表;"写景的散文",以陶宏景、宋元思的作品以及《水经注》、《洛阳伽蓝记》等为代表;"拟古派的散文",以《颜氏家训》为代表;对于"杂帖派的散文",作者指出:因为汉末清谈风气的影响,魏晋人颇尚清谈,"推而至于书牍,也力求其清俊简要,耐人寻思,遂有杂帖一类的小品"。陈中凡先生在这篇《前言》里所阐述的观点在他其他有关著作中也时有阐发,即使是今天看来,这些观点还仍然是很有学术价值的。

段熙仲(1897—) 安徽芜湖人。1914年考入中华大学文预科,1923年,考取金陵大学文科,以哲学和心理学为主要专业。从1927年起,在皖南教中学10年,1937年至安徽大学中文系任教,1944年任中央大学教授。解放后一直在南京师范学院(现改为南京师范大学)中文系任教。段熙仲先生是著名的文学史家、经学家,他的学问渊博,研究的范围很广泛,在他所发表的六七十篇论文中,上则《诗经》、《楚辞》、先秦诸子散文,下至明清文人,皆有自己独到的见解。但段熙仲先生用力最勤的则是今文经中的《仪礼》、《公羊》及考据校勘之学。对《水经注》等古代著作研究也相当深入。段熙仲先生的治学经验,主要有一、"乐学亲师",他认为"知"、"好"、"乐"是治学的三个阶段。二、读书应当"观其会通",从全书探求其内在规律。三、强调文、史之不可分。

方孝岳(1897—1973) 原籍安徽桐城,出生于安庆市。1911年进上海圣约翰中学读书,后又转入圣约翰大学法律系就读。1919年在北京大学预科担任国文课教师,1920年任商务印书馆编辑。不久,前往日本东京大学进修法律。1924年回国后到华北大学任教授。其后分别在东北大学师范学院、广州中山大学,圣约翰大学任教。1948年重返中山大学、直到去世。其主要著作有《中国散文概论》、《中国文学批评》、《左传通论》、《尚书今语》等。《中国散文概论》全面地论述了散文的各种问题,是一部相当有分量的著作;《尚书今语》将音韵学、训诂学、文字学等方面的学识结合起来,"自成一家之言"。五六十年代,方孝岳的研究成果,更多地表现在音韵学上。方孝岳先生学识渊博,治学严谨,一生好学不倦,同时,对后学的指导也十分尽力。

罗根泽(1900—1960) 字雨亭。河北深县人。1929年毕业于清华大学研究院国学门及燕京大学国学研究所,解放前先后在河南大学、天津女子师范学院、河北大学、中国大学、安徽大学、北京师范大学、西北联合大学、中央大学任教,解放后一直任教于南京大学。罗根泽先生以治诸子学及中国文学批评史著称于世,其主要成果是《诸子考索》、《中国文学批评史》,他曾致力于中国文学史的研究,除早在三十年代初出版的《乐府文学史》外,曾留下几部中国文学史草稿,另有论文多篇,1985年由上海古籍出版社出版《罗根泽古典文学论文集》。罗根泽对先秦散文的研究造诣最高,《论文集》中许多文章对先秦散文作了深入地研究,如《散文源流》一文,作者便论述了"殷代之贞卜文与散文之起源"等问题,指出没有文字,便不会有散文,所以散文的产生与完成,必在有了文字之后,"殷墟的卜贞的文字,才只是极简单而且幼稚的文字,虽然后世的散文源于它,但不能说它就是散文"。罗先生1958年出版了《先秦散文选》(人民文学出版社),虽然由于种种原因,这个选本的选目还不够全面,但因为它不仅出版较早,而且注释确切详明,所以仍为读者所推重。在此书的《序言》里,罗先生指出:先秦时代,"不只史传文飞跃地发展到相当完美的高度,成为后来的楷模;更重要的还产生了一种政治性、哲学性的杂文——即理论文,也发展到相当完美的高度,也成为后来的楷模"。作者对先秦诸子分别作了论述,指出在古典史传文学范围内,只有《史记》才可以与《左传》比美;《国语》对理论文——特别是对我国的理论文,有直接的影响;《战国策》的特点是"敷张扬厉";《论语》是"中国历史上第一部独立说理的理论文的书";《孟子》"从方法到技巧,从议论到声势,大大地提高了理论文",《庄子》"使散文在逻辑性、科学性和说服力以外,又增加了故事性、形象性和感染力"。在概述了先秦诸子散文的成就及特色以后,作者总结道:"战国时代,不只相反相生的产生了丰富的学术思想,也相生相长的产生了丰富的文章文艺。就文章形式说,则简单的提纲,发展成为有骨有肉的优美传记;由简单的考语,发展成为洋洋洒洒的理论文;又由单篇的理论文,发展成为有组织的整部著作。就方法技巧说,由考语式的孤立论点,发展成为言之有物,言之有序的逻辑性很强的长篇大论;同时又不满足于只是逻辑的说理,又藉助人物言行,藉助故事寓言,一方面证明抽象理论,一方面塑造具体典型,这就使他们的理论文,在逻辑性外,又增加了形象性。"罗先生的这些论点都是相当精辟的,他的这些观点,在其他一些论文里也得到充分的阐发。

姜书阁(1907—) 1930年毕业于清华大学,现为湘潭大学中文系教授,著有《诗学广论》、《中国文学史大纲》、《先秦辞赋原稿》、《骈文史论》、《中国文学史四十讲》等。

《先秦辞赋原稿》主要探讨了汉赋的渊源;《骈文史论》从史的角度叙述和研究了骈文这一文体的发展和演变。《中国文学史四十讲》,"打破历来文学史章节连绵、欲断还续的编写体例,改用四十讲,分四十个大题目,概括地叙述了三千年来中国文学发展史。"(《序言》)。在这四十讲里,陆续介绍了古典散文,如第三讲介绍了先秦三部杰出的史传散文——《左传》、《国语》、《战国策》;第四讲介绍了先秦诸子散文——《论语》、《孟子》、《荀子》、《老子》、《庄子》、《墨子》、《韩非子》和《吕氏春秋》。第六讲介绍了秦代文学和汉代的辞赋;第八讲论述了司马迁《史记》和班固《汉书》在中国文学史上的地位;第九讲介绍了汉代散文发展概况及这一时期的政论文、说理文和记叙文;第十一讲介绍了南北朝的散文和一些著名赋家;第十七讲论述了韩愈、柳宗元领导的古文运动和唐代的散文;第二十一讲分别论述和介绍了"宋初文坛面貌及其斗争形势"、"以欧阳修为首的北宋诗文革新运动"、"北宋文学的最高成就者苏轼"等专题;第二十七讲论述了元代的诗、词和散文创作;第二十八讲分别论述了明代前期和后期散文以及"清代散文作家与各派文论"。第三十六至三十八章,论述了鸦片战争前后的文学、太平天国的文学主张和这一时期的文坛形势、资产阶级改良派和民主革命派的文学改革及其诗文。总之,将这些章节抽取出来,正是一部完整的中国散文发展史。在体例上,作者希望此书"从全书看,要求历史线索明白、清晰,有一定的系统性;而就每一讲来说,则又必须相对地独立成章,完整地论述每一个大题目所规定的主要内容,使本书既可以连续讲、连续读,也可以任抽一讲来查阅某一特定问题,从而得其梗概"(《序言》)。从全书来看,这种设想显然是实现了。

任访秋(1909—) 本名维焜,字仿樵。河南南召县人。1929 年毕业于河南第一师范,考入北京师范大学中文系深造,1933 年在河南洛阳师范学校任教,1935 年到北大研究院学习,毕业后回洛阳师范任教,1946 年到河南大学中文系任教至今。其主要著作有《中国现代文学史论稿》、《中国古典文学研究论集》、《鲁迅散文论》、《中国文学史散论》、《袁中郎研究》、《中国古典文学论文集》。《袁中郎研究》论述了明代袁中郎的思想与文学成就,指出袁中郎的散文比诗写得好,这些作品,真是独树一帜,在当时文坛上可谓异军突起。除抒情文外,他的写景散文写得也很好,其原因,一则由于他酷爱山水。所以他有独特的写作方法,因而能达到超凡入圣的境地。作者进而论述了袁中郎以后明代散文的发展,他将这一时期的散文归纳成四个流派作了系统的研究。《中国古典文学研究论集》、《中国古典文学论文集》收入了作者的一些古典散文的研究论文,有的论述了司马迁和《史记》,指出《史记》是中国文学史上散文的典范,由于司马迁的继承和创造,使中国古代散文在叙事、抒情、说理上,达到了相当高度的成就;有的论述了《水经注》,指出因为这部著作有许多逼真的写景,又有许多富于趣味的风土民俗以及具有传奇的神话传说,从而使这部地志成为具有浓厚的文艺色彩的作品。其他一些论文,分别对陶渊明的《桃花源记》和韩愈、柳宗元、龚自珍的散文作了论述。

吴小如(1922—) 本名同宝。1922 年出生于哈尔滨,祖籍是安徽泾县。父亲是著名的书法家、诗人吴家琭(玉如)教授。1941 年考入燕京大学和辅仁大学,但仍留在天津读书并在中学任教。1945 年以后,先后就读于燕京、清华、北大,受业于朱自清、俞平伯、游国恩、沈从文等著名学者。1949 年毕业后,先后在津沽大学、燕京大学任教。1952 年院系调整后,在北京大学中文系任教。现为北京大学历史系教授。其主要著作有《中国小说讲话及其他》、《读常人所见书日札》、《读书丛札》、《古典小说漫稿》、《古典诗文述略》、《古文精读举隅》。他对待研究工作十分认真,在《漫谈我的所谓"做学问"和写文章》里,他说:"说到写学术论文或读书札记,我目前只抱定两条宗旨:一是没有自己的一得之见决不下笔。哪怕这一看法只与前人相去一间,却毕竟是自己的点滴心得,而非人云亦云的炒冷饭。否则宁缺毋滥,决不凑数或凑趣。二是一定抱着老老实实的态度,不哗众取宠,不看风使舵,不稗贩前人旧说,不偷懒用第二手材料"。《古典诗文述略》由三篇文章组成,其中《古典散文述略》提纲挈领地叙述了中国古代散文的发展和演变,因为作者注意了在介绍作品的同时阐述散文发展的脉络,这样便使读者既了解了中国古典散文的几个发展阶段,又能了解这几个阶段的联系和继承关系,从而对古代散文有一个全面和准确的认识。除了一般所说的学术研究之外,吴小如先生特别擅长于讲析和鉴赏作品,读他的赏析文章总能得到美的享受,《古文精读举隅》便是他讲析古代散文作品的文章合集。

胡念贻(1924—1982) 字孟周。广州人。1949 年毕业于南京大学中文系,同年考取北京大学中文系研究生,在游国恩教授的指导下,专攻先秦文学。1953 年进入中国社会科学院文学研究所工作,后为该所研究员。其主要著作有《中国古典文学论丛》、《关于文学遗产的批判继承问题》、《先秦文学论集》、《中国古代文学论稿》、《楚辞选注及考证》。胡念贻先生对先秦散文的研究卓有成就,在其《先秦文学论集》和《中国古代文学论稿》中,均收入了他对先秦散文著作如《尚书》、《左传》、《战国策》、《论语》、《孟子》的研究论文。另外,他对汉赋、汉代贾谊的散文、《史记》以及欧阳修的散文也有较为专门的研究。《关于文学遗产的批判继承问题》里有两篇文章从"古典文学研究的综合性"上阐述了作者对古代散文的一些思考,《古代散文研究的两个问题》首先论述了散文的范畴,作者指出历来对"散文"一词,有广义和狭义两个界说,他认为文学史上的散文,"应指那些具有文学价值或者在文学史上有影响的作品而言,并非泛指一般文字,也不能局限于狭义散文。对于汉以前的文字,尺度可以较宽,魏晋以后,标准应该比较严格一些。"其次,作者探讨了"如何从文学的角度出发研究古代散文"的问题,指出"讨论一部著作的文学成就,应该注意它在思想内容等方面的问题,也应该注意它在语言方面的问题","但是,我们不能抛开文学本身方面的问题,而过分注意别的方面"。如何从文学的角度出发研究广义的散文呢? 作者认为"首先是分析作品里面的形象,其次是看作品里面怎样表达了作者的感情。"《文学史编写中的散文问题》继续探讨了散文的界限,指出"我国古代文学散文和非文学散文混淆不清,有它的历史原因",而我们今天"要从经史子集中分辨出哪些是应该在文学史里叙述的文学散文,哪些不是,应该有一定的标准。"其标准除形象和感情外,"还应该看到古人某些理论文字在艺术结构和语言修辞等方面的工力,在文学史上发生了较大的影响",作者引用了许多多例证来阐释自己的看法。

冯其庸(1924 —) 江苏无锡人。1946 年在无锡国专读书,1954 年来到中国人民大学中文系任教,后为该系教授,现为中国艺术研究院副院长、红楼梦研究所所长,并任红楼梦学会会长。冯其庸先生著述甚丰,对古典文学的各个领域,他都有很深入的研究,如对中国戏剧,冯先生作了多年专门研究,写出一大批研究论文,后来收入其《春草集》中,而冯先生最为学术界所赞赏的,是他对《红楼梦》及其作者的研究,这方面他的主要著作有《梦边集》、《论庚辰本》、《曹雪芹家世新考》等。除了古典文学以外，冯其庸先生兴趣广泛，在书法、绘画以及摄影等方面，他均有极高的造诣，他的书画作品曾被送到海外展览，为国内外收藏家所珍视。

冯其庸先生对中国古代散文的研究，较偏重从宏观的角度探索其发展规律和发展过程，其《中国古代散文的发展》对先秦至南北朝时期的散文作了系统研究，叙述了这一时期散文的发展及其不同特征。在为他主编的《历代文选》所写的"序言"里，冯其庸先生系统地介绍了中国古代散文的发展，指出从我国三千年来散文发展的过程可以看出：我国散文的发展过程，与社会现实生活有着密切的联系，它是随着社会的发展而不断变化发展的。尽管有的作品着重于对社会黑暗现实的批判揭露，有的作品着重于对社会理想的憧憬和描绘，然而，积极地反映社会现实生活，一直是我国古代散文的主要内容；在我国散文史上，曾出现过许多杰出的散文大师，他们在语言艺术上，都善于继承前人的书面语言和善于提炼、吸取当代的口语以丰富自己的散文语言；我国古代散文，题材是多种多样的，大至历史事件、政治事件，小至日常生活、山水草木，均能在作品里加以表现。从形式上看，有传记、政论、赋、骈体文等，也是多种多样的。另外，冯其庸先生对司马迁和《史记》也有专门的研究，写有《司马迁的人物特写》、《结构·描写·风格——读〈项羽本纪〉》等文章。冯其庸先生还善于从古代作品中总结写作经验和技巧。如《从古典文学中学习简炼的技巧》、《文章的开头和结尾》等便是这方面的成果。

研究古代文学和文学史，冯其庸先生主张不仅要留意文学这一面，还必须同时去了解其他相关的各个"面"，其中"尤其是经济、政治、哲学、艺术、宗教这几个'面'"。他还强调治文学史，要注意"通"和"变"，并指出"通"和"变"是辨证的关系，只有结合文学史的发展过程细加考察，才能真正理解"通"和"变"的关系。冯其庸先生还特别强调应该重视考证工作，他认为"考证是一种手段，是学术工作上的调查研究，是研究工作的第一步"。研究文学史，就需要脚踏实地地认真做好资料的搜集、整理、考证工作。

吴文治（1925—） 1952年毕业于中国人民大学文学史专业研究生，现为南京师范大学教授。著有《柳宗元简论》、《柳宗元评传》、《柳宗元资料汇编》、《韩愈资料汇编》以及《论柳宗元文学创作的艺术风格》、《〈柳宗元集〉版本源流考略》等大量论文。

吴文治先生对唐代古文运动领袖韩愈和柳宗元研究最为深入。在他的一系列著作和论文中,特别注意将这两位文学家的作品作全面的探讨,既分析它们的思想内容,又研究它们的艺术特色。他的研究以资料丰富著称,两部资料汇编正反映了他在资料工作中的成绩,他的一些论点,往往产生于对丰富的资料的反复研讨之后,所以便显得立论新颖同时又有扎实的基础。在《韩愈资料汇编·前言》中,吴文治先生指出"韩愈散文之所以能取得那么高的成就,决不是由于他能专学某一位或某几位古人,跟着他们亦步亦趋;而是由于他既能善于广泛向前人学习,又能善于独创"。吴文治先生还论述了韩愈的思想、文艺观点和他在古文运动中的贡献,最后指出:"在中国散文史上,韩愈确实是一座巍峨矗立的丰碑。"这些观点都是十分精辟的。

吴汝煜(1940—1990) 江苏吴县人。1963 年毕业于徐州师院中文系,去世前为该校教授,他主要致力于《史记》和唐代文学家刘禹锡研究,对苏轼等其他散文大家亦有研究论文多篇,主要著作有《刘禹锡传论》、《刘禹锡选集》、《史记论稿》等。

《中国散文概论》 方孝岳著。世界书局 1936 年出版,中国书店 1985 年重版。此书共分两个部分,在"本体论"里,作者论述了散文的定义,指出散文这个称号,是相对于骈文而来的,"论其本体,即是不受一切句调声律之羁束而散行以达意的文章"。作者还分析了散文与骈文在形式上的不同之处,叙述了散文学的演进过程,指出"散文之学,自唐韩愈柳宗元以后才有途径可循"。"方法论"分别论述了"字句的格律"、"篇章的体裁"、"议论文之体裁"以及"叙事文的体裁"等专题。

《中国散文史》 陈柱著。1937 年商务印书馆出版,1984 年上海书店重印。本书共分 5 编,详细地叙述了中国散文的发展及其代表作。第一编《骈散未分时代之散文——夏商周秦》,作者将这一时期的散文分为四个阶段来叙述,即一、"为治化而文学时代之散文——自夏商至春秋",介绍了夏代散文、殷代散文和周初散文。二、"由治化时代而渐变为学术时代之散文——春秋时代",介绍了孔子、老子的散文、史传家左丘明的散文。三、"为学术而文学时代之散文——战国",介绍了阴阳家的散文、墨家墨子的散文、儒家孟子、荀子的散文、道家庄周的散文、法家韩非的散文、名家公孙龙子的散文、杂家的散文、纵横家苏张的散文。四、"反文化时代之散文——秦",介绍了"反文学者"李斯的散文。第二编《骈文渐成时代之散文——两汉三国》,分为两个阶段,即一、"由学术时代而渐变为文学时代之散文——两汉",介绍了辞赋家的散文、经学家的散文、史学家的散文、训诂派的散文、碑文家的散文。二、"为文学而文学时代之散文——汉魏之际",介绍了三曹的散文、建安七子的散文、吴蜀作家的散文。第三编为《骈文极盛时代之散文——晋及南北朝》,作者将这一时期的散文作家分为"藻丽派"、"帖学家"、"自然派"、"论难派"、"写景派"等五派作了细致地介绍和论述。第四编《古文极盛时代之散文——唐宋》,论述了"古文家先锋"元结的散文、古文大家韩愈、柳宗元的散文、韩门弟子的散文以及"矫枉派之散文、艰涩派之散文、浅易派之散文、宋古文六家之散文、道学家之散文"。第五编《以八股为文化时代之散文——明清》,论述了明代复古派前后七子的散文、反七子派的散文、"明独立派的散文",以及清代桐城派的散文和"清维新以后的散文"。此书材料丰富,是我国较早的一部散文史,至今仍有很高的学术参考价值。

《中国古代散文的发展》 冯其庸著。北京出版社 1964 年出版。此书分三个部分,叙述了先秦至南北朝时期的散文发展。在介绍了先秦时期最早的初具散文形式的作品《尚书》以及《左传》、《国语》、《战国策》、《论语》、《孟子》、《庄子》以后,作者指出:春秋战国时期的散文,已有很大的发展,表现为:一、它反映现实的广度和深度,都有很大的提高;二、各个不同的作家或作品的独特个性和风格已经形成,他们的作品,在不同程度上,都具有了文学的性质;三、开始确立了散文的最基本的形式,即史传文(叙事文)和议论文;四、具有实用性,散文作为一种独立的艺术作品,还有待于以后历史的发展。在对秦汉时期散文的论述中,作者详细地介绍了这个时期的政论文、史传文和辞赋,特别突出了贾谊、司马迁、班固和汉赋作家司马相如、扬雄等人,指出:两汉的散文,总的来说,是有很高的成就的,一方面出现了象司马迁这样卓越的语言艺术大师,他在先秦诸子散文和历史散文的基础上,创造了富有时代特色和个性特色的文体,给后世以无比深刻的影响;另一方面产生了汉赋这样新的文学形式,这种文体在当时和以后都出现过许多优秀的文学作品。除此以外,汉代的政论文,也是在先秦散文的基础上发展起来的一种新的散文。在第三部分,作者介绍了曹操、曹丕、嵇康、阮籍、王羲之、陶渊明的散文以及《水经注》《洛阳伽蓝记》《颜氏家训》,还介绍了骈文作家鲍照、吴均的作品和王粲、曹植、庾信的辞赋,指出:南北朝时期是散文发展变化的时期,魏以前的文章,一般是质胜于文,风格朴实庄重,着重辨析事理;魏以后的文章,一般重视文采超过了内容,或文采内容一样看待。这一时期的文章风格渐趋清峻通脱,而较重于抒情;学术文章和文艺性的文章的区别,也是从这一时期开始的。

《中国古代散文九讲》 李景华、马啸风、王振堂、李泱、董兴文合著。北京出版社 1987 年出版。此书分先秦历史散文、先秦诸子散文、秦汉散文、魏晋南北朝散文(上、下)、隋唐五代散文(上、下)、宋代散文、元明清散文等几个专题,系统地介绍了我国古代散文从萌芽、产生到演变、发展的历史,论述了先秦散文各家至明清散文各派的源流及其继承关系,作者指出:我国有着丰富的散文遗产和悠久的散文传统,早在先秦、两汉时期,就出现过内容精深、风格多样的诸子散文、史传散文;魏晋时期,产生了一些脍炙人口的名篇,但齐、梁以后,骈文逐渐统治了文坛,阻碍了散文的发展;到了唐代,由于古文运动的影响,文学散文出现了,散文从哲学和史学中独立出来,成为一种专门的文学体裁;唐宋两代,我国散文得到了迅速的发展和繁荣,唐宋八大家,以他们的理论和作品打垮了骈文的统治,开创了自由抒写的新文风,扩大了散文的实际应用范围;元明清三代散文,是唐宋散文的继续和延伸,虽然具有自己适应时代变化的某些特点,出现了不少作家和流派,但总的来说成就不高。本书还重点分析了司马迁、韩愈、柳宗元、欧阳修、苏轼、方苞、姚鼐等优秀散文家代表作的思想内容和艺术特色,这些分析和评价较为客观和准确,对读者了解中国散文的发展历史很有帮助。

《中国散文美学》 万陆著。中州古籍出版社 1985 年出版。该书是一部自成体系、兼及理论与欣赏的专著,旨在以当代社会科学研究的总体成果,尤其是近 30 年来中西方美学领域取得的突破,反观长达三千多年的中国古代散文。全书共分三章。第一章《中国古代散文概观》,作者首先分析了几种有代表性的散文定义,提出了自己的观点:中国古代散文是作者出于现实生活的某种实际需要,如记事记言、泻泄情怀、发抒议论等,而采用的既不同于诗歌而近于小说的散行文体,又不同于小说而近于诗歌的主体言意缘情性文体,流灌于其间的是:通过作者精神个性表现出来的特定历史时代民族文化心理积淀与作家个性的统一。作者认为中国古代散文的总体特征是创作与理论的明显乖离,并从实用性、真实性、抒情性、意象性、灵活性等方面论述了这一特征表现的不同层面。进而,作者按记叙性、论说性、实用性三类的划分,介绍了各类散文的界限、发展沿革以及包括的品种。其中记叙性散文,又分为重要事件记、人物传状记、台阁名胜记、山水游记、书画杂物记。论说性散文又分为政论、理论、史论、文论。实用性散文分为书信、序跋、赠序、公牍、碑志、哀祭、箴铭。作者认为要对中国古代散文有较为清晰的认识,就要从其发展流变中对它作动态考察,因而将古代散文的发展分成成体时期、成熟时期、分化时期分别作了研究,探讨了中国古代散文的流变规律。第二章《中国古代散文的美学特征》,分别由"散文美质论"、"文画异迹同趣论"、"诗文会通论"、"散文小说血缘辨踪论"等方面探讨了古代散文的美学特征。最后一章,分别论述了如下专题:记叙性散文的美质及其美学嬗变、论说性散文的美质及其学说嬗变、实用性散文的美质及其美学嬗变。此书是仅见的一部散文美学专著,具有拓荒性质以及填补空白的意义,在重视理论构架、尽量做到精深严谨的同时,此书还注意到学术性、知识性、趣味性的结合,理论探求与艺术赏析的统一,从而使这部著作既具有较高的学术价值,同时又是一般读者提高艺术素养、借鉴艺术技巧的精良读物。

《骈文概论》 金钜香著。商务印书馆 1933 年出版。这是王云五主编的"万有文库"里的一种。作者在《叙言》里说明了骈文的定义,又在其他几章,即《上古至周骈体之起源》、《两汉曹魏之骈文》、《晋至陈之骈文》、《隋唐五季之骈文》、《宋辽金元之骈文》、《明清之骈文》里,运用较为丰富的文学史料,论述了骈体文的产生和发展过程,虽然其中有一些观点今天看来已经陈旧了,但作者的论述对后来的学者还是很有帮助的。其中尤以论述南北朝时期骈文发展的一些章节最富启发性。作者不仅论述了有定论的骈文家的作品,还论述了历来以散文获得盛赞的散文家的骈文作品,如"韩昌黎之骈文"、"柳子厚之骈文"、"欧苏之骈文"等,都有很独到的见解,对今天的研究者无疑是很有参考价值的。

《中国骈文概论》 瞿兑之编著。1934 年世界书局出版。作者认为

"骈文这个名词,是相对的,而不是绝对的,实际上就是指由汉到唐这一段文学最昌明的时代的文学"(刘序),这一时期,"确曾出过不少的文学天才,确曾遗留不少的佳构。他们没有什么义法的拘束,就是骈偶也并不是每句非对不可,就是用典,也不是每篇非用典不可,所用的典,也不是非叫人不懂不可。他们能细腻的亲切的写景,能密栗的说理,能宛转的抒情。能说自己所要说的话,能说了叫人同情而不叫人作呕,这些都是骈文里面的好处"(《概说》)。除总论外,本书前三节即《从三百篇到楚词》、《赋》、《魏晋文与陆机》介绍了骈文产生的文学条件及其原因.继而论述了骈文在南北朝时期的发展与演变以及当时人们对骈文这种文体的认识与评价。《唐代之骈文与古文》、《陆贽》、《李商隐》,分别从点和面上介绍了唐代骈文的特征与发展情况。最后四节,分别介绍了宋代的四六文、清代的骈文以及律赋与八股、八股与骈文等内容。

《中国骈文史》 刘麟生著。商务印书馆1934年出版。这是王云五、傅纬平主编的"中国文化史丛书"中的一种。本书共分十二章,即"别裁文学史与骈文"、"古代文学中所表现之骈行语气"、"赋家奏疏家论说家暨碑板文字"、"所谓六朝文"、"庾信与徐陵"、"唐代骈文概观"、"陆贽"、"宋四六及其影响"、"骈文之中衰——律赋与八股文"、"清代骈文之复兴"、"骈文之支流馀裔——联语"、"今后骈文之展望"。从每章的标题可以看出,作者是按照史的线索来叙述骈文这种文体的产生、发展、衰亡的过程;同时,在叙述一个时代骈文发展的状况时,又适当注意了这个时代较有代表性的作家,如论六朝骈文,特别分析了庾信与徐陵;论唐代骈文,特别分析了陆贽。作者不仅注意总结骈文的历史,还注意展望它的未来,所论是有一定道理的。这部著作的一个特点是材料丰富,作者要阐述一个问题往往引用许多材料来加以说明,如在论述宋代骈文的特点时,作者从六个方面加以叙述,每一个方面都引用了贴切的材料,从而使论点特别清楚和可信。同时,作者在史的叙述中,还能注意不同时期互相比较,如论到宋代骈文时,作者指出:"唐文醇,而少创造之风格;宋文肆,而有犷悍迂腐之病;此其大较耳"。(《宋四六及其影响》),这对深入研究很有益处。当然,这部著作毕竟是几十年前的作品,其中有些观点今天看来已经不够准确了,作者所使用的方法,今天看来也可能显得过时和陈旧了,但它对今天的研究者仍有极高的参考价值。

《骈文史论》　姜书阁著。人民文学出版社 1986 年出版。此书"述二千年骈体文学之起源,发展与夫演变、衰亡之迹,并于历代各家各派之观点、主张及其创作实绩,略以己意有所论评。"(《序》)。在"叙说第一"里,作者论述了骈文名称的由来、骈文的特征即一、同样结构的词句两两并列,如骈之驾二马;二、词句讲求对偶。三、音调协调。四、用典使事,雕饰藻采。在论述了经史丽辞、诸子丽辞、屈宋骚赋之后,作者用四章的篇幅,论述了汉代的散文、辞赋及骈文的发展,特别论述了骈赋的产生及主要代表作家和作品,进而对汉末大骈文家蔡邕作了较为详细地论述。在"建安骈体第九"里,作者论述了建安文学与骈赋、骈文的关系、仲长统的《昌言》、曹操与骈文、曹丕、曹植与骈文以及建安七子和诸葛亮的骈文。以下三章,论述了魏晋南北朝时期的骈文发展状况及其主要作家和作品,大体有以下这些内容:魏蒋济、桓范、王肃、夏侯玄、李康、杜恕等人的骈文、傅嘏、何晏、王弼等人的骈文、嵇康、阮籍与其他"竹林名士"的骈文、以张华、左思、潘岳、陆机为代表的西晋骈文、东晋刘琨、郭璞、葛洪、孙绰、陶渊明的骈文;从傅亮、何承天到谢灵运和颜延之的骈文、范晔、刘义庆、鲍照与骈文、南齐永明声律说与王融、陆厥、沈约等人的骈文;梁、陈骈文与北朝骈文、从刘勰的《文心雕龙》论及六朝的文笔之辨、江淹、陶弘景、刘峻、丘迟、吴均、裴子野的骈文、徐陵及陈代周弘正、沈炯、江总、张正见、顾野王等骈文家的作品、北朝温子升、邢邵、魏收等人的骈文、庾信及其骈文、隋代骈文家和他们的作品。"唐骈衰落第十三"一章,在论述了唐代骈文衰变的必然原因之后,介绍了初唐四杰的骈文、张说、苏颋及其前后的骈文、韩愈、柳宗元及其前后的骈文、陆贽奏议之骈体、李商隐的四六骈文、四六骈文向社会下层发展。"宋骈四六第十四"首先概述了宋代四六骈体衰变的情况,继而介绍了北宋初期从王禹偁到西昆体的四六文、欧阳修、苏轼与北宋四六骈文、曾巩和王安石的四六骈文、汪藻和南宋人的四六文、王安石创为经义之文及其流弊、宋人歌舞剧曲的四六致语。最后一章概述了金、元、明、清的骈文发展,特别介绍了明、清的制义八股和骈文的馀裔——联语。

《赋史》　马积高著。上海古籍出版社 1987 年出版。此书是迄今为止最为详备的一部赋史,全书分为十二章。在"导言"里,作者论述了赋的基本特征和赋的起源,概括指出:赋是一种不歌而诵的文体,它的形成有"由楚歌演变而来"、"由诸子问答体和游士的说辞演变而来"、"由《诗》三百篇演变而来"等三种不同的途径。作者还论述了赋在古代文学发展史上的地位和影响。在"先秦辞赋"一章里,作者首先论述了战国文化的历史特点,进而研究和分析了屈原的《离骚》、宋玉的《九辩》以及他们的《卜居》、《渔父》、《风赋》、《高唐》等文赋,对荀况的《赋篇》也作了分析和介绍。在有关汉赋的两章里,作者论述了汉赋的特点及成因;汉初赋家贾谊、藩国君臣赋、武、宣之世赋的兴盛;元、成至新莽赋的演变以及东汉前期的赋;张衡和东汉中期作家;赵壹、蔡邕等汉末作家;汉赋的成就及其在文学史上的地位等专题。对魏晋南北朝时期的作家及赋作,作者也用了两章的篇幅加以论述,论述的主要内容是:汉末魏初文学的兴盛与赋的新发展、魏及西晋文风的变化与赋的繁荣、东晋赋以及晋宋之际文风的转变和宋代作家、齐、梁、陈三代赋的发展、庾信与北朝赋。在"唐五代赋"的两章里,作者对唐赋的繁荣与概况、唐前期赋、作家辈出的开元、大历赋坛以及贞元、元和前后赋的空前繁荣、晚唐五代赋的继续发展、唐代的律赋、唐代的俗赋等内容都作了细致和深入的探讨与论述。第九、十两章专论宋元时期的赋,作者首先介绍了宋代的文风与宋元赋的特色,进而论述和介绍了北宋初期、中期和晚期作家以及南北宋之际和南宋初期、中期和晚期作家,并用一节的篇幅,专门论述了金、元时期的赵秉文、元好问及刘因、朱德润等作家。最后两章研究的对象是明清时期的赋,作者论述和探讨了如下一些内容:明代的文学思想与前期作品、明代后期赋的发展与变化、明末清初赋的复兴、清康熙、嘉庆间的学风和赋的特点、古文家的作品、骈文家的作品、朱彝尊等其他作家的作品、道咸以后赋的衰落。本书既注意从史的角度阐述赋这种文体的发展与演变,同时又注意研究和介绍在它发展过程中产生的重要作家和主要作品。作者力图用历史唯物主义的观点从内容(题材、主题、思想等)和形式(体制和表现艺术等)两个方面,来阐明赋的发展以及赋与其他文学样式的交互影响。另外,经过深入地研究,本书对于与赋有关的一些文学现象,如汉代宫廷文学、魏晋以来的骈文、齐梁宫体、宋西昆体、明复古运动等,都提出了较为新颖的观点。

《中国古代寓言史》 陈蒲清著。1983 年湖南教育出版社出版。此书按中国古代寓言发展的五个时期——先秦、两汉、魏晋南北朝、唐宋、元明清——分为五章,章下分节,系统地叙述了中国古代寓言的发展与演变以及中国文学史上重要的寓言作家和作品。作者在《绪论》里论述了古代寓言的范畴和称谓、中国古代寓言的产生和分期以及中国古代寓言的历史地位。《先秦寓言》一章从社会条件、文学土壤、发展概况等方面论述了先秦寓言的产生和发展,进而论述了《墨子》和《孟子》的寓言、庄子散文的艺术精华——《庄子》寓言、富于科学幻想的《列子》寓言以及《韩非子》、《吕氏春秋》、《战国策》和其他诸子著作中的寓言。在《两汉寓言》一章里,作者首先介绍了两汉寓言的概况,进而论述了两汉劝戒寓言的代表作《说苑》和《新序》、两汉理论著作《新语》、《新书》、《淮南子》中的寓言以及两汉史书中的寓言及其影响。《魏晋南北朝寓言》一章,首先总论了这一时期寓言创作的概况,进而论述了我国第一部笑话专集《笑林》中的寓言及其影响、魏晋南北朝理论著作《苟子》、《金楼子》中的寓言、笔记小说中的寓言以及印度寓言的传入及其影响。在《唐宋寓言》一章里,作者先概述了唐宋时期寓言的复兴,进而论述了寓言诗的产生和影响、古文运动与韩愈的寓言创作、晚唐小品中的寓言以及《无能子》和《伸蒙子》;并设立专节,论述了柳宗元寓言的现实意义和艺术成就。在宋代作家中,作者介绍了欧阳修、王安石、邓牧等人的寓言作品,细致地论述了苏轼的寓言,指出苏轼寓言有承先启后的特色,同时,对《艾子杂说》作了深入地分析和论述。最后还论述了唐宋传奇、笔记、类书中的寓言。《元明清寓言》一章,首先介绍了这一时期的社会背景和创作概况,接着论述了杰出的寓言作家刘基的生平和创作,《郁离子》寓言的思想内容和写作特点、宋濂及元末明初的寓言、《中山狼传》及明中叶《叔苴子》、《权子》等寓言、刘元卿及其《贤奕编》、江盈科的寓言创作、赵南星的《笑赞》、明代《艾子后语》、《笑林》、《雅谑》、《笑府》等诙谐寓言。对清代的寓言,作者主要论述了石成金和他的《笑得好》、清代其他诙谐寓言、《聊斋志异》及其他文言小说中的寓言以及《潜书》等清人文集中的寓言和龚珍的寓言,最后论述了吴趼人的《俏皮话》。在《结束语》里,作者分别论述了寓言的文体特色、寓言的民族特色、寓言的时代特色、中国古代寓言的整理研究等问题。

《中国古典文学研究论集》 任访秋著。长江文艺出版社1956年出版。本书收入8篇论文,在《伟大的现实主义散文作家司马迁》一文里,作者指出:《史记》进一步发展了现实主义的创作精神,其具体表现,首先是它真实地刻画出了封建统治阶级那种丑恶的面目,做到了"其文直、其事核、不虚美、不隐善。"其次表现在司马迁对历史人物,不是纯客观的叙述,而是对那些人物都先有了一定的理解、认识和评价后,才着手写他们。《史记》之所以能够成为优美的文学作品,还由于它的高度的艺术表现手法。它具有一般文学作品所同具的特质,就是形象、典型,以及简练生动的语言。关于司马迁之所以能写作出《史记》这样伟大的作品,作者认为有三个原因:一、司马迁继承了先秦的诗人和散文作家的优良传统,而又加以发展;二、对现实社会生活具有丰富的阅历和深刻的体验;三、司马迁的出身和遭遇,决定了他对现实的态度。在《桃花源记的思想体裁和写作方法》一文里,作者首先对《桃花源记》所表现的政治思想和这种思想产生的根源,以及它的现实意义作了分析和说明,指出这篇作品的写成是作者借现实中某些事实,加以发展,借以达到寄托个人理想的目的的,所以就创作方法而论,乃是以现实为基础而产生的浪漫主义的作品。这篇作品在表现上的特点,是自然、简炼、生动,仅用 400 余字,便写出了作者的理想社会。

《中国古典文学论稿》 邓潭洲著。湖南人民出版社 1957 年出版。本书共收入 13 篇论文,分别涉及宋玉、《史记》、《归去来辞》以及韩愈等作家和作品。在《简单地谈谈宋玉》里,作者首先论述了自己对宋玉这个历史人物的评价,分析了他的《九辨》、《风赋》等作品的思想内容和艺术特点,指出:宋玉的作品不仅感情热烈,而且爱憎也是分明的。宋玉在性格上虽有某些弱点,但他毕竟是伟大的。他的成功的艺术创作,浇灌了秦汉以后两千多年间的文学苗圃。在《试论司马迁〈史记〉的思想性》一文里,作者指出:《史记》是我国古代运用现实主义方法创撰的传记文学作品,司马迁在叙述历史事实时,运用生动的、形象的、饱含着感情的笔调,通过适当的剪裁和重点取材的艺术手法,来反映社会现实,因此他就赋与《史记》以不朽的艺术上的生命。《史记》真正伟大的价值是在于它忠实地反映了社会矛盾,它冲破封建传统道德的束缚,描写了极广泛的社会各阶层的人物。司马迁对这些人物的记叙,严格的做到了"不虚美、不隐恶",因而就鲜明地表现了司马迁的倾向性。《读〈项羽本记〉》一文指出:《项羽本记》不仅包含了深刻的思想性,而且在艺术上也具有很高的价值:其一,它在文章的剪裁、结构等方面都处理得非常恰当;其二,它处处前后呼应,连贯性很强;其三,它善于采用对比、衬托的艺术手法,来刻画人物和叙述事件,更使文章达到异常的完美,具有高度的感染力和说服力。作者进一步指出:《项羽本纪》在艺术上的特点主要还是在于它对人物性格的巧妙刻画和所使用语言的无比优美,并结合作品对此作了具体的分析和评价。在《关于韩愈思想的评价问题》一文里,作者根据韩愈当时具体的历史条件及他在政治上、学术上的具体情况,指出韩愈在我国历史上,特别是文学史上,占有很重要的位置,他对我国唐、宋以后的文学,有着巨大的影响,但他的思想是复杂的,瑕瑜互见,只有详细地"占有材料",并根据正确的观点,全面地加以探究,才可能得出正确的结论。

《古典文学论丛》 多人著。上海人民出版社 1980 年出版。此书共收入论文 13 篇。在《韩愈散文的风格特征和他的文学好尚》(王运熙)一文里,作者指出:韩愈诗文的基本特征是力避庸弱,务求奇崛。韩文的语言,有小部分由尚奇而流于怪僻晦涩,这方面最突出的例子是他喜欢使用生僻怪异的字。当然,韩文在用词造句方面的怪僻艰险,毕竟还是韩文的次要现象,韩文基本上是明白流畅的,它的基本特征是奇而不是涩。当然,指出韩愈散文的语言风格特征是奇崛古奥,并不因此否定韩文在文学史上的进步意义。韩愈以自己的努力和突出的成就,有力地打击了骈文,动摇了骈文长时间来在文坛上的统治地位,使古文运动能够深入开展,到了宋代终于使比较自然的古文取代了骈文的统治地位,这无疑是中国散文史上的重大成就。作者还指出:韩愈在文学爱好上的尚奇倾向,不仅表现在他自己的诗文创作上,而且还表现在他对别人作品的评价上,他在散文创作和理论上的尚奇倾向,对后来的古文家产生了很大的影响。在《谈桐城派的方刘姚》(刘季高)一文里,作者首先介绍了"江东第一能文之士"方苞的生平和家庭教育,指出他"学行继程、朱之后,文章在韩、欧之间"的主张是把理学和古文合而为一的"金字招牌",进而介绍了方苞的所谓"义法"的文学主张并对其作品做出了总的评价;方苞的古文总的倾向,是为清朝封建统治服务的,因为他常常宣扬程、朱的教义。当然,方苞也有一些较好的作品。作者还介绍了"诗胜于文"的刘大櫆和依傍方苞门户的姚鼐的文学思想和创作情况,指出:刘大櫆古文成就不如方苞,在他的文集中,看不到他个人的真面目,或则要弄些抑扬开阖的技巧,雷同陈腐;在古文风格方面,姚鼐接近归有光,属于"阴柔"那一种类型。另外,本集中还有一些文章,如《〈辨奸论〉非邵伯温伪作——兼论〈王荆公年谱考略〉中的有关问题》(章培垣)等都有一定的考参价值。

《中国古典文学论文集》 任访秋著。河南人民出版社 1981 年出版。此书共收入论文 16 篇,内容比较丰富,涉及的作家作品也较多。在《郦道元和他的杰作〈水经注〉》一文里,作者首先介绍了郦道元的生平和其它著述,继而指出:《水经注》在地理学上有不朽的价值,同时在文学上也一样有巨大的成就,它不只是一部地志,而且是一部山水游记,民俗风土录,神话故事集。它描绘祖国各个地方的壮丽幽美的景色,同时也叙述各地的名胜古迹,历史传说,以及风俗习惯,使读者百读不厌。在文体上,《水经注》是骈散杂糅的,从文学的发展看其渊源,应该是楚辞和汉赋。《水经注》的文章对后世作者的影响是很大的,唐宋以来,描绘山水的散文,可以说有许多是导源于道元。在《论韩愈和柳宗元的散文》一文里,作者指出:韩、柳提倡古文运动,之所以能够成功,其原因是:一、他们提出了以儒家思想为中心的指导思想;二、在创作上,韩柳也有他们系统的理论,他们一面创作出了新的内容与高度艺术性的散文,同时又有一套系统的创作理论,从而使文坛风气为之一变;三、唐代贞元、元和间是中国文学复古运动的一个高潮,元稹、白居易等人在诗歌上对复古的提倡,以及在散文上对他们的支援,促进了古文运动的发展。作者指出:韩愈在散文上的改革,首先是一扫齐、梁以来的浮滥之习;第二,韩文中很少用典;第三,用形象的笔墨,来写一般应用文;第四、句子的多样化;第五、气势雄放。柳宗元的说理文有精辟独到的见解,写景文有精彩入神的描绘,讽刺文充满了现实主义精神。在《关于袁中郎和他所倡导的文学革新运动》一文里,作者指出袁宏道的散文清新俊逸,其游记作品尤为著名。在《龚定庵文学略论》一文里,作者首先介绍了龚自珍的生平事迹、著述及政治思想和文学主张,继而分析和论述了他的诗歌、散文作品,指出:龚自珍的散文,汪洋恣肆,纵横驰骤。从内容看,其积极意义是:一、对黑暗现实的揭露;二、对统治阶级中的蟊贼,提出了斗争的方法;三、对未来革命的憧憬与展望。在表现方法上,他最喜欢用寓言的形式和象征的手法。其次,在句子的组织上,短句短到两个字,长句长到三十六个字,又喜欢在一个长句中,用许多两字一顿的短语,从而使文章的句子富有变化,使读者感到它既雄浑豪放而又驰荡多姿。他的文章的另一个特点,是有丰富的辞汇,特别是他喜欢把辞赋中的辞汇用入散文之中。这一切,便形成了他的散文豪放雄奇、诙诡瑰丽的特殊风格。本集中的其它一些文章也有一定的参考价值,可以参看。

《神话论文集》　袁珂著。上海古籍出版社 1982 年出版。此书收入中国古代神话方面的研究论文 10 余篇,对神话领域内的诸多问题,作了学术性的深入细致的探讨。《〈山海经〉写作的时地及篇目考》、《略论〈山海经〉的神话》两篇文章,对《山海经》的一些问题作了深入的研究,指出"说《山海经》是楚人所作,大体上或者没有什么疑问"。"除了《海内经》四篇是成于汉代初年的以外,其余都成于战国时代"。作者对《山海经》中神话的产生、流传与演变的过程作了论述。其他一些论文,如《神话的起源及其与宗教的关系》、《古代神话的发展及其流传演变》、《中国神话对于后世文学的影响》、《宋玉〈神女赋〉的订讹和高唐神女故事的寓意》,也都很有深度。

《柿叶楼存稿》　刘开扬著。上海古籍出版社 1983 年出版。这是一本中国古典文学论文集,共收入文章 14 篇。其中《论司马相如及其作品》、《论司马相如赋的本原和特点》二文对汉代赋家司马相如及其作品作了较为深入地研究,作者认为司马相如是我国文学史上杰出的文学家,随着生活的变化,他的辞赋也日趋成熟;作者还就相如一生的重要政治活动和作品的思想问题以及司马相如《子虚》等赋的有关问题,谈了自己的意见。作者指出:司马相如的赋继承了屈原赋,但对屈赋又有所发展,其赋的特点是"宏丽温雅",如《上林赋》、《子虚赋》等都是他的代表作。司马相如的文也具有宏丽的特点,其语言生动有力。《论庾信及其诗赋》一文,对南北朝时期文学家庾信作了论述,作者首先结合历史资料,对庾信的生平事迹作了一番探讨,特别阐明了所谓"徐庾体"的具体内容和特点;继而分析了庾信的诗和赋,指出庾信以能赋著称,人们常常把他和屈宋、曹植相提并论,他的《哀江南赋》、《小园赋》等作品表明他是上接骚赋,也继承和发展了两汉辞赋的铺张扬厉的作风的。庾信的赋之所以成功,其原因主要在于它能有力地反映当时的政治生活和社会动态,抒发作者的爱国的思想感情,从而感动了读者。这和那大半堆砌辞藻、注重模仿的汉赋是根本不同的,这是对汉赋的一个变革,它继承和发展了屈宋、曹植、鲍照以来的优秀传统。其他如作品中词汇丰富以及用事贴切等,也是成功的重要原田。《杜文窥管》及续篇,针对杜诗为人所重而杜文为人忽略的情况,指出:杜甫之文与李白、独孤及诸人之文是四杰之后、韩柳之前文章发展的里程碑,想了解中国散文的发展历程,就不能不读杜甫之文。何况,要研究和探讨杜甫的思想及作品,就更不能不读杜甫之文了。作者对杜甫的文章作了探讨,将其文章列出,下面用批语的形式表明自己的评论,或论其文之思想内容,或论其文之艺术特点,或推测其文之写作时间,往往言简意赅,如《进三大礼表》下批道:"少陵此作,朴实无华,视陈思为逊色,盖由孔明《出师表》来,求其志尽文畅而已。"

《古典文学论文选》 多人著。湖南人民出版社 1984 年出版。此书共收入论文 24 篇,涉及的内容较为广泛。在《韩愈生平及其思想的评价——兼论董仲舒对儒学的改造与沿袭》(工昌猷)一文里,作者指出:韩愈提倡"道统"说,是封建制上层建筑演变的一个历史过程,它在一定程度上适应了中唐社会现实的要求,他的一生活动是维护唐王朝的统一的;韩愈毕竟不是道学家,而是一个有成就的文学家,他在文学创作上取得巨大成就,是与他生动活泼的学术思想分不开的。在《论柳宗元对唐代古文运动的贡献——兼论唐代古文运动》(马积高)一文里,作者首先比较了柳宗元的古文理论同前辈及韩愈的异同,指出他的独特贡献,即提出文以明道的观点,提出"文有二道"说,提出广泛继承和注重创新的见解,强调"气"在古文中的作用。其次,作者从历史的比较中说明文章一代有一代之胜,指出唐代古文家的主要建树是把前人尚未注意的赠序、杂记、杂文等文体的创作推进到一个高峰,柳宗元最擅长的是杂文和山水游记,其价值不仅在于内容深广,艺术上的成就也很高。最后,作者论述了柳宗元和唐代古文家对赋体的革新及柳宗元的贡献:一、柳的《愚溪对》使文赋发展到一个新阶段;二、柳宗元还继承并发展了骚赋和荀赋的传统,创作了大量的骚赋和四言诗体赋。作者还对唐代古文运动与传奇小说的关系提出了自己的看法。在《笼天地于形内 挫万物于笔端——我国古代游记初探》(贝远辰、叶幼明)一文里,作者指出:南北朝时期,山水诗文发展起来,以描绘旅游中所见山川景物、名胜古迹作为主要对象的游记便应运而生了,经过唐宋元明清各代的发展,游记成为我国文学中一个重要的品种,它的成就是十分喜人的,其一,它好似一束牢笼百态色彩缤纷的画卷,栩栩如生地描绘了祖国的锦绣山河,广阔而又深邃地揭示了大自然的美;其二,它好似一面历史的折光镜,在这面镜子里,或隐或显地反映出时代的影子,或强或弱地袒露着作者的灵魂;其三,有些篇章借助山水来生发议论,阐述了唯物主义世界观和某种人生哲理;其四,其中的一部分与我国古代科学研究的事业紧密地结合在一起,它们不仅是优秀的文学著作,而且也是杰出的科学著作;其五、从选取题材直到具体描绘,都积累了丰富的创作经验,表现出高度的艺术技巧。

《古代文学研究集》 多人著。中国文联出版公司 1985 年出版。本书共收入论文 24 篇,其内容以论述古代诗歌、戏剧、小说为主,但有一些总论性的文章仍然涉及到古代散文的研究,如《关于古典文学研究工作的几个问题》(曹道衡)一文,作者就几个问题——关于批判和继承,关于观点和材料,评价作家、作品的几个具体问题等,谈了自己的看法,其中涉及对古代散文作品的评价,如作者认为《孟子》逻辑性强,语言生动,善于使用比喻,具有自己特殊的风格。在我国古代散文的发展史上,《孟子》一书留下了深刻的影响。本集里最值得注意的是谭家健的《关于古典散文的若干问题》一文,在这篇文章里,作者针对古典散文的一些理论问题,如古典散文的范围有多大,它应该包括那些体裁,怎样分类,史传文、议论文算不算散文,提出了自己的看法。作者首先对中国古代的散文发展作了一些历史考察;其次,作者提出了自己对散文概念和散文范围的意见。作者认为:首先应该把散文和韵文分开,骈文和赋大体上也应归入散文一类;其次,要把西方的散文概念和中国的散文概念区别开来,即不应把小说也归入散文一类。第三,在非韵文即广义散文之中,又可分为纯文学散文,具有文学性的散文和一般文章三类。第四,在具体评价作品时,要把文集和单篇,全书和章节分开来看,不宜笼统地说某人的集子或某书算不算散文。第五,从纵的方面看,随着时代的先后,散文范围应有所不同。作者还论述了散文的分类问题,他认为,应以内容为主,形式为辅的原则来给散文分类,因此他将古代散文分为四类——记事类、写景类、抒情类、说理类。

《罗根泽古典文学论文集》 上海古籍出版社 1985 年出版。这部论文集所收文章涉及面很广,其中有几篇专论古代散文作家及其作品,《散文源流》、《先秦散文发展概说》等都是很有价值的论文。在《散文源流》

一文里,作者论述了如下问题:中国散文之义界及其分期、应用的散文之萌芽期。在《先秦散文发展概说》一文里,作者论述了《论语》、《春秋》、《左传》、《战国策》等先秦散文作品,并勾勒出先秦散文发展的线索,指出先秦散文的人民性,不只表现在内容方面,也表现在形式方面.主要的就是运用了人民的语言和语法。"正因为先秦散文家划时代地在相当深广的程度上反映了人民意识,运用了人民语言,所以才能划时代地发展并奠定了相当完美的散文的艺术形式。"在《〈洛阳伽蓝记〉试论》一文里,作者首先介绍了杨衒之以及《洛阳伽蓝记》产生的历史和社会原因,进而分析了这部作品的思想内容和艺术特点,指出它"确是一部有组织、有去取标准的专著"。本集中还有其他几篇文章如《〈李邕墓志铭〉跋尾》、《韩欧辟佛的反响》、《读:〈东坡七集〉》、《苏轼的文学思想》等都是很有深度的力作。

《中国古代文学论稿》 胡念贻著。上海古籍出版社 1987 年出版。此论文集共收入有关散文和赋的论文 9 篇。《〈尚书〉的散文艺术及其在文学史上的地位》一文指出:《尚书》是我国第一部散文总集,是我国古代散文的源头。《尚书》中的一些篇章成为古代散文的典范,其艺术特点表现为:一、有些篇章写得富有感情,从感情的流露中表现了作者的自我形象;二、《尚书》中的文字在叙事方面也有特色,在当时说来,它在这方面达到了很高的成就;三、《尚书》各篇在语言方面都是精心不苟具有特色的;四、《尚书》中许多篇很注重结构,在命意谋篇上下过功夫。因此,《尚书》在文学史上占有一定的地位,产生了很大影响,表现在:一、《尚书》是我国古代散文的源头;二、秦汉以后,各个朝代一些制诰章奏之类的应用文字都和《尚书》有着传统的继承关系;三、《尚书》在某些历史时期对于推动散文的发展起了十分重要的特定的作用。《〈左传〉真伪和写作时代问题考辨》一文,就三个重要问题分别提出了自己的意见,认为《左传》不是一部为《春秋》作传的书,《左传》不是刘歆的伪作,《左传》作于春秋末年,后人虽有窜入,但它还是基本上保存了原来的面目。《贾谊和他的散文》一文,作者指出:西汉散文的变化和发展,是从贾谊开始的,他在我国散文史上,是一个重要作家。他散文的代表作是《治安策》和《过秦论》三篇,前者在我国散文史上是空前的巨制,也是第一篇很有价值的政论文章。它篇幅虽长,但使人读来觉得痛快淋漓,没有繁复的感觉;后者共有三篇,文学价值较高的是第一篇,这一篇在叙述当中,有很明显的辞赋化的倾向,极力铺张。全文只一千余字,内容十分丰富,结构十分严密。在文学史上是一篇散文杰作。《论〈史记〉的文学价值》一文,首先分析了司马迁之所以能写作出《史记》这样不朽之作的主客观原因;继而指出:司马迁在文学上取得如此巨大的成就,和他巧妙地运用他所创造的修史体例(即包括本纪、表、书、世家、列传的纪传体)有着密切的关系;《史记》在文学上最伟大的成就在于它成功地写出了许多人物传记,它的一些作品能够写出人物一生的主要经历,刻画出他们的性格,并且在组织和结构上都有很巧妙的安排。《欧阳修和他的散文》一文,在介绍了他的生平以后,作者指出:欧阳修一生的成就主要在文学方面,而以散文的成就最为突出。他散文的显著特点是它的低回感叹和委宛曲折,前者指浓郁的感情,后者指表达感情的方式和笔调。他的散文所表现的思想看起来是一些平常的道理,然而写得富有感情;他所描写的风景也多是一些寻常景物,然而它写得是那样幽美,如《醉翁亭记》、《真州东园记》等都是这样。其它几篇论文,如《宋玉和他的作品》、《宋玉作品的真伪问题》、《汉代的辞赋》、《论汉代"京殿苑猎"赋》等或论作家,或论作品,都有一定的参考价值。

《李嘉言古典文学论文集》 上海古籍出版社 1987 年出版。这部论文集所收论文涉及的内容很丰富,其中有关古代散文作家及其作品的有 9 篇,在《先秦散文述论》里,作者论述了与《尚书》、《春秋》、《论语》、《孟子》等先秦散文著作有关的问题;《辞·赋·颂》,论述了赋这种文体的产生,指出它同辞一样皆源于春秋时的政治辞令;《关于汉赋》,指出以司马相如作品作为代表的典型的汉赋,是在汉代经济繁荣、文化发达、统治阶级实行思想统治的情况下产生的。经过分析,作者指出汉赋尽管基本上是形式主义的,但它毕竟有一定的创造性;《由汉赋之地理区分说到文学与地理之关系》,作者以汉赋代表作家司马相如、扬雄、班固、张衡等 7 人为依据,叙述了汉赋在地理上的区分,从而论述了文学发展与地理环境的关系;《有关扬雄》,作者客观地分析了扬雄的作品,一方面指出他的《羽猎赋》等,过分铺陈夸张,只是为了阿谀帝王,同时又指出扬雄也有一些思想性较好的作品,如《长杨赋》便有很强的风谏之意,《逐贫赋》能以对比的方法,尖锐地揭露当时的阶级矛盾。总的看,扬雄的实践证明他已超过了司马相如，这一点刘勰已经指出，后世及今天有些人认为扬雄只会模拟，是不加分析的说法；《〈水经注〉与〈洛阳伽蓝记〉》分别论述了有关这两部散文名著的问题，如作者的事迹、作品的特点、作品的文学价值和史学价值、作品的思想倾向等，同时也论述了这两部作品的历史局限；《韩愈诗文系年辩证》，考定了韩愈一些文章，如《上贾滑州书》、《祭郑夫人文》等的写作年代；《韩愈复古运动的新探索》、《评龚书炽〈韩愈及其古文运动〉》，分别阐述了作者对韩愈及其领导的古文运动的评价和研究成果。

《姚奠中论文选集》 山西人民出版社 1988 年出版。共收论文 43 篇，涉及的内容很广泛，其中专论散文家及其作品的文章均极有价值，如《试谈作为文学家的庄子》，作者特别强调了庄子的批判精神，指出《庄子》这部作品内容的主要特点，就是对现实所采取的批判、甚至否定的态度。尽管《庄子》书中有些消极的东西，但庄子在文学史上的地位，应该和屈原、司马迁、李白、杜甫这些光辉伟大的名字并列。《司马迁的传记文学》，作者首先论述了司马迁的思想，继而论述了《史记》人物传记的艺术成就，作者往往仅用数语，便能收到既全面又深刻的效果，如作者用"智慧、冷静、忠厚、单纯"八个字，概括出韩信的性格；用"裙带关系的力量"，概括了《卫将军骠骑列传》的主旨，都是非常精辟的。另外，《柳宗元的辞赋——柳宗元在文学上的卓越成就之一》，细致地研究了古文大家柳宗元的辞赋作品，指出柳宗元的辞赋之所以有价值，是和他的进步的思想分不开的。在进步倾向的基础上再加之以精湛的艺术造诣，就使他的辞赋在许多地方超过了前人，在思想和艺术上，一般都具有较高的水平。《"古文运动"与"唐宋八大家"》，介绍和分析了中国文学史上两次著名的"古文运动"的代表人物及其作品，对他们的贡献给以高度评价，指出由于唐宋两次"古文运动"，由于"八大家"的写作实践，使适应新时代要求的新散文，长期占据了散文发展史上的主流地位。此书还有几篇总论性质的文章，如《关于文学遗产的继承问题》、《关于古典文学作品的分析问题》等也有一定的参考价值。

《散文名作欣赏》 多人著。百花文艺出版社 1983 年出版。此书共收入古代散文的鉴赏文章 15 篇，这些文章对我国古代部分散文名家的优秀作品进行了较为精辟的分析，见解深刻，文字畅达，有些文章还对古代作家的散文作了总的评价，如《所谓"谀墓之文"和"以文为戏"——读唐代散文随笔》(预衡),作者便指出韩愈散文的主要成就,不在论说和赠序,因为他本来不是思想家,而只是所谓"工于文者",由于理论水平不高,有些论说文章,也就徒具声势;韩愈的"赠序"一类文字,比较喜欢架空议论,有些文章铺陈过当,理不胜词。作者认为韩愈散文的主要成就,在于叙事的作品,其中最突出的,是人们所谓"谀墓之文"和"游戏之文"。有些文章则较留意于古代散文的艺术特色,如《精美的赋体散文——〈阿房宫赋〉的艺术特色》(吴功正)、《生动传神 刚柔相济——介绍元代散文〈大龙湫记〉》等便是这样的文章。总之,这本鉴赏集对广大读者了解古代散文家不同的艺术风格,从中学习古代散文艺术严谨精严的构思、深远隽永的意境和洗炼优美的文字,有一定的启迪和借鉴作用。

《中国古代名文欣赏》 多人著。岳麓书社1984年出版。此书选取近年来国内杂志所发表的我国古代散文名篇的赏析文章48篇,除其中一篇的原作在文中完整抄录无需再附外,其它各篇后都附有原作,以便读者对照阅读。所选原作,如《庄子·逍遥游》、《长门赋》、《出师表》等均为历代公认的名篇,作品思想格调都较高,艺术感染力也很强,它们出自各个朝代具有代表性的名家之手,很能体现我国古代散文的风貌特色。所选取的赏析文章,如《言有穷而情不可终——读韩愈〈祭十二郎文〉》、《先天下之忧而忧 后天下之乐而乐——范仲淹〈岳阳楼记〉讲析》、《读〈五代史伶官传序〉》等一般都能对原作进行透彻的讲析和评论,有的还能在前人的基础上提出一些学术上的新见解。

《古典散文名作赏析》 多人著。《名作欣赏》编辑部编,山西人民出版社1985年出版。本书共收入赏析文章30余篇,这些文章分别对《左传》、《庄子》、《史记》以及唐、宋、明等许多散文家的作品作了细致地分析和介绍,其中有许多篇写得相当出色,如《精比巧喻 奇幻莫测——读〈庄子·逍遥游〉》(诸斌杰、王景琳)、《文情并茂 理趣盎然——读〈兰亭集序〉》(周维德)、《闪耀着哲理光辉的论说文——谈苏轼的〈日喻〉》(徐中玉)等,都是值得一读的。

《古文精读举隅》 吴小如著。山西人民出版社1987年出版。此书共收古典散文赏析文章40篇,是作者多年来研究和教学的成果。这些文章或分析作品的思想内容,或论述其艺术特点,大都观点鲜明,深入浅出,对读者阅读原文很有帮助。

《历代名篇赏析集成》 多人著。袁行霈主编,中国文联出版公司1988 年出版。这部鉴赏辞典精选了先秦至"五四"历代名作900 篇。其显著特点有三个,其一,此辞典收入的作品,包括各种体裁,其中散文及辞赋占有相当大的比例;其二,赏析文章中有三分之一散见于"五四"以来的各种报刊书籍,三分之二是新撰的;其三,此书作者共400 余人,几乎包括了国内所有长于写作赏析文章的研究者。因此,这部辞典不仅具有较高的实用价值而且所收赏析文章普遍具有较高的水平。袁行霈在《序言》中说:"我们希望这部书既有总结性,又有开拓性。既能反映当前古典文学鉴赏的水平,又能为鉴赏学的建立开辟道路"。

《历代骈文名篇注析》 多人著。谭家健主编,黄山书社1988 年出版。本书选录自汉至清历代骈文名作58 篇,力求比较系统地介绍骈文发展和演变的大致面貌,比较具体地反映骈文在不同时期的不同特点。其选录标准是思想性与艺术性的统一,有些二者未能得兼但在历史上有相当影响的作品也酌量选入了。因为骈文大多用典繁密,修辞华美,本书的注释便以简明扼要、通畅易懂为原则;所选文章,每篇均有简要评析,介绍作家生平和写作背景,评论其思想内容和艺术特点。书前有谭家健写的"代前言"《历代骈文发展概述》,向读者介绍了历代骈文发展的大致轮廓;书后有谭家健写的《略谈骈文的基本特征》一文,从"行文普遍要求对仗"、"句式以四六为主"、"选词大量用典"、"要求大致的声律"、"讲究藻饰"等五个方面介绍了骈文的基本特征。

《古今名作鉴赏集粹》 吴功正著。北京出版社1989 年出版。此书对中国古代、近代、现当代的近70 篇作品从美学等角度作了详尽的鉴赏和分析,涉及诗词、散文、小说、戏剧等体裁,其中古典散文作品近20 篇。这些文章观点鲜明,文字流畅洒脱,深入浅出,对读者很有帮助。书后还附有"名作鉴赏美学论要"方面的论文五篇,为广大文学爱好者进行作品鉴赏,指出了门径。

《古文鉴赏大辞典》 多人著,徐中玉主编。浙江教育出版社1990 年出版。全书收目上溯《尚书·无逸》,下迄民国烈士林觉民《与妻书》,共468 篇。不仅历代脍炙人口的大家名篇尽收书内,而且还包括了一般读者不太熟悉的《无逸》和一般散文选本不收的《浮生六记》,其他如钟嗣成《录鬼簿序》、宋史《张顺张贵传》等都是较冷僻的作品。除了每篇原著后附有历代评家深有心得的精评外,附录有"作家小传专集要介"、"古文总集简介"、"文体知识概说"、"文章流派述略"、"名家论文类辑"、"古文工具书举要"、"古文名句索引"、"篇目笔划索引"等 8 种材料。

《艺苑撷英》 常振国、降云著。解放军出版社 1989 年出版。此书是一部鉴赏文章的合集,共收古代散文鉴赏文章 16 篇,涉及的范围较广,既有先秦散文作品,如《左传》、《战国策》等名著中的名篇,又有宋、明、清各代如苏轼、刘基、宋濂、郑燮等人的散文佳作。作者在探讨古代作品的思想内容的同时,较偏重于从艺术特点和写作技巧的角度,对古代散文作品作具体分析和欣赏,如《丝扣环连 严谨有致——读〈东莱博议·郑伯侵陈〉》、《文章之妙 贵在传神——读宋濂〈秦士录〉》、《烘云托月绘英雄——〈冯婉贞传〉写作特色浅析》等便是这类文章。作者在《前面的话》中指出:"欣赏文章虽然有别于学术论文,但好的欣赏文章又往往是一篇好的学术论文,它离不开深入的研究和探讨,纵的方面要研究历朝历代对这一作品的评论;横的方面要研究同时代人对这作品的研究水准。欣赏贵在创新,最忌人云亦云。同样一篇作品,可以从不同的审美角度写出很多篇欣赏文章,而具有独到体会和研究的才是好文章。"收入此书的鉴赏文章正体现了作者的这种追求。

《先秦诸子的若干研究》 杜国庠著。三联书店 1955 年出版。此书共收入 6 篇论文,或论先秦诸子的思想,或论先秦诸子的作品,有的还就某一问题作了综合的研究,这 6 篇论文的题目分别是:"论公孙龙子"、"论荀子《成相篇》"、"荀子从宋尹黄老学派接受了什么"、"中国古代由礼到法的思想变迁"、"关于'墨辩'的若干考察"、"略论礼乐起源及中国礼学的发展。"

《先秦寓言研究》 王焕镳著。古典文学出版社 1957 年出版。本书共分 5 章,对先秦寓言作了较为系统的研究。作者首先从寓言与神话传说的关系、寓言与谚语民歌的关系以及由比喻发展为寓言的过程等方面论述了寓言的起源;又从士阶层以辩说进身、辩说中采用寓言的缘故、寓言用夸张手法的根源等方面探讨了先秦文学中含有大量寓言的社会根源,进而论述了寓言的作用,作者指出寓言至少有四个作用,即一、阐明事理、加强说服力的作用;二、对于统治阶级和一般人情世态的讽刺作用;三、说教作用,包括劳动生活的经验、关于人事的教训、关于阶级的认识等三个方面。四、隐晦的作用,因为有时不能直露其辞,只好隐约地用寓言表达自己的意思,让读者仔细去体会。作者还从比喻的性质、主旨的说明、夸张性的表现手法、人格化的手法、语言和风格等方面论述了先秦寓言的艺术特征。最后作者考察了先秦寓言的影响,主要内容有:隐语与寓言的合流、对语言的影响、对文学的影响。在《结论》里,作者指出先秦寓言大部分原为民间的口头创作,为先秦学者们利用为自己作品的题材,经过一番加工之后,又有了新的提高。它们既反映了人民的智慧和生活,在内容和艺术上又有优秀的品质,值得认真地研究和整理。

《先秦文学论集》 胡念贻著。中国社会科学出版社 1981 年出版。本书收入论文 17 篇,除论《诗经》、《楚辞》和神话的论文以外,有 7 篇是专论先秦散文著作的。在《论〈左传〉》一文里,作者论述了《左传》的作者问题、《左传》的艺术成就、《左传》对后世文学的影响;在《〈左传〉叙事的倾向性》一文里,作者指出:《左传》虽然是一部编年体的著作,它有许多地方却是以事件为中心。这给它的作者在历史事件的叙述上带来很大的方便,使作者在叙述事件时有无限广阔的天地来施展他的才情。《左传》在叙述一些比较重大的事件时,作者总是对于这一事件作出了他的评断;他在叙述中表现出了鲜明的观点,使每一事件在叙述过程中呈现出鲜明的倾向性,其表现方式也是很独特的。在《论〈战国策〉在文学上的成就》一文里,作者认为《战国策》在文学史上也占有重要的地位,司马迁和唐宋时代的一些古文家,都曾受到它的影响,它的风格特点是"辩丽恣肆"。《战国策》广泛地记载了当时各国的政治斗争,许多地方比较精细地刻画了人物的精神状态,描绘了一些人情世态,它还记下了当时一些辩士的词锋,记下了一些人对于政治的长篇大论——它的辩丽恣肆,正表现在这些方面。这种风格的形成,和那个时代的风尚、时代的精神有密切的联系。在《从人物形象论〈论语〉的文学价值》一文里,作者指出:《论语》的文学价值,首先在于它写出了孔子这个伟大的哲学家和教育家的形象。这部书所写的人物,都以孔子为中心。在我国文学史上,以表现一个人物为中心的著作,这是第一次出现。《论语》所写的孔子的形象,相当鲜明。同时,也比较详细地描写了子路和颜渊。《论语》中一些格言式的表述哲理的语句,有的也富有文学意味。在《〈孟子〉的文学价值》一文里,作者指出《孟子》的文学价值,首先在于刻画了孟轲这个人物形象,同时还描写了其他人物,如齐宣王、梁襄王、陈仲子等众多的人物形象;其次,《孟子》里面的论说文字,有一部分也具有文学意义,如《孟子》较多地运用了比喻,它的许多比喻常常是拈出生活里面一件习见习闻的事来,一针见血地说明一个比较复杂的和有意义的问题,都用得很巧妙。《孟子》所用的比喻构想有时很奇特,能使人震惊;有时又别具风味,很耐人寻味。《孟子》文章的总的特色是感情很充沛,有时也很激越,从而形成了文章"有气势"的特色。在《论〈庄子〉的散文》一文里,作者指出《庄子》为散文的写作开辟了一个新的途径,在文学史上有很大的影响。《庄子》的文笔向来被称作是"汪洋恣肆"和"谲怪"的,这主要表现在意境的开阔和想象的丰富上。作者在分析和研究了庄子及其散文的思想倾向以后,又通过分析《庄子》中的寓言故事,从文学的角度对《庄子》作了深入地研究。作者进一步指出:《庄子》对客观事物的描绘刻画有很巧妙的艺术手法,它不仅能够描绘那些难于描绘的事物,而且善于描写人们的心理和抒发感情。同时,《庄子》还善于讽刺,它善于把被讽刺对象的心理状态细致地刻画和描绘出来,总之,《庄子》在文学史上,有着不可磨灭的价值,有它的重要地位。

《先秦社会和诸子思想新探》 祝瑞开著。福建人民出版社1981年出版。此书对先秦社会的社会性质和先秦百家的思想及著作作了系统的探讨,对孔子、孟子、荀子以及《孙子兵法》、《帛书四篇》、《韩非子》、《吕氏春秋》等先秦诸子的著作所表现的作者思想作了细致地分析和论述。

《先秦七子思想研究》 童书业著。齐鲁书社1982年出版。此书从春秋战国时期的社会经济和七子所处的阶级地位出发,探讨了孔、孟、荀、墨、老、庄、韩非七家的思想,全书材料丰富,论述深入,如《孔子思想研究》便结合《论语》探讨了孔子的宇宙观、伦理思想、政治思想、教育思想;《庄子思想研究》根据《庄子》一书,论述了庄子的天道观、认识论、人生哲学。在《概论》一节,还探讨了《庄子》三十三篇的作者问题。总之,此书从思想史的角度论述了先秦七子,对从文学的角度研究《论语》、《孟子》、《荀子》、《庄子》、《韩非子》等先秦著作很有帮助。

《先秦诸子杂考》 金德建著。中州书画社1982年出版。本书共29章,分别对孔子、墨翟、田常、老莱子、老聃、慎到、惠施、邓析、申不害、尹文、田骈、陈仲、乐正子春、孟轲学派、尸佼、荀卿、韩非等的许多方面,包括学说渊源、学术思想、所属流派、内外策略、历史功绩、存佚著作、出身为人，都分别作了考证；对于《论语》的复杂内容，《墨子·尚贤》所反映的时代特点，《老子》的成书情况，《大学》、《中庸》的思想体系，《管子》中《任法》、《枢言》、《心术》、《白心》、《内业》等篇的作者，《荀子》某些篇章的思想内容，《尸子·广泽篇》的综合倾向，《礼运》的思想渊源及作者，都作了具体分析。此书内容丰富，论述深入，是研究先秦思想史和先秦散文的有价值的参考著作。

《先秦诸子初探》 刘毓璜著。江苏人民出版社 1984 年出版。此书论述了孔子的仁学、《左传》、《国语》中所见到的孔子、思孟学派对儒学的发展、杰出的儒家异端荀况、法家思想的集大成者韩非、墨家学说的人民性以及吕不韦其人和《吕氏春秋》其书等专题，虽然主要属于思想史的范畴，但对研究先秦百家的散文著作仍有很大的帮助。

《先秦名家研究》 许抗生著。湖南人民出版社 1986 年出版。此书对先秦惠施、公孙龙及其他辩者的学说，作了比较细密的剖析；对儒、墨、道、法、阴阳诸家与名家的争论，也作了比较详备的叙述，"取材丰富，论断允当，有独到之处，是一部有价值的哲学史著作"（张岱年《序》）。同时，此书对《公孙龙子》作了深入研究，得出了新的结论。因此，此书对先秦散文的研究仍有较高的参考价值。

《左传通论》 方孝岳著。商务印书馆 1937 年出版。此书共分 4 篇，《文旨篇》探讨了"《左传》文研究法"、"求文于《左传》与求文于他经之异"、"求文于《左传》与求文于《春秋》本经之异"等问题；《源流篇》论述了《史记》论《左传》之缘起、刘歆班固论《左传》之缘起以及后人对《左传》的研究；《史意篇》从史学的角度对《左传》进一步作了研究；《释疑篇》针对后人的一些疑问，发表了自己的意见，如"释唐啖助《左传》为口授之疑"、"释汉太常博士左氏不传《春秋》之疑及近人引申汉太常博士之说谓刘歆伪造凡例之疑"。此书对研究《左传》有一定的参考价值。

《左传疏证》 徐仁甫著。四川人民出版社 1981 年出版。此书共分 10 个问题，即"论左丘明撰《国语》"、"《左传》采《国语》例证"、"《左传》采《国语》之规律"、"《左传》与《公羊》、《谷梁》、《檀弓》之比较"、"《左传》采诸子例证"、"《左传》采《史记》例证（上、下）"、"论西汉人不见《左氏传》"、"《左传》采《新序》、《说苑》、《列女传》例证"、"论《左传》出于刘歆之手"。作者将《左传》与有关古籍细加剖析之后,认为《左传》并非成书于先秦的解经之作,而是西汉末年刘歆博采群书之后精心加工而成,因此能集众家之长,从而具有极高的史料价值与文学价值。作者全面而细致地论证了自己的观点,并对前人各种异说均加以讨论辩驳,故而能成一家之言,有一定的学术价值。

《战国策考辨》 缪文远著。中华书局1984年出版。此书资料丰富,从诸经注疏、史书、诸子、文集、笔记到后来出土的马王堆帛书《战国纵横家书》、云梦秦简《大事记》等,凡属有关资料,无不广搜博采,而此书用力最多的是两个方面,其一为系年,其二为辨伪。作者萃集众家之说,分析判断,"或择善而从,或自树新义,旁通曲证,求其本真,义据通深,持之有故"(缪钺《序》),从而对《战国策》所记诸事作了令人信服的考订。这无疑对从文学的角度研究《战国策》很有帮助。

《论语研究》 温裕民著。商务印书馆30年代出版。此书共分6章,第一章为《论语考原》,叙述了论语的作者、论语之三家、三家之混合等问题;第二章《孔子之哲学观》,论述了孔子的道、德、性、命等观念;第三章《孔子之道德观》,论述了孔子之"亡"、"孝弟"、"忠信"、"刚与勇"、"知"、"义"、"修养"等观念;第四章《孔子之政治观》,论述了孔子"正名"、"德治"等思想。第五章《孔子之教育观》,从论教、论学、论礼、论乐、论诗等方面介绍了孔子的教育和文学思想。第六章为《结论》,论述了孔子受客观环境之影响、孔子学说内部之组织以及《论语》对后世的影响等问题。

《论语新考》 刘光宇著。世界书局1948年出版。作者鉴于前人对《论语》理解多有偏差之处,故而写了这部著作。此书对《论语》"摘其要目,考绎诂训,推原事类,力求精邕"(《自序》),在"古文、词法、故事、乐章、赋税、卜筮、衣制、人物"等方面作了考证,对研究《论语》有一定的参考价值。

《论语新探》 赵纪彬著。人民出版社1962年出版。作者力图通过《论语》一书,对春秋时期社会性质问题进行深入的探索,进而阐明古代前期儒家的阶级基础、哲学体系及历史地位等问题。全书分上下两个部分,上部从《论语》所记"孔子应答时人、弟子及弟子相与言"中,探求其无意透露的关于当时社会性质的资料,借以确定春秋时期的社会性质。下部从运动和发展的观点出发,将《论语》一书作为古代儒家的原始经典,探讨前期儒家的哲学体系。此书虽属于思想史著作,但对从文学角度研究《论语》仍有较高的参考价值。

《论语——散文艺术的萌芽》 黄绳著。湖南教育出版社 1985 年出版。这是作者的一本中国古代散文札记,着重探寻《论语》中的散文艺术,极少涉及它的思想内容。作者指出欲知中国散文的早期艺术成就,则不能不读《论语》,《论语》是我国第一部具有文学价值、语录体的散文集,它善于运用精粹的语言表达抽象的意念以及具有一定深度的哲理,不仅开辟了说理文学的发展道路,而且为后世的散文创作提供了遣词、造句、叙述、描写的范例。其中也有一些片段,具有较多的文学色彩,或在描写手法上树立先声,或在文学体裁上粗具雏型,对后世的散文创作产生了深远的影响。特别难得的是:《论语》作为产生在春秋和战国之间的一部书,那里面的语言竟绝大部分为历代文人学士所利用,至今仍具有一定的生命力;可见孔子及其门人十分重视提炼口语,下过不少功夫,取其精华,舍其芜杂,这才创作了这样一部书,给后世留下一份极其可贵的语言资料。这部札记不按《论语》所列篇章次序进行,而是从《论语》中几个具有小品文意味的片段开始,然后又分点论述,不强求布局的完整。全书共有札记 30 余篇,从不同的角度对《论语》作了分析研究,其结论是:一、《论语》的篇章绝大部分都是三言两语的语录,没有成篇的完整的文字;但也屡见小品的雏形,甚至闪出散文诗和诗篇的影子;二、《论语》写下了孔子和其个别弟子的言行,以及他们和一些时人的交往情况,而以记录孔子言行为主,也就塑造了孔子的形象,或说为塑造孔子形象提供了不少珍贵的素材。三、《论语》在艺术语言上的成就是很突出的,它的编纂者显然十分重视语言的通俗与优美。《论语》中的一些章节,使用了比喻、比拟、夸张、重叠、对偶、排比等修辞方法,而且达到了相当完美的程度。四、《论语》在语言上的成就,还表现在对后世语文产生了巨大而深远的影响。因此,可以将《论语》看作是中国散文艺术的萌芽。这部札记的特点是生动活泼、深入浅出,对一般读者很有帮助。

《论语新解》 钱穆著。巴蜀书社 1985 年出版。此书体例是先按顺序举出《论语》原文,然后加以解释,在解释时,往往能结合原文,阐述自己独到的见解,如《学而篇第一》、《子罕篇第九》、《子路篇第十三》等均是如此。在解释之后,有"白话试译"一项,把《论语》译成白话,对读者理解原著很有帮助。

《老庄研究》 陆永品著。中州古籍出版社 1984 年出版。这部著作共分两部分,分别对老子和庄子做了较为系统、深入地研究。在"老子研究"里,作者对老子的哲学思想、兵法思想作了论述,对老子其人其书作了考辨,对老子的地位及其影响和《老子》的主要版本及有关论著作了说明和介绍,特别论述了老子散文的思想性与艺术性,指出:老子散文具有一定的进步性,他对当时的社会提出了尖锐的批评;对人民表现出深切的同情;他还用激烈的言词,痛斥那些掠夺人民财富的达官贵人是盗贼;对战争,他持坚决反对的态度,因此,他便绘制出一种没有战争,没有剥削、压迫,人人安居乐业的小国寡民、百姓老死不相往来的原始社会的蓝图,这一方面反映了他对现实不满的进步的一面,同时,也表现了他开历史倒车的复古主义思想。作者认为,《老子》是我国最早的哲理散文诗,在先秦诸子散文中,别具一格,有其独到的艺术特色,即一、"对字协韵",富有节奏,有些章节具有诗一般的语言,能引起人们的兴味;二、善于运用生动的比喻、鲜明的形象,来阐发抽象的哲理,赋予虚无缥缈的自然道论以形象化、具体化;三、言辞简要,旨意深远。另外,老子的散文还带有楚国地方文化的色彩,说明他受楚文化的影响较深。在"庄子研究"这一部分里,作者首先介绍了庄子其人其事,继而对庄子的散文及美学思想、人生观、历史观作了多方面的研究。在"庄子散文的思想性"一文里,作者指出:《庄子》的散文,反映社会生活面是非常广泛的,从大的方面来说,庄子散文的思想内容,及其批判现实的精神,有以下几个方面:一、揭露各诸侯国的最高统治者兼并邻国土地、剥削奴役人民的罪行;二、对社会黑暗和封建制度的极端不合理,进行了抨击;三、批判"仁义",贬责"圣人";四、对新兴地主阶级中的一些人物给予无情的鞭挞;五、表现出庄子悲观厌世、顺应自然、逃避现实和信奉天命论的消极思想;六、庄子继承了老子复古倒退的思想,向往"小国寡民"的原始社会。在"庄子散文的艺术性"一文里,作者指出:庄子散文的艺术性,表现为:一、它擅长讲述故事,叙事井井有条,说理娓娓动听;二、文笔辛辣,嬉笑怒骂,皆成文章;三、气势雄伟,意境开阔;四、笔法多种多样,行文千变万化,往往使人应接不暇;五、善于比喻,富于变化,含蓄蕴藉,生动活泼;六、语言丰富多彩,生动形象,表达力强,富有创造性。此外,庄子的散文在抒情写性、直抒胸怀方面,也显示出与其他诸子散文的不同特色。在"关于庄子美学思想问题"一文里,作者认为庄子散文在老、庄、孔、孟、荀、韩等先秦诸子散文中,最优美、最有美学价值,庄子散文能给人以新奇诡怪、耳目一新的感觉,其审美价值表现为:一、壮阔险峻,气象万千;二、千奇百怪,如绘如画;三、语言诙谐,饶有情趣。其他几篇文章,如《〈庄子〉与浪漫主义问题》、《〈庄子〉与现实主义问题》、《庄子散文的笔法——明清庄子散文研究论略之一》、《庄子散文的文境——明清庄子散文研究论略之二》、《庄子散文的地位及其影响》等对研究者都有一定的参考价值。

《老庄论集》 张松如、陈鼓应、赵明、张军合著。齐鲁书社1987年出版。本书共收入20篇论文,分别论述了老子的生平、哲学系统的形成、庄子的哲学思想、道家思想与中国文学等方面的内容。《哲学家的庄子与艺术家的庄周》(张松如、赵明)一文指出庄子将概念与形象、理智与感情联结起来,抽象的逻辑线索与形象的理想境界相纠相结,错杂综合,从而形成了汪洋恣肆、宏逸玄妙的庄周文章,使《庄子》其书成为哲理与艺术的合金。正因如此,庄子不仅作为哲学家而与老子并称,老庄思想在中国哲学史上有其重要地位;而且,他还作为广义的艺术家、文学家与屈原并驱,对后世中国文学的发展,产生了不可低估的影响。《屈原、庄周浪漫主义比较论》(张军)一文指出:庄子和屈原的浪漫主义相同或相似的地方有:他们都是在对现实的强烈不满和对理想社会、理想人物的热烈向往的基础上孕育自己的浪漫主义精神并使其磅礴于自己的作品之中;他们都具有丰富的想象力;他们都是运用浪漫主义艺术手法的大师。庄子和屈原的浪漫主义不同的地方有:屈原的浪漫主义精神中总有一股贵族的气息,而庄子的作品却始终带有强烈的愤世精神。在艺术手法上,屈原是一位艺术家兼思想家,庄子则是一位思想家兼艺术家,他是写了大量富有哲理、饱含形象的艺术性散文的杰出作家。《论庄子的浪漫主义理论和艺术实践》(张军)一文首先分析了庄子浪漫主义形成的原因,指出:正是对现实的强烈不满和否定、道家学派的文艺观、殷楚文化和上古神话的影响以及相对主义的认识论四方面因素的合力,促使庄子踏上了浪漫主义的道路,并使其在浪漫主义理论的建树和艺术实践上取得了卓越的成就。进而,作者论述了庄子在浪漫主义理论方面的建树,指出:庄子的作品是带有艺术色彩的理论著作,或者说是表达了深刻哲理的文艺作品。在《庄子》中,出现了一系列"为理性观念塑造并发明了的形象",从而使它们成了"真正的诗",也成了"真正的哲学"。然而,这些富有浪漫主义气息的"彩虹般的形象"一经诞生,就不再仅仅是说明真理的"辅助手段",而是毫无愧色地跻身于艺术形象之林,有的甚至成了此后的文艺家难以企及的"典范",如《逍遥游》、《秋水》、《齐物论》等作品里都有这样的艺术形象。本书中的其他一些文章,如《意出尘外 怪生笔端——谈庄子的浪漫主义兼及庄、孟比较》(赵明、张军)、《道家思想与中国文学》、《道家思想与两汉文学》、《道家思想与魏晋文学》(均为赵明作)等都是很有参考价值的论文。

《庄子新探》 施章著。1930年出版,出版者不详。本书对庄子思想及其文学成就作了较为全面的研究。《庄子评传》介绍了庄子的生地、时代及其著作。《庄子人生之分析》论述了如下内容:庄子的理智生活、经济生活、艺术生活、宗教生活、政治生活和社会生活。《庄子文学》首先论述了庄子在文学上的贡献,进而从喜剧文学之特质、象征艺术之特征、范畴文学之特质等方面论述了庄子散文的特质。最后介绍了庄子的文学观。《庄子哲学》一章,论述了庄子哲学的渊源、庄子之本体论、知识论、价值论。

《庄子研究》 叶国庆著。商务印书馆1936年出版。此书共分14节,分别为"庄子事略"、"版本"、"篇章"、"体裁"、"各篇著作时代"、"读法"、"渊源"、"时代背景"、"学说"、"庄子学说对于后代的影响"、"庄注的派别"、"庄子中的古史"、"庄子之文学"、"结论"。作者指出:自唐宋以来,古文家韩柳欧苏诸人对《庄子》散文无不赞叹,因此"舍哲理而论文学,《庄》书亦一杰作也"。《庄子》散文气势宏放,文风浑然,"如山出云,如地出泉,卷施自然,肆应无方"。《庄子》的比喻奇特,"大至鲲鹏,小至木石,以及洪荒古人,莫不纳入篇中,跃然纸上,各尽奇致"。《庄子》散文善于运用寓言,"事有迹可循,记叙易工;理蕴藏于密,笔墨难状,庄生乃善为剖析,出以寓言"。作者还认为《庄子》"外杂"诸篇,文意不通畅,文辞不连贯,与"内篇"相差甚远。此书对《庄子》的地位与影响也作了论述。总的看,此书材料简单,论述简略,但对研究者来说,还是有一定参考价值的。

《庄子哲学讨论集》　多人著。中华书局 1962 年出版。这是一部研究庄子哲学思想的论文集,共收文章 16 篇,作者均为对庄子有深入研究的学者。此书虽然主要是从哲学思想的角度研究庄子,但对文学研究者研究《庄子》一书的思想倾向及艺术特点也很有帮助。

《庄子新探》　张恒寿著。湖北人民出版社 1983 年出版。此书分为上、下两编;上编主要研究了庄周的生平和《庄子》书的时代真伪、《庄子·内七篇》的真伪等问题、并对《庄子外篇》、《庄子杂篇》作了细致地分析和考察。下编主要论述了庄子的哲学思想和庄子哲学的阶级基础和发展演变。本书材料丰富,论述深入,对从哲学和文学的角度研究《庄子》都有很高的学术价值。

《汉赋研究》　龚克昌著。山东文艺出版社 1984 年出版。这部著作除有"总论"和"汉赋探源"2 篇概述性质的论文外,其他 7 篇文章专论骚赋作家贾谊、散赋作家枚乘、汉赋奠基者司马相如以及扬雄、班固、张衡、赵壹等赋文作者及其作品,最后附录了"刘勰论汉赋"一文。作者在"说明"里概括地表述了他对汉赋的主要看法,即"应把汉赋放到两汉这个文学艺术发展的早期阶段,放到文学艺术尚处在经典附庸的地位之下,经学统治着两汉文化思想这个特定的历史背景下来评价",由此出发,作者对汉赋的一系列关键问题,如汉赋的不重视讽刺以及它的夸张虚构和追求辞采的华丽等,提出了与众不同的结论。作者指出,汉赋并不是毫无可取的,它较好地完成了自己的历史任务,千百年来强加在它身上的一些鄙薄之词应该推翻。作者分析了过去广为人们所征引的汉赋作家对汉赋的批评,指出这些赋家,如西汉的枚皋、扬雄和东汉的蔡邕等,他们批判汉赋,是有其复杂的历史背景和特殊的思想动机的。作者指出,汉赋受到人们鄙弃的另一个原因是它放弃或弱化讽谏,经过分析,他得出了这样的结论:汉赋确实已开始不注重讽谏,忽视讽谏了,汉赋作家把自己的注意力着重放在发展艺术形式上,以期更符合艺术作品的特点,更符合艺术自身发展的规律。"汉赋作家的这些努力,对当时尚处在发展早期阶段的文学艺术,对仍深深陷在经典附庸地位之中的文学艺术,无疑是具有重大的进步意义的,它为文学艺术最后发展成为一个独立的社会科学门类打下了坚实的基础"。针对人们对汉赋是"虚辞滥说"的指责,作者认为所谓"虚辞滥说"实际上就是虚构、夸张等浪漫主义手法,汉赋按照文学艺术的特点,运用一些虚构夸张的表现手法,是非常正常,也是十分可贵的。汉赋作家所表现的浪漫主义手法,比之屈赋在某些方面又有所发展。接着作者论述了汉代大赋的主要内容,即首先,一方面表现大汉帝国强盛的国势,辽阔的疆土和国内民族的大联合;另一方面对象征中央集权的天子大加肯定和赞扬;其次,歌颂祖国壮丽的山河和先进的生产技术与文化艺术,如班固的《两都赋》,张衡的《二京赋》《温泉赋》,司马相如的《天子游猎赋》等都是这一类作品。对汉赋形式体裁上的特点,作者指出,首先应该强调的是它的虚构、夸张等浪漫主义手法和长于描绘,以及具有波澜壮阔、气势磅礴的文势等特色。至于汉赋的局限,作者指出首先是汉赋反映的生活面不够宽;其次,取材有些繁芜庞杂,行文过于铺张扬厉,因此篇幅较长,形式有些程式化;第三是语言有雕琢、堆砌的毛病。作者对其他具体汉赋作家及其作品的研究都体现了这里所阐述的思路和观点。

《汉赋:唯美文学之潮》　刘斯翰著。广州文化出版社 1989 年出版。本书以专题分章的方法写作而成,共有十一章,第一章论述赋体的渊源和特性,第二章写汉赋的创作主体及其环境,特别指出了以司马相如、枚乘和扬雄、班固、张衡为代表的两次高潮的特点与贡献;第三、四、五章写汉赋的主要部分大赋,分别由"唯美文学之潮"、"山水描写与楚人遗风"、"山水描写中的写实派与浪漫派"(第三章)、"两汉宫殿描写的顶峰《甘泉赋》"、"描写倡优的乐舞百戏之赋"(第四章)、"分析大赋的艺术特点"、"宋枚马篇章布局之传承发展"、"从句式判定赋为诗而非文"(第五章)等小专题组成。第六章论述汉人对赋的理论批评。第七、八章写小赋(包括中等篇幅的赋),这两章以"咏物与叙事"为总的标题,分别论述了小赋的繁盛和散佚、西汉宫廷小赋的代表咏物赋、武帝以后咏物赋的两次高潮以及皇权与宫庭赋的俱荣俱损、非宫廷的幕僚文学与文士文学、异军突起的文士自造赋等问题。第九、十章论述抒情赋(包括汉之"楚辞")。这两章以"人格与情的复活"为总标题,一些小专题颇有新意,如"《九叹》与《七谏》研究的若干发现"、"庄忌《哀时命》反映了人格独立的危机"、"王褒《九怀》中虚幻的独立人格"以及"冯衍《显志赋》的虚幻人格与真实情感"、"张衡《思玄赋》对于人格独立的终极思考"、"抒情小赋的崛起"等都说明作者对汉赋确有独到的见解。第十一章论述汉赋的总评价与汉以后赋体的流变。此书各章次序的安排,大体依照汉赋发展的历史顺序,以保持一种历史的流动感。并且,各专题之间也很注意互相贯通,避免了割裂和不连贯的缺陷。但作者认为这样一来,汉赋的历史的与逻辑的发展线索看起来就不那么明白清晰,因此,又在"前言"里特别论述了汉赋发展的几个阶段,即:汉赋的酝酿阶段、汉赋的成熟阶段、汉赋的鼎盛阶段、汉赋的蜕变阶段、汉赋的衰亡阶段。总的看,此书对于汉赋这一文学现象,较多注意揭示和描绘其内因,即汉赋自身作为一个系统的生存和发展;而比较地忽略其外因,即汉赋这个小小系统与整个庞大的汉代社会中的众多系统之间的千丝万缕的联系,对于主要是介绍有关汉赋的比较专门的知识的一部著作,这种情况是难免的,它并不是本书的缺点。

《汉魏六朝四十家赋述论》 高光复著。黑龙江教育出版社 1988 年出版。本书选取在汉魏六朝时期辞赋创作中占有一定地位、具有一定影响、能够在某种程度上反映某个时期、某种风格的 40 余家辞赋,结合时代环境,对它们的思想、艺术以及在辞赋史上的地位进行了深入的研究。张志岳先生在《序》中认为,此书旁征博引,论证详明,对各家赋作的考核评价,都有不同程度的发明,可取之处甚多;更难得的是在众多作品的具体分析中突出了对汉大赋及六朝骈赋的研讨。本书从汉赋渊源与大一统的新形势,说明汉大赋是时代的产物,是当时最为流行的作品,并就司马相如的《子虚》、《上林》二赋细加推究,从时代的特点与文学发展的规律上,对这两篇赋作出了精当的评价,从而对其它大赋作家及作品,也都作了有益的阐发。对骈文的发生、发展及其评价,本书通过对江淹、庾信诸赋的分析,表明了自己的观点。

《建安文学论稿》 张可礼著。山东教育出版社 1986 年出版。此书共收入论文 16 篇,附录有两个内容:刘勰对三曹评价的得失、建安文学研究论著索引。其中《建安文学的发展阶段》、《建安文学的时代风格及其形成的原因》、《建安作家的艺术个性特点》、《曹植文学思想述评》、《建安文学和它以前的文学传统》、《建安文学的影响》等或多或少涉及到对建安时期散文的研究,而专门研究建安时期辞赋和散文的论文有 2 篇。《建安时期的辞赋》一文指出:建安时期,不论是地位显赫的三曹,还是其他的著名作家和一般的封建士大夫,对辞赋都是比较重视的。建安时期虽然不长,但却留下了不少辞赋作品,其中尤以曹植的辞赋作品数量最多,其他如王粲、徐幹、刘桢等都有不少辞赋作品。从内容上考虑,建安辞赋大致可以分为两类:一类以抒情为主,一类以体物为主。从表现形式来看,建安辞赋有四个比较突出的特点:一、篇幅比较短小;二、语言比较通俗;三、句式比较自由,骚体赋较多;四、骈俪的现象有所发展。《建安时期的散文》指出:要全面地评价建安文学,就应当顾及建安时期的散文,因为它同建安诗歌和辞赋一样,也取得了不可忽视的新成就。就现存资料来看,建安文人对散文是十分重视的,他们留下来的散文,不论是数量还是质量,都是相当可观的,三曹、孔融、王粲、陈琳等人都写了不少散文作品。建安时期的散文,就内容来看,大致可以分为两类:一类是以叙事为主的叙事性散文;一类是以议论为主的议论性散文。建安散文在其发展过程中,形成了自己的一些特点,主要表现在:一、具有鲜明的时代特色;二、直抒胸臆,饱含真情实感;三、在语言方面出现了两种倾向:一是重视骈词铺采、骈俪偶句,骈化有所发展;二是清峻通脱、质朴无华,散体比较明显。作者进而分析了建安散文之所以取得了新的成就,留下了许多优秀作品的主要原因和特殊原因。

《南北朝的诗和散文》 金汉祥著。山西人民出版社 1985 年出版。此书共分上下两编,分别论述了南北朝的诗歌和散文。下编分为三章,《南北朝的骈文》指出骈文的产生,一方面是由于汉语独特的文字条件,另一方面是由于赋的影响,它起始于汉代,形成于魏晋,成熟于南北朝,刘宋初期,颜延之的文章,虽有用典繁密的毛病,但也有一些优秀之作,而南朝初期在骈文方面获得突出成就的,应推鲍照,其他如谢惠连、谢庄也有一些优秀之作。南朝中期齐、梁之际的作家,熟练地运用骈文这一体式,有的抒写情怀,有的描摹山水,有的剖析事理,题材较广泛,风格也多样,其代表者有孔稚圭、江淹、丘迟等。最后,本书设专节介绍了北朝的庾信及其作品。《范晔的后汉书》指出,《后汉书》中的一部分记传有序和论,表明作者对后汉历史人物和历史事件的评价,它们具有深广的内容,常爱用夹叙夹议的写法,叙述史事简炼生动,倾向性鲜明,同时辞采可观,是我国古代史论中杰出的篇章,具有较高的文学价值。《北朝散文的异彩》指出,在骈文盛行,竞为浮华的南北朝时代,北朝郦道元的《水经注》、杨衒之的《洛阳伽蓝记》和颜之推的《颜氏家训》却大放异彩,这三部散文作品,根植于北方质朴的社会风尚的土壤,风格朴素,表现了北朝文学"词义贞刚,重乎气质"的艺术特色。这三部作品都用散体,不过其中匀整的句法、清丽的辞藻，仍随处可见，反映了当时文章骈化的时代风气及前进的趋势。

《司马迁之人格与风格》 李长之著。开明书店1948年出版，三联书店1984年重版。本书共分九章，第一章《司马迁及其时代精神》，作者指出：司马迁生活的时代是一个伟大的时代，只有这样的时代才能产生司马迁这样伟大的人物；楚文化和齐文化对汉代文化有很大影响，司马迁是其中的一个代表人物；异国情调和经济势力的膨胀对汉文化的发展起了重要作用；汉武帝是那个时代的象征人物；正是在这样的氛围中，出现了司马迁，因此司马迁的出现自有其特殊的意义。第二章《司马迁的父亲》，从家世和家学渊源的角度对司马谈作了介绍。第三章《司马迁和孔子》，分析了司马迁对孔子的崇拜、司马迁在性格上与孔子之契合点及其距离、司马迁对六艺的了解、司马迁与春秋、司马迁在精神上受惠于孔子的地方、司马迁在心灵深处和孔子的真正共鸣等问题。在第四、五、六三章里，作者以"司马迁之体验与创作"为总的题目，介绍了司马迁从耕牧到京师求学、大旅行、扈驾和奉使蜀滇。作太史令等生平事迹，分析了司马迁性格特征的本质，介绍了司马迁的交游，重点对李陵案的前因后果作了叙述和分析；另外，对《史记》各篇著作的先后次序作了一些推测，指出有些篇章可能是出自司马谈之手；有些篇章不好分明是司马迁作的还是司马谈作的；又论述了《史记》可据材料和创作情况，并将司马迁的113篇作品分成六个集团，对它们的创作年代，分别作了推测。第七章《司马迁的精神宝藏之内容——浪漫的自然主义》，分别介绍了司马迁的政治思想和哲学思想以及语言学的训练，指出他与儒家、道家在思想上的联系；还介绍了司马迁的政治观、"民间精神"并用"浪漫的自然主义"来概括司马迁的性格特征。第八章《司马迁的风格之美学上的分析》，首先指出司马迁的散文风格的来源是现实生活和秦代的文章，接着从《史记》中的形式律则、建筑结构与韵律、句调、语汇及其运用等方面对《史记》的艺术特点和美学特点作了详细的分析，最后论述了司马迁散文的风格特征与后来的古文运动的关系。第九章《文学史上之司马迁》，主要论述司马迁在文学史上的地位与影响。首先，作者指出：《史记》实在是发挥了史诗性文艺的本质，即从全体性、客观性、发展性、造型性等史诗性的文艺作品的实质看，《史记》都可以称得上是一部史诗。其次，作者指出《史记》不仅影响了后来的小说,《史记》中的许多好的传记正像是好的小说。第三,作者对马迁的文学批评也作了介绍。第四,作者对《史记》所具有的讽刺艺术给以极高的评价,指出《史记》是不折不扣的谤书,它尽了讽刺的能事,也达到了讽刺艺术的顶峰。最后,作者以"抒情诗人的司马迁及其归宿"为题,对司马迁及其《史记》作了总结,指出:司马迁的事业,最重要的一点,是他留下了最伟大的抒情篇作,虽然形式上是历史著作,从本质上说,司马迁是一个抒情诗人。

《司马迁与史记》 多人著。中华书局 1957 年出版。这是一本论文集,收入文章 9 篇,分别从文学和史学的角度论述了司马迁及其著作《史记》。在《史记的思想性与艺术性》(高亨)一文里,作者指出《史记》的思想性有两个重点,其一是《史记》中的爱国主义思想,其二是《史记》中的人民性。作者指出《史记》的艺术性也有两个重点,其一是《史记》的形象性,司马迁在人物描写上,很注重塑造生动的形象。在形象中表现出他的爱和憎;其二是《史记》中的典型性,司马迁在刻画人物形象中,又往往能够根据历史事实,表现出人物的思想性格及其品质,塑造出各式各样的、具有一定程度的典型性人物。在《试论司马迁〈史记〉中的语言》(殷孟伦)一文里,作者指出:司马迁的语言,有着一种耐人寻味、百读不厌的鼓动力量,激荡着每个读者的心灵。他往往通过人物的语言,来表现不同人物的不同性格;同时,司马迁也很注意叙述语言的使用,借此达到刻画人物性格和描写事件的目的。在《司马迁赋作的评价》(赵省之)一文里,作者首先介绍了司马迁的辞赋理论,继而论述了"司马迁赋作的评价问题",论证了司马迁的《悲士不遇赋》不是伪作,最后对这篇作品作了分析,指出了它所反映的思想倾向和它所具有的艺术特点。在《略谈司马迁现实主义的写作态度》(殷孟伦)一文里,作者指出:司马迁写作态度的谨严详审,首先表现为对历史材料的慎择审取上;同时表现在他的笔下描绘出社会不同层次的许多人物形象,而对他们的评价又能采取较为客观和适当的态度。《司马迁在祖国文化遗产上的伟大贡献和成就》(卢南乔)一文,较为全面地评价了司马迁及其《史记》,作者指出:从文学的角度来看,《史记》的意义首先在于它"以平浅代艰深,为'古文辞'开导了先路";其次在于它广泛利用"俗词、谚语与歌谣,是'口头文学'的宝库";第三在于"类传与合传,是高度的综合,是一贯的联系,为'传记文学'奠定基础"。总之,这些文章都从不同的方面论述了司马迁及其《史记》,有些观点当年是很新鲜的,今天看来也并不过时,但是由于种种原因,有些观点在今天看来已经是太肤浅,甚至是不正确的了。尽管如此,这本论文集,对研究者来说,仍有一定的参考价值。

《司马迁研究新论》 施丁、陈可青编著。河南人民出版社1982年出版。严格地说,这是一部从历史学角度研究司马迁及《史记》的论文集,但它内容丰富,涉及的范围较广,对从文学的角度研究司马迁和《史记》有很高的参考价值。这本论文集共收入文章13篇,分别对司马迁的史学思想、历史编撰、历史文学,以及司马迁与班固两大历史家的史学异同,作了较为全面的、实事求是的评论,提出了不少引人注目的新观点,如《论司马迁的历史哲学》(赖长扬)、《论司马迁的社会经济思想和历史观》(陈可青)、《司马迁写"今上(汉武帝)"》(施丁)等,对司马迁及《史记》的研究都很有深度。最后还附有《三十种〈史记〉研究书目提要》(陈可青、杨燕起、赖长扬),在"提要"里,介绍了我国学者研究《史记》的主要著作,如对《史记三家注》、《班马异同》、《史记题评》、《史记论文》、《史记札记》等均作了介绍和评论,这为历史和古代文学的研究者提供了很大的便利。

《司马迁研究》 陆永品著。江苏人民出版社1983年出版。本书由10篇文章组成,其中有的考证司马迁的生平事迹,有的论述司马迁的文艺观、历史观、社会观和哲学思想。在《司马迁传记文学的艺术成就》一文里,作者以《司马穰苴列传》、《李将军列传》等传记为例,指出《史记》中的许多作品艺术性比较强,在刻画人物形象上,已经达到相当高的水平,司马迁的传记是形象的历史,其显著特点之一是常常采用夹叙夹议的手法,直接表达对现实社会的态度,从而表现出现实主义的特征。诗文并用,是《史记》传记文学的又一个突出特色,在司马迁手里,诗文并用已经是普遍的现象,并且运用得十分自然、纯熟,诗与文浑为一体,成为整篇传记文学作品的不可分割的组成部分。《史记》传记文学的语言也很有特点,表现为:一、语言通俗易懂,犹如白话。二、语言生动、形象,具有个性化的特点。三、善于变化,使用了各种各样的句法。作者还论述了《史记》传记文学在中国文学史上的影响,指出它对古典诗、词、小说、戏剧等多种文学形式均有不可低估的影响。在《司马迁笔下项羽和刘邦的形象》一文里,作者通过对司马迁笔下项羽和刘邦形象的分析研究,论述了司马迁塑造人物的多种艺术手法和他不以成败论英雄的进步的历史观。在《司马迁是怎样取得伟大成就的?》一文里,作者指出司马迁之所以能写出《史记》这样的伟大著作,除了他本人刻苦学习以外,还因为他对社会生活作了实际考察,同时在广泛阅读的基础上,继承了前人的文化遗产。在《司马迁与〈史记〉有关问题简介》一文里,作者谈了三个问题:一、司马迁"子长"之称的由来;二、《史记》书名的问题;三、关于《史记》中若干篇的真伪问题。

《史记人物传记论稿》 郭双成著。中州古籍出版社 1985 年出版。本书是一部从文学角度评价《史记》人物传记的著作。在"绪论"里,作者提出了从文学上研读《史记》人物传记应注意的问题,即一、要重视前人关于《史记》记事本身的疏忽、抵牾和错误等等方面的考证成果,如果对《史记》人物传记所写的内容没有一个比较深刻的理解,甚至还看不大懂,就从文学上大谈对它的评价,肯定是不会准确的;二、《史记》所写的人物,都是历史上实有的人物,要想正确地评价司马迁为他们所写的传记,便有赖于对于他们活动的时代的历史发展阶段的科学的说明,因此要充分利用历史工作者对《史记》所记载的历史时期的研究成果。全书正文共分四章,在"《史记》作者司马迁的时代、生平和思想"一章里,作者在简要介绍了司马迁生活的时代和生平以后,重点论述了司马迁的思想,指出不能用在司马迁之前产生的道家或儒家的思想去范围司马迁的思想,并分析了司马迁比他以前的思想家提供的一些"新的东西"。在"《史记》人物传记的思想评价"一章里,作者运用马克思主义观点,论述了《史记》对某些封建帝王和封建统治阶级人物的揭露和批判;论述了《史记》对所谓的"明君"、"贤臣"、"循吏"及其他封建统治阶级"正面"人物的肯定和歌颂;论述了《史记》对陈涉、项羽等反暴秦"豪杰"的肯定和歌颂,论述了《史记》中为先秦"诸子百家"的代表人物所写的传记;论述了《史记》中的爱国英雄人物的历史形象;论述了《史记》中的中下层社会的历史人物形象;论述了《史记》中其他一些历史人物传记的思想评价;论述了《史记》人物传记在思想内容方面的局限和不足;最后,就思想内容,论述了今天学习《史记》人物传记的意义。在"《史记》人物传记的艺术成就"一章里,作者从不同方面作了分析和论述,即一、《史记》人物传记是记述真人真事的传记文学作品;二、《史记》人物传记的材料的取舍和结构的安排;

三、运用多种艺术手法,生动地描绘和表现历史人物;四、《史记》人物传记的语言运用;五、为什么《史记》中会出现一些可供当作文学作品读的历史人物传记;六、学习《史记》的人物传记的写作经验对我们今天的意义。在"关于从思想上和艺术上学习和借鉴《史记》人物传记的问题"一章里,作者首先指出,正确地评价《史记》中的人物传记仍具有现实意义;接着阐述了自己的观点,论述了从思想上和艺术上学习和借鉴《史记》人物传记的问题;最后对《史记》人物传记作出了总结性的评价,认为它的光辉成就将永放光辉。在正文之外,还附录了两篇论文,即《一篇足以使司马迁"复生"的奇文——〈报任少卿书〉论》和《评班氏父子对司马迁及其〈史记〉的评价》,这两篇文章对读者理解正文很有帮助;另外,"本书引用书目"和"本书索引"为读者的研究与学习也提供了一定的方便。

《史记研究》 张大可著。甘肃人民出版社 1985 年出版。这是一部《史记》研究文集,共收文章 23 篇,分别对《史记》及司马迁的思想作了有价值的研究,虽然,严格地说,它是一部历史研究著作,但对文学研究者从文学角度研究《史记》仍有很大帮助,因为它所涉及的《史记》的成书与断限、残缺与补窜、体制与取材、论赞与互见法、结构与倒书、太史公释名与生卒年等问题,也是从文学角度研究《史记》所应该探讨和弄清楚的。其中《司马迁评传》一文,论述了司马迁生活的时代、家学渊源和师承、二十壮游、从入仕郎中到太史令、遭李陵祸而发愤著书以及他的体大思精的著作《史记》,最后论述了司马迁在中国文化思想史上的地位和影响,指出:作为一个文学家,司马迁是无与伦比的人物传记作家。《史记》以人物为中心,它系统地叙述了我国古代首尾三千年间各色各样人物活动的历史,展示一长卷光彩夺目的历史形象,篇篇传记都有生动的故事情节,绘声绘色的活动场面及细节描写,生动活泼的口语化语言,直接影响了明清以来的通俗小说和戏剧创作,《史记》的辞采文章千百年来脍炙人口,家喻户晓,影响了历史文学大家的成长。在散文发展史上,《史记》起着承前启后的作用。《司马迁怎样塑造历史人物》一文,作者指出:在司马迁笔下,历史人物一个个栩栩如生,形象鲜明,使读者如闻其声,如见其人。因此,《史记》的人物传记被公认为古典文学的优秀作品。作者从以下几方面指出司马迁塑造历史人物的具体方法:一、运用选择和互见表现历史人物的个性;二、两两对照,烘托人物;三、熔铸鲜明的爱憎感情以感染读者;

四、运用各种文学手法塑造人物。锤炼语言,故事化的情节结构,细节描写,大场面的夸张渲染等等文学描写手法,司马迁均运用精熟。五、塑造历史人物的理想。总之,司马迁塑造历史人物的成功,不只是他有深厚的文学素养,而更重要的是他有进步的历史观,有崇高的理想,敢于创新。司马迁塑造历史人物的创造精神和取得的成就,达到了传记文学的高峰。其他一些文章,如《简论史记论赞》、《论史记取材》、《论史记互见法》等都有很高的参考价值。

《史记评议赏析》 韩兆琦著。内蒙古人民出版社 1985 年出版。这部著作分为两个部分,第一部分总的分析论述司马迁其人与《史记》。第二部分对《史记》单篇作品进行分析论述。第一部分共有 12 篇文章,分别论述了司马迁的进步历史观、司马迁的求实精神、司马迁的民族观、司马迁的经济思想、司马迁的文学观、审美观以及有关《史记》的一些问题。在《史记的小说因素》一文里,作者认为《史记》是一部划时代的著作,它体大思精,包罗万象,为我国古代历史的写作树立了楷模,同时,由于作者又努力描写故事情节,努力刻画人物形象,努力提高作品的美学价值,因而它也为后世的文学,尤其是小说的创作,提供了丰富的经验。作者还论述了《史记》的小说因素与"实录"的关系以及《史记》对后世小说发展的影响。在《史记—道悲剧英雄人物的画廊》一文里,作者指出《史记》的文学成就主要表现在写人物,这与先秦那种以叙事记言为主的作品如《左传》、《国语》、《国策》等不同,它开拓了一个新的以写人物为主体的新天地。司马迁笔下的人物与他同时代的以及后代其他人笔下的人物不同,他们绝大多数都具有一种英雄色彩,而尤其突出的是他们绝大多数还都具有一种悲剧色彩。在《史记的抒情性》一文里,作者指出:《史记》闪耀着司马迁理想的光辉,他对那种美好的政治、崇高的形象无比热爱,无比赞赏;同时,《史记》也流露着一种对现实社会的强烈不满,他对那些邪恶形象、腐朽东西无限愤怒、无比痛恨。正因为他爱得深,所以他也恨得切。在他的笔端纸上,字里行间不期而然地就流动激荡着感情的波涛,给读者的心灵以强烈的震撼,这是《史记》抒情性的根本来源。具体表现为:一、作品夹叙夹议,以叙代议,以议代叙,叙议结合。整个作品像一首抒情诗。二、许多作品虽不能说整篇像一首诗,但其中有许多抒情段落,语言的节奏感很强。三、大量诗赋和民间谚语歌谣的引入,尤其是作品中人物的即景作歌,更加增强了文章的抒情色彩。另外,《史记的特殊修辞与畸形句例》也值得一读。在本书的第二部分里,作者分别对《史记》中的《项羽本纪》、《高祖本纪》、《陈涉世家》、《留侯世家》、《魏公子列传》、《廉颇蔺相如列传》等13篇作品作了赏析,其中有许多独到的见解。

《史记论稿》　吴汝煜著。江苏教育出版社1986年出版。此书共收入文章30余篇,大致可以分为三个部门。第一部分2篇文章论述了司马迁与公羊学的关系以及司马迁的儒道思想。第二部分11篇文章着重探讨了《史记》的文学成就。其中有的是从美学的角度论述其散文艺术,有的是从文学史的角度考察它对前代文学的继承与对后代文学的影响,有的则是对单篇作品的分析研究。第三部分9篇文章,属于史学的范畴。在《论〈史记〉散文的艺术美——兼谈司马迁的审美观》一文里,作者结合司马迁审美观的某些方面,就《史记》在场面描写、人物描写、论赞咏叹和艺术风格诸方面所表现出来的丰富的美学特征作了一定的探讨,指出:这些美学特征与司马迁的"爱奇"的审美观密切相关,在汉代,司马迁的美学观是最进步的,因此,《史记》在当时具有无与伦比的美学价值。在《略谈司马迁传记文学的杰出成就》一文里,作者指出:司马迁传记文学的成就是杰出的。这首先是因为他写了重大历史题材,写了活跃于政治历史舞台上的真人真事(也有一部分是传说中的人物),展示了司马迁去世前中华民族约三千年的社会生活的形象的历史画卷。其次,还因为司马迁对于历史人物作了必要的艺术加工,塑造了一系列生动、鲜明的艺术形象。最后,司马迁创立了多种与内容相统一的传记形式,量体裁衣,因人设传,构成了我国传记文学人物形象的洋洋大观。在《卓越的史识和高度的艺术概括的结合》一文里,作者指出:在《史记》中的传记文学部分,司马迁的史识实际上是他对历史事件和历史人物进行艺术概括的前提,而其中不少艺术概括很高的优秀作品又充分表现了他卓越的史识。史识与艺术概括在《史记》中结合得比较成功。在《司马迁对历史素材的艺术处理》一文里,作者对司马迁对历史素材的艺术处理作了研究,指出:一、司马迁善于从丰富的素材中提炼主题,然后再根据主题的需要选择和组织材料,并进行必要的艺术加工。二、司马迁在历史材料的选择上,往往通过偶然性来揭示必然性,通过个别来表现一般,从而引起读者的联想,给人以思考的余地。三、司马迁的传记文学还善于用扬抑法和对比法来造成文章的波澜,增强人物形象的鲜明性。在《〈李将军列传〉艺术谈》一文里,作者就《李将军列传》在塑造人物形象方面提供的艺术经验,作了一定的探讨。其它几篇文章,如《论〈淮阴侯列传〉的思想和艺术》、《试论〈史记〉对后世文学的影响》、《读〈高祖本纪〉》、《读〈屈原列传〉》、以及《"史家之绝唱,无韵之〈离骚〉"试释》等都从文学角度对《史记》作了论述,颇有参考价值。

《司马迁论稿》 聂石樵著。北京师范大学出版社 1987 年出版。这是一部研究司马迁及其《史记》的专著,作者在《自序》中指出:我国古代诸子散文、史传散文发展到汉朝,达到了顶峰,这个顶峰的代表就是司马迁。《史记》的体裁,主要是以描写人物为中心的传记体,也就是传记文学。这在我国文学史上是个开创,从司马迁开始才系统地集中地给人物写传。司马迁的文章是严格的散文体,他有意识地避免偶句,而专心熔炼散句,他的文章的语言比较接近当时普通的口语。《史记》以善于叙事著称,司马迁强烈的倾向性和鲜明的褒贬态度,有时不是通过发议论表现出来,而是包含在对人物、事件的具体叙述之中。全书共分五章,第一章"司马迁的生平",介绍了司马迁的生平事迹,即"家世渊源"、"诞生龙门"、"少年生活"、"二十岁漫游"、"侍从和奉使"、"从巡封禅、负薪塞河"、"为太史令,开始著述"、"为李陵受辱",最后对司马迁之死作出了自己的推断;第二章"司马迁的思想",介绍了司马迁经学思想的渊源、政治思想、哲学思想、历史观点和文学观点,以及学术思想上对其父司马谈的继承和发展;第三章"伟大著述的内容",介绍了《史记》的主要内容,即讽刺汉朝最高统治者、揭露汉武帝时代的社会矛盾、批判汉儒、谴责诸侯王叛乱、惋惜对匈奴用兵"建功不深"、歌颂陈胜、吴广起义、赞扬"游侠"、崇尚"货殖"、推许"刺客";第四章"司马迁笔下的主要人物",作者列举了《史记》中所描写的一些主要人物,如孔子、商鞅、屈原、李斯、项羽、刘邦等共十余人。第五章"司马迁的文笔",作者指出:司马迁不仅具有卓越的史学才能,而且具有卓越的文学才能。作者从七个方面具体研究和论述了司马迁文章的特点,一、善于把握历史的重要问题,描述它的变化的脉络和原委;同时,叙事论理,注意翔实而不空疏,质朴而有文采。二、直书其事,不作曲笔,述事准确,并无伪造。三、有严谨的写作态度,描绘历史力求准确,善恶必书,而且力求恰如其分,对美不虚夸,对恶不隐讳。

四、考察历史人物或历史事件产生的原因、经过和结果,对其整个过程进行全面的分析,得出足资借鉴的经验;同时,在考察历史的进程中,能从盛世看出衰败的征兆,从表面的煊赫看到内里蕴含着的危机,也就是用变化的眼光来看待历史。五、对历史的评价,只是通过对具体史实的叙述体现出来,此外不另作评论。这是一种优良的史笔,同时也是一种卓越的文笔。六、司马迁是以写人物传记的形式来写历史的,整部《史记》是以人物为中心展开了我国约三千年的社会生活史的,从历史和文学的角度看,这确是一项创造。七、司马迁在语言方面的成就是很高的,他对语言下过很深的琢磨和锤炼工夫,他善于选择、摄取那些比较雅驯、确切的语言,他所熔铸和创造的语言,在我国语言艺术史上有划时代的意义。在结束语一节里,作者指出:在史学方面,司马迁主要吸取了《尚书》、《春秋》、《左传》、《国语》、《战国策》等的内容和创作精神;在文学方面,司马迁吸取了《诗经》和《楚辞》的创作方法和精神,并有很大的创造和发展。

《王充卷》 蒋祖怡著。中州书画社 1983 年出版。本书是作者 30 年来对王充研究的成果,共分五个部分。在《自序》里,作者论述了有关王充的著述、有关《论衡》的篇数、有关王充思想的评价等问题。《前言》总述了王充的时代、思想、进步文学观和他对当时写作上的复古、形式主义倾向的批判。第二部分介绍了王充的生平和著述,对其《养性书》、《政务书》作了分析介绍,提出了自己的意见。第三部分探讨了《论衡》的篇数问题,作者认为《论衡》原本是 85 篇,除现缺《招致》一篇以外,并无其他的佚篇。作者进而对《论衡》85 篇作了解题并列举出《论衡》佚文若干条。第四、五两部分是"王充年谱"、"《论衡》的版本和序跋"。"附录"为后人的评述若干篇。总之,此书是近年来比较完整研究王充的资料性很强的一部论著。

《鲍照与庾信》 刘文忠著。上海古籍出版社 1986 年出版。本书共分四章,第一章论述了鲍照与庾信所处的时代和文学概况。第二章专论鲍照,作者在介绍了鲍照的生平和诗歌作品以后,论述了鲍照的赋和文,特别分析了鲍照的《芜城赋》和《登大雷岸与妹书》,从而概括了鲍照赋与文的创作成就及其在文学史上的地位和影响。第三章专论庾信,同样是在介绍了庾信的家世、生平以后,论述了他的创作,作者将他的作品分为前后两期,分别阐明了两个不同时期里庾信的创作情况,特别列出专节,论述庾信后期的赋作。作者对庾信作品的艺术风格和艺术成就也作了概括地评论。在最后的"小结"里,作者对鲍照与庾信作了概括的比较和论述。

《望乡诗人庾信》 仲优民著。吉林大学出版社 1988 年出版。此书是一部庾信评传,前几章主要介绍庾信的生平,后几章重点论述其作品。《赋比屈宋 遒劲哀怨》一章指出:庾信早年在南朝创作的赋,流传至今的只有七篇,几乎全部描写女性,多表现贵族阶级荡冶情思的低级趣味,客观上暴露了上层社会的颓废腐朽;庾信后期赋作,传诵千古,最有价值的是那些把咏怀与写景、抒情与叙事巧妙结合,把倾吐个人离愁哀怨和描绘时代风云变幻融为一体的名篇。《文齐潘陆 富博苍凉》一章指出庾信骈文现存有 110 篇,几占庾集三分之二,继而又按书信表启、连珠、铭赞、教文序传、碑志等五类分别作了论述与介绍。经过分析,作者指出:由于主、客观的原因,庾信骈文风格,前后变化显著,早期文风绮丽,晚期文风雄健。在艺术上,庾信骈文常常采用抒情与叙事相结合的笔墨,娓娓动听,亲切感人,其语言,既通俗易懂,又清新隽秀。在《高瞻六代 永放异彩》一章里,作者论述了庾信在文学史上的地位及其影响,指出庾信是中国文学史上的杰出作家,他的作品不仅真实地再现了他的时代,而且集六朝文学之大成,开唐代文学之先河,起着承前启后的桥梁作用。全书最后附有《庾信年表》,对庾信及其作品的研究很有帮助。

《〈水经注〉研究》 陈桥驿著。天津古籍出版社 1985 年出版。此书共收论文 43 篇,是一部历史地理学著作,此书出版后,一些评论认为它是"郦学研究进展的重要标志","是我国第一部研究《水经注》的专集"。山西人民出版社 1987 年出版了续集《〈水经注〉研究二集》,收入论文 20篇,其中如《论郦学研究及其学派的形成与发展》、《近代郦学研究概况》、《关于〈水经注疏〉不同版本和来历的探讨》、《郦道元与徐霞客》、《〈水经·江水注〉研究》等文章所论,虽然仍属于历史地理学范围的内容,但对从文学角度研究《水经注》,无疑有很高的参考价值。

《唐代进士行卷与文学》 程千帆著。上海古籍出版社 1980 年出版。此书分九章论述了唐代进士行卷这种社会风尚与唐代文学的关系,其中有《行卷对推动唐代古文运动所起的作用》一章,作者指出古文运动与进士科举及行卷风尚关系的密切,主要还不是表现在韩愈等人在文坛上初露头角、以古文行卷从而获得进士登第的时候,而是表现在后来他们在社会上文坛上已经成为当世显人、其力量已经足以左右文风、并能够接受后进行卷、将其向主司或其通榜者加以揄扬和推荐的时候。正因为韩愈等人入仕以后,已经在文坛上树立起了古文的旗帜,而又能荐举后进,并且乐于荐举后进,许多后进才踊跃地接受其文学主张,并且积极地写出符合于这种主张的作品,献给他们,以求知己;而韩愈等人则又利用这种与后进接近的机会来大力宣传和推动古文。这就形成了一种更有利于促进这一当时新兴的文学运动的连锁反应。在《举子及显人对待行卷的态度及其与文学发展的关系》一章里,作者指出唐代有些行卷作品对文学的发展有明显的推进作用,如皮日休的《文薮》便是这样的作品。皮日休以严肃的态度从事写作,企图在作品中表达自己进步的政治、社会观点,体现较高的艺术水平。罗隐的《谗书》也是同类作品。他们都是利用行卷这一方式来宣传自己所持有的进步观点,抨击其所不满和反对的种种不合理的社会现实的。

《唐宋八大家》 吴小林著。安徽人民出版社1984年出版。本书共分十章,一、二、五、十等章带有总论性质,其他几章分别是对唐宋八大散文作家——韩愈、柳宗元、欧阳修、王安石、曾巩、苏洵、苏轼、苏辙的专论。在"唐宋八大家名称的由来"一章里,作者指出"唐宋八大家"这一称号的出现,不是偶然的,而是当时文学斗争的产物,是为了表达一种散文主张而提出来的。作者还分析了"唐宋八大家"这个称号本身不够科学的地方,同时说明了这个名称一经提出,就为人们所接受的原因,是因为这个称号从主要方面看,有它合理的内核。"因为它以极其简炼的五个字概括了唐宋时期八位互有联系而又独树一帜的著名散文作家,基本上反映了我国散文史上一个重要时期的面貌。"在"'唐宋八大家'的地位和影响"一章里,作者指出:"唐宋八大家"扫除了我国散文发展道路上的障碍,六朝以来被败坏了的文章之道,在他们的手里得到振兴,从而使散文发展进入了一个新的时期,在整个散文史上起着承前启后,继往开来的作用,具有崇高的地位。"唐宋八大家"的创作体现了唐宋散文的最高水平,形成了继先秦、两汉之后的又一个散文创作高峰,也是我国散文史最后一个光辉时期。除了总论以外,作者用主要篇幅分别介绍和论述了唐宋八大散文家,在"韩愈'文起八代之衰'"一章里,作者介绍了韩愈坎坷的经历和矛盾的思想以及他"文以载道"和"不平则鸣"的文学观点,又从"缜密雄健的论说文"、"鲜明生动的记叙文"、"婉曲深挚的抒情文"以及"雄奇的散文风格和卓绝的语言艺术"等方面介绍和研究了韩愈的散文作品。在"柳宗元卓越的散文成就"一章里,作者介绍了柳宗元抑郁而坚贞的一生和"褒贬讽谕"的观点,也从"深刻雄辩的议论文"、"精严生动的传记文"、"警策隽永的寓言"、"情景交融的游记"以及"沉郁峻洁的散文风格"等方面介绍和研究了柳宗元散文的思想内容和艺术特点。在"北宋文坛领袖欧阳修"一章里,作者首先概括地介绍了作为刚正不阿的政治家和勇于革新的文章家的欧阳修,继而介绍了欧阳修提出的"穷而后工"和"易知易明"等主张,最后也从"委婉爽健的议论文"、"情文并茂的记叙文"、"寄慨遥深的抒情文"以及"婉曲平易的散文风格"等角度论述了欧阳修的散文创作。在"宋代最杰出的散文家苏轼"一章里,作者首先以"政治家的悲剧和文学家的幸运"为题,介绍和论述了苏轼的生活道路和一生事迹,接着论述了苏轼提出的"文理自然,姿态横生"的散文主张,最后从"汪洋恣肆的论说文"、"异彩纷呈的杂文"、"似诗如画的散文赋"以及"挥洒自如的散文风格"诸方面对苏轼的散文作品做了全面的介绍和评价。在其他几章里,作者分别用"改革家的斗争生涯,政治家的散文主张"和"刚劲的笔力,奇峭的风格"为标题介绍了王安石的生平、文学主张和散文创作;用"一个颇有政声、深于儒学的古文家"和"雍容平和之文"为题介绍了曾巩其人其文;用"科举考试中的败者,古文创作上的名家"和"雄辩恣肆的散文"为题介绍了苏洵的生平和古文创作的成就与特色;用"提倡'养气'说的著名散文家"和"汪洋澹泊的散文创作"为题,介绍了苏辙的生平、文学主张和散文创作。总之,作者对"唐宋八大家"的介绍较为详细、准确,他总结了前人的研究成果,结合自己的研究,提出了一些新的观点。另外,还有两章分别论述了"唐代古文运动"和"宋代新古文运动",这对读者了解"唐宋八大家"的生平、文学主张和散文创作很有帮助。

《韩愈柳宗元文学评价》 黄云眉著。齐鲁书社 1979 年出版。这部著作由正文 2 篇、附文 1 篇、新唐书韩柳传及韩柳碑志 5 篇和韩柳散文 48 篇组成。两篇正文为《韩愈文学的评价》和《柳宗元文学的评价》。在《韩愈文学的评价》一文里,作者认为对韩愈的肯定,主要是韩愈的文学,不是韩愈的儒学。"韩愈的文学,是有卓越的成就的,而他的儒学,则仅仅跨在文学的背上腾踔虚誉而已,它的本身谈不到有什么独立的成就。"作者从韩愈所处时代的经济、韩愈的阶级成分及其生平等方面论述了韩愈文学取得成就和存在局限的主要因素;继而指出韩愈文学成就的取得,有家学渊源,及其和前辈的师承等原因,更重要的是韩愈自己数十年的不懈努力的结果。接着,作者论述了韩愈文学的进步形式,即"以自己创造的辞汇,结合着正确的流畅的语法,来表达它的内容"。最后,作者分析了韩愈"文学内容所以赶不上文学形式"的原因。附在这篇正文之后的,是一篇题为《读陈寅恪先生论韩愈》的文章,这篇文章认为陈寅恪先生《论韩愈》一文,虽有新见,但缺乏足够的坚实的论据,过高估计了韩愈的唐代文化史上的贡献,并就韩愈儒学、文学等方面内容提出了自己的意见。在《柳宗元文学评价》一文里,作者首先论述了柳宗元所参加的政治集团的进步意义,指出由于中小地主思想意识里积极的一面起了作用,柳宗元"清楚地看到了当时政治上旧势力的落后性和新势力的进步性,然后才参加这个在他以为符合他的政治改革愿望的集团的"。其次,作者通过分析柳宗元的作品,肯定了他在政治斗争中的战斗精神,指出他是一个品德和作品统一的杰出作家,离开他的政治活动和政治思想要了解柳宗元文学的精神实质是困难的。最后,作者分析了柳宗元文学在唐代古文运动中所起的领导作用,指出他发挥的领导作用,不如韩愈那么大,其原因是:"一、在指示文学改革的方向上,韩愈较柳宗元为明确";"二、在达成文学改革的愿望上,韩愈较柳宗元为坚决"。正文之后所附的传记材料及韩柳二人的散文作品,对理解作者的论点很有帮助,因此它们也是这部著作不可缺少的部分。

《韩柳欧苏古文论》 陈幼石著。上海文艺出版社 1983 年出版。本书前四章分别论述了韩愈、柳宗元、欧阳修、苏轼四位古文家的文学主张和散文成就,最后一章是结论,论述了唐宋古文遗产的意义和价值。在《韩愈:"道""文"的复古与正统的建立》里,作者从三个方面论述了韩愈的历史作用,即一、他首先是一个划时代的文学理论家,他关于"道"、"文"统一的学说,为极端形式主义的骈体文敲响了丧钟;二、他创造了一种散文体,以后这种文体就被普遍认为是中国传统中正统的文体;三、作为一个散文作家,他的主要贡献是把"古文"提高到真正的文学境界。四、他是孔学复兴运动的奠基者和倡导者。在《柳宗元对"文"统与"道"

统的新探索》里,作者分别从"柳宗元的文学观"、"'文以明道'中柳宗元的'道'观"、"'文有二道'和柳宗元的文学观"、"柳宗元著作中的'自然'"、"山水游记中的自然:'寄'的抒情手法"、"动物寓言和反嘲手法"、"本性(的自然)说和人道趋善的必然性:载道的传记手法"等方面论述了柳宗元的文学理论和散文作品。在《欧阳修的文学理论与实践》里,作者首先介绍了欧阳修文学观的理论基础,并以其代表作《醉翁亭记》为例,分析了欧阳修是如何在自己的作品中把他的文学理论付诸实施的。在《苏轼文学理论中的"变"和"常"——兼论〈赤壁赋〉》里,作者对苏轼的文学主张及作品作了详尽的评述。在结论里,作者从不同方面阐述了古文传统、"重评韩、柳交谊"、"古文的文化遗产"等论题。

《韩愈及其作品》 刘耕路著。吉林人民出版社1984年出版。这部著作由"韩愈评传"和"韩愈诗文选注"两部分组成。作者在介绍了韩愈的生平以后,分别从政治家、思想家、文学家的角度对韩愈作了高度评价,在"文学家的韩愈"一节里,作者论述了韩愈与"古文"运动的关系,指出:韩愈是古文运动的"刘邦",他不是发难者,却是成功者。韩愈的贡献首先在于使"古文"的理论更充实、更条理,更完整了;其次,还在于他的散文创作实践,即在于他的示范作用;第三,在于他广招后学,奖掖后进,培养了一代文人。作者还分析了韩愈取得巨大成功的主、客观原因,如他一生的主张和作为适应了中唐社会历史的需要、前辈在古文创作上为他开拓了一段道路,他继承了前辈的成果;又如从主观原因看,韩愈博学多才,又具备一种韧性的奋斗精神,敢于冲破强大的习惯势力。这些分析还是比较准确的。在这一节里,作者还对韩愈的散文作了分析和评价,作者按议论文、记叙文、抒情文三类,对韩愈的散文作品作了概要的介绍。作者把韩愈散文的艺术特色总结为:一、气势充沛,豪逸奔放;二、曲折多姿,变幻莫测;三、罗辑严整,锐利雄辩;四、想象丰富,巧于取譬;五、语言融会古今,富于独创性。在"韩愈诗文选注"里,作者选了韩愈的赋和散文共30篇,"说明"简练准确,注释通俗易懂,可以参看。

《韩愈散文艺术论》 孙昌武著,南开大学出版社1986年出版。本书共分七章,主要论述了韩愈的散文艺术。前两章论述了韩愈的文学主张、韩愈"古文"思想内容的特征及其与艺术形式的关系。第三、四两章论述韩愈在改革文体与文风中的成就,指出:提倡"古文",改革文体不自唐代始,但提出"古文"文体这个具体概念是在唐代,而"古文运动"之得到质的提高,取得远远超出骈文的艺术成就并取而代之,功绩首推韩愈。韩愈针对骈文统治文坛长期形成的流弊,又鉴于以前提倡"古文"的人的教训,以雄健矫弱靡,以新奇矫陈腐,大大提高了"古文"的艺术格调,增加了耸动观听的感染力量。第五、六两章所论内容为写作技巧,第五章专论韩愈基本行文的技巧,作者将其概括为:精辟而形象的议论、洗练而生动的记叙、真切而细致的描写、质朴而热烈的抒情。在此基础上,第六章探讨了韩愈散文的某些艺术手法,即"立意"、"结构"、"讽刺"、"比喻",前两个方面是文章组织问题;后两个方面是文章表现问题,从而大体归纳出了韩文在艺术形式上的特征。第七章从散文创作艺术的角度,对韩愈散文语言的文学特征,分别从"形象性"、"主观性"、"形式美"、"提炼词语"等几个方面作了论述和探讨。最后作者还论述了韩愈在中国散文史上的影响与功过,指出韩愈凭着所取得的成就,包括散文艺术的成就,足堪列入中国文化史的伟人的行列。

《韩愈研究论文集》 多人著,韩愈学术讨论会组织委员会编。广西人民出版社 1988 年出版。本书共收论文 35 篇,内容以韩愈在我国历史上的地位和作用为中心,涉及韩愈的政治思想、哲学思想、文艺思想、文学成就以及诗文创作。其中《韩愈的历史地位》(任继愈)、《韩愈道统论的得失及其对中国民族心理的影响》(罗宗强)、《韩愈的文学思想述略》(季镇淮)、《关于韩愈文艺思想的几个问题》(张少康)、《从骈文的演变看韩愈倡导古文运动的意义》(王景霓)等论文都有很高的学术价值。杨勇《论韩愈文之文气》,论述了韩文的特色,即不论任何一篇,都会觉得气势磅礴,痛快淋漓,进而研究了"韩文文气的成因"、"文气的形象"、"体味文气的要领"、"韩公之增强文气法"等问题。康达维的《论韩愈的古赋》,对向为人忽略的韩愈的《感二鸟赋》等古赋作了细致的分析和研究。刘知渐《韩愈在中国文学史上的功与过》,指出韩愈在中国文学史上是功大于过的,但他的认识水平不够高,而又受到过分的推崇,他的功与过,有历史的因素,也与个人教养有关。本集中还有些文章介绍了韩愈在潮州的事迹,或者对韩愈的籍贯作了细致的考证,都有一定的参考价值。

《韩愈新论》 何法周著。河南大学出版社 1988 年出版。本书共收8 篇论文,集中讨论了抑韩思潮中关于韩愈思想方面的八个问题,即"评所谓韩愈诛杀劳动人民说"、"论韩愈的人性观"、"兼评所谓韩愈谀墓之说"、"论韩愈的民本仁政思想"、"兼评儒家思想保守说"、"再论韩愈的政治态度"、"论韩愈的人才思想"、"论韩愈历史上的一桩遗案"。为了同韩愈原作等第一手材料相互印证,每个专题之后都附有一定数量的原文。在"前言"里,作者对近百年来抑韩思潮作了概括的评论。书后有《韩愈语言创造的一项丰硕成果——韩愈诗文成语集锦》和附录《韩愈及其著作研究索引》。

《韩愈叙论》 胡守仁著。江西人民出版社 1989 年出版。此书对韩愈及其作品作了系统的研究,分别论述了韩愈的籍贯、家庭和生平;韩愈的入世思想、儒学思想以及他反对藩镇割据和同情人民疾苦的政治思想倾向;韩愈的文学观点及其诗文创作。作者对韩愈在古文运动中的作用给予高度评价,指出韩愈是古文运动的领袖,这场古文运动是中国散文史上的一座丰碑,永远放射着光芒。对韩愈的散文创作,作者用专章作了介绍和评论,指出在韩柳以前,出现了一些古文作家,他们写出了一些较好的作品,但要成为一个突出的高峰,却只有韩柳,而韩比柳更胜一筹。韩愈的散文在当时就受到人们的赞扬,这原因之一就是他从小就非常致力于读书写文章,并善于从前人的作品中汲取营养,渐渐熔铸成家,形成了自己的风格,有些文章,看似好象表现了韩愈所独有而别人所无的艺术风格,但这些文章也是长期学习古人的结果。其散文作品在艺术上很有特点,或者用笔曲折顿挫,令人回肠荡气;或者以奇崛之笔,刻划山川之险,字句烹炼,气势雄伟;或者语谐意庄,含有深刻的寓意;或者信笔所至,脱去一切拘束,做到了情文并茂;或者一气舒卷,痛快淋漓,能使读者兴感无穷。韩愈的散文善于运用形象生动的语言,善于运用比喻,在字句安排上,有时以参差错落为尚,他还创造了许多新短语,很有生命力。最后,作者论述了韩愈散文的影响。

《柳宗元评传》 吴文治著。中华书局 1962 年出版。此书共有十五章,分别论述和介绍了柳宗元生活的时代、家世与出身、早年学习和科举活动、参加王叔文政治集团、被贬为永州司马,以及改贬为柳州刺史、悲剧的结局。作者对柳宗元的生平介绍比较客观,这对了解柳宗元其人其文很有帮助。作者还在"致力于文学创作"、"山水游记和'追求闲适'"、"古文运动中的旗手"等节里,比较集中的论述了柳宗元的文学成就,特别是对柳宗元传记散文的论述,比较深入。作者指出柳宗元的传记散文,不同于那些歌功颂德的应酬性质的传记文章,也不同于那些取材于历史上的英雄人物的传记;他的传记,大都取材于封建社会中那些被侮辱被损害的下层人物,并以《捕蛇者说》《河间传》《梓人传》为例加以说明。作者还结合柳宗元的生平和思想,分析了他的山水游记,指出柳宗元这一类作品,除了其中有一部分表现了他在无聊时追求闲适的情绪外,更多的作品则是写进了他自己的遭际和对当时现实的不满,抒发了他在政治上遭受打击、迫害的抑郁和不平。作者指出,从主导方面看,柳宗元选择山水景色作为自己创作劳动的对象,也只是基于他对大自然的热爱,以此来暂时强制转移他的悲愤抑郁的心情而已。作者以这些论断为依据,具体分析和介绍了柳宗元的《始得西山宴游记》等山水游记。在作者另一部著作《柳宗元简论》(中华书局 1979 年出版)里,作者发挥了这些论点,在"人物传记"、"《永州八记》"等章节里,对柳宗元的散文作品作了更为详尽、准确的分析。

《柳文指要》 章士钊著。中华书局 1971 年出版。这是一部专门研究柳宗元文集的著作,全书分上下两部,"上部依原集次第,逐篇加以说明",称为"体要之部",即照柳集原文编次,逐篇加以探讨,包括评论、考证、校笺等几个方面,"体要者,谓柳集本体所有事,必须交代清楚也"。下部是"通要之部",即按专题分类论述有关柳宗元和柳文的各项问题,如政治、文学、儒佛、韩柳关系等等,作者《总序》中说:"下部赅括千年来之评论,分别项目,如政治、文学、儒佛、韩柳交谊种种,各归部居,严加分析,号曰通要之部,通要者,谓各即品目而观其通,得所会归也"。在下部里作者的研究内容十分丰富,如"柳子厚生于今日将如何?""子厚之春秋学"(卷一·柳志);"唐代封建社会下之奴隶制"、"子厚哀永贞三诗"(卷二·永贞一瞥);"戈小莲书柳宗元平淮夷雅表后"、"梅圣俞之乞巧赋"(卷三·辑余);"子厚之视班孟坚奚若"、"元次山与子厚"(卷四·评林上);"焦里堂之于柳文"、"方望溪之视柳集"(卷五·评林下);"韩柳李"、"学韩先学柳之谬说"(卷六·第韩);"吕温""程异"(卷七·同时人物);"唐代文章流别之争"、"张文虎所谓唐文"、"宋初古文"(卷八·各代文风);"文与笔"、"文与道"(卷九·论文一);"郝伯常文说"、"黄忍庵论文"(卷十·论文二);"儒与佛"、"韩退之与大颠"(卷十一·佛);"柳诗"、"刘梦得与柳有关之诗"（卷十二·柳诗）；"柳州书法"、"柳子厚笔精赋"（卷十三，柳书）；"牛僧孺颂忠"、"吐谷浑词"（卷十四·杂录一）；"记里鼓赋"、"晋文公问守原"（卷十五·杂录二）。仅从每一卷里举的二、三个例子就可以看出这部著作研究的范围很广泛，"作者对柳宗元进行了长期的研究，引用了大量的材料，提出了自己的见解。书中对唐朝永贞政变作了评价，充分肯定了二王、八司马的政治主张"。"全书对柳文的思想和艺术都作了详尽的分析，并对有关的论著一一加以介绍和评论，为柳宗元的研究工作提供了一些线索"（《出版说明》）。总的看，这里的说明和评价还是符合实际的。

《柳宗元传论》 孙昌武著。人民文学出版社1982年出版。这部著作是近年来出版的系统研究柳宗元及其作品的新成果，共分十二章。在"生长在积衰动乱的年代"、"树立'辅时及物'之志"、"参加'永贞革新'"、"拘囚十年，待罪南荒"、"终生沦落、遗惠一方"等几章里，作者重点介绍了柳宗元生活的时代和他政治上的坎坷经历；在其他一些篇章里，结合柳宗元的生平和思想，介绍了他的文学活动和作品，如"创作'褒贬讽谕'之文"一章，作者指出柳宗元走入社会的时候，正是唐代文坛上文体、文风和文学语言发生巨大变革的时期，即新兴的"古文"与流行的骈文激烈搏斗并不断扩大自己阵地的时期。柳宗元学文章，开始是写骈体文的，后来受到时代风气的影响，转而学习"古文"。同时，他在参与政治斗争、接触现实生活的过程中，认识到那种"务辞采，夸声音"的"无用之文"，是不能有效地表达"辅时及物"的现实内容的，因此与韩愈比较，他更能把文体改革与政治改革联系起来，从现实斗争的实际出发来解决文体问题。他的《与太学诸生喜诣阙留阳城司业书》、《送杨凝郎中使还汴宋诗后序》、《辩侵伐论》等都表现了这种倾向。在"倡导'古文运动'"一章里，作者指出柳宗元在做朝官期间，已经自觉地写作"辅时及物"、"褒贬讽谕"之文，在"古文"的写作实践上做出了许多成绩，并提出了关于写作理论方面的一些重要看法，贬官以后，他被迫离开了政治斗争舞台，远离政争，就有可能穷精力于文学创作与理论著述，因而他在古文写作上也取得了更大的成就。他还奖掖后学，广泛宣传，总结"古文"的写作经验，写成了《答韦中立论师道书》等论文八书。由于他的提倡，"古文"在南方得以迅速普及。在"光辉的文学业绩"一章里，作者概述了柳宗元的创作成就,指出在传统文学批评中.柳宗元被看成是"古文"家,明代以后.他被尊为"唐宋八大家"之一,也被看成是写"古文"的典范。在柳宗元的文章中,占有较大比例的是杂文、寓言和山水记。他的杂文与那些哲学、政治、历史论文在性质上有着明显的不同,在艺术上取得了较高的成就,对后代散文的发展影响也较大;柳宗元的山水记,是他散文创作中具有高度艺术技巧和最富于艺术独创性的一个部分。他的著名的"永州八记"等作品,生动表达了人对自然美的感受,丰富了描绘自然山水的艺术手法,开拓了古典散文反映生活的新的领域,从而确立了山水记做为独立的文学体裁在文学史上的地位;柳宗元汲取了诸子寓言的传统,借鉴了六朝以来的小说和杂文的写作技巧,发展成为一种思想深刻、概括性强而又形象鲜明、情节生动的富有独创性的寓言文,这是柳宗元在散文发展上的一个贡献。最后,作者在"柳宗元评价问题"一章里,就柳宗元的思想倾向及其与创作的关系、柳宗元的政治态度、柳宗元诗文本身的评价与继承等问题,结合前人的研究成果,提出了自己的观点和意见,指出了目前柳宗元研究中还存着的问题,如柳宗元文集一直没有一个理想的版本,与此相联系的是,柳宗元作品的注释存在许多错漏;另外,对柳宗元生平事迹,还缺乏细致研究。

《柳宗元散论》 高海夫著。陕西人民出版社 1985 年出版。本书共有八篇文章,其中前三篇,即《论"大中"——兼谈韩柳的思想分歧》、《"大中之道"和柳宗元的斗争精神》、《柳宗元"以生人为主"的政治思想》专论柳宗元的思想;后五篇,分别论述了柳宗元的文学主张、"文以明道"说和柳宗元的创作实践以及柳宗元的散文、诗歌和辞赋。在《柳宗元论'文'》一文里,作者从"文以明道"和"卓然自得"、"慎文采"和"文有二道"、从"不必罪俳"到"尽天下之味以足于口"、要求学习遗产但反对"荣古虐今"等几个方面,论述了柳宗元在总结前人创作经验的基础上所提出的一系列文学主张,指出这些意见,不仅对当时的古文运动起了指导作用,而且在今天看来不少地方还是有借鉴意义的。在《"文以明道"说和柳宗元的创作实践》一文里,作者在介绍了"文以明道"说的含义以及这一主张提出的意义以后,指出:总观柳宗元的全部散文创作,应该说他是实践了他"文以明道"这一主张的。这类作品,都是或直接或间接或这样或那样地体现了他的所谓"道"的。这类作品,大约可分为如下几类;一、有一部分作品,以不同的方式,从不同的方面表现了他的社会政治的理想和愿望。二、在柳宗元的散文中,更为常见也更为突出的一部分内容,是对当时社会政治现实中的种种病态、弊端,以及统治阶级中腐朽、丑恶的种种表现的揭露、批判与嘲讽。三、柳文中还有一类作品,重在抒情,或自抒胸臆怀抱,或倾诉政治遭遇之不幸,有的正言书愤,有的反语致慨,这同样是他所谓"道"的体现,只是其方式与前两类作品又有所不同而已。四、柳宗元的山水游记,形象生动,情景交融,这些山水游记描写了大自然的景色,渗透着作者抑郁的情怀,表现了作者不满现实而纵情山水的思想。它们同样是柳宗元所谓"道"的某种体现。在《柳宗元的散文艺术》一文里,作者指出:柳宗元的散文,不仅思想新颖,卓有识见,较少迷信先贤、盲从旧说的奴性色彩,敢于对当时社会政治、现实生活中种种败坏腐朽的现象给予揭露和批判,因而具有丰富的现实意义和强烈的战斗精神,而且,在艺术上也富有创造精神。柳宗元的论说文既精警杰出,深刻透辟,又典正简洁,细密精严,劲健有力。讽刺小品是柳宗元散文中最有创造性、成就最为突出的部分之一。这些讽刺小品,或亦可称之为杂文,有的抒情,有的议论,有的叙事,有的刻画人物形象,有的描绘自然景物;有的直言写意,有的反语幽默,有的托物寓愤。它们大多笔锋犀利,短小精悍,意味深厚,又多具强烈的战斗性或讽刺性。对"记"这一文体在唐代的兴盛和发展,应该说柳宗元是有突出贡献的。他的这类作品,不仅数量多,而且思想内容丰富多彩,艺术技巧精湛独到,如柳宗元以"永州八记"为代表的山水游记,特别受到后人的赞赏。在"别具特色的其它散文"一节里,作者介绍了柳宗元的赠序、书信、碑志等散文作品的思想内容和艺术特点。本书最后一篇文章《柳宗元的辞赋》也有一定的参考价值。

《柳宗元散文艺术》 吴小林著。山西人民出版社1989年出版。本书共十章,大体分为三个部分,第一章论述了柳宗元"文以明道,褒贬讽喻"的散文主张;第二至第六章按柳文的各个文体作了艺术分析,这几章的标题分别为《议论和抒情的结合——杂文的艺术特点》、《精严生动,传神毕肖——传记散文的艺术特点》、《短小警策,蕴藉隽永——寓言散文的艺术特点》、《文中有画,情景交融——山水游记的艺术特点》、《抒情浓郁,讽刺强烈——辞赋的艺术特点》。第三部分从总体上论述了柳宗元散文的艺术特色,作者指出:柳文的艺术风格,既有主导的方面,又是丰富多样的。总的看,其风格是沉郁凝敛,冷峻峭拔,柳宗元散文好比凄清悠深的"幽篁曲涧",具有一种幽美;这种风格的形成,不仅和柳宗元长期被谪受贬的遭遇经历、愤世嫉俗的思想感情和富有批判锋芒的作品内容有关,而且与他具有凄幽、愤激、冷峻的色彩,浓郁的诗意,明显的讽谕性、象征性,屈曲峻峭的笔法诸艺术特色也是分不开的。柳文结构的主要特点是既严谨有序,一气贯通,又灵动多变,曲折起伏,往往能给人以严正精巧的感觉,成为我国古代散文结构艺术的典范之一。柳宗元散文写得优美生动,这与他卓越的语言艺术有密切的关系。柳文的语言,具有峻洁、劲峭、精丽、形象的特点。最后一章以《双峰并峙,各有千秋》为题,对柳宗元和韩愈的散文作了深入的比较,作者认为柳韩二人的散文,除表现出共同的特色外,在某些方面也有高低之分和差异,尤其在散文艺术方面,都独具特点,各有千秋,这是他们在散文史上产生独特影响的原因所在。总之,本书通过纵横结合,文体评价和散文鉴赏兼顾的方式,全面地揭示了柳宗元散文创作的艺术规律。因此,它是近年研究柳宗元散文的一部很有价值的学术著作。

《刘禹锡传论》 吴汝煜著。陕西人民出版社 1988 年出版。此书为"中国古代作家研究丛书"中的一种,由十四章组成,前八章主要叙述了刘禹锡的生平,第九章论述了刘禹锡的思想,第十、十一、十二、十三四章详细地论述和分析了刘禹锡文学思想和诗歌创作,最后一章专论刘禹锡的散文,作者先论述了刘禹锡在唐代古文运动中的地位,指出他在理论和创作实践两方面都对韩、柳提倡的古文运动作出了贡献;继而,作者论述了刘禹锡的散文成就,指出在刘禹锡的散文创作中,以论说文的成就为最高,他的论说文,不仅内容丰富,而且在艺术上也很有特色。刘禹锡的论说文有"富于卓识"、"因小见大"、"巧丽渊博"等特点。刘禹锡的记叙文也有不少佳作,如《救沉志》等均是叙事与议论相结合的好文章。另外,刘禹锡的抒情散文和一些短小的诗序也都值得一读。作者还对刘禹锡的《陋室铭》作了专门的论述,指出它短小精警,是一篇千古名文,是刘禹锡散文作品中的代表作。最后,作者论述了刘禹锡散文的渊源与影响。

《欧阳修》 张华盛著。安徽人民出版社 1981 年出版。此书共四章,可以分为两个部分,前一部分是对欧阳修的评论;后一部分是欧阳修文学作品的评注。作者在论述了欧阳修的生平和政治主张以后,重点论述了欧阳修领导的北宋诗文革新运动,作者指出:从北宋统治阶层内部的政治斗争可以了解诗文革新运动的历史原因;从时文、昆体诗的控制文坛可以了解运动向前发展的艰巨性,这就是北宋诗文革新运动的社会背景。如果没有梅尧臣、苏舜钦、尹洙等人阐发文论,创作诗文,便不可能把宋初诗文革新的启蒙运动引向深入;如果没有欧阳修对他们的极力褒扬,他们在文坛上的威望和影响也将大为减色。他们之间彼此促进,互相揄扬,对北宋诗文革新运动的中期发展,产生了前所未有的作用。而推倒时文、西昆体诗,奠定北宋一代文体诗风的不是别人,正是欧阳修,进而,作者从"学韩辟佛、复古非今"、"阐明理论、指引革新"、"发表诗话、抨击西昆"、"罢黜时文、提举后进"、"大兴创作、绮丽销声"等几个方面论述了欧阳修之所以能领导北宋诗文革新运动取得成功的措施和原因。在《欧阳修部分散文评注》里,作者指出欧阳修的散文具有这样几个特点:一、简明自然,条达疏畅;二、雄辩宏辞,以理服人;三、纡馀委备,容与闲易;四、富于挚情,清音幽韵。并选了欧阳修《朋党论》、《醉翁亭记》、《秋声赋》等9篇文章分别作了注释和解说。

《欧阳修》 郭正忠著。上海古籍出版社1982年出版。此书较系统地介绍了欧阳修的生平和文学成就,其中《欧阳修散文的特色和影响》一文专论欧阳修的散文,作者认为欧阳修的散文,种类颇多,大体上说,可以分为三类。一类称为"经旨"、"辨"、"论辩"、"时论",包括对儒家经典旨意的质疑,对传统见解和史载的辩驳,对时事政策的评论,属于政论、史论和时事述评的性质。另一类称为"序""书"、"杂题跋"、"杂文"、"试笔"、"笔说",大抵属于文学批评和各种随笔、杂文和小品。这两类散文均以议论为主,间或杂有小叙。它们大都内容充实,观点新颖,笔锋犀利,具有一定的斗争性。第三类是"记"、"传"和"祭文",属于叙事、绘景或抒情性质,间或略有小议。这类散文,艺术性最高。关于欧阳修散文的艺术特色,作者引用了周振甫先生概括的五点,即一、婉转曲折,态度从容;二、气势旺盛,措辞平易;三、结构严密,富有逻辑力量;四、一唱三叹,富有情韵;五、用词造句,精炼而有变化。作者还论述了欧阳修散文对同辈、晚辈及后人的影响。

《苏洵评传》 曾枣庄著。四川人民出版社1983年出版。本书共有十七章,分别论述了苏洵的生平事迹,他的政治思想、哲学思想、文艺思想以及他的散文、诗歌的艺术成就。在《"有得乎吾心而言"》一节里,作者指出:苏洵是北宋古文运动的有力推动者,他没有专门的文论著作,他的文论散见于他的文章和书信中,其主要观点是:一、反对时文,不肯"区区符合有司尺度";二、学习古文;三、强调文章要"得乎吾心",反对因袭前人;四、反对为文而文,强调文贵自然;五、主张文章应有为而作,言必中当世之过,六、探讨了不同文体的共同要求和不同写法。在《"君之文博辩宏伟"》一节里,作者指出苏洵的文章在当时文坛上之所以能产生较大的影响,这与他散文的艺术成就是分不开的。慨括起来,苏洵散文有以下特色:一、纵横恣肆,气势磅礴。苏洵散文深受战国诸家,特别是纵横家的影响。我国散文,包括纵横家的说词,往往感情充沛,气势磅礴,纵横恣肆,醋畅淋漓,滔滔不绝,笔带锋芒,妙喻连篇,形象生动,富有鼓动性,具有雄辩的说服力。苏洵的文章也具有这种特点,如他的《项籍论》等便是其代表作。二、结构谨严,说理周详。如苏洵的《谏论》上篇,颇能代表苏洵的文风;结构谨严。有总论,有分论,有小结,层次分明,前呼后应;全用事实说话;大量使用排比段,排比句,读起来朗朗上口,铿锵有力。三、曲折多变,纡徐宛转。如《与欧阳内翰第一书》开头部分便极尽行文曲折变化之能事。四、妙喻连篇,形象生动。苏洵的文章还以善作贴切的比喻见长,这些生动的比喻比说一大堆空道理有说服力得多,如《谏论》、《乐论》、《仲兄字文甫说》等文章里都有十分生动的比喻。五、语言直朴,意味隽永,苏洵的文章语言古朴、简劲、凝炼,而内涵丰富,能给人以回味的馀地,如《名二子说》虽仅有八十余字,但却言简意赅,在极其精炼的文字中,含有丰富的思想内容。在《"一时之杰,百世所宗"》一节里,作者指出苏洵是我国历史上著名的文学家,他的文学成就主要在散文上,他的散文对改变北宋文坛风气起了巨大作用,历代对苏洵散文的评价都很高,到了明清两代,苏洵散文更成为学习的典范,选家们编辑的一些范文选本都入选苏洵的文章。总之,在文学史上,苏洵上继韩、欧,下开苏轼兄弟,是一位承上启下的人物。本书的"附录"有两个内容,一、"苏洵年谱";二、"苏洵著述简介"。这两个附录对了解和研究苏洵其人其文很有参考价值。

《苏洵》 金国永著。中华书局 1984 年出版。此书分为两个部分,前一部分通过孕育隽秀之才的环境、少不喜学和游荡不学、年二十七后的发愤苦读、在家创作和名动京师、拒绝诏试和上书求官等内容的叙述,介绍了苏洵的生平。后一部分介绍和论述了苏洵的文学成就，指出苏洵强调必须要有自己的心得才能发为文章，因此他的文章往往反映出他的独立见解。苏洵的议辩文，格调高古，波澜起伏，抑扬顿挫，"如大江流水，汩汩滔滔；如空中咳唾，随风飘扬，使人读之朗朗上口，爱不忍释。"他的杂文，具有不同的风格，反映了苏洵文章风格的多样性，它们或者铺叙事物，随物赋形；或者借物寓慨，畅抒情怀，都比较注意描摹刻画，宛转曲尽，但却感情真挚，格调高昂。最后，作者还论述了苏洵的文学主张和他在文学史上的地位与影响。

《苏轼评传》 曾枣庄著。四川人民出版社 1981 年出版。本书共分九章，前六章主要介绍了苏轼的生平事迹，即"苏轼的家世和他的少年时代"、"仁宗、英宗朝的苏轼"、"神宗朝的苏轼"、"元祐更化时期的苏轼"、"绍述新政时期的苏轼"、"北归和病逝"。后面三章分别论述了苏轼的世界观、苏轼在文学史上的地位以及关于苏轼评价等问题。作者指出：苏轼一生都在大力推进欧阳修所倡导的古文革新运动，为肃清"五代文弊"进行了不懈的斗争，他说自己不学"求深"、"务奇"的"时文"，坚持"词语甚朴，无所藻饰"的文风。他主张文章要言之有物，要"意尽言止"。主张要讲自己信以为真的话，反对人云亦云，主张文以致用，要"有为而作"文章。苏轼认为文章应"文理自然，姿态横生"。苏轼对北宋古文革新运动的贡献，不仅在于他针对文坛时弊提出了许多精辟和深刻的见解；而且更在于他以自己大量的堪称典范的文章实践了自己的主张，使古文革新运动立于不败之地。苏轼一生写了很多政论和奏议。他的这类文章说理透辟，气势雄浑，洋洋洒洒，滔滔不绝，纵横姿肆，雄辩服人。苏轼的史论，善于在浩如烟海的史书中，发掘一些他人不易见到的新颖见解。在论证中，能广泛征引史实，忽放忽收，舒卷自如，议论风生，写出许多雄辩有力的文章。苏轼很善于用一些浅显、生动、贴切的比喻，阐明一些深刻的道理。苏轼一生很少作墓志碑传等应酬文字，但就在他所作的寥寥数篇碑传中，也有一些脍炙人口的篇章，其中以《方山子传》和《韩文公庙碑》最为有名。苏轼一生走遍了大半个中国，写了大量的游记，他的游记往往以描写、记叙、议论、抒情的错综并用为特点。苏轼还写了大量书信，其中也不乏佳作，如《答李端叔书》等，就"信笔抒意"，非常动人。苏轼的赋，现存20 多篇，大多是以散代骈，句式参差，用典较少，押韵不严的文赋，其前后

《赤壁赋》,就是这种文赋的代表作。另外,苏轼在散文方面的成就,不仅在于高文大册,还在于"小文小说"。苏轼《志林》和《仇池笔记》中的许多随笔,就是这种"小文小说"的代表作。总之,苏轼无论政论、史论、杂说,还是游记、碑传、书信、随笔,都写得如"行云流水",平易自然,明晰轻快,挥洒自如。在《关于苏轼的评价问题》一章里,作者指出:苏轼在文学艺术的各个领域都富有革新精神,从而取得了巨大成就,产生了深远的影响:一、苏轼具有多方面的文学艺术才能,在诗、词、散文、书法、绘画等各个领域都富有创造性;二、苏轼同欧阳修一样很注意奖拔后进,他继欧阳修之后,成了北宋文坛的实际领袖;三、苏轼的诗词散文,对后世产生了深远的影响。本书在正文之后,还附录了"苏轼年谱"、"苏轼著述简介"和"苏轼行踪示意图"。

《苏轼文学论集》 刘乃昌著。齐鲁书社 1982 年出版。这本论文集共收论文 17 篇,除专论苏轼诗词创作的几篇文章外,其他有总论苏轼及其作品的《苏轼简述》、《试谈有关苏轼评价的几个问题》,有专论苏轼文艺思想的《苏轼的文艺观》;有论苏轼与其他文学家交往的《苏轼与欧阳修》、《苏轼同王安石的交往》,还有《论佛老思想对苏轼文学的影响》等论述苏轼与佛老思想关系的论文。这些论文有的也涉及到苏轼的散文,如在《苏轼简述》里,作者叙述和评介了苏轼散文的成就,指出苏轼对散文用力很勤,他以札实的功力和奔放的才情,发展了欧阳修平易舒缓的文风,为散文创作开拓了新天地。作者又分别介绍了苏轼的谈史议政的论文和叙事记游的散文以及书札、题记、叙跋等杂文。较为系统研究苏轼散文的论文,在这本论文集中只有一篇专论,即《苏东坡的散文》。作者指出苏轼以奔放的才情,发展了欧阳修平易晓畅的风格,为北宋散文开辟了崭新的天地。他在继承前人的基础上形成了自己散文的独特风格,即他的散文以奔腾倾注、波澜层出见长。作者具体分析了苏轼的"谈史论政的论文"、"写人叙事和记游的散文"、"书札、序跋与杂著",指出苏轼的政论文中,有不少有的放矢,反映现实,抒写自己的政治抱负,表现出作者一定识见的优秀篇章,如《进策》、《决壅蔽》等便是这类论文;苏轼写人叙事和记游的散文,在苏文中艺术价值最高,最富有独创性,如《方山子传》、《喜雨亭记》、《超然台记》、《记承天寺夜游》等都是广为传诵、脍炙人口的名篇;书札、序跋、杂著等杂文,在苏轼散文中也占有重要地位,这类作品或叙友情,或写襟抱,或谈文艺,或论学术,最为直接地体现出作者的心胸、性格和识见,如《上梅直讲书》、《与李公择书》、《答参寥书》、《书吴道子画后》等都是很有价值和值得一读的文章。总之,作者认为苏轼散文不仅内容丰富,而且诸体皆备,不拘一格,艺术上有鲜明的个性,写作技巧变化多样,不少篇什被古人奉为文章楷模,在历史上具有广泛的影响。因此,对苏轼的散文遗产,是很值得研究和借鉴的。

《苏轼新论》 朱靖华著。齐鲁书社 1983 年出版。此书收苏轼研究论文 10 篇,除几篇专门研究苏轼的诗词及文学观点的文章以外,有的研究了苏轼的生平和思想,如《论苏轼政治思想的发展》、《苏轼与王安石、司马光的异同》;有的研究了苏轼在北宋诗文革新运动中的作用和他具体的散文作品。在《苏轼是北宋诗文革新运动的真正完成者》一文里,作者针对"欧阳修是北宋诗文革新的最后完成者、是诗文革新理论的集大成者"的观点作了深入分析,指出欧阳修由于主客观条件的限制,只能成为诗文革新运动的继往开来者;而苏轼却完成了北宋诗文革新运动的大任,其标志是:一、从"文"的角度,对"道"提出了划时代的理论解释;二、提出了"道"、"艺"并重的理论,并在"艺"上深入探索;三、彻底廓清西昆体的影响;四、反对所谓"务奇"新弊和"重道轻文"的倾向;五、把诗文革新精神贯注到各种文体形式中去,如他的散文,雄浑奇崛,打开了广阔的题材疆域,在艺术上,结构多变、语言明快,表现出独创性。在《前、后〈赤壁赋〉题旨新探》一文,作者根据作品的实际和苏轼的自书题跋,并结合两赋创作的时代背景,得出了这样的结论:两赋是为慨叹北宋皇朝对西夏作战失利,骄纵轻敌,导致国危势弱而写作的。作者还进一步详尽地论述了两赋深刻的思想内涵。

《苏轼及其作品》 丛鉴、柯大课著。吉林人民出版社 1984 年出版。此书由苏轼评传和作品选注两部分组成。在"苏轼评传"这一部分里,作者结合他的生平事迹,介绍了他的散文创作,如在介绍苏轼凤翔时期的生活时,作者指出:这一时期苏轼还写了一些著名的散文,他为凤翔郡写的《凤鸣驿记》,记述凤鸣驿的变化及修整过程,内容详实,文字质朴。《喜雨亭记》表现了作者关心农事,关心民生,积极入世的精神,文笔活泼,行文富于变化,联想丰富,代表了苏文的风格特点。《凌虚台记》表现了苏轼对北宋封建王朝的深刻认识,文章调子低沉,奏出了一个时代衰落前的哀音,但作者的态度仍然是执着于现实的。这时期苏轼的文学散文已具备"不择地而出"如"行云流水,姿态横生"的特色。在介绍苏轼密州时期的生活时,作者指出:这一时期,苏轼也写了许多散文,重要的如《超然台记》《盖公堂记》。《超然台记》写他对逆境,对困难,对艰难生活,对政治上的冷遇,对一切不愉快的事情,都能采取超然物外,不计荣辱的态度,因此能够始终保持开朗豁达,自得其乐的心情。《盖公堂记》赞扬了无为而治的思想,主张让人民休养生息。在"结束语"一节里,作者对苏轼散文创作给以高度评价:苏轼散文文理自然,姿态横生,挥洒自如。他的一些文章常常是信手拈来,自然成文,他不拘题材,不拘形式,有感而发。他的散文富于变化,内容章法奇特,波澜起伏,反复跌宕,意趣不凡,引人入胜。另外,他的散文也富于哲理,描写事物生动传神,行文如流水,气势磅礴。他的论文,论辩滔滔,说理透辟,语言平易。苏轼是我国文学史上对后代影响最大的作家之一,他的诗文不仅影响到宋元明清的诗文,甚至对《红楼梦》《聊斋志异》等作品的思想和艺术都产生了一定的影响。在"苏轼诗词文选注"部分,作者选注了《南行前集叙》《范曾论》《喜雨亭记》、《文与可飞白赞》《前赤壁赋》《后赤壁赋》《石钟山记》《答谢民师书》等共 20 篇散文作品。

《东坡文论丛》 多人著,苏轼研究学会编。四川文艺出版社 1986 年出版。这是苏轼研究学会编选的"苏轼研究论文集"的第四辑,共收入论文 14 篇,分别就苏轼的各类散文作品从不同的角度作了论述。在《从韩愈与苏轼散文的比较看北宋古文运动的成就》(谢桃坊)一文里,作者就文体的一般情况,以苏文为例说明了宋代散文在唐代的基础上进一步革新和丰富了。作者还就韩、苏散文在气格、文理、文辞、结构等传统散文艺术方面作了具体比较,指出:苏轼散文学习了韩文的气格,而文理更加精密深透,语言进一步通俗化而更加平易晓畅,结构也更曲折而富于变化。这不仅体现了苏轼个人的成就,也体现出了北宋古文运动继唐代古文运动在艺术上取得的新的成就。在《诗情与哲理的交响曲——苏轼文学散文艺术美浅探之一》(陈华昌)一文里,作者指出:苏轼的文学散文不仅以浓郁的诗情给人以美的享受,而且以丰富深刻的哲理启迪人的思想。几乎所有的苏轼散文名篇,都或多或少、或深或浅、或浓或淡地蕴含着某种哲理。在这些文章中,情和理互相融合,互相渗透,说理议论中兼带着抒情,抒情中兼带着说理,二者水乳交融,构成一曲美妙的乐章。在《东坡散文艺术探微》(王文龙)一文里,作者指出:苏轼散文的一个特点是"妙造自然",它们相当平易流畅,读起来毫无艰涩、局促之感,尤其是他的随笔小品,丝毫不做作,不逞才使气,潇洒从容,悠然自得,更给人们以艺术的快感,苏轼散文的另一个特点是"溢为奇怪",它们有的具有新颖、独特以至奇妙的构思,因而显得不同凡响。东坡散文的奇处难以企及的地方,在于它不是用巧骋奇,刻意追求,而是自然达到的一种艺术高境。苏轼散文的第三个特点是善于创造意境,尤其是他的游记和小品文,其中不少作品都有鲜明、深远的意境。作者还就苏轼散文常用的技法——传神和衬托以及苏文中议论的妙用作了细致地分析和论述。在《苏试杂记文中的艺术特色》(洪柏昭)一文里,作者指出,苏轼的记,有 60 多篇,这是苏轼最富于文学性的散文之一,其中很多篇章,颇能代表苏轼散文成就的一斑。他以其积极用世的政治态度,丰富的生活经验,复杂的世界观,宽阔旷达的胸怀、渊博的学问,高度的文艺修养,在记里谈政治,谈人生,谈佛道,谈哲理,谈艺术,谈学问,读者在这些文章里可以看到丰富生动的记述,妙趣横生的议论,获得优美的艺术享受。作者还就构思、谋篇、表现手法等几个方面,论述了苏轼记文"随物赋形"、"姿态横生"的艺术特色。在《浅谈苏轼小品文的风格》(李苓)一文里,作者指出:苏轼是我国文学史上最早的小品文大师,他的小品文题材广泛,几乎无所不及,它们非常随便,自然,有感即发,有话便讲,言之有物,无所讳忌。苏轼的小品文具有许多文豪所不及的丰富感、变化感、幽默感。作者从立意,谋篇、行文三个方面对苏轼小品文作了一些较为深入地探索。其它几篇文章,如《苏轼散文的比喻手法》(何江南)、《苏轼题跋浅探》(郭隽杰)、《论苏轼的赋》(张志烈)以及《达观幽默,遇慨于谐——苏轼〈游沙湖〉评析》(陈祖美)、《独辟蹊径,不主故常——苏轼〈方山子传〉的结构艺术》(丁永淮)等都有较高的学术价值。

《曾巩研究论文集》 多人著,江西省文学艺术研究所编。江西人民出版社 1986 年出版。本书共收论文 20 篇,从不同方面对曾巩的思想及其作品作了研究,大体上可以分为三个部分,其一,分别论述了曾巩的学术思想、哲学思想、史学观、文论思想;其二,有些文章论述了曾巩的生平及其与王安石、欧阳修等人的交游;其三,许多文章重点论述了曾巩的诗文创作,专门论述曾巩散文创作的文章占全书的四分之一以上。《义理精深,独标灵彩——试论曾巩散文的朴素美》(万云骏)一文指出:从思想内容上看,曾巩散文最显著的特点是朴实无华,从艺术手法上看,曾巩散文往往曲折隐蔽而不是直接了当的,含蓄蕴藉而不是明显发露的;从风格上看,曾巩散文具有纡徐委备、幽情雅韵的风格特点。《浅谈曾巩杂记文的议论特色》(傅开沛)一文分别从"叙事以明理"、"托物以寓理"、"命辞以达理"三个方面论述了曾巩杂记文的议论特色。《略谈曾巩题记文的思想内容》(袁瑾洋)一文指出曾巩的题记文没有一篇是纯客观地记叙某事某物的,作者总是将具体的事物提到一定的高度来认识,同时发表自己的见解。本文从社会政治、道德、宗教、教育等几个方面,对曾巩题记文的思想内容作了归纳和分析评论。《论曾巩散文的艺术风格》(钱贵成)一文把宋以来关于曾巩散文风格的说法概括为四组,分别作了阐释,指出曾巩散文的风格是典雅而平易、含蓄而简洁,继而探讨了曾巩散文风格形成的客观因素。其他几篇论文,如《曾巩散文的评价问题》(王水照)、《从曾巩诗文的借鉴意义谈起》(陈仰民)等也都极有学术价值。

《明代散文赏析》 胡冠莹选析。广西教育出版社 1986 年出版。此书为《古典文学选析丛书》中的一种,共收入明代宋濂、刘基、归有光、袁中道等人的散文作品 30 篇,所选篇目均为明代散文中具有代表性的作品,为了适应读者对象的要求,本书的注释较为准确、详细,一些难点力求给以适当的解释,没有避重就轻的毛病;赏析写得深入浅出,对于每篇作品的思想性、艺术性、写作技巧,均能抓住要点,给予适当的评论。在具体写法上,注意避免面面俱到,而是能够根据不同的作家和作品,着重分析其特色,因而显得生动活泼。

《梦苕庵清代文学论集》 钱仲联著。齐鲁书社 1983 年出版。这部论文集共收入 13 篇文章,又有"后录"4 篇,共 17 篇。此集文章,多论清代诗歌,也有几篇专论清人文论和文学思想的,如《清人诗文论十评》、《顾亭林的文学思想》;也有论述清人律赋的,如《化臭腐为神奇——论黄遵宪的一篇律赋》;还有几篇总论清代的一些文学家及其作品,如《辛亥革命时期的进步文学家黄人》、《论黄遵宪——〈人境庐诗草笺注〉前言》。专门论述散文的,只有一篇,即《桐城派古文与时文的关系问题》,在这篇文章里,作者指出:就古文与时文(八股)的关系来说,唐宋古文对明清时文产生过影响,著名的时文家如唐顺之、归有光、艾南英、方苞,正是因为于古文有湛深的造诣,所以时文的成就也超出了同时的人。而时文又转而影响了明清的古文,但二者的循环影响,主要却在于古文影响时文的一面。古文影响时文,所以提高时文的水准;而时文影响古文,则是降低古文的品格。影响不能改变不同文体的特性,古文自是古文,时文自是时文,而清代桐城文派盛极一时以后才对时文产生了影响。本集"后录"的《佛教与中国古代文学的关系》一文也值得注意,在这篇文章里,作者指出:不能一笔勾销佛教在中国哲学史和文学史上的地位。因此,他从文学的角度对佛教的影响作了考察,由佛教的哲学思想进入了文学领域入手,研究和分析了佛教对我国古代文学思想、文学形式的影响,进而具体介绍了佛教为我国古代诗歌、散文、戏剧、小说等文学样式带来的变化。

《桐城文派论》 梁堃著。商务印书馆1939年出版。这是较早的一篇专门研究桐城派散文及其理论主张的专文,作者论述了如下问题:桐城文派之源流、桐城派与阳湖派之异、桐城派兴起的原因、义法、品藻、所以为文者八(即神、理、气、味、格、律、声、色)、禁忌、桐城派与宋学、桐城派与汉学、桐城派古文与八股、题材、桐城派古文家所好之书、桐城派古文家之工夫、风格、文弊、桐城派衰歇的原因。因为篇幅较少,而作者论述的问题又较多,所以显得论述不够深入,也没有展开,但作者所论的16个问题对研究者还是很有启发的。

《桐城派研究论文集》 多人著。安徽人民出版社1963年出版。这本论文集共收论文12篇,从不同的方面论述了桐城派作家的文学主张和散文创作,《桐城派在中国文学史上的地位和作用》(王气中)一文,从桐城派的文论体系、桐城派反时文反骈文反考据文的性质以及桐城派对于中国散文的贡献等方面论述了桐城派在中国文学史上的地位和作用。《论桐城派"义法"说及其实质》(段熙仲)、《桐城派的"义法"》(王泽浦)、《关于桐城派的"义法"说》(王竹楼)等论文集中讨论了这个流派论文的中心理论"义法"说。在《谈有关桐城文派的几个问题》里,作者在论述了"现在怎样看待桐城文派才算恰当"、"桐城文派的产生及其历史背景"、"姚鼐对文学上的贡献"等专题以后,特别指出桐城派的散文有可供借鉴的地方,如桐城散文文字简洁,结构谨严,他们的主张是求精而不求多,重视古人惜墨如金的精神。他们的散文,虽然缺乏宏博的议论,但绝无浮辞浪墨。其他几篇文章,如《论桐城派古文和清朝的文化统治》(乔国章)、《桐城派古文与时文的关系问题》(钱仲联)、《桐城派发生发展及其衰亡的社会原因》(王泽浦)、《再论桐城派》(段熙仲)、《论桐城派》(方铭、吕美生)等都从不同的方面,或论桐城派产生衰亡的原因;或论桐城古文与八股文的关系;或论桐城派作家的文学主张和散文成就。这些论文发表的较早,有些观点难免已经陈旧了,但对今天的研究仍有较高的参考价值。

《桐城文派》 何天杰著。广州文化出版社 1989 年出版。此书共分九章,前有"导言",后有"馀论",最后附有"桐城文派年表"。在"导言"里,作者介绍了桐城文派得名的原因,概述了这一文派的几个重要人物,并论述了现在研究桐城文派的意义。第一章主要是历史的回顾,论述了中国文学史上散文理论的发展,主要内容有:散文理论的艰难起步、尚用观念下汉人的创作与理论、六朝唯美的创作与形式主义文论、复古的唐宋文论、形式主义再次高扬的明代文论。第二、三两章专论桐城派代表人物方苞,作者首先论述了方苞提出的"义法"论,概括了这种理论的本质特征,并指出方苞将"义法"视为文章写法的同义词,并由此阐述了他对作文的经验体会和对散文的要求,继而分析和研究了方苞的散文作品。作者以《"叛逆者"的开拓之功》为第四章的标题,论述了刘大櫆的文学理论主张及其创作,作者的论述是从以下线索展开的:不合标准的接班人对桐城家法的形式主义改造、神气与"活法"、在古代诗论与文论交叉点上产生的"因声求气"说,以诗论说文的先行者之误。第五章专论姚鼐,其标题为《道与艺合 天与人一》,作者论述了姚鼐的理论建树,指出他的文学观点与时代的关系,进而论述了姚鼐折衷文道的"道与艺合"论以及出儒入庄的"天与人一"论,指出姚鼐的一个贡献是发现了文学散文与非文学散文的本质区别并在前辈文人的基础上提出了"神韵"观。第六章,论述了桐城派"全盛时代及其危机",这一章主要论述了姚门弟子,如方东树、梅曾亮、管同、刘开等人,分别介绍了他们的文学主张和创作情况,特别指出了切磋竞争之风带来的创作的兴盛。第七、八两章,主要介绍曾国藩及其弟子,作者论述了曾国藩的纪实散文,指出他此类散文具有深识高见和爽直明快的特点,并常常表现出一种诙诡之趣。对曾国藩的弟子如薛福成、吴汝伦、黎庶昌等人的文学观点和创作情况也作了介绍和论述。

第九章为《桐城派的末路人——林纾》，作者先概述了桐城派的萎缩及其原因，继而介绍了林纾的生平，并从"儿女真情的大胆描写、含蓄缠绵的抒情方式"等方面，论述了林纾的散文创作，指出林纾散文作品最大的特点是笔端饱含感情，这种感情往往喷薄而出，令人不能不为之动容。"馀论"主要论述了这样几个内容：晚辈学人对桐城文派的缅怀、桐城文人的努力规定了现代文学散文的发展方面、历史与借鉴。作者特别指出：桐城文人对文学散文的自觉性远远超过了他们的前辈，他们的创作大大丰富了文学散文的种种表现手法，因此，他们的文学理论和创作对以后的散文发展产生了不可低估的影响。

《袁中郎》 多人著。今知社出版部1935年出版。这是一本论文集，书前有周作人的代序，题为《明末的新文学运动》，正文分三个部分，其一为《袁中郎评传》，由四位作者合写，即《袁中郎的生平》（任维焜）、《袁中郎的思想》（任维焜）、《袁中郎的诗文观》（刘大杰）、《袁中郎与佛学》（张裕钊）、《袁中郎与政治》（阿英）、《袁中郎遗事》（刘大杰）。第二部分有6篇文章，即《袁中郎全集序一》（周作人）、《袁中郎全集序二》（郁达夫）、《袁中郎尺牍序》（阿英）、《读袁中郎集》（周木斋）、《公安小品之一夕谈》（刘燧）、《公安竟陵与小品文》（陈子展）。最后一部分由《发现袁中郎手迹的经过》（樊锁）和《袁中郎与王石谷》（沈思）两篇文章组成。

《袁中郎研究》 任访秋著。上海古籍出版社1983年出版。此书共分两编，上编为论述，下编为年谱，是研究明代文学家袁宏道的专著。上编共有三章，第一章《中郎以前明代文学思潮的趋向》，介绍了明初作者的复古论、复古运动的勃兴与李何的复古论、唐宋派的复古论、复古运动的再起与李王的复古论、复古派中的作者对复古运动末流的修正论、先于中郎而反复古派的作者；第二章《中郎的思想与文学》，作者就袁宏道与李贽、袁宏道与王学中泰州派的关系等问题，对袁宏道的思想作了剖析和论述，同时对袁宏道的作品作了介绍；第三章《明末以来对中郎文学上功罪的评判》，分别论述了公安的衰歇与竟陵的代兴、唐宋派对于复古公安两派的评论、王夫之论明代诗歌、复古派之死灰复燃与清初复古派的偏袒者、中郎性灵说的光大者、中郎诗文集的被禁、五四后对中郎在文学上功罪的新评价、中郎所倡导的文学革新运动的影响和意义。在第二章里，作者用专节论述了袁宏道的散文创作和袁宏道以后的散文发展状况，指出：

袁宏道的散文,可以分为议论文、抒情文、写景文三类。他的议论文,在当时主要表现在对复古派文艺论的批判上,有序文,有尺牍。他的立论,能在破对方错误理论的同时,建立自己的正确论点,因此它们逻辑性强,如《与丘长孺书》、《叙小修诗序》等便是这样的作品。其抒情文,主要是那些与师友的尺牍,这类散文真是做到了写文像说话一样,尽情地抒发自己的思想感情,无丝毫矫揉造作之态,如《与顾升伯修撰》等即是此类作品的代表作。袁宏道的写景文,主要是那些山水游记,在这方面他的确有着极其卓越的成就。在论述了袁宏道的散文成就之后,作者又介绍了袁宏道以后明代散文的发展,指出:中郎以后明代的散文,因受了中郎的影响,也有着很大的变化,大体说来,可分为四派:一、竟陵派,这一派以锺惺、谭元春、刘侗等为代表,他们在创作上同中郎一样主张表现自我,反对因袭,不同的是,他们以谨重来矫公安末流的率意,以新奇来矫公安末流的俚俗,因此形成一种幽深冷僻的风格。二、复古公安的折中派,这派的作者有王思任、陈继儒等,他们的作品,有复古派之雄浑,而无其虚矫;有公安之清隽,而无其浮浅。他们取公安之无法为法的主张,而又济之以复古派的博雅,形成了自己的风格。三、唐宋派中的左倾者,此派作者只有李流芳一人,他不像一般古文家那样拘泥,他的文章,不求明道,只为抒情,所以也就清新可喜。四、公安竟陵的融合派,此派的代表是张岱和祁彪佳,他们的作品清澈爽冽,沁人心脾,如寒潭,又似皎月,很有自己的特点。总之,明代的散文比起诗歌来,更有特色,也更有成绩,这与袁宏道倡导的文学革新论和他的创作实绩有着密切的联系。

《古代散文百科大辞典》,学苑出版社 1991 年出版

中外小说大辞典·外国小说（114 则）

【九云梦】 长篇古典小说,金万重著。金万重(1637—1692)朝鲜作家,主要活动年代相当于中国清朝康熙在位的前三十年,字重叔,号西浦。他深受中国儒家经典的影响,通晓汉文。《九云梦》以朝鲜国语写成,问世不久,由金春泽译为汉文。两百年来,朝汉两种文本并行于世,在朝鲜广为流传,享有盛名,成为朝鲜人民最为喜爱的作品之一。作品以中国唐朝为时代背景和历史舞台,描写年轻书生杨少游宦途得意,青云直上,功成名就并先后与八位女子恋爱结合的故事。作品故事情节离奇,人物形象生动多姿,词藻丰美动人,吸引了朝鲜广大的读者,对朝鲜的以后的小说发展,产生了极大的影响。但这部作品的主题究竟是什么,却又众说纷纭,莫衷一是,一般的看法认为它的中心内容是要表明人间的荣华富贵不过是一场春梦而已。作者还有另一部小说《谢氏南征记》,是《九云梦》的姊妹篇,这两部作品一起标志着朝鲜文学史上现代意义的长篇小说的诞生,这两部作品虽然情节各异、风格迥然不同,但在思想倾向上,却有共同点,如果对照阅读,收益会更大。《九云梦》1986 年 1 月由北岳文艺出版社出版,韦旭升校注。

【黄昏】 长篇小说,韩雪野著。韩雪野(1900—　　)朝鲜作家,又是社会活动家,曾任朝鲜作家同盟委员长,作品很多,如短篇小说《那一夜》、《饥饿》、《平凡》;长篇小说《青春期》、《草乡》、《塔》《历史》等都是著名的作品。《黄昏》是作者早期创作中的名著,也是朝鲜文学史上描写工人阶级及其斗争的代表作品。作品以 1929—1932 年资本主义世界经济危机为背景。日本财阀为了挽回他们在危机中所受的损失,更加重了对朝鲜人民的经济侵略。他们在朝鲜开办大批的工厂、农场和其他企业,并开展了所谓"产业合理化运动",其目的在于获得最大限度的利润。当时朝鲜的资产阶级也追随日本财阀,利用"产业合理化运动",向工人阶级发起了新的攻势。作品塑造了朝鲜先进分子俊植和丽顺的形象,他们来到一家纺织厂,在共产党的领导下团结和组织了这个厂的工人向资本家进行了坚决的反抗。这部作品生动形象地描写了朝鲜工人阶级不屈不挠的斗争精神和它在斗争中日益壮大、日益觉醒的过程。同时对资产阶级荒淫无耻的生活和他们剥削、压迫工人阶级的罪恶伎俩也作了无情、深刻的揭露。全书情节曲折,人物形象生动。本书由上海文艺出版社1959年出版,武超、蔡志清、许文湖译。

【大同江】 中篇小说,韩雪野著。作品描写的是1950年冬天,美国侵略军及李承晚伪军侵占平壤时的暴行和朝鲜青年们英勇的地下斗争。作品描写一个印刷工厂的青年职工们,在朝鲜劳动党的领导下,破坏机器,毁掉铅字,使敌人在平壤创办报刊的如意算盘落了空,敌人多次进行残酷的镇压,但都不能阻止朝鲜青年的地下斗争。在女工占顺的感召之下,有些害怕斗争的动摇分子也参加了战斗的行列。作品最后描写占顺等人在斗争中,被敌人逮捕,他们在美伪军押运途中被坚持地下斗争的青少年们所抢救,不久又投入了新的斗争。这些青少年的地下斗争,紧密地配合了朝鲜人民军的战斗,表现出高度的爱国热情。作品深刻地刻画了在解放战争中青年们思想的变化以及他们的进步过程。书中展开了巨大的历史画面,故事生动,人物形象刻画得较为成功,但有一些理想化的倾向,如顺吉,仅仅十几岁,作者却把她描写得过于沉着老练、勇敢机智,明显地不符全人物性格发展的逻辑。此书由作家出版社1955年6月出版,李烈译。

【人间问题】 长篇小说,金敬爱著。金敬爱(1906—1944),朝鲜女作家,生于一个贫农家庭,四岁丧父,后随母到一地主家,在遭受歧视中度过童年。1925年开始发表作品,其作品有自传体长篇小说《母亲和女儿》、短篇小说《足球战》、《解雇》等。《人间问题》是她的代表作。作品一开始便展现了三十年代朝鲜农村贫富悬殊的社会画面,作者笔下的地主大院、警察驻在所和农民的房舍,形象地表现了黑暗时代的社会等级。作品前一部分即以这个小村庄为背景,写出了在日本帝国主义统治下的朝鲜农村的现实,特别着力描写了新一代农民的觉醒。以德浩为代表的地主阶级和日本郡守、警察结合在一起,欺压农民,无恶不作。主人公阿大和善妃两家人的遭遇,正代表了那个时代农民的悲惨命运。他们父母一代已受地主的欺凌,他们也同样难求一线生路。但是,阿大和善妃毕竟是新一代农民,他们不甘心忍气吞声,对幸福生活的向往,激发了他们不屈不挠的反抗精神,从而一步步走上了斗争的道路。作品后一部分写到阿大和善妃同成千上万破产农民一起流入了城市,他们在城市里,接触到先进思想,精神面貌发生了很大变化,他们真正觉醒了,从而表现出一种坚定不移的革命性。作品还塑造了俞信哲这样一个知识分子形象,作为软弱、动摇的小资产阶级的代表,也有一定的典型意义。这部作品比较集中、形象地反映了二十世纪三十年代初朝鲜人民的生活和斗争,暗示出工人阶级才是革命的动力。作者声明,她将在作品里"努力把握时代的根本性问题",这个目标确实通过她自己的作品达到了。本书由人民文学出版社 1982 年 7 月出版,江森译。

【千世峰小说集】　中短篇小说集,千世峰著。千世峰(1915—　　),朝鲜作家,出生于一个贫苦家庭,1945 年"八·一五"朝鲜解放后,开始文学创作,以善于写农村题材的作品著称,其主要作品有《石溪的新春》、《大河奔流》、《苦难的历史》、《祝愿》。这本小说集,收作品六篇,这些作品塑造了朴实憨厚的农民、勇敢无畏的游击队员和身残志坚的复员军人等一系列生动的人物形象,表现了朝鲜人民翻身解放后对新生人民政权的热爱和在保卫祖国战争中坚强不屈的献身精神。其中《白云缭绕的大地》是一部中篇,是作者早期的代表作品之一,写朝鲜农村的生活,情节曲折,语言简洁,人物形象也比较生动,作家出版社 1963 年曾出过单行本。其他几篇,也是作者的重要作品。本书 1984 年 8 月由外国文学出版社出版,韦旭升、冰尉、沈圣英、文公、何镇华译。

【盖马高原】　长篇小说,黄健著。黄健(1918—　　),朝鲜作家,曾在中国长春当过教员。1945 年朝鲜解放后,开始发表作品,创作了《旗帜》、《牧畜记》和《矿脉》等短篇小说,引起文学界的注意。朝鲜祖国解放战争期间,他随军到前线,发表反映人民军英雄事迹的短篇小说《燃烧的岛》,被评为描写战争题材的优秀短篇小说。战后,他创作了两部有影响的长篇小说,即《儿女》和《盖马高原》,尤以后者最为人们所称道,是他的代表作。这部作品以"八·一五"解放以后,朝鲜人民为建设独立、统一、富强的祖国而艰苦奋斗的史实为背景,描绘了盖马高原人民从1945年到1951年这一时期的生活和斗争,反映了朝鲜青年一代在解放后的成长过程。盖马高原是朝鲜两江道南部的一个贫困的山区。解放前,当地农民在日本帝国主义和封建地主的搜刮压迫之下,生活十分悲惨。为了推翻日本帝国主义的统治,当地人民曾不断地组织武装部队,打击日本侵略者,主人公金敬锡的祖父早在1907年就曾参加过义军运动。小说中还描写了解放前活动于盖马高原的南在汉、安桂国、权成八这些光复会的地下工作者,他们广泛地展开了抗日地下活动。小说开始的时候,是1945年6月,当时日本帝国主义已经临近最后的崩溃,小说主人公金敬锡和其他青年,一面计划着怎样去参加抗日游击队,一方面热烈地盼望着解放的那一天。8月15日,朝鲜人民获得了解放,当地地下工作者和抗日游击队,解除了日本帝国主义军队的武装,并经过反复斗争,建立了巩固的人民政权。农民翻了身,但是盖马高原是一个土地贫瘠、气候寒冷、耕地不多的山区。为了发展生产,已经成为党员的金敬锡,经过详细的调查,提出了发展畜牧业的意见。他的意见得到了党和群众的支持。农民们修健了羊舍,买了羊,积极投入到发展生产的斗争中去了。作者正是在对一系列的农村阶级斗争和生产斗争的事件的描写中,歌颂了那些为人民服务的党的干部,刻画出了南在汉这样一个具有长期的丰富的斗争经验的党的工作者的形象,以及许多在他影响下成长起来的年青一代的农民,如金敬锡、郑英三、安桂淑等。作品不仅写了主人公高大的一面,也写了他们的缺点,这就使人物形象更为生动,有血有肉。此书由人民文学出版社1960年8月出版,冰蔚译。

【地下的星星】 长篇小说,边熙根著。边熙根,朝鲜作家,1944年朝鲜解放后开始文学创作,他的《初雪》、《光辉的展望》和《铁的历史》反映了解放战争时期敌后斗争和战后恢复建设的重大题材,均被评为解放以来的优秀作品。这部小说,反映了朝鲜社会主义建设的情况,写的是矿山工人响应朝鲜劳动党1957年12月全会的号召,积极开展技术革新的故事,塑造了一批优秀的党的工作者、工人和知识分子的形象,其中的代表人物是复员军人姜学善和工人奉益,他们在一个老工程师的帮助下,提出缩短竖井建设日期的方案,却遭到保守、落后势力的反对,反对者中最有代表性的是对姜学善有救命和抚育之恩的叔父和未婚妻的亲戚许工程师。双方的斗争时而激烈,时而表现得较为平稳,经过反复的斗争和思想工作,原则战胜了温情,先进思想战胜了保守思想,革新的一派取得了胜利。全书故事较为紧凑,人物形象也比较生动,是作者的一部主要作品。本书由人民文学出版社 1980 年 9 月出版,沈圣英译。

【旅伴】 中短篇小说集,金炳勋著。金炳勋是朝鲜著名作家,自五十年代登上文坛以来,他写下了许多长、中、短篇小说。这本集子收了作者的一个中篇和三个短篇,均为在朝鲜文学史上占有一定地位的代表作,即《旅伴》、《来自海州——河城的信》、《父亲的歌》、《春雨》。在这几篇作品里,作者以饱满的激情,歌颂朝鲜工业和农业战线上的先进人物和新风尚,反映了朝鲜社会主义革命和建设的现状。作品中的人物形象较为鲜明生动,故事性较强,对读者了解朝鲜社会和朝鲜文学有一定的帮助。本书 1985 年 7 月由上海译文出版社出版,解起华等译。

【洛东江】 长篇小说,严端雄著。严端雄,朝鲜作家。这部作品写一个战斗故事:朝鲜人民军的一个团队,在朝鲜祖国战争初期,勇敢地追击李承晚伪军,终于突破了美伪洛东江联合防线,最后全歼了美伪敌军。作品用细致的笔触,描绘了这支英雄团队行军、作战、侦察、奇袭等多方面的生活。作品很注意在关健时刻突出人物性格,很注意用生动的语言来塑造人物,因此书中人物如吴玄武、明姬、崔敬民、姜虎范等,都写得栩栩如生,颇为形象。本书 1980 年 2 月由外国文学出版社出版,杨永骝、赵习译。

【在考验中】 长篇小说,尹世重著。尹世重,朝鲜作家。此书是朝鲜六十年代较有影响的一部作品,它描写某大学冶金科教员林太云离开讲坛,来到钢铁厂,投入到技术革新的浪潮当中的故事。林太云是朝鲜解放后第一批被选拔出来,送到国外学习的留学生,他认为停战以后,自己应该到现场去通过实际的体验,研究自己的专门科目,其动机是"想到火热的工地上去,分担一部分任务,以便建设祖国"。带着这样的信念,他来到了钢铁厂,在实践中,他逐渐了解了平炉工人的性格和习惯,逐渐了解了工厂各种设备的性能和特点。他还任教师,在工厂举办的特别技术讲座上传授知识。总之,林太云是一个积极投身改革实践的先进人物的典型,他身上凝聚了朝鲜知识分子许多闪光的东西。作品还描写了林太云的生活、性格发展过程,塑造了其他一些典型形象。本书 1981 年 6 月由上海译文出版社出版,吉文涛、金圣哲、高岱译。

【海鸥飞向远方】 长篇小说,韩庆著。韩庆,朝鲜作家。作品描写了朝鲜人民为了扩大祖国耕地,在海边修堤筑坝,围垦滩涂的故事。工程是巨大的,也是艰难的,设计方案下达以后,工地人员便开始了紧张施工,但是工程开始不久,工地人员便发现设计方案不够合理,并提出了修改的方案,主人公、年青的设计员吴贤妮深入现场,作了细致的调查,她将理论与实践结合起来,最后得出了结论:工人们的意见是正确的。在这次调查过程中,吴贤妮也受到了深刻的教育,密切了与工人的感情。作品描绘出知识分子和工人群众对社会主义建设事业的无比忠诚和满腔热情,他们齐心协力与大自然展开无畏的斗争,终于完成了任务,而建设者们却又像海鸥似的飞向新的天地,又去开辟新的战场了。作品赞颂了朝鲜人民不畏艰险、意气风发的精神,生活气息浓郁,其中塑造了不少有血有肉的人物形象,如吴贤妮、崔永植、林声鹤等。本书1985年10月由上海译文出版社出版,周四川、秦汉章、马顺安译。

【钟声】 中篇小说,金永根著。金永根,朝鲜作家。这是近一个时期以来,朝鲜出版的一部比较优秀、突出的中篇小说。作品描写的是一位山区女教师的故事。主人公在淑的丈夫以国家利益为重,为了改变山区的落后面貌,毅然决定从城市迁往山区。在淑不能理解丈夫的决定,她向往大城市的舒适生活,不愿随丈夫去山区安家,在丈夫和农民群众的热心帮助下,在淑的思想发生了变化,她逐渐认识到支援山区建设的重要性,渐渐地,她爱上了山区,成长为一个优秀的人民教师。作品通过对在淑等主要人物事迹的描写,反映了战后朝鲜教育事业的发展面貌和教育工作者献身山区教育工作的精神状态。小说故事较为曲折,人物形象生动。本书1979年7月由外国文学出版社出版,葛振家、冯剑秋译。

【朝鲜短篇小说集】 这本短篇小说集共收作品十一篇,即《第五次任务》、《在战斗的日子里》、《歼灭》、《牧场来信》、《儿子》、《河畔的土地》、《父子俩》、《毕业前夕》、《晚霞》、《波涛声》、《湖畔新歌》。这十一篇作品题材广泛,内容生动,多侧面地反映了朝鲜人民在保卫祖国和建设祖国的不同岗位上所创造的巨大成就,塑造了许多栩栩如生、感人至深的形象。其中有些作品也有概念化的倾向,有的作品在艺术性上特色不够明显。本书1975年9月由人民文学出版社出版。

【南朝鲜小说集】 这本集子共收南朝鲜长、中、短篇小说十七篇,属于南朝鲜作家三四十年代的作品或描写朝鲜三四十年代生活的作品有四篇,它们在文学史上皆有定评,《船歌》是南朝鲜新文学的发端作品之一;《白痴阿达达》和《没有碑铭的墓碑》、《厢房里的客人和妈妈》是南朝鲜短篇小说中的著名作品。五十年代发表的《真挚的爱情》、《双方的破产》、《古壶》,反映了南朝鲜初期的社会现实和李承晚统治时期败坏了的社会风气。而《第三种类型的人》、《喜鹊叫》、《深夜的拥抱》、《受难的两代》等又集中而典型地写了战争给南朝鲜人民带来的痛苦。其他作品都产生于六十年代以后,有些作品明显地受到西方现代派的影响,如《汉城一九六四年冬》,但这类作品在南朝鲜文学界都受到较高的评价。集中各篇作品形象都较生动,从不同方面反映了南朝鲜的历史和现状,对了解南朝鲜的文学和社会很有帮助。本书1983年2月由上海译文出版社出版,枚芝等译。

【戈丹】 长篇小说,普列姆昌德著。这部作品是作者的代表作,它是印度生活的一部史诗,在这部小说里,作者以一个作家的敏锐的观察力和高超的艺术技巧,生动地描绘了他所生活的时代与社会,塑造出了众多的典型人物形象。作品的主人公叫阿利,他是印度农民的典型,在封建礼法社会的深刻影响下,阿利对宗教和权势怀有由衷的恐惧心理。他像所有印度农民一样,一生辛苦,凡事宁可自己吃亏,也不违背所谓的做人的"道德",干任何事,都想着不能失去家门的所谓"体面",但他的努力却仍然未使他摆脱贫困的生活,尽管如此,他也十分安贫知命,认为这一切全是命中注定的,并没有对剥削他的地主莱易等人有一丝一毫的怨恨。作品描写他向邻村的牧人薄拉赊买了一头母牛,这头牛刚进他家门,便被他的弟弟希拉毒死了,警察看出这是发一笔财的好机会,提出要搜查希拉的家,阿利为了保持家门的所谓"体面",宁愿发誓说母牛不是希拉毒死的,并且向高利贷者借债来贿赂巡官。这样,他的买牛梦便破灭了,他唯一得到的,是旧债上又加了新债。这时,阿利的儿子戈巴尔爱上了一个年青的寡妇,这个女人是薄拉的女儿,叫裘妮娅。阿利和他妻子不仅不反对这门婚事,反而把裘妮娅收留在家里,这一行为被那些以卫道者自居的村里长老会的人们认为是伤风败俗的,是不能允许的罪行,因此,他们开除了阿利的教籍,后来又对他进行经济惩罚,阿利只得把地里的收成全部交出,还把祖上传下来的房子抵押出去,才使长老们勉强满意,从而恢复了他的种性。阿利生平唯一的梦想是买一头母牛,但尽管他勤劳能干,为人善良,可是直到他在干活时倒了下来,他的梦想还是没有实现。作品还塑造了阿利的妻子丹妮娅的形象,丹妮娅的性格泼辣、大胆,她敢于在巡官敲诈时公开斥责巡官、敢于对长老会的不公平判决提出强烈的抗议。这个人物是作者塑造的众多妇女形象里,叛逆性格表现最为突出的一个。她尖酸刻薄,从不让人,阿利用他的善心都保不住的"体面",她却能用尖利的舌头保住。作品中的地主莱易的形象刻画得也很成功,他狠毒、贪婪,采取各种手段残酷地剥削农民。其他如长老会的长老、宗教势力的头面人物、村里的管账员等,都是作品讽刺和批判的形象。这部作品在人物塑造上颇有成就,几个主要人物的形象都很鲜明,语言精练朴素,富有作者家乡的地方色彩,但是从艺术上看也有缺陷,如在结构上还不够紧凑,一些次要人物的处理还不能完全令人满意,但这些都不能影响这部作品在作者的创作中的代表地位。这部作品在印度享有盛誉,有广泛的读者,到1954 年止,它已经出了十二版,并有俄文、英文等多种译本。本书 1958 年由人民文学出版社出版,严绍端译。

【沙漠,我的天堂】 长篇小说,赛义德·萨拉赫著。作者赛义德·萨拉赫是沙特阿拉伯的知名作家,曾写过三十多个广播剧本,主要作品还有长篇小说《海湾波涛中的秘密》。《沙漠,我的天堂》取材于阿拉伯半岛某一国家,作者在书的《前言》里说明自己的创作意图是"提出一个在任何一个阿拉伯国家中都会出现的问题:青年问题"。随着石油工业的发展,昔日的荒漠上出现了现代化的城市,西方大国通过经济渗透,不仅控制了这些国家的经济命脉,进而对他们的政局发生着举足轻重的影响,同时西方腐朽的"文明"、腐烂的"西方生活方式"也随之带来巨大的影响,使一批青年走上了堕落、犯罪的道路,作品中的赛伊夫就是其中的代表。这种状况使一些有识之士重视起来,他们奋起创建民族工业,发展经济,维护并发扬民族的优良传统和道德观念,有效地抵制了"西方文明"的侵蚀和影响,有一些年轻人自觉地站在斗争的行列里,书中女主角齐娜就是奋斗的一代青年人的典型。作品通过通俗的语言,错综复杂的人物关系,曲折动人的故事,紧张起伏的情节,反映了当前社会所存在的现实问题,表达了作者对"西方文明"的鄙视,对国家、民族的热爱。这部作品对人物的刻画还不够完满、深刻,作者的笔调有些粗放。本书 1983 年 5 月由江苏人民出版社出版,仲跻昆、赵龙根译。

【蓝灯】 长篇小说,哈纳·米奈著。哈纳·米奈(924—)是叙利亚著名的现实主义作家,他少年时即走向社会,当过杂货店学徒、药房伙计、理发店杂役等,在繁忙的工作之余,他发奋学习,四十年代末进入新闻界,五十年代初开始发表小说,曾为叙利亚作家协会理事,他的作品主要有长篇小说《帆与风》、《来自窗口的雪花》、《阴天的太阳》、《画像残片》、《观测所》和若干短篇小说集。《蓝灯》发表于 1954 年,是作者创作的第一部长篇小说。作品以其宏伟的题材、独特的风格成为叙利亚现代文学中的一部重要作品。作品描写了第二次世界大战期间,叙利亚人民饱尝内忧外患的艰难生活以及他们不堪忍受殖民当局的统治,自发地组织起来,为争取独立、自由而奋勇斗争的故事。小说塑造了许多栩栩如生的人物形象。描写了他们在特定环境里的生活和斗争,整个作品具有深刻的社会意义和鲜明的时代特征。本书 1983 年 9 月由湖南人民出版社出版,陈中耀译。

【相会】 中篇小说,米哈依尔·努埃曼著。米哈依尔·努埃曼(1889—)是黎巴嫩现代著名的文学家和诗人,是上世纪黎巴嫩三位阿拉伯文学巨匠之一。他的重要作品有:文学评论集《筛》、短篇小说集《过去事情已经过去》、诗集《眼睑在低声细语》和剧本《父与子》等,他的有些作品被誉为阿拉伯文学的重要著作,已被译成多种文字。1978 年,他获得了黎巴嫩最高勋章"黎巴嫩杉树勋章"。《相会》写的是一个爱情悲剧。青年雷纳里德,是一个小提琴家,他与旅店老板、他的雇主的独生女儿贝哈真诚相爱,但因为雷纳里德是个孤儿,没有任何财富,门第也不高贵,所以他们的爱情就受到蛮横的干涉和压制。贝哈的父亲、检察官、秘密警察串通一气,用不同的形式,对雷纳里德进行迫害,结果,这对有情人终不能成就百年之好,双双绝望而死。作品通过这一爱情悲剧,歌颂了纯洁、真挚的爱情,抨击了资本主义社会在婚姻问题上对财产和门第的重视和崇拜,同时也揭露了社会的黑暗和宗教势力的虚伪。作品情节曲折感人,人物形象鲜明生动,文笔细腻,主题突出。本书 1981 年 1 月由上海译文出版社出版,程静芬、林则飞译。

【努埃曼短篇小说选】 小说集,米哈依尔·努埃曼著。这本小说集收短篇小说二十篇,其中《粗腿肚》、《杜鹃钟》、《老实人沙迪格》、《豪绅》、《打石子儿的人》、《礼物》、《阿勒芬斯先生》、《学士文凭》、《宝物》、《为蜜而死的女孩》等,都是努埃曼短篇小说中的优秀作品。这些作品题材广泛,有的写的是搬运工的故事,有的写的是农夫的故事,有的写的是孩子的生活……这些小说,大都形象鲜明,文笔简洁,故事生动曲折,有很强的可读性。本书1981年9月由外国文学出版社出版,仲跻昆、郅溥浩、朱威烈译。

【沙漠骑士昂泰拉】 长篇小说,欧麦尔·艾布·纳斯尔著。欧麦尔·艾布·纳斯尔是黎巴嫩现代作家。《昂泰拉传》是阿拉伯民间文学宝库中渊源极深、影响极大的一部书,它的主人公昂泰拉·本·夏达德是历史上的一位真实人物,他是一位杰出的诗人,因为他的诗作多描写征战、搏斗的场面,所以沙漠民族便赋予昂泰拉以智慧与勇武的形象,逐渐加工,最后将其塑造成一位能手格雄狮、力敌千骑的传奇勇士。关于昂泰拉传奇故事的新旧版本极多,有的情节重复,语言罗嗦。黎巴嫩现代作家欧麦尔·艾布·纳斯尔根据《昂泰拉传》和其他一些民间传说创作出了《沙漠骑士昂泰拉》,他用近代的语言,粗犷的笔法,描绘了昂泰拉的性格和生活。此书1981年7月由外国文学出版社出版,俞山译。

【斋月十七】 中篇历史小说,乔治·宰丹著。乔治·宰丹是十九世纪末著名的阿拉伯历史学家和小说家,这部作品是他的代表作品之一。作者以伊斯兰第四任哈里发阿里身遭暗杀的历史史实为背景,通过塑造的几个典型人物形象,揭示了第三任哈里发奥斯曼被杀以后,伊斯兰各教派势力为争夺哈里发权位而展开的一场复杂、曲折的斗争。在这场斗争中,各种各样的人物,都不失时机地作了充分的表演。这种斗争的激烈性与残酷性是一般读者所难以想象的。伊斯兰教是世界三大宗教之一,阿拉伯国家和许多第三世界的国家信奉伊斯兰教,这部作品对读者了解伊斯兰教的历史,了解阿拉伯国家的风土人情、社会心理,无疑是很有参考价值的。本书1980年8月由新华出版社出版,星际译。

【古莱什少女】 长篇小说,乔治·宰丹著。这部作品是一部伊斯兰宗教历史小说。作者以伊斯兰教第三任正统哈里发奥斯曼被杀,伊玛姆阿里继任哈里发权位为时代背景,描绘了古莱什族少女阿斯玛的形象,描写了历史上著名的骆驼战役、绥汾战役、《古兰经》仲裁等重要历史事件。

通过对这些事件和人物的描写,作者揭示了伊斯兰各教派之间复杂曲折的斗争。作品的主人公是阿斯玛,她是古莱什族少女,她既对爱情坚贞不渝,又对伊斯兰宗教事业无限忠诚,为了防止穆斯林之间相互残杀,她往返奔波在各教派之间。但是因为各教派之间的矛盾十分深刻,根本无法调和,因此,主持正义、坚持真理的阿斯玛和她的情人穆罕默德·本·艾比·贝克尔虽几经奋斗,最后还是葬身于内战的烈火之中。这部小说对了解伊斯兰教的历史和阿拉伯国家的风俗习惯,有一定的帮助。作品里还塑造了奥斯曼、阿里、娜伊拉、玛利亚、马尔万等形象,大都栩栩如生,性格鲜明。本书1982年12月由新华出版社出版,唐杨、黄封白译,杨孝柏校。

【萨拉丁】 中篇小说,乔治·宰丹著。这部作品仍是伊斯兰教历史小说。作品主人公萨拉丁是十二世纪埃及反抗欧洲十字军东侵的穆斯林英雄,他也是阿尤比王朝的奠基人。这部作品以萨拉丁同当时的伊斯梅尔暗杀集团的斗争为时代背景,描写了埃及法特梅王朝的覆灭,和阿尤比王朝建立的过程,从特定的角度,反映了伊斯兰教各派之间,从作品来看,具体为伊斯兰教什叶派和逊尼派之间的曲折复杂的斗争。作品故事情节曲折动人,着力描写伊马德丁受萨拉丁的派遣,打入伊斯梅尔集团内部,杀死了企图篡夺王位的阴谋分子阿布·哈桑,最后终于同法特梅王朝末代哈里发的姐姐赛玉姐结成良缘。作品还塑造了阿端德、贝哈丁、伊萨、努尔丁、拉希德丁等不同身份、不同地位的人物形象,这些形象刻画的都十分生动细致。这部作品同作者其他伊斯兰教历史小说一样,对了解伊斯兰教历史和阿拉伯国家的风土人情,有相当的参考价值。本书1981年6月由新华出版社出版,顾正龙、马金蓉、赵竹修、邢旭东译。

【黎巴嫩短篇小说集】 短篇小说集,共收八位作家的十五篇作品。现代阿拉伯文学,从二十世纪初到六十年代,曾先后出现了三个具有代表性的流派——"叙美派"、"埃及现代派"、"道路派"。这本小说集将这三个流派的主要作品都收了进来,如"叙美派"的《贝鲁特的一天》,控诉了土耳其统治者屠杀黎巴嫩爱国人士的罪行;《高楼大厦》、《金钢钻婚》都是批判资产阶级社会的作品;《来自巴罗的玛尔塔》、《瓦尔达·阿里·哈妮》、《不妊的妇人》的主题都是关于婚姻与爱情的。其他两个流派,也有不少作品入选,如《吉拉尼亚·海法的故事》、《碎玻璃片》、《比蟠桃还甜》

等,都是值得一读的佳作。本书 1960 年 4 月由人民文学出版社出版,水鸥、季青、秦水译。

【受害的一代】 长篇小说,列奥纳得·根得林著。列奥纳得·根得林是犹太人,出生于苏联,1972 年移居以色列。第二次世界大战期间,他曾为随军记者。战后从事电影电视工作。这部作品是作者移居以色列后写作的一部自传体纪实小说。作者通过他父亲叶·伊·根得林和自己的不幸遭遇,描述了苏联知识界一些文学家、艺术家和犹太血统的学者在政治上遭受的迫害。书中提供了自三十年代至六十年代这一期间,苏联发生的一些重大事件的内幕以至许多苏联最高领导层的轶事。这部作品涉及了基洛夫之死、三十年代对布哈林、季诺维也夫、李可夫、加米涅夫等反对派的审判、战后对文艺界的清洗等重大历史事件。全书材料丰富,描写细致。本书 1986 年 3 月由群众出版社出版,明宇、舒会译。

【阿尔谢尼耶夫的一生】 中篇小说,伊·布宁著。这部作品是布宁的一部自传性小说,它前前后后一共写了七年,本书问世之前,曾在《当代纪事》等报刊杂志上选载过。小说共分五部,第一部写作者孤寂的童年和大自然对他幼小心灵的撩拨;第二部写作者在中学求学以及对当时社会恶习的感慨;第三部描述少年时代的初恋和他对祖国的热爱;第四部写家道中落以及他开始浪迹天涯;第五部倾吐自己的"情史"和失恋后的感伤。在这部作品中,作者以散文诗的笔调抒发了自己对人生、爱恋、大自然和色与光的一切感受,感情真挚,含意深沉。苏联评论家列·尼库林指出:这部作品"以真正惊人的技巧描写了俄罗斯中部的自然景色、人物、农民的生活和乡村,语言的音乐感,语言的精炼和明快,使这部作品成为俄罗斯古典散文的范例"。布宁 1933 年获得了诺贝尔文学奖,这与他的这部作品有着直接的关系。本书 1984 年由长江文艺出版社出版,章其译。

【找到面目的人】 中篇科学幻想小说,亚·罗·别利亚耶夫著。作品描写普里斯特,因为奇丑无比而被观众取笑,成了著名的电影明星。后来医生用脑垂体激素对其医治,使他突然变成了一个美男子,可这样他反而不被社会所承认,以致使他的财产和名誉丧失殆尽。经过艰难的奋斗,最后,普里斯特终于在社会上站住了脚跟,回到了影坛。作品通过对主人公命运的描述,揭示了资本主义社会尔虞我诈、唯利是图的本质。故事情节曲折复杂,一环扣一环;人物形象生动逼真,栩栩如生,幻想奇特大胆而又含有一定的真实性,是一部很有特色的科幻小说。本书1981年由地质出版社出版,石枕川译。

【看完烧毁】　中篇小说,罗曼·尼古拉耶维奇·金著。罗·尼·金(1899——)是苏联作家,他童年住在日本,后又在东京读书,1917年回到莫斯科,他曾根据史实和真实素材,写过许多篇有揭露意义的政治侦察体裁的中篇小说,其主要作品有《在顺川发现的日记》、《广岛姑娘》、《枕头下的眼镜蛇》、《特殊使命的间谍》等。《看完烧毁》是根据这样一段故事写作的:日本研制出了一种新型的密码机,由两名海军军官护送一台给驻华盛顿大使馆,这次行动虽然进行得十分诡密,但在运送途中,美国特工人员还是窃取了此机的秘密,使美国截获了日本大量的军事情报,这些情报中就有日本准备袭击珍珠港的情报,但是由于美国军政领导人错误地认为日本不可能进攻美国,从而使珍珠港遭到偷袭。这部作品情节曲折、惊险,可读性很强。本书1984年由群众出版社出版,宋楷译。

【大地的精华】　长篇小说,格奥尔基·马尔科夫著。马尔科夫(1911——),苏联当代作家,主要作品有《斯特罗戈夫一家》、《步兵战士》,《大地的精华》、《父与子》、《西伯利亚》。长篇小说《大地的精华》曾多次再版,并被搬上银幕和电视屏幕。《大地的精华》以第二次世界大战后恢复和发展国民经济的历史时代为背景,描写了西伯利亚乌卢尤利耶地区的人民在探索和开发自然资源的斗争中所表现出来的崇高精神和巨大热情。作家歌颂了劳动人民的公民责任感和无限的创造力、伟大的智慧和丰富的经验,写下了"劳动人民是大地的精华"这一至理名言。作品通过描写先进与落后、正确与谬误、美好与丑恶之间的激烈斗争,展示出在由战争转向和平这一特定历史条件下苏联社会生活的广阔画卷,并围绕领导干部的思想作风、人民群众的利益、科学研究的方向、人们的道德情操等提出了一些深刻的问题,并作出了回答。这部作品塑造了许多人物形象,其中有些形象十分突出,如青年科学工作者克拉尤欣、颇具美妙神奇色彩的马列依老人以及利西增、切尔内绍夫、斯特罗戈夫、费多罗夫娜等描写得形象生动。同时,作品还塑造了腐朽、没落和丑恶势力的代表别涅季克京和斯塔尼斯拉夫等人的形象,也十分生动。本书1983年由黑龙江人民出版社出版,金亚娜译,郑之校。

【克罗什历险记】　中篇小说三部曲,雷巴科夫著。阿纳托利·雷巴科夫(1911—),苏联当代俄罗斯作家。主要作品有中篇小说《神剑》、《铜鸟》,长篇小说《司机》、《叶卡捷琳娜·沃罗尼娜》、《沉重的黄沙》。雷巴科夫的作品已被译成了十多种外文在世界各国广为流传。《克罗什历险记》体现了作者的创作才华,使他在读者中享有盛誉。它通过主人公谢廖沙·克拉舍宁尼科夫由一个八年级的中学生成长为一个受完中等教育并参加工作的青年工人的过程,刻画了他内心世界和道德情操的发展变化。小说的情节和事件围绕着这条线一步一步地展开。在第一部《克罗什历险记》里,主人公刚刚十五岁。他正直、善良,主张正义,为了维护集体的荣誉做了大量工作,进行了一系列的斗争。另外,他羞怯腼腆而又幼稚,过分强调自己的独立性,而大人们又偏偏不承认他这一点,因此闹出许多误会。第二部《克罗什的假期》里,主人公已经独立地进入了更广阔的社会天地——他所在的街道、大院、商店、浴场、体育馆、汽车……在五光十色的大千世界里,他更真切地观察了社会。在生活中,他识破一些投机倒把的人的诡计,终于跳出了火坑,在这一部里,主人公已经成熟起来了。第三部《无名战士》,主人公中学毕业,但未考上大学,来到远离莫斯科的筑路工地参加工作,由此更深入地接触了生活。他克服了来自内部和外部的种种阻力,做了大量的工作,拿到了驾驶证,在现实生活和道德选择中找到了自己应处的位置。克罗什在他前进的道路上,给读者留下了一条清晰的足迹。本书1985年由黑龙江人民出版社出版,程文、粟周熊译。

【爱的归宿】 长篇小说,奥列西·冈察尔著。这是一部长篇抒情小说,其主题是探索人生的意义。作品描写一个名叫雅戈尼奇的老水手因为年迈退休,回乡后仍以自己高超的技艺热情地为社会服务的故事;同时描写了雅戈尼奇的外甥女芙娜以优异的成绩从卫生学校毕业,不留恋城市,回乡当医生,受到人们欢迎和尊敬的故事。芙娜是一个美丽、聪慧、高洁的姑娘,她心地善良,为了忠于对同窗恋人的友情,拒绝了一位青年考古工作者的追求,但她的恋人却不思上进,辜负了姑娘的友情和帮助,终因车祸受到社会谴责。芙娜为此十分伤心,她在海边徘徊,陷入深沉的人生思索之中。在雅戈尼奇的开导教育下,她又振奋起来,积极地投入生活的激流之中,后来和一位海员建立了爱情。这部作品人物形象生动,语言优美,抒情味很浓。本书1982年由安徽人民出版社出版,力冈译。

【恶风】 长篇小说,苏联作家阿·格·阿达莫夫著。《恶风》是一部著名的侦探小说，又译作《小偷与女人》(新华出版社出版)。这部作品通过一起严重盗窃案的侦破过程，不仅揭示了苏联民警机关刑事侦破工作的技巧，而且提出了当代苏联现实生活中一些复杂的社会问题。作品描写苏联民警机关通过追踪破获一个惯盗而侦查出了一个庞大的盗窃走私集团，这个集团的后台和同伙有许多是国家干部，他们狼狈为奸，胡作非为，但却长期逍遥法外。这部作品情节紧凑、曲折动人，内容丰富深刻，涉及了苏联现实社会许多方面的问题，因而获1977年苏联惊险小说的国家奖。本书1981年由外语教学与研究出版社出版，粟周熊、苏玲、高昶译。

【**选择**】 长篇小说，尤·瓦·邦达列夫著。这部小说发表于1980年，它是一部描写当代苏联知识分子生活的作品。作者试图通过小说中几个主要人物的命运，对当今世界的许多重大问题进行哲理性探索，如人生的意义、幸福的真谛、战争与和平、生与死、不同社会制度国家中人们的命运、艺术的使命等等。这些问题是通过各种人物长达四十年间的人生舞台上的活动展现的。复杂的主题，众多的人物和多变的情节被一条红线串联在一起：人们在自己生活的关键时刻，在自己的日常生活之中，每时每刻都面临着政治上、道德上的选择，而这种选择将决定的不仅是个人的命运，也不仅是一个家庭的命运，它同民族和人类的命运是联系在一起的。作品中的两个主要人物瓦西里耶夫和拉姆津是在一起长大的，他们曾是同学，战争爆发后，他们又是在一个炮兵连里当兵的战友，他们受过同等的教育，有着共同的理想，甚至爱着同一个女子。然而，在一次血腥的战斗中，两人分手了。近四十年以后，二人在威尼斯重逢，那时，瓦西里耶夫已是国际闻名的画家，而拉姆津已是一个西方商人了。小说的矛盾冲突正是从两位朋友重逢的时刻展开的。拉姆津在战斗中负伤被俘后，被一个驼背的德国女人从集中营里挑选出来，先是充当她的佣人，战后便成了她的丈夫。他留在了异乡，有了儿子，成了一个资产阶级绅士。瓦西里耶夫在那次战斗中也负了伤，但他没有被俘。战后，他进了美术学院，后来成了一名很有名望的画家。当两位老友重逢时，已经没有了旧时的温情，不同的信仰，不同的思想感情使这次会面给两个人留下了痛苦的回忆。拉姆津后来回国探望了母亲，但母亲不能原谅他的无情，他感到失去了祖国和母亲的爱，同时看不到挽回自己过失的出路，最后选择了自杀这条道路。瓦西里耶夫也常常思索人生的意义、艺术使命等问题，也常常因为找不到满意的答案而苦恼。他虽然不是一个完人,但他有为祖国和人民献身的明确的生活目标,他有自己热爱的事业和知心朋友。他的生活是充实的,因而他是幸福的。这部作品正是通过两位主人公的不同命运提出人生的意义这一中心主题。从一定意义上说,这是一部政治性、哲理性很强的作品。小说还涉及了苏联社会内部许多方面的现实情况,提出了十分广泛的社会生活中的问题,引起了评论界和读者的强烈反响。本书1983年由安徽人民出版社出版,王燎、潘桂珍译。

【人生舞台】 长篇小说,尤·瓦·邦达列夫著。作者的这部作品与他的《岸》、《选择》一样,都是力图通过小说主人公从第二次世界大战到今天的生活经历,揭示东方和西方世界各自面临的独特的和共同的种种问题,剖析不同社会制度国家中人们的复杂的精神生活。《人生舞台》所讲述的故事悲伤而简单:才华横溢的莫斯科大剧院芭蕾舞演员伊琳娜,应著名电影导演克雷莫夫的聘请,将饰演一部新影片的主角。但是摄制工作刚刚开始,伊琳娜便受到莫须有的攻击,那些落选的影星们散布谣言,把伊琳娜说成是克雷莫夫的情妇,在这一片诽谤声中,伊琳娜死于非命。克雷莫夫也横遭诬陷,自称是他的"忠实奴仆"的制片主任莫洛奇科夫伙同摄制组司机古林诬告他逼死了伊琳娜;而电影制片厂厂长巴拉巴诺夫和电影管理委员会副主席佩斯卡廖夫却默许这种阴谋活动。克雷莫夫认识到,在这强大的环境面前,他显得多么渺小而无力,在四面楚歌之中,他也离开了人世。这部作品是一部针砭时弊、解剖人生、透视人类灵魂的社会哲理小说。通过两位艺术家的悲剧,作者提出了一系列尖锐的当代社会问题,因此,它一问世,苏联文艺界和读者中便展开了激烈的争论。本书1987年由外国文学出版社出版,王燎译。

【爱与同情】 长篇小说,斯蒂芬·茨威格著。茨威格(1881—1942),著名的奥地利作家,他的创作以中短篇小说为主,生前曾是读者最多、最为人喜爱的德语作家。他的作品被译成几十种文字,在世界各国流传。因为作者的父亲是奥地利籍的犹太富商,因此,在法西斯上台以后,作者的全部作品被定为毒品,列为禁书,遭到焚毁。《爱与同情》是作者1938年流亡国外时发表的唯一的一部长篇小说,它的情节十分简单:骑兵少尉霍夫米勒在一个偶然的机会认识了贵族地主封·开克斯法尔伐的女儿艾迪特。艾迪特是个下肢瘫痪的残疾姑娘。霍夫米勒对她的不幸遭遇深表同情,艾迪特接受了这种同情,因为她觉得这同情之中含有爱情,她自己爱上了霍夫米勒,她认为霍夫米勒也一定是出于爱情才这样始终如一地向自己表示同情。霍夫米勒原来以为自己是出于侠义心肠去同情弱者,所以心安理得,等他一发现艾迪特对他有意时,不觉惊慌失措,因为他实在没有与艾迪特发展关系的想法,封建的门第观念使他与艾迪特之间出现了一条难以逾越的鸿沟。更复杂的却是:艾迪特个性刚强,是个烈性女子,她明确表示,仅仅是为了她倾心的人,她才接受治疗,如果霍夫米勒并不爱她,她便宁可结束自己不完全的生命。霍夫米勒面临重要而艰难的选择,要么承担责任、作出牺牲,与艾迪特结婚,行一次侠义之举;要么不接受她的爱情,这便无疑是宣判了艾迪特的死刑。他开始答应同艾迪特订婚,不久又十分后悔。艾迪特知道少尉悔约,自己又康复无望,痛不欲生,跳楼自杀,少尉亦抱恨终生。作者通过这个爱情悲剧对贵族阶层虚伪的尊严、荣誉以及严重的社会偏见作了有力的揭露和无情的批判;作品还向读者展示了哈布斯堡王朝崩溃前夕奥匈帝国的社会风貌。作者选择人的同情心来作这部作品的主题,试图通过作品中的主要人物来分析两种截然不同的同情:"一种是怯懦的、多愁善感的同情";一种是名副其实的同情,"它不多愁善感,却勇于自我牺牲;它知道要干什么,便坚决、沉着、耐心地坚持下去,直到使尽最后的乃至超过最后的一分力量"。作者对同情心的探讨是深刻的,也是富有启发性的。作者在本书里采用了他十分擅长的心理分析和"内心独白"的手法,写出了人物激烈的内心斗争和变幻莫测的感情起伏,虽然没有广阔的历史背景,没有错综复杂的故事情节,却同样具有打动读者、引人深思的效果。这部作品原名《心灵的焦灼》,又被译为《永不安定的心》(江苏人民出版社,1982年10月,关耳、望宁译)。本书1983年6月由浙江文艺出版社出版,张玉书译。

【斯·茨威格小说选】 中篇小说集,茨威格著。作者一生创作了许多中、短篇小说,这本集子共收了流传最广、最有代表性的十个中篇,即《家庭女教师》《夜色朦胧》《保守不住的秘密》《恐惧》《马来狂人》、《一个陌生女人的来信》《一个女人一生中的二十四小时》《月光胡同》、《看不见的珍藏》《象棋的故事》。这些作品题材广泛,人物众多。《家庭女教师》写一个普通女教师的爱情悲剧在一对小姊妹心灵中所引起的激荡,从一个生活侧面揭露了社会的阴暗和冷酷。《保守不住的秘密》以一个男孩子的单纯无知衬托一个帝国官吏和纨绔子弟的卑劣无耻。在这十篇作品里，最有代表性和最为人们所称道的是《一个陌生女人的来信》和《一个女人一生中的二十四小时》，这两部作品"以其惊人的诚挚语调、对女人超人的温存、主题的独创性，以及只有真正的艺术家才具有的奇异表现力"，打动了读者。高尔基在致茨威格的信中这样写道："您的作品写得很出色，过去谈到《一个陌生女人的来信》时，我对您以罕见的温存和同情来描写妇女，就已赞赏不已，关于《一个女人一生中的二十四小时》，我要再一次重复这些话，但要补充一点，即这个短篇您写得比《一个陌生女人的来信》、《马来狂人》、《保守不住的秘密》以及收进这两本书俄文版里的所有作品，都更见匠心……"。茨威格的这些作品表现了他善于细腻的心理描写的特点，其基调是现实主义的，他尤其着重选取资产阶级社会中妇女的不幸遭遇为题材，揭露"文明人"圈子里的生活空虚和道德败坏，谴责对女性的不尊重和对人的善良品质的残害。作者对人物精神世界的探索是执着的，其目的还是要改进资本主义社会的道德观念和人们的精神面貌。本书1982年1月由外国文学出版社出版，张玉书、涛声、赵登荣、纪琨、张荣昌译。

【诉讼】　长篇小说，弗兰茨·卡夫卡著。卡夫卡（1883—1924）是二十世纪奥地利小说家，现已被公认为西方现代派文学的重要奠基人之一，他被誉为"本世纪最优秀的作家之一"、"传奇英雄和圣徒式的人物"。卡夫卡一生的经历平淡无奇，他的父亲是一个白手起家的百货批发商，他自小喜爱文学，后屈于父命，在布拉格大学专攻法律，并取得法学博士学位。先后在一家保险公司和半官方的工人保险所供职。以后长期在柏林郊外埋头写作。他曾两次订婚，均因健康原因未成婚。四十一岁时死于肺病。卡夫卡创作非常勤奋，但完全是在业余创作，后来更是在和病魔斗争的情况下进行的，因此他的作品不是很多，除了《判决》、《变形记》、《乡村医生》、《饥饿艺术家》等七个中短篇的结集是在他生前出版的外，大部分作品，包括他的三部著名长篇小说《诉讼》（又被译作《审判》）、《城堡》、《美国》都是由他大学时代的知友马克斯·布洛德在他死后编辑出版的。卡夫卡的观察力十分敏锐，他对现实的剖析也相当深刻，而他的艺术手法又是那么独特。"他往往能察觉到现实社会中的一些带有本性的问题，进行深刻的剖析，运用象征的、夸张的艺术手法加以表现。他寓讽喻于象征、夸张,貌似荒诞不经而含有深意,因此,人们认为他的作品具有寓言的色彩。而由于他所把握的一些带本质性的社会现象或问题包容于一个相当宽广的历史范畴之内,因此,他的作品又带有预言的意味"。《诉讼》开始创作于1914年,1919年基本完成,在卡夫卡去世后一年,它才得以出版,后来的一些评论家认为,这部作品是"卡夫卡式"小说形成的标志,最能代表卡夫卡的创作思想和艺术手法。《诉讼》的主人公叫约瑟夫·K,他是银行的一名高级职员,在三十岁生日那天早晨,他突然被法院逮捕了。奇怪的是,法院从未公布K的罪行和逮捕他的原因,他的被捕仅仅限于法院看守给他一声通知,后来法院仅传讯过他一次。可是K依然行动自由,照常上下班,同过去的生活没有区别。他开始对被捕非常气愤,曾当面讽刺看守和监督。第一次开庭时,他在法庭上大声谴责司法制度的腐败,揭露官吏的贪赃枉法,并决定对这个案子不理不睬。但在实际生活中,他总忘不掉这件事,内心压力越来越沉重,有一种说不出来的负罪感。他自动上法院去探听,参观设在顶楼上的法院。他对这个案子越来越关心,已经到了不能控制的程度,他为自己的案子到处奔忙,但聘请的律师只是敷衍他,几个月连一份抗辩书都写不出来。他又向一位为法官画像的画家求教,也没有得到帮助。他在教堂见到一个神父,这神父讲了一个寓言,告诉他说:"法"是根本找不到的,人只能低头服从。不久,他被执行了死刑,临死前,他还遗憾地说:"像一条狗似的!"好像他人虽然死了,而失败的耻辱却依然存在于人间。从表面看,这部作品是一部荒诞的、非理性的小说,但它确实反映了资本主义社会制度的本质问题。它通过一个公民以莫须有的罪名被逮捕,最后被处死的故事,深刻地揭露了资本主义社会庞大的官僚机构和腐败的司法制度。同时,这部作品从哲学角度暴露了扭曲的西方社会,探讨了人与社会,人与自我的相互关系问题,所以这部作品成了卡夫卡"最伟大的作品",在二十世纪西方现代文学中也占有十分重要的地位。本书1986年2月由外国文学出版社出版,孙坤荣译。

【判决】 短篇小说,弗兰茨·卡夫卡著。这篇作品是卡夫卡早期公开发表的代表作,也是他自己最喜爱的作品之一,它表现了人完全屈服于存在的威力之下的重大主题。作品一开始,主人公格奥尔格·本德曼正在房间里给一位多年前迁居俄国的朋友写信,告诉他自己订婚的消息。

格奥尔格是个商人,几年前母亲去世后便同父亲住在一起,现在生意十分兴隆。他写完信后便到父亲的房间里来了,父亲对他态度非常不好,使他很感到意外。父亲怀疑他根本就没有什么迁居到俄国的朋友,并指责格奥尔格背着自己作生意,还希望自己早死。一会儿,父亲又嘲笑格奥尔格在欺骗他的朋友,而父亲自己倒是一直跟那位朋友通信,并早已把格奥尔格订婚的消息告诉他了。格奥尔格忍不住,顶了父亲几句,父亲便判决儿子去投河自尽。于是,格奥尔格冲下楼梯,真的去投河了。卡夫卡从小就感到他父亲既可敬又可畏,一直有一种抱愧的心理,因此这篇作品也可看作是作者的一篇自传。小说不仅表现了对"原父"的恐惧感,也表现了对家长制的奥匈帝国统治者的不满,同时,作者通过这个奇特的故事,还揭示了资本主义社会中的荒诞性和非理性。本篇收入 1985 年 3 月外国文学出版社出版的《卡夫卡短篇小说选》中,孙坤荣译。

【城堡】 长篇小说,弗兰茨·卡夫卡著。这部作品成书于 1922 年,是作者逝世前两年写下的作品,非常富有卡夫卡的特色,也是作者最重要的作品之一。小说主人公叫 K,他是一个名义上的土地测量员,小说描写他应城堡之聘长途跋涉前来工作。K 先在附近村子里暂时住下,但城堡就在眼前,却永远进不去。他无权投宿在村子里的小客栈,无权进入城堡,无权会见城堡伯爵、城堡的部长,只能通过部长所派遣的信使接受指示或提出忠告,由村子的村长负责领导。于是以 K 为一方,千方百计想进入城堡,而以城堡当局以至包括城堡所辖的小村的村民为另一方,坚决拒绝 K 的任何要求,双方展开了斗争。小说没有写完,据布洛德在《城堡》第一版后记中说,卡夫卡计划的结局是,K 将"奋斗至精疲力竭而死",在他弥留之际,城堡传谕,准许 K 在村中居住和工作,但不许进城堡。城堡代表着一部庞大的官僚机构,统治机器,那里有数不清的等级,数不尽的部门,数不尽的官吏。作品揭露和批判了资本主义现实社会中一些带普遍性的问题,如封建专制压迫、社会等级森严、官僚腐化荒淫、机构庞大无用、人间世态炎凉……《城堡》是一部奇特的作品,它的故事情节怪诞离奇,叫人不易捉摸;它在艺术手法上标新立异,令人产生无穷的思索。本书 1980 年 1 月由上海译文出版社出版,汤永宽译。

【卡夫卡短篇小说选】 短篇小说集,弗兰茨·卡夫卡著。这本短篇小说选集共收作品二十篇,基本包括了作者主要的短篇小说,它们基本上是按创作年代先后次序编排的,每篇后面附有写作与出版情况简介。这二十个短篇,十四个是卡夫卡生前发表过的,都是作者首肯的,其余六个虽然在作者生前没有发表,但都是名篇佳作,所以,这二十个短篇,可以比较全面地反映卡夫卡作品的思想内容和独特的艺术风格。这些作品,从主题思想看大致可分为以下几类:一、揭示社会现实的荒诞、非理性、人的自我存在的苦痛和原罪感。卡夫卡小说的一个重要主题是人完全屈服于存在的威力之下,《判决》《乡村医生》是其中有代表性的作品。二、揭露资本主义社会中人在重重迫害下掌握不了自己的命运以致"异化"的现象,《变形记》《骑桶者》《饥饿艺术家》都是描写异化现象的杰作。《骑桶者》深刻地揭露了资本主义社会的不公平,充满了人道主义思想。小说反映的是第一次世界大战期间奥匈帝国内发生煤荒的情况,对资本主义社会提出了强烈的抗议。三、描写资本主义社会里中、小资产阶级找不到出路的孤独、苦闷情绪和无能为力的恐惧感。《老光棍布鲁姆费尔德》、《致科学院的报告》、《地洞》是反映这一主题的代表作。《地洞》写一只不知名的动物,营造了一个地洞,既为了保护自己,也为了保存得来的食物。但是它成天心惊胆战,生怕外界敌人前来袭击。作者通过对小动物心理状态的描述,生动地写出了资本主义社会里小人物终日战战兢兢、难以自保的恐惧处境。四、揭露反动统治阶级的罪恶,反对异族侵略,在某些方面还反映了对祖国、对民族的失望情绪,《在流放地》、《万里长城建造时》、《往事一页》是其中的代表。卡夫卡的作品不仅揭露了奥匈帝国社会生活的种种矛盾,而且从侧面反映了这个社会不可克服的精神危机,由于他生活的特殊环境,他只能通过被扭曲的人物来反映他所观察到的生活真实。这些作品在艺术手法上颇多独创性、象征性、荒谬性、冷漠性,是与作者想表现的主题和作者的生活环境密切相关联的,本书1985年3月由外国文学出版社出版,孙坤荣选编。

【变形记】 短篇小说,弗兰茨·卡夫卡著。这篇作品是揭露本主义社会中"异化"现象的代表作之一。主人公叫格里高尔·萨姆沙,他是一家公司的旅行推销员,为了挣钱养活家人,他长年累月到处奔波。一天早上,他从不安的梦中惊醒,发现自己有了可怕的变化:自己变成了一只大甲虫!他心里感到十分紧张和恐惶,担心没脸见人,也担心失去工作。他的家人见到这种情况,十分震惊,父亲根本不理他,母亲十分悲伤,妹妹开始很可怜他,每天给他打扫卫生,还定时送来食物,但时间一长,她也感到厌烦了,格里高尔的饮食便没有了保证,房间也越来越肮脏。由于格里高尔不能继续工作,少了他的工资收入,家里人不得不另谋生路,于是就招来了三位房客,以增加家庭收入。一天,格里高尔的妹妹拉小提琴,琴声吸引了格里高尔,他不由自主地向琴声爬去,暴露在房客面前,全家大乱,房客吵着要退房子,妹妹表示"一定得把它弄走","再也无法忍受了"。格里高尔就在当晚悄悄地结束了自己的生命,全家人仿佛卸去了一个沉重的负担。小说描写主人公在生活的重担和职业的习惯势力压迫下由人变成一只大甲虫,看似荒诞不经,但它却从更深的方面揭露了资本主义社会普遍存在的异化现象,也揭露了资本主义社会里人与人之间赤裸裸的利害关系,从而使这篇作品成为卡夫卡作品中别具一格的代表作品。本篇收入1985年3月外国文学出版社出版的《卡夫卡短篇小说选》中,李文俊译。

【查太莱夫人的情人】 长篇小说,劳伦斯著。小说描写了女主人公康妮的爱情生活。康妮在第一次世界大战中与军人克利福·查太莱结婚,婚后克利福又重返前线,六个月后一身创伤被送回英国。克利福经过医生精心治疗,虽然活了下来,但是腰部以下的半身,却从此瘫痪。他每天只能坐在一把装了发动机的轮椅里,在花园里慢慢地绕来绕去。康妮每天生活在这安静而又偏远的家园里,过着孤寂冷漠的生活,但她内心却常常有着一种不安的骚动。后来她认识了一个穿着漂亮的剧作家,叫蔑克里斯。"因为他受过的冷眼和攻击太多了,所以现在还处处留神,时时担心,有点像狗似的把尾巴藏在两腿间"。他不摆架子,对自己不抱幻想的品性为康妮所喜欢,但他对康妮却并无真心,只是想占有她而已。因此,在达到目的后不久便离开了康妮。他们互相保持着通信联系,偶尔也在其他地方相聚,但以后便不了了之了。康妮又陷入了一种没有起伏、没有感情的生活之中。一个偶然的机会,她结识了新来的守林人梅乐士,这个人当过军官,为人豪爽,也带几分鲁莽,这些特点,很快便吸引了康妮。经过一些挫折,梅乐士与康妮产生了爱情,两人常在林中的小屋里幽会。随着时间的推移,康妮对终日道貌岸然的丈夫克利福的厌恶越来越强烈,想向他提出离婚,却又于心不忍。后来,她前往威尼斯,在那里住了大约十几天以后,克利福来了一封信,信中说梅乐士的前妻突然来到林中小屋,这个消息使康妮十分恼怒和不安,而一个女仆又来信,说梅乐士提出了离婚的要求,但他妻子坚决不同意,并说她在小屋里找到了名贵的纸烟头和一瓶高级香水。这个消息使康妮陷入了更大的痛苦之中。不久,梅乐士的信也来了,说克利福已怀疑他们的关系,因此他决定辞掉工作,到伦敦来,并约好时间与康妮见面。康妮毫不犹豫地赶往伦敦,与梅乐士见了面,并告诉他自己早已怀孕了。不久,康妮给克利福写了一封信,告诉他自己爱上了另一个人,并谎称他叫旦肯(这个旦肯是克利福的朋友,此时正在威尼斯,他很爱康妮,并同意康妮借用他的名誉)。克利福要求康妮回去同他再见一面,并表示他将等她,"等五十年也成",这使康妮无可奈何,只得回去。克利福知道康妮绝不会爱上旦肯,并同意康妮将孩子生在家里,康妮只得和盘托出,说自己爱上的是守林人梅乐士,这使克利福十分吃惊,并表示自己坚决不同意离婚,康妮只得连夜收拾东西,第二天便离开了家园。这时梅乐士已经在一个农场找了一份工作,他计划在农场干六个月,然后与康妮一道组织一个自己的小农场,开始一种新生活。在这部作品中,作者用较多的篇幅写到了性爱场面和性爱心理,在作者笔下,所谓"性描写"是充满诗情画意的,作者通过女主人公对性的体验和心理变化,写到了她的肉体和精神的复苏的过程,抨击了传统道德和工业文明对人性的戕害,表达了作者对自然人的呼唤。作品以性写情,写得文雅而含蓄。本书1986年由湖南人民出版社出版,饶述一译。

【神秘微笑】 中短篇小说集,赫胥黎著。奥尔斯德·赫胥黎(1894—1963),二十世纪英国著名作家。他一生著作极多,包括小说、诗歌、戏剧、小品文、论文等,尤以小说和小品文成就最为突出。主要作品有《美妙的新世界》《岛》等。本集共收了作者的六篇作品,《侏儒府》讲了一个富有哲理意味的传奇故事,《化妆》等五篇作品都是通过不同的侧面反映现代资本主义世界种种社会弊端。作者不仅描绘了上流社会中绅士淑女们的沉沦,而且也写出了下层社会贫苦人民的不幸命运。赫胥黎对一些上流社会的人物,刻画得特别深入,如《神秘的微笑》中的主人公贺顿,作者不仅对他的享乐主义人生观作了细致深刻的揭露,描写了他寻花问柳、玩弄女性的种种劣迹,同时还表现了他对穷人、弱者、病人不仅没有同情心,反而充满了憎恨之情的剥削阶级的本性。而贺顿性格中这些本质的东西外面,又笼罩着一种浓厚的知识分子气质,比如,作者描写他喜欢古典文学,平时风度高雅,俨然是一个有教养、有知识的绅士。作者对下层穷苦人民充满了同情,对他们的刻画也很成功,如《化妆》中的索菲、《小阿基米德》中的佃农、《神秘的微笑》中的桃瑞丝,在作者笔下,都是正直、善良而又不幸的人物。这六篇作品故事性都很强,情节起伏,错落有致,作者对结尾的设计颇具匠心,因此这些作品的结局常常出人意外而又合乎情理,起到了画龙点睛的作用。在这六篇作品中,《神秘的微笑》是最为人们所称道的,它发表之后,便成了英美文学界最脍炙人口的小说之一,曾多次在英、美、法等国改编为戏剧上演,并曾被改编为电影。本书1984年由百花文艺出版社出版,金隄等译。

【问题的核心】 长篇小说,格林著。格雷厄姆·格林(1904—),英国当代负有盛名的作家。自1926年第一部小说《内心人》问世后,格林便开始了作家生涯,五十多年来,他著述甚丰,其中有二十多部长篇小说和大量的短篇小说、游记、随笔等。其主要作品有《行动之名》、《夜幕降临时的谣言》、《这是个战场》、《斯坦布尔列车》、《密探》、《事情的结局》、《沉静的美国人》、《我们在哈瓦那的人》、《荣誉领事》、《喜剧演员》。《问题的核心》是作者的一部重要作品,曾获英国泰特·布莱克纪念奖,使他赢得了国际声誉。作品反映了作家的宗教信仰。小说情节并不复杂:二次世界大战期间,一个英属某西非殖民地的警察署副专员斯考比,本来是个合格的天主教徒,他正直、虔诚,处处按教义行事,而他的妻子精神压抑,常常表现得急躁、苦闷。斯考比决定送妻子去南非度假疗养,但又苦于财力不足,便不得不向一个叙利亚奸商借债,奸商以此为把柄,不断地对斯考比威胁利诱。后来,斯考比又与一个年轻寡妇海伦相遇,发生了关系,这明显违反了教义。这些经历使虔诚的天主教徒斯考比精神苦闷,惶惶不可终日,最后只得以自杀来寻求解脱。这部作品一出版,即引起了的广泛评论,评论家佛兰西斯·魏恩达姆认为这是"对人生绝望的研究……是格林的一部杰作,因为他在其中充分发挥了那些贯穿在他所有小说中的主题:怜悯、恐惧、爱情和失望,以及一种对人的精神解脱的探索"。作者在这部作品中运用了电影剪辑的手法,并在行文中,经常插入作者的评论,这些评论运用得十分巧妙和自然,无生硬之感。本书1980年由外国文学出版社出版,傅惟慈译。

【一个自行发完病毒的病例】 长篇小说,格林著。这部作品同《问题的核心》一样,也可以算作是一部宗教小说,但它的主人公却是一个完全失去信仰的人。奎里是一个有名的建筑师,由于事业上的成功,庸俗的吹捧像潮水一样涌来,这使他对工作,对生活,对宗教,对爱情等等现实社会的一切事物和一切感情十分厌恶。为了逃避,他来到了非洲腹地的一个麻风病院隐居起来。但是,即使在这人迹罕至的地方,仍有一般社会所存在的纷纭竞争,作为一个有生命的人,他不能不正视这存在的现实。最后,爱与憎的情感又在他身上复苏。不幸的是,正当奎里内心的"病毒"自行发完之时,他却遇到了厄运。作者在这部作品中探索的仍是人生中一个现实问题:一个麻风病人,如果不及时治疗,会毒性发作,但在毒性发完以后,却仍然可以痊愈;而一个心灵上患了重病的人却未必能在发完病毒后痊愈。作者借奎里的形象,提出了人生的价值是什么,怎样对待人生等问题,颇能发人深思。尽管格林把这部小说涂上一层宗教色彩,在艺术技巧上采用了象征的手法,但他在揭露资本主义社会某些罪恶现象、在刻画形形色色的人物时仍是忠于现实的,因此他所描写的事件和人物是真实可信的。本书1982年由花城出版社出版,傅涛涛译。

【人性的因素】 长篇小说,格林著。在格林的作品里,有许多是涉及间谍活动的,这与他曾在二次世界大战时在著名的两面间谍金姆·菲尔比的手下从事过谍报工作有关系。格林的间谍小说与众不同,他把间谍小说作为相当严肃的文学作品来写,他所描写的主角,不是虚无的英雄,而是现实生活中活生生的普通人,他们也难免彷徨、茫然,也有自己的苦闷和弱点。《人性的因素》叙述了英国情报人员卡斯尔在南非工作时爱上了黑人女子萨拉,因而受到南非保安局的迫害,在苏联间谍卡森的帮助下,他俩逃离了非洲。卡斯尔为报答救助之恩,同意向苏联提供有关非洲的情报,以为这样做会有利于南非黑人的解放,结果被英国情报机关察觉,他的朋友戴维斯因而丧命,他本人也日益陷入困境,最后妻离子散,只身逃往莫斯科。他成了国际间谍角逐的牺牲品,理想、幸福,到头来全都成为泡影。作者深刻地剖析了主人公的思想、感情和心理状态,挖掘了他身上"人性的因素",与间谍机关的冷酷无情形成鲜明的对比。英国女小说家伊利莎白·鲍温在《小说家的技巧》里说:"格雷厄姆·格林的才能是现代的。他熟练地运用本质上属于二十世纪的技巧——紧张、迅速以及萨特所谓的'极端的布局'。这种技巧……也有某些与惊险小说共同的地方——情节的发展迅速诉诸人们的视觉,冷漠、干巴、不带感情。"《人性的因素》便具有这些特点,因此它能紧扣读者的心弦。本书1981年由群众出版社出版,尚明、张林译。

【炸弹宴会】 中篇小说,格林著。故事发生在瑞士日内瓦。费希尔博士是一个百万富翁,他是金钱万能的体现者,他手中握有巨额财富,同时也就掌握了无限的权力,他可以随心所欲地取笑阔人,也可以任意使穷人失掉工作。他是一个极端自私和冷酷无情的人,即使对自己的妻子也只是占有,由此引发了憎恨一切人的疯狂心理。由于他本人是个巨富,因而深谙富人的贪婪本性,为了报复,他拿他们的贪婪作试验,从别人的屈辱中寻找自己的尊严。他经常举办豪华的、别出心裁的宴会,赴宴的人全是城里的阔人和名人。每次宴会,费希尔都是照例先将来宾恣意戏弄、羞辱一通,然后赠给每人一份厚礼。最后一次,主人设下"炸弹宴",客人们须冒"被炸身亡"的危险,才能得到二百万瑞士法郎的巨额犒赏。这使一群阔男富女左右为难,演出了一幕穷形尽相的喜剧。作品构思巧妙,深刻地揭示了资本主义社会有钱人冷酷无情与贪得无厌的本质。英国评论家罗勃特·陶厄斯说这部作品"可以说是一个近乎讽谕和告诫的故事,作者以极其扼要的方式探讨了贪婪、傲慢和失望……其中的人物很像一幅十六世纪的木刻上面所刻画的一出道德剧中的芸芸众生"。这段评论,还是比较准确的。本书1985年由百花文艺出版社出版,屠珍译。

【小癞子】 中篇小说,作者不详。关于作者,有这样几种说法:其一,本书的作者是胡安·德·奥泰加神父;其二,是曾任西爱纳总督、西班牙驻教廷大使狄艾果·乌尔达多·曼多萨;其三,是诗人塞巴斯田·德·奥若斯果。关于小说写作的年代,一般认为它写于十六世纪中期。这是一部西班牙文学名著,它不写传奇式的英雄美人,也不写"田园"中的牧童牧女,而是写一个至卑极贱的穷苦孩子,他伺候了一个又一个主人,其中有教士、侍从、修士,也有"兜销免罪符的人"和"驻堂神父",他亲身领略了人世间种种艰难,在不容他生存的社会上一处处流浪,挣扎着活命,直到娶了大神父的姘妇才交上了好运。《小癞子》是自述体小说,它记述了一个小人物介绍自己流浪生活的话,从而开创了所谓"流浪汉小说",以后的许多作品皆受其影响,如马德欧·阿莱曼的《古斯曼·德·阿尔法拉切的生平》、克维多的《骗子堂巴勃罗斯的生平》、法国勒萨日的《吉尔·布拉斯》、英国奈希的《不幸的旅行者，或杰克·维尔登的生平》、笛福的《摩尔·弗兰德斯》都与《小癞子》是一脉相承的。这部作品语言幽默，意味深长，经得起反复品读。本书 1986 年 7 月由人民文学出版社出版，杨绛译。

【佩比塔·希梅尼斯】 长篇小说，胡安·巴莱拉著。巴莱拉（1824—1909）不仅是西班牙著名的作家、诗人、文学评论家，而且是西班牙科学院院士、外交家，曾数度被选为国会议员。《佩比塔·希梅尼斯》是巴莱拉写的第一部小说，也是他写的最成功的一部小说，它被公认为是十九世纪西班牙文学中最优秀的小说之一，被译成许多国家的文字。作品的主题是宗教禁欲主义与世俗感情的冲突。主人公堂路易斯十岁时就离开父亲，到任某大教堂教长的伯父那里去受教育，十二年后，成为神学院的学生，在领受圣职以前回到家乡度假。回到家乡后，他听别人异口同声称赞一个叫佩比塔·希梅尼斯的年轻寡妇，她不但聪明美丽、品德高尚，而且他父亲正在追求她，便产生了好奇心，想见见她，他见了她以后，果然是个少见的女人。渐渐地对佩比塔产生了倾慕之情，而对他的天职——接受圣职，到远方去做传教士，发生了动摇，实际上是对信仰发生了动摇，对宗教产生了怀疑。在禁欲主义的思想与世俗的情感发生的激烈冲突中，他企图把对上帝的爱与对佩比塔的爱调和起来。然而世俗的情感与天主教会对教士的要求是绝对不容调和的。他在内心里进行了激烈的斗争，结果却是步步退却，终于被爱情所征服，甚至为了卫护佩比塔的声誉，拿起马刀与人进行决斗。作品对主人公复杂的内心世界进行了深刻细致的分析。这部小说在写作方法上颇具特色，人物刻画栩栩如生。本书 1982 年 3 月由上海译文出版社出版，方予译。

【三角帽】 中篇小说，彼得罗·安东尼奥·台·亚拉尔孔著。亚拉尔孔（1833—1891）是十九世纪西班牙杰出的浪漫主义作家，他出身于西班牙一个没落的贵族家庭，青年时期以共和主义者立场参加了政治活动，晚年却趋于保守。《三角帽》是作者最著名的作品之一。它写了西班牙一个小城市长的故事，这个市长由国王直接任命，是独揽市政一切大权的统治者，他是一个贪婪、专横、愚昧而又残暴的人物。在十八世纪，西班牙贵族中还不乏这个市长这样的人物，他们在封建宗法社会里过着苟且偷安的生活，他们强迫人民给他们缴纳几十种名目繁多的捐税，供他们享受挥霍。这些权贵人物,成了许多民间故事和歌谣的讽刺对象。亚拉尔孔从民间说唱者那里获得题材,深入地发展了民间故事的情节,细致生动地刻画了其中的人物,写成了这部既有民间故事的喜剧情调,又具有作者自己幽默风格的中篇小说。本书1959年6月由人民文学出版社出版,有一个副标题,即"一个根据民间传说如实记载下来的故事",博园译。

【悲翡达夫人】 长篇小说,培尼托·贝雷斯·迦尔杜斯著。迦尔杜斯(1843—1920)是十九世纪末西班牙现实主义代表作家之一,他的作品具有强烈的爱国主义和民族意识、反宗教的民主思想以及由于对资产阶级政治失望而产生的理想主义的倾向,其主要作品有《金泉》、《民族演义》、《格罗里亚》、《莱昂·罗契的家庭》。《悲翡达夫人》是作者的代表作,这部作品描写小城市贵族地主家庭一个妇女的典型形象,是一部以现实生活为题材的小说。作品从青年工程师彼贝·莱伊在维雅奥伦达下火车,到渥巴霍萨城探亲这条线索开始,通过彼贝·莱伊的所见所闻,写出了这个西班牙内地小城的社会现状。作者又通过彼贝·莱伊同他表妹罗莎柳的恋爱,通过他和他姑妈新旧思想的冲突,深刻地塑造出统治这个小城的贵族地主阶级和教会的两个典型人物,即悲翡达夫人和忏悔神父英诺森肖。悲翡达夫人是保守闭塞、衰落凋敝但封建特权依然保持着的西班牙内地小城渥巴霍萨社会中一个十全十美的人;而忏悔神父英诺森肖也是这里一个人们称道的有德行和操守的人物。他们有一个共同点,那就是紧紧依附于封建制度和封建利益。所以,当彼贝·莱伊的自由主义思想和行为扰乱了这个小城的封建秩序时,这两个卫道士便布置阴谋诡计,从中加以破坏。在这个内地小城里,必然会产生反叛的力量,作品中特洛伊三姊妹便是他们的代表,与彼贝·莱伊相比,她们对封建秩序本质更了解,斗争也更坚决。这部作品思想内容比较鲜明,艺术技巧也相当成熟,对后来西班牙批判现实主义文学的发展有深远的影响。本书1961年12月由人民文学出版社出版,赵清慎译。

【庭长夫人】 长篇小说,克拉林著。克拉林(1852—?)是十九世纪西班牙著名作家,他的原名是莱奥波尔多·阿拉斯,大学期间他曾参加推翻伊莎贝尔女王二世的革命,从此成为共和派。1875年10月,他首次用"克拉林"(意即号角)的笔名在讽刺杂志《鞭挞》上发表作品,宣传共和主义,反对王朝复辟。1883年他开始创作长篇小说,主要有《庭长夫人》、

《他的独生子》,此外他还写了大量的文艺评论、随笔、讽刺小品及短篇小说和话剧,《庭长夫人》是西班牙十九世纪现实主义文学的杰作之一。作品以贝图斯塔古城为背景,通过主人公安娜与丈夫维克托和她的两个追求者(神父德帕斯和政界名人梅西亚)之间的四角关系,揭露了贵族阶级的荒淫无耻,官僚政客的腐化堕落,以及神职人员的虚伪贪婪,真实地反映了当时的社会风貌和时代特征。《庭长夫人》的主要情节虽然只是一个女人的爱情悲剧,但由于作者对产生这个悲剧的社会背景进行了真实、广泛、细致的描绘,反映出当时政治、经济、思想、道德、习俗等各方面的尖锐矛盾,从而使小说成为十九世纪六七十年代西班牙社会的广阔画卷。该书 1986 年由人民文学出版社出版,唐民权等译。

【修女圣苏尔皮西奥】 长篇小说,阿尔曼多·帕拉西奥·巴尔德斯著。巴尔德斯(1853—1938)是西班牙负有盛名的小说家,他的文学创作活动是从写评论开始的。他曾担任《欧洲杂志》社社长,也写过一些故事。1881 年,他发表了第一部小说《奥克塔维奥少爷》,1883 年又创作了第二部小说《玛尔塔与玛丽亚》,获得很大成功,并由此进入了创作高潮,其主要作品有《何塞》、《偏僻的山村》、《李伯特船长的欢乐》、《里韦丽塔》、《玛克西米娜》,而影响最大,流传最广的是《修女圣苏尔皮西奥》,1933 年在巴伦西亚成立的"西班牙影业公司"的第一部电影脚本便是根据这部作品改编的。这部作品描写西班牙南方城市塞维利亚的一个修女怎样在别人的帮助下,经过不屈的斗争,冲破了宗教和家庭的双重束缚,与自己所爱的人结成美满婚姻。青年桑胡尔霍·塞费里诺对医学并没什么兴趣,但他父亲执意让他学医,他只得来到马德里学医,他内心其实十分爱好文学,写了不少抒情诗,受到人们的赞扬。后来他因病去马尔莫莱霍矿泉疗养,在那里遇上了修女圣苏尔皮西奥,对她产生了爱慕之情,当修女离开疗养地时,他随后追去。修女圣苏尔皮西奥的家庭十分富足,她本人也是一个纯洁美丽、活泼热情的少女,她不安心一辈子修道,而是强烈地向往着过正常人的生活。当她发现自己爱上了桑胡尔霍以后,她的这种欲望就更强烈了。桑胡尔霍为了与修女结婚,混入修道院请求神父批准她还俗,却遭到羞辱,被赶了出来。不久,他又冒充一个从战场上归来的军官,去找圣苏尔皮西奥的"继父"套近乎,并到圣苏尔皮西奥家所属的一个工厂当职员,其目的在于取得修女母亲的好感,但没有成功。在修道院门前发生了一场轩然大波以后,圣苏尔皮西奥的舅父海纳罗伯爵及其女儿依萨贝尔小姐将圣苏尔皮西奥接到他们家中,并批评其母不应强行送女儿进修道院,其母在无可奈何的情况下,同意了桑胡尔霍和圣苏皮西奥的婚事,有情人终于如愿以偿。这部作品反映了十九世纪末西班牙社会中产阶级的精神面貌,对教会和修道院进行了讽刺与揭露,歌颂了反封建、反对教会精神统治的斗争。全书通篇充满诙谐和幽默,人物形象栩栩如生,跃然纸上,同时,作家对塞维利亚城的景物描写也十分出色。本书1981年3月由上海译文出版社出版,蒋宗曹、李德明译,尹承东校。

【碧血黄沙】 长篇小说,布拉斯科·伊巴涅斯著。伊巴涅斯(1867—1928)是十九世纪末二十世纪初西班牙杰出的现实主义作家,他也是一位政治家、激进的共和主义者,他长期参加政治活动,反对君主政体,曾遭监禁和流亡国外,他曾当过出版社的抄写员,作家的秘书,后来做过出版社的编辑,并曾荣获法国政府授予的"荣誉军团骑士"勋章。他的创作活动持续了三十馀年,主要作品有《迦尔西——费尔南台斯伯爵》、《黑蜘蛛》、《五月花》、《芦苇和泥淖》、《大教堂》、《酿酒厂》、《游民》、《启示录的四骑士》、《我们的地中海》、《野蛮的强盗》。《碧血黄沙》是作者的代表作之一,它在四十年代便被拍成电影,在各国放映,为作家赢得了世界声誉。这部作品是以西班牙斗牛士生活为题材的小说。主人公叫胡安·加拉多,他是一个鞋匠的儿子,他父亲去世以后,他与母亲相依为命,母亲把他抚养成人,但他为了摆脱穷困的生活,追求荣誉和金钱,从小就向往斗牛士的生活,逐渐走上斗牛士的道路,成为一个极为有名的斗牛大师,这引起了一个贵妇人冬娜·索尔的好奇心,她引诱他,把他当作玩物。贵妇人将他抛弃以后,他却仍然抱着幻想,终于在虚荣心的驱使下,惨死在斗牛场上。这部作品对古老的西班牙风习持抨击的态度,揭露了贵族阶级的伪善和狡诈。作品塑造了栩栩如生的人物形象,情节紧张曲折,作者对人物心理和场景的描写都十分细腻生动。本书1985年10月由山东文艺出版社出版,高长荣译。

【茅屋】 长篇小说,布拉斯科·伊巴涅斯著。这部作品也是作者的代表作之一,它的情节并不复杂,人物也比较单纯,它描写的是以毕兔笃为代表的全村农民与外乡迁来的农民巴底斯特的矛盾与冲突。作者在叙述主要情节之前,先叙述了农民巴力杀死地主沙尔伐多尔以致家破人亡的次要情节,通过这个情节,作者暗示出:农民把自己对地主阶级的仇恨迁移到同他们一样可怜的农民身上是多么可哀可叹。以毕兔笃为首的村民,本来不应该与巴底斯特有仇恨,因为他们同属于一个阶级,他们都靠自己的两只手来养家糊口,但是,他们与地主有不共戴天之仇,他们不能容忍巴底斯特耕种巴力死亡的代价——一块荒废的土地;对巴底斯特来说,他有权力保卫自己用血汗浇溉的这块土地,这样,矛盾便不可避免的产生了。这部作品反映了当时西班牙社会的根本问题——土地问题。据作家自己说,它是根据瓦棱西亚近郊发生的一件农民反抗地主的斗争事实写成的,因此,全书现实感很强。这部作品结构洗炼,形象鲜明,语言准确生动。本书1962年8月由人民文学出版社出版,庄重译。

【不速之客】 长篇小说,布拉斯科·伊巴涅斯著。这部作品发表于1904年,是伊巴涅斯创作成熟期的一部作品。小说所描述的故事发生在十九世纪后半叶,当时西班牙的工业与以前相比,有了很大的发展。随着资本主义生产关系的发展,社会矛盾日益恶化,无产阶级的处境异常痛苦,他们不堪忍受非人的生活,不断掀起各种形式的斗争浪潮。另一方面,当时教会势力,尤其是天主教的耶稣会势力——不速之客,十分猖獗,它不但企图麻痹工人的斗争意志,而且千方百计地在精神上和经济上左右那些百万富翁们,从而成为他们的真正主宰。这部作品以这一历史作背景,描写了医生阿雷斯蒂和表兄莫鲁埃塔由于对天主教耶稣会各自采取截然不同的态度、立场,最终使他们的兄弟情谊遭到彻底破裂的故事。主人公阿雷斯蒂从小失去父母,在表兄莫鲁埃塔的资助下学完专业,并去巴黎深造,成了一个有名的外科医生。回国后,他娶了一个虔诚的基督教徒的女儿为妻,但婚后因与信教的妻子感情不和,单身来到矿山工作。他同情矿工们的痛苦生活,不辞辛苦地为他们看病,受到工人们的欢迎。阿雷斯蒂的表兄是个工业大王和百万富翁,表嫂是个耶稣会会士。起初,莫鲁埃塔把表弟阿雷斯蒂看作唯一的亲人,阿雷斯蒂也帮助他,希望他能摆脱宗教势力的束缚,可是表兄自私、怕死,最终还是成了教会势力的俘虏。在他的纵容下,妻子与表弟公开论战,迫使阿雷斯蒂与他们不欢而别;他积极参加宗教活动,反对和镇压工人的罢工游行。在工人群众反对耶稣会的斗争中,莫鲁埃塔与阿雷斯蒂终于成为两个不同阵营的人物。这部作品是一部现实主义的杰作,它塑造了栩栩如生的人物形象,细节的描写也很真实生动。本书1983年2月由上海译文出版社出版,李德明、尹承东译。

【酒坊】 长篇小说,布拉斯科·伊巴涅斯著。这部作品发表于1905年,是作者成熟期的主要作品之一。作品所反映的历史背景是这样的:十九世纪六十至七十年代,西班牙教会和村社的大部分土地表面上被没收和出卖了,但实际上这些土地变成了大地主、大资本家和富农的私有财产,并没有落到贫苦农民手中。美西战争以后,大地主、贵族、王室家族越来越多地采用了资本主义经营方式。随着资本主义生产关系的发展,社会矛盾日益尖锐。《酒坊》生动地再现了当时西班牙农业工人的生活,细致地描写了他们的劳动和痛苦、他们的斗争和希望,同时,也深刻地揭露了权贵们的冷酷和荒淫。作者描写了众多的人物形象,他们分别属于社会各个阶层,其中有野心勃勃的资本家,有纵欲无度的纨绔子弟;有饱经沧桑的淳朴的老农;有一度误入歧途转而投身劳动的青年;有到处流浪的吉卜赛人;而作者重点描写的,是一位献身革命的启蒙者。作品描绘了相当广阔的历史场面,描绘了暴动的兴起、发展和被镇压的过程,作品中充满了对被压迫群众的同情,对他们的斗争的热情赞颂,对他们的未来充满了希望。全书人物形象鲜明生动,语言平易,情节曲折。本书1986年1月由上海译文出版社出版,李德明、蒋宗曹译。

【自豪的西班牙】 长篇小说,孔丝丹西雅·莫拉著。莫拉(—1946)是西班牙女作家。她出身于封建贵族家庭,是数任内阁总理安东尼奥·摩拉的外孙女,随着历史的发展,她冲出了封建贵族家庭的束缚,背叛了本阶级,投身于进步的政治活动,并加入了西班牙共产党。这部书是莫拉的自传体小说,在这部书里,从她曲折复杂的身世中,我们不难看到二十世纪初封建西班牙腐朽没落的面貌,封建王朝推翻后资产阶级的软弱性和妥协性带来的紊乱局面,新兴工人阶级的流血斗争。作者把全书的重点放在后面人民保卫共和国的伟大史篇上,书中描绘了当时执政者的鲁钝,军人的卖身投靠,叛乱分子的残暴,德意法西斯的公然侵略,英法政府的不干涉政策的错误,西班牙爱国人士前仆后继的可歌可泣的斗争。因为作者是直接参加者和目击者,小说写得非常生动翔实,有血有肉。因此这不仅是一部小说,而且是一部西班牙近代的编年史。本书1959年由人民文学出版社出版,朱昆译。

【冒险家萨拉卡因】 长篇小说,皮奥·巴罗哈著。巴罗哈(1872—1956)是二十世纪西班牙的著名作家,并且是一位多产的作家,他一生共创作了近百卷各种体裁的作品,其中以小说创作所取得的成就最为突出。巴罗哈的小说多采用三部曲的形式,《冒险家萨拉卡因》是《巴斯克土地》三部曲中的第三部,它是以西班牙历史上发生的第二次卡洛斯战争为背景,描写主人公萨拉卡因短暂的一生和他的冒险经历。作品中的马丁·萨拉卡因虽出身贫寒,但因不甘受富家子弟卡洛斯·奥安多的欺侮,与其结下了怨仇,卡洛斯的妹妹十分钦佩萨拉卡因的刚强性格和勇敢精神,对他产生了爱慕之情,卡洛斯得知这一情况后极为恼怒,想尽方法进行破坏。后来战争开始了,卡洛斯当上保皇党的军官,并将其妹幽禁在一座修道院里,萨拉卡因则利用战争发生的机会,进行贩卖马匹,走私军火和传递银行期票等冒险活动,找到了卡洛斯妹妹的下落,并施巧计,将她带出修道院,举行了婚礼。不久保皇党人在战争中被击败,纷纷逃往法国境内,萨拉卡因夫妇与卡洛斯在法国边境上窄路相逢,正当双方发生剧烈争吵的时候,卡洛斯的同伙举枪开火,萨拉卡因应声倒地,永远地闭上了眼睛。《冒险家萨拉卡因》故事情节比较集中,没有冗长的景物描写,在刻画人物性格时,不借助空洞的辞藻,而是通过人物的谈吐和行为来揭示他们的内心世界。本书 1984 年由上海译文出版社出版,蔡华文、闵明译。

【葛罗丽娅】 长篇小说,佩雷斯·加尔多斯著。加尔多斯是西班牙作家。这是一部爱情小说,主人公葛罗丽娅是一位美丽、善良、纯朴的姑娘。教会灌输的迷信思想和长期的家庭教育,使她成为一名虔诚的天主教徒,她笃信上帝,达到了狂热的程度。德籍犹太青年丹尼尔·莫尔顿是一个思想进步、学识丰富的人,一次海上遇险使他与葛罗丽娅相识并相爱,他们爱得热烈而真挚,并结下了爱情的结晶——儿子耶稣。但是因为她信仰天主教,而他又无法摆脱犹太教的羁绊,所以他们的爱情一直不能公开化、合法化。不同的宗教信仰使他们面临艰难的选择:要么牺牲情人把身心献给上帝,要么相反,牺牲信仰把身心献给情人。葛罗丽娅这时完全不知所措,终日陷入了矛盾和痛苦之中,她多次劝丹尼尔·莫尔顿放弃信仰,以达到结婚的目的。丹尼尔·莫尔顿决心牺牲宗教信仰,但他母亲得知他要叛教的消息,便气急败坏地赶到西班牙加以阻拦。在她看来,信仰比儿子的幸福更重要。因此,她用重金收买上层人物:为了达到自己的目的,她竟诬陷自己的儿子,使西班牙政府当局作出驱逐丹尼尔的决定。与此同时,葛罗丽娅的父亲与伯父也对她施加种种压力,他们先将她软禁在家,后又强迫她去当修女。就在她要进修道院前夕,葛罗丽娅再也不能忍受思念情人和儿子的痛苦,她冲出家门,狂奔在漆黑的原野上。正当她狂热地亲吻着儿子的时候,丹尼尔也千方百计来到葛罗丽娅身边,三人抱头痛哭。一连串打击和令人心碎的痛苦,使得葛罗丽娅的心力交瘁,终于含恨死在丹尼尔的怀中。四年以后,丹尼尔带着对葛罗丽娅的深情,也离开了人世。作者深刻地揭露了教会"仁爱"的假象,指出了这个爱情悲剧的导演就是可恶的教会势力,同时,在男女主人公身上,我们也可以看出作者对自由、平等、博爱的追求。这部作品感情细腻、情节曲折,人物形象栩栩如生。本书 1985 年 10 月由上海译文出版社出版,王梦泉、赵绍天译。

【三月十九日与五月二日】 长篇小说,佩雷斯·加尔多斯著。加尔多斯的《民族演义》是世界文学史上罕见的长篇历史小说,它由四十六部长篇小说组成。《民族演义》整个故事都贯穿着十九世纪西班牙历史发展的脉络,第一辑由一千个中心人物串联而成,合在一起组成了一部波澜壮阔的史诗,分开来又是一本本故事情节独立完整的小说。作者从资产阶级民主派的角度,通过生动的艺术形象,描写了从 1805 年特拉法尔加之战到 1898 年复辟年代的重大历史事件。《三月十九日与五月二日》是《民族演义》第一辑中第三部作品,它描写了出身贫寒的青年加夫列尔和孤儿伊内斯之间曲折的恋爱故事。伊内斯是宫廷里一个贵妇人的私生女,她一出生便遭抛弃,后被贫苦的寡妇胡安娜抚养成人。胡安娜死后,伊内斯只得与叔父塞莱斯蒂诺一起生活,她很勤快,很聪明,也很美丽。加夫列尔是个聪明、勇敢的青年,他与伊内斯互相爱慕。胡安娜的表弟毛罗是个富商,为人贪婪残忍,他知道伊内斯的身世,并了解到伊内斯的生母已在寻找伊内斯,便虚情假意地表示要收养伊内斯,当伊内斯为其所骗来到毛罗家中以后,毛罗又千方百计逼迫伊内斯与自己结婚,以便以后能得到伊内斯生母的财产。为了搭救伊内斯,加夫列尔来到毛罗家做工,他逐渐取得了毛罗兄妹的信任,克服了一个个困难,终于救出了伊内斯。作者生动地描写了这一对青年男女真挚纯洁的爱情,也揭露了以毛罗兄妹为代表的资产阶级的凶残、贪婪和野蛮的本性。同时,作品还通过主人公加夫列尔的亲身经历,描写了当时的两大历史事件——阿兰胡埃斯的暴乱与五月二日的抗法起义,作者通过对两件历史大事的描写,反映了当时整个社会生活的最本质和最重要的方面。本书1983年1月由上海译文出版社出版,陈国坚译。

【萨拉戈萨】 长篇小说,佩雷斯·加尔多斯著。这部作品是《民族演义》第一辑的第六部,内容主要描写1808年法兰西帝国侵略军第二次围困萨拉戈萨时,该城人民英勇抗敌的动人故事。法国军队长期包围和攻打此城,西班牙军队伤亡惨重,城里的药物和食品严重缺乏。以蒙托里亚为代表的一批爱国者动员居民们行动起来,救护伤员,筹集食品,支援抗敌的士兵,而坎迪奥拉这个高利贷者却毫无人性地把重伤员逐出门外;当供应委员会以市价向他购买囤积的面粉时,却遭到他的拒绝。他认为战争给他带来了损失,便产生了怨恨之情,因此他一直反对坚持守城,进而私通外敌,向法国人密告通往城里战略要点的暗道,帮助法国人攻陷了这座城池。由于坎迪奥拉罪行严重,他被判处死刑。负责看押坎迪奥拉的青年叫阿古斯丁,他是坎迪奥拉女儿玛丽亚的未婚夫。玛丽亚向阿古斯丁求情,想让他放了自己的父亲。阿古斯丁经过激烈的思想斗争,坚决拒绝了未婚妻的请求。最后,蒙托里亚命令阿古斯丁的朋友加夫列尔处决了坎迪奥拉。作者通过激烈的战斗场面的描写,通过饥饿、瘟疫造成的悲惨景象的描写,写出了蒙托里亚,加夫列尔、加尔塞斯大叔等人不畏强敌、不怕牺牲的英雄形象,热情讴歌了他们的爱国主义精神。通过复杂的人物之间的关系及矛盾,作者完成了主要人物的塑造,读完全书,读者不能不为作者高超的艺术才华和生动的表现力所折服。这部作品在艺术上的特点是,作者善于用生动的语言、细腻的笔触刻画人物形象和揭示这些人物的内心世界,因此,人物栩栩如生,具有很强的生命力。本书1982年5月由上海译文出版社出版,申宝楼、蔡华文译,闵明校。

【合同子】 长篇小说,松苏内吉著。松苏内吉(1901—),是西班牙当代有影响的小说家之一,皇家学院的院士。他的主要作品有《毕尔巴鄂的生活及自然景色》、《奇里皮》、《船舶用品商》、《嗨⋯⋯这些孩子们!》、《死亡之舟》、《破产》、《溃疡》、《船上的老鼠》、《至福》、《这可怕的逃窜》、《如是生活》、《合同子》、《奖赏》、《一切都留在家里》、《周旋于两个女人之间的男人》、《一个女贵族》等。他曾获得多种文学奖,许多作品都已在美、英、法等国翻译出版。在松苏内吉的全部作品中,《合同子》具有一个极为特殊的地位,书中的主人公马努埃尔生来有着商人的素质,狂妄、自负、野心勃勃,从小就梦想成为百万富翁。在发迹之前,为了一块小面包的施舍,他可以强装笑脸向一个自己根本不爱的女人调情;在偶然靠拾得一个价值千金的项链坠子发迹之后,为了窃取经济情报,他可以同另一位大亨的姘头厮混。在他的心目中,根本就不存在国家的前途和人民的命运问题,至于亲族之爱、男女私情也就更不占任何位置了。对他来说,金钱就是一切,甚至把生儿育女的事情也看成一宗交易,需要签订一份合同。他没想到金钱也不是万能的,他根据合同生的儿子竟是一个先天性白痴,"辛辛苦苦"积攒了一辈子,到头来只落得个后继无人、凄凄惨惨、孤苦伶仃的结局。《合同子》在艺术上的成功之处主要在情节安排上合情合理,人物形象不仅真实可信而且栩栩如生。该书 1984 年由上海译文出版社出版,林之木译。

【**蜂巢**】 长篇小说,卡米洛·何塞·塞拉著。塞拉(1916—),是西班牙当代著名小说家,曾任西班牙皇家学院院士,国会参议员。《蜂巢》是塞拉的代表作,但 1945 年写成后未能通过政府当局的审查,到 1951 年在阿根廷首都出版后,才于 1962 年获准在西班牙国内发行,随即在西班牙语国家的读者和作家中引起强烈反响,连续再版二十余次,被译成十多种外国文字。作家在这部小说中,将营营骚动的"蜂巢"作为马德里社会的象征,以一条市民集居的街道为主要背景,集中描写了 1942 年严冬某三天里发生的各种事件,生动地刻画了形形色色的人物,真实地反映了马德里中下层人民在第二次世界大战期间的贫困及其心理状态。历时三年的西班牙内战不仅使国家濒临绝境,而且在人们的精神上造成了严重创伤。作者把这样一个马德里的现实搬进了他的作品,对当局粉饰太平的企图作了有力揭露,人们敢怒不敢言,看不到前途,更无改革和变动的意图,把悲观失望、精神空虚的芸芸众生刻画得入木三分。《蜂巢》是一部愤世之作,是"沙漠中的一声呐喊"。小说的艺术特点是没有贯穿全书的主人公,出现的人物多达二百九十馀人,着笔较多的四十多人,没有跌宕的情节,也没有明朗的结尾,在时间的紧凑、空间的集中和人物的众多等方面都是有其特点的。本书 1987 年 5 月由外国文学出版社出版,黄志良、刘静言译。

【哈拉马河】 长篇小说,费洛西奥著。费洛西奥(1927—),西班牙著名作家,本书是他的代表作品,获西班牙1956年"欧亨尼奥·纳达尔"文学奖。小说描绘了马德里一群青年男女,在盛夏时节到哈拉马河去度过的一个星期日。故事沿着两条线索,分别在河滩及一家小酒店展开:在河边,性格各异的青年们嬉戏、逗闹、冲突,然后又和解,反映出年轻人青春活脱的风貌和他们彼此之间的友谊;在酒店里,属于社会下层的各色人物邂逅相遇,对彼此的遭际,对社会上和生活里的种种人与事,有的寄以同情,有的发出咒骂,他们天南海北,高谈阔论,俨然是社会一个阶层的缩影。在这部作品里,作者从平凡的生活小事入手,通过展示各个青年不同的性格和思想,反映了年轻一代思想的苦闷和内战造成的创伤,深刻反映第二次世界大战后西班牙的社会现实,发掘当时普通人的内心活动。小说的风格平易、缜密,主要以富于表现力的对话写成,有很强的感染力。本书1984年由外国文学出版社出版,啸声、向陶译。

【尸骨还乡】 长篇小说,罗德里戈·鲁维奥著。鲁维奥(1931—),是西班牙当代重要作家,他的作品在国内曾多次得奖。他的其他作品还有《教士的长袍》、《秋天的祈祷》等。《尸骨还乡》是一部反映西班牙内战后的社会现实的长篇小说。小说的女主人公玛丽亚面对着儿子的尸体,倾诉自己坎坷的一生。玛丽亚曾经是一个热爱生活、富于幻想的姑娘,但是内战夺去了她的一切。战后,她又不断遭受凌辱,过着辛酸的生活。尤其是她的儿子在国外谋生时病死他乡,给了她致命的打击,使她最终决计以自焚了结残生。小说通过主人公的悲惨遭遇,揭露了内战给国家造成的创伤和给人民带来的苦难。作品以情动人,注重对人物言行举止和内心活动的刻画,语言细腻传神,感情真挚朴实,具有强烈的感染力。此书1984年由外国文学出版社出版,毛金里、顾舜芳译。

【灵魂归来】 长篇小说,陶菲格·哈基姆著。陶菲格·哈基姆(1898—)是埃及著名剧作家、小说家,在埃及新文学运动中做出了突出的贡献,被公认为新文学运动的主要代表人物之一。他的主要作品有话剧《新女生》、《讨厌的客人》、《阿里巴巴》;小说《灵魂归来》、《乡村检查官手记》、《来自东方的小鸟》等。他的作品被译成十馀种文字,在世界上广泛地流传,他1958年被埃及总统授予共和国勋章,1961年获埃及国家奖,1978年获地中海国家文化中心授予的最佳思想家、文学家称号,次年又获得该中心授予的地中海国家文学奖。《灵魂归来》是作者的代表作，也是埃及文学史上影响深远的作品，评论家一致认为，这部作品标志着埃及小说"黎明时期的结束"，它是埃及长篇小说的创作已经成熟的里程碑。这部作品通过一个小家庭的生活，从一个侧面描绘了二十世纪初埃及社会的历史情况；歌颂了在 1919 年大革命时，广大埃及人民奋起斗争的可贵精神，小说主人公叫穆哈辛，他在开罗寄读，住在叔伯家中。他和邻居的女儿苏妮娅相识之后，两人有对音乐的共同爱好，经常在一起教唱、弹琴，友情日益得到了发展。穆哈辛悄悄地爱上了苏妮娅这位才貌出众的姑娘，当他发现两个叔叔也先后爱上了苏妮娅后，心里十分不平静，但他认为自己条件优秀，深信姑娘也一定爱着自己。谁知当他寒假探亲归来，才知道苏妮娅已经爱上了邻居穆斯塔发，这对他无疑是一个沉重的打击，使他终日萎靡不振。穆哈辛的姑姑泽努芭认为苏妮娅夺去了自己的心上人，多次妨碍苏妮娅与穆斯塔发谈情说爱。两个叔叔也迁怒于苏妮娅，认为她对爱情不忠贞。这错综复杂的矛盾，使全家沉浸在痛苦之中。正在这时，革命爆发了，每一个人都忘记了个人的痛苦和烦恼，他们满怀爱国热情，纷纷投入了为自由而战的革命洪流。这部作品通过写实与理性主义相结合的手法，真实地反映了埃及人民的思想感情与民族精神。全书情节曲折、生动，人物形象鲜明。本书 1986 年 11 月由上海译文出版社出版，陈中耀译。

【乡村检查官手记】 中篇小说，陶菲格·哈基姆著。这部作品是作者的代表作之一。它记述了作者在担任检查官期间所遇到的一些事情，叙述了一个农民的杀人案被审理的过程。作品以十二天日记的形式，通过叙述一件杀人案的侦察、审理过程，暴露了当时埃及司法制度的种种弊端。作者的本意并不是要清理犯罪的线索，他的本意就在于利用这个情节反映这个小县城的生活，而这个小县城又是整个国家的缩影。作家用辛酸、幽默的笔触，无情地揭露了埃及人民在英国殖民者统治下所受到的剥削和压迫，作者笔下是一幅豺狼当道、民不聊生的埃及社会现实的图画，作品表达了被压迫人民要求自由解放的呼声。这部作品篇幅不大，但思想意义却极深刻，读了这部小说，每一个读者都不会无动于衷。本书1979 年 8 月由人民文学出版社出版，杨孝柏译。

【最后的遗嘱】 长篇小说，纳吉布·迈哈福兹著。纳吉布·迈哈福兹(1912—),埃及作家,生于开罗一个中产阶级家庭,曾先后在埃及宗教基金部和文化指导部工作,曾任埃及文学艺术最高理事会理事、电影局局长和文化顾问,后在《金字塔报》编辑部工作。纳吉布·迈哈福兹是埃及当代最著名的小说家之一,并在1988年获得诺贝尔文学奖。其主要作品有《命运的嘲弄》(今多译为《最后的遗嘱》)、《拉朵贝斯》、《特伊拜之战》、《新开罗》、《汗·哈利里》、《梅达格胡同》、《海市蜃楼》、《始与末》、《拜伊尔·卡斯莱尼》、《卡斯尔·邵基》、《苏凯里亚》等。《最后的遗嘱》是埃及文学史上民族历史小说的开篇之作,它以埃及古代最著名的法老之一的胡福时代为背景,在广阔的历史生活背景上展示了这个时代埃及的古文明;描绘了这个时代埃及在政治、军事、思想、艺术、社会、道德方面的发展。作品描写了这样一个故事:胡福法老为了让自己的儿子继承王位,率领大军去杀害一个婴儿达达夫,原因只是因为魔术师预言这个婴儿将来要当国王,结果却误杀了另一个婴儿。达达夫在女仆的抚养下长大成人,他在军事学院学习时,爱上了一个农家女,后来才发现,这个农家女就是法老的女儿。因为达达夫作战有功,法老同意将女儿下嫁给他。王储急于篡位,但阴谋败露而身亡。法老在临终时得知达达夫便是命中注定的王位继承人,便指定达达夫继位。这部作品不是历史传奇,除了建金字塔、征讨西奈等重大历史事件外,基本上是虚构的,历史上的胡福法老把王位传给了他的儿子哈佛拉,并未传给王室以外的人。作者虚构这样一个历史故事,是为了表达他的社会理想:反对君主专制、独裁,以及封建王位的继承制。他希望王位由普通人来继承,以否定统治者对"命运"的安排。作者塑造了许多栩栩如生的人物形象,统治者胡福不仅具有威严、仁慈、忠城等美德,而且是一个知错即改、服从真理的人;王储拉赫欧夫是一个残忍、狡猾、心胸狭窄的形象;达达夫却是一个英雄,他勇敢、坚强、热情、忠诚、宽厚,书中的主要情节、事件的描写,都是围绕着这个主人公展开的,因此这个人物的形象塑造的最为鲜明生动,最为成功。小说吸收了古代传说故事的结构方法,追求故事的完整性和巧妙的结构,作家还善于用细节描写来增强作品的真实感。本书1986年10月由上海译文出版社出版,孟凯译。

【梅达格胡同】 长篇小说,纳吉布·迈哈福兹著。这是一部有代表性的现实主义小说,主要写第二次世界大战末期开罗一条胡同里发生的故事。第二次世界大战当中,埃及是英国在中东的重要战略基地,这里设有为盟军服务的"中东供应中心"。埃及经济被纳入战时轨道,严重畸形发展。农业歉收,物资缺乏,物价暴涨,劳动人民生活不断恶化,种种社会问题由此而产生。这条胡同里住着各种各样的居民,他们中间有理发匠,有咖啡馆老板,有面包铺掌柜的,有媒婆,有牙医,有女房东,有小商贩,有虔诚的宗教徒,有终日流浪的文人,还有在胡同里开店的富商……作品写出了下层社会的众生相,它通过这些人物之间以及他们与外界社会之间的错综复杂的联系,反映了当时埃及的现实生活。作品通过哈米黛的堕落,阿巴斯的惨死,侯赛因的幻灭,以及对其他形形色色人物的心理、行为的描写,写出了当时埃及人民的苦难,揭露了社会中的丑恶现象,同时,对西方殖民主义者进行了控诉。作品在对埃及社会风土人情的描绘中,融入了对社会政治问题的探讨,结构紧凑合理,布局严谨恰当,人物形象栩栩如生。本书1985年4月由上海译文出版社出版,郅溥浩译。

【平民史诗】 长篇小说,纳吉布·迈哈福兹著。这部作品发表于1977年,是作者的得意作品之一,它是一部传奇式的长篇小说,描写了六代人的变迁,反映了埃及平民为争取社会公正和生活幸福所做出的巨大努力,表现了作者为追求理想世界而进行的探索。这部作品用生动细腻的笔触,把主人公及周围的人物形象写得栩栩如生,不仅写出了他们的形象,更挖掘出他们的心理与灵魂。这部作品充分表现了作者想象丰富、结构严谨、笔触幽默的特点,可以与作者另一部作品《尼罗河畔的悲剧》(花山文艺出版社1984年6月出版,李唯中、关偁译)参看。本书1984年1月由湖南人民出版社出版,李唯中、关偁译。

【三部曲】 长篇小说,纳吉布·迈哈福兹著。这是作者的代表作品,包括《宫间街》、《思宫街》、《甘露街》三卷,这三部小说的出版,把埃及小说的创作带入了一个新的阶段,也奠定了作者在阿拉伯小说发展史上的地位。许多阿拉伯国家的文学评论家和外国的东方学家热情地赞扬《三部曲》在思想、艺术上所取得的巨大成就,充分肯定它在阿拉伯小说史上的重要地位。《三部曲》曾获埃及国家奖,在阿拉伯各国发行十多版,被译成多种外国文字并被拍成电影,影响极大。作品描写了埃及一个中产阶级家庭从1919年革命前夕到1952年革命前夕的演变,并通过这个家庭的变迁,刻画了埃及近代史上这一时期的许多重大事件,反映了整个埃及社会的巨大变化。《三部曲》共分三卷,每一卷以三代人各自居住的街区为卷名,着重描写这一代人的生活变迁。第一卷《宫间街》,是这个家庭的第一代人所居住的旧街道的名字;第二卷《思宫街》,是这个家庭的第二代、大儿子亚辛居住的街道的名字;第三卷《甘露街》,是大女儿海迪洁一家居住的街道名,本卷着重描写她的两个儿子的事情。《宫间街》描写的故事发生在 1917—1919 年间,前半部分着重描写一家之长阿卜杜·贾瓦德在家里道貌岸然、威严可惧,而在酒色场中却放荡形骸的两面性格。作者细致地描写了这个七口之家的日常生活。家人虽然想反抗专横的家长,但是终以失败告终,大儿子亚辛和女儿海迪洁、阿漪莎的婚事也完全是家长说了算的。后半部分着重写次子法赫米参加反对英国殖民统治的学生运动,描写了自 1918 年开始在埃及发生的华夫脱党诞生,以及 1919 年革命等重大事件,描写了全家人对这一系列事件的态度:法赫米牺牲于反英游行示威中,全家人成为华夫脱党的支持者,父亲也因此收敛了自己的荒唐行为。《思宫街》描写的故事发生在 1924—1927 年间,与第一卷比较,父亲自丧子之后,已不再去寻欢作乐,随着时间的推移,他的外貌和精神都显得衰老了,家人对他专横的反抗也突出了:母亲已能自由的去清真寺朝拜或去探望已婚的女儿;大儿子自主与玛丽娅结婚,并离家独居;小儿子拒绝父亲要他求学为官的要求,决心献身艺术。本卷中心人物是凯马勒,他由一个胸怀大志、生气勃勃的青年演变成一个犹豫、彷徨的人物。《甘露街》描写的故事发生在 1935—1944 年间,这一卷描写了发生了很大变化的埃及社会:开罗大学建立了,男女学生在光天化日之下自由交往,收音机进入了一般人的家庭,老一代专横的统治已告尾声,阿卜杜·贾瓦德对家人已失去了约束能力。这个家庭的第三代人,尤其是海迪洁的两个儿子是本卷的中心人物,他们的探索使他们走上了不同的道路。阿卜杜·蒙伊姆成了穆斯林兄弟会的骨干、宗教狂;爱哈麦德走上了革命的道路,成为马克思主义者。《三部曲》不以情节取胜,它主要不是艺术家激情的产物,而首先是哲学思索的结果,总的看,这部作品结构严整,含有深刻的哲理,而风格又比较平静,在细节安排上,作者也十分周密,他所描写的人物形形色色,属于各个阶层,这些人物大都塑造得生动形象,如对艾哈迈德的塑造,便很能见出作者的功力。本书 1986 年 3 月由湖南人民出版社分三卷出版,朱凯、李唯中、李振中译。

【人生一瞬间】 长篇小说,尤素福·西巴伊著。尤·西巴伊是埃及一位著名的记者、社会活动家和小说家。他在埃及前总统加麦尔·阿卜杜勒·纳赛尔时代出任过文化部部长之职,后来又任埃及《消息报》主编,他不仅以新闻界人士著称,而且也是埃及文坛上一位著述甚丰的作家。作者1978年在塞浦路斯遇刺身亡。这部作品所叙述的事件发生在1969年底至1970年初,埃及人民称这时期与以色列的战斗为"消耗战"。小说记载了这个时期埃及士兵在战斗中最壮丽的业绩,歌颂了埃及武装部队指战员的聪明才智;歌颂了他们为收复失地、保家卫国,不怕流血牺牲的顽强战斗精神。作品描写由士兵们组成的敢死队,深入敌军腹地,给敌人的空军、海军以沉重的打击;为了保护设在岩岛沙德万上的灯塔和海上雷达站,一支不到百人的驻岛部队顶住了敌人鬼怪式飞机和空中之鹰式飞机的轰炸,同时还迎击了由五百人组成的敌伞兵营的进攻。"他们从一个战壕到另一个战壕极其英勇地同敌人进行了白刃战,使敌人遭受了沉重的损失。"作品用生动的形象,抨击了那种将这次战争的失败归咎于埃及士兵无能的传言。这部小说人物形象鲜明生动,生活气息浓郁,情节感人。本书1980年2月由新华出版社出版,王凤序、王贵发译。

【回来吧,我的心】 长篇小说,尤素福·西巴伊著。作者的创作活动,大致可以分为三个阶段,第一个阶段是探索阶段,主要作品有短篇小说集《幻影》、《胸臆》、《爱的行列》;第二阶段是思想渐趋成熟时期,这时的作品有较浓厚的理想主义色彩,主要作品有《死神的代表》、《伪善的大地》、《我去了》;第三阶段是创作成熟阶段,作品内容丰富,技巧也比较娴熟,主要作品有《废墟之间》、《送水人之死》、《归途》、《纳迪娅姑娘》、《泪水已干》、《长夜漫漫,总有尽头》、《我们不播种荆棘》、《笑靥》。《回来吧,我的心》是作者第三阶段时期的作品,是作者的一部重要作品。作品通过花工的儿子阿里和王爷的小姐英琪曲折的爱情故事以及花工阿卜德·瓦希德师傅一家的遭遇,反映了埃及1952年7月23日革命前后的社会生活和人民的思想感情。作品运用形象生动的笔触,描绘了花工阿卜德·瓦希德师傅的善良和毕生的愿望、阿里的正直和他的奇异的幻想、舞女克里梅的热情和追求。作者将重大的历史事件与普通人的命运在作品中结合了起来,一方面反映了重大的社会题材,另一方面也写出了在重大社会变革中,普通人民的愿望和要求。作品故事曲折生动,人物形象栩栩如生。本书 1983 年 11 月由上海译文出版社出版,朱威烈译。

【初恋岁月】 长篇小说,穆斯塔法·阿明著。穆斯塔法·阿明(1914—),是埃及报界著名的事业家和现代作家,他先后担任过《意愿》杂志、《鲁兹·优素福》杂志编辑,《最后一点钟》周刊副主编,《星期一》周刊主编,《金字塔报》消息版主编,《图画》周刊主编,《今日消息》主编。他的作品极多,有小说、评论、书简等,其内容大多涉及埃及的政治生活,他的长篇小说有《狱中》三部曲、《不……》、《海亚姆小姐》、《爱情国王陛下》、《从一到十》等。《初恋岁月》发表于 1975 年,是作者的代表作之一,发表不久即被搬上银幕,深受读者和观众的欢迎。作品的主人公叫穆罕默德,他的父亲是一个穷苦的工人。他因为天赋极高,又很刻苦,所以学习成绩突出,同时他又特别擅长踢足球,这便使他上了贵族子弟中学,享受免费的待遇。在学校里,他为班上的贵公子代写情书,碰巧认识了前大臣的女儿纳吉娃。纳吉娃向他求爱,他拒绝了,因此被学校当局开除,不许他进任何公立学校继续学习。穆罕默德为了寻找工作,只得四处奔波,在华夫脱党与西德基内阁的斗争中,他帮助了华夫脱党人,从而进报社开始了记者生活。他父亲也是一个斗争的积极分子,在罢工过程中,被反动军警殴打致残,精神失常。穆罕默德还参加了暗杀内政部国务大臣欧尼的行动,并在暗杀过程中,与欧尼的妻子佐贝黛相爱。这部作品塑造了穆罕默德、佐贝黛、努哈斯、萨米赫等形象,并通过他们之间的联系,反映了三十年代动荡的埃及社会。作品揭露了上层社会的腐朽,写出了广大劳动人民的困苦,并穿插了一些真实的历史事件:工人为维护"1923年宪法"举行的罢工、反动内阁搞的伪选举、华夫脱党与西德基政府的反复斗争。这更使作品具有了打动读者的感染力。此书 1984 年 12 月由湖南人民出版社出版,吴茴萱、朱威烈译。

【罪恶的心】 长篇小说,伊赫桑·阿卜杜·库杜斯著。伊赫桑·阿卜杜·库杜斯(1919—)是埃及当代最著名的作家之一,国家文学与艺术勋章的获得者。他的作品至今已出版的有五十馀部,主要作品是长篇小说《我家有个男子汉》、《我是自由人》、《此路不通》;短篇小说集《黑色的眼睛》、《空枕记》、《苏丹王的女儿》等。《罪恶的心》是作者的一部代表作。他亲身经历并参加了埃及人民的一系列轰轰烈烈的革命斗争,这部作品便是以 1922—1952 年埃及的这一历史进程为时代背景的。小说描写一个买办、垄断资产阶级的代表人物侯赛因·夏基尔出卖祖国、出卖人民、出卖良心，犯下了一件件丑恶的罪行，最后终于受到了历史和人民的审判。作品的结尾，揭露了剥削阶级不甘心自动退出历史舞台的本性。侯赛因把那份为自己辩护的"自白"，投进火中，妄图掩盖历史的真相，但这必然是徒劳的。伊赫桑的作品情节引人入胜，手法新颖生动，文字通俗易懂，这部作品便具有这些特点。本书 1981 年 12 月由江苏人民出版社出版，杨孝柏译。

【难中英杰】 长篇小说，原名《我家有个男子汉》，伊赫桑·阿卜杜·库杜斯著。这部作品首次发表于 1957 年，最初在《鲁兹·尤素福》周刊上连载。当时正值阿拉伯各国人民反帝斗争风起云涌，以反帝爱国的民族主义为主题的这部小说，在群众，特别是青年学生中发生了广泛的影响。至今这本书在阿拉伯各国再版的次数和版本之多、发行量之大都是使人惊叹的。有的评论家赞扬这本书，几乎是埃及唯一的一部创造了一个完美的爱国英雄形象并写出了其成长过程的长篇小说。在埃及近代史上，"七·二三"革命前广大埃及人民的反帝爱国斗争几乎从未停止过，埃及人民运用多种形式，开展了对英帝国主义者及其走狗——反动的卖国政府的斗争，这种斗争是不屈不挠、前仆后继的。这部作品正反映了这个重大的题材。作品中的主人公是易卜拉欣，他是一个爱国英雄，最初，他只是在帝国主义及其走狗的统治下，感到屈辱和愤怒，后来便投入了实际的斗争。开始，他只是采取个人或少数人的冒险、恐怖活动，在现实的教育下，他逐渐懂得了只有组织、发动群众起来革命，才能推翻帝国主义和反动王朝联合统治。小说描写了他的成长过程，也描写了他与少女娜娃勒之间的爱情。作者还描写了埃及一个普通的家庭——穆哈伊及其父母、姊妹怎样由远离政治到卷入了革命洪流的过程，这一家人的形象塑造得十分真实、感人。这部作品情节曲折生动，生活气息浓郁，时代感很强。本书 1983 年 12 月由江苏人民出版社出版，仲跻昆、刘光敏译。

【土地】 长篇小说，阿卜杜·拉赫曼·谢尔卡维著。谢尔卡维（1920— ）是埃及当代著名作家，他在开罗大学法律系毕业以后，便在国家机关任司法方面的职务多年，后来从事新闻工作和创作活动，他的主要作品有《夜访者》、《斗争的土地》、《空虚的心》、《后街》、《农民》等。出身于农民家庭，十分熟悉埃及农村的状况，这部作品写的便是二十年代末期埃及的农村生活,发表于 1954 年。作者根据自己目睹耳闻的事实和材料,作了高度的艺术加工,写成了这部作品。作品鲜明地表现了贫苦农民为争取水与土地和上层贵族以至僧侣代表人物进行坚决斗争的过程。整个国家机器都站在地主一边,但是,农民们无所畏惧,他们在斗争中懂得了不反抗就不能生存的道理,他们在忍无可忍的情况下,终于起来造反了!他们手执棍棒和锄头,迎着前来镇压的军队,表现出与土地共生存的信念和决心。作者用动人心弦的笔墨,写出了农民们的勇敢,写出了人民力量的强大。这一切,使这部作品成为埃及现代文学史上一部很重要的现实主义作品,因此它一问世,便受到广大读者的普遍重视,在东方阿拉伯诸国广为流传,在欧洲许多国家也有译本。作品情节曲折生动,人物形象栩栩如生,语言简炼,有浓郁的生活气息,对了解埃及社会的风土人情和埃及现代文学很有帮助。本书 1980 年 3 月由外国文学出版社出版,刘麟瑞、陆孝修译。

【罪孽】 中篇小说,尤素福·伊德里斯著。尤素福·伊德里斯(1927—),是埃及当代最负盛名的作家之一,现任全国文学艺术最高理事会理事,小说俱乐部成员,作家协会会员。他自 1950 年开始发表作品,至今已发表短篇小说集近十部,中篇小说七部,特写集一本和剧本五个。代表作除《罪孽》外,还有中篇小说《男人与公牛》,短篇小说集《最廉价的夜晚》、《黑大兵》、《血肉之屋》等。这部作品叙述了一个悲惨而离奇的故事:主人公阿齐莎在为一个地主打短工期间,被这个地主的儿子强奸了,这个善良、怯弱的女人,为了自己的生存,终于杀死了亲生的婴儿,最后,自己也在精神和肉体双重痛苦的折磨下离开了人世。作家善于运用细节,通过一些不为常人所注意的事件反映重大的社会主题。这部作品不仅是写阿齐莎的不幸遭遇,而是在更广阔的背景上,再现了 1952 年革命前埃及农村丰富多彩的生活图景和复杂多变的社会关系。这部作品自 1959 年问世以来,便以其动人的情节和对埃及妇女生活的真实描写而受到人们的赞扬,并译成了法、英、俄等文字。此书 1983 年 8 月由湖南人民出版社出版,郭黎译。

【走向深渊】 中短篇小说集,萨利赫·马尔西著。马尔西,埃及当代作家。这本小说集共收作品七篇,即《撩开陌生人的面纱》、《埃及姑娘加兹娅》、《船长》、《苏丹人》、《未知数》、《天真的人》、《走向深渊》,这些作品描写了最近十几年以来,埃及特工人员同国内外间谍英勇斗争的故事,歌颂了机智勇敢的埃及人民。其中许多作品都是以真人真事为创作素材的,如中篇小说《走向深渊》就是以1973年发生在埃及的真人真事为原型,作家又作了一些艺术加工。这七篇作品中,最为著名的即是《走向深渊》,它曾改编成电影,并获埃及1979年最佳制片、导演、女主角、男配角和剪辑五项奖。本书1983年1月由新华出版社出版,潘定宇、沈肇续译。

【埃及现代短篇小说选】 小说集,多人著,共收本世纪以来四十一位埃及著名作家的作品四十一篇。现代埃及小说发展的历史并不很长,十九世纪,拉法阿·塔赫塔维等人翻译和改写欧洲和俄国的文学作品,打下了现代小说的基础;随着出版、印刷事业的发展,散文体裁有了很大进步;加之,从黎巴嫩、叙利亚等国有一大批知识分子流亡到埃及,他们也为埃及文学的发展作出了贡献。埃及的短篇小说,经过几代作家的努力,逐渐形成自己独特的风格。入选的四十一篇作品,反映了埃及小说发展各阶段的特点,各个时期代表作家的作品均已入选。这些作品的题材十分广泛,有记述军民一致反对以色列侵略的《谢海》、《地对地导弹》;有歌颂反法起义和不屈的小英雄的《大游戏》;有揭露1952年以前封建王朝黑暗统治下社会上种种不合理现象的《卖棉花》、《沐浴女》、《参议员阿里先生》、《米德巷的卓越之才》、《烦恼的夜》、《蝎子》、《女继承人》、《血吸虫》等。这本集子所收作品年代相距较远,最早一篇写于1918年,最晚一篇1981年才发表。本书对了解埃及文学与埃及社会很有帮助。本书1983年9月由中国社会科学出版社出版,《世界文学》编辑部编。

【风流赛义德】 中篇小说,塔依卜·萨利赫著。塔依卜·萨利赫(1921——)是苏丹最著名的现实主义作家,曾经做过中学教师,后入英国BBC广播公司工作,长期任该公司阿拉伯语部主任,近几年在卡塔尔新闻部任职。其主要作品有《宰因的婚礼》、《家庭之光》、短篇小说集《瓦德·哈米德棕榈树》,他的作品一般以苏丹北部农村为背景,乡土气息十分浓厚,在一定程度上反映了苏丹的社会生活,从而赢得了许多读者。《风流赛义德》是作者的代表作,外国文学出版社版译为《移居北方的时期》,这部作品一出版,阿拉伯文学舆论界和西方报刊、电台曾一再发表评论,有人甚至称其为阿拉伯文坛"当代的奇葩",目前这部作品已译成英、德、法、俄、意、日、西等多种文字。作品以苏丹北部农村和世界大都会为背景,主人公叫穆斯塔法·赛义德,他原是大英帝国统治下的一个苏丹乡村的无名少年,自幼丧父,只有母亲和他相依为命。上学以后,他凭自己非同一般的记忆力,很快便在同学中表现得出类拔萃了,因而被送到开罗和伦敦深造,二十四岁便获得了牛津大学经济学博士学位并留校任讲师。但是他却在花天酒地的生活中,丧失了进取的信念,反而变得风流不羁,先后使几个女性死亡,被判处七年徒刑。刑满获释以后,他浪迹各地,最后回到苏丹,在北方一个边远的村镇里定居下来,结婚生子,生活过得很安适,同时也为乡亲们做了一些好事。然而因一次酒后失言说了一首英文诗,被迫讲出身世变故之后,便在那年尼罗河发水的季节里,跳河自尽了。作品中渗透了对父兄作主的包办婚姻及罪恶的婚姻制度的批判和控诉,还充满了强烈的民族主义感情。本书1984年12月由山西人民出版社出版,张甲民、陈中耀译。

【宰因的婚礼】 中篇小说,塔依卜·萨利赫著。这是一部用文学语言夹杂苏丹北方方言写成的作品,是作者的成名作,被译成英、德、意等国文字在欧洲发行。作品以苏丹这个伊斯兰国家的乡村生活为背景,以苏丹的风土人情为色调,表现了苏丹乡村人与人之间的微妙关系,概述了苏丹独立后的若干变化,因此一些评论家认为这部作品不仅是研究苏丹小说、苏丹作家,而且是研究苏丹社会关系、精神状况乃至民族概况的一部重要参考书。布鲁塞尔电台在1980年的一次阿语节目中甚至这样评论:"它是研究苏丹的一部百科全书。"作品嘲讽了苏丹乡村的陈旧势力,曲折地批判了社会上存在的落后现象。故事情节围绕着主人公宰因这个发育不良、头脑简单的农村青年展开。这位主人公整天在村里游逛,看到哪位姑娘漂亮,便会一见钟情,而且从此到处宣扬他爱上了这位姑娘。在那保守的乡村,哪个姑娘被他看中,芳名便会大振,引得远近的名流或风流少年纷纷登门求亲。而这时宰因又会去寻找新的目标,重新开始新的一轮爱情宣传。最初,家长们对宰因十分讨厌,后来发现宰因对他们久待闺中的女儿的出嫁起了积极的作用,于是许多姑娘的母亲都千方百计讨好宰因,提供机会让他和自己的女儿相识,然后出去为她们当宣传工具。宰因这么年复一年地促成别人的婚事,自己也以忠厚和善良赢得了堂妹尼阿玛的爱情。在走向幸福的过程中,他击败了乡里各阶层人们的反对,获得了"善人终有善报"的结局。作品形象生动,语言活泼。这部作品附于山西人民出版社1984年12月出版的《风流赛义德》书中,张甲民、陈中耀译。

【鸦片与大棒】 长篇小说,穆鲁德·玛梅利著。穆鲁德·玛梅利(1917—),阿尔及利亚的知名学者和作家,在阿尔及利亚独立后曾担任"人类学和种族研究中心"主任,其文学作品主要有曾获文学奖金的《被遗忘的小山丘》和《沉睡》、《游戏》、《饮宴》等。这部作品是阿尔及利亚现实主义文学中一部重要的作品,亦是第一部描写阿尔及利亚战争的小说。作品以阿尔及利亚的山村塔拉为背景,以巴希尔·拉兹拉克大夫一家在民族解放战争中所走的不同道路以及各人所扮演的角色为中心,展现了广阔的生活图景。主人公巴希尔虽然曾经徘徊犹豫,但最后还是投入了民族解放战争的激流;他的弟弟是解放军战士,英勇善战,忠诚无畏,最后死于法国殖民者之手。法露嘉是巴希尔的姐姐,她是一个忠厚老实的寡妇,她担任了联络员,做了大量工作。这个家庭也出了败类,这就是大哥巴拉依德,他由于受了巴黎浮华风气的影响,贪图物质享受,最后终于变成了一个叛徒。作者通过塑造这些人物形象,表明了他自己的哲学和政治观点。此书有浓郁的民族特色和地方色彩,这与作者是一位人类学、民俗学、种族学的专家有着必然的联系。它的不足之处是:有的篇章比例不够匀称,有的人物出现的比较突兀,缺乏必要的铺垫和伏笔。本书1985年10月由外国文学出版社出版,涂丽芳、丁世中译。

【大房子】 长篇小说,穆罕默德·狄普著。穆罕默德·狄普(1920—)是阿尔及利亚的进步作家,他的三部作品《大房子》、《火灾》、《织布机》是描写阿尔及利亚人民在殖民者残酷的统治下所过的痛苦生活的三部曲,这三部作品有一个总的名称——"阿尔及利亚"。《大房子》是他的代表作之一,曾获得巴黎的费乃翁奖金。作品真实而生动地描写了阿尔及利亚一个城市里的贫民的生活。大量城市贫民在法国殖民者的剥削压迫下,过着贫困的生活,终年受着饥饿的折磨。作品描绘了主人公奥马尔和他一家以及四周的邻人的生活。他们住在特列姆森城的贫民区的一所大房子里,这里是那么拥挤,那么肮脏,夏天热得人喘气都困难,而冬天又冻得人要死,但与此相比,饥饿是更为可怕的。大房子里的人都是勤劳的,但他们一天忙到晚,挣来的钱,连面包都买不起,像阿依尼这样的寡妇,最后竟冒着坐牢的危险,越过国境线,到摩洛哥去走私。在大房子里还住着像哈米德·萨拉叶这样的人,他是觉醒了的阿尔及利亚人民的代表,他们已经认清了自己的贫穷是因为殖民者和政府剥削压迫的结果,并表示"这种生活再也不能继续下去了!"后来他遭统治者的逮捕,但革命的火焰却是扑不灭的。因为这只是三部曲的第一部,主人公奥马尔在这本书里还只有十岁,故事在《火灾》和《织布机》里得到了进一步的发展。本书1959年7月由上海文艺出版社出版,郝运译。

【火灾】 长篇小说,穆罕默德·狄普著。这部小说写得是农民。主人公奥马尔在本书里只有十一岁,他上过学,懂得一点法文和简单的科学,在斗争中,他逐渐成长起来了。这部作品写到广大农民被法国殖民者逼迫得只能耕种沙漠边缘的山区瘠土,大部分成了殖民者的雇工,受尽了殖民主义者的剥削与压迫。哈米德·萨拉叶是一个有觉悟的战士,他不为个人利益着想,殖民者逮捕了他,他受尽了残忍的酷刑,但决不屈服。他领导雇工们开展了罢工斗争,在斗争中,殖民主义者的帮凶放了一把大火,烧了雇工们居住的小栅屋。这把大火使雇工们更加团结起来,虽然面对强大的反动势力,他们更多地表现为悲哀,但这毕竟是革命的火种,阿尔及利亚的土地上将发生民族解放的斗争是不可避免的了。作品还写到一个叫加拉的富农,他因为接受了殖民者的小恩小惠,便甘心出卖自己的民族利益,他与哈米德等人形成鲜明的对照。三部曲的第三部《织布机》,写的是工人的生活,在这本书里,奥马尔已经成长为一个青年,他来到一家织布厂做工,白天在织布机旁工作,晚上睡在地窖里。在饥寒交迫的困境中,奥马尔和一些同志一道,想着摆脱贫困生活的方法。《火灾》1958年8月由新文艺出版社出版,周仰煦译。

【南风】 长篇小说,阿卜杜·哈米德·本·海杜卡著。阿卜杜·哈米德·本·海杜卡(1925—)是阿尔及利亚当代著名作家,他的主要作品有长篇小说《昨日的终结》、《奴隶的牧羊神》,短篇小说《七色光》、《阿尔及利亚》、《作家》等。《南风》是作者有代表性的重要作品,被称作是阿尔及利亚第一部成功地用阿拉伯文创作的长篇小说,在阿拉伯文坛上有较大的影响。这部作品反映阿尔及利亚独立之后,农村所发生的变革和新旧势力之间的对抗。作品中的加迪是旧势力的代表,当时的农村,因为封建社会残余势力的影响,仍然十分落后、困苦。作品描绘了做陶器的老妇人拉赫玛悲惨的一生和青年女学生奈菲赛的不幸遭遇,反映了阿尔及利亚妇女在社会上地位低下的现实。小说塑造了以乡长马利克为代表的一批立志改革农村面貌的青年形象,他们清醒地认识到武装革命把人们从殖民主义桎梏中解放了出来,但还有许多矛盾和问题需要解决,"应该进行另一场革命"。书中的主人公马利克在革命战争中表现得十分勇敢,在建设农村的事业中表现得十分突出,他对加迪始终针锋相对,战胜了加迪多次设下的诡计,是一个成功的典型。加迪的形象写得也很真实、生动,他为了保住自己的财产,对殖民主义者和革命者都采取了讨好的态度,革命胜利后,他又想把女儿嫁给马利克,拉拢与革命政权的关系。作者对人物的心理活动作了准确、细致的刻画,使人物显得既复杂又可信。本书 1984 年 3 月由上海译文出版社出版,陶自强、吴茴萱译。

【最后的印象】 中篇小说,马莱克·哈达德著。哈达德是阿尔及利亚当代著名的诗人兼小说家,他的作品主要有诗集《垂危的不幸》、小说《最后的印象》和《我将献给你一只羚羊》。《最后的印象》是作者认为最成功的作品,是他的代表作。这部小说反映了阿尔及利亚人民的斗争和生活。作品主人公叫赛义德,他是一位桥梁工程师,他为人善良忠厚,对祖国和人民怀着深厚的感情,但却没有投入民族解放斗争的决心。为了斗争的需要,他负责建造的一座桥梁要炸毁,他便觉得十分难受。他的哥哥布齐德是一位民族解放运动的战士,为了躲避殖民主义者的迫害,逃离了家乡。赛义德的爱人露西亚在路上遇见殖民军队追击阿尔及利亚的战士,中了流弹,不幸牺牲了。这些变故,深深地打动了赛义德,使他认识到:在民族解放的事业中,一个爱国的知识分子应该紧紧地跟人民站在一起,参加反抗殖民主义者的战斗。最后,他参加了布齐德领导的一支部队,在山区作战时,他英勇地献出了自己的生命。在作家的笔下,赛义德的转变写得十分自然,十分细致。这部作品揭示了这样一个真理:面对敌人的屠刀,受压迫的人民只有起来斗争,否则,是没有生路的。除赛义德以外,作者还塑造了许多栩栩如生的人物形象,比如,坚定老练的布齐德,正直勇敢的贝拉森老爹;反面人物,如罗兰、舍里夫等塑造得也很生动。作品语言简洁、有浓郁的抒情气氛,有很强的感染力。本书 1962 年 8 月由上海文艺出版社出版,世中译。

【祖国,我可爱的人民】 长篇小说,桑贝内·乌斯曼著。又译作《塞内加尔的儿子》。桑贝内·乌斯曼（1923—　）是一个渔民的儿子,他从小便随父亲打鱼,只读了三年书,当过泥水匠、车库机师的帮手和码头工人,也曾当过兵打过仗,他的文学创作是与他自己的生活经历紧密联系着的,其主要作品有长篇小说《黑人码头工》《神的儿女》及短篇小说集《沃尔特》等。《祖国,我可爱的人民》是作者的一部重要作品,作品中的主人公叫乌玛尔·法伊,他是一个具有代表性的非洲青年知识分子。他曾参加过第二次世界大战,回到非洲以后,为了使同胞们不再受殖民者开设的土产收购公司的剥削,他计划建立一个合作农场,让农民自己来销售产品。乌玛尔的这个计划当然是殖民主义者所不能允许的,他们采取种种手段对其进行破坏,最后把乌玛尔杀害了。作品通过塑造乌玛尔这个典型,歌颂了非洲新一代知识分子献身于人民事业的崇高精神,同时也说明:如果采取改良的办法而不是从根本上推翻殖民主义的统治,是不可能获得真正的解放的。作品感情真挚、深厚,故事情节曲折动人,人物形象也栩栩如生。本书1961年2月由作家出版社出版,黎星译。

【神的儿女】　长篇小说,桑贝内·乌斯曼著。作品反映了第二次世界大战结束后,非洲工人运动的蓬勃发展和非洲工人阶级日益觉悟的过程。故事发生在达喀尔——尼日尔铁路沿线的三个城市:巴马科、提耶斯和达喀尔。这个地区,是撒哈拉沙漠以南非洲古老文明发展最早的地区,后来殖民主义者侵入了这个地区,并把这个地区置于它的殖民统治之下。法国殖民者为了自己的利益,把塞内加尔变成了单一的花生种植区,为了掠夺这里大量的花生,殖民者修通了从达喀尔到圣路易的第一条铁路,1922年,全长一千五百公里的达喀尔——巴马科——库利科罗铁路全线通车。铁路是非洲人流血流汗修建起来的,铁路工人大部分也是非洲人,他们干着繁重的工作,却得到很少的报酬,连家人都无力供养,到年老力竭之时,便被殖民者无情地抛弃在一边;非洲人要用的日用品,还要到与殖民者有联系的店铺里去购买,甚至连用水,也完全由殖民统治者控制。这部作品便是以非洲工人生活为描写对象的,他们住在破破烂烂、东倒西歪的小木板房里,"房盖上铺着一张沥青油布,油布上的窟窿用些烂布、纸板、木片子、破铁罐子胡乱塞着",工人的孩子们"全都赤身露体,没有一天吃过饱饭,瘦得眉胛骨都凸了出来,肚皮胀得挺大"。但是与此形成鲜明对照的,殖民主义者却生活在优雅的环境里,过着花天酒地的生活。作者写出了非洲殖民地活生生的现实,写出了非洲大地上压迫与被压迫的真实关系。面对这样不公平的生活,非洲人民愤怒的火山终要爆发,达喀尔——尼日尔铁路工人的罢工,就是觉醒了的非洲工人早期的一次大规模的斗争活动。这次罢工从 1947 年 10 月 10 日开始,到 1948 年 3 月 10 日胜利结束,在西非洲工人运动史上有着重要的意义。面对这场罢工,殖民统治者使用了软、硬两手,一方面他们封锁一切日用必需品,派军警开枪驱散包围铁路工厂的工人;另一方面,他们又收买罢工负责人,或者另外找几个人成立一个对立的工会。他们除了亲自出马以外,还利用他们的走狗来欺骗工人。一些工人及其家属,在罢工之初,也流露出犹豫、恐惧的情绪,如仓库看守森加莱,他一辈子受尽殖民者的压迫,却又不敢对殖民者表示丝毫的反抗。有些人一开始即拥护罢工,在斗争中觉悟进一步得到提高,如老锅炉工巴加利便是在斗争中逐步成为一个能自觉地与殖民统治者进行斗争的工人。作者还描写了众多的工人家属,她们不仅挑起了家务的重担,而且勇敢地反抗军警的镇压,她们为罢工的胜利做出了贡献。作品塑造了罢工领导者巴格尤戈、拉比贝、杜都、底耶莫柯、哥纳德等人的形象,描写了他们在斗争中经受锻炼,最后成为优秀的工人领袖的过程,作者对主人公巴格尤戈的描写,最为集中,最有代表性。作品还描写了被卷入罢工运动的其他社会阶层的人物,如知识分子杜阿达和南德叶·都娣等,这些人物的行动与言谈很符合他们的性格和身份,塑造的也很成功。本书 1964 年 9 月由作家出版社出版,任起华、任婉筠译。

【乞丐罢乞】 中篇小说,阿·索·法尔著。阿·索·法尔是塞内加尔当代著名女作家,被誉为非洲文坛上的一颗新星。1976 年,她发表了成名之作《幽灵》,从此,她就如一颗明星闪烁在塞内加尔及非洲的文坛上空。她的中篇小说《乞丐罢乞》的出版,很快引起国际文坛的重视,1980 年,她成为法国最高文学奖金"龚古尔文学奖金"的遴选人,1980 年底,《乞丐罢乞》又获黑非洲文学大奖。这部作品围绕某大城市开展清除乞丐的运动,向读者展现了形形色色的社会生活画面,作品描述一个生活放荡、野心勃勃的政客,如何利用清除乞丐的工作,骗取共和国总统的赞赏和社会声誉,企图踩着穷人的尸体爬上共和国副总统的宝座。他虽然要尽了花招,仍以失败而告终。作者犀利的笔锋,犹如层层剥笋似地把姆尔·恩迪埃这个反面人物的丑恶灵魂揭露得淋漓尽致,这个人物塑造得确实十分鲜明、典型。在这部作品里,作者充分显示了她揭示社会弊端的才能,她提出了极为重要的社会问题——在现实社会中,穷人为什么穷,富人为什么富,乞丐为什么行乞,残废人、孤寡老人的生路在哪里?作者提出:穷人也是人,也应该受到应有的尊重。这些思想都是从作品中自然而然地流露出来的,也是进步和值得肯定的。本书1982年1月由新华出版社出版,聘如、展舒译。

【三代人】 长篇小说,思广博·穆巴拉著。穆巴拉是扎伊尔当代著名作家,《三代人》是他的代表作,曾获该国1970年"文学大奖"。这部作品描写了扎伊尔古老的风土人情和三代人在殖民主义制度下以及独立以后的生活经历,写出了三代人的不幸遭遇和长期不能解决的问题。这部作品,从昂果的童年开始,写出了非洲古老、淳朴的农村生活,还介绍了那些富有浓厚的生活气息的民间歌谣和带有深刻哲理的民间故事,同时也介绍了几百年来流传下来的黑人对白人迷信、畏惧的心理状态和风俗习惯。在昂果和米埃斯父子生活的时代,虽然教堂和神甫已经取代了贩卖黑奴的商行,但非洲社会随处都可以看到封建社会和殖民主义制度的影响。作者写到了一个第三代人的代表——小米埃斯,他生活在殖民主义彻底崩溃的时代,后来当上了部长,他全力学习西方先进的科学和物质文明,但也受到资产阶级自私自利思想的影响。他非常希望彻底改变殖民主义遗留下来的种种弊端,但又明白自己这一代人不可能完全改变现在的社会潮流。作品中人物形象较为生动,故事也颇多曲折,有浓郁的民族风格和特色,其思想内容也具有一定的深度。此书1983年9月由福建人民出版社出版,沙地译。

【僮仆的一生】 中篇小说,费丁南·奥约诺著。费丁南·奥约诺(1929—),喀麦隆著名小说家、法学家和外交家,1950年去法国求学,进修法律和政治经济学;1960年开始从事外交工作,担任过喀麦隆驻联合国的常任代表,后来做过喀麦隆驻比利时和利比亚大使。他的作品主要描写非洲人民思想演变和民族觉醒的过程,广大读者认为他的作品是非洲现代文学的杰作。这部作品采用了日记的形式,它记录了黑人奴仆杜弟的悲惨经历,写出了非洲人民在殖民主义制度下受奴役的共同命运。开始,杜弟怀着感恩的思想,十分尊敬白人神甫,他心里认为:白人是万能的主人。因此,当他当上了白人司令官的仆人时,他感到无尚光荣。但在严酷的现实生活里,他逐渐认清了白人殖民者荒淫丑恶、凶狠恶毒的本性。因为他发现了司令官的妻子和监狱长通奸的丑事,便遭到了这个女人的诬陷,她还怂恿司令官将杜弟投入监狱,并施加酷刑,他终于成了无辜的牺牲品。这部作品立场鲜明、主题深刻,语言生动形象,讽刺十分尖锐,因此受到广大读者的喜爱。此书 1985 年 1 月由外国文学出版社出版,李爽秋译。

【老黑人和奖章】 中篇小说,费丁南·奥约诺著。这部作品的主人公是老黑人麦卡,他是喀麦隆的一个普通农民,他的两个儿子被法国殖民者征去当兵,都在第二次世界大战中丧生了;他的土地被天主教会骗去盖了教堂;为了表扬麦卡对法国殖民事业所作的这些牺牲,殖民当局决定授给他一枚奖章。这件事在当地居民中引起很大反响,麦卡和他的同族人认为这是白人给予黑人的殊荣。但是,在授奖的当天夜里,麦卡在风雨中因不辨方向而误入白人住区,被捉了起来,奖章一点作用也未起,他还是受尽了凌辱和鞭打。在严酷的现实面前,麦卡和他的同胞们终于认识到殖民者的虚伪和凶狠,明白了黑人与殖民者之间根本就不会有什么“友谊”。作者通过塑造麦卡的形象,揭露了殖民主义者和黑人之间不可调和的矛盾,同时也写出了在殖民主义统治下,喀麦隆人民所过的贫困悲惨的生活以及他们的风俗习惯和思想感情。此书 1959 年 10 月由中国青年出版社出版,王崇廉译。

【阿拉亚】 长篇小说,盖尔马乔乌·杰克列·哈瓦利阿特著。哈瓦利阿特是埃塞俄比亚当代进步作家,他写作此书的目的是“为子孙后代保存一部埃塞俄比亚人民争取独立的斗争史”。作品的主人公阿拉亚是一个进步青年,他有高度的爱国主义热情和反对帝国主义侵略的斗争精神,他积极投身于自己国家人民争取独立、自由的斗争之中,做出了可歌可泣的事业。阿拉亚是埃塞俄比亚当代文艺作品中一个比较突出的人物形象,作者通过这个人物,歌颂了埃塞俄比亚进步青年为祖国独立所做的巨大贡献。作品还描绘了埃塞俄比亚社会生活的方方面面以及人民的风俗习惯,同时还塑造了其他许多较为成功的艺术形象。全书故事较为曲折,语言流畅。本书 1962 年 10 月由作家出版社出版,江有樑译。

【孩子,你别哭】 长篇小说,詹姆斯·恩古吉著。詹姆斯·恩古吉(1938—),肯尼亚著名作家,他从六十年代初期即开始文学创作,主要作品有《大河两岸》、《孩子,你别哭》、《一粒麦种》、《血染的花瓣》等。这部作品是作者早期发表的三部曲中最成功的一部,它一发表,便受到广大读者的赞扬,使作者获得了极大的声誉。作品以肯尼亚独立前的 1952 年为时代背景,那时白人殖民者正统治着肯尼亚,广大农民虽然生活在自己的国土上,但却没有自己的土地。土地的主人是白人,他们强迫农民在这些土地上从事无偿或近于无偿的劳动,白人却占有了农民的劳动成果。农民只能从白人那里租来一点土地耕种,却要付给白人高额地租。白人殖民当局为了束缚广大农民,使他们安于现状不敢反抗,还制订了许许多多的条例和法令。但是,为了生存,为了自由,广大农民挺身而起,举行了震撼非洲大陆的"茅茅起义"。所谓"茅茅起义"是指 1952 年发生在肯尼亚的一次声势浩大的反殖斗争运动。这次运动的目的,是推翻白人殖民统治,争取独立,夺回白人强占的土地。作品的主人公是恩戈索和贾科波,恩戈索是没有土地的穷人,贾科波是依附白人的富翁,作品描绘了这两家人的不同境遇、对待土地的不同态度以及在革命斗争中所走的不同道路。贾科波依靠白人殖民者,站在"茅茅起义"的对立面,出卖黑人利益,最后受到"茅茅"战士的处决。恩戈索一家却坚决支持"茅茅运动",最后都走上了斗争的前列。作品还描绘了恩戈索儿子恩约罗格和贾科波女儿姆韦哈吉的爱情故事,这种爱情发展,一直处在社会、家庭复杂的矛盾之中,这就使全书的故事情节更加曲折,生活气息更加浓郁,内容更加充实丰富。这部作品着重刻画人物的心理活动,形象生动,语言流畅,具有很浓厚的时代特色和非洲生活气息。本书 1984 年 10 月由外国文学出版社出版,蔡临祥译。

【大河两岸】 长篇小说,詹姆斯·恩古吉著。这是作者早期长篇三部曲的第二部,第一部是《孩子,你别哭》,第三部是《一粒麦种》。这部作品以反对殖民主义统治和白人文化专制为主题,它描写的是独立前肯尼亚吉库尤族里的故事。当时,在白人文化专制统治下,吉库尤族内部在废除还是继承部族文化的斗争中,分成了对立的两大派。一派主张与部族传统文化决裂,用白人文化代替它;另一派竭力反对白人文化,主张发扬部族的传统文化。两派进行了剧烈的斗争,结果把白人没来时和平安宁的吉库尤国土搞得四分五裂。在斗争中还有另一股力量,即以瓦伊亚吉为首的一些受过教育的青年,他们主张"教育救国",他们既反对白人文化专制,又对部族文化中落后的东西持保留态度,提倡批判地吸收白人文化,以此教育、唤起、组织民众,最终将白人赶出自己的国土。作品用大量笔墨刻画了主人公瓦伊亚吉的内心活动,并穿插描写了瓦伊亚吉与约苏亚(主张与部族文化决裂的代表人物)两个女儿穆索妮和妮娅姆布拉的恋爱故事,因为将这种恋爱与当时的斗争放在一起描写,便使其更具有现实感和时代意义。作者通过对各种人物的描写,歌颂肯尼亚人民渴望自由和勇敢奋斗的精神;揭露了那些为了个人利益与白人殖民者互相勾结的民族败类的丑恶嘴脸;揭露和抨击了白人殖民统治者的凶狠和阴险。本书1986年9月由外国文学出版社出版,蔡临祥译。

【一粒麦种】 长篇小说,詹姆斯·恩古吉著。这部作品通过一个叛徒在肯尼亚独立大会上交代变节行为以前的故事,歌颂了自由战士为祖国的自由和独立而进行的武装斗争,揭露了殖民主义者残害肯尼亚人民的罪行,同时,也写出了黑人本身对待各种事态采取的不同的态度。作品描写了肯尼亚人民对殖民统治的两种不同态度:一种是忍气吞声、得过且过;另一种是为自由和独立而战斗。因为态度不同,以基希卡为代表的一些英雄人物,坚决地深入丛林,踏上了武装斗争的道路,有的最后献出了自己的生命;而以叛徒莫果为代表的另一些人,为了顾全自己的性命,投入了敌人的怀抱,充当了殖民主义者的走狗,有的还出卖了自己的同胞。这部作品内容复杂丰富,书名颇有寓意:被殖民主义者杀害的英雄基希卡,正如一粒麦种,洒在土地里,虽然消失了,却会生长出更多的麦子;一个人倒下了,千万个后继者必然会站起来。全书是用书中人物回忆往事和内心独白的手法写成的,人物心理描写得十分细致,作者还巧用伏笔,颇能吸引读者的注意力。本书1984年7月由外国文学出版社出版,杨明秋、泗水、刘波林译。

【想象国】 中篇寓言小说,夏邦·罗伯特著。夏邦·罗伯特(1909—1962),坦桑尼亚作家,是东非著名诗人和小说家,在斯瓦希里近代文学史上占有一定的地位,被誉为东非的莎士比亚。他是"坦噶尼喀语言学会"、"东非斯瓦希里语协会"和"东非文学家协会"的成员,曾获玛格丽特文学奖。他是多产作家,主要作品有:诗集《非洲人在歌唱》、《非洲的钻石》、《语言之花》、《语言之美》、《真正的爱》、《夏邦诗选》;长篇叙事诗《为自由而战》、诗文集《散文与诗歌》、《正义的教诲》;小说《农民乌吐波拉》、《阿迪利兄弟》、《歌手塞迪·莎特》、《可信国》、《想象国》;自传《我的一生》等。本书收有《想象国》和《可信国》两部寓言小说,这两部小说是姊妹篇,都是夏邦的代表作。作品中的"想象国"是一个土地辽阔、肥沃,物产、资源丰富的理想王国,它兴旺发达,人民安居乐业。但美中不足的是,国王久久不育,王业无人继承。乌吐布撒拉勇敢地为国王治病,给国王治好了不育之症,乌吐布撒拉又担当起教育王子的重任,作品通过这些事件,以及乌吐布撒拉怎样死里逃生的故事,说明这样一个道理:理想的王国也有应该抛弃的旧东西,也应该吸收外国的先进事物。《可信国》说的是古代有一个闭关自守的国家,它夜郎自大,盲目排外,不求上进。围绕着创立公正的法律,保守和进取的两派展开了斗争,最后进取的一派占了上风,"可信国"抛弃了偏见,破除了迷信,终于走上了繁荣的道路。作品通过寓言的形式,反映了当时东非人民要求自由解放、不断进步的愿望。这两部作品感情真挚、质朴,结构严谨,哲理性强,语言简洁,发人深省。本书1980年8月由外国文学出版社出版,葛公尚译。

【农民乌吐波拉】 中篇小说,夏邦·罗伯特著。这部作品描写了乌吐波拉的生活和工作,他是一个老老实实的人,他不看重金钱,不想当富翁,因此辞掉了人人都羡慕的月薪高达一千先令的工作而回到了家乡,他在布苏塔姆村盖起了新房,这幢新房受到了人们的赞扬,他还在房屋周围种了花苗,安安心心地在这里过着一个农民的生活。作品通过这个形象,写出了坦桑尼亚农村的风光和习俗,作品文笔轻松活泼,形象鲜明。本书1980年12月由外语教学与研究出版社出版,葛公尚译。

【混乱人世】 中篇小说,埃·凯齐拉哈比著。凯齐拉哈比(1937—　),坦桑尼亚作家,出生于坦桑尼亚姆旺扎省的乌克雷韦岛上。现为达累斯萨拉姆大学斯瓦西里文学系主任及教授,又是东非斯瓦西里语研究所常任理事之一,他是一位多才的学者,但其主要成就是小说创作,至1979年,已出版了《罗莎·米斯蒂卡》、《白痴》、《混乱人世》、《蛇皮》等四部小说。其中《白痴》和《混乱人世》是他的成名作,在东非,具有阅读能力的人,大都读过他这两部作品。《混乱人世》以描写青年一代的生活观为中心内容,它生动地描写了处在剧烈的社会政治动乱中的青年一代。主人公是一个自幼娇生惯养的独生子,叫图马伊尼,他放弃学业,寻欢作乐,挥霍无度,成了一个名副其实的花花公子;后来,他又经过个人奋斗,发了财,成为一个有名的棉花种植园的地主;在社会变动的浪潮中,他反抗变革,行凶杀人,被判处绞刑,可悲地结束了他的一生。小说通过图马伊尼这个典型,提出了一个严肃的问题:一个人怎样才能对社会无害而有益?这部作品刻画了非洲现实生活中各种典型形象,反映了非洲社会的现实情况,对人们了解非洲民族的风土人情也很有帮助。此书1982年11月由云南人民出版社出版,葛公尚、李君译。

【白痴】 中篇小说,埃·凯齐拉哈比著。这部作品是《混乱人世》的姊妹篇,也是以描写青年一代的生活观为主要内容的,它形象又生动地说明了殖民主义的残馀在非洲社会的流毒之深广,年轻一代在爱与恨之间,往往犹豫不决;在新旧两种社会的矛盾面前,往往彷徨不定,难免陷入绝望,最后走向自我毁灭的道路。这部作品生活画面比较宽广,表明了非洲社会的道德观和价值观,对了解非洲人民的生活习俗也十分有帮助。本书1982年11月由云南人民出版社出版(附于《混乱人世》之后),葛公尚、李君译。

【渴】 中篇小说,穆罕默德·塞·穆罕默德著。穆罕默德,坦桑尼亚作家。这部作品是坦桑尼亚较有代表性的爱情小说之一,曾获坦桑尼亚国家文学一等奖。作品描写了一个爱情故事:莫伊利是一个年愈花甲的大富翁,他爱上了少女芭哈蒂。芭哈蒂美丽出众,天真可爱,使莫伊利着了迷。为了赢得少女的爱,富翁百般讨好,不惜花尽自己的万贯家财,但是芭哈蒂并不爱莫伊利,她的心上人是汽车司机伊迪。伊迪是个奸诈狡猾的人,他只爱金钱,却并不爱芭哈蒂。他利用芭哈蒂对自己的爱恋,将其作为诱饵,从莫伊利那里骗得了许多钱财。莫伊利一直蒙在鼓里,他花起钱来毫不吝惜,但却没有得到少女的爱,最后悲愤交集,结束了自己的生命。伊迪也没有使芭拉蒂得到真正的爱情,最后将她抛弃了。这部作品着力刻画了几个人物,大都栩栩如生;它主题鲜明、深刻,对读者颇有启发。本书1983年7月由湖南人民出版社出版,鲁川、么建国译。

【狂人之梦】 中篇小说,艾迪·姆·斯·干泽尔著。干泽尔是坦桑尼亚中年作家,他自幼热爱文学,中学时代便开始了小说创作活动,这部作品是他的代表作。作品主人公叫契卡侬,她是一位美丽的姑娘,有一副动人的歌喉。为了改变自己的生活,她由家乡来到城市当了歌女,在奢侈风气的影响下,她渐渐地堕落了,终于毁灭了自己的一生。小说集中描写了一个抢劫钻石的案件,通过这个案件,作者深刻地揭示了"狂人"的丑恶灵魂,在他们看来,所谓爱情和友谊根本不存在,人与人之间只存在赤裸裸的金钱关系。作品情节曲折,人物形象十分鲜明。本书1983年4月由广西人民出版社出版,唐尚杨、蔡宝梅译。

【待雨】 长篇小说,查尔斯·蒙戈希著。蒙戈希是津巴布韦国家出版社的文学编辑,发表过多种体裁的作品,并获得多项文学奖。这部作品通过一个平淡的故事,探讨了当代非洲社会人与人之间的关系在发展过程的一种趋势,或者说是现代化的欧美国家对古老的非洲大陆的影响,非洲土著民族中较年轻的一代与其祖辈之间的关系发生了意义重大的变化。紧密的血缘关系,虽然历史久远,但也开始出现裂缝了。在西方文明的冲击下,民族的纽带注定将会被扯断。作品叙述了一个平淡无奇的故事:在某处农村有一个大家庭,长辈们在挑选接班人,长孙戛拉巴比较懒散,不务正业,他不听众人的劝告,没有找一个稳定的工作,建立一个小家庭,因此长辈们对他十分失望,从而决定取消他的继承权。他们选中了鲁希孚,他是戛拉巴的弟弟,长辈们准备让他在将来接替父亲佟古纳来主持这个家庭。但是,鲁希孚也让大家失望了,因为他执意要到海外去,结果接班人还是没有确定。作品较着力于探讨问题,较着力于渲染气氛,描绘社会风貌,写出了津巴布韦农村大家庭里人们的生活状况、人与人之间的关系。作品情节虽不曲折,但整部作品充满了浓郁的乡土气息,人物形象鲜明生动,语言通俗流畅。本书1986年3月由上海译文出版社出版,郑大民、文伊、洪怡、晓光译。

【一个非洲庄园的故事】 长篇小说,奥丽芙·旭莱纳著。奥丽芙·旭莱纳(1855—?),南非女作家,她是十九世纪非洲最卓越的作家,也是上一世纪不可多得的先进思想家和社会活动家之一,她虽然生长在南非联邦好望角省的惠特柏根,但她的声望与影响,远远超出了南非国境。她出身贫寒,曾经作过多年家庭教师。其作品主要有《安丹恩》、《人与人之间》。《一个非洲庄园的故事》是作者的代表作,它的出版,一举奠定了作者在世界文坛上的地位。这部作品写的是三个小孩在荒凉的非洲草原上的生活与成长过程,在一定程度上,是作者自己思想与生活的写照,其中许多人物都有原始模型,许多情节也都有一定的根据,如主人公林达尔和华尔杜,可以看作是作者两个不同的化身,林达尔的美丽外貌和坚强个性以及华尔杜的一些生活习惯,与作者本人的外貌、性格、习惯就很相似,作品中还可以看出作者父亲、婶婶及她当家庭教师时主妇的影子。作品通过林达尔和华尔杜这两个人物的成长,写出了十九世纪宗教教义对儿童思想的束缚,抨击了社会传统对妇女地位的限制,并且揭露出维多利亚时代的习俗和愚昧怎样阻碍了天才和个性的发展。作者用真挚的感情和雄辩的口才指出妇女应该具有与男子同样工作的机会和权利。作品语言优美,情节生动,故事曲折。本书 1958 年 2 月由人民文学出版社出版,郭开兰译,张梦麟校。

【判逆者的爱情】 长篇小说,彼得·亚伯拉罕著。又被译作《怒吼》、《霹雳前程》、《一路雷霆》。彼得·亚伯拉罕(1919——)是南非有色人作家,他才华出众,与有色人评论家艾捷凯尔·穆发赫里尼并称"南非文坛的两颗巨星",其主要作品有短篇小说集《黑暗的圣经》,长篇小说《城市之歌》、《矿工》、《野蛮的征服》、《诉说自由》、《夜沉沉》等,这些作品大都以诚挚的、刻骨铭心的爱反映黑人和有色人种在南非所受的凌辱和践踏;用炽烈的、满腔义愤的憎恨鞭笞白人种族主义者所施的野蛮与残暴。《叛逆者的爱情》是作者的一部重要作品,它以混血青年、大学生兰尼与白人姑娘莎莉相爱的悲剧为主线,形象地抨击了南非殖民主义者残酷迫害有色人种的种族隔离政策。作品分三个部分,即"家"、"爱"、"恨",通过对人物悲欢离合遭遇的描绘,揭示了深刻的主题。全书情节曲折生动,人物形象鲜明突出,对了解南非文学和南非社会很有帮助。本书 1981 年 6 月由河南人民出版社出版,李伟东译。

【献给乌多莫的花环】 长篇小说,彼得·亚伯拉罕著。这部作品发表于 1953 年,是作者的代表作之一,它以抗争种族隔离、种族压迫为主题,是声讨种族主义的檄文。作品塑造了乌多莫等人的形象。乌多莫是泛非国留英学生,他与同胞兰伍德、阿代布霍伊、麦比以及普鲁拉里亚的穆罕迪一起住在伦敦。在受教育的过程中,他们从白人种族主义奴役的梦中惊醒了,立志同祖国人民一起,摆脱种族主义、殖民主义的统治。因此,他们满怀热情,先后由伦敦回到祖国,投入了争取民族独立的斗争。但是,在取得了政权以后,他们对祖国前途的看法出现了分歧。主人公乌多莫理想远大,他认为民族独立还只是理想实现的第一步,以后还要消灭贫穷,摆脱因循守旧的传统,最终要建立一个工业化的富强国家,他的这些主张,却遭到盲目排外的守旧者塞利娜的反对。在这场争论中,阿代布霍伊也站出来反对乌多莫,最后,乌多莫在前后受敌的情况下,惨遭杀害。全书分《梦想》、《现实》两部,作者描写了这群知识分子日益觉悟,由梦想到实现理想到最后失败的艰难历程。作者善于运用内心独白,善于运用角度的转换,来刻画人物的内心世界;作品结构紧凑,环环相连,丝丝入扣,在剪裁上颇有功力。全书情节生动,语言简洁,充满了浓郁的抒情风格的语言。本书1984年6月由湖南人民出版社出版,李永彩、紫岫译。

【紧急状态】 长篇小说,理查德·里夫著。理查德·里夫(1931—),南非著名作家,他以写作短篇小说而闻名,其主要作品有短篇小说集《非洲之歌》、长篇小说《紧急状态》。后者是一部抨击南非种族歧视的优秀作品,写的是南非"有色人"知识分子在反对种族主义斗争中所起的作用。小说主要写了1960年3月28日——30日的"三天的事件",反映了南非有色人与殖民当局展开的不屈斗争。这"三天"是种族主义者对沙佩维尔和兰加居民反对《通行证法》的和平示威实行血腥镇压的后三天,又是全国宣布"紧急状态"的前三天。作品主要描写了两个人物:安德鲁和阿贝。并通过描述这两个人物的不同遭遇,揭示了实干家和空谈家思想上的冲突和斗争,反映了"有色人"知识分子思想变化的艰难历程。安德鲁和阿贝都是"有色人",他们在同一所大学上学,但在反对种族歧视的斗争中,安德鲁积极地参加实际工作,在斗争中进一步提高了自己的认识和斗争能力;阿贝却热衷于"纯理论"的探讨,最后走上了逃亡的道路。小说通过主人公的不断回忆和联想,广泛地反映南非种族歧视的实际情况和"有色人"反抗种族歧视的斗争情况。作品中形象比较鲜明、生动,故事情节亦较为曲折动人。本书1985年5月由外国文学出版社出版,侯焕良、卢明华、尧雨译。

【把帽子传一传】 短篇小说集,亨利·劳森著。亨利·劳森(1867—1922),澳大利亚作家,出生于新南威尔士州格伦费尔城附近,少年时随母亲到悉尼,作过油漆工、木工。1887年发表了诗作《共和之歌》,不久,又发表小说《他父亲的伙伴》,从此开始了文学生涯。其主要作品有《诗歌与散文短篇小说集》、《我的祖国》、《丛林儿童》等。《把帽子传一传》共收作者八个短篇。劳森的作品第一次把澳大利亚劳动人民艰苦的生活真相公诸于世,因此深受读者的欢迎。这八篇小说,有的表现了劳动人民的悲惨遭遇,如《总有一天》、《不是女人住的地方》;有的表现了劳动人民结团、友爱、互助、信义等高贵品质,如《把帽子传一传》、《我的那只狗》、《吊唁》、《告诉培克太太》等都是这样的作品。突出的是《把帽子传一传》里的长颈鹿,在援助伙伴这一点上,简直到了忘我、无私的地步,这一形象无疑会给读者留下难忘的印象。劳森熟悉下层人民的生活和思想感情,同情他们的遭遇,在作品中对他们作了歌颂。他的主要成就是短篇小说,着重表现人们的相互关系和真情实感,而不以情节取胜。通过这八个短篇,我们可以看出,劳森的作品语言朴实生动,富于幽默感,体现了劳动人民的口语特点,如《赶牲畜人的妻子》里的女主人公,在逆境中也还能想些可笑的事情,给自己增添勇气。亨利·劳森的作品在澳大利亚批判现实主义文学中占有重要的地位。本书由人民文学出版社 1960 年出版,袁可嘉、施咸荣等译。

【**沸腾的九十年代**】 长篇小说,普里查德著。卡瑟琳·苏珊娜·普里查德(1883—1969),澳大利亚女作家、社会活动家、澳大利亚共产党创始人之一。《沸腾的九十年代》发表于 1946 年,是作者描写金矿工人生活的三部曲中的第一部,写淘金者的状况,追述了澳大利亚资本主义的

【**不屈的人们**】 长篇小说,裘德·华登著。华登是当代澳大利亚的进步作家,曾任澳大利亚书社的经理,其作品还有《没有祖国的儿子》等。《不屈的人们》通过移民考强斯基一家人的遭遇,揭露了第一次世界大战期间澳洲反动统治阶级的种种残暴行为以及人民群众的火热斗争。1910年,考强斯基夫妇,听信了所谓“黄金之国”的谎言,男的为的是发财致富,女的则是为了羡慕那里的“宪法”和“自由”,让孩子受高等教育。然而现实毕竟是现实,考强斯基一到澳洲就碰了壁,找不到职业。一位童年时代的好朋友门得尔斯坦什么忙也帮不上。考强斯基只得做起小贩来,挨家叫卖度日。日子愈过愈苦,渐渐弄得只有靠借债和赊欠来糊口。幻想至此开始破灭了。更糟糕的是,在这“幸福的国度”里,外国移民所享受的“幸福”就是种族歧视和政治迫害。考强斯基的房东,一个市参议员,要考强斯基为他当密探,搜集外国移民的情报,考强斯基没有答应,于是他便不可避免地受到政治迫害。后来他结识了一个参加世界工联的邻居费则尔,便又受到统治当局的怀疑。在一次征兵大会上,他因为眼见一位老太太被士兵打倒在地,上前去搀扶她,却遭到士兵的毒打,反动当局

诬蔑他是"捣乱分子",到他家来搜查和威胁。作者在考强斯基这个人物身上,花了许多笔墨,使他成为一个典型形象。同时,作者还刻画了基伦、费则尔等不屈不挠与反动统治者开展斗争的人物形象。全书历史感很强,人物生动。本书1959年由上海文艺出版社出版,叶林、马珞译。

【澳大利亚短篇小说选】 小说选,多人著。这部短篇小说集,共收二十五位作家的三十五篇作品。澳大利亚的短篇小说是和民歌一起发展起来的。十九世纪末期,澳大利亚人民为了摆脱英国殖民者的压迫,进行了不屈不挠的斗争。许多诗人与作家就以作品为武器,号召人民起来战斗。这个时期的杰出代表是亨利·劳森,这部小说集收入了他的四篇作品。二十世纪初期,著名的小说家还有理查逊,她擅长写姑娘的故事,文笔典雅优美;史蒂勒·拉德,他的作品以写纯朴的农村家庭生活为主,他用人物行动和日常生活中的小事来表达农民的乐观幽默的性格;芭芭拉·贝恩顿,她作品大多描写内地生活悲惨恐怖的一面。这些特点可由他们的作品,如《而女人却总得哭泣》、《入浴——一幅水彩画》、《给巴索罗密欧施洗礼》、《上帝的选民》等看出来。万斯·帕尔默是继劳森之后的又一位杰出的小说家,他笔下的人物大多不满现状,作品主题大多写年轻人理想的破灭,如《家》描写一个聪明美丽的姑娘,自幼和牧场主的儿子一起长大,他们一起学习和游戏,但他上了大学便觉得姑娘配不上他,将她抛弃了。这是一个著名的短篇作品。五十年代前值得注意的小说家还有阿仑·马歇尔、贾文·卡赛,前者以写农村为主,后者以写城市为主。五十年代以后,作品越来越多,但大多局限于对日常生活的自然主义的描写、对人物性格以及内心活动的分析,哈尔·波特、彼得·考万是这个时期杰出的代表,前者的《小马驹》表现出他对儿童题材是十分擅长的;后者的《拖拉机》、《小岛》表现了对资本主义现状的不满。这时期还有犹大·瓦顿也值得注意,他的作品大多反映旅居在澳大利亚的外国侨民的生活,如《母亲》、《下乡》都是此类题材的作品。澳大利亚当代最著名的作家可能是帕翠克·怀特,自从其《人树》出版后,他便是一个知名的作家了,1973年,他获得了诺贝尔文学奖。他常用"意识流"的艺术手法把小说中人物的现实生活和心理活动交织在一起,如《一杯茶》、《五点二十分》都是很有代表性的作品,它们都反映了资本主义社会人们的精神空虚,生活无聊,反映了作者对现实生活的悲观失望。这本小说选,基本上能够反映出澳大利亚从二十世纪初到当代的丛林、农村、城市各方面的情况，通过这些作品，可使读者对澳大利亚的社会状况、文学发展有较为深入的了解。本书1982年由人民文学出版社出版，刘寿康编选，刘寿康、黄雨石等译。

【钱商】 长篇小说，阿瑟·黑利著。作者在这部小说中，选取金融业这一资本主义社会中相当敏感的部门作为描写的主体，通过一家美国大银行由盛而衰，最后几乎倒闭的曲折过程，反映了资本主义社会繁华假象掩盖下的严重的金融危机。作者用相当生动的笔触塑造了银行副总裁海沃德等人的形象。作品把银行的濒临破产与以跨国公司为代表的国际垄断资本的贪得无厌和巧取豪夺联系在一起，并且对跨国公司为转嫁其自身的危机而采取的一系列卑鄙手法作了相当真实的揭露。作者用细致的笔触，写到美利坚第一商业银行一步步陷入危机的过程，作品展现出一幅当代美国社会生活的画面：下层人民为维护生存权利而进行的"合法示威"；道德的沦丧、精神的没落所引起的众多家庭的解体；形形色色犯罪活动的蔓延；监狱中的种种腐败现象……作者对下层人民抱着同情的态度，但他更关心自己所属的"中产阶级"，因此他最着力塑造的是银行副总裁范德沃特，在书中，他是海沃德的对立面。范德沃特事业心极强，有胆识，有能力，性格坚强，目光远大。当海沃德极力主张增加大企业的巨额贷款以追求高额利率时，他提出了与之相对立的主张：发展小额储蓄，资助低房租住宅的建设。后来，银行还是采纳了海沃德的意见，带来了濒临破产的恶果，这时董事会才决定任命范德沃特为总裁，希望他能拯救银行的命运。全书人物形象典型、生动，故事曲折。本书1981年由上海译文出版社出版，陆谷孙、张增健、翟象俊译。

【嘉莉妹妹】 长篇小说，德莱塞著。德莱塞（1871—1945），美国著名作家。他出身贫苦，当过饭店伙计、洗衣房工人、火车站验票员。1892年发表论文《天才的再现》，被聘为记者，主要作品有《嘉莉妹妹》、《珍妮姑娘》、《天才》、《美国的悲剧》等。《嘉莉妹妹》是作者1900年写成的第一部长篇小说，作品写了两个主要角色，一个是从美国资本主义上层社会里跌下来的赫斯渥。当年，他曾是芝加哥红极一时的酒店经理，是社会上有势力的人物。可是，一旦丧失了金钱和地位，他便被排挤出来，终于落到了资本主义社会的底层，面对着悲惨的生活，他走上了自我毁灭的道路。另一个是嘉莉妹妹,她出身于社会底层,是磨坊工人的小女儿,年轻、美丽。她羡慕资本主义社会的浮华,可是大城市对她却是陌生的。当她找不到工作时,她不得不屈从于社会的安排,先是充当销售员的情妇,后又受了酒店经理的诈骗,不得不做了他的情妇。由于她的戏剧天才,她挤入了大都市,获得了物质上的满足,但在精神上,她却是空虚的,而她对此又无可奈何。作者在对这两个主要人物的描写中,还塑造了形形色色的各种人物形象,并用同情的笔调描写了劳动条件极为恶劣的工场,还用整整两章,记录了电车工人的一场罢工斗争,表现了作者批判现实的倾向。本书 1980 年由上海译文出版社出版,裘柱常、石灵译。

【珍妮姑娘】 长篇小说,德莱塞著。这部作品出版于 1911 年,是作者的第二部长篇小说,小说主要写贫苦的老工人的女儿珍妮,为了帮助家里生活,先是成为青年参议员白兰德的情妇,后又跟一个富商阔少雷斯脱同居,最后为了让雷斯脱能继承遗产,自动同意断绝与他之间的关系。作品既描写了吹制玻璃的老工人葛哈德及其一家人贫病交加、孤苦无告的境况,也写了骄奢淫逸、炙手可热的资产阶级政客白兰德、富商雷斯脱之流的生活,两相对照,深刻地揭示了资本主义内部尖锐的矛盾。作品以珍妮的不幸命运为线索,真实动人地描写了处于美国社会底层的普通人民的悲惨生活境况,批判了产生珍妮这一悲剧人物的社会,说明这样的世界是不公正和惨无人道的。作品描写生动,批判大胆,人物形象栩栩如生。本书 1979 年由上海译文出版社出版,傅东华译。

【"天才"】 长篇小说,德莱塞著。小说描写一个美国画家尤金·威特拉的一生遭遇。尤金开始是一个正直、诚实、颇有才华的青年画家,可是到了美国资本主义社会的中心纽约市以后,他在资本主义社会种种物质享受的诱惑之下,竟然变得思想混乱、利欲熏心、荒淫无耻,开始一天天堕落下去,终于走进了创作贫乏的绝境。作者无情地揭露了主人公四周的种种奇怪现象,使读者清晰地看出了造就尤金·威特拉之流的社会条件,看到了资本主义社会是怎样腐蚀、扼杀了有才华的青年,使他们变成加引号的"天才"人物,同时也看到了资本主义社会种种丑恶、腐败的现象。《"天才"》因为批判大胆、尖锐,一出版即受到猛烈的抨击,纽约市的所谓"消灭罪恶协会"对德莱塞恣意进行攻击,并向法院提出了控告,说他"伤风败俗"。而另一些作家,却成立了一个保卫《"天才"》的委员会,声援《"天才"》的作者。由此可见,这部作品对美国社会的震撼和影响。本书 1982 年由上海译文出版社出版,主万、西海译。

【老人与海】 中篇小说,海明威著。这是海明威的一部著名的作品,出版于 1952 年,它一出版,即引起各国文学界的注意,得到了 1953 年的普立彻奖金,1954 年又得到诺贝尔奖。作品描写一个叫桑提亚哥的老渔人驾着一条小船,孤零零地到茫茫大海中去追寻他要战胜的鱼类,历尽千辛万苦,最终却失败而归。作品对海上荒凉景象的描绘十分生动,对老渔人在十分困难的物质条件下孤身奋斗的形象塑造得相当成功,老渔人虽然在艰难环境中挣扎、拼搏,但他并不感到沮丧,在苦斗中,他喊着:"人不是生来要给打败的",喊着:"你尽可把他消灭掉,可就是打不败他。"这部作品还用细致的笔触描写了老渔人和孩子中间存在的一种温暖的友爱。在主人公身上,正可看出作者思想上的矛盾:一方面有超乎寻常的毅力,一方面又感到胜利的渺茫。这是在资本主义制度下面,一个正在探索中的正直的知识分子的一种苦闷心情。作品运用了反复不已的独白,加强了作品中凄凉的情调。本书 1979 年由上海译文出版社出版,海观译。

【希腊棺材之谜】 长篇小说,艾勒里·奎恩著。艾勒里·奎恩是个虚构的人物,他和"福尔摩斯"一样,现已成为英美等国广大读者所熟悉的一个著名侦探的形象。他原是美国现代作家弗雷德累·达奈和曼弗里德·李的合作笔名。1961 年,这两位作者曾以"艾勒里·奎思"这一笔名共同获得"爱伦·坡奖",其作品主要有《罗马帽子之谜》、《法国香粉之谜》、《荷兰鞋子之谜》。《希腊棺材之谜》1932 年问世后,即轰动一时。读者认为他们的艺术手法以及他们所塑造的侦探形象艾勒里·奎恩,与柯南道尔所塑造的福尔摩斯,各有不同的特点,又有异曲同工之妙,此后,他们又有大量作品问世,粗略统计,他们的作品长篇、短篇共有五十多部。在英美侦探小说中,他们已经形成一个比较有影响的重要流派。《希腊棺材之谜》是一部推理小说,描述了如何运用演绎法,去侦破一件错综复杂的人命案。故事从古董商乔治·卡吉士的死亡开始,他是心力衰竭而死的。后来他的法律事务代理人迈尔士·伍卓夫发现卡吉士的保险箱不翼而飞了。他连忙报警,佩珀副检察长来到卡吉士家,他具有使人开口说话的天才,所以事情进行得还算顺利。他详细询问了情况,知道男仆一直在书房里,保险箱一直在他的视线之内。奈恩侦探长的属下范雷巡官和他的两个下手也参与了调查。后来进展不快，艾勒里·奎恩直接过问并指挥侦察这个案子，在他的努力下，终于真相大白。开始，他也受了别人错误推论的影响，比如佩珀的结论总是使他做出错误的判断，而真正的凶手正是这位年轻有为、受人尊敬的副检察长佩珀，奈恩认为抓住这个凶手的是自己的老朋友"逻辑"。佩珀怕事态暴露，曾经杀害了了解内情的史洛安，这才引起了奎恩对他的注意。奎思派范雷私下里去搜查佩珀的寓所和办公室，希望能找到赃物，但却一无所获，但他派人一直监视着佩珀，终于抓住了他。他向奎恩开了一枪，只伤了奎恩的皮肉。奎恩终于使案件真相大白了。这部作品并不单纯地追求情节的曲折离奇，而是着眼于提倡进行逻辑思维的科学态度，从这一案件中，读者也可以对资本主义社会中上层人物唯利是图的丑恶本质有更深刻的了解。本书 1979 年由群众出版社出版，王敬之译。

【欢乐】 长篇小说，玛格丽特·沃克著。玛格丽特·沃克(1915—　)，美国黑人女作家，曾就读于西北大学和衣阿华大学，获博士学位，以后在芝加哥和新奥尔良做过一个时期的社会工作，参加过芝加哥作家组织。1976 年，她出生的城市阿拉巴马州明翰市的市长宣布，定该年的七月十七日为玛格丽特·沃克日，这自然与她在创作上的成就有关，其主要作品有诗集《因为我们黑人》、《自由人的歌谣》，小说《欢乐》、《从那边的山上下来》等。1861 年，美国爆发了被称为"南北战争"的内战，蓄奴制问题是战争的一个焦点。战争中，林肯颁布了《解放黑奴宣言》，其实黑人无论在政治上、经济上还是在受教育的权利上，他们远未取得与白人平等的地位，形形色色的种族隔离措施蔓延全美，到本世纪五六十年代情况才渐有好转。《欢乐》出版于 1966 年，正是南北战争结束后的一百年。这时，美国的黑人运动正在蓬勃发展中，人们都十分想了解美国黑人走过的苦难历程。《欢乐》即是对美国黑人走过的道路进行回顾的作品，一出版即受到人们的普遍欢迎，在六、七年间便重印了二十多次。作品的女主人公叫维丽，她的原型是作者的外曾祖母玛格丽特·达根斯·韦尔·布朗。维丽是个私生子，一生下来便是奴隶。小说所反映的即是维丽的一段家史，而这段家史是由作者的外祖母埃尔韦拉·韦尔·多齐尔讲给作者听的。作品中的明娜便是以作者的外祖母为原型塑造的。可以看出，作者作了很大努力，查阅了许多文件和材料，访问了不少地方，其目的是想尽可能真实地反映南北战争前后黑人的状况。这部作品共分三个部分,即"在战前的年代里","在内战的年代里","战后的重建和反动"。在这部作品里,我们不仅可以看到美国黑人发展进步的历程,还可以了解那一时期黑人的日常生活,在这一方面,作者的描绘是十分具体和详尽的。本书1984年由上海译文出版社出版,黄宏荃、彭灏、马世懿、范道丰、陈光月译,杨志才校。

《中外小说大辞典》,现代出版社1990年出版

禁书详解（21 则）

《色情狂》

《色情狂》是古罗马的一部著名的色情文学作品，作者是帕特罗琉斯，因为他写给尼禄皇帝一份文件，其中详细地揭露了尼禄及其大臣的丑恶行为而被迫自杀。

这部书详细地描述了古罗马乡村存在的各种丑恶现象，对各种性变态行为的描写可谓详尽、细致。如作者借故事的叙述者恩科尔彼斯三次遭到女人或按女人的命令执行的鞭笞，描述了当时广泛流行的鞭虐淫行为及场面；又借贵夫人赛丝的形象，写出了"色情狂"的种种怪癖行为。在对各种性行为的描绘中，作者常常穿插一些有人物、有情节的小故事，其中有些故事还颇有趣。比如，作者讲了这样一个故事：有一位妇女，长得很美丽，而且品格高尚，受到人们的普遍赞扬。不幸的是，她的丈夫死了。这位妇女十分悲伤，她不愿像一般妇女那样哭哭啼啼送别丈夫就算完事，而是立志为其夫守节，她提出要求，坚持要守护在坟墓里丈夫的遗体旁，并开始绝食，希望能与丈夫一起前往冥冥世界，许多人都设法劝说她不要这样做，但她主意已定，决心绝不更改。大家没有办法，只得听其自然。结果，她来到丈夫的坟墓里，只有一个女仆陪伴着她。这位妇女的行为一时传为佳话，不论是达官贵人还是平民百姓都谈论这件事，表现出由衷的赞赏，人们认为这位妇女是忠实于爱情的楷模，是保持自己贞节的榜样。正巧，有几个犯抢劫罪的犯人被捉获了，总督命令将他们钉死在十字架上，这些十字架就矗立在那位妇女守节的坟墓边上。为了防止抢劫犯的家人偷走尸体，总督派了一个士兵日夜守卫在十字架边。到了夜里，这位士兵突然听到坟墓里传来一阵哭声,他靠前几步,又看到了坟内的灯光,他十分奇怪,便走进了墓穴。当他明白是怎么一回事后,他很同情这位妇女,便把自己的晚餐送给那位妇女,但是寡妇并不对他的行为表示谢意,也不去碰那些食物,而只是一味地流泪哭泣,有时还捶胸顿足,撕扯头发。士兵无奈,转而去劝女仆,女仆闻到酒肉的香气,便点头同意与士兵共进晚餐。吃完了饭,女仆劝女主人说:"您不吃不喝,身体消瘦多了,这样下去只能被饿死,先生已经死了,您再被饿死又有什么意义呢?不如好好地活下去,尽情享受生活中那些美好的东西。"听了她的话,女主人觉得很有道理,轻轻点了点头,这时士兵又递上为她留着的食物,她毫不客气,像女仆一样,狼吞虎咽起来。那士兵一见这位妇女便产生了爱慕之心,此时更是欲火难抑。经过一番周折,在女仆的帮助下,女主人终于同意与士兵共度良宵。这以后的两天,他们如胶似漆,一起吃饭、饮酒、做爱,好不快乐。而外面的人却一无所知,以为那位妇女仍然在为自己的丈夫消耗着自己的生命。因为士兵擅离职守,终日沉浸在寻欢作乐之中,一个抢劫犯的家属趁黑夜偷走了尸体。第二天,士兵从坟墓中出来,发现一个抢劫犯的尸体没有了,他十分害怕,他知道自己只有死路一条,因为按当时的规定,他这样玩忽职守是要被处死的。他把这种情况告诉坟墓中的情人,说自己只有一死了之,希望她能像对待其夫一样,也为自己绝食守灵。这位妇女十分着急,最后终于想出了一个办法:用她丈夫的尸体冒充那个抢劫犯的尸体。士兵听了这话非常高兴,他马上动手付诸实践,当一切都办妥以后,他又来到坟墓里与那位妇女度过另一个令人销魂的夜晚。

《色情狂》因为十分详细地描写了性场面和各种变态性行为,故而它在后代常常被列入禁书书目之中。

《爱的艺术》

《爱的艺术》又译作《爱经》,是古罗马诗人奥维德(公元前43年—公元18年)的一部长诗名著,问世的时间大约是公元元年。

这部著作的主要目的是教育人们"爱的技巧",实际上是一本教人如何吸引以至于勾引异性的指导性读物。作者在长诗的开始即说明了自己写作此书的意图:"如果在这个民族里,谁还不懂得怎么去爱,那就请他来读我的长诗吧！这部作品会教给他爱的方法和技巧，只有具备了爱的技巧，人们才能在海上扬起风帆；有了爱的技巧，骑手才能敏捷地策马纵横。"

全书分为三卷。第一卷讲的是怎样赢得恋人的爱。作者认为宴会、街道、戏院和杂技场是结交情人的最佳场所，一旦看中了理想的情人，就要紧追不舍，甚至对她的女仆也要用些心思，借助女仆的帮助来成就美事。至于怎样接近女人，赢得她的欢心，作者认为最主要的是要不失时机地赞美她的容貌、服装，估计气氛合适，就要勇敢地采取行动，甚至采用武力，"女子希望你使用武力，她们总希望是被迫地交出她们原本心甘情愿交出的东西。"同时，作者认为不同性格的女人，要采取不同的方法，因为"女人的心各不相同。"第二卷探讨怎样的两性关系才是理想的，作者认为男子要真正获得情人，首先要尽早表明自己的态度，不能让对方等待得太久，其次要使对方确信，你十分欣赏她的容貌与品格，因此不要忘了多说恭维话，即使有些话自己也知道不准确、太过分，也要尽量真诚地讲出来，"她跳舞，你赞美她的手臂；她唱歌，你赞美她的歌喉；要是她停住不唱了，你还得真心地表示遗憾。"在这一卷里，作者还向恋人们提出忠告，劝他们不要做肉欲主义者，他认为男女的结合，必须要使双方都感到满足，让男子和女子都同样感到欢乐，如果女方是完全被动的，她的行为完全是为尽义务，那就没有什么快乐可说了。第三卷是专为女子写作的，作者告诉女子怎样施展自己的迷人之处，以吸引男子的青睐，以及怎样化妆打扮、扭动腰肢，以达到最佳的媚人的效果。进而，作者教诲人们怎样掌握性爱的具体技巧，介绍得十分细致，十分详细。

总之，这部作品详尽地描述了种种寻欢作乐的技巧。在作者看来，女人并不是温存爱恋的对象，而只是男人的猎物而已，因此男人需要采取各种各样的方法和技巧去获得她们。书中有许多十分坦率大胆的色情描写，当时的统治者便认为这部作品有伤风化，作者被处以流刑。但是在文艺复兴时期，一些人文主义者认为此书阐明了爱不只是一种本能，更是一种充满人性的两性关系，需要人们精心培养，因而认为这是一部很好的启蒙著作，这种思潮使此书一时广为流传。近代以来，这部作品又受到严厉的批评，在许多国家和地区成为被查禁的书籍。如本世纪初，此书便被美国的海关和邮政总署列为禁书。

《十四行诗十六首》

《十四行诗十六首》是意大利文学家阿雷蒂诺的组诗。阿雷蒂诺（1492—1556）原来很受教皇的恩宠，但因为写作了这一组色情诗作而不得不由罗马逃到威尼斯。在威尼斯，阿雷蒂诺很有名气，他的身边有许多女人，这些女人为他生了一大群孩子。1536年他写作并出版了著名作品《谈论》，这部作品以两名妓女的对话为线索，对当时妓女的生活与职业作了一些探讨和研究，其中对当时一些颇为知名的人士的私生活作了一些暴露，有不少色情淫秽的描写。

《十四行诗十六首》是一组色情诗作，尤其是与画家吉利奥·罗曼诺画的一组展示各种性交姿式的图画相配合，在当时引起了不小的震动，受到了一些人士的指责和批评，成为禁书。有些人千方百计想得到这些诗作，却往往不能成功。如据史料记载，1674年牛津阿尔索尔学院有一批人，想利用学院印刷厂负责人外出的机会秘密印刷《十四行诗十六首》及其插图，可是当他们一切准备停当刚要开印的时候，印刷厂的负责人却突然回来了，他当即制止了这种行为，使那些想得到禁书《十四行诗十六首》的人的希望成为泡影。

《回忆录》

《回忆录》是格奥万尼·卡萨诺瓦晚年写作的一部色情著作。卡萨诺瓦（1725—1798）是意大利诗人、作家，曾当过记者、牧师、外交家，以桃色事件多而闻名，他的名字在西方成为好色之徒的代称。《回忆录》写作于他去世的前一年，即1797年，出版于1826到1838年间。

卡萨诺瓦不仅擅长写作性爱题材的传奇小说，而且与意大利和其他许多国家的女人有过风流韵事。他沉醉于感官的享受，从来不知道加以约束。他在《回忆录》中宣称："我的故事是一生主要事业都用来培育感官快乐的男人的故事。"因此他在当时便有"情爱专家"的雅称。《回忆录》中的大部分篇幅便是记录他怎样想尽办法取悦于想得到的女人，怎样引诱她们向自己献出一切以及具体描写了许多性爱场面，在这方面，他的描写既细致又大胆,达到了坦率至诚的地步。作者主观上力图避免使用人们常见的淫秽的词汇,在需要使用这一类词时,便利用借代的方法,如把男性生殖器说成是"延续人种的主要代理人"等等。但是这并不能冲淡书中弥漫的赤裸裸的色情味道。

作者自己也知道,《回忆录》在某些人看来是违背了社会公德的,是他们所不能接受的。他写道:"人们也许会说这本书是一部坏书,因为它不符合我们应该遵守的社会公德。我并不反对这种看法,所以我劝那些有崇高品德的人,那些想起年轻时欢爱就不知所措的人,那些压抑自己的性要求,认为它将污染灵魂和心灵的人,最好不要读这本书。"这部书出版以后便受到广泛的指责,以后虽然多次印刷发行,但均是删节本,而且有一部分手稿当时就没有送去印刷。其实,除了过多的色情描写以外,这部著作保留了许多历史材料,对今天的学者研究那个时代的历史、风俗、人际关系等许多方面都有重要的参考价值。

《放荡女人回忆录》

《放荡女人回忆录》又名《苑妮·希尔》是英国十八世纪中叶出现的一部色情文学作品,作者是约翰·克利兰,出版于1749年。约翰·克利兰(1709—1789),英国小说家、记者,曾任驻外领事之职,后来在印度孟买的东印度公司工作,但不久辞职回到欧洲,为生活所迫写作了许多剧本、语言学论文、诗歌等著作和文学作品。

《放荡女人回忆录》成书于1749年之前,被认为是英国色情文学中的一部代表作品。小说采用第一人称,以苑妮·希尔的口气用两封长信的形式写成。苑妮·希尔出生在利物浦一户贫苦人家,还在她少年时,她的父母便双双病亡,她成了可怜的孤儿。为了生活,她与另一位女子一道前往伦敦寻找出路。那位女子生活经验比苑妮·希尔丰富得多,但是她们刚到达伦敦,她便不辞而别了。苑妮孤零零地站在伦敦街头,她一时不知该去哪儿,去做什么,怎么去做。她到处寻找工作,终于为一家公司录用,担任布朗夫人的女佣。不久,她渐渐明白了:这家公司实际上是徒有虚名,布朗夫人的真正工作是妓院的老板。

在这家公司里,苑妮认识了一位叫查利斯的青年,他深深地爱上了苑妮,苑妮也爱上了他,最后向他献出了自己的贞操。为了俩人的幸福,查利斯想办法让苑妮离开了布朗夫人,并在外边租了一间房子供苑妮居住,苑妮便做了他的情妇。查利斯很满意这种生活,但他父亲却坚决反对,苦口婆心多次规劝,他都没有听从。不久,苑妮怀孕了,查利斯的父亲觉得事情该结束了,便编了一个借口,叫查利斯到南洋的一座工厂去工作。查利斯不能违抗父命,只得前往南洋。苑妮只身留在伦敦,十分孤独,心中充满了压抑与痛苦,不幸流产了。等她身体复原以后,又找到了新的情人,但因为种种原因,她与新的情人之间出现了矛盾。那薄情的男人竟去设法勾引了苑妮的女仆。苑妮心中痛苦而又愤怒,一时冲动便去勾引情人的男仆威廉,作为报复。可是不久,她又发现威廉与自己的情人常常鬼混在一起,气愤地大骂了威廉一顿,从此中止了与他的关系。

苑妮又落入了走投无路的境地,无可奈何之际,她走进了柯而夫人开办的妓院,开始了一种耻辱的生活。这所妓院名义上是一家女帽商店。苑妮到这里不久,柯而夫人便不再经营妓院了,苑妮买了一间价钱便宜的房子住了下来。后来,一个颇为有钱的老头看中了苑妮,愿意作她的保护者。可是不久,这位富有的老头突然得病死去了,他的财产便留给了苑妮,苑妮一夜之间便成为一个相当富有的贵夫人。这时,查利斯从南洋回来,找到苑妮,向她表示自己仍然一往情深,想重修旧好。苑妮向他详细坦白了自查利斯去南洋以后的生活和经历,希望查利斯理解自己,查利斯终于原谅了她。不久,他们举行了正式的婚礼,从此结为夫妻,过着正常的家庭生活。

这部作品的结局是一个大团圆,似乎说明了某种道德观。作为一部著名的色情文学作品,书中有许多引诱、性交和同性恋的描写。因此自从它一出版,便成为禁书。1749 年,英国检察官在伦敦书店里发现此书,立即下令销毁,作者也被判每年罚款 100 英磅,不得重犯。从此该书转入地下,秘密流传,不知再版印刷了多少次。1821 年,它在美国马萨诸塞州遭到查禁。1963 年,此书在美国公开出版,遭到道德团体的攻击,法院最后裁决,维护出版自由,批准此书公开发行。同年 11 月,英国警方在伦敦麦基克书店收缴了一百七十一册"五月花公司"出版的平装本《苑妮·希尔》。在检查官的鼓励下,地方法院向麦基克书店所属的公司发出传票,指定该公司负责人前往地方法庭,接受法官的传讯和即席裁决。法庭经过四次开庭审理,最后认定《苑妮·希尔》不是淫秽之作,收缴的一百七十一册书由警方代表当庭发还原主。至此,这一桩轰动一时的公案才有了一个令许多人满意、却又令许多人痛心的结果。

《一位巴黎友人的来信》

《一位巴黎友人的来信》是一部自传性文学作品,描写的是乱伦的性反常行为,1874 年在伦敦出版。

此书由第一人称用书信的形式写成,主人公是一个摄影师,他在一个同性恋朋友的介绍下,与巴黎一家人结识。这一家共有五口人,一对父母有三个孩子(两个女儿一个儿子),使人惊奇的是,五口人之间相互乱搞,有多角乱伦关系。摄影师与一家人结识不久便与每一个人都发生了性关系。几年以后,摄影师结了婚,生了一个女儿,她还是个处女的时候,摄影师便占有了她,不久便把她嫁了出去,可是谁料到,他女儿的丈夫竟然是他当年与那一家胡搞的产物——他自己的儿子! 整个作品描写的就是这种令人作呕的乱伦行为,显得十分粗俗,读之令人恶心。

《查泰莱夫人的情人》

《查泰莱夫人的情人》是英国著名作家劳伦斯的名作。戴·赫·劳伦斯(1885—1930)的长篇小说以其独创性和对性爱的大胆描写在当时文坛数度掀起风波,引起广泛的争议,他本人甚至也因此遭到官方的迫害。劳伦斯是现代颓废派文学的重要代表,他的创作深受弗洛伊德精神分析学派的影响。

小说描写了女主人公康妮的爱情生活。康妮是有名的皇家美术协会会员,司考得兰绅士的次女。因为母亲是费边协会的会员,所以康妮与姐姐从小受的是很自由的教育。姐妹二人年幼时曾到过巴黎、罗马等大城市。1913 年,她们在德国读书,都曾与男同学恋爱,并且发生过性关系。1917 年,康妮认识了刚从前线归来的克利福·查泰莱,二人匆匆结了婚。克利福·查泰莱是查泰莱男爵家的次子,是英国中部一个矿区的封建大地主。康妮与克利福·查泰莱结婚不久,克利福又重返前线,六个月后他一身创伤被送回英国,这时候康妮才 23 岁。克利福经过医生精心治疗,虽然活了下来,但是腰部以下的半身,却从此瘫痪。1920 年,他们回到了查泰莱世代的老家;克利福的父亲死了,他就成了克利福男爵,而康妮则成了男爵夫人。克利福每天只能坐在一把装了发动机的轮椅里,在花园里慢慢地绕来绕去,而康妮则是一个守着活寡的随身护士。从早到晚,他们生活在这安静而又偏远的家园里,过着孤寂冷漠的生活,同那些刻板的不自由的贵族一样。而英国贵族所特有的那种利己、虚伪、傲慢、顽固的性格,又突出地反映在克利福的身上。

因为无聊,克利福玩弄起文墨,他所发表的许多空疏矫造的文字,也曾博得了一点社会上的虚名。这时,有一位爱尔兰青年叫蔑克里斯,因为写作剧本而成名,被克利福邀致家中,他与查泰莱夫人一见便成了知已,因为他受过的冷眼和攻击太多了,所以现在还处处留神,时时担心,有点像狗似的把尾巴藏在两腿间。他不摆架子,对自己不抱幻想的品性为康妮所喜欢,故而二人很快便有了私情。但他对康妮却无真心,只是想占有她而已;而康妮也觉得他还不能使自己尽情的享乐,对他也逐渐淡薄下来。因此二人不久便分开了。他们互相保持着通信联系,偶尔也在其他地方相会,但以后便不了了之了。康妮又陷入了一种没有起伏、没有感情的生活之中。她对喜欢高谈阔论、自命不凡的贵族社会已经感到厌恶了。因厌而生倦,因倦而成病,她消瘦下去了。

一个偶然的机会,她结识了新来的守林人梅乐士,这个人原是附近矿区的工人,因为婚姻失败曾去印度当过几年兵,为人豪爽,也带几分鲁莽,这些特点,很快便吸引了康妮。经过一些挫折,梅乐士与康妮产生了爱情,两人常在林中的小屋里幽会,过着原始的彻底的性生活,让残废的查泰莱一个人去称孤道寡,由雇来的一位寡妇护士陪伴着他。康妮时时牵挂着梅乐士,一有空便前往林中小屋,和梅乐士待在一起。

随着时间的推移,康妮对终日道貌岸然的丈夫克利福的厌恶越来越强烈,想向他提出离婚,却又于心不忍。而这时她已怀孕,她想起有一次克利福曾说过,如果他和别人生一个孩子,只要不破坏现在这样的夫妇关系,他是可以接受的。恰巧这时,她的父亲和姐姐要前往威尼斯旅游,邀她同往,她便答应了,她心中希望在异乡找一个所以怀孕的理由,也许克利福以为使她怀孕的是一个外乡人,心里会好受一些。

在威尼斯住了大约十几天以后，克利福来了一封信，信中说梅乐士的前妻突然来到林中的小屋，这个消息使康妮十分恼怒和不安，而一个女仆又来信，说梅乐士提出了离婚的要求，但是他妻子坚决不同意，并说她在小屋找到了名贵的纸烟头和一瓶高级香水。这个消息使康妮陷入了更大的痛苦之中。不久，梅乐士的信也来了，说克利福已怀疑他们的关系，而且他的前妻公布了他和查泰莱夫人秘密，造了许多梅乐士的变态性欲的谣言，硬要和梅乐士共处，向他和他的老母勒索金钱。因此他决定辞掉工作，到伦敦来，并约好时间与康妮见面。康妮毫不犹豫地赶往伦敦，与梅乐士见了面，并告诉他自己早已怀孕了。

不久，康妮给克利福写了一封信，告诉他自己爱上另一个人，并谎称他叫旦肯（这个旦肯是克利福的朋友，此时正在威尼斯，他很爱康妮，并同意康妮借用他的名义）。克利福要求康妮回去同他再见一面，并表示他将等她，"等五十年也成"，这使康妮无可奈何，只得回去。克利福知道康妮绝不会爱上旦肯，并同意康妮将孩子生在家里，康妮只得和盘托出，说自己爱上的是守林人梅乐士，这使克利福十分吃惊，继而表示自己坚决不同意离婚，康妮只得连夜收拾东西，第二天便离开了家园。这时梅乐士已经在一个农场找了一份工作，他计划在农场干六个月，待取得与前妻的离婚证书后，便可与康妮一道组织一个自己的小农场，开始一种新生活。他写了一封长信给查泰莱夫人，期待着和她相聚的日子的到来。

在这部作品中，作者用较多的篇幅写到了性爱场面和性爱心理，在作者笔下，所谓"性描写"是充满诗情画意的，作者通过女主人公对性的体验和心理变化，写到了她的肉体和精神的复苏的过程，抨击了传统道德和工业文明对人性的残害，表达了作者对自然人的呼唤。另外，应该指出，这部作品与弗洛伊德主义有着密切的联系，这主要表现在作品里不仅通过动作和对话极其露骨详细地描写了查泰莱夫人与梅乐士的性交场面，而且还配合着细致的心理描写，这正是精神分析学派基本观点的细致的表现。

《查泰莱夫人的情人》自 1928 问世以来，在国际文坛上即引起争议，在英国，它受到广泛而严厉的批评，评论界认为是一部最淫秽、充满色情描写的小说。其他许多国家将它列为禁书。1929 年，此书被美国海关查禁，此后二十年内，一发现此书便没收。1959 年美国纽约书商印行此书被邮局没收,向法院起诉,法院驳回。1960 年,英国企鹅出版社出版此书全文,被英国检察部门指控为淫书,出版社为此与检方打了一场官司,经过六天的法庭辩论,法庭终于判出版社无罪,使该书得以出版。在此之前,日本也曾发生查禁该书的事件,打了一场历时七载的官司(可参看花城出版社出版的《审判〈查泰莱夫人的情人〉》)。此书 1986 年由湖南人民出版社出版中文本,饶述一译。

《儿子与情人》

《儿子与情人》是劳伦斯另一部著名的长篇小说,小说于 1913 年出版,为劳伦斯第一次赢得了广泛的声誉。

小说的故事情节围绕煤矿工人毛莱尔一家展开,通过主人公青年保罗的成长,反映了深刻的社会问题与心理问题。保罗的母亲葛楚德与丈夫毛莱尔本来婚姻美满,但毛莱尔酗酒成性,二人的婚姻出现了不能消除的裂痕。葛楚德只得把全部爱情放到儿女身上,特别是放到次子保罗身上,希望从儿子身上寻求爱的寄托。这种情感超越了正常的母爱,成了控制与占据儿子感情的中心。这种影响使保罗结识第一个女友密里安时竟然丧失了正常的恋爱能力。保罗 16 岁时认识了密里安,她是一个农家姑娘,由于受到家庭严格的宗教观念的影响,将爱情的任何热烈表示都视为不轨与低俗,只追求精神上的恋爱。由于这两方面的原因,保罗感到自己在肉体上不能接近她,这使得他们的关系充满了爱与恨的冲突,最后终于破裂。

为了摆脱母亲在精神上对他的控制和感情上的打击,保罗通过密里安认识了与丈夫分居的女工克拉拉,两人情投意合,他们的关系充满了火热的情感,但又缺乏精神上的共同信仰与理解。在保罗看来,只有母亲才是使他能得到完全理解和爱情的女人。保罗陷入了分裂与矛盾的困境,他无法找到使精神与肉体统一起来的爱情。

一天,医生诊断毛莱尔太太患有癌症,后来只能靠吗啡止痛维持生命。为了解除母亲的痛苦,保罗与姐姐安妮让她服用过量的吗啡而安静地死去。母亲的去世虽然使保罗在精神和感情上摆脱了控制,但他又同时感到十分孤独,只想与母亲一起长眠地下。通向未来生活的途径究竟在哪里？保罗依然茫然不知,他只能在神思恍惚之中蹒跚而行,向神秘莫测的未来走去。通过长期的内心斗争,保罗认识到母亲的精神会永远同自己在一起,于是鼓起勇气,开始了新的生活。

这是一部心理探索与社会批判相结合的作品。保罗精神与感情上的分裂倾向,正如劳伦斯自己所认为的,是由两种因素所造成:其一是资本主义工业化的非人劳动条件和生活状况,破坏了家庭幸福,摧残和阻碍了人们精神上的自然健康的发展。小说以十九世纪中叶英格兰中部诺丁汉郡、德贝郡一带煤、铁矿区为背景,描绘了一幅煤矿工人家庭的生活画面,真实地展现了当时的历史和社会气息。在恶劣的劳动和生活环境中,矿工们逐渐变得粗暴、蛮横,身体与精神都不能得到健康的发展。其二是这种倾向完全符合弗洛伊德精神学中的"俄狄浦斯情结"(即"恋母情结")的症状。保罗完全沉浸在对母亲的特殊感情中,只有与母亲在一起,他的爱才如清泉喷涌,才感到心中充实。这种恋母之情不仅使他失去正常的恋爱能力,而且使他对父亲充满了仇视和憎恶。他失去了感情和理智的和谐,按弗洛伊德的心理学的观点看来,也就是本我和超我之间失去了平衡。因此一般评论认为这部作品为"俄狄浦情结"提供了一个典型的病例。如上所说的两种因素共同构成了《儿子与情人》的两个共存的主题:社会主题与心理学主题。

这部小说在一些国家和地区曾被列入禁书书目,如 1961 年澳大利亚俄克拉荷马市发起了禁书运动,在州议会外陈列的要求查禁的书中,便有《儿子和情人》以及欧文·斯东的《生活的欲望》、考德威尔的《上帝的一块土》等作品。此书 1986 年由四川人民出版社出版中文本,李健、何善强、李晓和译。

《勇敢的女人的生活》

《勇敢的女人的生活》是一部色情文学作品,它的作者是法国人彼尔·布兰托姆,出版于十六世纪初。

因为彼尔·布兰托姆的母亲是宫中的一位侯爵夫人.经常带他出入王宫,所以,他从小就在王宫的影响下长大,对宫中的许许多多不为世人所知的生活十分了解,尤其是宫中女人的不正常的性爱生活。在这部作品里便出现了宫廷中小姐之间同性恋的场面,以及被禁锢在王宫中的宫女进行手淫的情况,笔触十分大胆细致。

《勇敢的女人的生活》中记述了许多色情故事,有一些颇为滑稽可笑。如有这样一个故事说:有一位妇女生性淫荡,水性杨花,最爱勾引异性,经常与别人发生不正当的性行为,并且乐此不疲。但是她却始终遵守着一个规矩,那就是无论在何时何地,无论是游玩还是在做爱,她绝不许她的情人吻她的嘴唇,那是什么原因呢?原来她曾向丈夫作过保证发过誓:自己的嘴唇绝对忠实于他。她是个守信用的人,所以她不愿自食其言。至于身体,她却从来也没有保证过要忠实于丈夫,因此她让情人们尽情地享用自己的身体,绝不会受到良心的谴责。而她自己,也在这肉体的交易中,得到了最大的享受。

另一个故事讲的是:有一个妇女,虽然常常欲火烧身,不能自已,却自称最有责任感,绝对忠实于婚姻,不欺骗她"亲爱的"丈夫。她当然同意把自己的身体献给她那些甜言蜜语的情人,但也有一个规矩,也就是在做爱时,必须采取她所喜欢的某种性交姿式。那种通常的姿式并不能满足她狂热的欲望,她早已厌倦了。这样,她不但能获得新的快乐,而且,当她的丈夫或是别人问她,是否与情人有性行为时,她就可以理直气壮毫不犹豫地加以否认,口口声声说自己从来没有被除丈夫以外任何一个男人压在身体下面过。

除此之外,作品中还有不少千奇百怪,荒唐淫荡而又滑稽可笑的丑恶故事。但所有这些故事,除了极少一部分是作者虚构的,大多是对真人真事的真实描写。这正反映了当时社会生活,尤其是宫廷生活荒淫无耻的真实面貌,揭露了上层贵族在华丽典雅、彬彬有礼的外表下,不堪入目、令人作呕的骨子里的丑恶。由于作品充满了自我欣赏的色情趣味和玩世不恭的讽刺、嘲笑的倾向,因而自然难逃被查禁的命运。

《七日谈》

《七日谈》是法国那伐尔女王玛加利写作的一部故事集,出版于1558年,当时作者已经去世了好几年。

《七日谈》明显受到《十日谈》的影响,全书包括七十二个故事,以一群贵族男女为洪水所阻而轮流讲故事的形式写成,全书的主要内容是爱情和性欲,同《十日谈》一样,书中人物也有好色的修士修女,也有诱奸修女的场面,故事编得有头有尾,有人物有情节,颇能引人入胜。

此书由于对性欲描写的大胆和详尽,在许多国家曾被列为禁书。

《新爱洛伊丝》

《新爱洛伊丝》是一部长篇书信体小说,卢梭著,出版于1761年。

小说借用十二世纪青年女子爱洛伊丝与她老师阿卜略尔的爱情故事为标题,写十八世纪法国一对青年人朱丽和圣·普乐的恋爱悲剧。圣·普乐是一个平民知识分子,在男爵家当家庭教师时,与他的学生、男爵的女儿朱丽发生了恋爱。他们二人年貌相当,情趣相投,真心相爱,并以身相许。男爵坚持门阀观念,不许朱丽和圣·普乐结婚。圣·普乐被迫离开男爵家,朱丽也被迫嫁给曾有恩于男爵、已年近50岁的俄国贵族服尔玛。朱丽婚后用宗教和道德观念克制自己,要求自己要忠于丈夫,杜绝一切杂念,继而她向丈夫坦白了自己过去与圣·普乐的恋爱,取得了服尔玛的谅解。服尔玛对朱丽十分信任,不仅把朱丽婚前与圣·普乐所生的孩子看作是自己的孩子一样,而且还将圣·普乐聘请来作他子女的家庭教师,对他待若上宾。朱丽与圣·普乐朝夕相见,感情仍然炽热,但他们都以礼自守,彼此都压抑着自己的感情,心中却十分痛苦。最后,朱丽因积郁成疾,重病去逝,临终前她留给圣·普乐一封信,再一次坦露了对圣·普乐的爱情,并将子女托付给他,要求他代为教育他们。

卢梭对这出恋爱悲剧倾注了全部同情,他把这对青年人的爱情表现得真挚动人、合情合理,在卢梭看来,"真诚的爱情的结合是一切结合中最纯洁的"。但是,封建等级制度阻碍这一对青年结合在一起,造成了他们的不幸。圣·普乐和朱丽是封建婚姻的牺牲品。他们彼此相爱,对爱情忠诚专一,但是结局却是不幸和痛苦的。圣·普乐虽然把自由恋爱视为应有的基本人权,不断向朱丽证明他们的爱情本身就是具有"美德的品格"而应当幸福的结合,但是只承认高贵血统和贵族头衔的社会却摧残了他的爱情。朱丽具有追求爱情自主和个性解放的强烈愿望,她对圣·普乐情有独钟,而且这种感情十分真挚,总是难以忘怀,当她父亲让她嫁给服尔玛时,她揭露这是"拿她去还债,用她的生命去报答他的救命恩人,把女儿当成了奴隶,当成了商品"。被迫结婚后,她承受着有负情侣的巨大的心理负担,痛苦地生活着。

卢梭站在资产阶级人道主义的立场上,提出了以真实自然的感情为基础的婚姻理想,和以门当户对的阶级偏见为基础的封建婚姻对立,并通过这个爱情悲剧对封建等级婚姻提出了抗议,表现了作者主张感情自由、思想解放的人生理想。小说真挚而深沉的感情描写,一反古典主义的理性说,把男女爱情作为高贵的道德加以肯定。通过对恋人的微妙心理、内心感情的描写,反映出当时青年心灵上的创伤、痛苦和追求。整个作品既饱含着反封建的激情,又充满着感伤的情调,具有很强的感染力。作品还通过圣·普乐在巴黎的见闻,批判了贵族上流社会的种种习俗风尚,赞美了华莱山区人民纯朴的思想感情、道德风尚,两者形成鲜明的对照,表现了卢梭否定贵族阶级的所谓文明,歌颂人类"自然状况"的一贯思想,使小说对现实的批判不限于狭隘的爱情问题,而有了比较广泛的社会内容。

这部小说出版以后,不仅在本国成为禁书,而且在其他一些国家也受到排斥,如 1806 年,意大利罗马的一份禁止入口的书目中便有《新爱洛伊丝》。此书 1931 年由黎民书局出版中文本,伍蠡甫译。

《多莉·莫顿回忆录》

《多莉·莫顿回忆录》是一部长篇小说,作者是一位法国作家,此书本世纪初在巴黎出版。

小说叙述了这样一个故事:多莉·莫顿是一个孤苦无依颇有姿色的女子,为寻找新的出路,她独自来到弗吉尼亚,在一个太太家做女仆。当时弗吉尼亚还盛行奴隶制,这位太太痛恨残酷的灭绝人性的奴隶制,希望为解放奴隶贡献力量,为此她积极地投身到解放奴隶的工作中,做了许多事情。受这位太太的影响,多莉也参加进来,多次帮助奴隶逃亡。奴隶主们恨透了她,抓住她,便让她饱尝皮鞭之苦。

后来一个很偶然的机会,多莉与伦道夫相识并相爱,不久,多莉便作了他的情妇。伦道夫是一个大庄园主、大奴隶主。在他的庄园里,多莉不仅亲眼看到奴隶们所受的残酷鞭刑,而且她自己也总是受到伦道夫及其朋友的摧残和性虐待。伦道夫是一个顽固的奴隶主,他认为女奴同他的猪和马没有区别,"她们的肉体是属于奴隶主的,对她们,奴隶主想干什么就可以干什么"。伦道夫还是个性变态者,一个地地道道的残忍的性虐狂,他不仅经常鞭打奴隶,而且公然宣称鞭打奴隶可以刺激他激动兴奋,因而他常常在痛打奴隶后转而在多莉身上发泄性欲。多莉对这种暗无天日的生活早已不堪忍受,想尽办法,后来终于离开了伦道夫。她独自一人,辛辛苦苦地工作,靠自己的双手,渐渐地积攒了一些钱。不久,多莉又认识了一个年轻的商人,他们真诚相爱后结了婚,从此多莉像一个普通人那样开始了正常的生活。

这部小说以美国南北战争为背景,写出了多莉的追求与不幸遭遇。作者细致地描写了战争期间的种种暴力场面,如鞭刑、强奸、变态性行为等等。此书出版后人们普遍认为,小说中对美国殖民时期时代氛围的再现甚至比《汤姆叔叔的小屋》更为生动。其中有关性场面及性行为的描写不仅细致而且与整个作品的风格较为谐调,故而有人评论此书是"性文学作品中罕见的佳作之一"。自然,这样的一部小说是逃避不了被查禁的命运的。

《穿高跟鞋的小妞》

《穿高跟鞋的小妞》是一部表现受虐淫的法语小说,作者不详,1931年在巴黎秘密出版。

这部小说的主人公是一位富家子弟,他生性懦弱,像一个女孩子一样,故而常常受虐于他的继母和异母姐姐,她们采用种种方法惩罚他,甚至有时强迫他男扮女装。作品用第一人称自述的形式写成,语言生动,描述详细。与这部作品题材相同的,有1903年出版的法语小说《女主人和她的奴隶》,此书出版后曾轰动一时。

《无法无天》

《无法无天》是一部自传性质的文学作品,作者为法国人彼得·怀尔布拉德,出版于1955年。这是一部同性恋者自己撰写而仅供同性恋者阅读的书。

这部作品详细地描述了一个先天性同性恋者的经历,其中充满了辛酸和痛苦,作者的态度是真诚的,因此他叙述的故事就十分动人。书中对作者本人的性格、怪癖都有大胆的描述,十分坦率,但是作者很注意遣词用句,总的看这部作品淫词秽语并不多,表现出作者谨慎小心的态度。一般读者认为此书并无淫秽的描写,甚至连色情作品都谈不上,但是作者仍因此书被判以监禁,此书受到查禁,这个案子在当时曾引起一场轰动,受到人们广泛的注意。

《嘉莉妹妹》

《嘉莉妹妹》是美国作家德莱塞写作的第一部长篇小说,出版于1900年。德莱塞(1871—1945),美国著名作家,他出身贫苦,当过饭店伙计、洗衣房工人、火车站验票员。1892年发表论文《天才的再现》,被聘为记者。主要作品有《嘉莉妹妹》、《珍妮姑娘》、《天才》、《美国的悲剧》等。

《嘉莉妹妹》主要描写了两个人物,一个是从美国资本主义上层社会里跌下来的赫斯渥。当年,他曾是芝加哥红极一时的酒店经理,是社会上有势力的人物。可是,一旦丧失了金钱和地位,他便被排挤出来,终于落到了资本主义的底层。面对着悲惨的生活,他走上了自我毁灭的道路。另一个是嘉莉妹妹,她出身于社会底层,是磨坊工人的小女儿,她年轻而美丽,对浮华的生活充满了羡慕之情,但是对她来说,城里并没有她的生活出路。她来到城里,寄居在姐姐家,她的姐姐和姐夫像牛马那样辛劳,生活极端单调,他们之所以对嘉莉那么冷酷,是因为他们实在没有馀力来照顾她。无奈,嘉莉只得到工厂做工,在工厂里,她完全成了机器的附庸,挣得的工资不能维持起码的温饱生活,以后甚至连这样的工作也失去了。从严酷的生活现实,使嘉莉不得不屈从于社会的安排,开始她与推销员杜威同居,后又受到酒店经理赫斯渥的诈骗,不得不做了他的情妇。赫斯渥为了她,抛弃了自己的家庭,携东家的钱财带她逃跑了。在纽约,嘉莉的戏剧才能得到了表现的机会,随之,她作为演员的上升令人眼花缭乱,她获得了物质上的满足,但在精神上,她觉得自己很空虚,可是到底缺少什么,她自己也说不清楚。作者在对这两个主要人物的描写中,还塑造了各式各样的人物形象,并且用同情的笔调描写了劳动条件极为恶劣的工场,还用整整两章,记录了电车工人的一场罢工斗争,表现了作者批判现实的倾向。

这部作品以十九世纪八九十年代的美国社会为背景,反映了那个时代的真实情况,作者通过嘉莉被腐朽的资本主义社会侵蚀而堕落的悲剧,揭露了美国社会风气的淫靡和资产阶级道德沦丧与虚伪。在弱肉强食的社会里,嘉莉一方面是被污辱与被损害的下层人物,同时她又受到道德败坏的风气的腐蚀。虽然成为一个"事业"上成功的人,但又是一个精神空虚、道德沦丧的人。《嘉莉妹妹》写作的时代,清教徒式的道德虚伪还有很大影响,因此它的出版受到了很多阻挠,直到十几年以后仍有人发起对它的抵制,其根本原因,是因为这部作品撕破了资产阶级的虚伪道德。在作者笔下,按资产阶级标准的不道德者不仅不会受到惩罚,而且还会取得成功,如嘉莉即是如此。人们失败灭亡的原因也不是因为不道德而只是因为失去了竞争能力,如赫斯渥的形象便说明了这一点。嘉莉与赫斯渥的命运虽然不同,但他们却又有共同点,即他们都是那个时代美国社会的必然产物。作者通过不同的人物的不同命运的描写,力图探索人的命运和社会变迁背后的一些更根本更深刻的东西,因此这部作品给美国社会带来了很大的冲击。

《嘉莉妹妹》最初是由杜伯尔德出版公司审稿人弗兰克·诺里斯发现的,他大力推荐,促成杜伯尔德与德莱塞签定了合同,但后来杜伯尔德受人影响,认为此书"有伤风化",便想中止合同,但没有成功,只得如约出版了此书,却只印了一千册,而且并不大力销售,却仍使一些读到此书的"正人君子"十分气愤,他们运用各种形式和方法来抵制此书。由于顽固的社会偏见,《嘉莉妹妹》迟至1932年才收入《现代文学丛书》。此书中文版1980年由上海译文出版社出版,裘柱常、石灵译。

《"天才"》

《"天才"》是美国作家德莱塞的一部长篇小说,动笔于1911年,出版于1915年。这部作品描写了资本主义社会中一个有才能的艺术家的坎坷命运和一生遭遇。

尤金开始是一个正直、诚实、颇有才华的青年画家,他来自一个不为人知的小镇,他坚信依靠自己的天分和奋斗,就一定能取得事业的成功。出于同情与怜悯,尤金与一位相交有年的女友安琪拉结婚,但是婚后的生活充满了烦恼和争执。尤金觉得妻子精神贫乏,没有风度,不能适应社交界的要求;安琪拉则认为丈夫不爱自己,故而时常引起事端。尤金不能忍受家庭的桎梏,经历了一次精神危机,他先到铁路上去做体力活以使精神恢复,后投入广告业,事业很顺利,他步步高升,很快又成为一家大杂志公司的出版部主任。这时,他与安琪拉的关系也有所改善。

不久,尤金结识并爱上了一位名叫苏珊的少女,他觉得苏珊身上充满了青春的活力,她的性格也使他着了迷,因此他决定不顾一切离婚再娶。这时安琪拉告诉他自己已经怀孕,苏珊的母亲也向尤金的上司告状,正在他没有办法应付这种局面的时候,安琪拉死于难产。事情传开,他身败名裂,不仅苏珊在各种压力下离开了他,而且公司也解雇了他。后来,尤金重操画笔,又画出了许多作品,重新获得了名誉,但他却觉得一切都是虚无缥缈、不可捉摸的。

作品通过尤金一生的悲剧,揭露了资本主义社会中金钱对艺术的腐蚀和道德堕落,提出了艺术家与生活的关系、与社会的关系以及怎样协调天才人物的特殊敏感需要和社会正统规范之间的矛盾。在作者笔下,尤金由一个正直的青年,在资本主义社会种种物质享受的诱惑之下,竟然变得思想混乱、利欲熏心、荒淫无耻,开始一天天堕落下去,终于走进了创作贫乏的绝境。作者无情地揭露了主人公四周的种种奇怪现象,使读者清晰地看出了造就尤金·威拉特之流的社会条件,看到了资本主义社会是怎样腐蚀、扼杀了有才华的青年,使他们变成了需加引号的天才人物,同时也看到了资本主义社会种种丑恶、腐败的现象。

《"天才"》因为对社会现实的批判大胆、尖锐,对丑恶现象的揭露深刻、有力,一出版即受到保守分子的猛烈抨击,他们要求禁止发行此书,纽约市的所谓"消灭罪恶协会"对德莱塞恣意进行攻击,并向法院提出了控告,说他"伤风败俗"。而另一方面,许多不同倾向的正直作家成立了一个保卫《"天才"》的委员会,声援《"天才"》的作者。由此可见,这部作品对美国社会的震撼和影响。

美国著名作家辛克莱·路易斯在接受诺贝尔文学奖时说,德莱塞是一位伟大的开拓者,比他更有资格获得这项奖金,他说"德莱塞……在孤独中前进,常常无人欣赏,往往被围攻,是他打开了美国小说从维多利亚式、豪威尔式的谨慎、体面通向诚实、大胆和生活的激情的道路。若没有他的开拓,我很怀疑我们这些人有谁敢试图去描写生活、美和恐惧,除非冒坐牢的危险。"这一段话不仅正确评价了德莱塞在美国小说发展中的重要作用,而且说明了他的作品之所以屡屡受到攻击、禁止发行的根本原因,正由于这些原因,至今德莱塞的作品仍有很强的生命力,受到了世界各国人民的喜爱。《"天才"》中文版由上海译文出版社于1980年出版,主万、西海译。

《洛丽泰》

《洛丽泰》,长篇小说,弗拉迪米尔·纳博科夫著。弗拉迪米尔·纳博科夫(1899—1977)出生于俄国圣彼得堡的一个贵族家庭,后随父母流亡西欧,先在英国剑桥大学攻读法国和俄国文学,1940年迁居美国,成为美国公民,在康奈尔大学等高等学府任教,后来改用英文写作。早在西欧流亡期间,纳博科夫就用俄文写作了许多剧本、诗歌和小说作品。他用英语写了六部长篇小说,《洛丽泰》(1955)是他的成名作,《普宁》(1957)、《微暗的火》(1962)是他较主要的作品。

《洛丽泰》描写了一个四十岁男子亨伯特与他妻子的前夫之女洛丽泰的变态"爱情"。洛丽泰只有十二岁,在与继父一起的共同生活中,她俩之间在不自觉中产生了一种奇异的"恋情",对这种"恋情",作者作了较深入的描绘,从而对性变态心理作了探奥索微的剖析。

这部作品先在巴黎出版,1958年在美国出版后曾引起争论,有的人为该书辩护,认为此书有象征意义,有独特的艺术魅力;有的人认为此书是自己读过的"最为污秽"的一本书,是彻头彻尾、肆无忌惮的色情之作。最初,此书亦曾被英国海关查缴,直到1959年才被允许在英国出版。《美国文学简史》指出:"自从美国六十年代发生所谓性革命后,已经没有人指责《洛丽泰》不道德了,对它的赞誉却尘嚣日上。"如美国性学家艾伯特·埃利斯评论说,《洛丽泰》"算得上是异性恋的最详细、最有说服力的辩护词。从来不曾有哪个作家把少男少女之间的吸引力表现得如此强烈、不可抗拒。"这部小说目前已跻身于世界名著之列,引起了许多人研究的兴趣。

《麦田里的守望者》

《麦田里的守望者》是美国作家赛林格的长篇社会风尚小说。杰罗姆·戴维·塞林格(1919—),是美国当代小说家,四十年代开始创作活动,曾任《纽约人》杂志编辑,后成为自由撰稿人,以写作为生。

小说主人公霍尔顿·考尔菲尔德年仅十六岁,就读于一所专为富家子弟开设的预科学校。他是一个浪荡成性的学生,只十六岁就学会了喝酒、玩女人,他被学校开除过三次。校方标榜要把学生培养成"优秀的、有头脑的年轻人",在他看来全是鬼话。学校毕业出去的学生几乎都是势利鬼和马屁精,如校友奥森贝格,他靠做殡仪馆生意发财后,向学校捐钱盖了一座以他的名字命名的大楼,因此他自认有功于母校,每次来学校都神气活现,一副救世主的模样,还要全体学生向他欢呼致敬。其实这家伙是个自私自利的最卑鄙的人。

霍尔顿对学校里的一切都腻透了,被学校第三次开除也毫不惋惜,与同寝室的一个花花公子干了一仗后,便逃离学校到纽约街头消磨时光去了,但这并没有解除他内心的苦闷与烦恼。他出没于艳窟和酒吧,公园和剧场,受到了拉皮条的人的敲诈和同性恋者的勾引。在繁华的都市里,他遇到的只有虚伪与欺骗,这使他对一切都失望了,只得龟缩于家中。

纯洁的小妹妹问他将来究竟想干什么,这时他想起了彭斯的诗《你要是在燕麦田里遇到我》,于是,他幻想当"麦田里的守望者":天天守候在悬崖边,不让那些在麦田里尽情嬉戏的孩子们堕入世故和腐朽的深渊。他还想到西部去谋生,甚至幻想挣钱盖房子、娶漂亮的老婆。他不愿与人说话,想装聋作哑一辈子。霍尔顿流浪、苦闷、徘徊,终于造成精神崩溃,被送进精神病院。他躺在床上回想自己那些乱七八糟的经历……

霍尔顿是五十年代美国中产阶级少年的典型形象,他憎恶传统习俗,甚至厌恶自己的家庭。他从父母那里只能得到金钱而得不到关心温暖。他代表了当时美国青少年失望的一代的共同追求与失望,他们虽然看不惯一切,痛恨社会传统习俗,但又由于自己受到污染而不能与之一刀两断,于是他彷徨、迷惘,却又找不到出路。小说写得含蓄、诙谐,而寓深沉于其中,用"满纸荒唐言"深刻地揭示了一个时代的真实画面,从一个侧面反映了战后美国人民所面临的严峻的社会问题和精神问题。小说用第一人称叙述故事,使用了当时在青少年中颇为流行的俚语和俗语,使作品既有亲切感又有时代气息。

但是,这部作品自从 1955 年以来一直是检查的对象。许多学校都或明或暗地查禁此书,有些学校因图书馆藏有此书而受到指责,如 1968 年,明尼苏达一个中学即因图书馆中有此书而遭到强烈批评。还有一位教师,因让 11 年级学生阅读这部小说而被解雇,后来虽然复职了,却有一个前提条件:不得在教学中使用此书。目前此书在美国青少年中风靡一时,成为畅销书,发行量累计已近一千万册。本书 1983 年由漓江出版社出版中文本,1986 年再版,施咸荣译。

《老鸨母的忠告》

《老鸨母的忠告》是印度克什米尔王的宰相兼诗人达莫达拉库(公元八—九世纪)用雅利安民族风格写成的一部作品。

这部作品以富有才智的笔调,借老鸨母之口,揭示出了花街柳巷里的秘密。在瓦拉纳西城,有一个年轻妓女,她的名字叫玛朗泰依,她虽然充满青春的活力,但因为不懂妓女行业的秘诀,所以总是找不到自己喜欢的客人。一天,她来到一位叫威柯拉拉的老鸨母那里,向她请教。老鸨母首先对玛朗泰依的美貌大加赞扬,说有这样的美貌,就一定能抓住客人的心,然后根据自己的经验,向年轻妓女提出了忠告。

老鸨母告诉玛朗泰依说,有一位官吏,他的儿子叫廷塔玛尼,正巧他的父亲外出不在城里,你可以去勾引他。怎么勾引呢?你首先派一名使女送给他一件礼物,并让使女向他夸赞你的美貌,进而可以让使女告诉他,你正为他害着相思病。等他信以为真后,便会来拜访你,那时你便设法把他带入卧室,委身于他,然后,你装出一副对那些有个好丈夫的夫人们非常羡慕和嫉妒的神态,对他说:"你不如忘了我吧。"其实,你说这话,不过是为了确保他对你的爱忠贞不变而已。老鸨母告诉年轻的妓女,首先让廷塔玛尼相信,你对他只有爱情,而与金钱无关,你可以讲一些纯情的故事打动他,等他相信你了,你就可以采取各种办法悄悄地攫取他的财产;你可以和鸨母一起演一出"苦肉计",假装为金钱与鸨母发生争吵,以引起廷塔玛尼的同情,"假如廷塔玛尼知道了你们的争吵,我相信,他定会确信你与他的爱是真挚的,他会为了让你高兴而把所有的东西全部都给你的。"如果这一招不灵,那么你还可以想别的办法,比如,你可以说为了见到廷塔玛尼,你带上了所有的首饰珠宝,不幸在半道被人抢走了;或者说为了偿还其他客人的债务,你把珍宝做了抵押;或者你可以说一场大火把你所有的东西都烧光了。这样,你就可以顺利地得到廷塔玛尼的金钱了。

这个目的达到以后,你就要准备抛弃他,你要多和别的男人来往,让他嫉妒;同时,你要常常表现出对他的厌烦,指责他的言谈举止,批评他缺少风度;继而,你要尽量避免与他相聚,让他对你的感情冷淡下来。如果这一切仍不奏效,你就把责任推到老鸨母身上,说是老鸨母不让你与他再见面。等你赶走了廷塔玛尼以后,你又可以向那些手里有钱的人传情了,等把他们的金钱都弄到手以后,当然要毫不留情的抛弃他们,"总而言之,所谓娼妓的原则,就与吸干果汁后扔掉芒果壳,吃净肉后扔掉鱼骨头一样,道理是相通的"。听了老鸨母的话,玛朗泰依好像突然明白了许多事情,高高兴兴地告别了老鸨母,她决心按老鸨母的话去做,想办法"攒起大笔钱"。

这部作品在叙述中充满了讽刺意味,其中亦有许多机智、有趣的语句,读之既令人捧腹,又给人启发,但在某些地区被列为禁书。

《技艺的戏言》

《技艺的戏言》是一部与《老鸨母的忠告》内容相似的作品,作者是印度克什米尔诗人库谢曼特拉(公元十世纪),全书由八章组成,写成于1050年。

《技艺的戏言》写一个叫坎卡利依的老鸨母向年轻妓女传授欺骗客人的伎俩,她先讲了一个先使年轻男人上钩,然后设法通过他去骗取他双亲钱财的故事,以此来开导年轻妓女。继而现身说法,介绍了自己的生活经历:她七岁开始过着卖笑的生涯,在各种男人中间厮混,曾经偷过别人的东西,当过尼姑,也行过骗,种过地,卖过食品,还当过小吃店的老板,要过饭,最后又回到花街柳巷,通过种种手段攒了许多钱,做了鸨母,整天过着无忧无虑的日子。作者还借老鸨母的口,介绍了妓院里的惯例、行规以及娼妓用来骗人而常用的方法及甜言蜜语。此书亦曾被列入禁书书目。

《一个人的思维历程》

《一个人的思维历程》是埃及作家阿·哈米德的一部小说作品。1991年12月26日,埃及国家安全最高法庭非常法庭以该书包含诋毁先知和使者的内容的罪名,判处作者七年监禁。同时被判刑的还有该书出版商麦德布里书店的老板。

据说,阿·哈米德本来默默无闻,他的小说出版后也只在很小的范围内流传,后来西方有一个"维护思想和表达自由"的组织注意到他的作品,认为他属于"观点自由被压制者"之列,便对他提供了经济资助,从而引起了政府的注意。这次判决震动了埃及文坛,文学评论家艾·希贾兹、埃·舒克等人在报纸上撰文发表了自己的意见:一方面,他们谴责作者用损伤宗教感情的方法使自己获得声誉,动机是不正当的,而其手法又是恶劣的;另一方面,他们认为,这类问题应由文学批评解决,而不应由法庭判决。这种判决,不仅损害了埃及的名声,而且也动摇了埃及知识分子的信念,在他们心中引起恐惧。他们害怕一旦由于表达了某种思想、观点,被某些人视为反宗教,便有锒铛入狱的危险,其结果是导致知识分子的沉默。因此,他们认为,现在已不是《一个人的思维历程》这本书及其作者的问题,而是一个文学、思想的问题,即对一部作品优劣的评判,是通过文学批评,由广大读者来决定呢,还是由法庭来决定? 他们自然是主张前者而反对后者的。

《禁书详解·外国文学卷》,天津社会科学出版社1993年出版

416

历代狐仙传奇全书(7 则)

嵩柴篙

嵩柴篙因为身材瘦高而得名,他在朝廷里某部当官,他有一个亲戚苦于妖狐作祟而又没有办法。一天,嵩柴篙偶然去那亲戚家,正碰上飞石破窗而入,全家人脸都变了色,嵩柴篙问明情况,十分生气,摘掉帽子扔在床上,指着帽子上的金顶大声说:"哪里来的妖狐敢这么放肆,难道不认识床上这是什么东西吗? 这虽是金顶,但不能小看,它表明了朝廷的制度和法律! 你如果真能侮辱人,为什么不去我家捣乱,这总比在这里欺负人家孤儿寡母要好吧! 这正是我老嵩最为生气的事!"妖狐果然被嵩柴篙的话震住了,再也没有什么动静。这户人家对嵩柴篙十分敬佩,摆上酒宴表示感谢。越这样,嵩柴篙的声音越高,他一个劲儿吹嘘自己的帽顶,大骂妖狐无礼。正吃着饭,忽然家里的老仆人气喘吁吁地跑来报告:"老爷,你还在这里饮酒呢,不知什么原因,家里门窗和屋里的东西,全被飞砖打碎了,老太太惊吓得要死了,老爷还不快些回去!"开始,嵩柴篙根本不信老仆人的话,可是过了一会儿,又有几个包着伤口的家人先后跑来求他快回家,这才使嵩柴篙焦急起来。他一时愣在那里,不知该怎么办才好,两个仆人一左一右扶着他急忙离开了这个亲戚家,帽子也忘了拿,丢在了床上。亲戚派人追上他,要把帽子还给他,嵩柴篙却说:"这就不必了,还是暂时留下它威震你家的狐怪吧!"

出自《夜谭随录》卷二

417

阿 穉

枏沟村有一户人家,家里有老夫妻俩和两个儿子,这家人靠在苏于山砍柴采药为生。一天,老二上山久久未归,老大去寻找,怎么也找不到弟弟,回来把这个情况告诉了父亲。老汉开始很吃惊,继而发怒道:"你明明知道弟弟年纪小,却不想着保护他,让他自己上山,就是不被豺狼老虎吃掉,也会摔下山崖。你担心我死后那几亩山田不能独自继承,所以幸灾乐祸,不用心去找你弟弟!"老大没办法向父亲说明白,只是一边哭泣一边发誓说自己绝不像父亲说的那样坏。父子两人又一同到山里去寻找,找遍了山上山下,也没有找到老二,只得作罢。

两年过去了,转眼又到了秋收时节。这天,老汉正在田间观看快要成熟的庄稼,心里十分高兴。这时,有一个猎人路过这里,他左手提着一只野兔,右手牵着一只黑狐。这只黑狐,毛色纯净,光润如漆,两只眼睛很亮,不停地看老汉,不肯继续向前走。老汉心里一动,便用二千钱买下这只黑狐,刚想放它走,猎人说:"老翁,你不能放它走,它是牝狐,能兴妖作怪呢!"老汉说:"如果真是那样,它一定会报答我的恩德,你也算做了一件好事。"老汉给黑狐解开了绳索,黑狐低着头跑走了,一会儿便没了踪影。老汉看着黑狐笑道:"看它动作那样蠢笨,本事还能有多大,哪像个能兴妖作怪的狐呢? 恐怕不像你说的那样吧!"猎人笑笑,走了。

很久以后的一天,老汉有事到京城去,在路上正赶上下雪,山路崎岖很不好走。老汉正蹒跚而行,忽见一个老妇人从小路上走过来,到了跟前,老妇人对老汉说:"老翁,你太辛苦了,雪这么大,天也快黑了,离前面人家还有很远的路,我可怜你年纪老了,就到我那里住一晚上吧。"老汉为她的热情所感动,便答应了,老妇人转身为老汉引路,过了一条山沟便到了她家。

老妇人一敲门,便有一个女仆应声出来,她不仅长得特别美丽,而且服饰也特别华美,她开开门,见了老妇人,叫了声"太太"。老妇人说:"客人来了,快准备酒饭。另外,叫三姐来!"女仆点点头出去了。老妇人请老汉入屋,分宾主坐下。老汉打量了一下屋子,见房子高大宽畅,十分明亮,屋子里陈设的全是奇珍异宝,他都叫不上名字来,一看便知这是个富贵人家,同山民百姓家完全不同。老汉感到自己是个山野之人,颇不好意思,动作便有些局促。过了一会儿,突听屏风后头有笑语声,四五个丫鬟簇拥着一个美女走了出来。这女郎大约十七八岁年纪,美貌出众,光彩照人,一身绣衣画裙,真像画中的仙女。老汉感到很不自在,手都觉得没地方放了。女郎一见老汉又惊又喜,她凑到老妇人耳边说了几句话,老妇人拍着手笑了起来说:"真是太巧了,既然是恩人,你还不赶快道谢!"听了这话,女郎便跪下行礼,好像对神明行礼那样虔诚。老汉刚想还礼,却被两个丫鬟按住了,他想作个揖也不行。女郎行礼后,老妇人接着又向老汉行礼,说:"老天有眼,使我们有缘在这里相见,你的大恩大德不是行一个礼就能报答的,请允许我以后用别的办法来报答你吧!"老汉不明白这一切是为了什么,只是说:"老汉我没做什么好事,是不是你们弄错了?"老妇人说:"你年高健忘,已经记不起来了,以后我慢慢对你说。"说完,叫人摆上酒宴,老汉独自在上席,老妇人和那女郎两人在下席,桌子上摆满了山珍海味,老汉吃了只觉得都很好吃,却一样也叫不上名字来。他只是细嚼慢咽,细细地品尝。吃了一阵儿,女郎跪在地上,亲自向老汉敬上一杯酒,老汉离开座位,连连推辞,一个劲儿说:"不敢,不敢!"老妇人说:"这是她表表心意,请你不必客气!"老汉点点头,连饮三杯,又重新入席。

过了一会儿,老妇人询问老汉家住哪里?姓什么?老汉一一作了回答。老妇人对那女郎说:"与你表妹夫同乡,而且同姓,莫不是你表妹夫同族的叔伯吗?"老妇人又问老汉年纪多大?有几个儿女?老汉说:"我没有女儿,老妻还健在,我五十二岁了,有两个儿子,长子二十,在家务农,幼子如果还活着,今年也十七岁了。两年前,他上山采药,就再也没有回来,现在想来他肯定已经死了!"老妇人听了,吃惊地问道:"你幼子是不是长得很清瘦,眉毛很长,而眉间还有一颗痣?"老汉吃惊地说:"对呀,和你说得一点儿也不差,你怎么知道的呢?"老妇人对女郎笑道:"真怪了,这不正是阿癯吗?说不定他正是老翁的儿子呢!"女郎说:"阿癯说话时有些结巴,而且他爱吃未熟的山桃,娘为何不问问老翁他幼子是不是也有这些特点呢,如果这也符合,那就不会错了。"老汉听了,眼泪流了下来,激动地说:"我幼子确实有说话结巴的毛病,你们说得一定就是他!"老妇人笑道:"正发愁没有办法报答你的恩德呢,今天应该让你们父子团圆,那一定是一件使人高兴的事!"她急忙叫过来一个丫鬟,对她说了几句悄悄话,丫鬟点点头走了。

过了一会儿，丫鬟进来报告道："太太，来了。"话音未落，一个少年走了进来，他穿着一身十分华贵的服装，和他一起来的是一位美丽超群的女子。老妇人指着老汉对那少年说："你认识这位老翁吗？"少年一见老汉，大声哭了起来，他紧走几步，跪倒在老汉的膝下。老汉不解地望着老妇人。老妇人说："恩人不要惊疑，你仔细看看，两年前失踪的幼子和这个少年像不像？"老汉举起蜡烛，仔细审看，确认眼前这个少年正是自己的小儿子，不禁老泪纵横，哭了起来。老妇人和众女子在旁边一个劲儿地劝慰他，这才使他渐渐平静下来。与少年一起进来的女子向老汉跪拜行礼，老汉问道："这位是谁，为什么向我行礼？"老妇人答道："她是我外甥女，名叫阿雏，早就是你的儿媳妇了！"老妇人停了一下，又说，"过去，令郎在山上采药，不小心掉下悬崖，正好碰上我外甥女路过那里，便救了他。那时，因为阿雏年纪还小，尚未许嫁别人，我便自作主张，将令郎招为上门女婿了。没想到他就是恩人的儿子，如果知道，我早就把他送回去了！今天在这里相会，真是命中注定的，我要叫阿雏回去侍奉你们公婆二人。"老汉感谢道："这真是我们家的一件大幸事，我十分感谢，只是老汉我家贫如洗，实在不敢叫令外甥女到我们山野人家去受苦，何况我还有事要去京城，这件事以后再说吧！"老妇人说："恩人不必多说了，阿雏既然已经嫁给令郎了，与你们一道过苦日子也是她的本分。你去京城，无非是为了钱财之事，我给阿雏一些陪嫁，虽然不多，但也说得过去，保证恩人下半世不用求人了。"老汉听了这话，自然十分高兴。

这天晚上，欢饮至深夜才散席。老二陪伴老汉住在厅西，老汉一边躺着，一边细细地询问老二，父子俩说了一夜的话，到鸡叫头遍才睡着。第二天，老妇人叫阿雏穿戴整齐准备同老汉一道回枊沟村。将走的那一天，老妇人摆了丰盛的酒宴为老汉他们送行，酒过二巡，老妇人站起身说："相处了几天，恩人还不知道我是什么人吧？"老汉感到惭愧，心里说：我真是老糊涂了，这么多天竟忘了问一声，便自责道："老汉我只知道爱子心切，其他的事都没顾上，也忘了问问您的情况。"老妇人说："老身姓姚，本来是秦地的人，外甥女葛氏与我同乡，老身孀居了许多年，没有儿子，只有这个女儿，排行老三，名叫阿穉，曾被恩人救过一命，她每天都想着报答您老，总是没有机会。我听说你家大郎还未婚娶，想叫小女嫁给他，不知老翁是否答应?"老汉推辞道:"您把外甥女下嫁给幼子,已经是我们想都不敢想的事,岂敢再让令爱也到我家去吃苦呢!"老妇人说:"老身不是斯文之人,只知道话一出口,便不能收回,请你先回去,我准备些嫁妆,过些日子亲自把小女送到你家去,恩人不必前来迎亲了。"老汉看看没办法推辞,便向老二要了一个镂玉香球,递给老妇人作为信物,老妇人亲自把它结在阿穉胸前的罗带上。阿穉低着头,脸都羞红了。

又说了一阵儿话,老汉带着儿子和阿雏就要走了。门前停着三辆牛车,老汉父子乘坐一辆,阿雏带两个丫鬟乘坐一辆,第三辆车装满了各种物品。与老妇人等人告别后,牛车辘辘上路了。山路崎岖,看着好像根本不能走牛车,可是车行之处却很宽畅,一点儿也不觉得狭窄,老汉为人朴实,不知道琢磨其中的原因,只是不停地赞扬车子造得精巧,赞扬黄牛健壮。太阳还没有落山,车子便停下不走了,仔细一看,已经到了家门口,老汉十分吃惊,真弄不明白牛车怎么会走得这么快。

老大听到门外有动静,忙迎了出来,见了老汉便急切地问道:"怎么这么快就回来了,还带来这么多东西?"正问着,他一眼看见了弟弟和三个美丽的女子,一下子目瞪口呆,一时说不出话来。老汉什么也没有说,他先让老二带媳妇去见婆婆,又让老大帮助卸车,然后他叫人赶快去准备,要好好招待一下赶车人并留他们住一宿。赶车人表示感谢,但还是执意要走,老汉挽留道:"现在天已晚了,路又那么远,何必赶夜路呢,明天再走吧!"可是赶车人已经赶着牛车走了,老汉着急地大声挽留,忽见数十步外,一辆牛车被树根绊着,翻入田里。老汉急忙前去相救,到了跟前,他却只看到草车草马和草人。老汉吓了一跳,赶快回家把这情况告诉了两个儿子,阿雏听说了,只是笑笑:"我舅妈有时这样开开玩笑,不必在意。"她又叫老二快去把草车草马草人找回来,藏在箱子里。老汉与妻子相见,把事情的前前后后说了一遍,把阿穉要下嫁给老大的事也对妻子说了,妻子十分惊喜,乡亲们听说这个消息,都来祝贺。凡是见到阿雏的人,男的都着了迷,女的都羡慕得要死,一时议论纷纷。

过了不久,阿雏对丈夫说:"你去对两位老人说,快办宴席,舅妈要送三姐到了!"老二忙去告诉老汉,老汉不信,说阿雏是白日做梦,并责怪儿子不该轻信媳妇的话,老二羞愧地退了出去。一顿饭的工夫,突听门外大声喧喧,好像有很多人,老汉忙迎出去,见老妇人已下车,六七个丫鬟扶着阿穉。阿穉用红布盖着头,一身锦衣绣裳,完全是新娘子的打扮。老妇人她们一拥而入,跟在她们后面的是一群仆人,抬着嫁妆,嫁妆一件件光彩耀眼,使人惊奇。嫁妆抬完了,老妇人一挥手,仆人和车马一下子不见了。老妇人对老汉说:"亲家翁,不必惊慌,凡是需要的,我想阿雏已经都准备好了。我看也不必再挑了,今天就是一个大吉的日子,请把大郎叫出来拜堂吧!"老大走了出来,心慌意乱,连行礼都不会了,众丫鬟见了都笑了起来。新人入洞房以后,阿雏叫人摆开酒宴,一摆就是十几桌,全是山珍海味,也不知谁在什么时候准备的。老汉和妻子都十分惊喜,便坐下饮酒吃菜。老汉见嫁妆丰盛,感到房子太窄小了,几乎摆不开,老妇人知道他的心思,笑笑说:"不必多虑,再多一些东西,也装得下!"说着,便叫丫鬟们往来搬运,把院子里的嫁妆全部运入洞房,结果房子没有加大,因为摆放东西很有办法,所以还有空隙之地。老汉心里说:"富贵人家,干什么事都很得法,真是随地设巧呀!而我们山野之人,多收了一些麦子,多藏了一缸蔬菜,就把屋子塞得满满的,几乎没有了坐卧之处,真是太缺少心思才力了!"

三天后,老妇人告辞要回去了,她留下了两个丫鬟作为陪嫁。老妇人要走的时候,老汉悄悄对妻子说:"我第一次见到亲家母时,她说我对她女儿有救命之恩,所以叫她女儿嫁给咱们家老大,那时也没来得及琢磨,你悄悄问问她到底是怎么一回事,这样蒙在鼓里,真让人难受!"妻子按老汉的话,询问老妇人,老妇人回答道:"人在你家,慢慢问她就知道了。"说完她急急上车离开了。老汉又让老大去问阿穉,阿穉说:"公公自己做的事,公公自己知道,不必再来问我。"老大把妻子的话告诉了老汉,老汉茫然,怎么也不明白。时间长了,他也就不太在意打听这件事了。

两个新媳妇自入门后,对公公婆婆都很孝顺,对丈夫也很体贴,什么闲话也没有。从此,家里丰衣足食,需要什么东西,就到箱子里去取,箱子里什么都有。外表看还是农家,其实早已是富贵人家了。村里人都很羡慕老汉,说他两个儿媳妇都美丽孝顺,家境丰足富裕,真是交了好运。也有人产生了坏心思,他们趁夜间悄悄潜入老汉家偷盗,幸亏两个媳妇早已觉察,常常戏弄偷盗之人,使他们不能得手,而老汉为这件事十分忧虑。

一天,老汉在田间漫步,又见到了以前那个猎人,猎人坐在田头,正逗一只大狗玩。老汉走近一看,这只狗垂毛绿眼,外形十分凶猛。老汉连声夸赞道:"这狗看来很厉害,莫不是别人说得那种狮子狗吗?"猎人说:"不是,它叫猣虎,可吓退老虎,我只养了一只,无论什么样的盗贼,即使手段再高明,见了它也得害怕。我用八千钱从一个贩羊的回民手里买来的,它确实是一只凶狠的狗!"老汉心想:八千钱,这个数目不大,如果有了这只狗,就不怕再有盗贼来骚扰了,便拿出十千钱,想买这只狗。猎人说:"不行,这只狗太厉害,一吓人人就死了!"老汉说:"我正想让他吓死人呢!"说着,便交了钱,牵着狗回去了。回到家,老汉将狗放在前院,正巧,两个儿媳妇一边走一边说着话从后院走来。她们抬头看见这只恶狗,都不说话了,脸也变了颜色,转身就跑。恶狗大声叫着冲上前去,咬住了阿穉。老汉惊叫着跑去抢救,阿穉已被咬断了脖子,趴在地上不能动了。恶狗丢下阿穉去追赶阿雏,咬住了阿雏的脚,阿雏仆倒在地,爬行了十几步。老二也听到了动静,跑了出来,同老汉一道竭力打那只恶狗,虽然把阿雏救了下来,可她已没气了。突然,他们愣住了,只见眼前有两只黑狐卧在地上,衣服鞋袜,就像蝉的壳一样丢在地上。老二号啕大哭,老汉愣在那里半天也缓不过气来。过了一会儿,老汉猛然想到以前买狐放生之事,这才明白老妇人说的"救命之恩"是怎么一回事。想到这,老汉又悲伤又后悔,对黑狐有恩必报的义气十分钦佩。老汉马上将家人叫到一起,商量治办棺木的事,他决定要厚葬两只黑狐。正商量着,忽听外边有人边哭边走了进来,大家一看正是老妇人。老妇人抱起两只黑狐,哭着说:"真没想到你们落得这样可怜的下场!你们技艺短浅,怎能抵御这只恶狗呢!天哪,人们说:'大恩难报',看来这话不错呀!"老汉同家人也围着黑狐哭了起来,声音凄惨。老妇人用手拍拍黑狐的胸口说:"幸亏还能救,回去以后我再用药就行了!"老汉一招手,两个儿子都拿起棍棒,一阵乱打,把恶狗打死了。老妇人对此表示感谢,她对老汉说:"亲家翁这个行动,足以说明你的心意了。"说着,从腰间解下一个白布口袋,把两只黑狐装了进去,转身出了大门。老汉一家急忙送出来,老妇人早就走远了。

出自《夜谭随录》卷二

戴监生

沈阳有一个监生叫戴懋真,一次他到京城应试,却没有考中,心情很不愉快,只得启程回家。出了永平县城,他在一个荒凉偏远的地方找了一家旧旅店住了下来。这家旅店的西边是一堵土墙,只有人的肩膀那么高,墙外有三间草屋,草屋的门常年锁着,到处都是秋天的衰草,落叶堆在一起,埋住了台阶。屋子的四周有三四棵老槐树和六七座古坟。草屋的西边,是一片山林,那里根本找不到人的踪迹。

戴监生心中烦闷,睡不着觉,已经二更时分,他还在院子里散步,这时月光皎洁,洒满了庭院;山林寂静,偶尔有一阵儿风吹树枝的声音。忽然,戴监生好像听到土屋里有人说话,便靠在土墙上仔细倾听,听得不很真切,像是有一个老人一边咳嗽一边笑道:"我怎么会不明白这个道理呢?但我头发都白了,早已心灰意冷。比如,水中的鱼逃离了渔网,自然很高兴在水中悠然畅游,但如果它不忘情于饵,总有一天还会上钩;鸟儿摆脱了罗网,当然愿意在天空飞翔,但是如果不能时时提防猎人的机关,还是会遭遇到灾难。你的艺术并不很高,却不一心努力,反而如此放肆,我担心时间如飞一般过去,你的身体终是臭皮囊,怎能比上金刚石呢?"一个少年的声音笑着说:"我从一开始,便找到了美女,以后更美女满屋,到现在已经好多年了,但我两腮仍然光洁红润,何况我有特殊的法术,这种法术对我干这种事很有帮助。我能让真精永不离身,因此即使多近女色也不会有什么麻烦。你年纪大了,路都走不动,精神也不行了,只能偷偷找小户人家的丑老太婆胡混,怎么能与绣房中的千金小姐相交呢?就如同旅店里的臭虫,只能夜里出来偷咬汉子的臭脚,反而笑话香闺里的小脚和美女的玉肌没有正经味道。这不是说你没有见过世面,只是因为你嫉妒心太强了。何况,人的寿命自有天定,即使是金刚石,其寿数也有大小之别。"老人嘲笑他道:"我年已过五十了,没想到今天听到这种奇谈怪论,真是荒唐透顶。有一个要饭的小孩,在百尺竹竿上翻转,十分得意,自以为已经出人头地了,可是,殊不知,那地下的折臂翁就是当年竹竿上那个小孩。由此可见,人生充满了各种艰难和危险。天能给人以寿数,但是不能禁止人采取节欲的方法,比如这里有两个人,共得寿钱一千,各分得五百,他们手里的钱数是相同的,但他们怎样用这些钱却各有不同。一个人每天用一钱或几天用一钱,渐渐地几天也花不了一文,那么,这五百钱,他一辈子也用不完。另一个人,开始也是一天用一钱或一天用四五钱、六七钱,渐渐地,一天竟用一百文,这样,他的五百钱,很快就会用完。你不明

424

白这个道理,反而说:'我的命是天定的,我无能为力。'这正像'乞乌獐'花,知道炎热的夏天,却没见过寒冷的水。这实在太可笑了!"

过了很久,也没有听到少年答话,只听到老人不停地叹气,戴监生正想回去睡觉,忽然又听到老人说:"这也不用多辨论了,你只要想一想秦州田大郎,也会流下冷汗的。他也自命得了仙,其实不过是一段朽木而已!由此可见,早上生的菌不能活到晚上,螶蛄生命很短,不能度过春秋两季,都是命中注定的。正像那人,五百钱用完了,就变成了髑髅,这我见得多了。你难道还没有见过吗?"少年笑道:"你说得不是没有道理,可是我自有妙方,这与那种不懂装懂的小人是不能同日而语的。我修身养性,已经除尽了丹田里的杂质,因为身体内精神强健,便不必在意它的发泄,正如一颗明珠放在水晶柜子里,本不想外露于人,但它里外都很晶莹,人人可见,不像腐坏的石子那样经不住切磋。"老人说:"既然这样,难道没有腐坏的那一天吗?"少年说:"玉石晶莹,怎么会腐坏呢?"老人叹息道:"见了鸟蛋就想找到'时夜'鸟,见了弹弓就想抓住老鹰,这真是痴心妄想。这正和荒庙那里的木偶相似,庙里的木偶不害怕风雨,但是房梁被虫子咬坏了,房子就会倒塌。本来房子是保护木偶的,可是它一塌,却毁坏了木偶,难道毁坏它还一定是外来的风雨吗?何况,正是因为不用刀斧,樗木才能生长得长久;正因为身上有花纹,凤凰才能找地方隐藏。你一心想成仙,却总是做这些鬼事,我担心你的心愿实现不了,反而会早早丧生。还是现实一点儿吧,不然可就危险了,正如那边住的戴监生,本来不是能够中举的人,却一心要从科甲中求取功名,这不是和自己过不去吗?他同你一样,识见短浅,怎么能与我这种明白事理的人相比呢?"

听了这话,戴监生感到毛发悚然,正惊疑间,又听那少年说道:"算了吧,我听说为人的最高境界是忘情,最下的境界是没有情,情只集中在我这样的人身上,我所以敢放纵自己,是因为有所依靠,因而才毫不害怕,你不要再啰嗦了!"听了这话,老人发怒道:"小子,你怎么敢这么不尊敬先辈,你公母不辨、香臭不分,有什么本事!你有什么依靠,不就是你母亲给你的护符吗?她这老鬼实在太无耻了,总是幻化惑人,现在早被我们赶跑了,老天一定会打雷震死她。你忘了二十年前,你跪在我面前,牵着我的衣襟,苦苦求我教给你采药之术,你母亲也跪着向我献上了两双鞋和一捧松子。我把采药之术全都教给了你,你怎么学了本事就忘了老师,竟敢欺负到我的头上来了!"那少年也不相让,一会儿便传来一阵撕打之声。

过了一会儿,老人和少年移到屋子外边,借着月光,戴监生看见一个老人,弯着腰背,和一个少年扭打在一起。那少年相貌英俊,面色如玉。两人互相拉扯着,一直打到大树下面。戴监生知道他们不是人,便抓起墙上的砖头扔了过去,砖头正落在二人脚下,两人吃了一惊,一齐趴在地上,化为狐,它们看了戴监生一眼,转头猛窜进屋后的古坟中去了。戴监生回到屋里,一夜也没有睡着。

第二天,戴监生向旅店主人说明了情况,大家一起去挖那座古坟,有十几只黑狐从古坟里冲出来跑了,人们追了一阵儿,也没有追上。

后来,戴监生又应试了一次,还是没有中举,他想起那天深夜幻化成老人的妖狐的话,便放弃了读书的念头,开始经商,不久便发了家,有财产十万,再也不去想读书求官的事了。

出自《夜谭随录》卷三

玉公子

天津有一个高官的后代叫郁公子,家里十分富有,据说有金数十万,在天津一带很有名气。郁公子年纪刚刚二十岁,人长得很英俊,很有风度,人们都叫他"玉公子"。他的妻子章氏,也是大户人家的女儿,美丽而且贤惠。他们二人恩恩爱爱,是一对和美的夫妻。

玉公子家的宅院占地方圆有半里多,一巷之中没有其他人居住。他家东边,是刚买下的李总兵的宅院,这宅院虽然已荒废了多年,但里面却很宽阔。玉公子总是想将这宅院修整一番,可又总是被其他事务耽搁了下来。

一天,门人进来报告说:"苏州韦秀才前来相访。"玉公子为人十分好客,听说有人来访,急忙迎了出来,与客人相见。这韦秀才不过十八九岁,长得十分漂亮,真是眉清目秀,风度翩翩,好像仙人一般,玉公子一见便很喜欢他。韦秀才行礼道:"久闻公子大名,早想前来拜见,只是没有机会,今天与公子相见,实在太令人高兴了。听说公子买下了李总兵的废宅院,还空在那里没有人住,我想以每年百千钱为租金,租它暂时安排一家老小,不知公子是否肯答应?"玉公子说:"你如果肯到这里来住,是我的荣幸,我怎么会不欢迎呢?"韦秀才高兴得笑了起来,又向玉公子行了个礼,表示感谢。两人谈了一会儿话,韦秀才告辞回去了,并说当天就要与家人一起搬入李总兵的宅院。玉公子只是连连点头,把韦秀才送到了门外。

玉公子进到内室,把这件事告诉了章氏。章氏说:"一年收租金百千钱来出租一个废旧的宅院,当然是件好事,可是我怕韦秀才不过只是说说而已。"玉公子说:"像韦秀才那么温文尔雅的人,怎么会说话不算话呢?我来往的朋友很多,还没有一个人能赶上他呢!如果他真移居东院,我不仅有了一个好邻居,而且还会多一个好朋友呢!"晚饭时,韦秀才带着两个小童子来到玉公子家,他先交了百千钱,作为一年的租金。公子极力推辞,韦秀才却坚持要给,把钱放下就走了。公子一边往外送韦秀才一边问道:"家属什么时候搬来呢?"韦秀才说:"一会儿就搬来了。"公子把钱交给章氏,自己站在门外等着,一会儿,他看见许多人抬着箱子、案几、床等物品一趟一趟向东院搬去,最后有十几辆香车,辘辘而至。这时已是黄昏时候了,玉公子看得不甚清楚,只听到许多女眷说说笑笑,像一群燕子似的,相携着走进院子。看样子,这一家十分排场、豪华,即使有百万家财也不过如此。玉公子十分惊奇,回到家里和章氏一起猜测这到底是什么人家。章氏说:"明天你总要去拜见韦秀才,见了面,你详细问一问,什么都知道了,何必现在一个劲儿胡乱猜疑呢?"玉公子点点头,觉得此话有理。

第二天一早,玉公子穿戴整齐,来到韦秀才家。一会儿,韦秀才迎了出来,握着公子的手,两人十分亲近。公子打量一遍大厅,见铺陈摆设十分华丽,房子刚粉刷过,好像是新的一样,相当吃惊。韦秀才笑道:"你是不是奇怪本来废旧的房子怎么一下变得和新的一样了?是这样的:我知道你今天一定会来相访,觉得房子破旧是对贵人不礼貌,所以昨天夜间带领仆从们稍加修饰,便成了这个样子。"玉公子心中的疑问这才解开,他更相信韦家是个富贵人家了。玉公子问起韦秀才的父母,韦秀才说:"二老与几个弟弟,正住在关中一带,还有一个姑姑嫁给了一个姓殷的商人,已经两年没有音讯了。这里和我住在一起的,只有新娶的媳妇和三个小妹。"玉公子回家后对章氏说:"韦秀才有妻子和三个妹妹,应该为他家准备一些米面、鱼肉和柴草,以尽主人的义务。"章氏点头答应了。玉公子叫人准备了米面等东西,叫章氏亲自给韦家送去。韦秀才的妻子秦氏,年纪很小,只有十八岁,长得非常美丽。在本地,章氏是首屈一指的美人,方圆几十里还没有人能超过她,可是与秦氏和韦秀才的三个妹妹相比,便显得相貌太一般了。秦氏比章氏年轻,便与韦秀才的妹妹一起叫她"嫂嫂",并留她一道饮酒吃饭,大家初次见面就结下了很深的友谊。几天以后,章氏设宴请秦氏及韦家三妹,也尽欢而散。从此,两家常来常往,好像是亲戚似的。

章氏有一个儿子,还很小,秦氏这时也怀孕了。有一次,秦氏对章氏说:"如果我生个男孩就算了,如果生的是女孩,真想让她成为嫂嫂的儿媳妇!"章氏笑道:"就怕你是开玩笑,说话不算数,如果真像你说的那样,可就太合我的意了!"韦家三妹又从旁边劝章氏放心,说秦氏绝不会说话不算数。数日以后,秦氏果然生下一个女孩,章氏知道了,十分高兴,送给秦氏许多吃的东西,叫她补养身体。女孩刚满月,韦秀才请玉公子道:"明天就要给孩子过满月,诸位亲戚都会来,所请的贵客,只有你一个人。"公子答应了,还准备了一些珍奇的礼物。

第二天,玉公子来到韦家,因为常来常往,他也没叫人通报,自己径直走了进去,见许多丫鬟、仆人拿着各种器皿,来来去去,一片混乱。屋子里没有人说话的声音,只有一片喝水吃饭的响声,显得很乱。玉公子掀开门帘,座位上一个少年瞥见他,把筷子放下站起身,叫韦秀才道:"舅舅快来,客人到了!"诸位女眷急忙起身回避,都退到屏风后边去了。韦秀才出来,见是玉公子,说道:"正奇怪是什么地方来的恶客,不打招呼便闯入人家内室,原来是房东主人呀!"转身把众女眷叫来与玉公子相见,并介绍说:"这位是西院的郁公子,是我家的好朋友,不必回避。"众女眷都羞红了脸,低着头,向玉公子行礼,公子也答了礼,他偷偷抬眼看了看,眼前女眷,个个都是绝色的美人,其中秦氏最为美丽动人,玉公子不由地着了迷,有些恍惚了。众位男客也作了自我介绍,全是年少而又富贵之人,其中有韦秀才的小姨夫,姓白,他与玉公子一见如故,两人均相见恨晚,他们手挽手入席痛饮,一直到晚上才散。

玉公子回到家里,总是想念着秦氏,他把自己的心思透露给了章氏,章氏笑道:"哪有为人忠厚的君子,还打亲家母的主意的!"公子说:"即使名分已经定了,都没有什么关系,何况现在名分还没有定呢!你还是帮我想想办法吧,如果事情成了,我一辈子也忘不了你的好处!"章氏笑着答应了。过了几天,章氏请秦氏和韦家三妹来赴宴,她悄悄在给秦氏的酒杯里放了麻醉药,秦氏喝了,说自己头晕,浑身无力。章氏叫人把她扶入自己的卧室,一放上床,秦氏就睡熟了。章氏笑道:"秦妹今天不知怎么了,刚喝几杯酒就醉了,我看一定是装出来的。"韦家三妹说:"她本来就不能多喝,看来是真醉了,不要紧,休息休息就会好的。"章氏叫丫鬟将秦氏反锁在屋里,吩咐不要进去惊扰秦氏,又回到席上,继续与三妹饮酒。

这卧室的床后有一条暗道,玉公子早在暗道里等着了,他见屋门反锁上了,便悄悄走了出来。这时,秦氏睡得很香甜,推她都不会醒。喝了酒,她面色粉红,更加妩媚动人。玉公子先吻了她几下,直感到柔香入怀,顿时欲火猛烧。他正想动手,突然生出后悔之念,想到自己与韦秀才是好朋友,今天贪色,竟想有辱于朋友之妻,这和禽兽又有什么两样?如果现在不忍一忍,那么一生的阴德就丧尽了。想到这,他的欲火熄灭了,急急忙忙给秦氏盖好被子,悄悄地回到暗道里。一会儿,韦家三妹走进屋子,推着秦氏说:"天已晚了,快回去休息吧。"秦氏慢慢起来,整整头发,面有羞愧之色,叫人送来茶水喝了几口,就告辞要走。章氏说:"你还没有吃饭呢,怎么能让你空着肚子走呢,如果你回家还开火做饭,韦秀才一定会笑话我太小气了!"秦氏笑道:"你不是好人,我不和你再说什么了,明天自然有人会来找你。"说完就走。章氏心中有鬼,听了这话,顿时面红耳赤,什么也说不出来。待客人走后,她忙找到玉公子,悄声问道:"你怎么把事情败露了?"公子吃惊地说:"她一直睡得很熟,怎么会暴露呢?"接着,他把具体情况向章氏讲了一遍,并指着灯发誓说自己讲的全是实话。章氏听了笑道:"这秦氏故弄玄虚,话中有话,真叫人下不来台,明天怕是还有什么话呢,你可要预先做好准备。"公子什么也没有说,心里却有些忐忑不安。

第二天,韦秀才果然来了,只说要见公子,公子没办法,只得出来相见。韦秀才一见公子便笑道:"郁兄连日不出门,在家里干什么呢?听说你很喜欢读《诗经》,一定有新的收获,为什么不给我讲解一两首,也让我长些学问呢?"玉公子见韦秀才脸上没有怒色,心里悄悄安定了一些,笑着说:"这话是从何说起,我怎么会讲《诗经》呢?"韦秀才说:"郁兄不读《诗经》,为什么能好色而不淫呢?"听了这话,玉公子心里一震,羞愧得说不出话来。韦秀才说:"没关系,从今以后,我更相信你的为人了。昨天你做的事,真和禽兽差不多,而一念之转,大祸便没有降临。郁兄真是个有福的人,我可以告诉你,昨天有妙手空空在你的卧室里偷看了好长时间,如果郁兄不毅然改过为善,怕早就不在人世了。床下有件东西,公子可以进去看看。"玉公子愣在那里,不知韦秀才讲的是什么意思,待韦秀才告辞走了,他急忙到床下去寻找,果然看见一件东西,光白如雪,这使他吃了一惊,取出来一看,是一把十分锋利的匕首,不觉吓得毛发竖了起来,大汗流了下来。章氏见了,也吓得直哆嗦,两人商量了一下,便一起到韦秀才家赔礼道歉。秦氏毫不介意,把章氏扶入内室,笑着说道:"嫂嫂何必这样呢? 我与公子本有一宿之缘,昨晚已勾掉一半儿了。嫂嫂为公子出主意,不能说没有罪过,现在既然已经改了,便不再是过错了,也就不必太在意了。不过,此事还请注意保密,如果别人知道了,我会羞死的。另外,我还有一个请求,请允许我以后再说吧。"章氏为她的诚意所感动,更加觉得羞愧难当,从此她们仍像以前一样经常来往,友好相处。

过了一段时间,韦秀才的小姨夫白生忽然衣装整齐地来到玉公子家。见了公子,他认真地行了一个礼。公子说:"平时都很随便,你今天怎么这么拘束自己呢?"白生说:"平日也没有婚礼丧祭之事,不过在一起饮酒谈天,自然不必太拘束,可是今天有大庆之事,怎能不讲礼节呢?"公子问道:"什么大庆之事?"白生说:"韦秀才有三个妹妹,尚未许嫁他人,因为看你有才气,有名望,人品也好,想把她们全许配给你作妾,你不会不答应吧?"公子一听,吓了一跳,继而又是一喜,惊喜过后,又生出了疑虑,便说道:"白兄可别和我开玩笑,世间怎么会有这样的事?"白生说:"这又有什么稀奇的,为什么天下就没有这种事? 何况,其他的事我可能和你开开玩笑,这种事我怎么敢随便乱说呢?"玉公子说:"韦秀才是我的好朋友,他的妹妹就同我的妹妹一样,怎么能这么办事呢?"白生说:"正因为是好朋友,所以韦秀才会有这个想法,不然的话,即使用万金作为聘礼,怕是连一个女子也娶不走,何况三个呢?"公子忙进里屋与章氏相商,章氏比公子还惊喜,极力赞成此事。公子出来拜见白生说:"如果真能像你说的那样,我一辈子都会记着你的大恩大德?"白生笑着走了。

数日以后,韦秀才先送过来许多嫁妆,大约有一百多箱,每一件物品都很精致华美,至少值一万金。公子向韦秀才道谢,韦秀才说:"见郁兄勇于改过,便知你人品出众,三妹所嫁正得其人,把她们托付给你,我感到十分放心!"公子少不得也谦虚了一番。

成婚以后,苏家三妹各尽所能,与玉公子关系很融洽,与章氏也十分友好。公子常常暗自琢磨,不知自己为什么能有这种福气。一天,秦氏对章氏说:"小女孩已经可以离开母亲了,她命中注定是你郁家的好媳妇,应当留在你家,请你与三妹一起抚养她吧,我要出趟远门。"章氏一听这话,十分吃惊,问道:"你要到哪里去呢?"秦氏说:"我要回关中,去找公公婆婆。"章氏把这消息告诉了公子,公子很难受,忙去见韦秀才,正巧韦秀才前来相访,两人在门口碰上了,韦秀才说:"我归心迫切,急于上路,今天我们分别,还不知道什么时候才能再见呢!想起来心里就感到无比惆怅。"公子凄然伤心道:"我们相处得很好,你怎么忍心说走就走呢?你虽然这么说,可我真舍不得叫你们走呀!"韦秀才说:"三妹一女,就托付给你这个我们信得过的朋友了,这一次东游,结识了你,真是不虚此行,可是一想到父母,就产生了归思,真是刻不容缓。十年后,我们还会再见,请不要太伤心了。"公子十分难过,流下了眼泪,韦秀才安慰了他一阵儿,便告辞走了。玉公子和章氏商议,想摆盛宴为韦秀才夫妻送行,三妾制止他们说:"不必了,恐怕已经来不及了。"公子不听,还是准备了丰盛的酒席,亲自去东院请韦秀才夫妻,到了韦秀才家,只见里面什么也没有了,不知什么时候,韦秀才夫妻及族人已经走了。公子哭着回到家里,章氏问明情况也哭了起来。三妾听了,却毫不介意。

又三年过去了。这天,三妾惊慌失措,对公子说:"听说你家存有《贝叶梵宇金刚经》,不知还在不在?"公子说:"这是祖传的镇家之宝,现在还供奉在佛堂里呢,怎么会不在了呢?"三妾听了,高兴地跳了起来说:"既然这样,我们就得救了!"公子追问她们这是怎么一回事,三妾沉默了一会儿,便把实话告诉了他:"我们不是人,是狐,因为有大难临头,所以父母叫兄嫂带着我们东游到此,知道你家供奉着佛经,便与你相邻而居。后来见你勇于改过,家里又充满了祥和之气,知道灾祸是不敢来侵犯的,所以将我们托付给你。现在大灾难又要降临了,今天午后雷雨大作时,请你看在我们与你的情谊的份上,把我们三个和小侄女藏在佛座下,你打开经书,虔诚地跪诵佛经,那样,我们就可以安然度过这场灾难了。然后,我们可以一起探讨生命的道理,讲求修身养性之道,将来就可以成仙了。"公子听了这番话,先是一惊,继而点了点头。午后,只见西北方向浓云如墨,雷鸣阵阵,三姜急忙伏在佛座下,一下子变成了狐,公子很可怜它们,又把那女孩放在案几下,用佛旗盖上。然后与章氏一道,打开经书,向着佛像,虔诚地跪诵起来。一会儿,雷电大作,天地震动,公子和章氏趴在地上,嘴里诵经之声却更急切了。又过了一会儿,忽听有人说道:"怎么样了?"另一人回答道:"算了吧,已接到佛的旨意,饶了它们吧!"很快,一切都寂静下来,雷声渐渐地停了。三姜抱着小侄女,站在公子面前,脸上都带着笑意,一个劲儿地向玉公子和章氏行礼致谢。

从此以后,玉公子世念俱灰,每天与三姜研究成仙之道,章氏也用心钻研玄学,十年来毫不松懈,后来竟把家搬到关中去了。不知最后结果如何,想来是和韦秀才他们会合了吧?章氏有一个侍女,叫青苹,以后嫁给了一个盐商的侄子,玉公子的事情她全知道,后来她把这些奇事告诉了她的亲戚,说得有根有据,不由人不信。

出自《夜谭随录》卷四

吴 喆

吴喆是宜兴人,他少年气盛,胆大过人。因为犯了罪,被流放到偏僻的五凉,做了当地豪绅张氏的书记官。张家三代全当过总兵的高官,在这一带很有势力。

吴家的别墅在凉州城南,每到夏天的时候,吴氏都要到那里去避暑。城南别墅十分幽静,占地数亩,有亭台楼阁、池塘、小桥。桥的对面是一个小亭子,亭子周围有曲折的长廊。在亭子后面,有一座五层高楼,周围树木茂密,把楼的窗户都遮住了。张氏的次女就住在这里。

张氏次女还未成年,长得十分美丽,本来已经许嫁给当地豪绅周方伯的小儿子,还未成婚,周家公子就死了。她又许嫁给五凉镇马总兵的孙子,马总兵是回纥人,信奉回教。张氏次女心情很不愉快,积忧成病,常常口吐狂言,不停地说胡话,有时又一会儿哭一会儿笑,巫人和医生都没办法救治。张氏也不知该如何是好,只是叫人仔细守护而已。

一天,天刚刚黑下来,吴喆独自坐在藤花下,偏东有一堵墙,墙那边有几间房子,因为长久无人居住,早就荒废了。忽然,吴喆听到旧房子里有人在说话,他仔细听了一阵儿,却听得不很清楚,心中十分疑惑,便悄悄走到墙跟前,猛的一跳翻过了墙,从窗口往里看,只见有两个少年相对坐在地上,正在谈话。两个少年长得都很英俊,都戴着方巾,穿着肥大的衣服,与流行的服饰很不一样。他们一个穿紫色衣服,另一个穿绿色衣服。吴喆知道他们不是人,并不害怕,只是屏住呼吸,看他们到底在这里要干什么。

穿紫色衣服的那个少年,手里玩弄着一只玉指环,一边玩弄一边叹道:"这东西本身没什么可珍视的,我之所以看重它,只是因为它是美人给我的。想当年在酒泉游玩,顺便去云中、晋阳住了些日子,又在抱罕住了三年,从临洮到皋兰又到了这里。一路上碰到了许多奇特的事,真是说也说不完。像今天这样与一个女子亲近是很平常的事。当年我正走在临洮的路上,和你叔叔劂霞公偶然相遇,我们坐在河边,谈了很长时间,他说:'阿咸在凉州,一定会遇到一些奇人奇事,可惜他道术浅薄,恐怕不会太顺利,我常常为此忧虑。'当时,我安慰他说:'阿咸虽然久未出门,但道术还是有的,只要运用得当,就不会有什么问题。'这是三年前的事了。今天和你重聚,才知道你的道术并没有长进,真是使人失望。"绿衣少年笑道:"白天我与你相伴而行,你对我的道术并不了解。你当年遇到柳姑的时候,因为她防范甚严,你无隙可乘,即使向她炫耀重金和美色,也不能使她心动,最后向她用了道术才得到了她,但你也想尽了办法,花了一年时间才成功,这是因为她太坚持操守了。这张氏女子却不同,她见了我便控制不住了,虽然我有奇术,可是根本就来不及用。是呀,用锋利的宝剑来补鞋,还不如小小的锥子更好用,这意思是说要物尽其用。而你前天晚上却那么窘迫,试了三次都没有成功,真是太可笑了,这一只手指环又有什么可珍贵的?"紫衣少年很羞愧,勉强笑道:"我刚想从头学,你为什么要取笑我呢?"绿衣少年说:"只要你愿意学,其实这事很简单,只是要注意保密,小心墙外有人听到!"

听了这些对话,吴喆这才明白,屋里的这两个少年正是迷惑了张氏次女的妖狐幻化成的,十分生气。他急忙返回自己的屋子,取下腰刀和一把弹弓,又悄悄来到旧房的窗下,他从窗口偷偷弹出一弹,正中绿衣少年的眼睛,他疼得绕地乱叫。紫衣少年吃了一惊,刚想逃跑,吴喆又射出一弹,打中了他的鼻子。吴喆丢下弹弓,抽出腰刀,冲进屋子,两只妖狐早已不知跑到哪里去了,它们刚才穿的衣服和鞋袜,就像蝉脱掉的壳一样乱丢在地上,一只玉指环也丢在一边。吴喆把玉指环捡起来交给了主人,张氏认出这是他女儿的东西。

张氏十分痛恨这些作祟的妖狐,等了好几天,也不见它们再来,这才放了心。张氏次女的病渐渐好了,后来嫁给了马家。几年后,因为家里的关系,她丈夫也当了总兵。张氏次女现在还活着,年纪大约四十多岁,我在凉州居住的时候,常常见到她。吴喆后来写了一首《逸狐歌》,周南溪先生曾经有唱和之作。

出自《夜谭随录》卷五

铁公鸡

济南有一个富翁,家里有资产数十万,可是他为人却十分小气,总是穿着旧衣服,戴着破帽子,给亲戚和朋友一个贫穷的印象。他家老小有十几口人,每天却只到市场上买半斤肉、几斤菜,他家的早饭、午饭和晚饭是相同的,从来不改样。他不饮茶,不喝酒,终年也不设酒席招待客人,虽然是他的至亲骨肉,也从来没有看见过他家的餐刀和筷子。这富翁也不知道该怎样待客、怎样与客人周旋,但是他却常常应邀到别人家里去赴宴,在朋友家里,他饮酒吃菜,观赏歌舞,十分高兴。

这个富翁除了积聚财产,好像根本不懂生活的乐趣,乡亲们背后都叫他"铁公鸡",意思是说他一毛不拔,十分小气。他年纪已近五十岁了,可还没有一个儿子,因此考虑着要找一个小老婆。他的条件简单明了:"价钱要极低廉而人要特别美丽才行。"媒人笑道:"你这正是人们常说的,'又要马儿好,又要马儿不吃草',这可不好找,你可不能着急。"富翁却很心急,嘱咐媒婆按他的条件快去寻找。

不久,有一个陕西人带着一个女子来了,陕西人说:"这女子不要卖身钱,只要能管她吃饱穿暖,不被冻死饿死就行了。"这女子年纪不大,才十八岁,十分美丽,富翁十分高兴,留下她做了偏房,并赠送给那个陕西人一些钱,那人也不讨价,告辞走了。

富翁得到这个女子,十分喜爱她,千方百计讨好她,但小气的毛病却更严重了。一天,那女子劝他说:"古代有些富人很会使用自己的财富,他们都获得了好名声,而你呢,虽然已经是个大富翁了,却不仅不能获得好的声誉,甚至还赶不上一般人,我真为你感到羞愧和痛苦!"富翁听了这话,很吃惊,他愣了一会儿才说道:"你为什么要这么说呢?你这些话,听起来也有一定的道理,但你说得太过分了!钱这个东西,难聚而易散。我小的时候,就买了好几个存钱罐,每天存几个钱,存了十二年共存满了二百二十多个存钱罐,取出后计算,共有三十余千钱,我又把这些钱借贷给别人,收取利息,三十年下来积钱也不过刚刚过兆,这中间我还曾设过各种赌局,如一切呼卢、押宝、樗蒲、琐琐、罗丹、拍格等,从头至尾又有十几年,这样,一共经营了五十多年才有今天,而积聚钱财的艰辛,我全尝到了。"停了一会儿,这富翁又说:"我平生所见那些富贵人家,或用尽钱财来修建房屋宅院,或倾其所有帮助亲友,更有些老糊涂,根本不为子孙后代着想,只顾自己快乐,用那白如雪、圆如月的宝物买酒买肉,每天招一些宾客欢宴,真好像和银子与钱财这两样东西有深仇大恨似的,必须把它全部花完才算安心。我总是用他们为例来告诫自己,还怕时间长了不能坚持下去,你想叫我学他们的样子吗?这真是不知道积聚钱财的艰难呀!所以才会说出这些话。你小小年纪,有多大的福气,还要说这些大话!千万不要再有这种念头,不然就是罪过了。"女子笑笑说:"我只是说来试试你,何必惊讶呢?我难道不知道你的志向是牢不可破的吗?你现在厚积多藏,还不知将来给谁呢!"老翁听了这话,眨了眨眼,不明白这女子的意思是什么。

这富翁对女子虽然十分喜爱,对她却又加倍提防,就像提防盗贼一样。他的密室里,有十几个存放银子的铁柜,封得很严实,按惯例,每月他都要打开检查一次。不久,又到了检查的日子,富翁把丫鬟、仆人全赶到大门外头,自己和那女子关上门窗,一起走进密室。一进密室,富翁便发现铁柜都打开了,里面的银子全都没有了,他十分吃惊,好像丢了左右手似的。他瞪着那女子,问她这是怎么一回事,女子笑而不答。富翁大怒,便抽刀逼近她,女子笑道:"你以为我是人吗?"富翁说:"你不是人,难道是鬼吗?"女子说:"我不是人,也不是鬼,我其实是狐,因为你太小气,所以我把你的财宝偷走给了别人!"富翁大怒道:"这是我平生的血汗钱,你偷到哪里去了?"女子说:"钱是用来流通的,我可以让它在许多地方帮助人,为什么要让它们紧紧地藏在你这个老秃翁的手里呢?"说完,走入内室,一下子便没有了踪迹。富翁这才相信确实是狐在作祟,便大哭起来,一会儿竟倒在地上死了。家里人草草地为他办了后事,把他剩下的一些东西抢劫一空,他的宅院也荒废成了菜园。

从前,这富翁家后院有一座楼,为众狐所居,已经有一百多年了,从他祖父开始便在每月二十六日准备一些鸡和白酒在这里祭祀,不敢松懈。后来,这富翁继承了家业,认为这样做太浪费了,便停止了这项祭祀,又把这楼房出租给别人。他的行动惹恼了住在这里的众狐,它们经常出来骚扰,因而这里妖异不断,富翁的妻子劝他注意,凡事要留后路,他不仅不听,反而破口大骂。一天,群狐来向富翁告辞,它们说:"你是全福之人,我们不敢再提什么要求,也不敢再在这里居住了,我们一走以后就再也不来了!"富翁十分得意,以为自己的对策是正确的,却没有想到最后他还是被妖狐给愚弄了!

出自《夜谭随录》卷四

尤大鼻

咸宁人尤大鼻在天津一带贩卖皮货,他与布商董九是亲戚,两人关系极好。董九有一个儿子叫董韶,只有十九岁,长得很英俊,为人也很聪明,不像是商人的后代。

这一年端午节,尤大鼻带董韶到河边去玩,路过闹市的时候,因为车马太多,两人不慎走散了。董韶很着急,到处找尤大鼻,也没有找到,便坐在河边树下休息。忽见一个卖白酒的人从这里走过,董韶把他叫过来买了碗酒饮了。这酒很甜,又很凉爽,董韶觉得很解渴,便又连喝了几碗,顿时感到周身凉爽,十分痛快。董韶年小体弱,过去从没有饮过酒,白酒虽然酒味不浓,但他连喝几杯也受不了,他忽然感到头昏眼花,倒在树下,什么都不知道了。

过了很久,董韶醒过来,发现自己正躺在一个纱帐之中,床上有被子和枕头,他十分吃惊,爬起来就想走。这时,有一个人推开门,手里举着蜡烛走了进来,董韶一看,是一个十八九岁的少女,她眉毛很长,脸很白,笑得十分好看。少女把蜡烛放在案几上,低着头说:"我叫春翠,白天我从外婆家回来,见你醉了,睡在草地上,怕你受了风寒,所以把你接到这里来了,请你不必多疑。"听了这些话,董韶才明白过来,他表示了谢意,便准备告辞。春翠劝阻道:"现在已经是深夜了,这里离城里又很远,你离开这里又到哪里去呢? 还是住在这里吧。"董韶说:"我和你本不相识,怎么好说住就住下呢?"春翠说:"姻缘都是早就定下的,今天我与你在这里相见也不是偶然的,请你不必把自己当作客人。"董韶说:"你肯留我,对我太照顾了,我真心表示感谢。可是我生长在市井里,没有上过什么学,也不会说话,实在不好意思。"春翠笑道:"我听说白璧虽然没有什么装饰,仍然十分珍贵,只要本质好,又何必太在意言谈话语呢? 何况你的言谈举止,表现出你很有礼貌,很懂道理,就是我也得向你学习。对我来说,能有一晚上陪伴着你,就是死了,也不为憾事!"接着春翠又问董韶的姓名和字号是什么,董韶回答道:"我太小,还没有字,我的名字叫董韶。"两人絮絮叨叨地谈了起来,话语间夹杂着一些妖言和隐语,春翠有时装作什么也没有听到,有时又偶然回答一声,话语尖锐,使人震惊。董韶为其话语所动,神魂俱荡,如在醉中。

这间屋子的墙上挂着乐器,那样式十分古雅,董韶根本叫不上名来。春翠说:"这叫参差,又叫洞箫。"董韶问道:"既然这样,你一定懂音乐了?"春翠说:"有孔则吹,有弦就弹,只要顺其自然,便能符合乐调,如果胶柱鼓瑟,即使有音乐天才,又怎么表现出来呢? 所以,真懂音乐是很困难的。"董韶又问:"你会唱歌吗?"春翠说:"那些'懊侬'之曲、'子夜'之声,虽然传唱一时,但毕竟不是什么高雅的歌曲。现在夜已深了,还是不唱了吧。我看还不如咱们共入佳梦,以求欢爱呢!"董韶脸羞红了,微微点了点头。两人入睡,极尽欢爱。就这样,董韶在这里又住了好几天,一点儿也没去想回去的事。

不久,春翠把同伴小兰、小蕙、小寿、秋红介绍与董韶相识,这几个全是美丽出众的少女,各有所长。而其中尤以春翠色艺最为出众,其他四个少女都自知不如她,所以很听她的话。当时,正是酷热的盛夏,她们邀请董韶一起在莲花池中洗澡,玩得正高兴,春翠抬头向远处一看,大惊道:"这妖道太狠毒了,怎么一直追到这里来了!"来不及穿衣服,便光着身子跑走了,其他四个少女惊慌失措,手里提着裤子和裙子,一个个吓得手忙脚乱,只知低头乱跑。

一会儿,一个人骑着马跑了过来,只见他穿绣衣,披青巾,身材高大,相貌不凡。他问董韶道:"那几个女子到哪儿去了?"董韶只知道在水里一个劲儿发抖,一句话也说不出来,手却到处乱指。那人按董韶手指的方向,沿着池边驱马而去,最后什么也没有找到,十分生气,只是一个劲儿乱打他的马,那马抖抖鬃毛,一声长嘶,驾着风腾空而起,速度很快,就像闪电似的,转眼便没踪没影了。董韶看到这情景,目瞪口呆,几乎晕过去。正这时,忽然听到人声喧喧,好像有人叫他的名字,他十分吃惊,回头一看,见父亲和尤大鼻及认识的朋友正向自己走来。他们来到莲花池边,把董韶扶出水,给他穿上衣服。过了好一会儿,董韶才缓过神来,他定睛一看,四周根本没有什么亭台楼阁,更没有什么莲花池,只有几棵大槐树和几个荒坏的古坟,坟地前积了一片雨水,水中长满了芦苇。董韶感到若有所失,想到那几个女子,不觉眼泪流了下来。

大家用车把董韶推回家,待众人走后,父亲和尤大鼻问董韶这么长时间他在哪里吃饭,在哪里住,为什么在古坟前的积水中独自洗澡,董韶看看不能隐瞒,便把事情一五一十地说了出来,二人听了十分吃惊。尤大鼻叹道:"自那天与你失散,我们到处找你,你父亲为你忘了吃饭和睡觉,悲伤得要死。都怪我太不谨慎了,所以我更不能安心。我也曾想过你是不是遇到了狐怪,越想越怕,早就听说南庙李道士有奇术,便去求他,他交给我一个画符,叫我去郊外烧掉,他告诉我,烧了这个画符以后,一定会有狂风大作,只要跟着风向前走,一定会看出个究竟。没想到听了他的话,果然找到了你。李道士真是个神仙呀!可恨的是这几个女子,不知道是鬼还是狐?它们真够狡猾的,一定要报复它们,以平我心中之气!"董韶说:"只要能找到我就行了,不必再做其他的事了,它们既然能幻化惑人,难道没有自卫之术吗?如果真得罪了它们,一定会带来大灾祸。"董韶一个劲儿地劝解,又说:"咱们何必要和这些狐怪生气呢?"尤大鼻却只是摇头,一心要找狐怪报复。

第二天,城门刚开,尤大鼻便提着一根短棍,来到坟前的积水边上,他四处寻找,可什么也没有发现。最后他又来到古坟旁,见密密的草丛中,有一个洞穴,洞口有碗口那么大,看样子很深,不知道到哪儿才是底。尤大鼻笑道:"总算找到它们的洞穴了!"可是看看又没有什么办法,想了一会儿,他想出一个主意。尤大鼻起身去砍了一些树枝,拣了一些枯草,填塞在洞口,然后点燃它们,让浓烟使劲儿往洞里灌。一顿饭的工夫,突然有一只动物冲开烟火向远处逃去,尤大鼻一看,是一只黑狐,只见它跑得飞快,像一股风似的,根本追不上。尤大鼻刚回过头来,又见有四只狐从洞口冲出来,它们一白三黑,仓皇地向四处跑去,跑得也很快,同样追不上。尤大鼻等了一会儿,见再也没有狐从洞口出来了,便笑道:"这就是董韶所说的那几个女郎,现在全都离开了洞穴,它们活不长了!"尤大鼻高高兴兴地回来,把这件事告诉了董九,董九十分吃惊,问道:"你为什么不同我商量一下再去呢?那些妖狐是要害人的,既然已经都跑了,它们一定会再来向你报复,老兄千万不可大意,为兄考虑,不如先回老家以躲避妖狐作祟。"尤大鼻笑笑说:"我正希望它们来呢,岂能因为怕它们而逃走呢?"董九知道他听不进劝告,便当面表示很钦佩他的勇敢,而私下却悄悄布置了保护措施。

一天,尤大鼻要出城办事,董氏父子提出要和他一起去,他答应了。刚出城门,尤大鼻说要上厕所,董氏父子便在厕所外等他。过了一会儿,听到厕所里有骂人的声音,董氏父子正在猜凝,忽然割然一声,骂声一下子停止了。董氏父子急忙走进厕所,见尤大鼻已经倒在粪池里,两只脚还一伸一缩地在动。董氏父子四处打量,厕所里一个人也没有。他们急忙救起尤大鼻,幸亏他还没死,粪蛆爬了尤大鼻一身,也沾了董氏父子一身。董氏父子扶着尤大鼻一道到附近的河里去清洗,好一会儿,才算洗干净。董九问尤大鼻在厕所里和谁争吵,被谁推入粪池,尤大鼻笑着说道:"不听好人话,便受倒霉气。我刚入厕所,就看到一只黑狐像人一样立在墙角,一个劲儿向我咬牙齿,我刚骂了它几句,它便突然冲到我面前,使劲儿推我,我控制不住,仰面倒在粪池里。唉,平日英雄之气,此刻全都没有了!"听了这话,董氏父子也都笑了起来。

到了旅店,董九和尤大鼻商量回老家的事,董九怕董韶招邪,便叫他同自己一起回家去成亲。挑选了一个吉日,他们收拾好行装就上了路,走了一天,晚上住在一个小旅店里。到了半夜,春翠忽然前来与董韶同床共寝。尤大鼻听到董韶的床上有人小声说话,便侧耳偷听,知道董韶又被妖狐迷惑了,尤大鼻突然大喊起来,董韶惊觉,春翠早就不知跑到哪儿去了。尤大鼻问明情况,又大骂了几句。过了一会儿,大家看看没什么动静,又重新上床睡觉。忽然，董九发现尤大鼻不见了，忙起身点起蜡烛到处寻找，只听到一个米瓮里传出打鼾之声，瓮上有一个瓦盆，米瓮封得很严实。董九急忙把店主叫来，请他赶快打开米瓮，店主说："这里的菜还没有腌好呢，为什么要打开呢？"董韶说："里边有人，快打开吧！"店主很吃惊，急忙打开米瓮，见尤大鼻正蹲在瓮里，周围全是腌的菜，尤大鼻只有头露在外头，董九摇晃他一阵儿，他才醒过来，边问道："我怎么到这里来了呢？"大家猜了半天，也说不出所以然来。过了好一会儿，尤大鼻明白了："这一定是那个妖狐作怪，请我入瓮！"店主问他其中原因，尤大鼻笑而不答，更认定准是妖狐捣乱无疑。

在回老家的路上，尤大鼻受尽了妖狐的戏弄，而妖狐戏弄他的方法也越来越奇特。一直到了河南界他才摆脱了作怪的妖狐。

出自《夜谭随录》卷四
《历代狐仙传奇全书》，农村读物出版社 1990 年出版

出版浅论

守正出新:资源整合与选题创新

出版业的竞争日益激烈,要想在竞争中立于不败之地就必须具备创新能力,特别是作为出版源泉的选题是否能够不断创新,更是出版社是否能够持续发展的关键环节。人民文学出版社在实践中形成了策划选题的基本思路,概括起来主要有两条:一是"挺拔主业,丰富品种,调整结构,追求两个效益的统一";二是"资源整合与开发新项目并举"。在我们看来,开发新选题是创新,有效地整合旧有资源同样是创新,提倡两个方面的统一和并举,正是符合人民文学出版社传统和实际的选择。

人文社自成立以来,共出版图书 9 千多种,8 亿多册,这是非常丰饶的一座宝库。其中《鲁迅全集》、《莎士比亚全集》、"中国古典文学读本丛书"以及《林海雪原》、《青春之歌》、《白鹿原》、《尘埃落定》等长篇小说已经成为出版社的核心产品,成为人文社区别于其他出版社的具有个性化和标志性的产品,这些图书在人文社的发展中以不同的形式发挥着重要的作用。资源竞争理论认为,企业是以自己的资源与其竞争对手争夺顾客,资源是最关键的战略因素。然而,新的竞争条件下,一个企业的竞争优势并不是与其对资源的占有量成正比的,而取决于其优势资源的拥有量。优势资源决定新赢家。而有效率地调动和运用优势资源不仅是一种创新,而且也是保持竞争优势的关键。优势资源,在我看来就是有不断整合和开发价值的资源。而对这些资源进行合理而有效的重新开发和整合,是选题创新的一个重要方面。

拥有丰富且品质高的图书资源对一个企业创新能力的提高和全面发展有非常重要的意义。图书资源之所以经过整合可以取得创新的效果,是因为图书不像一些工业产品那样需要经常更新。文化积累是它的突出特性。真正的好书,应该在一定的时空内,产生也许是缓慢的但却是长久的影响。人民文学出版社 56 年的图书积累,为资源整合和开发准备了必要的条件和基础。没有相应的资源准备,又怎么能在整合和开发上做出新的文章呢?正因为积累了宝贵的资源,才使出版社的发展可以借助资源整合,也才具有了可持续发展的特点。整合是一个外来词汇,有合并、巩固、加强之意,它的本义是指在原来的基础上加以综合建设,虽然不是推倒重来或完全更新,但却是创新的一种形式。

在出版资源整合和开发的时候,我们在理念上也作了澄清和确立,因为有了资源,没有正确的思想指导,资源也会浪费。理念也就是价值观。企业核心能力的重要体现是价值观,即企业的经营价值观和企业文化。企业各个流程的正常运转,自然会逐步赋予其各项决策以最优、次优、可行与不可行的选择排序,这种清晰的选择排序就逐步凝结成为一种企业的价值观。同样,人文社在长期的发展过程中也形成了有深刻内涵的价值观。我们这样概括人文社的优良传统:"坚持以国家文化建设为己任的出版宗旨,坚持以主流文化为主导兼容并包的文化态度,坚持精益求精、开拓创新的工作精神,坚持以高素质的人才队伍作为事业之本。"这个传统,其实就是人文社的"价值观"的基础和前提。在此基础上,才逐渐形成了人文社较为成熟的经营理念和企业文化观念。

这种价值观具体体现在资源整合类选题的创新上,主要有两个方面:

一是整体化经营的理念。像人文社这样有较丰富的资源储备和较稳定传统的出版社,在面对激烈的市场竞争的时候,必然会提出既符合自身条件又符合市场需要的经营理念,概括起来就是"整体化经营"的战略思路。

众所周知,"效率"和"公平"是经济学和管理学不断探讨的一组矛盾,人文社在处理这组矛盾时的思路是用"整体经营"的理念将这矛盾的双方统一起来。在人文社看来,"效率"是"整体化经营"条件下的效率;"公平"是"整体化经营"后的结果。并不是所有的出版社都能具有整体化经营的条件,也不是所有的大社、名社、老社都适合实行整体化经营,而人文社的资源、传统及其所具有的特殊的企业文化,使之可以自然地实行整体化经营的战略。单打独斗、各自为战的方法不符合人文社发展的总体思路。有了整体化经营的理念,人文社就可以举全社之力做一些编辑室不能或不愿承担的大型积累型项目,也可以投资开发一些短期内不会有明显经济效益的图书,就可以通盘考量,按照轻重缓急的次序陆续推出各类读者喜爱的产品,同时对原有的出版资源也就可以从全社的高度进行整合和开发。在这里,各个编辑室的利益、每个编辑的利益已经统一在全社利益的平台上,由社里统一安排,统一整合和开发。当然,整体化经营并不是忽略分类指导和分类管理,并不是忽视员工的个人努力。事实上,不注意发挥不同类别板块的积极性,没有每一个员工的努力,也就不会有整体化经营的基础。整体化经营并不是不要每个员工个人的努力,相反,是要在整体化经营的前提下更突出地强调分类指导和管理,强调发挥个人的主观能动性。因此,才有了许多资源整合较成功的例子,如"红色经典丛书"、"中学生课外文学名著必读丛书"、"名著名译插图本丛书"、"茅盾文学奖获奖书系"——在人文社,同样有项目负责人,有部门和个人要对具体的选题和图书负责,但是总负责人是社领导,是社务会,因此从选题的确定到作者的选择,以及到图书的印制、发行和营销策划,都有相关部门统一配合和协作,同时这些部门也共同为每一个项目负责。项目成功了,具体的项目负责人及其部门功不可没,相关员工和部门也会享受成功带来的利益和快乐,而最受益的,还是出版社,还是全体员工。

二是坚持创新的理念。我们强调面向市场、面向读者时要坚持多方面创新。

对于怎样与时俱进、不断满足读者和市场的需要,人文社形成了必须不断创新的价值观。创新是出版社发展的核心动力。创新体现在方方面面,有流程的重整和机制的创新,有产品和项目的创新,有出版方式和印刷工艺的创新,有封面设计的创新,还有市场和营销的创新,也有观念的转变——只有创新,才能推动出版社不断向前发展,才能使出版社的方方面面充满活力。有了这样的创新意识,才能有新的成功的可能;有了一次次创新的实现,才能实现一次次新的飞跃,才能真正实现持续发展。面对严峻的竞争形势,人文社已初步形成了没有创新就没有发展的企业价值观。这种价值观和企业文化支持创新,使创新具有动力和活力,从而使创新成了人文社核心竞争力的重要组成部分。创新是社会进步的动力,是一个企业的本质,更是出版业的晶核。在一个出版社,要建立以"创新精神"为核心的企业文化,要使员工保持着对创新精神和创新才能的高度尊重。社会的发展就是在创新—模仿—创新的循环中得到不断发展的。一个出版社失去了创新能力，便失去了核心竞争力。创新主要体现在两个方面：一个是制度创新，比如改制即是；一个是技术创新，这主要包括产品、生产方法以及原材料的新来源。作为出版社来说，就必须把一种新知识、新构思变成有形的出版物，即实现"从无到有"，这是一种显而易见的创新，它的表现形式就是出现一种新的图书，积累了一种新的版权资源。有了这种创新，出版社才有活力，它的发展才有动力，两个效益才能不断提高。同时，也应该用创新的意识指导资源整合和开发，用创新的思维来提高企业资源配置水平。一方面，要完善"资源意识"。有了丰富的资源，才能"厚积薄发"。策划新选题、组织新书稿无疑是一种创新。"问渠哪得清如许，为有源头活水来"，对出版业来说，人类的知识创新是一种客观存在，将刚刚创新出来的知识形成出版物，这就是策划，就是出版人的作用；作家写一部新作是创新，出版者将其形成为一本出版物当然也是创新。有了这种创新，二次开发和资源整合才成为可能。出于这种考虑，我们才用大力气抓原创，没有今天的原创，没有今天的积累，就没有明天的资源整合和再度开发。另一方面要确立整合、开发的观念，有效运用既有资源进行整合和进一步开发，同样也是一种创新。在发明学上，也提倡二次开发、多次开发、深度开发和综合开发。发明学认为，对产品的继续开发可以使产品在深度、广度上以及性能上会有突破性变化和进展，在图书上当然也是如此。第一次开发给出版物以生命。二次开发可以延长出版物产品的生命周期，甚至给一些产品以第二次生命。原创和资源整合之间虽然有极大的差异，但在根本目的和效果上又是一致的，有着相互依存的关系。新选题新品种的策划和开发是优化资源配置的基础和前提，缺少这种创新，寻求最佳资源配置方式就成了一句空话；而资源的有效整合和开发，又是新选题新品种策划开发的继续，没有这个环节，最初形成的出版资源的潜质也许不会得到充分开发，出现所谓"资源陷阱"。所谓"资源陷阱"是经济学上的一个专用名词，指的是因为资源丰富而忽视了"深加工"，失去获得更大经济效益的情况，这样反而会给模仿者和跟风者让出丰厚的效益空间，而设计和策划新产品的前期较大投入得不到应有的回报。

资源整合之所以需要创新意识，是因为这种整合不是把两种或多种资源机械地组合在一起,而是经过整合产生化学反应,赋予新意和亮点,收到意想不到的效果。资源整合有其内在要求,不只是形式的改变。当然,如果没有创新意识,不从资源整合的本质出发,只是在形式上用心思,效果也许就会不太理想。在图书方面,如不考虑内容需要的插图,也称作"图文本"或所谓"新版全本"重新推出,被媒体称为一些名家陈年旧作"重新定位"、"缝制新衣",使出版界一些有识之士十分忧虑,担心这种情况反映了出版界原创力的衰弱和出版资源的匮乏,并认为这是一种急功近利的表现。是否如此,读者自然会有公论。

首先是长期的积累,形成了丰富的资源库,这为资源整合准备了必要的条件;进而提倡整体化经营,使全社编辑的眼光不仅仅停留在自己的部门和自己编辑的图书上,这为全社充分开发既有资源提供了保证;提倡创新意识,强调开发新品种利用旧资源都是创新,都应重奖,从而理清了编辑的思路,调动了编辑的积极性,从而使人文社在一定程度上形成了开发新品种和充分整合既有资源比翼齐飞的局面。

能否在资源整合中体现创新意识,是决定资源是"拼凑"还是"整合"的关键。在实践中,人民文学出版社既有成功的经验,也有不太成功的教训。大体说来有以下几个方面:

1. 出版资源是基础,读者需求是归宿,要努力寻找二者的最佳结合点。整合既有资源,具有成本低、见效快的特点,对一个出版社来说,能够较多地利用旧有资源无疑是一件令人愉快的事。旧有资源因为已经经过市场检验,在质量上也相对会有保障。但是,时代在变,读者的阅读需求也在变,大浪淘沙,历史和读者自然会有选择。如果只考虑自己的资源,为了整合而整合,可能会忽略读者的需求。借助名家和名作,希望充分利用品牌效应,这是相对安全的做法,是一种减少风险的办法,但如果只注意所谓"通则",而过多依赖于此,可能会陷入陈式的泥沼而不能自拔。没有资源,固然谈不上整合资源;只着眼于自己的资源,不更多地从读者的要求考虑,资源的整合和开发也许就成为无效劳动。读者的需求代表了市场的要求,建立依靠市场需求配置出版资源的出版社创新机制已是大势所趋,出版的决策,包括既有资源的整合和再度开发的决策,必须建立在对出版物市场需求、市场变化、市场竞争信息的及时、准确了解和分析把握的基础之上。正是在这个意义上,我们说,资源整合是又一次选择,并不是所有资源都有整合的价值,或者具有现实的价值,而选择的着眼点当然应该是读者的需求。对企业资源的价值进行评估,要从战略角度出发,以优于竞争对手和市场需要为标准,确定优势资源,分清哪些资源最有价值,哪些资源能持久发挥作用,哪种资源是独家拥有,哪些资源可以整合和进一步开发,这一切不能离开市场和读者。在资源整合时,一定要与读者建立密切联系,既有资源是出发点,而满足读者的需求是最终落脚点。企业讲"用户是资源","企业无边界"等,都是强调不能忽略顾客这种资源,在出版资源整合时,更不能忽略顾客的注意力这种资源。我们的一些自认为成功的例子,如"红色经典"、"新课标"等都是因为找到了旧有资源与读者需求的结合点,才取得了令我们感到满意的效果。

"红色经典"是指五六十年代极具影响力的一批长篇小说,这些作品数十年来魅力不减。尽管人们对"红色经典"这种命名、这种概括存有异议,但是一个不容忽略的事实是,人们发自内心地将上世纪五十年代出现的一批革命历史题材的作品称为"红色经典",而这个命名就是由我社的一套长篇小说丛书起始的。事实上,不管有什么不同想法,特别是近期改编"红色经典"引起许多议论,但作为长篇小说"红色经典",在许多人的心灵里留下了不可磨灭的印迹。中国许多读者在其世界观、价值观的形成过程中,就不乏"红色经典"血液的滋养,因此,说"红色经典"影响、感动了几代人,也许并不为过。"红色经典"中包含着太多历史的记忆,也包含着一个民族视为至宝的精神财富。这些作品虽然大多产生于五六十年代,表现的是已经过去了的、昨天的革命斗争历史,但对今天的读者仍然产生着深刻的影响,读者中存在着强烈的阅读需求。阅读"红色经典",不仅有助于后人认识过去的革命历史,而且更能激发读者的爱国主义与革命英雄主义,这是民族精神的凝聚与闪光,是新一代成长不可缺少的精神养料,因此,"红色经典"具有常读常新、历久弥新的品质。基于这样的认识,我们在1998年初推出了"红色经典"丛书,包括《林海雪原》等十种。这些书籍均是人文社50年代后独家出版的,不仅在当时影响了一代人,在今天仍然拥有一批读者,已经渐渐成为一个时代的标志,其地位日益凸显。但以往这些书只是单本出版,不能形成气候,而且封面、开本、装帧均显得较为陈旧,不太符合今天读书人的口味和图书销售理念。鉴于此,我社用"红色经典"这个名称从内容上统一这些图书,经过精心策划将这些图书重新组合,再度设计包装,一次整体推出,以形成规模效应,产生单本出版所达不到的效果。从 1998 年初出版以来,效果甚好。到目前为止,这套丛书已经成为同类图书中的代表品牌,已经成为许多家庭的必备书。从提出"红色经典"的概念,并依此编辑一套丛书,到今天"红色经典"已经成为一个话题,最初设计之功是不可磨灭的。在出版资源整合中,创新意识发挥了重要作用,而在这种创新中,读者的阅读需求是其出发点。

当然,作为出版者,面对读者需求时,也并不总是被动的,有时读者自己也未意识到自己的需求,这种潜在的市场要靠出版者制造和激发,如果这种需求是客观存在的话,它迟早要表现出来。一些朋友评价我们的一些丛书是"用新卖点激活了老资源",还是准确的。如我们的"茅盾文学奖获奖书系",在最初读者的需求并没有提出来,我们把过去不同年代出版的长篇小说整合出版,悄然走红,就说明市场是实实在在存在着的。

2. 共同性和差异化的结合,是资源整合类选题创新的一个原则。产品在产生之初,往往更强调其个性,强调差异化,只有与众不同的产品才可能获得更高的收益。对别的出版社的竞争,差异化战略是应该特别注意的,但在整合资源时就要寻找内部的共同性,减少自身品牌之间的竞争和内耗,而作为整体要放大这种差异性,以与别人的产品明显区别开来。如茅盾文学奖获奖书系,虽然也是长篇小说的整合,但在性质上体现出差异性,这些作品内部在获奖这一点上有共同性,这又与别的长篇丛书形成差异性,自己的特点就体现出来了。

茅盾文学奖是根据茅盾先生遗愿,为鼓励优秀长篇小说的创作,推动文学发展而设立的,由中国作家协会主办,每四年评选一次,是我国具有最高荣誉的文学奖项之一。这个奖项的评选,坚持思想性与艺术性完美统一的原则,重视作品的艺术品位,鼓励在继承我国优秀传统文化和借鉴外国优秀文化基础上的探索和创新,鼓励那些具有中国作风和中国气派,为人民大众所喜闻乐见,具有艺术感染力的佳作。从这里可以看出,"茅盾文学奖"本身已经具有了品牌的潜在素质。在 1998 年,我们意识到这个奖项的潜力,策划了"茅盾文学奖获奖书系"。当时已评出四届,其中有一半以上作品为人民文学出版社出版。人民文学出版社历来重视长篇小说的创作,因此取得如此成绩是很正常的,也是应该的。把这些作品集中起来,使资源再一次开发利用是可行的。当时有报纸提出,"人民文学出版社将本社十四年来获茅盾文学奖的九本书,重新包装组合推出,销售极好"。书系最初由九种书组成,书系的出版正是借当时媒体对第四届茅盾文学奖评选特别关注的东风,因此"书系"一经推出,就受到广大读者的喜爱,当年即销售15000套,不久又加印10000套,以后便形成了品牌,年年加印。到目前为止,《尘埃落定》《白鹿原》都印了几十万册,就是知名度不高的《骚动之秋》也印了近八万册。书业与其他行业的发展有其共同之处,品牌化是一个大趋势,实施品牌战略,借助品牌的力量整合资源,使其达到最佳配置方式是出版者必须思考的问题。现在每年全国出版图书品种数量年增长率达12%,而长篇小说早已到了日出一书的地步,读者常常不知该选哪本书,他们有时需要被大众接受的、被文学界认定的样本,而茅盾文学奖是国内长篇小说创作的最高奖项,有读者认可的品质,就读者购买与阅读心理来说很易接受。一方面抓原创作品,另一方面借品牌整合既有资源,就是同样重要的两个方面。茅盾文学奖当时已评出四届,其间对作品多有不同的争论,比如《白鹿原》的入选资格等,这些争论使这个奖获知率提高,人们不仅是对这个奖项和这几本入选的书产生兴趣,而且对当代的中国文学产生了更深刻的思考。各种争论不断见诸报章,对公众来说自然想知道哪些书获过奖。满足老一代读者的怀旧情绪,迎合新一代读者要读经典的需求,这套书的热销说明好书是会有市场的。作为一个尚无与之匹敌的、已获定评的"品牌",其开发价值是明显的,普通读者可以像相信国优、部优的家电产品那样,对茅盾文学奖获奖作品寄予高度信任,而人民文学出版社更是在对这一金字招牌的开发上,拥有无可替代的优势。这套书的推出还可以利用规模效应树立起人文社的另一个品牌,这是另一种收获。这个品牌在1998年确立以后,随着发展,又不断扩充,目前更是借助品牌的力量,把其他出版社的图书也尽量吸纳进来,形成了一个与其他社合作,共同打造中国长篇小说第一品牌的好形势,而在这个过程中,一些出版资源得到了合理的整合和新的开发,共同性和差异性的结合使这个品牌具有长久的生命力。

在这里还要提到,整合资源不是把一些图书物理性地"捆绑"在一起,而是要注意其内在的和谐,这也是"创新"的一种内在要求。在这方面,我社出版的"赵延年木刻插图本鲁迅作品"系列比较典型。因为我们在社内提倡编辑用创新意识进行出版资源整合和开发,逐渐形成一种风气。现代文学编辑室一位老编辑业务比较强,对社里的图书资源也比较熟悉,因为时时留心,在一次会议间隙,他与一位既是鲁迅研究专家,又是中国版画史专家的老先生闲谈,触发了他的灵感,想到赵延年先生刻有鲁迅小说插图上百幅,是否可以出版赵延年木刻插图本鲁迅作品。选题一提出,便得到了编辑室的认可,大家认为这个思路有新意,应该尽快落实。赵延年先生从 1939 年即从事木刻创作,他为鲁迅作品创作插图的鼎盛时期是上世纪 70—80 年代。1974 年为鲁迅《祝福》创作插图,接着为《孔乙己》《野草》《药》《伤逝》等作品创作插图。1980—1985 年集中精力为《阿 Q 正传》与《狂人日记》创作插图,他的插图突出人物的个性,重在表现人物内心世界,如在《阿 Q 正传》插图中,突出表现了阿 Q 的"精神胜利法";在《狂人日记》中突出表现了"狂人"那看透封建社会吃人本质的惊觉的眼神。这些插图与作品相配,起到了画龙点睛的作用。另外,我国版画与鲁迅有着密不可分的联系,正是在鲁迅的介绍和倡导下,才有了新兴版画在中国的出版和推广。1931 年,鲁迅便请人在上海开办了一期木刻训练班,讲授了木刻的制作方法,以后专家便以此作为中国现代版画开始的年代。后来鲁迅又组织了数次木刻画展,出版了《近代木刻选集》,介绍国外版画家,大力推进中国版画发展。就鲁迅与中国现代版画的关系来说,用木刻与鲁迅作品相配也是十分合适的。这套丛书一经推出,就受到读者的欢迎,成为一个新的品牌。这种方法,把鲁迅的经典作品,包装成符合当代读者审美心理的新书,同时在内容与形式上又达到高度一致,具有突出的共同性。用我们编辑的话说,是对人文社原有出版资源的一次较为成功的再策划、再组合、再利用,为我们更好地整合和开发既有资源提供了积极的经验。

当然,资源整合要注意图书内在品质和谐,因此也就不是一般意义上的"集中出版",更不是被业界讥讽的是旧作拼成的"冷菜拼盘"。有时为了读者的需要和整合资源的需要,还要组织一些新的书稿,这些书稿更多地利用的还是出版社的作者和编辑资源的整合,正因为有了这些"新书",最初整合资源的构想才能彻底落实,如在《语文新课标必读丛书》中,我们编辑出版了《高中生必背古诗文 40 篇》、《初中生必背古诗文 50 篇》和《小学生必背古诗 70 篇》,使这套丛书内容更完整。可见,在对旧有资源的整合中,有时也需要补充新的资源,其要点是内容的和谐,其目的是满足读者的需要,只有这样,所谓"创新"才能落到实处。

3. 资源再利用的筛选标准是把握好品牌书和精品书的结合,只有入选精品图书才能保证品牌效应。这实际也是一个整合、开发品牌资源的问题。人文社是品牌,某一丛书也应力争成为品牌,而其基本要求是每一本图书都要力争是精品。应该珍惜多年积累的品牌,将其进一步开发并物尽其用,在发挥既有品牌优势的同时,创造新的品牌。

从"世界名著文库"到"名著名译插图本"可以说是我社图书资源最大的一次整合。这是分两个阶段完成的。1993年开始,我社对已有资源进行清理,开始了浩大的"世界文学名著文库"的编辑出版工程。此次本着求大求全的原则,凡是有保留价值的译本和作品均在进一步完善的前提下保留;凡是必须有替换作品的图书,统一确立译者、编者。工作全面铺开,历时近十载,在2002年才正式完成,共200种图书250卷,可以说把我社的重要出版物几乎一网打尽,特别突出的是外国文学部分。"世界文库"的出版过程经历了计划经济向市场经济转轨的过程,读者也从以前的热情购买型转为理性购买型。"世界文库"的质量是可以保证的,但是出版时间过长,读者的热情减退,作为一个文库,它的历史使命已完成。我们认为,这是一个宝库,是一个大工程,由此可以产生一些小工程。"文库"资源丰富,它带来了更大的品牌效益,对其他图书也会有影响。我们深知:出版企业尤其要追求积累,包括文化、版权和书目的积累。只有更多地积累,才能进行再利用和再创造。世界文库本身是一次资源整合,也是进一步整合的来源,由此出版了"世界文库普及本"、"世界文库少年版",而最大的一个工程是"名著名译插图本"。世界文库虽然以收书多著称,但出版时间过长,以及定价、装帧不适应市场。如果做完这个大工程就不管了,岂不是巨大浪费? 因此,我们又在此基础上,侧重于我社外国文学出版的优势,策划出版了一套"名著名译插图本"丛书,第一批推出60种,第二批推出40种。丛书名称应该概括了这套书的特点,不仅是名著而且要名译。这些作品经过长期流传,成为经典,可以让我们体味到经典名著隽永的魅力,同时翻译者是杨绛、草婴这样一批老翻译家,他们的译本也已成为经典,他们对翻译的精心打磨,字斟句酌,是现在出版市场激烈竞争的条件下,年轻翻译家不易做到的。因此有人说,"名著在名译之后诞生",是很有道理的。成功的译著把世界名著转换成我们民族的精神财富,于是融入我们的文化进程,世代流传下去。这就是名译的力量。另外,我们考虑到读者的需要,为每一本书配上适量的插图,在装帧印制方面也认真改进。这套丛书的出版,固然借助了人文社的品牌,同时又增强了出版社品牌,加之宣传策划的大力推动,使之甫一出版,即受到读者和业内人士的关注。有人认为是"世界文库"的再生,在市场上的反应还是令人满意的,使我们外国文学图书占有市场的份额有所回升,目前已经成为一个常销品牌。这套丛书的成功,使我们进一步打开了思路。我们不断在思考:在出版更多更好的名著的基础上,如何更好地经营译者资源、品牌资源、书目资源? 如何处理好入选精品图书和形成新品牌的关系?

旧有资源的开发往往需要借助于"集聚效应"才能获得成功。"集聚效应"是我借用的一个经济学名词。集聚效应是一种世界性的经济现象,其实质是由一个大企业、大集团所形成的企业群体效应,或者由一个规模产业所形成的产业链条效应。因地理或项目集中而带来的集聚经济效益,这是集群创造和保持优势的重要源泉之一。集聚效应,现在已成为企业或地方增强竞争力的经济发展模式。资源整合和开发往往也应发挥这种经济现象的优势。事实上,如果选择得当,确实会很有效果。经济学上称为"波及效应",这是资源整合和开发的一种理想效果,如我社"中学生"和"新课标"中的《论语通译》一种,本来是古典部的一本一般图书,开始只印了几千册,还有一部分销不出去,但是当把它放入"中学生"和"新课标"以后,情况就出现了令人意外的变化。到目前为止,这本书。共销售了 74.6 万册。其他还有多种图书,因为入选丛书而销量大增,如《繁星·春水》共印刷约 195.6 万册,《朝花夕拾》约 209 万册,即使像《匹克威克外传》这样知道的人并不多的图书,总销售也超过 12.5 万套,资源整合的价值于此可见一斑。

虽有所谓"波及效应",但并不是任何品质的图书都会受到这种效应的照顾,因此在考虑整合资源时也并不是多多益善。在这方面,我们有经验也有教训。我们有一套《中国现代名剧丛书》,收戏剧作品 11 部,就是严格按照精品标准选择作品,绝不盲目扩大范围,从而使丛书本身显现出精品和品牌特点,效果甚好,平均销售 60000 余套;而另一套"中华散文珍藏本"，是我们整合我社散文作品的一个项目，虽然策划有一定新意，但因为把关不严，一些平庸之作也因为种种原因收纳其中，破坏了丛书的品牌形象，不仅没有发生"波及效应"，相反却互相影响，使一些精品图书受到拖累。目前我们正着手进行清理，按照品牌书和精品书结合的原则作一次新的整合和开发，希望得到预期的效果。

4. 资源整合和开发要靠活动和宣传推动。一个出版社一年出版多少种书就是多少个品种，这与工厂不同，比如电视机厂，它的产品就是那些品种，不同品种的总数是有限的，而出版社则不同，我社一般一年新书450 个品种，重印书 550 多个品种，差不多有 1000 个品种。因此，就每一个品种来说，不可能投入太大的宣传推广力量。但资源整合往往会形成几十种书为一个大的品种，这样，投入适当的人力物力就是很必然的了。不论在整合前是哪些图书，当你把它们按一定的内容或特殊的主题把一批图书资源作了整合和进一步开发，你就有义务把你的思路告诉广大读者，让他们理解你整合资源的依据和出发点，从而成为你的目标读者。谈到这个问题，我自然要提到我们的"中学生课外文学名著必读丛书"和"语文新课标必读丛书"。

1999 年下半年，我们的编辑得知教育部要颁布《语文教学大纲》，其中特别表明要鼓励中学生广泛阅读，在推荐的书目中，我社有明显的资源优势，其中既有受到读书界普遍认同的优秀版本，又有我社具有独家专有版权的现当代作品。于是，经过一番努力，我社在 2000 年 6 月推出"中学生课外名著必读丛书"。该丛书收录了 28 种中外世界文学名著，其中有8 种具有专有出版权，其他各种均是出版社旧有出版物。经过长期经营，这套书经多次再版，差错率极低，在读者中已有好的口碑。这一举措目的明确，完全从读者需要出发，发挥了我社长期出版古今中外文学作品的特点，借我社 50 余年积累的优势，对原有出版资源作了有机整合。这套丛书一出版即受到广泛欢迎，当年码洋即达到 8000 万元。2003 年，教育部对《语文教学大纲》进行了修订和调整，颁布了《全日制义务教育语文课程标准》和《普通高中语文课程标准》（我们俗称"新课标"），它是我国中小学语文教学、评估与考试命题的依据，是我国管理和评价语文课程的标准。教育部"语文课程标准"参考了美国、法国、日本等许多国家的标准，对我国中小学阅读量提出了具体要求。我们的编辑密切关注课程改革，从 2002 年即开始遴选书稿,因此"新课标"一公布,我们即依据"新课标"推荐的书目,充分调动、整合我社各种出版资源,在第一时间推出"语文新课标必读丛书"49 种,于 2003 年 5 月 18 日在全国同时上市,成为 2003 年"非典"之后一个人们关注的亮点。这 49 种图书,充分利用了我社旧有资源,其中既有"中学生"已使用的旧有资源,也有"中学生"未用上的既有资源,使这套书不仅出版及时,而且版本、质量早已在读者中享有很高声誉,赢得读者信任。为了帮助读者阅读,我们还组织撰写了"导读","导读"又结集出版,也受到读者欢迎。今年我们又重新进行了调整,增加了当代的一些作品,同时增加了"知识链接"等新内容,又掀起一个新的销售热潮。

因为适应了读者的需求,加之有较高的品质,这为丛书的销售准备了有利条件。但是大力的宣传和推广也是不能忽略的,对"中学生课外文学名著必读丛书",我们做了大量宣传营销工作,告诉读者我们为什么选这些书成为丛书,出发点是什么,依据是什么,这套书的特点是什么,整合资源前后有什么不同。同时,开始了各种形式的推广活动,组织暑期课堂,请各地特级教师讲解中学生阅读名著的必要性,帮助他们开展阅读活动,先后在十几个中心城市开展了免费讲座。在"新课标"推出之后,我们又总结经验继续推进这项活动,在 18 个城市举办了讲座和推广活动,效果很好。再如,1999 年我们组织了"百年百种优秀文学评选"活动,请专家对一个世纪的文学作品进行认真评选,选出一百种图书,然后我们与作家出版社、中国青年出版社、解放军文艺出版社联合推出了"百年百种优秀中国文学图书",在更广泛的范围内对出版资源作了新的整合,读者反映很好。说到扩大范围进行资源整合,我们希望充分利用人民文学出版社的地位和影响力,为中国文学的整体发展作出我们的贡献,借助文学出版社的品牌并在保证双赢的前提下,与有关出版社合作,把资源整合这件事做得更大。出版资源是有形的,有时又是无形的;有地域的差别,也可以超出地域的限制;有边界制约。原则上说,资源整合的前提是具有版权,但是如果能使各个方面均得到利益,资源整合扩大范围还是可能的。人民文学出版社在某些方面有自己的优势,也有自己的传统,如 50 年代就编辑各种作品选本。现在情况发生很大变化,照搬过去那一套肯定不行了,但基本思路也并不是一定要抛弃,在这方面我们也力图做一点事儿,如把我社长篇小说资源的整合再推进一步,出版一套"当代名家长篇代表作"。我们的思路是"集中全国长篇小说精华,展现当代作家强大阵容"。目前已一次推出25种37册,其中吸纳了其他出版社的一些优秀作品,但愿成为一个新的品牌。同时,我们要扩大"茅盾文学奖获奖书系"的品种,寻求更多出版社的图书加入,使这个品牌更具权威性和代表性。

5. 整合资源,深度开发。在这方面我们做了一些工作,也遇到一些问题,比较突出的是《哈利·波特》。

《哈利·波特》是一部名副其实的"超级畅销书",能把这位戴眼镜的小魔法师介绍给中国广大读者,我们感到十分荣幸。路透社2003年11月17日电说:"世界上最著名的男孩巫师今天创造了一项新的世界纪录——哈利·波特丛书的销售量达到2.5亿册。……这套书已在200多个国家和地区发行销售,被译成60种文字,从印度的古吉拉特语到古希腊语。"而《哈利·波特》自2000年10月6日来到中国大陆后,到目前为止,其简体字中文版共出版和销售已达700多万册,成为一个非常值得关注的出版现象。

购买到《哈利·波特》的版权对人文社来说是一个重要收获。但是,能不能在此基础上进行深度开发,是我们思考的另一个问题,在出版社和编辑室的思路上,形成一定要充分利用已有资源的共识。相关产品主要有两类,一类是与《哈利·波特》有关的辅助读物,如"哈利"在魔法学校读的图书《神奇的动物在哪里》、《神奇的魁地奇球》以及《我和哈利·波特真实的故事》等。前两种装帧力求古朴,封面分别印有魔法学校图书馆的图章和哈利·波特的签名,书中也处处可见哈利评注的痕迹,这些严格切合原作故事内容的设计使读者兴趣大增;后一种是关于罗琳的访谈录,对了解《哈利·波特》的写作及罗琳很有帮助,一经出版,销路就很好。目前,又进一步深度开发,推出了"J. K. 罗琳读书单"丛书,收入8种世界文学经典,突出其"滋养J. K. 罗琳,催生哈利·波特"的特点,希望喜欢罗琳和哈利·波特的读者能选读。第二类是衍生产品,在《哈利·波特》顺利出版后,我社积极与具有形象版权的华纳公司接触并获得"哈利·波特"形象版权,不久即推出三套《哈利·波特》明信片,三册黑白和彩色对照的填色书,可挂可贴的大开本海报。以后又推出了笔记本、贴画书等产品,其中《哈利·波特与魔法石》贴画本共四册,分情景贴画和标贴画,既有书中的场景，又有书中的形象，十分精美，是"哈利·波特"外延产品中的精品。对这一类产品的开发，坦率地说，开始我们有些犹豫，主要是因为制作任务比较繁重，担心费力不讨好，后来我们认识到：多元品种的开发造成了与主打品种的互动，对主打品种是一个有力的宣传，形成更大面积的影响和效益。现在看，这一类产品开发的效果尚可，当然还有很多事情要进一步做细做好，相信会得到预期的回报。

原载《香山论坛2006·图书选题创新讲演录》，
中国大百科出版社2007年3月版

从人文社的经营理念谈出版社的核心竞争力

中国加入世贸组织以后,出版社要在激烈的竞争中立于不败之地,就必须具备核心能力,即核心竞争力。核心竞争力是一种综合实力,同时是一个动态概念。范黎波、李自杰在其《企业理论与公司治理》一书中指出:"企业能力是由资源、流程和价值观所决定的,提高企业能力,必须实现资源转化为流程、流程提升为一种正确反映市场特征和市场变化的价值观。企业的核心能力主要由企业的核心流程和经营价值观与企业文化所构成。"只有实现了这些转化和提升,企业的某种能力才能上升为核心能力。

企业能力的决定因素很多,对出版社来说也是如此。当面对你们出版社能出版什么书的问题时,我们首先会想列出版社的资源情况。核心竞争力重要的一个方面就是对资源的占有和有效运用的能力。说到"资源",当然首先要提到人的资源。一个出叛社要发展,第一要有一支专业性强、素质高的编辑队伍;第二就是要形成有效的人才引进、使用和培养机制,为人尽其才创造条件;同时,还要加强对人才的培训,从而改变人才结构,发挥人才潜能,以适应形势和现实的需要。谈到人才资源,还必须谈到企业的管理团队。出版社的领导和中层骨干是企业核心竞争力的集中体现,忽略了这一点,"人才资源"的概念就不全面。除了企业内部的人才资源,出版社还要有丰富的社外人才资源,优秀的作者队伍是出版社不应忽视的重要的社外资源。此外,版权也是出版社的一种重要资源,出版社其实经营的就是版权。出版社也只有生产出了区别于其他出版社的具有个性化和标志性的产品,才能真正树立起自己的品牌。"书出精品,社创品牌"是出版社发展的必然要求,也是形成其核心竞争力的必然途径。

决定一个企业能力的另一个重要因素是流程,也就是企业特定的运营和经营模式。当员工经常性完成某项工作时,流程就逐步被定义下来。当流程逐步成型以后,企业的各种具体经营活动就被纳入了流程。一个成功的出版社同样会有自己一套行之有效的运营机制,出版社"要通过流程,而不仅仅是通过资源和产品来显示自己的竞争优势和创造价值的能力。"因此,"同资源水平相比,流程和流程的重整对企业的竞争力具有更大的影响。"人民文学出版社在长期发展中形成了特有的经营运作的模式,比如年度选题规划和长远选题规划的体系化,选题申报的多层次讨论制,书稿审读的严格规范,这无论是在多么激烈的市场竞争中都不能忽略的,反而应该得到加强。但是面对市场竞争的现实,有些以往的"流程"也必须作出相应的调整,如人文社宣传策划和图书营销模式就在原有模式基础上作了适当修改,发生了一些重要变化,在细分市场、认真研究目标顾客等方面作了许多努力,《张之洞》、《哈利·波特》等图书的成功就是明证。一个企业对市场机遇的价值判断是不是准确、是不是及时,有时决定着企业的成与败。现在不只是大鱼吃小鱼,更是快鱼吃慢鱼,如果反应迟钝就会失去竞争的机会,比如对版权的购买,过去层层审批,审批之前又不厌其烦地研究,有些机会就在这个过程中失去了。人文社现在有关编辑室和版权部在相当的范围内可以迅速确定是否购买版权,经简捷的程序认可就可以进入实质性的操作阶段。这样运作可以避免时间的浪费,抓住每一次机会,从而总是处于领先一步的地位。当然,有的事情要急,有的事情要缓,有的事情不管多忙也不能省略。比如,为了保证图书的质量,出版社的事前把关和事后检查的制度是必须严格遵守,绝不能有一刻放松的。

企业核心能力的重要体现是价值观,即企业的经营价值观和企业文化。企业各个流程的正常运转,自然会逐步赋予其各项决策以最优、次优、可行与不可行的选择排序,这种清晰的选择排序就逐步凝结成为一种企业的价值观。人文社在长期的发展过程中也形成了有深刻内涵的价值观,社长聂震宁这样概括人文社的优良传统:"坚持以国家文化建设为己任的出版宗旨,坚持以主流文化为主导兼容并包的文化态度,坚持精益求精、开拓创新的工作精神,坚持以高素质的人才队伍作为事业之本。"这个传统,其实就是人文社的"价值观"的基础和前提。在此基础上,才逐渐形成了人文社较为成熟的经营理念和企业文化观念。具体说来,人文社的价值观大约有以下几个方面:

一、在坚持两个效益并重、社会效益第一的原则下,强调挺拔主业、优化结构、丰富品种

作为国家级专业出版社,全社员工深知自己的社会责任,作为"自收自支的事业单位",经济效益当然十分重要,但作为党的出版工作者,必须把社会效益放在首位,在计划经济时期是这样,在市场经济时期更应该如此。无论何时,都不能忘记以国家文化建设为己任的宗旨。有这样一种价值观,就能保证多出书,出好书。迄今为止,人文社已获得国家图书奖15 项,"五个一工程"好书奖 4 项,茅盾文学奖 11 项,以及其他重要奖项150 余项。应该说在社会效益方面,人文社是可以自慰的。当然,社会效益与经济效益不是截然分离的,人文社大量社会效益好的图书都有很好的经济效益,如,"蓝星诗库"、"百年百种优秀中国文学图书"、《人间正道》、《突出重围》、《将军吟》以及近年的《当关》、《东藏记》、《永不放弃》、《绝顶》等等都有很好的两个效益。在两个效益并重的原则下,人文社还特别提出要突出文学出版的主业,重点出版古今中外的文学作品和有关著作,做到主业挺拔、重点突出,这不仅有利于发挥人文社人才的优势,也符合广大读者对人文社的要求。在强调保持传统的同时,人文社又提出适当调整结构,更多地增加图书品种。在向广大读者奉献高质量中外经典著作和文学新作的同时,着力调整出版结构,建立了"少儿读物编辑室"和"教材出版中心",陆续推出了"中学生课外文学名著必读丛书"、"小学生课外精读丛书"和《哈利·波特》等图书,其他如"猫头鹰学术文丛"、《网络鲁迅》、《网络张爱玲》、《李嘉诚如是说》、《天文博物馆》及双语类读物的推出,使人文社的图书结构发生了微妙的变化,做到心里装着读者、眼睛盯着市场,使人文社图书的品种得到了明显的丰富,从而适应了读者的需要,也就适应了市场的需要,表现出一种新的追求和新的面貌。

二、在面向市场、面向读者的同时,坚持多方面的创新

面向读者,除了图书的内容以外,还有许多其他问题需要考虑。比如,如何在服务于读者的同时获得适当的利益,也就是在成本和定价上采

取何种正确的策略。人文社是一个老社、大社,管理费用无疑偏高,这是事实,但人文社在长期的发展中形成了较为丰富的资源,这就使得一些投入可以降低成本,从而降低对毛利率的过分追求,其结果是在让利于读者的同时扩大了人文版图书的影响,出版社也当然就获得了应该获得的利益。这一点,人文社是有教训的。在1996年前后,当时有关人员片面强调了成本的负担,因而采取了脱离市场的高定价策略,结果事与愿违,图书发行量大幅度萎缩,严重影响了出版社的整体发展。经过总结经验教训,人文社逐渐形成了不过分追求毛利率而又注意分类把握、适度调整的定价策略。再如,怎样与时俱进、不断满足读者和市场的需要,人文社形成了必须不断创新的价值观。创新是出版社发展的核动力。创新体现在方方面面,有流程的重整和机制的创新,有产品和项目的创新(开发新选题是创新,利用旧有资源进行重组也是创新),有出版方式和印刷工艺的创新,有封面设计的创新,还有市场和营销的创新,也有观念的转变(比如,面向市场,必须进行一些机构的调整,一些编辑和行政人员要走上营销第一线)——只有创新,才能推动出版社不断向前发展,才能使出版社的方方面面充满活力。有了这样的创新意识,才能有新的成功的可能,有了一次次创新的实现,才能实现一次次新的飞跃,才能真正实现持续发展。面对严峻的竞争形势,人文社已初步形成了没有创新就没有发展的企业价值观,这种价值观和企业文化支持创新,使创新具有动力和活力,从而使创新成为了人文社核心竞争力的重要组成部分。

三、在整体化经营的理念指导下,坚持"效率优先、兼顾公平"的原则

人文社是一家有较丰富的资源储备和较稳定传统的出版社,在面对激烈的市场竞争的时候,提出了既适合自身条件又符合市场需要的经营理念,概括起来就是"整体化经营"的战略思路。一个出版机构面向市场,自然要坚持"效率优先",这是竞争的需要;同时,又要注意"兼顾公平",这是由现阶段出版社的性质决定的,也是出版社生存和发展的需要。众所周知,"效率"和"公平"是经济学和管理学不断探讨的一组矛盾,人文社在处理这组矛盾时的思路是用"整体经营"的理念将这矛盾的双方统一起来。在人文社看来,"效率"是"整体化经营"条件下的效率;"公平"是"整体化经营"后的结果。单打独斗、各自为战的方法不符合人文社发展的总体思路。有了整体化经营的理念,人文社就可以举全社之力

做一些编辑室不能或不愿承担的大型积累型项目,也可以投资开发一些短期内不会有明显经济效益的图书,就可以通盘考量,按照轻重缓急的次序陆续推出各类读者喜爱的产品。当然,整体化经营并不是忽略分类指导和分类管理,并不是忽视员工的个人努力。事实上,不注意发挥不同类别板块的积极性,没有每一个员工的努力,也就不会有整体化经营的基础;整体化经营并不是不要每个员工个人的努力,相反是要在整体化经营的前提下更突出地强调分类指导和管理,强调发挥个人的主观能动性。因此,才有了"大学生必读丛书"、"中学生课外文学名著必读丛书"、"插图本世界文学经典丛书"、"二十世纪外国文学丛书"——在人文社同样有项目负责人,有部门和个人要对具体的选题和图书负责,但是总负责人是社领导,是社务会。因此,从选题的确定到作者的选择,以及到图书的印制、发行和营销策划,都有相关部门统一配合和协作,同时这些部门也共同为每一个项目负责。项目成功了,具体的项目负责人及其部门功不可没,相关员工和部门也会享受成功带来的利益和快乐,而最受益的,还是出版社,还是全体员工。

四、在强化品牌的前提下,注意图书产品的多层次开发

在强化品牌的同时,还有不断开发和利用原有资源的问题。原有资源的充分利用和开发,是难点,也是机会。经过实践,人文社形成了多层次开发的理念。比如,《保卫延安》、《野火春风斗古城》、《暴风骤雨》等都是革命历史题材的名作、曾经产生过重要影响。为了让今天的读者重新认识这些书籍的价值,人文社推出了"红色经典丛书",效果很好。同样"茅盾文学奖获奖书系"也是这样形成的新的品牌。再如,"世界文学名著文库"是一个大工程,共收入图书200种、250卷,全面反映了包括我国在内的世界文学的最高成就。此套丛书出版后,在读书界、出版界产生了很大影响。基于多层次开发的思路,人文社又出版了"世界文库精选本丛书",进而又开发出"世界文库儿童版"。总之,是让原有资源尽量充分地发挥作用。更典型的多层次开发表现在有关《哈利·波特》的产品上,人文社不仅推出了原作,还推出了相关图书,进而推出了相关产品,如明信片、挂历、填图册等等,受到小读者的欢迎。

企业能力是在企业的发展中逐级提升、不断完善的,随着时间的推移,企业能力逐级提升到流程和价值观上,这样某种能力才上升为核心能

力。人文社的核心竞争力只是初步形成,还有待于进一步强化。按现代企业理论,应该是流程优于资源、价值观优于流程,从人文社的实际看来,还是资源本身发挥着更大的作用,而流程和价值观还有更大的提升空间。已成型了的价值观要进一步提升和完善,未成型的价值观还要尽快定型,如内涵式发展,多元化发展以及学习型组织的建立等理念都是有关企业发展的根本价值观,绝不能忽略。即使是资源,也还有如何更加充分利用和开发的问题。不能充分利用和开发原有资源,资源不仅不是财富,反而可能成为负担。而要用好已有资源、积累新的资源,关键还在流程重整和建立新的价值观和相关的理念。在现实的经营实践中,许多企业的成功基于资源,而他们对这种资源优势深信不疑,忽视了开发创造价值的一系列流程和价值观。《企业理论与公司治理》指出:"北大方正的董事局主席王选在总结北大方正十几年发展经历的时候说过:正因为过去方正的技术优势太大,仅凭此就为方正换来了高额利润,导致了方正多年来对管理的忽略。而没有好的管理,再大的技术优势也会消耗殆尽。可见,资源优势(如技术本身)不是为企业带来利润的灵丹妙药,只有良好的管理才能达到技术资源最充分有效的利用。"这话是颇有启发性的,出版社要想持续发展,管理者不仅要能正确对待和配置资源,而且要在"整体上建立和认知企业的核心能力,包括核心流程和价值观"。

原载《中国出版》2002 年第 9 期

发挥优势　繁荣出版

——关于在市场经济条件下做好文学出版工作的思考

当前,我国正处在建立社会主义市场经济体制和社会主义现代化建设的关键时期。《中共中央关于制定国民经济和社会发展"九五"计划和2010年远景目标的建议》提出,在"九五"期间,要初步建立社会主义市场经济体制,在2010年要建立起比较完善的社会主义市场经济体制。改革开放和现代化建设的新形势,为出版事业的繁荣和发展创造了更有利的条件,同时也对出版工作提出了更高的要求。图书,作为一种特殊商品,必须走向市场,出版工作的管理体制和运行机制也必须适应市场经济的要求,否则,出版事业就不会得到真正的繁荣和发展,就不能真正有效地为社会主义物质文明和精神文明建设服务。

一、图书的属性及我国图书市场的特点

所谓市场经济,就是在市场中运行的经济。社会主义市场经济,也是市场经济,同样是由市场供应,即价值规律调节的经济。图书,虽然是一种特殊商品,但它首先是商品,因此它当然具有一般商品的属性,也就具备了走向市场的先决条件。就我国的具体情况来看,图书市场目前还是一个不完全竞争的市场,国家为了全局的利益,对图书出版事业采取了多种保护和限制措施,如对出版社的成立,具有严格的审批制度,不允许个人成立出版社;对各个出版社出书的范围,有大体明确的分工;对出版社在税收方面给予优惠,等等。这些措施的实行,使得国家允许成立的出版单位受到了保护,从而形成了不完全竞争的大格局。这是问题的一个方面。另一个方面,作为不同的出版社,相对于其他出版社来说,又都处在大体公平的竞争地位,尤其是在专业分工不那么严格的情况下,公平竞争表现得更为明显。这是因为,图书市场也遵循一般市场的规律,离开了竞争,所谓市场也就成了一句空话,而只有经过激烈的竞争,出版社才可能不断地激发出内在的活力和生机,也才可能更多地向社会提供丰富的、高品位的、高质量的优秀出版物,以满足广大读者日益增长的文化需求。在这种竞争中,国家通过行政手段进行管理,虽然是必要的,但却也是有限的,并不能用之代替市场本身运行的规律。对于各个出版社来说,必须牢固树立竞争意识,单纯依靠国家的优惠政策,是肯定不行的。譬如像我社这样一个"老牌"出版社,从前是全国唯一一家专门出版文学作品及研究著作的出版社,在计划经济的体制下,它的日子当然是很好过的。但随着改革开放的不断深化和发展,出版社如雨后春笋,目前已有 500 余家,而其中有几乎 1/3 的出版社可以出版文学类图书,我们出版社为在图书市场中占有更大的份额,就必须与其他有条件与我社竞争的出版社进行激烈的"你争我夺",不如此,出版社必然会逐渐丧失生机,最后被淘汰出局。也正是因为有了这种竞争,我国的图书市场才可能出现百花齐放、万紫千红的壮丽景象;而对一个出版社来说,也正是因为参与了竞争,它内在的活力才能真正焕发出来。竞争的魅力、竞争的价值,在这里得到充分的体现。当然,这种竞争,对我们这样过去处于某种"垄断"地位的出版社来说,压力是大大地增加了,形势也显得严峻多了。如果不清醒地认识这种态势,如果还妄自尊大,其结果肯定是不会令人愉快的。

就我国图书市场来说,一方面竞争的对手增多了,呈现出激烈竞争的情况;另一方面,相对说来,图书市场却又不断缩小,电视、电影、报纸、杂志都各自拥有了自己的观众和读者,上扬的书价又使许多读者在书店里犹豫徘徊,这种状况便形成了图书的买方市场,读者在选择上站在主动的地位。作为出版单位,不管你的产品多有价值,也只有在读者选中它并把它带回书房去以后,图书的价值才可能真正实现。说到图书的价值,当然包括其社会效益和经济效益。出版社在根本上说来是一个企业,同时它又是一个生产精神产品的部门,当然不能像一般产业部门那样完全以市场为导向,市场需要什么就生产什么,因为作为商品的图书具有特殊性,目前还不能完全推向市场。因此,无论什么时候,图书的社会效益都是第一位的,单纯强调经济效益而忽略社会效益,是不符合社会主义出版原则的。这并不是说,图书的经济效益是不重要的。相反,既然图书走向市场,它的经济价值就是一个不容轻视的问题。没有经济效益,出版社就没有资金投入再生产,所谓的社会效益也就不可能真正实现。既要强调图书的社会效益,又要重视图书的经济效益,尽量争取二者的统一,这就是目前我国独特的市场经济体制对图书出版工作提出的独特的难题。要正确地解答这个难题,就必须坚持邓小平同志建设有中国特色社会主义的理论,坚持解放思想、实事求是的思想路线,正确地分析我们所面对的图书市场所具有的特点,积极勇敢地投身于市场经济的浪潮之中,除此以外是没有其他出路的。还应该补充一点的是,我国目前的图书市场还远远不够健全和成熟,保障其正常运行的法制建设还急需加强,非法出版活动还没有得到根本治理,这都是我们投入市场经济大潮时必须清醒认识的问题。

二、发挥优势,多出精品,才能在市场经济中立于不败之地

面对"群雄逐鹿"的图书市场,一个出版社如果无动于衷,不积极参与竞争,就难免被挤出竞争者的行列,最后被广大读者所遗忘;同样,如果面对繁荣的图书市场,妄自菲薄,失去参与竞争的勇气,其结果定然也是可悲的。参与市场竞争是大势所趋,但仅仅具有勇气还是远远不够的,对市场的正确认识,对本出版社优势和劣势的准确把握,这是在市场竞争中取胜的必备条件。人民文学出版社作为一个成立时间较长的大出版社,多年来专门出版古今中外文学类图书,当然具有许多先天的优势,这是我们参与竞争的有利条件。在过去的 40 余年中,我社逐渐形成了一支思想水平、业务水平都很高的编辑队伍;经过几代人的共同努力,我社积累了一大批优秀图书和丛书系列;通过实践的检验,我社逐渐形成了一套卓有成效的工作程序和严格的制度。这一切聚集在一起,便在读者中自然形成了一种"名牌"意识,成为我社发展的一笔不容忽视的无形资产,其影响远远超过一定数量的资金。比如,同样是"四部古典名著",现在的版本有几十种,但人文版还是读者的首选版本。出版社的"金字招牌",犹如企业的名牌产品,其价值往往是难以估量的。我们应当十分珍惜前辈出版工作者留下的这块"金字招牌",进而用好这块牌子,去创造新的辉煌。

如前所说,珍惜牌子固然是重要的,用好牌子则更为难能可贵。不能满足于前人留下的牌子,更不能自我束缚,而是应该百尺竿头,更进一步,

把出版社的优势落在实处,那就是适应市场经济的要求和精神文明建设的要求多出好书、精品,坚持"以质取胜"的战略。要出精品,首先要不断地开拓新的选题,其次要保证图书质量(不仅包括图书的思想内容、艺术特色,还包括装帧设计、出版印制的质量),只有多出精品,才能使出版社牌子不倒,消极地保是保不住的。精品是思想内容充实、正确,艺术品位高,"是那些能够武装人、引导人、鼓舞人、塑造人的杰作佳作,是那些能够积累人类文明成果,给社会发展与进步提供精神食粮的优秀读物"。它不仅包括那些具有高深内容的图书,也包括那些读者面广、普及性的书籍。读者是有层次的,但不管哪个层次的读者都有权利得到精品读物。基于这种认识,我社近年来陆续推出了《文体丛书》、《古诗类选》等系列丛书,受到广大读者的欢迎,为探讨提高与普及相结合的出版道路做了有益的尝试。

精品的产生,不是任何人想当然的结果,而是要经过多方面的努力才能出现。选题的提出和确定,要建立在对图书市场深刻了解的基础之上;质量的保证,要经过编辑、校对、设计人员的共同努力;图书走向市场,还要经过宣传和发行人员的辛勤劳动。只有各个部门的通力合作,才能保证精品图书不断涌现。为了有更多的精品面世,我认为出版社还应该进一步适应市场经济的需要,加大改革的力度,除了社里积累资金专门用来补贴精品图书出版以外,还应该鼓励自费出书,规范协作出书,动员和利用社会力量来出版那些学术价值较高而读者面较窄的图书。只有探索学术著作出版的多种途径,才能保证更多的精品走向读者。而能生产大量精品的出版社,在市场经济的大潮中,就会立于不败之地。在这方面,我们出版社和编辑室也做了一些尝试,如去年出版的《宋代词学审美理想》便采取了补贴出版的办法,在社会效益和经济效益两个方面都收到很好的效果。但从实际情况看来,我们的思想还应该再解放一点,步子还应该再大一点,路子还应该再多一点,真正使自费出书和协作出书成为正常出版的补充。如此,出版繁荣局面的形成和精品图书的大量出现,便是情理之中的事情了。

三、调整结构,强化管理,以适应市场竞争的需要

由计划经济向市场经济体制的转变,是一场深刻的革命,它必然给出版社带来多方面、多层次的影响。要想在市场竞争中占上风,作为一个企

业,出版社就必须按照市场经济的要求来调整结构、强化管理,即所谓"向管理要效益"。只有这样,才能在激烈竞争的环境中生存和发展。这一点,对于人民文学出版社这样的大社来说,显得更为迫切和重要。

我们知道,目前国家整个的出版方针是:一手抓繁荣,一手抓管理。繁荣是根本,而抓管理是实现繁荣的前提。具体到出版社来说,要多出精品,要立住脚跟,就必须从自身的管理抓起。首先,管理的对象是人,必须根据出版社人员的特点来加强管理工作,当前特别重要的是对全体工作人员进行市场经济的教育,增强"忧患意识",增强竞争意识,同时加强职业道德教育,提高所有员工的整体素质(包括思想政治素质和文化业务素质)。其次,进一步建立严格的规章制度,坚持早已形成并卓有成效的"框框",比如选题论证制、稿件三审制等,从根本上保证图书的质量。第三,针对出版社人员较多、机构重叠的问题,进行机构调整和人员的重新配置,使每一个人都能发挥自己的能力和特长;从出版社来说,更加充实发行部门,改变过去那种重视编辑而忽视发行的状况,以使结构更趋合理,也更符合市场竞争的要求。第四,要调动每一位员工的工作积极性,不仅应采取行之有效的思想工作,还应适当地运用经济杠杆,建立奖励和惩罚机制,使员工干好干坏不一样,干多干少不一样,从而真正实现奖勤罚懒,激励员工不断进取。第五,在对全社工作的管理中,更多地发挥部门的积极性,把一定的财权、人权交给部门,使目标责任管理制真正发挥作用,并在此基础之上,探索更有效的新的管理模式。最后,正如许多管理专家所说,管理的差异是文化的差异,作为一个出版社,还应该有意识地建立符合文化单位特点的企业文化,运用企业文化把全体员工紧紧地联系在一起,形成一种合力,只有这样才能在市场竞争中居于主动地位。

《建议》提出,为了实现今后15年的奋斗目标,关键是实行两个具有全局意义的根本性转变,一是经济体制从传统的计划经济体制向社会主义市场经济体制转变,二是经济增长方式从粗放型向集约型转变。两个转变实现的过程,无疑也就是改革更加深入发展的过程。作为改革全局的一个部分,出版事业也应该实行这两个转变。面对新的形势,可以说,机遇与挑战并存,压力与动力同在。作为企业的出版社,必须研究市场,积极参与市场竞争;必须改变那种单纯追求出书数量的倾向,努力压缩选题品种,集中精力,力求减少那种平庸书的"不好不坏,又多又快"的出书现象,达到多出精品、多出好书的目标,使出版社在市场经济的大潮中不断发展壮大,为社会主义物质文明建设和精神文明建设提供更多更好的精神食粮。

原载《社会主义市场经济与新闻出版》,
中国书籍出版社 1997 年 8 月版

认真落实"三个代表"
重要思想进一步做好出版工作

　　当前,全党全国又一次掀起了学习、贯彻"三个代表"重要思想的高潮,作为一个出版单位的干部,通过较为系统的学习,提高了认识,增强了信心,我认为,只要认真落实"三个代表"重要思想,就一定能进一步做好出版工作。

　　一、坚持科学的发展观,投身于改革发展的时代潮流中去

　　在学习"三个代表"重要思想的过程中,要正确理解"三个代表"重要思想强调的科学的发展观,在社会和经济的全面协调发展中促进自身的发展。"三个代表"重要思想十分强调发展的重点论和全面论相结合,在多个角度、多个层次上强调了发展是经济、政治、文化的全面发展,是经济和社会的协调发展、城乡经济统筹发展以及东中西部的共同发展,发展是人与自然相和谐的可持续发展,在这多层次的发展中,新闻出版广播影视部门既有促进全社会谐调发展的任务,又有自身不断改进工作,加速发展的任务。

　　随着社会主义市场经济的发展,出版单位也面临着机遇和挑战,一方面,作为党的舆论阵地的一部分,出版工作必须增强政治意识,与党中央保持一致;必须增强大局意识,坚持从大局出发,为改革、发展、稳定服务;必须增强责任意识,坚持守土有责。另一方面。出版单位又是市场经济竞争的主体,必须积极参与市场竞争,在竞争中提高自己的核心竞争力。增强实力,否则就会被淘汰出局。出版社要在新的形势下,继续以改革为动力,尽快发展,建立现代化的出版社内部管理体制,按产品生产规则建立出版社的改革发展模式。在发展中,体制要创新,结构要调整,要办出

自己的特色。在改革中扎扎实实地发展,在内涵式的发展中壮大自己。这两个方面的要求,对出版社来说都是不能忽视的,忽视了任何一个方面都会带来不可低估的损失。

出版社要完成以上两方面的任务,就必须在"三个代表"重要思想指引下积极参与改革和发展。这样才可能在为社会经济的全面发展作出贡献的同时实现自身的发展。

二、正确理解"主旋律",坚持弘扬主旋律、提倡多样化

江泽民同志对"主旋律"的概念作了深刻的阐述,他说:"弘扬主旋律,就是要在建设有中国特色社会主义的理论和党的基本路线指导下,大力倡导一切有利于发扬爱国主义、集体主义、社会主义的思想和精神,大力倡导一切有利于民族团结、社会进步、人民幸福的思想和精神,大力倡导一切用诚实劳动争取美好生活的思想和精神。"(1994 年 1 月 24 日"在全国宣传思想工作会议上的讲话")要做好出版工作,就必须坚持"弘扬主旋律,提倡多样化"的原则,"主旋律"的内容是很广泛的,不能作简单化的理解,出版图书的主题也应当是相当丰富的,"弘扬主旋律,使我们的精神产品符合人民的利益,促进社会的进步,不断满足人民群众日益增长的精神文化需求,这是发展宣传文化事业、繁荣社会主义文化市场的主题"(1994 年 1 月 24 日"在全国宣传思想工作会议上的讲话")。

只要按照江泽民同志的指示去做,既抓主旋律作品,又不忽视多样化发展,就一定能使出版单位完成为社会主义服务、为人民服务、为全党全国工作大局服务的职责。人民文学出版社一年出书 700 种,其中既有弘扬主旋律的图书,又有体现"多样化"特色的图书,从而使图书的品种和结构较为合理,读者反映很好。当然,在弘扬主旋律,提倡多样化方面,人民文学出版社还有许多工作要做,应该在文艺出版中成为表率。

三、坚持把社会效益放在首位,多出精品

江泽民同志多次强调要正确处理社会效益和经济效益的关系,他指出:"坚持把社会效益放在首位,在这个前提下实现经济效益和社会效益的统一。……经济效益好,有助于宣传文化事业的发展。同时也要看到,精神产品又具有不同于物质产品的特殊属性,它的价值实现形式更重要地表现在社会效益上。有些精神产品,直接经济效益可能不大,但对推动

社会生产力的发展和社会全面进步的作用很大。"进而江泽民同志强调："要始终把社会效益作为最高准则，当经济效益同社会效益发生矛盾时，自觉服从社会效益。"(1994年1月24日"在全国宣传思想工作会议上的讲话")江泽民同志强调的原则适用于宣传文化工作，当然也适用于出版工作。因为图书是一种精神产品，它应该"以科学的理论武装人，以正确的舆论引导人，以高尚的精神塑造人，以优秀的作品鼓舞人"(江泽民《宣传思想战线的主要任务》)，但是，"精神产品的生产流通同市场运行一般规律的联系愈益紧密，确实也有经济效益的问题。"(《宣传思想战线的主要任务》)，因此也就有一个实现经济效益的任务。社会效益和经济效益的统一是一个有责任感而又要发展的出版社的追求。

两个效益的统一就要求出版更多的精品，精品图书是两个效益统一的产物。精品图书要反映先进生产力的发展要求，要在促进先进生产力的推广和传播上发挥积极作用，科技类、文学类的图书都可以成为精品图书；精品图书要代表先进文化的前进方向，要有利于大力发展社会主义文化，建设社会主义精神文明，不断丰富人民的精神世界，为我国的经济发展和社会进步提供精神动力和智力支持；精品图书要代表广大人民的根本利益，要满足广大人民群众的精神文化需求，要符合读者的多方面、多层次的需求，既要有重大选题、严肃选题，也要有广大读者喜闻乐见的轻松的读物，在这方面，要强调"三贴近"，即要贴近实际、贴近生活、贴近群众，"三贴近"是产生精品图书的重要前提之一，脱离实际、脱离生活、脱离群众，也可能产生煌煌巨著，但不会产生真正的精品。

实施精品战略，促进出版繁荣，是出版社事业发展的目标，也是出版社的责任；坚持社会效益第一，力求社会效益和经济效益的统一，是目前出版社必须不断强调、不断坚持的原则，也是落实"三个代表"重要思想的具体行动。社会效益好的图书往往经济效益也好，如人民文学出版社的《绝顶》、《张之洞》等都是很好的例证；单纯追求经济效益，如果一旦在内容上出了问题，不仅不会有好的社会效益，经济上也必然不会得到长久的真正的效益。

总之，"三个代表"重要思想，反映了我国最广大人民的共同愿望，体现了当今世界和中国发展的时代精神，显示了马克思主义科学理论的强大力量，是全党全国人民新世纪、新阶段共同奋斗的思想基础，更是我们做好各项工作的科学指针,同样是我们做好出版工作的科学指针,只要我们认真学习、认真贯彻"三个代表"重要思想,出版事业就一定会得到全面提高和推进。

原载第 25 期地方党委宣传部长培训班《论文集》,2003 年 11 月编

关于"混合所有制"经济的初步思考

——以人民文学出版社的实践为例

发展"混合所有制"经济是一个在理论和实践上不断探讨的老问题，但随着国企改革的进一步深入，这个问题近期以来又特别受到了理论界和企业界的重视，对其做一些新的探讨，有其特别的价值和意义。

一、混合所有制相关理论前提

党的十八届三中全会指出，要把发展"混合所有制"经济作为重要载体和主要抓手，深入推进产权制度改革，实现不同所有制资本的混合，实现国有经济与多种所有制经济相互融合和优势互补，促进市场在资源配置中起决定性作用。应该说，竞争性领域的国有企业原则上都可以混合。混合的方式可以多样化，可以是国营资本与民营资本混合，也可以是跨地区、跨领域不同的国企资本混合，甚至是国企资本与外资混合。发展混合所有制的目的是激发国企的活力和竞争力；其原则是坚持依法依规，严格程序；一企一策，从实际出发；坚持公开透明，注重发挥资本市场的作用。之所以在这个时期特别强调实行"混合所有制"经济，是基于对国企改革实际的认真分析，一方面要看到，改革开放以来，国有企业活力和竞争力得到了增强，国有经济布局结构得到了相当地优化，国资国企改革发展在持续中取得了积极的效果；另一方面，国有企业产权制度改革虽有一定进展，但却没有突破性进展，政资、政企、所有权和经营权均未实现真正地分开，国有企业法人治理结构的建设离预期目标还有很大差距。国有企业号称"共和国长子"，是我党执政的经济基础，是社会稳定和发展的重要保障,有其重要的历史使命和责任,推进"混合所有制"经济的施行,目的在于促进国有企业转化经营机制,使国有资本形成在流动中实现保值增值的机制。我们知道,在国民经济中,民营经济也有其重要地位,不应忽视。厉以宁先生在《政府要为民营经济创造良好的环境》一文中指出,根据我国改革开放以来的情况,应该强调"无民不稳,无民不富,无民不活",即如果没有民营经济,社会是不能稳定的;如果国民经济不发展,就业问题不解决,人怎么能富?"而在改革开放以后,无数民营企业进入了市场,它们机制灵活,市场这个搅拌机就转动起来了"。因此,民营经济在国民经济发展中有重要的作用,"所以,当前应该为民营经济参与公平竞争创造良好的环境,要清理不合理、不合时的政策法规。要降低创业的门槛,要实行'非禁即入'。"国有资本与民营资本的不同优势和特点,为实行"混合所有制"经济提供了必要的条件和需求,这使"混合所有制"经济发挥其特殊作用具备了可能。正如厉以宁先生在《"国进民退"中的民企出路》一文中指出的:"国企和民企是各有优势的。国企的优势是资本雄厚、技术力量强、人才多;民营企业的优势在于机制灵活、自负盈亏、敢于冒风险,所以应该把二者优势结合起来,二者可以更好地合作。"

在党校学习期间,关于"混合所有制"经济的问题是一个重要专题,我们既在理论上做了一些学习和了解,又就一些先行地区的经验作了研究,通过对"混合所有制"经济问题较为系统的学习,我认真阅读了相关文件,有了一点儿思考。但角度有所不同,与一些同志从宏观思考问题不同,我所在的单位是基层企业,是改革的最前沿,同时,又是一个文化企业,带有一定的意识形态的性质,与一般企业又有所不同,有其特殊性,应不应该搞"混合所有制",怎么搞"混合所有制",如果要搞"混合所有制",那么措施是什么,目的是什么,可能的结果是什么,都是我们要思考的问题。

二、实现"混合所有制"的动力与内在需求

习总书记指出,要发展"混合所有制"经济,提高国有资本利用效率,同时要严格程序,明确范围,做到公开公正透明,不能"一混了之",也不是"一混就灵",切实防止国有资产流失。鼓励"混合所有制"是党和国家

深化企业改革的重要举措,是政府推进产权制度改革的重要突破口,更是一些企业自身发展的内在需求。一般认为集团公司层面以国有独资为主,完全市场竞争类也可整体上市,子公司层面可以全面发展"混合所有制"。从出版业来看,近年以来,民营文化公司有长足发展,有些出版社采取"混合所有制",并购了一些民营企业,从而增强了国家出版单位的影响力和活力,比如长江文艺出版社、湖南文艺出版社等都是因为引入了民营经济而获得了品牌的增强,市场占有率明显提升。而人民文学出版社是典型的国企,经营机制不够灵活,深化改革力度不够,同时,出版社的发展也进入了瓶颈期,在生产规模以及营业收入和利润方面都面临着艰难提升的处境,需要引入民营经济,优化国资布局结构,增强出版社的活力。因此,推动"混合所有制"是企业内在要求,动力来自企业自身的发展,而不仅仅是政策的推动和政府的提倡。因此,要坚持一个原则,那就是因地施策、因业施策、因企施策,做到宜独则独,宜控则控,宜参则参,不划统一标准,一企一策,从实际出发。人民文学出版社成立于1951年,至今已经有64年的历史。64年来形成了自己独特的传统,那就是以国家文化建设为己任的出版宗旨,以主流文化为主导、兼容并包的文化态度,开拓进取、精益求精的工作精神和以人才队伍建设为事业之本,整体化经营、积极参与市场竞争的总体战略。共出版图书10亿多册,1万5千多种,是国内文艺出版最有影响力的出版社。但是,确实也存在着一般国有企业的弱点,那就是机制不灵活,活力不充分,需要引入新的因素更好地参与市场竞争,"混合所有制"经济便是一种可能的选择。

三、实现"混合所有制"的风险与防范

发展"混合所有制"要坚持依法合规,严格规范混合所有制改革程序,方式要公开透明,程序合规。程序合规指中介机构合理估值,公开市场招拍挂。只要不是暗箱操作,国有资产一般不可能流失。通过规范的程序,实现"混合所有制"经济,通过发挥国营资本和民营资本的两个积极性,逐步形成有效的公司治理结构,以更加市场化的方式参与竞争;促进国有企业转换经营机制,提高国有资本配置和运行效率;放大国有资本功能,引导更多的社会资本投向重要领域和关键行业。人民文学出版社

近期正在审计评估,准备收购一家民营出版文化公司,前期对其资产评估要客观准确,确保国有资产在前期不流失,而更重要的是并购之后,更应该认真制定措施,防范国有资产的流失。实现"混合所有制",对我们来说是要借助民营经济的活力和其在业界的影响,利用其目前的积累和资源,而其愿意与我们合作,主要着眼点是出版单位享受的特殊政策、出版社的资源和已形成的品牌。因为各有所需,才有合作的基础,也才有互补共赢的前提。从我们的角度看,有以下几个原则:

1."混"在增量,不在常量。引入民营经济不能在企业整体层面,而是另外建立公司,认真实行企业法人治理结构,建立董事会、监事会,真正建立健全现代企业制度。在集团公司里,不在集团层面"混",而应在子公司层面"混",这是一般企业的选择,但出版单位有所不同,作为一个独立的出版单位,其性质决定了它不可能"唯利是图",而常常会有社会效益的要求,我们坚持的原则是社会效益第一和社会效益与经济效益相统一的原则,这对一些民营企业也许是较高的要求,这在"混合"的体制里也许会有更大阻力。因此在公司之外另外成立一个独立的控股公司更为适宜。在出版安排上,让这个公司出版更多在符合国家要求的前提下更明显追求经济效益的图书,这本来也是无害而有益的,而原公司则可承担更多的社会责任,继续坚持其长期形成的优良传统。

2.防止风险,把好"三关"

出版社是文化企业,首先是坚持正确导向,这一关绝对要把住,不能使"混合"的企业放弃导向要求,过分追求经济利润;书号资源是民营企业看重的一点,我们要严格控制规模,不能使书号资源随意使用,要形成有效规模,防止平庸、低俗而又没有经济效益的图书大量出版;第三关就是财务关,要严格落实有关制度,既信任经营者,又使制度严格有效,避免国有资产悄悄流失。而这"三关"的控制,不是采取强制命令的方式,不是仅仅通过设置总编辑、财务总监的措施来完成,而是借助国企资本在"混合体"中的优势,运用机制设计的条件,从根本上、从制度上确保杜绝风险,过好"三关"。而其中非常重要的一点是注意国企与民营两个部分文化的融合,建立新的企业文化,同时对"混合"企业的管理制度化、目标化、科学化。

3.限制出版范围,避免内部竞争

因为是在增量部分做"混合"，就要避免与整个企业的业务产生竞争，而应注意发挥其优长，真正与整体企业形成优势互补，而不是内部消耗。这就要求事前科学地规定好彼此经营的范围，从而产生活力和合力。我们准备并购的这一家出版公司，在外国文学和少儿文学方面有专长，版权积累比较丰富，人才队伍建设也比较成熟，我们将在这方面发挥其优势，而在与我们主营业务相重复的版块，对其加以引导和限制，避免出现不必要的内部竞争。

四、实现"混合所有制"正面价值

走"混合"的路子，当然有风险，要注意防范，但其着眼点还是正面的，是"有利可图"的，有"明"、"潜"两个层次的正面意义：

从"明"处看，通过并购持股的方法与民营经济相"混"，可以扩大营业收入和利润收入，可以扩大原有规模，扩大市场占有率，从而增强原有企业的实力，扩大原有企业的影响力，提升品牌价值。

从"潜"处看，"混合所有制"的体制、机制更符合市场竞争的需要，可以为原有企业提供有益的经验，促进原有企业在产权制度改革、企业法人治理等方面改进和提高。

总之，发展"混合所有制"经济适应了我国社会主义市场经济逐渐发展的规律，是大势所趋，其内容很复杂，值得探讨的问题很多，此次学习虽然有了专门研究的机会，课堂授课和课外阅读都涉及到这个问题，但毕竟时间有限、研究不够深入，本文中所谈到的只是我的初步认识，当然是十分肤浅的，还应该在深层次继续探讨，并在实践中不断丰富和总结。

原载中共中央党校(第 1 期)
"深化国有企业改革"专题研讨班《研究报告》(内部)，
2015 年 6 月编

出版事业单位
人事制度改革中遇到的六个难点

因为工作的关系,近来参加了有关部门组织的关于出版事业单位人事制度改革的几个座谈会,与会的既有行政管理部门的同志,也有出版事业单位的领导和一般编辑人员,座谈会涉及的内容相当广泛,提出的问题也是多方面的,但比较集中的是六个问题,现归纳于此:

一、出版事业单位如何定位

出版事业单位所指一般就是出版社,其性质目前看来大多还是事业单位,在我国现阶段出版行业还具有垄断的特点,它是意识形态的重要阵地,在许多方面难免具有计划经济的色彩,如选题的确定、书号的使用、专业的分工等等,这都表明在我国出版行业有其特殊的属性。但是,作为国家出资的经济单位,出版社又同时具有企业的特征,每一个出版社都要在市场竞争中求得生存和发展。出版社同时具有生产图书这种精神产品和物质产品的双重职责,出版社无疑应该把社会效益放在首位,同时也不能忽视经济效益,要努力追求社会效益和经济效益的最佳结合,这便使得出版社在定位上容易出现模糊,不正确认识出版社的性质,人事制度改革的思路也就不会明晰,从事具体工作的同志自然会问:在出版社人事制度改革方面,是应该更多地考虑事业单位的特点呢,还是应该更注意参照企业的做法? 这个问题不加以明确,许多改革措施就会失去目标或难以实行。当然,这并不是说一定要把这个问题搞清楚了才能进行人事制度改革,而是强调定位准确对推进人事制度改革的重要作用,事实上,正是在深化人事制度改革的进程中,对出版社的定位的认识也才能逐步趋于准确。这是一个问题的两个方面。

二、怎样才能做到人员既能进又能出

出版事业单位人事制度改革的目标是做到"三句话",即"人员能进能出,职务能上能下,待遇能升能降",从而使优秀人才脱颖而出。经过多年的改革实践,"能上能下"和"能升能降"已经显得不是很困难,"能进能出"却因种种原因成为人事制度改革中的难点,而"能出"更成为难中之难,实际存在着的人员只能进不能出的现象已经严重阻碍了出版社人事制度改革的进一步深化,也阻碍了出版行业的整体发展,虽然有不少出版社在实行全员聘用制的基础上推出了解聘的有关规定及离岗退养的具体办法,但阻力很大,效果总体看来并不明显。在"能出"的问题上,出版社普遍采取观望的态度,改革力度普遍不大,其原因大约有这样几个方面:一是出版社领导担心力度太大会影响稳定的局面。落实"能出"的改革措施总是会触动一些人的切身利益,这些人往往希望通过向上级告状给出版社增加压力,出版社领导也担心会受到未处理好发展与稳定关系的批评;二是出版社的经济情况普遍说来还不错,出版社领导和一般员工往往认为单位经济压力不大,多几个人无所谓,犯不上为了让少数几个人"能出"而伤脑筋;三是出版社领导只是经营者,不是所有者,在内心深处便会提醒自己:犯不上为了让个别人离岗而得罪人,所以在谈起"能出"时总是慷慨激昂,但一要落实就会"网开一面",说是"花钱买稳定"、"花钱买安静";四是社会保障体系还不健全,离岗人员的出路还不通畅,又不能简单地将其推向社会,这也使出版社领导难下决断,而"能出"在实践中就显得非常困难。因此,建立未聘人员分流安置制度是十分必要的,有的地方已开始策划建立出版人才流动服务中心,对出版社的未聘人员进行统一培训、统一管理和集中服务,也许是解决社会保障体系还不够健全的一种有效办法。还有的单位采取"老人老办法,新人新办法",把员工按进社先后分成几档,有一部分人员的档案就放在省市的人才交流中心,或根本不对其档案加以管理,这也为人员的"出"创造了必要的条件。

三、如何解决职称评定所带来的问题

80 年代后期出版系统正式建立了职称评定体系,通过评定职称使出版行业中的知识分子获得了相应的待遇,也使得编辑人员与教育、科研等行业的教授和学者交流起来更加容易,其积极作用是明显的,但评定职称所带来的消极影响也随着时间的推移更加突出地表现出来,是否还有必要评定职称也成为大家注意的一个话题。职称,或曰"专业技术职务",目前具有终身制的特点,一旦评上某一级职称,就只能上而不能下了,这似乎比行政职务还要"保险",这种状况使得一些人评上职称以后或不思进取,思想和业务水平都不能适应市场经济的需要,或自有主张,享受着职称带来的好处而又自谋其他生财之道,而因为不同职称的人员数量有一定的限制,年轻的同志虽然很优秀,即使为出版社所特别需要,也可能很不容易解决职称问题,特别是近来评定职称的年龄大大提前,如果顺利,一个编辑在40岁前大约就可以评为编审,这样二者之间的矛盾就更加尖锐。面对这种现实,有的同志大声疾呼要停止评定职称是可以理解的。我认为,出版行业职称评定的积极方面是主要的,目前看不能轻易取消,但对评定职称所带来的问题也不能视而不见,推行评聘分开、打破技术职务终身制应该说是解决这个问题的根本办法。在这方面,中国科学院的做法值得参考,据报载,中国科学院已取消评定职称,虽然岗位设置中仍有研究员、副研究员之分,但这些岗位却由竞聘产生,不再按资历和年限评审,而且聘期一满,岗位职别也作废,需再度竞聘。从长远看,这也是出版行业职称改革的方向。

四、如何更合理地进行内部分配

在出版社内部建立自主灵活的分配激励机制是人事制度改革的一个重要内容,许多出版社在这方面都作了不同层次的探索。但到目前为止,一般还是侧重于图书的经济效益,大多采取利润提成计奖的办法。应该说,这在改革初期是深化内部分配制度改革的重要方法和有效措施,但随着改革的进一步深入,这种计奖办法便显露出种种问题。有的出版社实行了这种办法以后,编辑人员对图书的经济效益特别重视,而对社会效益有所忽略,对畅销书特别重视,而对长销书有所忽略;有的干一件事之前先提条件,使出版社的整体经营遇到困难,对出版社实施品牌战略带来消极影响。长此以往,出版社就可能逐步减少积累,逐步失去原有品牌的特色和整体经营的动力。因此,在贯彻按劳分配与要素分配,效率优先、兼顾公平原则的基础上,有的出版社或把社会效益加以量化,统一计算,或在探索一岗一薪、岗变薪变的带有明显的企业特色的做法,从而提出岗位津贴的新思路,即"淡化奖金,强化工资;淡化年终,强化平时"。总之,确立符合国家规定,适合本单位特点,体现出版工作特殊性的科学合理的分配形式和方法是深化人事制度改革的必要条件,在这方面还有大量的工作要做。

五、出版社经营者应该如何领取报酬

出版社是国有财产,出版社的法人是代表国家来行使经营权的人,他有责任使国家财产保值增值,同时也有权力获得相应的报酬。在各出版社内部分配机制日益灵活的情况下,出版社经营者的报酬如何领取成了一个突出的问题。一方面,他们可以在一定程度上自主决定其他员工的报酬多少;另一方面,他们的报酬又由上级主管部门控制,一般是按员工报酬的一个倍数来领取,而这个倍数是很有限的,其结果就是经营者的收入不仅比那些有突出贡献的员工少得多,而且还不如那些中上等员工的收入水平,这样就出现了责权利不统一的状况,对出版社经营者的积极性有很大伤害,甚至一些出版社经营者也可能由于心理不平衡而出现一定程度的腐败现象。为了解决这个问题,有的同志提出按企业的做法对单位的法人实行年收入制,从一些已实行年收入制的出版社看来,这种分配制度是比较合理和有效的,其前提是用一套科学的评估体系对经营者的实绩和贡献加以比较准确的评估,如果不建立有效和科学的约束、监督和考核机制,经营者的年收入制也就失去了存在的基础。因此,探索年收入制和研究科学的考核办法是同等重要的一个问题的两个方面。

六、怎样降低人力成本

出版社与其他许多行业不同,是知识密集型单位,它不需要特殊的厂房和高精尖的设备,它的财产最突出的就是人,出版社的核心是人,是人的智力,因此,出版社往往特别强调以人为本,以人兴社。以人为本的另一个方面,也就会对人力的成本特别关注,出版社资金有限,怎样把有限的资金用在最需要的投入上呢? 那就要考虑降低人力的成本,其途径是强调利用社会力量,按市场机制配置人才资源,比如美编、校对,都应该在建立一支精干的队伍的基础上,充分利用社会储备的人才,其他如后勤部门可以组建物业公司,更多地注意使用临时招聘的人员,这样不仅人力成本降低了,队伍也更精干了,在编人员不仅会有一种可能下岗的危机感,同时如果工作出色也会获得更高的报酬。否则,过多地设置岗位和过多地保留在编人员,不仅人力成本会上涨,而且闲人太多,对整个队伍也会产生腐蚀作用,使积极工作的人逐渐失去动力,从而对出版社的长远发展带来消极影响。强调人力的社会化,注意降低人力成本是许多经营者都意识到的问题,也是人事制度改革应该着力解决的难点之一,当然,因为体制的制约和观念的限制,要想在短期内解决这个问题是不可能的,但这个问题的提出并引起广泛关注,其意义无疑是积极的,有价值的。

总之,要推进出版事业的发展,就一定要深化出版事业单位的人事制度改革。在改革中要涉及的难点和问题当然是多层次的、多方面的,以上仅就其中六个问题作了归纳和说明,希望对业内人士能有所启发。不言而喻,人事制度改革是出版事业整体改革中的重中之重,只有在不断解决以上难点问题的基础上才可能将出版事业单位的整体改革一步步推向前进。也就是说,这些难点是绕不过去的……

原载《中国出版》2001 年第 7 期

关于软实力的一些思考

——从人民文学出版社的实践谈起

"软实力"这个概念的提出已经十几年了,但近来才被我们的理论工作者常常提起,原因固然很多,但我认为这与我们强调树立科学发展观有密切的联系;科学发展就是全面发展,也就是要在经济硬实力和文化软实力两个方面都追求持续、健康的发展。只有全面发展才可能建立和谐社会和谐企业。软实力是指精神力量,包括文化、制度、价值观念等所谓的软要素表现出来的一些能力,约瑟夫·奈概括为"通过吸引力而非强制力达到目的的能力"。简言之,其作用的产生不来自经济、军事等的"强制力",而来自文化、价值观等的"吸引力",它其实在社会和企业的发展中已经发挥了作用,但是在特别强调经济发展的时期,其作用被有意或无意地忽略了。一个企业的综合实力是否强,不仅取决于其经济硬实力,也取决于借助文化和意识形态吸引力所体现出的"软实力",从这个意义上说,软实力同硬实力一样,对企业的发展有着重要的作用,对一个企业的领导者来说,对这个问题应该有足够的重视。

企业的文化软实力是企业综合实力和竞争力的重要组成部分,在很大程度上表现为员工的精神状况、理想追求和内在凝聚力,这一切主要来自于员工对企业核心价值的认同。企业软实力从表面看是无形的,但却是构成企业核心竞争力的基石,它根植于企业自身的文化土壤,具有明显的企业特征,任何一个企业的软实力的形成都不会一蹴而就,而是在长期的实践中日积月累形成的。一经形成便会在潜移默化中发挥作用。我想,这也许像经济硬实力一样有一个积累的过程;但又与经济硬实力不同,它需要更多时间的积累、调整和充实,最后才大致形成一种被企业文化认可的"软实力",这种软实力一经形成则会持续发挥作用,同时自我完善、不断提升。比如人民文学出版社,在五十余年的实践中便自然形成了自己的软实力或曰核心价值观,我们将其概括为:"坚持以国家文化建设为己任的出版宗旨,坚持以主流文化为主导兼容并包的文化态度,坚持精益求精、开拓创新的工作精神,坚持以高素质的人才队伍作为事业之本,坚持整体化经营、勇于在市场竞争中谋求发展的经营之道。"如果说比之那些成立时间不长,但在经济上获得高速发展的出版社,因为种种原因,我们在经济实力上发展或许较缓,而在已经形成比较强的"软实力"上我们又因为投入了较多的时间成本而占有优势,从而形成了出版社的品牌,品牌也是软实力的一种体现,在企业竞争和发展中也发挥着重要作用,如"哈利·波特"、《长征》的版权竞争中都表现出品牌的力量。在"走出去"中也有作用,如与"哈伯·科林斯"合作出版中国现当代文学经典也是一例。关键是我们应该如何发挥"软实力"的作用,使其真正产生"吸引力",在我看来,如果不能发挥作用,业已形成的"软实力"的价值就会大打折扣。

自建社以来,人民文学出版社出版文学类图书八千多种七亿多册,涵盖了古今中外各种文学作品和研究著作,为国家的文化建设作出了自己的贡献,也自然形成了以国家文化建设为己任的出版理念。虽然形势不断变化,但是我们不断推出文化含量高的图书,其中当然也有经济上需要更多支出的图书,比如《孙犁全集》,比如《全元戏曲》等等;我们在实践中,既出版了反映主流文化取向的作品,比如此次"五个一"中优秀作品共八部获奖,我社有三部;同时,也出版了体现兼容并包理念的"哈利·波特",获得了很好的影响;正是因为坚持了精益求精和开拓创新的工作精神,我社才能在全国评奖中名列前茅。巢峰先生 2005 年 5 月发表的《从六届国家图书奖中看出版社》一文中说:"国家图书奖经过六届评比,大浪淘沙,终于显现了获奖最多的十大出版社。"而按获奖数量排名,人民文学出版社名列第一。当然,评奖不能说明一切,却也是一个重要参考值;正是有了一批高素质的编辑出版人才,出版社才能不断推出两个效益都好的图书,关于《林海雪原》编辑出版的故事已经流传很久,又有《白鹿原》《尘埃落定》等许多新故事产生出来;面对日益激烈竞争的现实,我们强化了"整体化经营"的战略思路,积极投入市场竞争,注意坚持资源整合和开发新项目并举,从而编辑出版了诸如《茅盾文学奖获奖全集》、《名著名译插图本》、《语文新课标必读丛书》、《当代名家长篇代表作丛书》及"哈利·波特"(1—7)、《长征》、《笨花》等图书,在市场竞争中力争先机,从统计数字看还是应该给予肯定。据开卷的统计,人民文学出版社在文学图书零售市场9月占有率仍为第一名,占有率为6.85%。

这都说明"软实力"在实践中形成并在实践中发挥着作用,并逐渐形成了员工认可的优良的传统。要使出版社继续发展,就应在原有传统基础上进行文化传承、变革和创新,离开传统就会失去根本,而墨守成规又会失去活力和生机。事实上,因为主观和客观两方面的原因,人民文学出版社业已形成的传统和"软实力"的作用发挥并未做到淋漓尽致,同时,因为形势发生了变化,有许多新问题需要探讨,比如坚持以国家文化建设为己任与追求两个效益的统一的关系;比如坚持以主流文化为主导兼容并包的文化态度与丰富品种、调整结构的关系;比如坚持精益求精与捕捉市场时机的关系;比如坚持优秀传统与开拓创新的关系;比如坚持以高素质的人才队伍作为事业之本与关心人、爱护人、培养人的关系;比如坚持整体化经营的理念与发挥每一位员工的积极性之间的关系,都是应该认真研究和正确处理的问题,从这个意义上说,"软实力"一经形成也并不是一成不变和永远适用的,还有一个根据新情况、新现实维护和提升的过程,它既是创新的产物,又是创新的动力,在不断创新中获得新的生命。特别明显的是人文社比那些发展快速的出版社,在体制上显得落后、在机制上显得僵化、在观念上显得陈旧,这都限制了已经形成的软实力更好地发挥作用,从这个意义上说,要真正发挥软实力的作用,还有体制和机制创新、观念更新的问题。

建立软实力,提升软实力,是当前企业谋求加速发展的必备条件,毋庸置疑,软实力是企业发展的精神支柱和动力源泉,是核心竞争力的重要组成部分,发挥软实力的作用是十分重要的;但是在强调软实力的同时,同样不能忽视硬实力的作用,软实力和硬实力应该相辅相成,都是企业综合实力的内容:硬实力的提升对软实力的形成和提升提供物质基础和经济支持,而软实力的提升又是企业实现科学发展和财富增长的力量之源,软实力直接关系到硬实力的运用和有效发挥。一个成熟的企业管理者,既要重视从文化、价值观等方面激活和提升软实力,又要努力增强企业的硬实力,这才是具有战略远见和实践意义的思路,两手抓,两手都要硬才是始终保持竞争优势的制胜之道,才能使企业又好又快发展。在强调建立和谐社会的今天,如果要追求企业内部的和谐,建立和谐企业,就必须同时注意两个方面,不能偏废。在我看来,软实力使发展更持久、更有深度;硬实力使发展更现实、更有规模,当然这只是相对而言罢了,也仅仅是我自己的一种感觉而已,但不管怎样,在过分强调经济硬实力的时候,强调文化软实力是企业发展的需要。研究软实力和硬实力在企业发展中的辩证关系,正确加以强调和处理是一个新课题,只有从理论和实践两个方面加以探索才能得出科学的结论。

在我看来,一个成熟的企业应该具有在软实力方面自我反省、自我完善、自我提升的能力,有三个方面值得思索:

一、要提高企业软实力,就应努力创建学习型组织,通过有组织有层次的学习,统一思想,凝聚人心,培养企业的创新力和活力,建立有价值的企业文化。在这方面,人文社有好的传统,比如坚持了多年的编辑月会。对编辑开阔眼界、提高业务水平就很有帮助;有成就的编辑的经验介绍、出访者的情况说明、学术界、创作界和翻译界知名人士的授课以及有关出版研究专家的分析,都是学习的重要内容。通过诸如此类的学习,提升企业的文化品位,在目前普遍浮躁的情况下,更应该注意学习型组织建设,让每一个员工形成终生学习的观念,让企业形成自我反省、自我完善、自我提高的能力,从而为企业的发展培育后劲。

二、要提高企业软实力,就应在企业文化建设中,用企业的核心价值观指导企业机制和制度的建设,让企业文化和软实力向行为和物质转化。因此,应加强制度创新,用制度引导员工形成共同的认识,在我社有奖励制度,其中对图书奖励,既有经济效益的考虑,又有社会效益考虑,具体说,既有畅销书奖,又有社会效益奖,还有鼓励创新的选题策划奖。通过几年的实践,使编辑逐步树立了两个效益统一的观念,也形成了鼓励、赞赏创新,同时宽容失败的观念,在社内形成了一种较利于出版创新的环境。

三、要提高企业软实力,还需要在实践中调整思路,不断统一思想。比如在实践中我们提出了总体发展思路,也提出了具体的战略考虑,比如在选题思路上,就是"挺拔主业,丰富品种,调整结构,追求两个效益的统一"，比如在经营和管理上，强调"整体化经营"和"扁平化管理"，实践证明，这些思路的提出，统一了全社员工的思想，促进了出版社的发展。但是随着实践，又会产生一些新的问题，我们有意识组织研讨，比如我们提出"凡事有经有权，凡事有急有缓，凡事有所为有所不为"，在研讨中，形成了更多共识。为出版社的继续发展做好了新的准备。比如，我们用"新中国文学出版事业从这里开始"和"铸成我们的文学家园"来激发员工的自豪感和责任心，用"春天文学奖"和"二十一世纪年度最佳外国小说评选"这样的活动体现人文社的文化价值观，提升人文社的文化软实力，收到了很好的效果。

　　总之，研究文化软实力的特点和作用，探讨出版社在市场竞争中的取胜之道，坚持软实力和硬实力协调发展、共同提升，是一个大题目，我们将结合人民文学出版社的实际努力做好这篇文章。温家宝同志不久前指出，一个民族有一些关注天空的人，他们才有希望；一个民族只是关心脚下的事情，那是没有未来的。作为文化企业的出版社，我们应该注视天空的同时盯住脚下的土地，即在拥有出版理想的同时脚踏实地谋求发展。

原载《香山论坛2007·文化软实力与出版创新》，
中国对外翻译公司2008年10月版

坚持走出版创新之路

——在第四届"三个一百原创出版工程"座谈会上的发言

"三个一百原创出版工程"是一个功在当代利在千秋的重要出版活动,我社在第四届"三个一百"原创图书评选中有三部长篇小说作品和一部长篇历史纪实文学作品即《天香》、《武昌城》、《斑斑加油》、《1911》入选,我们感到非常荣幸。人民文学出版社是一个有六十多年历史的专业文学出版机构,提倡和鼓励原创作品的出版是我社优良的传统,也是我社不断发展的动力和源泉,在建社之初,冯雪峰同志就提出了"古今中外,提高为主"的出版方针,"提高",就是创新。面对激烈的市场竞争,近年来在出版思路上,我们坚持挺拔主业不动摇,同时注意调整结构、丰富品种,强调坚持激活既有资源和狠抓优质原创作品并举的方针,坚持专业化发展方向,坚定不移地走出版创新之路,这一点在全社编辑中形成了共识。

之所以在原创出版创新方面有所收获,首先得益于我们有一支富有创新意识和创新激情的编辑队伍,他们密切关注文学创作动态,关注作家创作的有关信息,往往在作家创作早期就倾注了自己的关心和心血,在激烈的竞争中获得了作家的信任,使这些优秀作品"花落我社"。他们的创新精神得到了作家的认可和尊重,比如陈忠实先生即出资在我社建立了"白鹿文学编辑奖",第一届评选即有两位同志获奖,这两位同志在创新方面均有突出贡献。当然,为了让编辑追求原创出版的创新意识充分体现在实际行动中,出版社也有一套保护创新、提倡创新的有效机制,比如凡是创新色彩浓厚的作品,它的编辑往往也就更突出地承受着来自社会效益和经济效益的双重压力,就更需要出版社在各个方面给予鼓励和支持,我们采取的办法是强调"整体化经营"理念,注意年度选题规划的制订与月度选题的申报相结合,既注意整体产品线建设,又不忽略随时出现的具有创新特点的新选题。在必要时相关人员进行研讨,帮助编辑确认作品的创新程度,如果意见一致则帮助编辑实现其创新构想,追求创新就必须宽容失败,在我社已初步形成了鼓励创新和宽容失败的文化氛围,有创新色彩的作品也较容易失败,万一出现失误,社里会为其承担相应责任,使其减少后顾之忧;而当编辑的努力取得明显业绩,出版社则给予重奖,重奖着眼点并不仅仅限于经济效益,社会效益和选题创新也是重要指标。这样一些看起来很平常的措施,其实也是最有效果和最实际的措施,使得编辑在追求创新时少了一些压力,多了一些自信,而这逐渐成为我社的一种企业文化,这种文化支持创新,使创新具有动力和活力,从而使创新成为我社核心竞争力的重要组成部分,因此创新的图书也就自然比较容易出现了。

创新体现在出版的方方面面,对我们来说,最重要的就是选题的创新、就是作品的创新,面对严峻的竞争形势,我社编辑还只是初步形成了没有创新就没有发展的企业价值观,而我社也只是初步建立了创新的保障体系,我们在创新能力和创新水平方面也还有许多工作要做,我们要以此次获奖为契机,进一步加大原创出版的力度,争取把更多优秀的原创作品奉献给广大的读者。

2013 年 12 月 23 日

阅读·精品

——出版社的责任

全民阅读,全社会阅读,建立一个阅读社会,是社会文明发展的重要标志。实现全民阅读,首先要从青少年抓起,让他们能充分利用课余时间,抱着轻松、愉悦的心情来阅读那些与考试没有太直接关系,而作为一个现代文明人又必须了解的图书,这可以说关系到我们民族健康持续发展的百年大计,其意义不可低估。

在新一轮基础课程改革中,教育部研究制定了新的语文课程标准,对中小学生阅读的数量、质量和速度都提出了新的要求。尽管古代哲人有"开卷有益"的教诲,但易于接受新知识的青少年天性活泼,他们阅读的能力和时间均有限,所以,阅读内容的选择就显得非常重要。推荐的阅读书目若选得精当,可收到调动中小学生的阅读积极性,拓宽他们知识面的事半功倍之效;反之,则事倍功半之余,还引起广大学生、家长和老师的反感。鉴于此,教育部组织专家们结合我国语文教育的现状和时代发展对语文教育的新要求,从浩如烟海的书籍中仔细甄选适合我国青少年阅读的,古今中外的各种精品图书,并形成科学排序的阅读推荐书目。

语文新课程标准中关于课外阅读的总体设计,包罗了古今中外的各种名著。在中国古代名著的阅读方面,既有古代哲人的经典著作,如《论语》、《孟子》、《庄子》的选读本,又有文学名著如"四部经典小说"及古代戏剧代表作《西厢记》的权威注释本,还有专家学者精选精注的《高中生必背古诗文 40 篇》、《初中生必背古诗文 50 篇》、《小学生必背古诗 70 篇》。在中国现当代文学方面,既有现代文学大师鲁迅、郭沫若、茅盾、巴金、老舍、曹禺、沈从文、朱自清、冰心等人的代表作,又有当代茅盾文学奖获奖作品《尘埃落定》、《芙蓉镇》，还有著名的美学随笔《谈美书简》。在外国文学方面，既有世界长篇小说的杰作《堂吉诃德》、《巴黎圣母院》、《匹克威克外传》、《鲁滨孙漂流记》、《格列佛游记》、《童年》、《钢铁是怎样炼成的》，又有世界著名短篇小说大师莫泊桑、契诃夫、欧·亨利的短篇小说精选集，还有世界戏剧最杰出的作品《哈姆莱特》以及代表世界诗歌的高峰普希金和泰戈尔的诗歌选本，颇有深度的《歌德谈话录》也收录了进来。为了适应小学生的阅读需要，书目中还特别推荐了诸如《成语故事》、《中国古代语言故事》、《中外神话传说》、《格林童话精选》、《安徒生童话精选》、《伊索寓言精选》、《克雷洛夫寓言精选》等。

从以上书目看，教育部既考虑到把人类文明中最优秀的成果提供给中小学生选择阅读，又考虑到他们的实际需要和接受能力，经过科学的排序，初步形成了一个阅读系统：小学生8本不少于145万字，初中生11本不少于260万字，高中生30本不少于150万字。内容由浅入深，范围由窄到宽，这种安排，有利于学生随着年龄的增长和知识的积累，循序渐进地扩大阅读量。

提出阅读书目固然重要，但依据同一个书目编辑的图书也会有质的区别，比如，同一位作家的同一部作品，外国文学有译文的高低区别，中国古代文学作品有版本和注释的优劣区别。因此，优秀的译文和注释是保证最佳阅读效果不可或缺的前提条件。由此可见，依据书目来出版系列丛书并非容易的事情。

为了推动落实新语文课程标准中关于课外阅读的总体设计，人民文学出版社在成功出版"中学生课外文学名著必读丛书"的基础上，近期又推出了由49种图书组成的"语文新课标必读丛书"。

众所周知，人民文学出版社是国内最大的专业文学出版机构，它不仅有责任，也具备为广大中小学生提供最优秀的精神食粮的实力。50余年来，人民文学出版社共出版了各类文学图书8000多种，7亿多册，积累了丰富的书目，在这批推荐书目中的49种图书，人民文学出版社均有版本，其中如《骆驼祥子》、《子夜》、《女神》、《雷雨》等约10种现代和当代文学作品更享有专有出版权。在作者队伍方面，人民文学出版社也有着明显的优势：长期以来，人民文学出版社团结了国内最有成就的作者、译者、学者，他们的辛勤劳作，使人民文学出版社出版的图书具有相当高的质量，版本完善,译文准确,注释精当,在学术界享有很高的声誉,在读者中影响广泛。如《堂吉诃德》是著名作家杨绛先生"十年磨一剑"的翻译成果;又如新版《红楼梦》,有红学权威俞平伯、启功先生的精心校订。人民文学出版社建立以来已经形成了一支责任心强、业务水平高、工作认真的编辑队伍,其中既有"韬奋出版奖"的获得者,又有中青年优秀编辑称号的得主,还有许多既甘心为他人作嫁衣,而本身又是作家、翻译家和学者型的编辑。上述这些,都成为人民文学出版社高质高效完成推荐书目的图书出版的重要条件,或者可以说,这种实力也能够使该丛书成为国内惟一最完整的指定阅读书目丛书。

这一点,其实在某种程度上已经得到了印证:人民文学出版社在此次全面推出"语文新课标必读丛书"之前,于2001年出版了"中学生课外文学名著必读丛书",这套丛书备受中学生的青睐,三年间销售码洋为2亿,有的品种销售逾百万册。此次"语文新课标必读丛书"保留了"中学生课外名著必读丛书"中绝大部分书目,并由原来的28种增加为49种,内容更加丰富,特别是增加了小学生阅读的内容,使得该阅读体系更加完整。同时,阅读的针对性也相应提高,如前一套丛书中的《普希金诗选》和《泰戈尔诗选》收录的诗作较多,书比较厚,定价较高,而这次收入"语文新课标必读丛书"时则由译者和编者再作精选,使之更适合一般高中生阅读,其他如《庄子》的选读本也标注为"今译",其出发点都是为了方便学生阅读。同时,考虑到一些特定的读者,这套丛书在每部名著前都有由文学家或者教育专家撰写的"导读",深入浅出地介绍该书作者情况、写作背景、主要内容和艺术成就以及阅读时应注意的相关问题,引导中小学生更好地理解著作。此外,全套丛书的低定价,更清楚地表明了人民文学出版社让利于中小学生,重在提倡和推动全社会阅读的出版态度。这种态度的确立,是和人民文学出版社的优良传统和历史责任感紧密相联的。

原载《出版广角》2003年第12期

关于禁书现象的思索

不久前,我应朋友之邀,主编了一本《禁书详解》(外国文学卷),书出版后还有些反响,我想,这恐怕主要是因为它涉及的是"禁书"吧?

众所周知,禁书是人类文明进步、社会向前发展中的一个奇特而复杂的现象,它折射出人类社会文明的进化程度,反映出人们的心理变化和人类思想的成熟过程,其中有许多值得人们思考和回味的地方。

在外国文学作品中,出于种种不同的原因(如政治、宗教、社会),被种种不同的社会力量(如政府、教会、道德和文化团体)查禁的书籍何止成千上万?仅《教廷禁书录》中即列入了4千余种,文学作品是其主要部分。在这些被禁的文学作品中,确有一些内容拙劣、色情淫秽之作,它们的被禁是为了维护人类文明的纯洁,自是功德无量之举;但有更多的作品却往往因为表达了某种新的思想,或者其中有一些必不可少的性描写,便被无情地打入了禁书的冷宫,这当中有许多是后来人们公认的伟大或优秀的作品。若你有兴趣翻翻《禁书详解》,你会看到一长串令人吃惊的书名:《坎特伯雷故事集》、《尤利西斯》、《巨人传》、《蒙田散文集》、《爱弥儿》、《红与黑》、《茶花女》、《汤姆叔叔的小屋》……简直不可想象,若是世界文学宝库中没有这些杰作,那该是多么贫乏而苍白!

禁书现象的复杂性表现在,有些文学作品在某些国家被列入禁书书目,而在另一些国家却是畅销书,比如前苏联作家帕斯捷尔纳克的《日瓦戈医生》,因为该书反映了"十月革命"前后俄罗斯知识分子的命运而在前苏联被查禁,但此书在国外出版后却立即引起轰动,很快成为畅销书,作者也因此被授予1958年的诺贝尔文学奖。有些文学作品被某一种社会力量定为禁书,而另一种社会力量却极力称赞它,千方百计扩大它的影响;有些文学作品一出版便成了禁书,旋即又解禁,堂而皇之地登上畅销书架;有些作品在刚刚出版时广为人们所欢迎,不久却被归入被禁之列;有些作品幸运地只被禁了几个月或几年,而另一些作品却一禁便是几十年,对其解禁还经过了法庭上激烈的辩论,这方面最典型的例子是众所周知的劳伦斯的《查泰莱夫人的情人》。

禁书这种行为还自然地形成了读者的一种微妙的心理。越是被查禁的作品反而越有吸引力。据说有一位作家想打开自己作品的销路,便向教皇皮尤斯九世求助,教皇开了个玩笑,将此书列入了《禁书总目》,这本书很快便成了人们争相传阅的热门读物。这只是一个故事,但它所包含的深刻内涵却值得人们回味。但我始终认为只要是有价值的作品,即使它可能在某一时期被某一种社会力量列入查禁名单,但它最终仍然会"红杏出墙",完成它的历史使命,因为查禁它的往往只是手握某种权力的少数人,他们只代表某种社会力量或宗教势力,并不是广大读者的共识,因此其作用远远不能与作品本身具有的生命力相抗衡。

当然,一个国家要稳定,一个政权要巩固,对作为精神产品的书籍就必然会有所提倡,有所排斥,因此到目前为止,还没有哪一个国家的政府宣布放弃这种权利的。尽管如此,禁书的数量太大、范围过广毕竟不是一个社会、一个政府成熟的标志,也不是国家稳定、政权巩固的标志。在我国历史上,"禁书高潮"曾出现过多次,与之相伴的,往往是优秀的传统文化受到大毁灭、大破坏。这几年听到的禁书越来越少了,这无疑是社会进步的一种表现。

当然,我们不能泛泛地反对查禁某图书,对宣扬封建迷信思想、诲淫诲盗和反动的书籍,自然是非禁不可,绝不能手软;同时,我们完全有权力提出这样的希望:在决定查禁某些图书时,方法更科学一些,态度更审慎一些,宣传更客观一些……

原载《南方周末》1996 年 6 月 7 日

温故知新　登高望远

——人文社古籍图书出版硕果累累

时光荏苒,一晃二十年过去了,近来重读《中共中央关于整理我国古籍的指示》,感到十分亲切,作为一个长期从事古典文学出版工作的编辑人员,《指示》使我有常读常新的感觉。在二十一世纪之初,我们来纪念《指示》下发二十周年,更有特殊的意义。

人民文学出版社是国家级专业文学出版机构,建社之初即确定了"古今中外,提高为主"的出版方针,文学古籍的整理和出版自一建社便成为重要的工作任务,五十年来,经过几代编辑的不懈努力,取得了丰硕的成果,在我社出版的文学古籍中,既有毛泽东同志作为国礼送给外宾的线装书《楚辞集注》,又有俗称为"黄皮书"的"中国古代文学理论批评专著选辑"(30 种);既有文学古籍的新整理本"新注古代名家集丛书",又有列入全国重点规划的一代文学总集《全元戏曲》,还有获得全国古籍整理图书丛书奖的"中国小说史料丛书"(35 种)……五十年来,我社出版了许多有很高学术价值、史料价值的古籍图书,在相当长的一个时期,我社的古籍出版与中华书局等专业出版社有"三足鼎立"之势,在发展过程中也逐渐形成了自己的出版特色,那就是:着眼于普及来进行文学古籍的整理和出版。

1952 年 9 月,在冯雪峰同志指导下,重新整理、校订的《水浒》在我社顺利出版,受到党和国家的高度重视,《人民日报》于 10 月 27 日特发短评《庆贺〈水浒〉的重新出版》。《水浒》的出版,带动了新中国文学古籍整理出版事业的发展,随之,《红楼梦》等一大批古典小说也在五十年代前期相继出版。1953 年 12 月我社又出版了《乐府诗选》,这是建国后第一本中国古典诗歌的选本,出版后产生了重要的影响,不久,《诗经选》等一批诗词、散文、戏剧的选注本相继面世。这些整理本的出版,不仅形成了我社在古典文学方面影响最为深远的"中国古典文学读本丛书"的基本框架,更形成了我社古典文学的出版方向,即面向广大的读者,着力于古典文学的普及。五十年来,特别是《指示》发表之后的二十年,我社古典文学出版工作在国家古籍出版规划小组和上级有关部门领导和指导下,紧紧围绕着广大读者的需要,又做了大量的工作,一方面,对以往的图书加以重新调整和补充,比如,"读本丛书"经过多年的积累,已经成为一个品牌,但是因为种种原因,整个丛书的体系显得不够协调,有些选本详略不够得当,因此重新调整了选题,更换了一些旧选本,补充了一些新选本,现已出版包括古代诗文、小说、戏曲等不同体裁的各种选注本40余种,在读者中有相当广泛的影响。在这套丛书之外,钱锺书的《宋诗选注》、俞平伯的《唐宋词选释》、刘永济的《唐人绝句精华》、萧涤非的《杜甫诗选》等,以名家之深厚学力来整理古代名作,进行古典文学的普及工作,影响甚为深远。另一方面,从八十年代开始,我社还组织出版了几套有影响的普及性丛书,其中"精华丛书"(20种)在单册出版十余年后,经重新编辑补充整理成四册,即《先秦诗文精华》、《魏晋南北朝诗文精华》、《唐宋诗文精华》和《金元明清诗文精华》;"新选系列"体现今天选家的观点,在1984年推出《新选千家诗》之后,又陆续出版《新选唐诗三百首》、《新选宋词三百首》、《新选元曲三百首》;"新注系列"对古代的经典选本加以新的注释,陆续推出了《唐诗三百首简注》、《千家诗评注》、《宋词三百首简注》、《古文观止新注》;为便于一般读者阅读,我社还编辑出版了"名篇"二种,即《中国古代散文名篇》和《中国古代诗歌名篇》。这些选本的出版对普及古典文学知识起了重要的作用。古籍的整理有时也有明显的现实作用,这一点是不应忽略的,如我社为了配合政治斗争的需要,在1961年出版了《不怕鬼的故事》,毛泽东同志专为此书的序文作了批示;同样是为了政治的需要,1999年我社修订重印了《不怕鬼的故事》,并组织编辑出版了《不信神的故事》,在反对封建迷信及"法轮功"的斗争中产生了积极的影响,使"古为今用"又多了一个生动的例证。

普及古典文学知识有多种形式,《指示》特别强调的"今译"是其中一种行之有效的方式,在这方面我社也做了一些尝试,如在八十年代初,我社组织出版了"今译丛书",陆续推出了《孟子选译》、《左传选译》等十余种,使一批年轻人"看得懂,觉得有意思",收到了很好的效果。在今译中特别值得一提的是流传甚广的"唐诗今译集",此书收诗 370 余首,由 150 位专家承担写作任务,编者认为"运用现代汉语作为一种移译的工具,可以在相当程度上再现唐诗的风貌",通过今译,唐诗爱好者可以进一步欣赏唐诗的精粹;而古典诗歌研究者也可以从中受到新鲜的启发,新诗创作者也可从中得到传统的借鉴。此书出版十五年以后,我社又在原有基础上精选成《唐诗名译》,受到广大读者的喜欢。八十年代初期,我社从推动普及出发,出版了"中国古典文学鉴赏丛刊",共十册,包括诗经、楚辞、唐诗、宋词等内容,这套丛刊的出版,开风气之先,带动了出版界古典文学鉴赏的热潮。我们的工作不仅得到了广大读者的首肯,也得到了有关部门直至中央领导的关怀,比如江泽民同志即于 1992 年 10 月 28 日为我社后来出版的《扬州历代诗词》题写了书名,给从事古典文学整理与普及的编辑人员以巨大的精神鼓励。

社会在发展,时代在进步,这为出版,包括古典文学的出版既带来了挑战,又带来了机遇,在文学古籍的整理和出版方面,还有大量的工作要做,温故而知新,登高而望远,我们既有信心,又有压力。为了适应新的形势和新的读者,我们将努力整理和出版更多有价值的文学古籍。

原载《出版广角》2001 年第 10 期

仍在路上①

——关于人民文学出版社版权贸易的片段记忆

朝内大街 166 号是一座不起眼的五层灰楼。很少有人会把辉煌或者殿堂这样的词汇与这座建筑联系起来，但是，从新中国的文学出版事业而言，这座建筑代表了她所能达到的标准与高度。这里，就是人民文学出版社的所在地。

成立 50 多年来，时光的流转不仅没能消磨掉人民文学出版社的独特魅力，反倒使她散发出一种更加迷人的光彩。囊括了古今中外的名家以及新秀的万余种文学图书与文学报刊，共同奠定了人民文学出版社在新中国文学出版领域的地位。毫无疑问，其中也自然包含了她的外国文学的引进与出版。

进入新世纪，人民文学出版社不仅在版权引进方面锐意进取，在版权输出方面也做得有声有色。而这一切，似乎在新世纪的开始就已经露出了点点的端倪。甚至于多年以后，这还依旧是人们津津乐道的话题之一。

2001 年 3 月，刚刚进入新世纪的人民文学出版社迎来了她的 50 华诞。古人说，"五十知天命"，步入新世纪的人民文学出版社不仅仅有着知天命之年的睿智与大气，更涌动着一股面对新挑战的自信与活力。

其时，恰好是人民文学出版社引进超级畅销图书"哈利，波特"系列头三部已达半年。没有人能够预料到，这个小小的魔法师手中挥舞的魔杖会在未来的岁月中成为经典，变成世界性热议的话题，或者说，他自己

---

① 此文与陈旻同志合作撰写。

就是现象本身。他所掀起的风暴并没有随着时间的流逝而衰减,反倒是越来越猛烈。

然而,仅仅在半年之前,当人民文学出版社正式引进、出版该系列图书之时,巨大的疑问依然在很多人的脑海里挥之不去:一部在国外畅销的图书,在中国会不会水土不服呢? 半年之后,一个疑问消失了,另一个疑问却浮现了出来:为什么会是人民文学出版社? 为了回答这个问题,我们将不得不把目光望向半个世纪之前。

1951 年,人民文学出版社正式成立。从建社之初起,以出版国内外优秀文学读物为己任,致力于新中国文学事业建设的使命感,就不断激励着人民文学出版社的员工并被代代相传。这种使命感是如此的根深蒂固,以至于它已经成为人民文学出版社难以被其他出版社所复制的特有基因之一。

以俄罗斯文学为例,早在 20 世纪 50 年代,人文社就翻译出版了 200 余种苏联著名作家的作品。高尔基的《母亲》、法捷耶夫的《青年近卫军》、奥斯特洛夫斯基的《钢铁是怎样炼成的》等等,这些图书深深地震撼了当时以至于后来的几代年轻人,成为中国人心目中永恒的外国文学经典。

外国文学名著的引进,说到底是人类文化的交流与文明成果的共享。正是由于建社以来致力于出版中外经典文学名著,传播世界各国的优秀文化,使人民文学出版社在读者与出版界中树立起了国家级专业文学出版社的良好形象。这也充分体现了人民文学出版社严肃的社会责任与意识。

难能可贵的是,在面对新形势下严峻的市场竞争之时,人民文学出版社依然没有放弃自己的这种责任与意识。2001 年,人民文学出版社启动了"21 世纪年度最佳外国小说"的评选与出版工作。我们的评选标准是小说必须要有深厚的文化历史内涵,在艺术上进行富有成就的探索和创新,有益于人类的进步和福祉。人民文学出版社坚持中国人自己的声音,开启了中国人给外国当代文学作品评奖的先河,使中国读者第一次读到了由中国的专家与学者评出的最新的外国文学年度最佳小说。也许它还稍显稚嫩,但谁又能否认它所蕴含的热情以及将来所要爆发出的巨大能量呢?

由此可见,从 1951 年开始,人民文学出版社的版权引进图书就有着一条明晰的脉络并传承至今。那就是,以品种齐全、品位高雅、品质精良的优秀外国文学作品来赢得读者的信赖。可以说,这样一种以社会效益为重的引进策略,也只有人民文学出版社这样身份与地位的出版社才能担当得起。

然而,仅仅看到这样一条脉络,并不能说明人民文学出版社何以在今天激烈的外国文学引进图书的竞争中立足。很显然,进入新时期以来,人民文学出版社还有另外一条脉络,来指引着她的外国文学出版。

改革开放以来,中国逐渐从计划经济转向市场经济。市场经济的生存法则是惟有赢利才能生存。用图书市场的语言来说,就是看谁能够捕捉得到畅销书。在社会价值取向日益多元化的今天,人们渐渐认识到,图书也可以是人们消费娱乐的对象之一。图书渐渐地褪去它神圣的光环,成为人们的日常消费品。在这种形势下,注重图书的经济效益,就成为人民文学出版社引进外国文学的另一条脉络。

就像 1000 个读者就有 1000 个哈姆雷特一样,对于什么是激烈市场竞争中的生存要素,不同的人们有着不同的答案。进入新世纪,越来越多的人们认识到,对一个企业来说,品牌就是生命。如果一个品牌遭遇灭顶之灾,也就意味着一个企业的死亡。而品牌的形成往往非一朝一夕之功,需要依靠几代人的努力与奋斗。从这个意义上说,人民文学出版社多年来在读者心目当中苦心经营起来的良好形象与深厚底蕴,很容易就转化成为了人民文学出版社在市场竞争中的利器——品牌。

回到文章开头的那个问题,为什么是人民文学出版社?因为人民文学出版社有着良好的品牌形象。在多家竞争的态势下,人民文学出版社并不是出价最高的那一家,却是笑到最后的那一家。为什么?因为人民文学出版社的这块金字招牌。

正是依托着这样一个品牌,人民文学出版社在当代外国文学畅销作品的引进上,具有了其他出版社所没有的优势。从 20 世纪 90 年代初期《廊桥遗梦》的风靡一时,到"哈利·波特"系列超级畅销图书的成功引进,再到丹·布朗系列、斯蒂芬·金系列图书的纷纷登陆,背后都可以看得到人民文学出版社品牌所施加的巨大影响力。

由此可见,社会效益与经济效益并举,就像是人民文学出版社版权引进图书原则的一个硬币的两面,谁也须臾离不开谁。缺失了其中的任何一面来解读人民文学出版社的版权引进,都将是不完整的。

深厚的社会效益带来的品牌效应带动了经济效益的获得,而经济效益的放大又反过来促进了社会效益进一步的提高。在版权引进的道路上,人民文学出版社正努力地朝着良性循环的方向迈进。尽管这种迈进还存在着这样或者那样的困难,但是却阻挡不了人民文学出版社前进的决心与脚步。

2006年10月,在当年的法兰克福书展上,一条消息引起了业界的普遍关注:哈珀·柯林斯出版集团与人民文学出版社就双方携手合作,让世界共享中国当代经典名著一事进行正式签约。根据该协议,哈珀·柯林斯出版集团将与中国一流文学出版商人民文学出版社合作,挑选中国现当代文学的经典之作推出英文版。该项目计划合作图书的总数约在50种左右,双方将用五年或更长的时间完成这一项目。

对于人民文学出版社来说,有意识的版权输出工作早在十多年前就开始了:1992年,台湾光复书局将人民文学出版社出版的《世界文学名著文库》中的100种作品一次性购买。正是在这一年,中国正式成为《伯尔尼公约》和《世界版权公约》的成员国。在中国实现对外版权关系正常化的大背景下,人民文学出版社几十年来的文化积淀在版权输出的过程中,更显示出其独特的魅力。由于同文同种的关系,大陆地区的文学作品更容易受到港澳台出版商的青睐。而人民文学出版社作为大陆地区专业文学出版的佼佼者,也就顺理成章地成为他们关注的目标。在很长一段时间里,港澳台地区一直是人民文学出版社版权输出的重点地区,而输出图书的品种,则涵盖了人民文学出版社的现当代小说、外国小说译文、古典文学、学术图书以及少儿读物等主要出版领域。

例如,进入新世纪以来,人民文学出版社向港台地区输出的图书就有:2000年12月,《纪伯伦全集》被台湾远流出版公司购买;之后,《张之洞》、《大宅门》、《大清药王》、《盖世太保枪口下的中国女人》、《藏獒》以及《中国文人的非正常死亡》、吴冠中自传《我负丹青》、《俄罗斯美术随笔》等图书也分别被港台出版社买走。

人民文学出版社出版的少儿读物的中文译文,一直颇为台湾出版社所看重。比如,人民文学出版社出版的外国畅销少儿图书《蓝熊船长的十三条半命》、《来自矮人国的小兄妹》、《穿越夜空的疯狂旅行》以及《星星密笺》三部曲等图书,总是在出版后不久,其译文即被台湾出版社看中,要求引进。

同时,人民文学出版社针对国内图书市场整合旧资源后出版的新读物,也成为港台出版社,尤其是香港出版社出版的对象。比如,人民文学出版社出版的赵延年木刻插图本鲁迅小说系列、小学生课外精读丛书部分书目、以及以《漫说三国》、《漫说水浒》为代表的漫说系列,就被香港出版社买走;而影响颇大的"百年精华系列"中的《中华游记百年精华》被台湾出版社看中并最终买走,《中华散文百年精华》以及《中国短篇小说百年精华》则被香港出版社买走。

然而,图书版权输出作为文化产业走出去的一个重要组成部分,其受国际文化、经济乃至政治等大格局的影响之深与之巨是显而易见的。这就决定了我们的图书要输出到国外,还有很长一段路要走。尤其是对人民文学出版社这样一个以出版文学读物为主的出版社来说,面对当下以英美为主体的强势英语文化,在欧美畅销小说铺天盖地席卷国内图书市场的时候,要让国内的文学作品走向世界,其所面对的困难更是会多出许多。

这样来看,哈珀·柯林斯出版集团与人民文学出版社的携手合作,其意义就更为凸显:此举将进一步加强中国优秀文学与世界的融合,有利于中国文化与世界文化的深度交流。

2006年,时任哈珀,柯林斯出版集团总裁兼首席执行官的弗里德曼女士在参加北京国际图书博览会时就明确表示,哈珀·柯林斯出版集团将加强它在中国的商业运作。"中国充满活力的经济形象以及尚处于发展阶段的出版业,使其成为我们全球品牌视野中非常重要的一部分,"弗里德曼女士称,"我们业已达成了极为稳固的初步合作,我们将继续寻求更多的项目以及合作伙伴来开拓这个不断发展的市场……"

与此相对应的一个大背景是:近年来,随着中国经济的飞速发展,中国文化也日益走向国际舞台。但是,与之相比,中国图书走向世界的步伐尚在起步阶段。因此,两家出版商携手走到一起,就显得水到渠成了。

由于时间紧迫,在2006年北京国际图书博览会上,双方仅仅就合作达成了一个意向性的意见。但是,双方约定,在即将到来的另一个更大的舞台上,双方将正式签约,那就是 2006 年 10 月的法兰克福国际书展。在其后的一个多月时间里,双方进行了密切而有效的沟通,就合作的具体内容进行了反复的磋商,直到双方代表启程前往法兰克福的前一夜,双方还就第二天即将带往法兰克福的合同文本做最后的沟通与确认。

经过密切磋商,哈珀·柯林斯出版集团与人民文学出版社达成一致:双方挑选中国当代文学的经典之作推出英文版。该项目计划合作图书的总数在 50 种左右,双方将用五年或更长的时间完成这一项目。作为面向英语读者市场的系列,在法兰克福国际书展上,首先就已经确定的三本图书《古船》、《边城》与《骆驼祥子》进行签约。哈珀·柯林斯出版集团还决定与美国资深汉学家通力合作,力求使翻译精益求精,体现出中国文学和中华文化的精髓。

哈珀·柯林斯出版集团与人民文学出版社已经就合作顺利签约,同时,双方也都深知,这仅仅只是一个开始。可以想见,在未来合作的道路上还有很多坎坷,但是,有了良好的开始,双方对于合作的成功也更加期待。时光流逝,两年前的约定已经有了结果,《古船》等英文版图书的出版预示着双方的合作一定会取得更加丰硕的成果。

对于人民文学出版社来说,面向西方世界主流图书市场的大门正在一点点地被挤开,前面依旧充满着太多的未知数。但是,门既然已经被打开,就再也不会被关上了。

原载《国际合作出版工作委员会二十年》,
商务印书馆国际有限公司 2008 年 9 月版

精益求精为读者

——写在新版本《红楼梦》第三版出版之时

清晨,我的办公桌上摆放着一套两本由沈尹默先生题写书名的《红楼梦》,版权页上写着"北京第三版"、"第23次印刷"的字样,我打开这厚厚的两大本书,心中竟有几分激动。

《红楼梦》是中国文学史上最伟大的作品之一,为了给广大读者提供阅读的便利,对其进行整理和注释是一件虽然费力但却是功德无量的好事。读者有幸,20世纪七八十年代,一批学者默默地做了这件好事。这部由中国艺术研究院红楼梦研究所集体校注的《红楼梦》,开始校注于1975年,正式出版于1982年。20多年来,发行量近四百万套,在读者中有广泛的影响,被誉为"最能体现原貌并便于阅读"的一个《红楼梦》整理本。2007年2月,为此书出版25周年,红学所和人民文学出版社联合举行了纪念会议。在这次会议上,当年参加校注工作的老先生们回忆了从1975年起开始的校注工作的点点滴滴。1974年至1975年,袁水拍向上级提出应对《红楼梦》进行校注整理,后经有关部门批准,成立了由袁水拍任组长、冯其庸、李希凡任副组长的校注组,由政府拨款并调集一批专家和研究人员来工作,历经七八个春夏秋冬,在专家们的共同努力下,1982年2月此书终于由人民文学出版社出版。这对处于改革开放初期的读者,是一件多么贵重的礼物啊!

这个校注本以乾隆二十五年的庚辰本为底本,校勘坚持审慎的原则,力求准确,既择他本善者而从,又努力保持原本的历史面貌,注释充分考虑此书的读者需求,力求繁简得宜,从而避免了臃肿烦琐之病。但是,学问是无止境的,在此书出版之后,红学研究又有了长足的进展,不少重要的专著相继出版,不少重要的论文陆续发表,还连续发现了有关曹雪芹家世的文献和实物。同时,在《红楼梦》的名物考订上,也有不少新的进展,《红楼梦》的校注者为了对读者负责,对红学事业负责,在 1994 年对本书做了一次全面的修订,新增注释 87 条,补充和修改原注 165 条,其余 2401 条注释,从内容到文字也重新作了一次审核认定;在校勘和标点、分段方面,重校的文字也为数不少,至于标点和分段,则改动更多。经过这一次修订,《红楼梦》新注本更受读者欢迎,同时更具有权威性。此后的许多所谓新注本都或隐或显地使用了这个注本的成果,有的更有抄袭之嫌,因为不是此文主旨,姑且按下不表。

光阴荏苒,匆匆又是 13 年,随着时光的流逝,在红学研究的方方面面,自然又有许多新的收获,仍然是为了对读者负责、对红学负责,校注者们决定再次进行修订。这次修订,校注者参阅了十多年来多种新校本和红学论著,力求反映红学界的共同成果。这次校订,计正文修订 500 余条;校注修订 100 余条;注释修订 300 余条,其中增加条目 200 余条,修改条目 100 余条;凡例修订共 3 条。这次修订不仅特别注意吸收红学界的新成果,还特别注意采纳自初版以来全国各地热心读者来信中提出的正确意见,真正做到了"海纳百川,有容乃大",从而使全书的校注水平又上了一个台阶。特别应该说明的是,此次作者署名充分吸收了学术界的成果,体现了实事求是的精神,由以前的"曹雪芹、高鹗著"改为"(前八十回)曹雪芹著、(后四十回)无名氏续;程伟元、高鹗整理",虽然看似啰嗦一些,但却更为准确了。字里行间,充分体现出校注者认真负责的态度和精神。

此时此刻,抚摸着散发着书香的新版《红楼梦》,回想着三次校注过程,在感慨时光流逝之速的同时,更感慨红学所诸位专家学者对读者、对红学的一份责任感,他们在三次校订过程中体现出的精益求精的精神令人感动和敬佩。作为出版者,我们能通过自己的劳动把这样的精品奉献给广大读者,真是一种荣耀和幸福。

原载《出版广角》2008 年第 9 期

社庆三题

近期以来,欢度 50 华诞的单位和部门越来越多,各种庆祝活动也形成一种定式,给人以千篇一律的感觉,使人少了几分兴奋和激动,但不久前人民文学出版社举办的庆祝活动却使人感到颇有新意、耐人回味。

会场与"节目"

50 年大庆,场地应该放在哪里呢? 是北京饭店、港澳中心,还是人民大会堂? 似乎都可以,总之要庄严、气派。经过反复考虑,人民文学出版社把举办社庆活动的场地选在了四环路边上的中国现代文学馆。会场的选择实际表明了主办者的一种趣向和追求,选择中国现代文学馆正是含蓄地强调了人民文学出版社的特点,与其近来提出的"挺拔主业"的思路相一致,到会的 400 多位作家、翻译家、学者带着一种敬意走进了中国现代文学馆,现代文学史上的大师和当代的著名作家将与他们一起来庆祝人民文学出版社的 50 华诞,特殊的会场使每一位到会来宾都感到亲切、自然……

纪念会当然要有社长致辞和领导讲话,这是题中应有之义,但是只有这些内容又会给人以呆板、老套的感觉,为了使庆祝活动更务实、更有效,人民文学出版社的社庆还特意安排了两个重要的节目:其一是举行了"第三届人民文学奖颁奖"活动;其二是举办了"人民文学出版社图书版本回顾展"。因为这两个"节目"的设计,使得此次大会别具特色。此前,人民文学出版社组织社内专家和资深编辑对 1995 年至 2000 年出版的当代文学作品作了认真的评选,有 20 部长篇小说、纪实文学、诗歌、散文作品列入正奖。8 部作品为提名奖。在社庆典礼上,由领导同志为所有获奖者颁发证书、奖杯和奖金,会场上喜气洋洋,气氛热烈。正是通过颁奖活动人民文学出版社进一步强调了出版社与作者的血肉联系,表达了对作者的回报和感激之情,使每位与会者深受感动;现代文学馆有三个固定的展览,相当有特色,而此次又增加了一个新的展览,那就是由人民文学出版社主办的"图书版本回顾展",展览系统地介绍了人民文学出版社 50 年来的出版成就,不仅有大幅照片,更有一些珍贵的老版本图书;不仅有著名画家为著名作品所作的珍贵插图,更有文学大师巴金、叶圣陶、老舍等人与出版社编辑的往来书信;"版权贸易遍及世界"的大幅地图和"获奖作品一览"的巨幅表格使每一位参观者驻足沉思,心中感叹不已。细细品味,人民文学出版社借社庆之机设计这一个展览,确有借势的意味,因为其他三个展览中所提到的图书有相当一部分就是这个出版社出版的,因此这四个展览在一定程度上可以互补,而在社庆这一天,可以把"人民文学出版社图书版本回顾展"看作是主展览,而其他三个展览则成了这个展览的最佳伙伴……

会标与标语

3 月 28 日上午,人们一走进中国现代文学馆学术报告厅,便会自然注意到横挂在主席台上方的会标"庆祝人民文学出版社创业 50 周年大会",每一位与会者的目光都会在"创业"二字上略作停留,细心的人还会琢磨其含义,为什么不用"成立"或者"建社"这样平实的字眼呢? 显然,会议的主办者是有深意的。如果近一阶段你去过人文社大楼的话,便一定会注意到楼前的一个标语牌,上面用大字写着"永远行进在创业的征程上"。50 年,对一个出版社来说,确实是一段不短的历史,但对一个未来充满希望的出版社来说,又只是发展历史中的一个阶段而已,从长远看来,也仍然是在一个"创业"的阶段,虽然 50 年已经过去了,但远远还不是"守成"的时候。"创业"二字,表明了对历史的一种尊重,也表明了人文社的员工对自己肩上的责任有一种清醒的认识……正是在社庆期间,人文社员工们一刻也没有停下自己的脚步去孤芳自赏,反而是感到压力更大了,是不是能对得起最初的创业者? 是不是无愧于"新中国文学出版事业从这里开始"的赞誉？人文社的每一个员工都在思考……

礼品与深情

本着节俭务实的原则,此次人文社虽然对每一位来宾都热情接待,但并未准备一般意义上的所谓"礼品",当然,来宾们也不会空手而回,每一位到会的嘉宾,在签到处都会收到两件礼品,其一是"人民文学出版社社庆纪念册";其二是"我与人民文学出版社"纪念文集。纪念册以人文版图书为主要内容,以每10年为一个阶段,对50年重点图书出版情况作了一次大盘点,纪念册图片注意资料性,文字注意准确性,每一部图书都是一个环节,共同构成了人民文学出版社图书出版的历史;除了介绍图书以外,还附有社史方面的有关资料:"人民文学出版社历任领导班子成员组成情况"、"人民文学出版社历年出版情况一览表"、"人民文学出版社机构设置"、"人民文学出版社部分获奖图书书目",这些资料对人们了解人民文学出版社的历史极有帮助;纪念册特别新颖之处还在于,它专门有两页"祝贺签名",在"祝贺人民文学出版社建社50周年"的通栏下,国内著名作家、翻译家、学者留下了自己的签名,表明了出版社与作者的广泛联系及新老作者对出版社的美好祝愿;在"筑成我们的文学家园——庆祝建社50周年"的通栏下,全社员工用不同的字体签下了自己的名字,表达了一种自豪的情感……

纪念文集收录了数十位作者的文章,文章写法各异,重点不同,但都有一个主题,那就是"我与人民文学出版社"。马识途记述他的《清江壮歌》出版的前前后后,颇多感慨;王蒙在文章里庆幸自己的主要作品都是"讲文学讲质量讲信用的人民文学出版社"出版的,并把编辑比作"文学事业的天使",令人感动;王海鸰记述了《牵手》在人民文学出版社出版的经过,并祝愿人民文学出版社"越来越年轻";邓贤说明了"喜欢和不喜欢人民文学出版社的几个理由",在热情地鼓励里又洋溢着殷切的期望;冯骥才详述了出版社老领导韦君宜对他的关心、爱护和指导,感叹道:"如果我没有遇到韦君宜,我以后的文学可能完全是另一个样子。我认识她几乎是一种命运。"刘白羽在文章中希望人民文学出版社"继承五十年的优良传统,激流勇进,奋发向前"。杜鹏程在文章中回忆了冯雪峰同志对他的具体指导和帮助，文笔细致，十分感人；李国文记述了他的《冬天里的春天》出版始末，他深情地写到："记得我还是一个文学青年的五十年代，走在东四到朝阳门的路上，便知道那座不起眼的楼房，是中国作家心目中的文学殿堂……20 年后，能够置身于人民文学出版社的出书作家队伍之中，那种学校的感觉，对我今后的文学之路，将是永远的鼓舞。"浩然记述了他的第一本书《喜鹊登枝》在人民文学出版社出版的经过，他感叹："四十年间我接触过的上百名人民文学出版社的工作人员，都是和善、亲切的。所以我牢牢记着第一本书的出版过程，也记着他们的和善与亲切。"其他作家阿来、张炜、张锲、张曼菱、陈忠实、宗璞、周大新、周而复、周梅森、柳建伟、俞天白、鲁彦周、臧克家、魏巍都写了文章表示祝贺；邓绍基、叶水夫、孙玉石、孙昌武、张玉书、林庚、季羡林、费振刚、袁世硕、徐斯年等著名学者、翻译家也都撰文记述与人民文学出版社的交往，表达美好的期望，十分生动感人。总之，这部文集，不仅从不同的侧面记述了作者与出版社如此深厚的友谊，在一定程度上也可以视作是名著的出版史，对研究作者的创作，对研究人民文学出版社的历史，都是弥足珍贵的材料。也许有人会问，这是出版社赠送给作者的礼品呢？还是作者在出版社 50 年华诞之际赠送给出版社的一份厚礼？答案自在每个人的心里。

社庆结束了，每一位来宾都会有不同感受，在一定程度上似乎可以这样说：这不仅是人文社的节日，同时也是文学界、翻译界、学术界和出版界的一个节日，让我们记住这一天吧！

原载《出版经济》2001 年第 4 期

与哈利·波特邂逅

——在香港文化产业国际研讨会上的演讲
(2003 年 12 月 19 日)

各位来宾,大家好!

我很荣幸被邀请出席此次大会并代表人民文学出版社和我的同事们就《哈利·波特》话题向各位同仁介绍一些情况。

《哈利·波特》是一部名副其实的"超级畅销书",能把这位戴眼镜的小魔法师介绍给中国广大读者,我们感到十分荣幸。路透社今年(2003年)11 月 17 日电说:"世界上最著名的男孩巫师今天创造了一项新的世界纪录——哈利·波特丛书的销售量达到 2.5 亿册。……这套书已在 200 多个国家和地区发行销售,被译成 60 种文字,从印度的古吉拉特语到古希腊语。"而《哈利·波特》自 2000 年 10 月 6 日来到中国大陆后到目前为止,其中文简体字版共出版和销售近 700 万册,成为一个非常值得关注的出版现象。

一个英国作家塑造的哈利·波特这样一个男孩,是怎样被介绍到中国大陆,又是怎样为广大读者接受和欢迎的呢? 请允许我作一些简要的介绍。

一、发挥优势 参与竞争

与哈利·波特邂逅并成为朋友,是我们的荣幸,但这却不是一种偶然,因为在冥冥中我们已经做好了接纳哈利·波特的准备,这个世界著名的小男孩通过人民文学出版社而走入千百万中国大陆读者的生活是十分自然的结果。

人民文学出版社是大陆最大的专业文学出版机构,成立于 1951 年,在过去的五十多年里,这个出版社出版古今中外文学作品及相关读物8000多种7亿多册,在国内外有较为广泛的影响。面对市场竞争日益激烈的新形势,人民文学出版社应该如何前行,这是我们不断思考的一个严肃问题。1999年,我们提出了一个新的出版思路,即"挺拔主业,优化结构,强化品牌,丰富品种,加大市场覆盖面,争取更大的社会效益和经济效益。"市场在变化,读者的阅读兴趣也在变化,如果只是维持过去的特点而不与时俱进地发展,竞争力肯定会大大削弱。新的出版思路就是要在坚持原来优秀传统的基础上,充分考虑市场和读者的新需要,扩大出书范围,调整出版结构,在这一思路指导下,我们在坚持挺拔文学主业的基础上,向与文学相关相近的领域扩展,先后成立了少儿读物编辑室、文化读物编辑室和教材出版中心。其中少儿读物编辑室和教材出版中心分别使《哈利·波特》和"语文新课标必读丛书"这两个项目成为出版社的支柱项目。

少儿编辑室最初由两位同事组建,他们二人原来都是外国文学编辑室的编辑,他们不仅业务能力强,对国外出版情况比较熟悉而且十分敬业。成立了少儿读物编辑室,使编辑可以专心注意国外少儿读物的出版情况,又因为减少了层次,一些选题可以直接报告社长、总编辑,可以尽快决定取舍,这一切都为《哈利·波特》的引进做好了准备。因为"丰富品种"的观念得到编辑们的认同,使得大家能放开视野,这对我们最终选择《哈利·波特》也起了重要作用。这部书刚出版时,一位老出版家撰文说:"这套书由人民文学出版社出版使我感到震惊,但从这件事上看到文学出版事业要创新,要真正做到吸收外国的东西。"为什么会"感到震惊"? 就因为这部书最初被认为有太多"魔法"的描写,人民文学出版社怎么会出这样的书呢? 即使出,也会按以往的方法,以副牌"外国文学出版社"的名义出,就像当年《廊桥遗梦》一样,但这一次我们就是大大方方地用"人民文学出版社"的名义出版,因此在一些老出版家的心里产生了一些震动,这实际上是像人民文学出版社这样的老社大社,应不应该这样"丰富品种"的问题,几年的实践证明,这实际上已经不是一个问题了。

是巧合还是必然? 先有了机构的调整和观念的统一,然后才有了《哈利·波特》的引进。机会,对所有的人都是公平的,所幸的是我们没有与机会失之交臂。

《哈利·波特》在欧美出版后逐渐受到关注,屡屡登上排行榜,在大陆也引起多家出版社的注意。2000年2月开始,业内报纸《中华读书报》、《中国图书商报》等都有相关报道,之后有不少于七家出版社以各种形式联系版权事宜。我社王瑞琴、叶显林1999年10月打听到该书的出版社,于是向英国的布鲁姆斯伯里出版社发出一封信,但没有回音。2000年2月,该社传真回复,"哈利·特波"的版权在克里斯托弗·利特尔版权代理公司,希望人文社与利特尔先生联系。因为困难很多,中间曾一度停顿,当年4月再度联系,当时的态度就是积极争取,力争拿下。经过不懈努力,我们与罗琳的代理人建立了友好的联系,不久,英方传来消息,希望了解人文社的情况,包括人文社的历史、出版状况、人员结构,特别是欧美文学、儿童文学出版的材料,我们很快将人文社建社45周年时的一份详细中英文介绍和相关材料传了过去,着重突出了人文社在中国大陆出版界的地位和曾出版过大量外国文学名著的历史和业绩。6月1日,代理人才有回音,要求与人文社通电话,在电话中,代理人再一次询问人文社的情况,当听说人文社有近五十年的历史及在职员工近300人时发出了惊叹,并询问该书在中国大陆可否发行50万册以上,人文社作出肯定的回答,后双方就销售数、预付金、版税等问题进一步商谈,达成一致,7月29日人文社接到罗琳代理人寄来的合同,人文社8月3日在合同上签字寄回,8月26日,接到了罗琳签字的合同,至此,《哈利·波特》版权的谈判终于告一段落,人文社凭其实力、信心和诚意从多家出版社中胜出而使这场历时八个多月的版权之争尘埃落定。

二、借助媒体　整体营销

在版权竞争中胜出固然可喜,但是压力也随之产生了。在参与竞争的出版社中,既有专门出版少儿读物的,又有专门出版外国文学作品的,最后英方还是选择了我社,表现了罗琳"愿与文学品牌社合作"的想法,我们深感荣幸,同时也有责任,不辜负罗琳及其代理人对我们的信任,把书出好,销售好,使哈利·波特成为广大中国读者的朋友。

在大陆多家出版社为获得版权的竞争中,一些重要媒体已表现出对《哈利·波特》在大陆命运的担心,《中华读书报》以《为"哈利·波特"捏一把汗》为题集中报道了业内人士的担心,《哈利·波特》在亚洲的销售远不如在欧美,哈利·波特在中国是否会水土不服?大陆出版社能否像欧美出版社那样开展有效的营销运作,有业内人士这样写道:"还有一个问题是出版、销售和策略……我们的出版社是否也能把握商机,采用灵活多变的促销手段呢?哈利·波特能否让中国孩子着魔,很大程度取决于此。"事实上,这种担心并不是空穴来风,确实有些超级畅销书在国内引进后业绩平平,其中有东西方文化差异的问题,有翻译水平的问题,也有营销能力和效果的问题。

面对业内一些人士对哈利·波特落户中国并不乐观的议论,我们的信心没有受到影响,我们坚信,一部受到世界成千上万读者喜欢的文学作品一定也会受到中国读者的喜欢,孩子是最没有偏见的,中西文化的差异岂能比人类共通的东西更有力量?为了让哈利·波特顺利登陆,我们决定在人员、资金等全方位投入,一定要让世界畅销书也成为中国大陆的畅销书!要成为真正意义上的畅销书,首先要做到内容与形式的和谐,这就要求产品是一个精品,这似乎与营销关系不大,但却是营销成功与否的前提和基础。因为我们所做的一切,首先是为了向社会、向广大读者奉献一本好书。再有,书籍的制作也是整体开发和营销不可或缺的环节。当时我们有一个明确的追求,就是要让不同凡响的《哈利·波特》制作得不落俗套,在每一个制作环节都要考虑到读者的需求和市场营销的效果。我们以整体开发和营销的思维,对《哈利·波特》这套图书的各个细节进行精心设计和制作,创造了一个完整和谐的图书形态,为后续的促销和销售提供了质量过硬的产品,更好地引起了读者的购书兴趣和欲望。

在认真制作合格产品的同时,营销问题自然提了出来。我们认真研究了《哈利·波特》在国外畅销的经验,除了作品本身的魅力和制作精美之外,国外出版商的销售策略起到了重要作用,我们要使哈利·波特成功落户中国,也一定要在方方面面的工作中特别突出注意通过整体营销来获得市场的成功。具体说来,就是注意借助媒体,不断产生热点,引起媒体和读者的关注,同时积极开展市场运作,有步骤、大规模地开拓市场空间。我们抓住了前所未有的机遇,我们也遇到了前所未有的挑战,因此,我们也就必须面对前所未有的考验……

回过头来看,《哈利·波特》的引进和营销策划总体而言相当成功,这很大程度上得益于作品本身的巨大号召力,大批媒体主动跟进炒作,起到了推波助澜的作用,比如,2001 年 12 月 3 日,中央电视台《东方时空》

栏目改版后第一期"世界"栏目便是对罗琳的专题介绍。其他媒体时时保持关注,把对《哈利·波特》的报道视作自己接近读者、及时反映新闻的一种表现。

《哈利·波特》受到媒体的关注,成为世界级的热点,这对我们开展营销活动当然十分有利,但是,要想把"哈利·波特"真正介绍给中国读者,就必须因势利导,借水行船。如果媒体只是一般性的关注和一般性的报道,读者受到的影响就会很小,营销效果必然大打折扣,因此我们就必须不断提供新闻热点,不断调整媒体的关注度,不断吸引读者的注意力,使读者保持较为持久的热情。

《哈利·波特》对出版者来说有先天的优势,它在2000年2月以后逐渐成为大陆传媒关注的热点,它内容的神奇、它在国外巨大的成功、大陆多家出版社对其版权的争夺等等,都成为媒体关注的内容。中国的小读者什么时候能够读到这个小男孩的神奇故事?哪一家出版社最终可以成为把哈利·波特介绍给中国读者的人?7月13日,罗琳的代理人表示:哈利·波特中国区版权已经售出。因为当时还没有一家出版社与罗琳签约,媒体又寻找到一个宣传点,这时一家权威报纸报道,某出版社已获得版权。我们对各种信息作了分析研究,认定有出版社胜出的可能并不存在,我们必须耐心等待。事后有的媒体指出,当时传言和假新闻齐飞,弄得其他几家竞争版权的出版社心慌意乱,弄假者希望借此取得心理优势,使其他出版社放弃努力,并借机打响自己的品牌。不知这种分析是否准确,但并未影响我们制订版权获得以后的营销策略。后来知道,当时罗琳代理人指的就是与人文社已达成协议,但因罗琳表示认可人文社后就去美国做了为期两周的宣传,所以将合同寄晚了。一般说来,我们在8月3日以后就可以公开这个消息,但是出于全面考虑:一方面,毕竟对方还没有正式签字,合同尚未生效,从理论上说还有变化的可能;另一方面,我们早在6月初就已请人着手翻译,但此时书稿还在编辑过程中,一时还不能出版上市。现在由于有了《哈利·波特》在国际上的成功,又有了国内的版权之争,注意、兴趣和一定程度的阅读欲望都有了,可是现在协议还没有最终签下来,而离出书至少还有两个月(我们已经提前安排翻译,正在进行之中),一旦版权之争揭晓,那些注意和兴趣就会逐步消失,阅读的欲望会减弱,岂不可惜!现在是能推迟一天也是好的,到实在推迟不了了,我们再开一个新闻发布会,新闻发布会还要准备提供给记者们多一些新闻内容,让他们用这些内容去不断地引发读者的兴趣,继而形成购买的欲望和行动。基于这样的考虑,我们采取了低调的态度,借助媒体和读者的好奇心理,推迟揭晓谜底的时间,在这同时积极组织翻译和出版工作,积极制定营销方案,因此在 7 月 13 日以后,我们就对谈判进程严格保密,从而使媒体的关注度一直没有减弱。这时,《中华读书报》《北京青年报》、《北京晨报》,还有外省的一些媒体都对版权之争给予了显著报道,又是"群雄逐鹿",又是"冲击波"和"反思冲击波",又是"即将登陆"和"能否安全登陆"等等,一时间好不热闹。社会注意力的持续为将来的销售打下了更为坚实的基础,也为我们后续工作争得了时间。正式协议签订了,如果还秘而不宣,就涉及到一个职业道德问题,面对记者的追问,我们在 8 月 31 日举行了新闻发布会,版权问题正式揭出谜底显得很有新闻性,不仅为《哈利·波特》和出版社品牌又做了一轮宣传而且使图书正式上市显得更为从容,使新闻关注度不会出现空白。再如第五册的发行,我们在图书正式上市之前对书名、印数、定价等都采取保密态度,其中固然有防范盗版的因素,但准备热点调动媒体进行宣传也是重要因素,因此当名为《哈利·波特与凤凰社》的正版以 80 万册首印的消息一出来,立刻引起媒体关注,探究确定书名的原因,分析首印 80 万册的理由,甚至比我们早先宣布的日期提前十天上市以及我们开展"换购"活动等,都成了媒体炒作的新闻。这些内容,实际都是我们整个营销方案中有计划有步骤的安排。又如关于"哈利·波特"反盗版方面的情况我们也及时通知媒体关注,遵化大案告破,引起很大轰动;第五册上市之初,我们又请求全国扫黄打非办公室下发了关于《哈利·波特》盗版书和非法出版物查缴令,以及这一套书我们所采取的各种防伪技术和防盗版措施,都是媒体所关心的,也是我们希望读者所了解的,不断提供新闻热点,就能得到媒体有力的帮助和支持。

整体营销中的一个重要环节是图书的首发活动,这也是媒体关注的焦点之一。《哈利·波特》目前已组织了三次富有创新精神的首发活动,每一次都引起媒体极大关注,在读者中产生了巨大影响。2000 年 10 月 6 日上午 10 时,《哈利·波特》第一次首发仪式在北京王府井新华书店举行。我们为首发仪式做了一些创新设计。特别请来中国儿童艺术剧院的一位演员,按照图书封面上的形象,让她装扮成小说中哈利·波特的模样,闪亮登场,全场为之活跃异常。她在排着长队的顾客中进行即兴表演,帮助消除顾客因为等待太久而产生的一些厌倦情绪。首发式吸引了30多位中外记者,两小时售出1500册,创下了北京王府井新华书店图书首发式的纪录。创新的首发仪式给了人们一个信息:《哈利·波特》一登场就非同凡响,前途未可限量。

2001年6月1日,《哈利·波特》第二次首发仪式仍在北京王府井新华书店举行。尽管《哈利·波特》在中国已经是知名品牌,前面3册的销售态势一直良好,我们还是决定精心组织第四册的首发仪式。《哈利·波特与火焰杯》首发式时间定在2001年6月1日傍晚5点钟。为什么是傍晚5点钟?见诸报端的理由是第四册书中火焰杯喷发的时间,其实这是故意找的一个由头而已,真正的原因是我们策划室编辑们的创意。他们认为"六一"儿童节的书城热闹非凡,出版社促销奇招叠出,《哈利·波特》是超一流明星,不能淹没于其中,不如最后压轴,显示出超一流明星的勇气、大气、霸气;至于读者来与不来,我们完全不必担心,前有1至3册的130万册的销量作基础,人约黄昏后,更显得我们与众多哈利·波特迷们有一个心气相通的约定。这个设计当然比较别出心裁,但也比较得体,我们策划室、发行部全力以赴,精心地设计、布置了首发仪式现场,巨大的彩色景片成为许多读者摄影留念的背景,特约的两位杂技演员早早登场表演,不断引发孩子们的笑声,给孩子们派送糖果,帮助他们度过难挨的时光。傍晚5时一到,销售开始,说火爆异常是一点都不夸张,我们又创了一个纪录:一个小时销售突破2500册。第四册的首发成功,又一次有力地推动了《哈利·波特》全套图书的热销,全套图书销量直线飙升。

2003年9月21日,在英文原版出版三个月后,我们又组织了《哈利·波特》的第三次首发仪式。第五册与第四册之间相隔两年多,读者都等急了,因此这次首发仪式就更要讲求效果。这次首发地点选中了以图书品种全、新书上市快著称的北京西单图书大厦。图书大厦全力支持此次活动,这次一改以往在室内举行首发仪式的做法,采取"广场形式",让读者充分参与,请著名电视主持人主持活动,既有《哈利·波特》前四册的片断模拟表演,又有互动式游戏和有奖问答,《中国教育报》用"'哈五''疯狂'面世、'哈迷'迎来节日"作为标题报道了当时的盛况:"游戏、现场表演、富有创意的小礼物……使得人头攒动的首发式现场气氛煞是热烈。"当日销售创出最高纪录,达 10000 多册。这次活动,扩大了出版社的影响,提升了《哈利·波特》的知名度,成为当天的重要新闻,受到媒体的关注,多家电视台和报纸均给予报道。

吸引媒体的关注,无疑极为有利于图书的营销,或者可以说是营销的一部分,但还不能代替具体的营销,把图书推向市场的工作同样或者说更加重要。

《哈利·波特》的前期宣传之后还有两个后续阶段,即针对图书批销商的业内宣传、分销设计和图书上市销售阶段的宣传和推动。我着重介绍一些图书上市销售阶段的宣传和推动的情况。该做的事情陆续都做了,上市销售可就是短兵相接了,为此我们主要实施了以下一些促销计划:

全国同时首发:早在 2000 年 9 月底,我们就通过媒体发布新闻,中国的少年儿童期待已久的《哈利·波特》定于 2000 年 10 月 6 日上午 10 时整在全国各大中城市同时开始销售。在宣布首发消息的新闻发布会上,还冒出来了一些外国驻华记者,他们似乎不大相信《哈利·波特》能够按时顺利出版。"全国同时首发"形成了社会和广大读者的期待心理,在一些城市造成了国庆节书市的热点。第四册全国首发,选择了六·一儿童节,效果很好,特别是第五册,首印 80 万册,在首发仪式举行的当天在全国主要城市的各种书店同时上市,一方面满足了不同地区读者的需要,另一方面在第一时间覆盖市场,不给盗版者以空间。

广告招贴宣传:我们为《哈利·波特》前三册设计了三条广告词,一是"哈利·波特——跳出书包的小魔法师",告诉给少年儿童和家长们的信息是:故事将"跳出书包",故事是魔法童话,好看;二是"哈利·波特——我们身边的小骑士",告诉给少年儿童和家长们的信息是:这是关于勇敢和惊险的故事,有益;三是"哈利·波特——全世界儿童的好朋友",告诉给少年儿童和家长们的信息是:全世界儿童都在看《哈利·波特》,你是不是也该看一看呢?彩色招贴、巨型彩喷广告片以及异形书签都使用了这三条广告词,平易、质朴、亲切的广告词得到了哈利·波特迷们的比较自然的接受。第四册是"魔法师的火焰杯激情大喷发",充满幻想和诱惑;第五册是"进入青春期的哈利·波特带来了更多故事"。既与书的内容有关又含有一种神秘性,诱发孩子阅读。

撷英手册导读:我们挑选了第一册《哈利·波特与魔法石》中比较精彩的两个章节,印制成小巧便携的撷英手册,大量发给各地销售商,请他们放在书店显眼的地方,让读者自由取用。撷英手册导读让读者享受了先睹之快,产生一睹全书的兴趣和欲望,促成他们的购买行动。

精致礼物相赠:在《哈利·波特》销售过程中,我们为这套图书制作了不少精致可爱的礼物,这些小礼物营造了人们文化生活中的"哈利·波特时尚",更为广泛地传播着图书信息。随着《哈利·波特》的热销,这些礼物也逐渐成了独一无二的经典收藏品,对读者的吸引力不容忽视。

后续新闻不断:虽然北京以及一些城市三次首发成功,但并不意味着大功告成,更不能高枕无忧,重要的是要把这精心策划成功的开张大吉的消息广泛传播,推动全面销售。如前三册首发时,我们在首发仪式前既着手组织首发成功后的新闻报道,据不完全统计,首发后的 10 天里,各种媒体有关《哈利·波特》的各种报道高达 100 多篇,中央电视台、教育电视台、北京电视台都做了现场报道,后续大面积的新闻报道实现了首发仪式的效益最大化。

总之,《哈利·波特》本身有着巨大的生命力,营销的目的是把图书中的生命力焕发出来,感染每一个读者。我们知道,一般商品在市场上都有一个生命周期,大体是以下五个阶段:开发期、上市期、增长期、成熟期、衰退期。我们的努力是要使得我们出版的图书在市场上的增长期和成熟期尽可能地延长,而延长的最好的办法就是运动,生命在于运动! 永远记住这句至理名言。

三、培育市场　深度开发

第一波营销活动告一段落,还有大量的工作要做,我们在前期成功的基础上,面对新的挑战,又在引导读者、培育市场和深度开发、全面收获两个方面加大力度,扩大战果,取得令人满意的效果。

"哈利·波特"这样一部风靡西方的系列小说能否顺利落户中国大陆,这是业内人士十分关心的问题,地域差别、中西方文化差别,会不会给中国读者造成阅读的障碍? 书中的一些魔法和"恐怖"的描写有没有可能为中国读者接受? 甚至,这一系列图书的出版有没有积极意义? 对《哈利·波特》的批评和怀疑的言论出现了,面对这种情况,我们认为:文化背景的差异、阅读习惯的不同等多种因素会对市场产生影响,但文化之间也是相通的,青少年跨地域阅读在今天越来越普遍,《哈利·波特》能为中国读者接受是肯定不成问题的。先入为主的宣传之后应该是冷静的思考,应该是对《哈利·波特》文本的探讨,应该是对《哈利·波特》内容的肯定,这是引导读者的需要,也是培育市场的需要。在信息泛滥的时代,人们购物都比较注意选择,信息发布者的大轰大吵虽然会引起顾客的注意,但不一定能引起他们购物的兴趣、欲望和行动,而对于图书这种内容为王的商品,人们的购书行动则尤其来源于理性的判断,为此,图书促销最重要的手段还是向广大读者提供相关权威性的肯定性意见。为此,我们在北京、上海等地组织专家学者对《哈利·波特》进行了全方位、多层次的深入研讨。各位专家一致认为,这部小说弘扬了正直、善良、勇敢的美好品质,极大地丰富和开拓了人们的想象空间,"一扫我们儿童文学陈旧的成规,吹来了一股令人振奋的新风"。会后,我们把专家们对作品的高度肯定性意见在媒体上发表出来,打消了一部分读者的疑虑。除此之外,我们还组织了深度书评。当时正值素质教育讨论蜂起,我们组织的书评特别强调读《哈利·波特》有助于培养少年儿童的想象力,而想象力是优秀人才十分重要的素质。从我国国情出发,我们要求书评不要去渲染西方人津津乐道的幻想中的巫术文化,而是着力强调哈利·波特等正面形象的正义、善良、勇敢的品质等内容。

此外,我们还协助一些小学开展以阅读《哈利·波特》为主题的队日活动,协助中央电视台《读书时间》栏目就《哈利·波特》开展讨论,还与一些儿童文学刊物举行《哈利·波特》读书征文活动,等等。

通过对《哈利·波特》文本价值上的探讨和肯定,其主要内涵得到了中国式的阐发,这部具有国际影响的图书终于进入了我国文化、教育的重要读物行列,同时,图书销售也就形成了持续上升的良好态势。随着销售量的直线上升和读者的狂热表现,怀疑消失了,指责也消失了。应该说,这为《哈利·波特》更广泛地拥有读者扫清了道路。在第四册和第五册图书上市时已经听不到怀疑的声音了。

购买到《哈利·波特》的版权对人文社来说是一个重要收获,但是能不能在此基础上进行深度开发,是我们思考的另一个问题,在出版社和编辑室的思路上,形成一定要充分利用已有资源的共识。相关产品主要有两类,一类是与《哈利·波特》有关的辅助读物,如"哈利"在魔法学校读的图书《神奇的动物在哪里》、《神奇的魁地奇球》以及《我和哈利·波特真实的故事》等。前两种装帧力求古朴、封面分别印有魔法学校图书馆的图章和哈利·波特的签名,书中也处处可见哈利涂抹评注的痕迹,这些严格切合原作故事内容的设计使读者兴趣大增;后一种是关于罗琳的访谈录,对了解《哈利·波特》的写作及罗琳很有帮助,一经出版,销路就很好;第二类是衍生产品,在《哈利·波特》顺利出版后,我社积极与具有形象版权的华纳公司接触并获得"哈利·波特"形象版权,不久即推出三套《哈利·波特》明信片,三册黑白和彩色对照的填色书,可挂可贴的大开本海报,以后又推出了笔记本、贴画书等产品,其中《哈利·波特与魔法石》贴画本共四册,分情景贴画和标志贴画,既有书中的场景,又有书中的形象,十分精美,是"哈利·波特"外延产品中的精品。对这一类产品的开发,坦率地说开始我们有些犹豫,主要是因为制作任务比较繁重,担心费力不讨好,后来我们认识到:多元品种的开发造成了与主打品种的互动,对主打品种是一个有力的宣传,形成更大面积的影响和效益。现在看,这一类产品开发的效果尚可,当然还有很多事情要进一步做细做好,相信会得到预期的回报。

四、"哈利·波特"成功登陆的启示和影响

《哈利·波特》自1999年下半年不约而同地受到大陆业界的关注到2003年9月第五册顺利首发,其间只有短短的四年,但它的引进和畅销对国内书业产生了明显的影响,有些业内专家也专门撰文给予论述,我粗粗想来,大约有这样几个方面:

启示之一:永远不要夸大文化差异的作用,永远不要低估中国孩子们的接受能力,永远不要忘记好的阅读习惯需要好的读物来培养。

成功引进,表明我们已经是世界大家庭的一员,世界各国读者喜欢的作品,我们可以迅速介绍给中国读者,这反映了中国对世界的一种开放态度;特别是《哈利·波特》所描写的内容的确与中国文化有很大差异,但并不影响我们的读者去欣赏和喜爱,文化的融合有其基础,不同国家和地区的文化并不是不能相互融合的。《哈利·波特》的成功启示我们要带着一种更为开放的心态去审视其他国家优秀的文化产品,积极引进和推广;在提倡素质教育的今天,孩子们广泛阅读绝对是有益的,《哈利·波特》有众多读者,其热销使美国一些评论人士惊呼"《哈利·波特》改变了世界"。在这个"超级媒体"的文化背景下,《哈利·波特》让人们重新回归阅读。在国内《哈利·波特》对阅读的推动同样不容忽视,据有些初中、高中生来信表示,他们看到的第一本文字课外书就是"哈利·波特",以前从来不喜欢看文字书,只看有图的、看动画片,玩游戏。读过"哈利·波特"以后开始大量读书,现在读名著成为他们生活中的一部分,有些家长来信感谢"哈利·波特",因为自从读了这套书以后,他们的孩子爱读书了。特别应该指出的是,业界有人认为《哈利·波特与凤凰社》在非典后市场疲软的情况下正像一针强心剂,它的出版又带动了整个图书市场的复苏。这种估计也许过高,但也有合理成分。《中国图书商报》2003年10月31日以"市场继续下滑'哈五'力挽狂澜"为题,对9月少儿类畅销书排行榜作了分析。

启示之二:素质教育就是开发孩子们的心智,儿童本位是儿童文学的灵魂,《哈利·波特》为儿童文学创作吹来了一股清新的风。

《哈利·波特》的成功引进应该或已经对大陆的儿童文学写作带来冲击和积极影响,它会给我们的儿童读物带来许多借鉴。著名文学评论家何镇邦先生认为:《哈利·波特》风靡全球的主要原因之一是它在教孩子们玩,要给文学一点解放,冲破原来的观念,进入多元化。另一个成功的原因是它很有生活气息、符合儿童的心理,儿童爱看,成年人也喜欢看,"儿童文学一定要有儿童的特点,文学需要想象,而当代文学缺乏想象"。雷达认为这部作品充满了奇妙的想象力而又不是安徒生式的童话,字里行间都形成一种阅读的魅力。中国儿童文学往往强调"告诉你一个道理",缺少真正反映儿童生活的作品,而只是反映成人理解的儿童生活或是希望儿童过的一种生活。《哈利·波特》构思并不复杂,但悬念丛生,充满童趣,中国儿童文学作家应该能从中得到启示。对这一点,儿童文学专家王泉根先生指出:《哈利·波特》的成功在于坚持儿童文学的本位立场,坚持把儿童世界还给儿童。他还进一步指出:《哈利·波特》的引进,"不仅是中外儿童文化交流史、出版史上的一件大事,而且也必将对世纪之交的中国儿童文学本位立场、精神走向产生深层次意义的影响,甚至对我们如何理解与把握今天少年儿童的素质教育产生影响"。

启示三:版权引进是实力和机遇的较量,只有积极参与才有可能胜出;营销是智慧和创新的劳动,只有成功的营销才能使引进的版权图书顺利着陆。

《哈利·波特》的引进过程,国内出版界对国际出版信息作出十分迅速而有效的反应,说明国内众多出版机构在信息灵敏度、操作渠道、购买能力等方面都实现了前所未有飞跃。哈利·波特是一个契机,引发了国内出版界的一次大练兵。可以毫不夸张地说:"哈利·波特"带动了我国大陆的版权贸易。以《哈利·波特》为标志出版物的一批图书在这几年被引入大陆,使我们的版权贸易意识和操作都更加成熟,国外版权代理机构开始主动与国内出版社联系,中国的版权代理也在壮大,其中有许多是在 2000 年以后看到版权贸易的市场前景才发展起来的。《哈利·波特》的引入,还促使我国政府更加注意反盗版工作,这当然有加入 WTO 的背景,但《哈利·波特》作为一部"超级畅销书",受到有关部门的特别关注,如第五册专发"查缴令"等,虽然盗版市场还没有完全杜绝,但政府打击盗版的决心日益加大,出版行政部门保护知识产权,保护出版社切身利益的举措大大增多,这与引进的力度有直接的关系,从而为进一步形成完善出版物市场起了积极的促进作用。

再有就是《哈利·波特》的成功营销,使人们看到一个事实:在国外畅销的图书,在大陆也完全可能畅销。我们借鉴了国内外一些成功的经验并根据中国国情修改了国外的一些营销观念和具体操作方式,最终使《哈利·波特》的整体营销获得成功。在《哈利·波特》整体营销中的一些理念和做法为业界同仁认可,并以不同的形式借用。总之,因为我们在《哈利·波特》的营销中,既注意整体营销,又注意每一个细节,使这部在国外畅销的图书在中国大陆同样成为一套"超级畅销书",业界认为这促进了国内少儿图书市场畅销书机制的建立。一些细节,比如小到图书的开本,我们使用了异型 16 开后,在市场上几乎已经风靡,特别是少儿类读物。可见成功事例的巨大影响。

启示四:成功说明过去,经验滋养未来,有形的财富固然重要,无形的财富同样值得十分珍惜。

《哈利·波特》的成功引进对人民文学出版社的体制和机制多方面产生了重要影响,使我们坚定了发挥优势,积极参与市场竞争的决心。在人民文学出版社的历史上还没有遇到任何一套书像《哈利·波特》这样对我们提出这么高的要求,前三册从翻译到全国统一上市用了四个月;第五册从拿到样书到首印 80 万册全国同时上市用了整整三个月,一部近 70 万字的书稿在三个月内高质量地完成翻译、编辑、校对、排版、特殊工艺的制作以及 80 万册的印刷并提前发到每一个销售点,这种速度岂不令人感叹? 在这过程中,我的同事们做出了怎样的努力? 难怪一些媒体将其称作"出版神话"。因此,我认为,《哈利·波特》的成功,不仅全面体现了我社在购买版权、编辑出版和发行销售上的实力,也锻炼了我们这一支队伍。

《哈利·波特》的成功为我们提供了各方面的经验,版权贸易、翻译编辑、印制设计、发行营销等等,我们都有意识地借助和利用《哈利·波特》提供的经验,认真地经营好每一本书。《哈利·波特》的成功为我社赢得了巨大声誉,大大提高了我社的知名度,不仅在国内读者中强化了老社大社积极进取的形象,在国际图书市场上也具有一定的知名度,在《哈利·波特》之后,不断有出版代理机构主动与我们联系,希望通过我们把他们的优秀作品引入中国大陆,如《达伦·山传奇》、《小莵丝系列》等书就是罗琳的代理人主动给我们的;有时,我们想参与竞争某种版权,只要对方知道我们是《哈利·波特》的出版者,往往会另眼相看,许多事情也就比较好谈了。在我们看来,这种信誉和知名度也是一种财富,我们会谨慎而积极地使用这笔无形财富。

我的报告完了,谢谢各位!

此文后一部分以《〈哈利·波特〉的成功带给我们的启示》为题,

发表于《中国出版》2004 年第 4 期

"哈迷"，请耐心等待

——一个出版者的话

在千百万哈迷的热情期待下，《哈利·波特5》的英文版终于在6月21日与广大读者见面了。人民文学出版社继前四册之后，仍然获得了这一册的中文简体字版权。为了尽快让读者读到准确、流畅、传神的译本，人民文学社请前四册的主要译者加班加点、集中精力赶译这一册著名作品。正在这时，一些不法之徒表现出他们的"天才"，他们利用读者的这种期待，非法出版了粗制滥造的《哈利·波特5》的译本。面对这种情况，除了行使法律武器维护自己和作者的权益以外，人民文学社的编辑们还要回答这样一个问题：为什么不能赶在这些违法者出手之前推出你们的译本？有的热心读者甚至建议，你们可以找十位翻译家一齐上阵。不是可以更快吗？

这种心情我们可以理解，但我们不能这样去做。我们的确可以得到众多翻译家的支持，但是，并不是每一个著名翻译家都适合翻译《哈利·波特》，何况十个人十种风格，时间太紧又没有时间细细琢磨，岂能产生经典译文？正如自己的孩子，我们怎能为了让他早一点见客人而不给他打扮得整齐、干净、得体一些呢？一方面是对读者负责、对原作者负责的出版社；另一方面是惟利是图、敢于冒犯法律的盗版者。因为目的不同，同时，因为我们的图书市场还不十分规范，因此在出版速度的竞争中我们暂时还处于劣势，这是无奈而又必须承认的现实。我们要奉献给广大"哈迷"一件精品，这一切都需要时间。此时此刻，我们最关心的还是：你站在哪一方面？我们当然希望你保持一份耐心，站在我们一边。

我们深知，在当前情况下，时间是多么重要。早一天出版就能减少一分损失,但我们又怎能为了早一点出版而放弃精雕细刻、认真翻译的传统呢?人民文学出版社是国内最大的专业文学出版社,把精品奉献给广大读者是我们的责任,也是我们的传统。不管市场竞争多么激烈,不管不当竞争的形势多么严峻,这个责任和传统永远不能放弃。何况,我们面前是千百万读者狂热喜欢的超级畅销书呢?

因此,我们需要一点点理解,需要一点点支持——

亲爱的哈迷,请你不要购买任何一本粗制滥造的《哈利·波特5》,10月1日前你见到的任何一个中译本都是非法出版物。读了这样的译本,你会失去阅读前四册保留下来的美好记忆,而且这些"译本",总是断章丢行,会使你的阅读快感受到伤害……

亲爱的哈迷,请你随时告诉我们你所了解的非法出版物的印刷和销售地点,让我们齐心协力把那些专干坏事的不法之徒送到他们应该去的地方,使我们的图书市场更加净化……

亲爱的哈迷,我们需要你的理解和支持,而这种理解和支持也许就是你的耐心等待。作为出版者,我可以对你说:亲爱的朋友,你的等待一定是值得的!

原载《中国图书商报》2003 年 8 月 23 日

感谢与思索

——茅盾文学奖揭晓后的感想

自第六届茅盾文学奖揭晓以来,读者和媒体反映都很热烈,如《新闻出版报》等报刊以"五部获奖作品三部出自人文社"为题作了报道,还有一些朋友对我社《历史的天空》、《英雄时代》和《东藏记》榜上有名也表示了祝贺之意,这当然是令人高兴的事。近日,见到一位新闻界的老朋友,他一面向我表示祝贺,一面认真地问:"你们每次都有多种图书获奖,今年又是占了五分之三,有什么秘诀吗?一定有一些感想,有空我们谈一谈如何?"来去匆匆,未便详谈,归而思之,确有些话想说……

人民文学出版社应该感到自豪。在以往历届茅盾文学奖的评选中,共有22种图书获奖,而人民文学出版社有11种,占了二分之一,而此次又占五分之三,说是"丰收",恐怕不算"自我感觉良好"吧?当然,祝贺者有之,羡慕者有之,不平者亦有之,这无疑既在意料之中,又在情理之中。

在感到自豪和高兴的同时,我们自然也有一份深深的感激,有一份感激的情感在心中涌动。说到感谢,当然首先要感谢作者,是他们的一份信任,成就了我们一次新的收获,无论是徐贵祥、柳建伟,还是宗璞先生,他们不仅是人民文学出版社的作者,更是人民文学出版社的朋友,他们的这份信任,令我们感动。没有他们艰辛和努力的创作,就不会出现《历史的天空》、《英雄时代》和《东藏记》这三朵奇葩;没有他们对我社的信任,这三朵奇葩就不会绽放在人民文学出版社这一方"文学的家园"里;说到感谢,我还要感谢为这三本书出版付出辛勤劳动的我的同事刘宇、刘稚和杨柳等,是他们无私的奉献,赢得了作者的尊重;是他们的认真工作,结出了丰硕的果实。当然,在他们周围,还有我的许多同事,是大家的共同努力,才为人民文学出版社赢得了又一次荣誉;说到感谢,我还要感谢各位评委,是他们独具慧眼,在众多长篇小说作品中选择了这些作品,并把自己的一票投给了这三部优秀之作。当然,这样的评选,也许难免会有遗珠之憾,但这三部作品是当代长篇小说中的佼佼者则是无疑的,它们的获奖是名至实归,评委的选择无疑是正确的,如果没有他们的辛勤劳动,这些作品的价值也许要过若干年才能为人们真正了解;说到感谢,我还应该表达对有关部门和广大读者的谢意,感谢他们长期以来对人民文学出版社的关爱和支持,感谢他们对此次获奖作品的推荐和认同,我们愿意通过我们的努力,把更多的优秀作品奉献给他们——我们的衣食父母!

朋友"有什么秘诀"的提问,引发了我的思索。年年获奖,今年又是"丰收",有没有偶然因素,有多少偶然因素?可是哪里又有离开必然的偶然呢?

茅盾文学奖对人民文学出版社来说虽然只是众多奖项中的一种,但却是我们特别看重和认真对待的一个奖项,能在这个奖项上不断丰收,原因应该是多方面的,但我认为归根结底还是因为人民文学出版社长期以来形成的优良传统及由这个传统产生出来的核心竞争力发挥了作用。人民文学出版社自 1951 年 3 月成立以来,在实践中逐渐形成了自己的优良传统,概括起来就是:"坚持以国家建设为己任的出版宗旨,坚持以主流文化为主导兼容并包的文化态度,坚持精益求精、开拓创新的工作精神,坚持以高素质的人才队伍作为事业之本。"五十多年来,我们的社会生活发生了巨大的变化,特别是近二十年以来,市场竞争日益激烈,然而这些优良传统却不断发扬光大,作为立社之基石,兴社之旗帜,引导着人民文学出版社开拓前行。"以国家文化建设为己任"、"坚持以主流文化为主导"、"坚持精益求精、开拓创新"、坚持建设"高素质的人才队伍"等等是人民文学出版社优良传统的关键用语和高度概括,由此出发,人民文学出版社才能守正创新、不断进取,也才能在茅盾文学奖的评选中不断收获。

可以说,我们取得的任何一点成绩,都是坚持我社的优良传统的结果,离开了这个根本,一切都变得不好理解,不好说明,当然,优良传统在实践中必须具体化才能更大限度地发挥其作用。在认真总结优秀传统和发扬光大优秀传统的同时,人民文学出版社"与时俱进",形成了新的企业价值观和图书出版的良好机制,由此来解答"又是丰收"的问题,或许可以得到大体接近的答案。

首先,在坚持社会效益第一,力求两个效益统一的前提下,我们特别提出了要"挺拔主业",作为一家重要的文学出版机构,全社员工,特别是编辑人员深知自己的社会责任,虽然经济压力不能忽视,但我们毕竟不是"书商",何况,坚持社会效益第一并不意味着就一定以牺牲经济效益为代价,寻求两个效益的统一既是对我们编辑人员的新要求,也是完全可以实现的目标,在这种统一认识的基础上,我们又特别强调了"挺拔主业"的观念,市场竞争激烈,根据市场的要求改变产品的类型当然无可厚非,但是要特别注意这种改变要想成功就不能扬短避长,过多追逐市场,而应该扬长避短,创造和维护市场。我社之长,当然是出版文学类图书,适当调整结构是必要的,但这种"调整"不能离开"挺拔主业"的原则,因为我社有多年出版的辉煌历史,有坚持文学出版的编辑人员,有我们固有的作者和图书资源,这一切形成了不可替代的品牌效应,每一位编辑都会努力擦亮这个品牌。在文学并不像历史上曾经有过的那种辉煌的时候,要坚持"挺拔主业",不仅需要勇气,也需要具体布置和安排,比如我们提出了资源整合和创新并重的思路,一方面发挥我社资源丰富的特点,另一方面在社内形成一种追求创新,没有创新就没有发展的企业价值观,从而促进了新选题的开发,这就会遇到一个数量与质量的矛盾问题,比如长篇小说,作为文学创作的标志性品种,人民文学出版社每年要计划出版几十种,约占总出书新品种的 15% 左右,在坚持以主流文化为主兼容并包的文化态度前提下,我们为描写各种题材、采用各种方法、面向各类读者的长篇小说的出版提供广阔的平台,这一方面为推动中国当代文学创作做出了我们的一份贡献,另一方面也为优秀作品脱颖而出准备了基础。这就是我们内部经常讨论的一个数量和质量的问题,没有质量的数量是苍白的,而没有一定数量的质量也是乏味的,是缺乏竞争力的。我们当然知道,当前长篇小说创作存在着数量过多而质量偏低的矛盾,但作为文学出版社有推进中国当代长篇小说创作的责任,有帮助和鼓励那些有潜力的作家积极探索,开拓前行的责任,也有发现和培养新一代优秀作家的责任,正是因此,我们才可能出版了《白鹿原》《尘埃落定》这一类可能在中国当代文学史上会留有专章论述的作品。这样一种心态和责任感,以及因此而形成的积极出版当代长篇作品的实绩,为我们获得大丰收提供了重要的条件。

其次，为了真正落实社会效益第一，力争双效统一的总体思路，我们在出版体制上特别强调"整体化经营"的观念。人文社是一家有较丰富资源储备和较稳定传统的出版社，提出怎样的既适合自身特点又符合发展需要的思路，关系着出版社是不是能够发展，怎样发展的大问题，在充分研究和讨论的基础上，全社上下形成了必须坚持整体化经营的共识，单打独斗、各自为战的方法不符合人文社发展的总体思路。有了整体化经营的理念，我们就可以举全社之力做一些编辑室不愿或不能承担的积累性项目，也可以按照"挺拔主业"的理念，组织出版一些社会效益看好而经济效益一时难以准确估计的图书，其中长篇小说占有突出比重，这样，如果决策失误，社里承担相应的责任和压力，而项目成功，我们决不忽略编辑在其中所发挥的重要作用，及时予以精神和物质上的奖励，这样一来，编辑们可以比较放松地策划选题和组织书稿，好的作品也就相对容易出现了。当然，这对出版社领导提出了更高要求，但我们的体会是，只要坚持民主和科学决策，坚持大胆开拓创新的精神，成功的机率还是相当高的。

第三，我们有一支令人骄傲和自豪的编辑队伍，这支队伍总体讲，业务素质好，与作者有良好关系，可以得到作者的尊重，也充分理解出版社的总体思路，同时又勤勤恳恳、甘心为他人作嫁衣，有了这样的"事业之本"，我们才可能不断"丰收"。正在我构思此文的时候，5月2日晚上10时半，我接到一个电话，手机上显示是出版社的电话，来电话的是我的同事王培元，他当时正在社里应《出版广角》约请赶写文章，题目是《在朝内166号和前辈的灵魂相遇》，准备系统地介绍冯雪峰、聂绀弩、王任叔、韦君宜、秦兆阳等我社前辈人物，我们在电话里探讨了这些前辈对文学出版社的贡献，对文学出版社的优良传统形成的贡献，对我们这些后人的示范作用等等，而在5月5日我到出版社加班时，培元兄仍在社里伏案写作并把"小引"交我，命我"提出意见"。这也许是一件小事，在出版社这个氛围里算不上什么，要不是因为行文至此，也许我不会为此写这么一段话，但由这一件小事，岂不正表现出人文社编辑对出版社的热爱，对前辈的尊敬，对文学社优良传统的认同以及勤奋工作的精神吗？有这样的同志，我们怎么会编辑不出好书呢？说到长篇小说和茅盾文学奖，我们社像培元兄一样敬业勤奋而以编辑长篇小说闻名的编辑就更多了，只是现在仍在工作岗位上的就有杨柳、胡玉萍、刘海虹、陶良华、周昌义、洪清波、刘宇、刘稚、王干、刘会军……是他们的努力，保证了我社长篇小说出版的数量和质量，为我社赢得了作者的尊重和读者的认可，为出版社赢得了荣誉，此次获奖的三部作品的编辑刘宇、刘稚和杨柳只是他们中间的代表而已，因为有这样一支队伍，我对今后不断"丰收"充满了期待和信心！

以上我从出版社总体理念和具体机制以及人才队伍三个方面试图对我社又是"丰收"的情况加以说明，不知是否能令那位媒体朋友满意？

当然，我们深深知道，出版界内部竞争异常激烈，辉煌的过去并不意味着辉煌的未来，已有的成绩往往成为更大的压力，兄弟出版社早已奋起直追，"逆水行舟，不进则退"，茅盾文学奖是一个重要标志，但又绝不是唯一的标志，我们会保持清醒的头脑，继续坚持挺拔主业和整体化经营的理念，继续大力建设我们的人才队伍，继续广泛地联系作者和开发新选题，继续保持和擦亮我们的品牌，让人民文学出版社真正成为读者认可的"文学殿堂"！

原载《中国图书商报》2005 年 6 月 3 日，发表时有删改

勇于竞争　坚决维权

在商言商,图书市场亦不例外;参与竞争,大社老社岂能谦让? 怎样参与竞争,进而怎样在市场这个搏击场上大获全胜,这是我们经常思考的问题。

图书市场竞争,应该是全方位的竞争,其中最重要的还是选题竞争,有一部什么"画",便会有几十部"画",有一部什么"门",就会有几十个"门";这固然反映了选题策划者一定程度的"智短",也反映出市场竞争之急迫、之激烈。搭车也罢,取巧也罢,反正是最初策划者徒叹无奈,读者有时也被蒙在鼓里掏钱上当……

这样的例子可以信手拈来,实在是不胜枚举,而最近的例子则是围绕"语文新课标"推荐书目的一场大战,人民文学出版社在以往"中学生课外文学名著必读丛书"的基础上,严格按照教育部的有关规定,认真策划和组织,在今年五月份推出了"语文新课标必读丛书"49 种,应该说这是一套最适合中小学生阅读的丛书,甫一出版即迎来一片叫好之声,其"好"何在? 概括言之为书目最全、版本最优、价格适宜、质量最佳,加之人民文学出版社这样一个国内最大的专业文学出版社50 余年的积累和在读者中的信誉,这套丛书受到普遍欢迎是情理之中的。

于是,跟风者出现了。这是竞争的必然,谁也没话可说,也不应该多说,市场是验金石,一切应由读者评判。但是有些事情也令人费解,比如,你发明了"新课际"的提法,给丛书定名为"新课标必读丛书",他也一字不改照用;你的封面特定设计,用两条短语标明两个主要内容,他也完全相同,封面像是近支兄弟;你因为几年前有一本书叫"论语通译",因为教育部提出要读论语,你把此书收入,他也搞一本,也叫"论语通译",他以为这个书名是教育部指定的。其实不知道这个书名出现还在新课标制定之前，而且这个书名还是很特别的，实在不易雷同；你严格按新课标要求列出书目，他却敢于在新课标要求之外再列一些别的书，而封面也同样用"教育部指定书目"的字样唬人，如果要进而问一下是哪个文件的"指定书目"，不知他会如何回答？这当然是竞争的需要，只不知算不算"不公平竞争"？出版者心知肚明，读者也自有公论。

人文社的必读丛书，自称"书目最全"。当然不是自吹自擂，而是有根据的，因为在教育部推荐的书目中，人文社有不少于8种是有"专有出版权"的，而专有出版权在《著作权法》中有明确规定："图书出版者在合同约定期间享有专有出版权受法律保护，他人不得出版该作品。"享有专有出版权，是出版社的重要资源和竞争的优势，每个出版社应该保护好自己的专业出版权，同时不侵犯别人的专有出版权，这样的竞争才公平有序，否则何来公平竞争？何来有序的市场？而就有一些出版社无视《著作权法》的存在，它们明知故犯，想尽一切办法侵犯别人的专有出版权，这无异于明火执仗地打劫，如人文社必读丛书中的许多种具有专有出版权的图书都难逃这种厄运。面对这种情况，是看在同行的面子上忍让？还是站出来维护自己的权益，维护作者的权益，维护市场竞争的正常秩序？一个有责任感的出版社只能选择后者，相信读者、法律也会支持出版社采取这样的态度和举措……

作为一个在国内有影响的出版社，一方面当然应该积极投身于激烈竞争的市场，在市场竞争中站稳脚跟，不断发展；同时，还要坚决维护自己的权益，绝不能对侵权行为视而不见、听之任之，人文社在2001年的一场维权官司以"完胜"告终并被评为当年北京十大案件之一，已经表明了人文社在维权方面的坚决态度；面对新的侵权，人文社也同样会拿起法律的武器，对那些侵权者说：还是公平竞争，侵权之路不通！

原载《中国新闻出版报》2003 年 7 月 8 日

编书人的"幸福时光"

——漫说"作家学术随笔丛书"和"漫说丛书"

　　出差归来，书桌上摆放着墨香犹存的 3 本一套的"作家学术随笔丛书"，即王蒙的《心有灵犀》、李国文的《中国文人的非正常死亡》和刘心武的《春梦随云散》；翁涌设计的封面生动而大方，很有特色，使我久久把玩而不忍收起。稍顷，我从书柜里又取出不久前出版的"漫说丛书"4 种，即张庆善、刘永良的《漫说红楼》、陈洪、孙勇进的《漫说水浒》、张锦池的《漫说西游》、张国风的《漫说三国》。两套丛书放在我的面前，对我来说，这细雨蒙蒙的一天的每一秒，都是我的"幸福时光"。我到人民文学出版社从事编辑工作已经近 20 年，这两套丛书在我策划和编辑的图书中并不是最有"分量"的，但我却格外看重这两套丛书，虽然两套丛书目前只有并不厚重的 7 册，却有使我感到特别愉快的价值。

　　几年前，我提出了相关的两个选题，其一是由著名学者编写一套"漫说丛书"，其二是由著名作家撰写一套"学术随笔丛书"。前一个选题的提出是有感于学术研究过于专门化，学者们热衷于写作"高头讲章"，因为只有这样的"大作"才能成为晋升职称的依据；另一方面，一些所谓"普及"的图书，又趋于"戏说"和流俗，使得学术的通俗化变成了学术的庸俗化。这种现象是应该引起注意的。"漫说丛书"的策划便是"注意"的结果。在"编辑缘起"里，我们这样表明了丛书的主旨："高头讲章，固然容易严密精深；从容漫说，未必不能翻新出奇。漫说不是戏说，漫说并非闲话。漫说可以不拘一格，各尽所长，漫说更能举一反三，深入浅出。于是，我们决定编辑这套漫说丛书，力图从更广阔的领域引导读者来理解古典名著，了解古代文化。以大家手笔写小品文章，往往更见精彩；由著名学者作自由漫说,或许愈加活泼……"主旨确定以后,我们邀请了一些专家,先从"四部古典名著"入手。这几位学者在不同的研究方向上都卓有成就,著作颇丰,请他们来写不同的专题,应该说都是合适人选,但"大学者"写"漫说"文章也并不比写一本厚厚的专著容易多少,我们也算给各位专家出了个难题,各位专家充分理解我们的意图,积极配合,很快便完成了书稿的撰写,事实证明我们邀请的各位专家都是最佳人选,他们的大作出版后的反应比我们预期的还好,不仅收到了许多读者来信,而且有几种很快便重印了。后一个选题的提出是希望为作家学者化做一点具体工作。作家来谈论学术问题,提倡作家学者化,不是一个新话题,但是这个问题也并不是一个已经达成共识或者说已经解决的问题,到现在为止,也还有许多作家主要依靠生活积累和零星的感悟来写作,甚至有些作家轻蔑思想、无视理性,其作品必然肤浅或者有一种浮躁之气而无深刻内涵和厚重的感觉,要求产生"大"作品也就是不现实的了。鉴于此,我考虑是否做些什么。正好此时我读到了李国文先生的《金圣叹之死》,颇多感慨,联想到王蒙先生关于李商隐、关于《红楼梦》和刘心武先生关于《红楼梦》与《金瓶梅》的一些学术随笔,其中一些见解是专做学问的人所不易发现和阐发的。这类文章不受现成观点的束缚,不受现有成果的局限,时有新见,同时作者的写作自由生动,思路开阔,读来极富启发性。集中阅读这类文章,不仅对从事文学写作的人会起到示范作用,而且对专门做学问的人也一定会有所启迪,我们的想法得到了各位先生的理解和支持,这套丛书的前3本因而得以顺利出版。

　　"漫说丛书"和"作家学术随笔丛书"的出版,是我们提倡学术通俗化和作家学者化的一点尝试,这方面还有许多工作要做,既然是开放型丛书,就应该不断充实选题,比如《金瓶梅》、《聊斋志异》以及"唐诗"、"宋词"、"元曲"等都可以"漫说"一番,读者一定会感兴趣。总之,这两套丛书的出版只是做了初步工作,沿着这个思路还有许多事情可做,希望这两套丛书都能不断发展壮大,给编书人和读书人带来更多的"幸福时光"。

原载《人民日报·海外版》2002年6月4日

和谐的"四重奏"

——介绍四套古典文学丛书

作为综合性文学出版社,人民文学出版社古典文学读物的出版同当代文学作品和外国文学作品的出版一样受到读者的特别喜爱,在建社四十余年里,"人文社"古典部出版了大量质量上乘的各类读物,而概括起来,其中最为人们称道的是被读者戏称为"和谐的四重奏"的四套丛书。

首先要提到的是《中国古典文学读本丛书》,这套丛书的出版始于1958年,至今已出版图书四十余种,包括古代诗文、小说、戏曲等不同体裁的各种选注本,其宗旨是将普及与提高相结合,把中国古代文学史上最杰出的作家和最有价值的作品推荐和介绍给广大读者,其中既有《中国历代文选》、《唐诗选》、《唐宋词选》、《金元明清词选》等断代作品选本;又有《李白诗选》、《杜甫诗选注》、《李商隐诗选》等著名作家的个人选本,至于《红楼梦》、《牡丹亭》等古典小说、戏曲的新注本,无疑拥有更多的读者。这套丛书的选注者,多为国内知名学者,其中如罗根泽、马茂元、余冠英、游国恩等均是颇负盛名的古典文学研究专家,他们精辟的解说和严谨的注释,使丛书具有极高的学术品位。自丛书出版以来,随着时间的推移,选题不断补充、范围不断扩大,至今已形成一定的规模,堪称读者学习和了解古代作家作品的基本文库。

如果说《读本丛书》侧重于文学作品的注释和介绍,那么,六十年代初开始编辑出版的"黄皮书"系列——《中国古典文学理论批评专著选辑》则侧重于古代文学理论的整理和研究,凡是在文学史上有重要影响的文学批评专著均请专家重新标点，有些特别重要的专著还加以注释，目前已出版四十余种，形成了相当的规模。近期"人文社"将这套书集中重印一次，同时补充了一些新品种，在学术界和读书界又引起了广泛的注意，其中如《随园诗话》、《文心雕龙注释》、《诗话总龟》等均在有关部门主持的销售排行榜上名列前茅。

八十年代初，书禁初开，"人文社"古典部又组织编辑了《中国古代小说史料丛书》，在其"编辑说明"里写到："小说史的研究，在鲁迅先生开拓的道路和奠定的基础上，建国以来又有所前进。由于小说的品种出版较少，资料缺乏，也影响了研究的深入。本丛书编辑出版的目的，即为适应文学史研究工作和大学文科教学工作的需要，同时为文学创作提供借鉴材料。"这套丛书具有书目选择严格、科学，原文整理认真、细致的特点，也因此而具有了极高的学术价值和参考价值。此丛书主要选收宋代至清末在我国小说发展史上有一定影响的作品，内容接近小说的讲演文学，如弹词、宝卷等，亦酌情选收，现在已陆续出版近四十种。此丛书的整理者，都是在中国古代小说的研究上卓有成就的专家，他们注意精选底本，并认真标点整理，从而使丛书中的许多品种成为一时的"定本"。人民文学出版社近期将安排重印这一丛书，拟在质量方面再上一层楼而包装尽量质朴大方，以减轻一般读者的经济负担。

整理和出版前人的佳作固然重要，而总结和推出今人的研究成果亦不能忽视，基于这种认识，"人文社"古典部九十年代初开始了《中国古典文学研究丛书》的出版。此丛书不强调策划，不刻意编排，似不成系统而自成体系。丛书作者不分老中青，不同知名度，每种著作长可百万言，短可数万字，举凡在中国文学发展史上某一时期、某一方面或某一专题的研究上有所创获而成一家之言者，均可入选。自1990年第一本专著《西游记漫话》(林庚著)出版以来，此丛书已陆续出版了《神韵论》(吴调公著)、《屈原新论》(聂石樵著)、《文心雕龙研究》(牟世金著)等约十种，在学术界产生了良好的影响。

以上介绍的四套丛书，既有古代文学作品新的选注和校点本，又有古代文学理论专著的整理本，还有今人对古代作品的研究成果，大体包括了古典文学的主要内容，凝聚了几代专家学者和几代编辑的心血，现在都已成为人民文学出版社的名牌。"人文社"古典部目前正在"善待和开发出版资源"的口号下,本着尽善尽美的原则,对这四套丛书作新的补充和修订,并陆续重印,以使"四重奏"更加和谐,更加动听……

原载《中华读书报》1998 年 11 月 8 日

传统美育与当代人格

　　袁济喜的新著《传统美育与当代人格》立足于学术,将中国古代文艺学与美育问题,以及当代人格建设有机结合起来,追寻传统与现代的融合之境。中国传统美育与当代人格的建设关系,是我们当前值得关注的问题。该书在选题的确定与视角的选择上,在一定程度上突破了一些古代文论与美学论著停留于文本诠释、范畴解析层面上的不足之处。

　　该书对于中国传统美育与当代人格的研究,立足于对中国传统文化特点的把握。说起美育,人们往往将它视为西方美学与文化的泊来品,其实稍了解中国文化的人都知道,中国最早的"六艺之教"与孔子的诗教与乐教,即已开始用美育来培育人格,而培养理想人格("君子"),是中国封建社会教育与文化的终极目标,"中国古代的社会文化与教育是拿诗书礼乐做根基。"(宗白华《艺术与中国社会》)中国古代是一个用德治来巩固社会的宗法封建社会,宗教在中国古代不构成主流意识形态,诗书礼乐是社会文化与教育的基础。以诗教与乐教为内容的美育作为沟通精神信仰与道德建设的桥梁,其作用是很大的:近代以来蔡元培等人提倡用宗教代美育亦是深鉴于中国固有体制与文化的背綮。该书第七章《人格境界与审美精神》中,对于人格境界与儒道互渗的审美精神作了较为详切的论述,不乏启迪意义。美育向人格生成,人格的缺失在今天成为社会痼疾,为矫正而倡举美育,亦是顺理成章之事,就这一点而言,作者对于传统美育与当代人格的关注,实乃拳拳之心,灼然而见:作为人文社会科学研究者的这种忧患意识,在今天尤为可贵,有责任的学者与文化人是不会对此视而不见的,这也是中国文化生生不息,迎接挑战的生命力所在。

　　当然,对于中国古代包括文艺学在内的文化资源上的开掘,一定要建立在实事求是,尊重学术的基础之上,而本书在这一点上也是做得相当精彩的。传统的辞章、义理、考据三结合的方法在我们今天的研究中仍然具有借鉴意义。本书依托作者长期以来从事中国古代文论与美学研究的功底,对传统美育涉及到的一些大的问题,诸如自然之美与人格培养,文艺之美与人格养成,作了深入的研究,特别是在第十章《传统美育与审美心理》中,对于中国古代审美心理中蕴藏的一些范畴和命题,进行了周详而深刻的阐发。这样系统的论述,在以往的论著中是很少的。值得注意的是,此章在探讨中既注意用现代审美心理学的一些概念与方法来分析之,同时又分清中国传统审美心理学中的固有特点。此外,书中对于中国古代美育的源头与初始的开掘是卓有识见的,对于一些历来有争议的问题作出了自己的判断,这些都离不开作者的学术功力与长期以来从事中国古代文论与美学研究的学养。

　　该书在学术研究的互相渗透方面,作出了有益的尝试。中国古代文论与美学的关系是互融互动的关系,尤其是中国古代文化的浑朴性造成了它没有西学学术研究那样严格的界限,但同时也造成了中国文化与学术的互融互渗特点,可以从多种角度去研究与发现,中国文化这种从大学术、大文化视角看问题的特点,促使我们今天的研究可以从条块分割走向互动互渗,走向研究的深处,用以激活当代人格建设与人文关怀,近代以来,宗白华与朱光潜先生,以及一大批学人也正是这么去做并取得了优异成绩的,他们对于我们今天的学术研究具有作范作伦的意义。正是在这一点上,该书迈出了可喜的步伐,对于学术界此类著作的出版,不乏启示作用。书中也有一些地方有待完善。比如谈到中国古代审美人格的形成时,注重儒道两家的影响与互渗,而对佛教的影响则谈得不够。事实上,唐宋以来,士大夫的审美心态与人格很受庄禅的浸染,对此似不应忽略。此外书中有些地方的论述似有欠公允,比如对新写实小说的评价。

原载《光明日报》2002 年 8 月 15 日

新的角度 新的概括

——评《中国古代文体丛书》

人民文学出版社最近出版的《中国古代文体丛书》共七种，包括《散文》(谢楚发著)、《诗》(叶君远著)、《赋》(袁济喜著)、《骈文》(尹恭弘著)、《小说》(石昌渝著)、《戏剧》(么书仪著)，《词》(王景琳、徐匋著)，分别系统、全面地介绍了中国古代文学中七类主要体裁的发展演变过程和体制特点。

概括说来，此丛书有以下几个主要特点：

一、文学史知识与文体知识相结合

本丛书侧重于阐述每一文体产生之原因、演变之过程、主要流派与风格以及有关的文体知识。对这些内容的论述，是不可能离开对作家的介绍和对作品的分析的。因此，此丛书既注意描述一个时代的文学特点，又留心叙述一种文体发展的线索，在对作家作品的介绍中，突出其在文体上的贡献。如《诗》突出介绍了李白对乐府歌行、杜甫对律诗体式格律形成与发展的贡献；《词》突出介绍了柳永对词的长调体式的贡献，苏轼和辛弃疾在词体革新中的成就。有一些作家，其作品在艺术上虽很有特色，但在主体上却没有什么突破，便略而不论了；而另外一些"小"作家或过去被人们所忽视的作品，在文体发展上哪怕只有一点贡献，也会给以总结和阐述，如小说《蟫史》并不是一部优秀作品，但作者在回目安排上用了新的方法，即每一回的题目为单句，前一回的题目和后一回的题目为对句。这在小说的体式上是一种较少见的现象。所以便作了适当的介绍。

由此可见，此丛书以文体特点为经，以作家作品为纬，二者互相映衬，互为发明，做到当详则详，当略则略，有点有面，重点突出。这样做的结果,便使这套丛书既不同于那些专门介绍古代文学体式特点的纯知识性读物,又不同于一般的文学史著作,而是二者有机的结合。这样,既在对文学发展历史的叙述中,使读者了解每一种文体的产生原因、发展过程及其特点,又可以在对文体发展线索的勾勒中,换一个角度来认识那些著名的或者是不很著名的作家及其作品。从这个意义上说,《文体丛书》是文学史知识与文体知识"相恋"的结晶。

二、知识性与学术性相结合

《文体丛书》的作者,都是对不同文体深有研究的学者,他们在认真研究的基础上,总结和概括了前人和今人的研究成果,使丛书成为知识性极强的著作。为了使读者获得有关文体的系统知识,作者们在行文中较注意细致的论述和具体的分析,如《小说》在对长篇章回小说文体发展的论述中,作者从其早期结构形式——"联缀体"着手,以《儒林外史》等作品为例作了具体说明;进而论述了长篇小说从讲述型到呈现型的转变,并将《金瓶梅》与《水浒》等作品相比较,作了令人信服的分析与探讨。作者还从分析作品入手,从"线性结构"和"网状结构"两个方面分析了古代长篇小说在处理情节矛盾冲突时的结构特点。又如《散文》,作者从文学的角度着眼,重新为古代各类文章作了界定,分门别类地论述了各种文章体式的特点、源流及主要的代表作品,分析细致,线索清晰。

另外,因为是从一个较新的角度来研究古代文体特点,丛书的作者也必然要做一些新的研究,从而提出一些新的、言之有据的意见,如《骈文》,作者从"裁对"、"句式"、"隶事"、"藻饰"、"调声"五个方面总结了骈体文的文体特征和美学功能,分析了骈体文所具有的"对称美"、"建筑美"、"含蓄美"、"色彩美"和"音乐美"。这种总结与分析,既符合骈文发展的实际情况,又有一定的理论深度。又如《词》中对花间词派在词体发展中的贡献,进行了认真细致的分析,作出了公允和客观的评价。其他如《散文》、《诗》、《赋》、《戏剧》等都在认真研究和探讨的基础上,提出了一些颇有深度的见解。因而,此丛书不仅具有知识性、通俗性的一面,而且又具有一定的学术品味。一方面,它的观点博采众家之说,力求准确、稳妥;另一方面,作者又结合自己的研究成果,对一些问题作了更深一层次的探讨,得出了许多言之有据的新结论,从而使此套丛书具有了较高的学术价值。有的学者之所以认为这套丛书既能为一般的文学青年所喜爱,又会受到古典文学专家学者的青睐，就是因为看到了它的这个特点。

三、严谨的文风与生动的文笔相结合

为了把有关的知识告诉读者，此丛书的作者努力做到文风严谨，注意逻辑的严密，引用材料的准确，同时注意运用通俗易懂、生动活泼的语言，而不是板起面孔，引经据典。作者们懂得：这套丛书的主要读者是广大的古典文学爱好者。只有让他们轻松愉快地获得有关知识，才算是真正的成功。那种高头讲章，尽管一本正经，却会受到读者的厌恶。因此，此丛书尽量运用浅显、明白的语言来叙述古代文体的发展过程及其主要特征，其中还适当地穿插了一些生动有趣的事例。总的看，丛书做到了深入浅出、通俗易懂，有很强的可读性。

总之，《中国古代文体丛书》具有融知识性、趣味性、学术性为一体的突出特点。阅读这套丛书，不仅可以获得对中国文学史的一些新的认识，而且对中国古代文学中的各种体裁会有更加系统、详细和全面的了解。因此，对于古典文学研究者、爱好者来说，此丛书确实值得一读。

原载《文艺报》1995 年 1 月 28 日

我难以忘怀的一本书

——答人民日报记者问

《美的历程》是给我留下深刻记忆的一本书,距最初读到这部著作已经30多年了,闲暇时我还会随手翻一翻这本给我留下美好记忆,甚至说对我一生都产生了影响的书。

《美的历程》是李泽厚的重要著作,把中国数千年的艺术、美学纳入时代精神框架中,揭示了众多美学现象的历史积淀和心理积淀,具有深厚的整体感与深刻的历史感。其中提出了诸如原始远古艺术的"龙飞凤舞"和殷周青铜器艺术"狞厉的美",先秦理性精神的"儒道互补",楚辞、汉赋、汉画像石的"浪漫主义",魏晋风度与"人的主题"、"人的自觉"以及六朝、唐、宋佛像雕塑,宋元山水绘画以及诗、词、曲各具审美三品类等许多重要观点,往往发前人所未发。

《美的历程》是高屋建瓴地把握与感悟中国艺术和美学发展历史的著作,它见解精到,既有高度概括,又有细致分析,重点突出,文字生动,虽不是严格意义上的学术专著,其中有些观点也未必人人赞同,但字里行间闪烁着丰富的思想火花,蕴含着深刻的学术智慧,成为上世纪80年代末美学热中的标志性成果,曾影响了几代青年,此书与作者的《华夏美学》及《中国美学史》(与刘纲纪合作)的两卷(先秦两汉卷、魏晋南北朝卷)一起成为中国美学史著作中的经典之作。

原载《人民日报》2014年1月14日

印象深刻的四个细节

——读《我仍在苦苦跋涉——牛汉自述》

《我仍在苦苦跋涉——牛汉自述》(三联书店,2008年7月版)是一本很好读的书,它平易、亲切、生动,一如牛汉老人给人的印象,读罢此书,掩卷长思,不意竟有许多细节跳出我的脑海,心中自忖:说这本书好读、生动,也许细节真实而丰富是其重要原因吧? 于是,放弃最初的构思,索性从几个细节入手记下我的一点感想。

细节一,"1949 年 9 月 22 日,组织上让我带二三十个青年学生打扫天安门城楼"。"拐角有绞死李大钊的绞架,我们对前辈革命领袖肃然起敬,情不自禁地带领学生们默哀了三分钟。"牛汉先生与许多当代知名诗人一样,也是一个老资格的革命者,他一生追求光明,参加过牺盟会,想去延安而不成,先后两次入党,高中毕业时因为要集体入国民党而逃离天水,后参加学运被打伤右额和胸膛,脑内淤血,被押往国民党汉中陕西第二监狱,在狱中坚持写诗,出狱后仍投身革命工作,多次险遭杀害……这样一个一心投身革命的青年,对革命先驱李大钊当然是充满了崇敬,牛汉先生成为一个著名诗人,写出了那么多脍炙人口的名篇,这是他一生追求光明,反对人间的不平等的必然结果;他亲身投入革命斗争,他知道胜利取得的艰辛,因此他对革命前辈充满了怀念和敬意,他的感情是那么真挚,那么深沉。由这个细节我想到两点:其一,牛汉先生很早便投身革命,他为了革命事业真是不怕献出生命,如果不是对诗的执著,他完全可能走另一条"官途",事实上,他是有很好的机会的,那样,也许官场会多一位官员,而诗坛却会失去一位杰出的诗人。哪一种道路更有意义呢? 一定是人言言殊,各有选择,牛汉先生选择了写作并一生矢志不渝,我看这对读者来说无疑是一件幸事。其二,牛汉先生参加革命和从事写作看似两途,其实是一件事情的两个方面,都是为了追求光明,一用行动而一用语言,正是因为有了这种精神,他一生才不停地跋涉,不停地前行,不管遇到多么大的挫折,他总是乐观面对,永远不停下前行的脚步,即使已八十多岁的高龄,"仍在苦苦跋涉"。牛汉先生曾说:"雪峰最看重、最欣赏'诗人'这个称号,他曾经说'诗人'、'诗人','诗'和'人'是血肉相连、不可分开的。雪峰自己,确实无愧于'诗人'这个称号。"同样,牛汉先生也无愧于"诗人"的称号。今天,诗人,为人为诗,还有没有那种一以贯之的精神呢?王培元先生《牛汉:"汗血诗人"》说:"牛汉的诗歌创作生涯,与他参加革命的历程几乎同时起步。1938年,他秘密加入中共地下组织'三人小组'。三年之后,就迎来了诗歌创作的第一个高潮,写下了《鄂尔多斯草原》、《九月的歌弦》、《走向山野》等诗……1946年因参加学运被捕,在狱中创作了《在狱中》、《我控诉上帝》、《我憎恶的声音》等诗。"的确,革命与诗在牛汉身上是不可分的。

但是命运有时会弄些小把戏,就是这样一位诗人,一个革命者,在1955年5月14日作为"胡风反革命集团"案中的要犯,第一个被拘捕。几年前还是一个带年轻人进入天安门城楼的革命者,几年后却成了"反革命",历史真是滑稽,他是怎样成为反革命的? 王培元先生写道:

> 1952年,牛汉在沈阳东北空军直属部队文化学校担任教务主任时,曾于2月3日给胡风写过一封信,其中说过:"也许再过几十年以后我想在中国才可以办到人与人没有矛盾;人的庄严与真实,才不受到损伤。……今天中国,人还是不尊重人的,人还是污损人的。人还是不尊敬一个劳动者,人还是不尊敬创造自己劳动。这是中国的耻辱。我气愤得很。"
>
> 《人民日报》的编者按语不容辩驳地认为,这"即是说,要有几十年时间,蒋介石王朝才有复辟的希望"。一下子就把青年时代便参加了共产党、舍生忘死地投身革命、坐过国民党监狱的牛汉,推到了"蒋介石王朝"一边,莫须有地诬陷他是"国民党特务"。
>
> 1957年8月被开除党籍。在会上,他大声说了七个字:"牺牲个人完

成党"。这是多么无奈而痛苦!

　　细节二,"1951年我在部队给艾青写了封信,告诉他我不喜欢他建国后的一些诗,说他在苏联写的诗不是真正的诗"。"1952年探亲回来去看望他(东总布胡同)。说起这件事,他说:你的信写得很率真,我一直在学习呢。一边说,一边打开抽屉,果然有这封信,搁置在一堆信的最上面。""我曾对艾青这么说:你一生的诗,大头小尾空着肚子。'大头',指去延安之前写的诗。'小尾',指'四人帮'垮台之后写的诗。中间几十年没有真正的好诗。他点头承认,直叹气。"艾青比牛汉大十三岁,与牛汉先生有一种界于师友之间的感情,牛汉对艾青非常尊重,他很早就读艾青的诗,比如《北方》等等。第一次见他,牛汉十五岁,艾青是他的绘画老师。有一段时间,他"在报刊上专找艾青和田间的诗看",他后来到华北大学学习,艾青是文学院副院长,正是这样一位前辈,牛汉能直言不讳地提出他的诗的不足而艾青又能认真听取,真是令人很羡慕的一种"诗友"关系。由这个细节,我又想到其他几个与艾青有关的细节,其一,牛汉先生在华北大学学习时,写了几首小诗,请艾青指教,艾青善意地说"不要再让别人看了",话说得很婉转,牛汉先生是明白他的意思的,可见对诗的评价他们是从来不隐晦自己的看法;其二,1957年8月的一天,牛汉参加冯雪峰的批判会,艾青见了他关切地问:"你的事情完了吗?"当牛汉回答"算告一段落了"后,艾青"竟然站了起来,眼睛睁得很大很亮……几乎是用控诉的声音,大声说:'你的问题告一段落,我的问题开始了!'"此时此刻,似乎可以听到艾青那悲壮的声音,令人感叹;其三,1976年,牛汉先生与艾青相遇于一个副食店,二人都惊叹二十年后对方竟然还活着,二人"当即拥抱",艾青还在牛汉脸颊上亲了一下,他们顾不上再买东西,热烈地聊了起来。1993年的一天,牛汉去看艾青,当时艾青已不十分清醒,在向艾青告别时,牛汉先生"情不自禁地走到艾青身边,对他说:'我得回报你一个吻。'他点点头,他显然没有忘记十几年前,我和他在西单副食店的那次重逢。我就在他脸颊上'叭'地亲了一嘴。"关于艾青的细节还有很多,不能一一列举,但仅此几例便可看出诗人之间的真性情,令人感动。近来我常想,一个人的一生很快就会过去,许多东西都如过眼烟云,但友人之间的真情却是永远不会失去的,当我们在最后回望走来的路,又有什么比这种真情更珍贵的呢? 孔子论及朋友曾说:"友直、友谅、友多闻。"就艾青与牛汉之间的友谊说来,似可当之。

细节三,雪峰是人文社第一任社长、总编辑,是我们尊重的前辈,他与牛汉有特殊的交往,书中有专节"我和雪峰共用一张办公桌",其中一个细节令我深思,有一次牛汉问冯雪峰:"听说你自杀过,有这回事吗?"在牛汉的追问下,冯雪峰谈了想自杀的原因:

> "反右"后期,有一天,荃麟来找我,向我透露了中央对我的关怀。我很感激,激动得流出了眼泪。我不愿离开党。荃麟对我说,'中央希望你跟党保持一致'。并向我提了一个忠告:"你要想留在党内,必须有所表现,具体说,《答徐懋庸并关于抗日统一战线问题》所引起的问题,你应当出来澄清,承担自己的责任,承认自己当时有宗派情绪,是在鲁迅重病和不了解情况之下,你为鲁迅起草了答徐懋庸的信"。我对荃麟说:"这个问题有人早已向我质问,我都严词拒绝,我绝不能背离历史事实。"我痛苦地考虑了好几天才答复。我意识到这中间的复杂性。荃麟是我多年的朋友,过去多次帮助我渡过难关,这次又在危难中指出了一条活路。上面选定荃麟来规劝我是很用了番心机的,他们晓得我与荃麟之间的交情,换了别人行不通,他们摸透了我的执拗脾气。当时我的右派性质已经确定无疑,党籍肯定开除。面对这个天大的难题,我真正地作难了。我深知党内斗争的复杂性,但也相信历史是公正的,事情的真相迟早会弄明白的。但是这个曲折而严酷的过程可能是很漫长的,对我来说是难以忍受的屈辱。我对荃麟诚恳地谈了我内心的痛苦。荃麟说,先留在党内再慢慢地解决,被开除了就更难办了。但我知道荃麟传达的是周扬等人的话,实际上是对我进行威胁。荃麟不过是个传话的人,他做不了主。我清楚,荃麟说的中央或上边,毫无疑问是周扬。在万般无奈之下,最后我同意照办。这是一件令我一生悔恨的违心的事。我有好多天整夜睡不着,胃痛得很厉害。我按他们的指点起草了《答徐懋庸并关于抗日统一战线问题》的有关注释。我以为党籍可以保留了。但是,我上当了。我最终被活活地欺骗了愚弄了。为了自己的人格和尊严,最后只有一死,以证明自己的清白。我几次下决心到颐和园投水自杀,但我真的下不了这个狠心。我的几个孩子还小,需要我照

顾。妻子没有独自为生的条件,再痛苦也该活下去,等到那天的到来:历史会为我澄清一切。

　　雪峰感到被误解的痛苦,他的眼里噙满了泪水。雪峰这一次迫于压力的结果为他一生留下了屈辱的记录,不断受到后人的责难,比如在1980年开会时,还有人提出问题:"冯雪峰是《鲁迅全集》的主持人和定稿人,在《答徐懋庸并关于抗日统一战线》问题的注释中,作了歪曲事实的说明,辱没了鲁迅。这则注释是冯雪峰写的,这难道是对鲁迅友情的忠诚表现吗?"如果当时冯雪峰在场,他又该说些什么呢?

　　被欺骗而被误解,甚至有人恶意的诋毁,这是雪峰心中难言的隐痛,他的泪水又会是什么滋味呢? 被误解,特别是被自己信任和尊敬的人误解是十分痛苦的,而人生似乎总是缺不了这一课,写到这里,我想起历来与冯雪峰之间有误解的周扬,他自有其得意之时,但也有被人误解之时,他晚年曾经说过,他有三次被自己信任和尊敬的人误解的经历。顾骧《晚年周扬》中说:"周扬同志很快进了北京医院,经诊断患脑软化症。我看到北京医院的诊断报告称:此病无法治愈,只能维持、减缓病情的发展,心情十分沉重,我简直难以相信,这突然而至的噩耗。周扬同志对他自己常常作一些精辟的概括性评价,不久前他对他女儿周密说,他一辈子先后被打倒过三次,每一次都是为自己信任的人、尊敬的人所误解。人生最大的痛苦,莫过于被自己信任的人怀疑,被自己尊敬的人打击。现在他已经精疲力竭了。这第三次打击更加难以承受,还不在于以他为靶子的全国范围的批判,更在于他在别人软硬兼施下举措失当,所作的违心'检讨'而带来未曾料到的影响,他为内心的懊恼、矛盾、痛苦深深地缠绕,心灵受到了重创,郁闷成疾。从此,他再也没有走出医院,直到最后结束生命。"被人误解而又无以自明,无论是雪峰还是周扬,他们的心里都有难以言说的痛苦,相比较来说,雪峰更有被欺骗的痛苦,其心情可想而知,他打算自杀也在情理之中。我有时想:误解和诋毁有时是难免的,不如随他去吧,太在意了,反而没有任何意思了。也许,我这是"站着说话不腰疼",但除此之外,难道还有什么更好的办法吗? 白居易诗说:"试玉要烧三日满,辨材须待七年期。"我总相信:时间能澄清一切。说到周扬,《牛汉自述》里有一个细节颇为有趣,也令人深思,不妨抄在这里:"出版社到部里开会,有几次我陪雪峰去参加。周扬来了，雪峰就退席，连大衣都忘了带。散会时周扬故意大声说:牛汉,别忘了把雪峰大衣带回去。"冯雪峰的郁闷,周扬的张狂,虽聊聊数语,却生动绘出,岂不知不论冯雪峰还是周扬,都不过是别人围棋盘上的一颗棋子而已,岂有别哉?!

细节四:1982年的一天牛汉去看望诗人田间,二人正谈着诗,田间好像在深思,然后突然打开门,说"我知道你站在这儿听呢!"原来田间的妻子葛文在门外院子里偷听,怕他们说什么政治话题,引来麻烦。这个细节令牛汉也感到吃惊。

这一个细节突显出那个时代的荒唐和可笑。荒唐的时代已经结束了好几年,但人们仍心有余悸,可见其影响之深。我们经过那个时代,祸从口出的例子见了不少,当我们说到"祸从口出"这个词时就会想到许多人和事。从《牛汉自述》里便很容易找到例子:"赵光远妻子公开为刘少奇辩护,在北京工人体育场会审后枪毙了! 赵妻被枪毙几天之后,一天半夜赵光远从集训的四楼跳楼自杀了。……他是戏剧编辑室的编辑。"而葛文在门外偷听这个细节正体现了妻子对田间的关心和爱护,田间应该感到欣慰,若是像有些家庭那样,妻子听了什么话是为了去告密,那就太可怕了。事实上在那个荒唐的年代,亲人之间互不信任,为了各种目的实施出卖的事情也并不少见。胡风事件的前后不就说明了告密的可怕吗? 近来,我遇到一些事情,于此颇有感触,人心之险恶,有些是出于我的估计和预料的,过去读古诗词,至"长恨人心不如水,等闲平地起波澜",往往不甚了了,现在却有了新的体会,人在社会生活中,"树欲静而风不止",谁又能在险恶的环境中一点不受影响呢? 虽然时代前进了,环境有了很大的改变,但"偷听"的环境并未根本改变,人们的心态仍然是复杂的,希望这一类情况能逐渐走向绝迹。

读罢《牛汉自述》,使我对一些人物、一些事件有了更加真切和深刻的了解,最近读到一篇文章,其中有这样几句话使我深有同感:"历史是由无数细节组成的。细节的失真,历史也将混沌一片。"何启治、李晋西二位编撰整理的《牛汉自述》涉及到不少大的事件,使我感慨;更记录了许多细节,令我嘘唏。我与牛汉先生工作在一个单位,他是我十分尊敬的前辈,更幸运的是我目前是牛汉先生创办的《新文学史料》编辑部的一员,我很喜欢牛汉先生的诗,但我向牛汉先生请益不勤,主要是怕浪费牛汉先

生宝贵的时间,在与牛汉先生交往中,也有一些细节给我留下深刻印象,不妨随手记下两例:

一次,出版社组织了一个冯雪峰纪念会,出席的除许多学者外,还有一、二位高官,牛汉先生在别人发言后上台讲话,他时而慷慨激昂,时而娓娓道来,发表了一些别人没有或不可能发表的意见,赢得与会者阵阵掌声,他讲的十分专注,十分动情,甚至连那一、二位高官不知为何悄悄离席退场都没有引起他的注意,更没有打断他的发言……

另一次,是 2005 年 5 月的一天,我陪着牛汉先生与几位诗人一起到绵阳的一所中学,参加正在举办的"中学生诗歌节",在学校领导的力邀下,牛汉先生走到阶梯教室的前边,他稍一沉吟,朗诵了自己的作品《落雪的夜》,吟诵完这首诗,他向学生们介绍起写作背景,由此讲到了自己创作经历和人生历程,动情处,竟老泪纵横,在场的所有人都为之动容,我的一位同事伏在桌上抽泣起来,我的眼泪也夺眶而出……

当然,还有许多类似的细节留在我的记忆中,也许随着时光的流逝,许多人、许多事都会淡忘,但这一类场面,这一类细节、这一类情感会更长久地留在人们的记忆和心田……

作于 2008 年 8 月 20 日,原载《炎黄春秋》"刊外稿"2010 年第 7 期

唐诗研究的新收获

　　最近,文化艺术出版社继《增订注释全宋词》后又向广大读者奉献了一部字数在1500万字以上的大书——《增订注释全唐诗》,此书的出版充分显示出一个有实力的文艺图书出版社的社会责任感和宏大的气魄,同时也是古典文学研究界众多学者集体耕作的重要收获。

　　作为这部大书的第一批读者中的一个,我有重点地翻看了全书,初步感觉此书有这样几个突出的特点:其一,它是《全唐诗》的全注本,除特殊情况,收入其中的约5万首诗篇篇有注,这就为一般读者的阅读扫清了文字上的障碍。编者考虑到要在总体上控制全书的规模,以降低成本,减少读者的购买压力,所以尽量采取简注的方式,以册为单位,删除重复的注释,运用"参见"的方法,大大节省了篇幅。其二,在注释过程中,如编者发现文义难通、疑有误字的地方亦注意做比勘工作,以纠正底本的错误,从而使此书具有更高的版本价值;《全唐诗》虽然收诗较为全备,但也有不少漏收之作,本书依据有关资料,在力求可靠的前提下作了逸诗的增补工作,对那些误收诗及重收诗采取一种科学的态度,凡是证据充分、结论确定的,则加以甄辨,一一作出判断,加以说明。其三,《全唐诗》原来的作者小传疏误甚多,又过于简略,此书之作者小传的撰写总结了若干年来学术界对唐代诗人及作品的研究成果,纠正了《全唐诗》小传中大量的错误,并补叙其重要缺漏,对作者之生卒年、字号、籍贯、仕履、封爵、谥赠、文学活动、著述等项内容作了简明的介绍,并在传末注明小传原始资料的来源,以备读者查阅。

这部书不仅填补了图书出版中的一个空白,引起了业内外人士的赞叹,更为唐诗的研究和普及提供了一种可靠而又有极高价值的参考书。

原载《中国文化报》2001 年 7 月 19 日

《浅草集》自序

收在这个集子里的主要是我过去写的有关古典文学,特别是唐宋文学的一些论述文字,偶尔也涉及历史和哲学史的内容,所谓"文史哲不分家"是也。这些文字大多都曾在不同的刊物上发表过,这次未作大的修改,以存其真。这些文字的学术价值高低姑且不论,但却是我留在人生道路上的一个个足印,他人视之平常,我则难免有敝帚自珍之感,因此,不揣浅陋,将其收拾在一起,希望不是毫无价值的"自恋"行为。

我对古典文学产生兴趣是由唐诗开始的。我印象中最早听到唐人诗句并不是在课堂上,而纯粹出于偶然。当时我还很小,大约也就八九岁的样子,父亲在一所部队院校工作,我去院里的一个宿舍楼找小朋友玩,在楼道里遇到一位戴眼镜的解放军军官随口朗诵道"天生我材必有用",后边还有一些句子,我记不住了,但这句诗我听懂了,也记住了,以后才知道这是唐代大诗人李白《将进酒》中的名句,而《将进酒》也就成了我最喜爱的唐诗名篇之一。随着年龄的增长,我对文学的兴趣像野草一样滋生,似乎也没有什么特别的道理,有朋友开玩笑地帮我分析,认为这与我祖父是乡村教书先生有关,我也只能一笑而已。在那个时代,我同许多大院的孩子一样少不了参与打架和胡闹,甚至也曾参与剪掉女老师长辫子的"革命行动",虽然因为年纪还小,只能跟在大孩子后边乱跑,但也不是一无所获,比如,我记得有一次我与几个最要好的小伙伴翻窗跳入我所上的"六一小学"的图书室,随手偷出了一些被定为"封资修"货色的书,印象最深的是其中一本《复活》,我读了这本书,似懂非懂,但印象相当深刻,后来我来到人民文学出版社工作,才意识到这部名著是人民文学出版社出版的,心中不由隐隐地有一种莫名的亲切感。

有一位名人说过大意这样的话:所有评论家都是失败的诗人。我不是评论家,但却可能是一个失败的诗人,在那精神匮乏的时代,我写过不少自以为是诗和散文的东西,偶尔也发表几篇,在激动和兴奋之后,对唐诗的兴趣却又日益炽烈起来,在部队当兵的三年里,一部《唐诗三百首》几乎时刻陪伴着我,在冬天早晨出操时,在夏日深夜站岗时,我都会在心中默默地背诵那些常读常新的名篇,在那紧张而单调的士兵生活中,先贤的诗句使我的精神得到了难得的滋润。

当1978年恢复高考后,我非常自然地要求参加高考,并报考了中文系,到大三时,对古典文学的兴趣更浓厚了。因为视野开阔了,读的书也多了,于是有了专门研究古典文学的想法,大四毕业论文我便选了探讨李白诗歌特色的题目。之所以选定古典文学作为自己的研究方向,除了我的兴趣外,主要是当时对世事纷争心灰意冷,希望"躲进小楼成一统",在读书求学中寻找生活的乐趣。论文题目确定以后,系里指定的指导老师是刘忆萱先生,经过刘先生的认真指导,我的毕业论文经几次修改后获得发表。不久,我又顺利成为刘忆萱先生的研究生。在跟随刘先生学习的三年里,我不仅学到了专业知识,也更加懂得了如何做人;不仅完成了毕业论文,还与刘先生一起撰写了一些文章,后来作为《李白新论》得以出版,使我逐渐走上了学术研究的道路。另一位老师冯其庸先生对我的指导和教诲也令我终生受用。因为刘先生年事已高,身体不太好,冯先生便对我随时加以指导,1984年我与李岚、徐匋、谭青等几位同学一起随冯先生作研究生毕业实习,一个多月的时间里,我们先山东,后江南,又沿长江经武汉、宜昌、万县等地而远赴蜀中,从蜀中归京途中又去了汉中、西安等地,一路上不仅结合所学专业作了实地考查,体会到"纸上得来终觉浅"的道理,更拜访了许多名家大师,使我获益极大;而冯先生不畏艰苦、一心向学的精神更令我深受感动,至今回忆起当年的情景,仍使我不敢过于懈怠。特别应该提起的是,我在读书期间撰写了《高适评传》一稿,正不知如何处理,一次,在校园里遇见冯先生,我冒昧地请冯先生为我向出版社推荐,冯先生立即应允,书稿交到出版社后,编辑认为质量尚好,作了加工,准备出版,后因出版社内部人事变动,这本书终于没有出来,但我将其改写为《高适·岑参》在若干年后在杨爱群兄主持下得以出版。这件事在冯先生看来,可能只是小事一桩,事后我也再未提起,其实心中一直不敢忘记，其他老师对我也多有帮助，借这个机会多说几句，以表达我对给予我人生推力的刘忆萱、冯其庸以及朱靖华等各位老师的衷心谢意！

我学习和研究的主要方向是唐代文学，但我的兴趣比较杂，比如，我在学习古典文学的同时，也曾打算写作历史小说，因此读了一些正史和野史，对一些历史事件和历史人物颇有兴趣，收在集子里的《安禄山其人》便是此类习作，值得一说的是这篇文章在1985年发表在中华书局主办的《文史知识》上，对我以后的读书与研究还是起到了相当大的鼓励作用的。我的兴趣比较杂的特点，在做了编辑以后更加突显出来，除了出版的一些小书外，收在这个集子里的文章也反映了这个特点，所以最初想以"杂稿"来作为书名，但当我编定集子，凭窗远望，虽然北京还是初春的样子，而遥想江南，早已是莺飞草长时节，不由想到白居易《钱塘湖春行》中的诗句："乱花渐欲迷人眼，浅草才能没马蹄"，心中忽有所动，索性以"浅草"名之，曰《浅草集》。就这个集子的特点和我此时的心境来说，"浅草"二字都显得颇有韵味。知我者，唯友人与读者也。

我自己是做出版工作的，深知当前学术著作出版之难，而这本集子却能有机会付梓，何其幸哉！心中生出多少感慨，怎一个"谢"字了得！

光阴荏苒，转眼已届知天命之年；此时此刻，我特别怀念我的导师刘忆萱先生，今天距最初师从刘先生的日子已经过去二十余年了，往事如烟，停足回望，忙忙碌碌，我又做了些什么呢？刘忆萱先生对我这个唯一的入门弟子有很高的期望，可惜我才疏学浅，而又不够用功，总是找一些借口为自己开脱，以致成果十分有限。平日想来，不觉汗颜，如果条件允许，我还是希望认真地做一些研究工作，写出一点对得起刘忆萱先生的东西。

原载《浅草集》，中国书店出版社2007年1月版

《管士光作品集》编后记

编定这个集子,突然想到梁启超的一段话:"老年人常思既往,少年人常思将来。唯思既往也,故生留恋心;唯思将来也,故生希望心。"想想自己此时的心情,似乎介于"老年人"与"少年人"之间——编定集子,把以往清点一过,对既往难免生留恋之情;将过去打包放下,对未来又自然生希望之念,其中的欣然与惆怅,如人饮水,冷暖自知。

同我三年多前编定出版的《浅草集》一样,收入这个集子里的文章,内容同样比较杂,论述同样不够深入,而也同样反映出我作为一个编辑的特点。实在说来,有些课题是我感兴趣的,也下了些功夫;有些内容,则仅仅是因为工作需要,难免浅尝辄止,尚未深入。总之,还有许多问题值得继续研究和探讨,"学无止境",真乃人生之至乐也!

在此,我应该特别感谢这个文库的策划者、组织者和出版者,是他们的努力才使我有机会编这样一个集子,使我能认真清理一下过去,继续前行。古人说:行百里者半九十,我还有很长的路要走呢,虽然难免遇到一点挫折和麻烦,却不会减弱我前行的勇气和信心。

作于 2010 年 8 月 19 日于京东静思斋,
原载《管士光作品集》,中华书局 2011 年 3 月版

附　录

棋逢对手

下棋除了需要一副棋子、一个棋盘以外,更为重要的是什么呢?那就是要有一个好对手,所谓"棋逢对手,将遇良才"是也。我学棋时间不长,但"群众"反映进步还挺快,究其原因,是因为我有一个好对手。说起来,我的学棋还是这位对手逼出来的呢!

本来我对围棋并无兴趣,只是同办公室有几位同事常常在午饭后弈上一局,闲来无聊且无法休息,便站在边上指指点点,俨然一个九段,因为到底没有修炼成"观棋不语"的君子,便难免总是招来对局者的白眼,好在咱"大肚能容天下不平之事",不同他们一般见识,倒也落个相安无事。

有一回,这位后来成了我的老对手的刘先生正与别人鏖战,明明是一块死棋,我却给对方大出主意,为他想了九十九种方案,刘先生颇为蔑视地一笑:"得了吧! 就你,死活都不知道,还支什么招? 不信,我让你九个子!""九子就九子!"到底年轻气盛,当时就摆上九个子,正可作成语"星罗棋布"的形象图解。结果不言而喻,我这个连死活尚且不知道的人,不输难道还能赢? 输是输了,但刘先生那语气、神态里夹杂着的轻视,却使我的自尊受到了不大不小的刺激,当天的日记上只写了一行字:"今日开始学围棋,三个月内打败对手!"

从第二天开始,我白天上班,晚上打棋谱、看《围棋天地》和《围棋》等刊物。随着时间的流逝,我对围棋的了解越来越多,一般的死活自然明白了,就是一些简单的"腾挪"手筋,也略知一二。那些高手的对局,我固然一知半解,但在对高手招法的死记硬背中,我也获得了许多基本知识。为了鼓励自己,我把"熟读唐诗三百首,不会吟诗也会吟"篡改为"熟打名局三百盘,不会下棋也会下",以此作为我学棋的座右铭。经过一段时间的

"修炼"，我心里觉得有了一点底，便趁一次午休无人与刘先生叫板的机会，主动提出愿作"陪练"，无奈刘先生一副爱答不理的样子，实在令人生气。可是"小不忍则乱大谋"，此时不忍，怎么能实现日记中订下的"大计划"呢？所以，我仍赔着笑脸且主动铺上棋盘、摆上九个黑子。也许是为我的诚恳所动，也许是出于"聊胜于无"的现实主义的考虑，刘先生懒懒地投下了一个白子。结果令我激动不已，我竟赢了！这太出人意料了，刘先生口里念叨着："意外事故！意外事故！"不肯罢休，我也乐得再来一盘，结果仍是一样。虽然刘先生仍归咎于"意外事故"，但他心里肯定对我已另眼相看。因为时间关系，我们没有摆第三盘，如果再下一盘，我也一定会赢，毕竟是让九子呀！何况刘先生也只是半瓶醋而已……从那天开始，我打一仗进一步，被让的子逐渐由九子降到两子，同事们见状，故意当着刘先生的面夸我进步神速，唯有刘先生口气还是很硬："哼，还不是一个臭棋！"但"历史的潮流是不可阻挡的"，一个月以后，我已能与刘先生平下了，且屡有"意外事故"发生，这颇令刘先生难堪且难受。

一天，刘先生出版了一部书，我们几个同事决定让他破费一次，他自然没有推脱的道理。晚饭后，刘先生留我下棋，我自然也没有推脱的道理。时间在棋子与棋盘的敲击声中悄然流去，猛然听到窗外有辚辚车声，杂着人早起时常有的咳嗽声，我急忙看表，已经六点了！我拿起那一纸记录做了认真的统计：我们一个通宵总共下了二十七盘棋，我赢了十四盘。把正叹气的刘先生留在那里继续叹气，我飘飘然地回家睡觉去了。周一上班，刘先生一见我便说："哎呀，你多赢的那一盘，只赢了四分之一子，我到底年纪大了，体力不行了！"我故意调侃道："对对对，的确是体力不行了，但那与我无关。我只问你老人家，赢四分之一子算不算赢？"刘先生笑着打我一拳，其他同事都哈哈大笑起来。也就是在那一天，我郑重宣布：我的计划提前三天实现了，刘先生已经败在了我的手下。这当然只是单方面的意见，刘先生自然是不予承认的，他只是重复着一句话："你小子太狂了，看来还得好好教训教训你！"可是不管怎样，从那天开始，我们成了势均力敌的对手，常常不是我找他，而是他找我，有时上班来早了，刘先生还主动叫我与他下一盘，还美其名曰"早到棋"。他如此热心，我倒可以时不时地摆摆谱、拿拿架子，那滋味自然比求人下棋舒服多了。

刘先生下棋太快，常有大漏招，且自称崇尚经验主义，反对教条主义，所以从来不看棋书,因而进步很慢。好在他的公子棋下得极好,常在晚上教他一两招,第二天他一见我便会说:"我又学了一招,今天要来收拾你!"可惜围棋并不能"一招鲜,吃遍天",所以他学的新招数总是不灵。渐渐地,刘先生输得多赢得少了,这就更刺激了他的下棋积极性,也激发了我要阻止住他轮番进攻的决心。这一来,我们对棋简直入了迷,早上有"早到棋",上午十点有"工间棋",午饭时有"伴饭棋",下午下班后还要来一盘"告别棋"。有时二人"恋恋不舍","告别棋"一直要下到八九点钟,下到十点的时候也不少见,有几次还是在值班人员的一再催促下,二人才依依惜别,互不服气地消失在夜幕之中。

　　光阴似箭,一晃两个月过去了。这一天我忽然有所觉悟,心情不知为什么感到很沉重,是呀,这段时间除了下棋我又做了多少工作呢?这样下去可不行!一见刘先生,我便郑重其事地说:"你现在可说是功成名就,我是后生小子,可不能跟你比,这样下去可不得了!""你的意思呢?"我咬咬牙,说:"戒棋!"本以为刘先生会摇头反对,可是却出乎我的意料,他不仅表示同意,而且还补充了一句:"就从今天开始!"可见,他也深感"滥下"之不可取。为了确保这个决定的实现,我们还写了一张"保证书",文字极简单,但却十分果断:"三个月内,如在办公室下棋,二人不如鸡犬!"我们都在"保证书"上签了名,然后便把棋盘棋子收了起来。到底都是"大丈夫",自然有"君子一言,驷马难追"的气概,我们还真戒了十几天。但是,棋瘾犹如烟瘾,硬戒是难以持久的。记得有一天,马晓春与林海峰争夺中日名人桂冠,我们在办公室里难免谈起围棋,谈着谈着,二人先在嘴头上交了锋,自然是互不服气,继而摆开棋盘指指点点,二人当然各有"高见",岂能赞同别人的"一知半解"?刘先生最后忍无可忍,终于站了起来:"还是来一盘吧,我要用事实来说明问题!"我自然是求之不得,于是办公室里又起烽烟,一时杀得昏天黑地,半天时间就这样交代了。其间自然有人讽刺我们"不如鸡犬",我们只得故作呆然不解状,最后算总账很有意思,一共下了六盘,我们各赢三盘,虽然各不服气,却也只能握手言和。棋戒一开,真是不得了,大有变本加厉的趋势,有时一天竟能下十几盘棋。至于中午饭,简直多余!下棋的时候自然快意,可是鏖战结束,心中又升起一种惆怅,简单说来,有一种"堵"的感觉,极不舒服。是呵,这实在是生命的浪费!

看来,硬戒不是一个好办法,棋之于棋迷,犹如烟之于烟民,从其中所获得的乐趣,是局外人难以体会到的。何况下棋毕竟不同于吸烟,吸烟有百害而无一利,自然应当戒掉,而下棋却是一件有意义的脑力和体力活动,如果能适当控制,可以说有百利而无一害,何必要戒掉呢? 最后,我们达成了共识:戒棋是不明智的,也是没有必要的。正确的选择应该是,控制下棋的数量,提高下棋的质量。否则,你一盘,我一盘,主要的精力都放在了"斗气"上,对提高棋艺反而用心不够,这不是本末倒置了吗? 有了这样的共识,我们决定以后每天中午只下一盘棋,这一盘要慢慢下,要以提高棋艺为目的;同时,平常要认真读一点棋书,注意收看电视讲座,切实提高自己的围棋水平……一直到今天,我们大体上都能遵循这个原则,虽然难免有时在心里或嘴上较较劲,但毕竟与以前大不相同了。这种"较劲"很少表现为斗嘴和斗气,而主要是关于棋理、棋招的争论和探讨。随着对围棋真谛的了解,随着有关围棋知识的增多,我们从围棋中获得的乐趣越来越大,而我们的棋艺也"比翼齐飞",在我们所在的单位也称得上是"赫赫有名"了。每当同事们半认真半调侃地夸我围棋进步快,堪称"后起之秀"的时候,我都很认真地对他们说:"我成功的秘密在于,我有一个好对手。"那神态估计很像一个刚刚得了某项国际大赛冠军的九段,虽然难免招来一顿"冷嘲热讽",但我的话确实不是玩笑话,如果没有刘先生这位对手,我对围棋也许至今仍然一无所知。

　　我常常想,棋逢对手,的确是人生一件乐事,而在生活的道路上,如果也能遇到一位势均力敌、互相促进的"对手",岂不更是人生之幸事? 如果没有对手,人生该是多么孤独和乏味!

原载《运动休闲》1995 年第 11 期

亦师亦友忆老刘

刘玉山同志走了已经一个月了，我却总是不能相信这个事实，仍感到他似乎还在他的办公室里审阅着书稿或正找人谈话，安排工作，我总想轻轻推门进去，与他好好聊一聊……

我与老刘在一起工作将近七年。七年前他由上级机关来到人民文学出版社，担任副总编辑，我们在一个班子里共事。因为来自上级机关，又比我年长十多岁，我开始与他多少有一点儿距离感，彼此交往难免有几分谨慎。但这种状况没有持续多久，这种距离感便在不知不觉中消失了。在我看来，老刘虽然来自上级机关，但他并不喜欢说官话；他虽然比我年长十多岁，却并没有一点儿架子。他为人实在、直率、负责，没有那么多"说道"，虽然是刚打交道，却使人有早已相知、可以放心之感。

老刘初到出版社的时候是副总编辑，对原来就是副局长的老刘来说在职务上并无升迁，工作的内容却更繁杂而具体，他有时也说自己由裁判员变成了运动员，想事和做事的角度都有了很大变化。在初到出版社的时候，或者因为他毕竟没有做过出版工作，或者因为有些员工对来自上级机关的同志有某些成见，老刘也难免遇到一些困难和不理解，但我却从未听到他的抱怨，相反，我所看到的却是一个积极投入新的工作、很快便适应了新角色的老刘。他的真诚，他的敬业，他的人品很快就赢得了员工们的认可，他很快便成了人民文学出版社的一员。

人民文学出版社自1999年3月聂震宁同志任社长以后，经过全社员工的共同努力，经过"三讲"教育的洗礼，仅一年多的时间就有了很大的变化。正在此时，刘玉山同志来到了人民文学出版社，班子做了调整，建立了一个在我看来在历史上最年轻也最有力的一个领导班子。作为班子的一个成员,我深知班子团结的重要性,想起来也不免有几分担心。一方面,聂震宁同志担任社长、总编辑、党委书记,这是出版社发展的需要,一年多的实际也证明了老聂的能力和水平;另一方面老刘年纪大几岁,资历深一些,又来自上级机关,万一……但让我特别高兴的是这种"万一"并没有出现,老聂和老刘彼此尊重,互相支持,有为工作如何开展的探讨而无彼此相争的意气,为比他们小几岁的我及其他几位同事做出了团结的榜样。近来我常常想他们为什么能做到这一点呢?其实也很简单,那就是从工作出发,从出版社发展的共同目标出发,彼此尊重,取长补短,所谓"团结",就会在不知不觉中自然实现了。因为没有机会深谈,我不了解老刘初到出版社工作时的感受,我想他由相对平静而重在宏观管理的机关来到事情繁杂而具体的出版社,他的心中不会没有波澜,而他却平静地面对着新的现实。到出版社的第二年,因工作需要,老刘应该解决职称问题,老刘在大学当了八年教员,又是"文革"后第一批研究生,并长期担任文艺工作的管理工作,资历和水平都没问题,但按有关规定,因为从事出版工作时间太短,老刘第一次虽然通过了面试,但最终还是未获通过,但他并未抱怨,只是淡淡一笑。我当然知道,对老刘来说,要一个职称完全是为了便于工作,岂有他哉?既然未获通过,就再提申请,那一份淡定和从容给我留下深刻的印象。

凭着丰富的工作经验和严谨的工作态度,老刘很快就实现了角色的转换,凡是对出版社发展有利的事他就会认真去做。他很少考虑个人利益而又没有哗众取宠之心。2002年4月聂震宁同志调任中国出版集团做领导,刘国辉同志和张福海同志也先后调任新职,班子里只留下了老刘和我,好在社里中层干部队伍十分稳定,全社员工也努力工作,出版社的发展未受到太大影响。老刘在这一段时期全力以赴,尽心尽力地工作。2002年9月老刘担任社长,班子里在几个月里还是只有我们二人,我们经常交换意见,形成许多共识,老刘明确提出"萧规曹随",要按着几年来出版社已经形成并已证明行之有效的诸如"整体化经营"等核心理念,继续推进出版社向前发展,所谓个人的"业绩",所谓"新官上任三把火",所谓"标新立异",根本就不在老刘的考虑之中。正是因为老刘的不断强调和不断充实,人民文学出版社自1999年以来形成的一些核心价值观已深入全社员工心中,形成了全社员工的共识,这不仅对我社现在的发展产生了积极作用，我相信这对人民文学出版社未来长远发展也将产生深远的影响。有一次与老刘聊天，我说到一副对联："读书好，经商好，效好便好；创业难，守成难，知难不难。"老刘对这副对联颇为欣赏，在言谈话语中，我感到如何把人民文学出版社的事业继续向前推进是他最关心的问题。

所谓"萧规曹随"，并不是因循守旧，不思进取，相反，却是在强调坚持基本思路的前提下根据情况的变化而调整策略和措施，正因如此，出版社这几年才能做到一年一个台阶，稳步向前发展。老刘担任社长时已经五十七岁了，但他的思想绝不保守，他也绝不是要在出版社"混"过工作的最后几年，相反，他总有一种紧迫感，总是感到有一些事必须尽早解决，比如我们议论了多次的"全员竞聘，竞争上岗"工作，终于在 2006 年 6 月份开展起来，因为准备工作做得比较充分，这个工作很快便圆满完成。谁都知道，人事制度改革是涉及面广、矛盾较多的一项工作，而 2006 年，老刘已"超期服役"，从个人角度说来，完全可以暂时回避，留待别人去做。但是，在出版体制发生变化以后，出版社如果不在机制上随之进行调整，就会使出版社失去活力，不能适应市场竞争和企业自身发展的需要。按我的私心，我当然愿意尽快推进此项改革，除了出版社发展需要外，我还希望借重老刘的丰富经验和在员工中的威信，当然我也体谅老刘可能会产生一些想法。其实，我这种"体谅"是多余的，说明我还不真正了解老刘，因为在这件事情上老刘态度积极，决策果断，班子成员意见完全一致。因为方案周密、工作细致，这项工作得到广大员工的理解和支持，最终取得了较为理想的结果。在整个过程中，不仅做好面上的工作，在各种会议上阐明领导班子的思路，动员全社员工积极参与并组织实施具体方案，老刘还前后找了几十位同志谈话，反复做思想工作，真是细致认真、不辞劳苦。现在想起来，此时此刻他已经不幸被病魔击中，但他却并未影响正常工作。后来听同事告诉我，老刘这个时期下班后经常在办公室的沙发上躺一会儿，休息休息才能回家，而作为与他共事多年的我却一点儿也未察觉他身体的变化，更没有有意识地减轻他的工作压力，此刻想来，别有一番愧疚在心头！

老刘是一个谨慎细致的人，也是一个敢作敢为、有独立见解的人，他的努力对出版社这几年的发展产生了重要影响；同时，他也是一个有承当的人，出了问题，他从不推诿，有些是我们分管的工作出了问题，他也会说

"我是社长,我有责任",因此我们与他共事感到轻松、放心,彼此不必戒备。在我看来,他真诚,真诚得有几分单纯;他有时又特别"较真",较真得有几分书生气。因为在一个班子里工作,争论是难免的,有时我们争得还颇为"激烈",但争论过后,相视一笑,从无芥蒂,现在想来即使仍想争论,又岂可再得? 思之怎不令人叹息,"良师益友",又岂是一句虚言?

作为社长,老刘时时考虑着出版社的全面发展,有许多问题我们常常交换意见,在许多方面他的意见对我甚有启发,比如如何把握时机推进出版社更快发展,比如如何调整出书结构、丰富品种而同时又坚持专业化出版方向,比如怎样创造条件更好地让年轻同志脱颖而出……而在具体工作中,他又是一个认真投入、细致入微的人,比如《鲁迅全集》《诵读中国》等图书的编辑出版,比如发行、出版的许多具体工作,总之,他不仅考虑出版社的大局,同时也不忘记那些具体、琐碎的工作,我有时也劝他不要太劳累,不必管得太细、太具体,老刘往往一笑而已。我知道,这不仅是他的责任所在,也是他性格使然,同时,我相信,他从那具体而似乎永远做不完的工作中也获得了生活的乐趣。因此,他的那份认真,那份执着,常常令我感动,也总是能使我减少几分懒惰……我常常想:老刘在任期间推出了那么多优秀作品,其中有许多都是倾注了他的心血,远的不说,入选"五个一工程"中的《笨花》《长征》等等,哪一部不投入了他的心力? 比如为了确保《长征》花落我社,他亲自出马与作者多次面谈,力劝作者不要动摇,最后终于使《长征》在我社出版,为我社赢得了很好的两个效益。当然,还有一些作品,我相信会在中国出版史上占有一席之地,我想,对老刘来说,这当然是令他感到欣慰的。

人生无常,往事如烟。我认为老刘能把他生命最后几年贡献给人民文学出版社,是他的幸事,也是人民文学出版社的幸事。在他任社长期间,人民文学出版社度过了一个敏感而复杂的转变时期,做到了一步一个台阶年年有发展,使我们对未来充满了信心;对我来说,我能遇到这样一位良师益友,也是我的一大幸事。此时此刻,老刘的音容笑貌仍在眼前晃动,思之不觉令人心痛。

老刘为人随和、善良而真诚,不管对谁都没有架子,生活上的要求也不高,比如招待作者或其他合作者,他常喜欢东北小烧一类低档酒,而且酒德甚好,很快便能获得别人的信任;他虽然年长几岁,却充满热情,社里组织联欢,他总是会高歌几曲,让员工感到特别容易亲近。特别令我怀念的是 2007 年春节前,社里在郊区召开总结大会,老刘执意要来见见大家,当他在家人陪伴下步入全社员工聚餐的大厅时,大家都站起来热烈鼓掌,老刘则频频向大家问好,当时的气氛的确令人感动。饭后,老刘还参加了"迎春晚会",按主持人的要求,老刘不仅做了一个游戏,还唱了一首老歌。我看着已经瘦弱多了的老刘,听着那底气已经明显不足的歌声,心中一阵阵酸痛。歌声结束,全社员工报以热烈的掌声,我相信在场的每一个人都被老刘感动了!我又想到在老刘最后昏迷的前几天我去看他,一进病房,他向我伸出右手,笑着说:"我没有传染病。"微弱的话语里透出几分幽默,也透出几分善良,我紧紧握住他的手,一时什么话也说不出来。前人论交友和为人有"交友需带三份侠气,做人应有一点素心"之句,不知为什么,近来想起老刘,常常会想起这两句话。

老刘走得太早了,他所走过的道路并不复杂,他也没有做出什么惊天动地的所谓大事,但是他认认真真、堂堂正正,做好了自己应该做好的那份工作。他的存在,使我多结交了一位师友;他的存在,使我们多认识了一个好人;他的存在,使人民文学出版社多出了不少好书。行文至此,我想到鲁迅《忆韦素园》中的一段话,翻开书,抄在这里:

> ……素园却并非天才,也非豪杰,当然更不是高楼的尖顶,或名园的美花,然而他是楼下的一块石材,园中的一撮泥土,在中国第一要他多。他不入于观赏者的眼中,只有建筑者和栽植者,决不会将他置之度外。

我想移用这段话表达对老刘的评价,也许大体是恰当的,因为老刘同韦素园一样,都是"宁愿作为泥土,来栽植奇花和乔木的人"(鲁迅《中国新文学大系·小说二集序》),而这样的人,正是我们的榜样,也是我们应该永远怀念的人!

原载《中国出版》2007 年第 9 期